सुनील कुमार सिंह

7 अक्टूबर 1980 वाराणसी में जन्मे सुनील कुमार सिंह जनपद ग़ाज़ीपुर (उ.प्र.) के प्रखण्ड करण्डा में स्थित एक छोटे से गाँव लीलापुर के मूल निवासी हैं। इन्होंने प्रारंभिक शिक्षा ग़ाज़ीपुर से पूर्ण करने के उपरान्त इलाहाबाद विश्वविद्यालय के कला संकाय से स्नातक, परास्नातक एवं डी. फिल. की उपाधि अर्जित की। इन्होंने मध्यकालीन एवं आधुनिक इतिहास विभाग, इलाहाबाद विश्वविद्यालय के ख्यातिलब्ध विद्वान प्रो. ललित जोशी के कुशल पर्यवेक्षण में 'राष्ट्र की सांस्कृतिक अस्मिता- प्रयाग संगीत समिति के विशेष सन्दर्भ में (1926-1947)' विषय पर शोध कार्य सम्पन्न किया। ज्ञात हो कि प्रयाग संगीत समिति संगीत की शिक्षा देने वाली विश्व की सबसे बड़ी संस्था है। इस ऐतिहासिक व विशाल संस्था पर शोध करने वाले ये प्रथम शोधार्थी रहे।

यह पुस्तक लेखक की प्रथम कृति है जिसमें मध्यकालीन भारत (1500-1800) की आर्थिक संरचना की गहनता से पड़ताल कर तथ्यात्मक विश्लेषण प्रस्तुत किया गया है।

ई-मेल : drsunilsingh.au@gmail.com

मध्यकालीन भारत
का
आर्थिक इतिहास

(1500-1800)

सुनील कुमार सिंह

लोकभारती पेपरबैक्स

प्रथम पेपरबैक संस्करण : 2023
संशोधित एवं परिवर्द्धित द्वितीय संस्करण : 2026

लोकभारती पेपरबैक्स : उत्कृष्ट साहित्य के लोकप्रिय संस्करण

लोकभारती प्रकाशन
पहली मंजिल, दरबारी बिल्डिंग, महात्मा गांधी मार्ग
प्रयागराज-211 001

वेबसाइट : www.lokbhartiprakashan.com
ईमेल : info@lokbhartiprakashan.com

शाखाएँ : 1-बी, नेताजी सुभाष मार्ग, दरियागंज
नई दिल्ली-110 002
अशोक राजपथ, साइंस कॉलेज के सामने
पटना-800 006
1, अनमोल सोराबजी संतुक लेन, मरीन लाइंस
मुम्बई-400002

सुपर माधव ग्राफिक्स
प्रयागराज द्वारा मुद्रित

मूल्य : ₹ 395

MADHYAKALIN BHARAT KA ARTHIK ITIHAS
by Sunil Kumar Singh

ISBN : 978-93-93603-67-8

स्वर्गीय जामवन्ती देवी

पूज्य अम्माँ
को
समर्पित

अनुक्रमणिका

प्राक्कथन

डॉ. सुनील कुमार सिंह की नवीनतम कृति 'मध्यकालीन भारत का आर्थिक इतिहास (1500-1800)' के सम्बन्ध में अपनी प्रतिक्रिया लिखते हुए मुझे अत्यन्त हर्ष की अनुभूति हो रही है। दरअसल, हिन्दी भाषा में सोची और लिखी गई पुस्तकों का सदैव आभाव रहा है। मध्यकालीन भारत के आर्थिक इतिहास पर लिखी गईं उपलब्ध पुस्तकें अधिकतर अंग्रेजी पाठों के अनुवाद हैं। डॉ. सिंह ने इस पुस्तक को लिखकर यह प्रमाणित कर दिया है कि हिन्दी में इतिहास जैसे जटिल विषय में मौलिक रूप से पुस्तक लिखना सम्भव है।

यह पुस्तक नवीनतम स्रोत सामग्री को सन्दर्भित करते हुए लिखी गई है। लेखक ने बड़ी कुशलता के साथ सन्दर्भ ग्रन्थों को समन्वयित किया है कि विशेषज्ञों के अलावा साधारण पाठकों को भी आख्यान बोधगम्य हो सके।

पहले अध्याय में लेखक ने मुग़लों की नई काराधान व्यवस्था के आने से कृषि के क्षेत्र में उत्पन्न होनेवाली संकटपूर्ण परिस्थितियों को उजागर किया है। लेखक का मानना है कि बावजूद इस संकट के ग्रामीण घरों में सूत कातने और कपड़ा बुनने की परम्पराएँ कायम रहीं। किन्तु मुग़ल नीतियों का दूरगामी परिणम यह हुआ कि कृषि और शिल्प दो अलग-अलग व्यवसायों के रूप में नज़र आने लगे। अध्याय के अन्त में लेखक ने परम्परागत शिल्पों को स्वतन्त्र व्यवसाय के रूप में प्रस्तुत कर लम्बे अरसे से चली आ रही भ्रान्तियों को दूर किया है। शिल्प उत्पादन के सम्बन्ध में विस्तृत वृत्तान्त पुस्तक के दूसरे अध्याय में मिलता है। पहले अध्याय की भाँति इस अध्याय में भी प्राथमिक और द्वितीयक स्रोतों का व्यापक प्रयोग किया गया है, इससे अध्याय की प्रामाणिकता को बल मिलता है। लेखक के अनुसार सोलहवीं शताब्दी तक पहुँचते-पहुँचते एक बार फिर व्यवसायों में नए सिरे से विशेषज्ञता आती दिखलाई पड़ी। मसलन, रुई के सफाईकार, धुनिया, रज्जुकार, लच्छीकार और रेशम के कत्तिन। छपाई और रंगाई के शिल्पी अलग-अलग थे। फिर भी, लेखक का तर्क है कि शिल्पकारों की दशा चिन्ताजनक थी। इसे प्रमाणित करने के लिए लेखक ने विदेशी पर्यटकों के आख्यानों का सहारा लिया है। तीसरे अध्याय में देशी और विदेशी व्यापार की विस्तृत चर्चा की गई है। लेखक का मानना है कि मध्यकाल में ग्रामीण बाज़ार उन्नत अवस्था में थे किन्तु बढ़ते नगरीकरण के प्रभाव के कारण उनका चरित्र बदलने लगा था और औपनिवेशिक काल तक पहुँचते-पहुँचते इस समस्या ने विकट रूप धारण कर लिया था। इस अध्याय में तटीय क्षेत्रों

के बाज़ारों से होनेवाले अन्तर्राष्ट्रीय व्यापार का जिक्र किया गया है। लेखक ने सूरत और पुर्तगाली बस्ती गोवा का भी गहरा अध्ययन किया है। चौथे अध्याय में मध्यकाल की राजस्व व्यवस्था की पड़ताल की गई है, विशेष रूप से मुग़लों की राजस्व प्रणाली की। इसमें शेरशाह के काल से लाए जा रहे परिवर्तनो का गहरा अध्ययन किया गया है। लेखक ने दक्षिण भारत के राजस्व इतिहास को समाहित कर इस अध्याय को पूर्णतः समावेशी बना दिया है। पाँचवें अध्याय में लेखक मध्यकालीन कराधान की व्यवस्था को टटोलते हैं जिसमें शहरी उत्पादन, सिक्कों के प्रकार और प्रसार का उल्लेख है। अन्य अध्यायों की भाँति इसमें भी सन्दर्भ ग्रन्थों की भरमार है। अन्तिम दो अध्याय मध्यकालीन भारत में नाप-तौल की प्रणालियों, मजदूरी और उत्पादकों पर विदेशी पूँजी के बढ़ते दबाव से सम्बन्धित है। लेखक ने तालिकाओं और आँकड़ों की सहायता से व्यापार और व्यवसायों के समक्ष बढ़ती चुनौतियों को स्पष्ट किया है। पुनश्च, लेखक के अनुसार विदेशी व्यापारियों ने उत्पादकों को पेशगी दे कर उत्पादन की प्रकिया को इस प्रकार प्रभावित किया कि कुछ ही समय में उनका उत्पादन की प्रक्रिया पर नियन्त्रण स्थापित हो गया।

इसमें सन्देह नहीं है कि डॉ. सुनील कुमार सिंह ने अथक परिश्रम और विपुल स्रोत सामग्री जुटाने और विश्लेषित करने के बाद ही एक ऐसी पुस्तक लिखी है जो मध्यकालीन भारत के आर्थिक जीवन की जटिलताओं पर प्रकाश डालती है। मुझे पूरी उम्मीद है कि सुधी पाठकों तथा प्रतियोगी परीक्षाओं की तैयारी कर रहे पाठकों को यह रचना समान रूप से पसन्द आएगी।

प्रयाग, वैशाख, 2022

ललित जोशी
प्रोफेसर, इतिहास विभाग
इलाहाबाद विश्वविद्यालय

आभार

इस पुस्तक को लिखते समय मुझे अपने जिन अध्यापकों, पारिवारिक सदस्यों, मित्रों एवं पुस्तकालय कर्मचारियों तथा अन्य लोगों से जो सहयोग व प्रोत्साहन मिला, मैं उन सबका आभारी हूँ। मैं विशेष रूप से मेरे गुरु जी आदरणीय प्रो. ललित जोशी सर जो मेरे शोध पर्यवेक्षक होने के साथ मेरे मार्गदर्शक भी हैं का आजीवन आभारी रहूँगा जिन्होंने अपना बहुमूल्य समय देकर इस पुस्तक की पांडुलिपि को पूर्ण करने में मुझे अपेक्षित सहयोग प्रदान किया।

मैं अपने बाबू जी श्री हवलदार सिंह के साथ अपने बड़े भाईयों श्री अजय कुमार सिंह 'शास्त्री' और श्री संजय कुमार सिंह का आभारी हूँ, जिन्होनें इस पुस्तक लेखन अवधि में मुझे अत्यधिक प्रोत्साहन दिया तथा मेरा निरन्तर उत्साहवर्धन किया।

मैं सर प्रमदा चरण बनर्जी छात्रावास (इलाहाबाद विश्वविद्यालय) को विशेष धन्यवाद ज्ञापित करता हूँ जिसके आँचल में मैंने जिन्दगी के लगभग एक दशक बिताए। जहाँ कनिष्ठ और वरिष्ठ अन्तेवासियों के सान्निंध्य में जीवन के थपेड़ों और नाकामियों से होनेवाले अवसाद से उबरने की कला के साथ इतिहास विषय की प्रारम्भिक समझ विकसित हुई। मुझे एक परिपक्व इंसान बनाने के साथ कुछ अलग और दूसरों से बेहतर कार्य करने हेतु अनवरत प्रेरित करने के लिए छात्रावास परिवार का बहुत-बहुत आभार।

मैं भारतीय एवं पाश्चात्य इतिहासकारों और विभिन्न देशों (ब्रिटेन, अरब, नीदरलैंड, फ्रांस, इटली, पुर्तगाल, जर्मनी, मोरक्को आदि) के यात्रियों जिन्होंने अपने यात्रा वृत्तांत में विभिन्न भारतीय शहरों व गाँवों के रहन-सहन, वेश-भूषा, व्यवसाय, व्यापार और वाणिज्य की विस्तार से चर्चा की है के साथ उन शोधकर्ताओं का आभारी हूँ जिनके कार्यों और रचनाओं ने मुझे इस पुस्तक को लिखने में अत्यधिक सहायता प्रदान की।

अंत में, अत्यन्त परिश्रम से लिपिबद्ध इस पांडुलिपि को अपने प्रकाशन से प्रकाशित करने के लिए लोकभारती प्रकाशन, प्रयागराज के श्री रमेश ग्रोवर जी को धन्यवाद ज्ञापित करता हूँ।

—डॉ. सुनील कुमार सिंह

भूमिका

नए अध्ययनों में इस बात को ख़ास तौर पर रेखांकित किया गया है कि अठारहवीं-उन्नीसवीं शताब्दियों में समूचे भारतीय समाज में कृषि और हस्तशिल्प उत्पादन में नितान्त स्थायी नैसर्गिक बन्धन विद्यमान थे (जजमानी प्रथा)। हस्तशिल्प उत्पादन और कृषि कार्य के बीच यह 'स्थिर सन्तुलन' (स्टैगनेटिंग इक्वलिब्रियम) ग्राम-समाज और सम्पूर्ण भारतीय समाज में स्पष्ट रूप से परिलक्षित होता है। 'ग्रामीण' और 'शहरी' अर्थव्यवस्थाओं के विघटन और विविक्तिकरण (आइसोलेशन) का स्वयं शासित व्यवस्थाओं के रूप में अध्ययन किया गया है और इन अध्ययनों में शहरी अर्थव्यवस्था 'परजीवी' अर्थव्यवस्था के रूप में चित्रित है जो सामन्ती लगान-संग्रह के पुनर्वितरण पर जीवित है। इन अध्येताओं ने इस बात पर जोर दिया है कि क्रमिक विकास की गति धीमी थी और उपनिवेश पूर्व समाज के समूचे सामाजिक-आर्थिक पैटर्न के बहुआयामी ढाँचे का विघटन हो रहा था। स्थानीय प्राक्-पूँजीवादी[1] (प्री-कैपिटलिस्ट) उत्पादन का पृथक रूप प्रारम्भ होने लगा था जिसका विकास अत्यल्प था। स्थानीय व्यापार और महाजनी पूँजी की मात्रा बहुत कम थी। जिस काल में यह सब घटित हो रहा था उसी काल में यूरोप की व्यापारी कम्पनियाँ भारत में तेजी से अपने पैर जमा रही थीं।

पुस्तक में जजमानी प्रथा का गहराई से और बहुमुखी विश्लेषण किया गया है तथा ग्रामीण शिल्प उत्पादन और कृषक अर्थव्यवस्था के बीच नैसर्गिक बन्धनों को रेखांकित किया गया है। वस्तु निर्माण उद्यमों के 'प्राक्-पूँजीवादी' लक्षणों पर आलोचनात्मक दृष्टि से विचार किया गया है। इन विनिर्माण कार्यशालाओं में पारम्परिक सम्बन्धों की भूमिका को बेहतर ढंग से समझा गया है। कस्बों और गाँवों में आर्थिक संरचना और वस्तु प्रवाह के विघटन तथा कृषक अर्थव्यवस्थाओं और वस्तु शिल्प उत्पादन के वस्तु सम्बन्धों पर विशेष ध्यान दिया गया है। अठारहवीं और उन्नीसवीं शताब्दी के आरम्भिक 'प्राक्-पूँजीवादी' कारखानों (जो कृषि और हस्तशिल्प उत्पादन के लिए उपकरण बनाते थे) के अवसंरचनात्मक एकीकरण के प्रारम्भिक चरण का अध्ययन किया गया है। तद्नुसार, शहर और ग्रामीण इलाकों के बीच आर्थिक सम्बन्धों की वृद्धि और शहर से उपभोक्ता वस्तुओं के बहिर्गमन को ध्यान में रखा गया है।

सोलहवीं-अठारहवीं शताब्दी में पुर्तगाल और नीदरलैंड, ब्रिटेन और फ्रांस जो अपनी सामन्तीय व्यवस्था के बाद की अर्थव्यवस्था का पर्याप्त विकास कर चुके थे, शस्त्र-बल से भारत में अपने व्यापार का विस्तार करते गए। अठारहवीं शताब्दी

के मध्य में ब्रिटेन अपनी विजयों के जरिए अपने उपनिवेशों का विस्तार करने लगा। जिससे भारत का स्वतन्त्र राजनीतिक और आर्थिक विकास अवरूद्ध हो गया। भारत की अपनी एक बहुत प्राचीन और विकसित भौतिक और आध्यात्मिक संस्कृति थी। यहाँ आनन-फानन धन्नासेठ बनने के लिए ब्रिटेन के बुर्जुआ, पूँजी संचयन के लिए जिन तरीकों, लूटमार, पाशविक हिंसा का इस्तेमाल करते थे, उसके प्रभावों का अनुभव भारतवासियों को हुआ। काफी बड़े पैमाने पर औपनिवेशिक शासन ने भारत में उत्पादक शक्तियों का विनाश किया। इस तरह भारत का आर्थिक, राजनीतिक और सांस्कृतिक विकास अवरूद्ध हो गया। लेकिन इसके साथ ही आर्थिक और सांस्कृतिक सम्भावनाओं के नए दरवाजे भी खुले।

विचाराधीन काल में विश्व के ऐतिहासिक विकास में एशिया के इस महान देश का स्थान निर्धारण करने के लिए यह आवश्यक है कि इस बात का गहराई से और ब्योरेवार अध्ययन किया जाए कि सोलहवीं-अठारहवीं शताब्दियों में अर्थात औपनिवेशिक समाज के प्रादुर्भाव से पूर्व सामाजिक व आर्थिक विकास का यहाँ क्या स्तर था?

शिल्प और व्यापार के विकास के अध्ययन के लिए आधार सामग्री का चयन भारत के विभिन्न भागों से- पंजाब, सिन्ध, गुजरात, महाराष्ट्र, मालाबार, तमिलनाडु, तेलंगाना, उड़ीसा, बंगाल, बिहार, कश्मीर और अन्य प्रदेशों से किया गया है। ये विभिन्न राज्य सोलहवीं-अठारहवीं शताब्दी में भारतीय उपमहाद्वीप में उत्तर और मध्य में मुग़ल साम्राज्य के सूबों, मराठा राज्य और दक्षिण में बीजापुर, गोलकुंडा और विजयनगर (पश्चात काल में मैसूर) में शामिल थे।

अगर उपमहाद्वीप में सामाजिक-आर्थिक विकास के स्तर का पता लगाना हो तो उत्तर या दक्षिण में किसी एक प्रदेश तक सीमित नहीं रह सकते, फिर तो अध्ययन ही अधूरा रह जायेगा। इसलिए विभिन्न प्रदेशों की सामग्रियों का अध्ययन और उनकी परस्पर तुलना भी की गई है क्योंकि भौगोलिक दृष्टि से उनकी स्थिति और ऐतिहासिक आर्थिक विकासशीलता भिन्न-भिन्न थी। विशेषकर उत्तर भारत में बंगाल और बिहार और दक्षिण भारत में गोलकुंडा और मैसूर के बीच तुलना की गई है। तथापि, यह स्पष्ट कर दें कि सभी प्रदेशों का समान रूप से गम्भीरतापूर्ण अध्ययन सम्भव नहीं हो पाया। कुछ मामलों में तो लेखक को अपूर्ण आधार सामग्री से ही सन्तुष्ट रहना पड़ा।

काल की दृष्टि से पुस्तक में सोलहवीं शताब्दी के पूर्वार्द्ध से अठारहवीं शताब्दी के अन्त तक का समावेश है। इसके कई कारण हैं। सोलहवीं शताब्दी का पूर्वार्द्ध लोदी वंश के अवसान और मुग़लों के उद्‌भव का काल था। पानीपत का प्रथम युद्ध (1526 ई.) जो बाबर और लोदी वंश के अन्तिम सुल्तान इब्राहिम खान लोदी के मध्य लड़ा गया था, युद्ध क्षेत्र में इब्राहिम खान लोदी के मारे जाने के बाद दिल्ली पर बाबर के नेतृत्व में मुग़लों का आधिपत्य स्थापित हो गया। सोलहवीं शताब्दी के मध्य तक पहुँचते-पहुँचते भारतीय उपमहाद्वीप में राजनीतिक

दृष्टि से अपेक्षाकृत स्थिरता आ गई थी। उत्तर में मुग़ल साम्राज्य समृद्धि के युग में प्रवेश कर चुका था। यह अकबर के शासन का काल (1556-1605) था। दक्षिण में तीन बड़े राज्यों का वर्चस्व रहा। वे थे गोलकुंडा, बीजापुर और विजयनगर। इसके अलावा त्रावणकोर राज्य से पुर्तगाली व्यापार जो सोलहवीं शताब्दी के प्रारम्भिक वर्षों में ही शुरू हो चुका था, सोलहवीं शताब्दी के मध्य में पुर्तगाली व्यापार का पर्याप्त विस्तार हुआ। सत्रहवीं शताब्दी के अन्त तक प्रायः समूचे भारत में मुग़ल साम्राज्य स्थापित हो चुका था। गोलकुंडा और बीजापुर की सल्तनतें भी मुग़ल साम्राज्य में अन्तर्भुक्त हो चुकी थीं। औरंगज़ेब (1658-1707) अन्तिम योग्य और शक्तिसम्पन्न मुग़ल सम्राट था जिसकी मृत्यु के उपरान्त मुग़ल राज्य में संकट का दौर प्रारम्भ हो गया। मराठों, सिखों, जाटों और अन्य शक्तियों के प्रभाव से मुग़ल साम्राज्य विघटन की दिशा में बढ़ने लगा। इसका अन्य कारण सामन्तों में परस्पर होनेवाले विग्रह और युद्ध भी थे। सत्रहवीं शताब्दी में डचों, अंग्रेजों और फ्रांसीसियों का व्यापार चमकने लगा। इस दृष्टि से भी अठारहवीं शताब्दी का मध्य इस देश के इतिहास में एक महत्त्वपूर्ण पड़ाव है क्योंकि इसी काल में ब्रिटिश ईस्ट इंडिया कम्पनी का वर्चस्व स्थापित हुआ और यूरोप के देशों ने भारत में राज्य बनाने का काम शुरू किया।

ध्यातव्य हो कि विवेच्य-काल में केवल भारत के भिन्न-भिन्न शासकों के अधीन विभिन्न क्षेत्रों की भू-राजस्व व्यवस्था का विशद विवेचन किया गया है, लेकिन औपनिवेशिक कम्पनियों (विशेषकर ब्रिटिश ईस्ट इंडिया कम्पनी) के अधीन क्षेत्रों की भू-राजस्व व्यवस्था का विश्लेषण नहीं किया गया है। विलियम हैरिसन मोरलैंड, एलेक्जेंडर आई. चिचेरोव, बृज नारायण और कुछ अन्य इतिहासकारों ने मध्यकालीन अर्थव्यवस्था से सम्बन्धित विभिन्न पहलुओं पर ध्यान केन्द्रित किया है। बृज नारायण के कार्य को मोरलैंड के आम लोगों की मजदूरी और कमाई एवं कीमतों के अनुमान की आलोचना के रूप में माना जाता है जो मुख्य रूप से सत्रहवीं शताब्दी में प्रचलित थे। यह भारत के ब्रिटिश कब्ज़े से पहले और उसके बाद की आर्थिक स्थितियों के बीच एक तरह की तुलना थी, यह साबित करने के लिए कि कैसे ब्रिटिश नागरिक भारतीय अर्थव्यवस्था और लोगों का शोषण कर रहे थे। साधारण श्रमिकों और कारीगरों की मजदूरी और क्रय-शक्ति पर उनका अवलोकन उल्लेखनीय है।

सत्रहवीं शताब्दी से पहले और उसके बाद भारतीय समाज का विभिन्न समूहों में विभाजन काफी हद तक पेशे पर आधारित था, जो दूसरे शब्दों में जाति का पर्याय था। एक और तथ्य जिसे नज़रअन्दाज़ नहीं किया जा सकता वह यह कि समाज में गतिशीलता सर्वत्र सम्भव थी। यही कारण है कि हम विभिन्न जातियों/कुलों/पृष्ठभूमि के लोगों को एक ही पेशे में शामिल पाते हैं, जैसे पत्रवाहक, चपरासी और सुरक्षाकर्मी (गार्ड), समान पैक करनेवाले (पैकर) दलाल, गाड़ीवान, ऊँटवाले, राजमिस्त्री आदि।

मध्यकालीन भारतीय इतिहास के छात्रों के लिए शाही-घरों और बाहर सेवा करनेवाले निम्न-भुगतानवाले समूहों के विभिन्न वर्गों की कार्यशीलता और भौतिक स्थिति का अध्ययन महत्त्वपूर्ण है। हम उनके रहने की स्थिति और उनके श्रमजनित कार्यों से मिलनेवाली मजदूरी के बारे में बहुत कम जानते हैं। यह अध्ययन न केवल इन विभिन्न समूहों की भूमिका और योगदान को समझने का प्रयास है बल्कि, सामान्य चीजों के बारे में जानकारी प्रदान करने का प्रयास है, जैसे- समाज में कमोडिटीज, खाद्यान्न की कीमतें तथा कुशल और अकुशल सेवा प्रदाताओं की क्रय क्षमता।

इतने बड़े देश में और इतने विस्तृत काल खंड की समस्याओं का अध्ययन किसी भी अध्येता के लिए आसान काम नहीं है, इसलिए कई वैज्ञानिक तर्कों और निष्कर्षों में खामियों से बचना कठिन काम है। मैं उनसे पूरी तरह अवगत हूँ किन्तु मैनें इनको इसलिए प्रस्तुत किया है ताकि सोलहवीं-अठारहवी शताब्दी में भारत के सामाजिक आर्थिक विकास में आनेवाली जिन समस्याओं का सम्यक समाधान नहीं हुआ है, विद्वत्मंडली उन पर विचार करे और उनके समाधान का यत्न करे।

भारतीय भाषाओं के साहित्य में भी महत्त्वपूर्ण सामग्री छिपी है। इनमें सोलहवीं शताब्दी के बंगाली लेखकों की रचनाएँ है। ये भक्ति के ग्रन्थ है जो उस काल का एक महत्त्वपूर्ण आन्दोलन था। इनमें लोकतान्त्रिक और सामन्त विरोधी भावों के दर्शन होते हैं। वृन्दावन दास और कृष्णदास कविराज की रचनाएँ इसी श्रेणी में आती हैं। इनमें श्री चैतन्य के जीवन और उनके उपदेशों का वर्णन है। चैतन्यदेव बंगाल में भक्ति आन्दोलन के जन्मदाता थे। मुकुन्द राम चक्रवर्ती कविकंकण की पुस्तक 'चंडीमंगल' में सोलहवीं शताब्दी के उत्तरार्ध में बंगाल के ग्रामीण जीवन का वर्णन मिलता है। तेलुगु कवि श्रीनाथ ने पन्द्रहवी शताब्दी के मध्य में दक्षिण भारत के भिन्न-भिन्न भागों की यात्रा की थी। उन यात्राओं के विवरण उन्होंने लिख छोड़े है जो उस काल के सामाजिक-आर्थिक जीवन के अध्ययन के लिए बड़े महत्त्व की रचना है।

मौलिक सामग्री की दूसरी श्रेणी उन अभिलेखों की है जो तेलुगु, तमिल, फ़ारसी और अन्य भाषाओं में लिपिबद्ध हैं। इनके अतिरिक्त अनेक पुरावृत्त भी उपलब्ध है जिनका रचनाकाल चौदहवीं शताब्दी से अठारहवीं शताब्दी के मध्य है। ये मुख्य रूप से दक्षिण भारत (कृष्णा नदी के दक्षिण) में तथा बंगाल, महाराष्ट्र और अन्यत्र भी मिलते हैं। इन अभिलेखों से व्यापार, शिल्प, कर प्रणाली और वर्ग संघर्ष आदि पर प्रकाश पड़ता है।

मौलिक सामग्री की तीसरी श्रेणी में जिसकी मात्रा सर्वाधिक है और जिसके अध्ययन के लिए चुनी गई समस्या के बारे में महत्त्वपूर्ण प्रकाश पड़ता है, में शामिल हैं- व्यापारियों के रोजनामचे, विदेशी यात्रियों के यात्रा वृत्तान्त तथा यूरोपीय देशों की ईस्ट इंडिया कम्पनियों, उपनिवेशी प्रशासन और संसदीय आयोगों के दस्तावेज़।

निम्नलिखित यात्रियों के यात्रा विवरणों से बड़ी महत्त्वपूर्ण सामग्री प्राप्त हुई: मोरक्को निवासी इब्नबतूता, चीनी यात्री मा'हुआन, इटली व्यापारी और यात्री एल. बर्थेमा, सी. फ्रेडरिक और जिओवानी फ्रांसेस्को गिमेली करेरी, पिएत्रो डेला वैले, पुर्तगाली यात्री टॉम पायर्स, डुआर्ट बार्बोसा, ए. डी. अल्बुकर्क, अंग्रेज यात्री आर. फिच, डब्ल्यू. मेथवोल्ड, आर. ह्यूज, स्ट्रेनशम मास्टर, ए. रीड, एफ. एच. बुकानन, टी. मार्शल, आइसलैंड का यात्री जॉन ओलफ्सन, जर्मन यात्री जे. ए. मैनडेलस्लो, डच यात्री जे. एच. लिंशोटन और एफ. पेल्सर्ट, फ्रांसीसी यात्री फ्रांस्वा बर्नियर, जीन बैप्टिस्ट टैवर्नियर और रूसी यात्री ए. निकितिन, एस. मलेंकी और जी. एस. लेबेडेव।

सोलहवीं-अठारहवीं शताब्दी में भारत की अर्थव्यवस्था पर पिछले कुछ वर्षों में भारत के अनुसन्धानकर्त्ताओं द्वारा लिखित एक विस्तृत पुस्तकमाला भी प्रकाशित हुई है जिससे इस देश की तात्कालिन अर्थव्यवस्था की वास्तविक अवस्था का चित्र उभर आया है। इससे अन्य जिज्ञासुओं की भी इस विषय में रूचि बढ़ी है। इन पुस्तकों में कतिपय लेखकों ने नई रचनात्मकता का सबूत दिया है। इससे हमें अपनी अनेक पुरानी स्थापनाओं को सुधारना पड़ा है और परवर्ती मध्यवर्ती युग में भारत के आर्थिक विकास की प्रेरक मुख्य प्रक्रियाओं का विश्लेषण करना पड़ा है।

रमेशचन्द्र दत्त उन्नीसवीं शताब्दी के अन्तिम और बीसवीं शताब्दी के प्रथम चरण में भारत के स्वतन्त्रता आन्दोलन के प्रमुख विचारकों में एक थे। उन्होंने लिखा है—"भारत का इतिहास ब्रिटिश और फ्रेंच युद्धों का इतिहास नहीं है, वह भारतवासियों का इतिहास है। उनकी मौलिक और उनकी नैतिक अवस्था, उनके व्यापार, उद्योग और कृषि का इतिहास है। इस वज़ह से औपनिवेशिक दासता से पूर्व उसके आर्थिक विकास के स्तर पर प्रश्न एक महत्त्वपूर्ण प्रश्न है। इस प्रश्न का ताल्लुक इतिहास लेखकों से ही नहीं बल्कि, भारत के प्रमुख राजनीतिक नेताओं में अधिकांश नेताओं से है जिन्होंने भारतीय स्वतन्त्रता के आन्दोलन में प्रगतिवादी देशभक्तिपूर्ण दृष्टि अपनाई थी।"

इसलिए यह बात पूरी तरह समझ में आ जाती है कि नए भारत के नेता जवाहरलाल नेहरू ने कैसे अपनी पुस्तक 'डिस्कवरी ऑफ इंडिया' में लिखा कि अंग्रेजों की विजय के पूर्व तक भारत अत्यन्त विकसित निर्माता देश था जो अपने यहाँ निर्मित वस्तुओं का यूरोप और अन्य देशों में निर्यात करता था। यहाँ के व्यापारियों और महाजनों की हुंडियाँ भारत ही नहीं बल्कि ईरान, काबुल, हेरात, ताशकन्द और एशिया के अन्य देशों में स्वीकार की जाती थीं। व्यापारिक पूँजी का प्रादुर्भाव हो चुका था। गुमाश्तों, दलालों और बिचौलियों का जाल बिछा हुआ था। पानी के जहाजों के निर्माण का उद्योग फल-फूल रहा था। सच तो यह है कि औद्योगिक, व्यापारिक और वित्तीय दृष्टि से भारत औद्योगिक क्राान्ति से पूर्व के किसी भी देश से कम उन्नत नहीं था।

सन्दर्भ सूची

1. प्राक्-पूँजीवादी उत्पादन से आशय पूँजीवाद के आगमन के पूर्व विद्यमान उत्पादन तरीकों से है। प्राक्-पूँजीवादी उत्पादन प्रणाली जानने से पूर्व यह आवश्यक हो जाता है कि हम जानें कि पूँजीवाद क्या है? पूँजीवाद एक आर्थिक व्यवस्था है जो 16वीं और 17वीं शताब्दी के दौरान यूरोप में उभरी, जिसमें राज्य की बजाय निजी कम्पनियाँ व्यापार एवं उद्योग को नियन्त्रित करती हैं। पूँजीवाद पूँजी के इर्द-गिर्द संगठित है। उत्पादन के साधनों का स्वामित्व और नियन्त्रण उन लोगों द्वारा किया जाता है जो श्रमिकों को वस्तुओं और सेवाओं के लिए नियुक्त करते हैं। व्यवहारिक रूप से यह निजी व्यवसायों के बीच प्रतिस्पर्धा पर निर्मित एक अर्थव्यवस्था बनाता है जो लाभ कमाने और व्यवसायों का विस्तार करने की कोशिश करते हैं। निजी सम्पत्ति और संसाधनों का स्वामित्व पूँजीवादी अर्थव्यवस्था के प्रमुख पहलू है। इस प्रणाली के भीतर निजी व्यक्ति या निगम (पूँजीपति के रूप में जाने जाते हैं) व्यापार के और उत्पादन के साधनों (कारखानो, मशीनों, उत्पादन के लिए आवश्यक सामग्री आदि) के मालिक होते हैं और उसे नियन्त्रित करते हैं। शुद्ध पूँजीवाद में व्यवसाय तेजी से बेहतर उत्पादों का उत्पादन करने के लिए प्रतिस्पर्धा करते हैं। व्यवस्था के एक छोर पर मजदूर होते हैं जो मजदूरी के बदले अपना श्रम पूँजीपतियों को बेचते हैं। पूँजीवाद के भीतर श्रम को एक वस्तु की तरह खरीदा और बेचा जाता है, जिसमें श्रमिकों को विनिमेय दिया जाता है। इस व्यवस्था का मूल आधार श्रम का शोषण है।

   उत्पादन के पूर्व-पूँजीवादी तरीकों को निम्नानुसार वर्गीकृत किया जा सकता है : आदिम उत्पादन प्रणाली, दास उत्पादन प्रणाली और सामन्ती उत्पादन प्रणाली।

   1. **आदिम उत्पादन प्रणाली**—आदिम समाजों में सामूहिकता के कारण कोई निजी सम्पत्ति नहीं होती थी। तथ्य यह है कि लोग एक साथ रहते थे और सामूहिक स्वामित्व आदर्श था। उत्पादन के साधनों के विकास के साथ-साथ उत्पादन सम्बन्धों में सुधार हुआ। कृषि और पशुधन खेती का क्रमिक विकास के साथ कुछ समुदाय पशुधन उत्पादन में विशिष्ट हो गए जबकि अन्य कृषि में विशिष्ट हो गए। इस प्रकार उत्पादन में विशेषज्ञता के कारण, उत्पादन दक्षता में उत्तरोत्तर वृद्धि हुई। नतीजतन, जिन व्यक्तियों के पास अतिरिक्त सम्पत्ति थी, उन्होनें अपने समान का आदान-प्रदान करना शुरू कर दिया, उन उत्पादों के साथ जिनकी उन्हें आवश्यकता थी। वस्तु विनिमय घटना के साथ, कृषि और पशुधन के बीच एक विभाजन उत्पन्न हुआ और श्रम का सामाजिक विभाजन पहली बार उभरा (निकितिन, पी., फंडामेंटल ऑफ पोलिटिकल इकॉनमी, 1966, पृ. 32-33)। जबकि विशेषज्ञता और अति-उत्पादन की स्थापना के कारण सामाजिक श्रम का महत्व घटने लगा। व्यक्तिगत श्रम के लिए निजी संपत्ति का अस्तित्व आवश्यक हो गया क्योंकि सामुदायिक संपत्ति को त्याग दिया गया था। परिणामस्वरूप, इस स्थिति ने संपत्ति में समानता (हिस्सेदारी) को समाप्त कर दिया, जिससे कुछ लोग समृद्ध हुए और अन्य निर्धन। संपत्ति और धन में वृद्धि के साथ गरीब लोग अमीरों के ऋणी बन गए और अंततः दास बन गए। इसके अतिरिक्त, लोगों को युद्ध के माध्यम से भी बंदी बनाकर दास बनाया जाने लगा और मनुष्य द्वारा मनुष्य के शोषण की शुरुआत हुई। दासता का यह उदय दास प्रथा पर आधारित उत्पादन प्रणाली को प्रतिबिंबित करता है।

2. दास उत्पादन प्रणाली—जैसे ही उत्पादन की आदिम प्रणाली ने अपनी वैधता खो दी, उत्पादन की दास प्रणाली शुरू की गई, जो वास्तव में एक अविकसित पूँजीवादी मॉडल है। दास उत्पादन का तरीका, मानव इतिहास में सबसे क्रूर काल में से एक था।

आदिम उत्पादन काल के दौरान, उत्पादन के साधन पत्थर के बने होते थे, दास उत्पादन काल में प्रसंस्कृत धातु का उपयोग किया जाने लगा। इस अवधि में, क्योंकि धातु का काम एक आसान प्रक्रिया नहीं है, क्राफ्टिंग का उदय हुआ और श्रम का अन्य सामाजिक विभाजन भी हुआ। इसके अलावा, व्यापारियों ने उत्पादों के आदान-प्रदान के लिए धन का उपयोग करना शुरू कर दिया, जिससे एक और सामाजिक विभाजन पैदा हो गया। धातुकर्म ने उत्पादन की शक्तियों का विकास किया, जबकि श्रम के बढ़ते सामाजिक विभाजन ने समाज के विघटन को जन्म दिया। तद्नुसार, जिनके पास उत्पादन के साधन थे वे अमीर हो गए, जिनके पास अपने श्रम के अलावा और कुछ नहीं था, वे पहले से ज्यादा गरीब हो गए।

दास उत्पादन प्रणाली की व्यवस्था में जिसमें दासों पर कोई कानूनी नियन्त्रण नहीं था, सबसे समस्याग्रस्त पहलू प्रबन्धन था, युद्ध हारने और बार-बार होनेवाले दास विद्रोहों के कारण दासता की वैधता समाप्त हो गई और परिणामस्वरूप एक नया आर्थिक प्रणाली का उदय हुआ।

3. सामन्ती उत्पादन प्रणाली—सामन्ती उत्पादन मॉडल में संक्रमण के साथ दासों को मुक्ति मिली, लेकिन फिर भी वे पूरी तरह से अपनी आजादी नहीं पा सके क्योंकि भूमि को भूखंडों में विभाजित किया गया था और उन्हें सामन्ती प्रभुओं को स्वमित्व देते हुए, खेती को कृषि दासों पर छोड़ दिया गया था।

जब उत्पादन की दास प्रणाली और उत्पादन की सामन्ती प्रणाली के साथ तुलना की जाती है, तो उत्पादन के सामन्ती तरीके से सामन्ती प्रभुओं, जिनके पास भूमि का स्वामित्व था उन्हें दासों को मारने का कोई अधिकार नहीं था। हालाँकि, सामन्तों को भूमि के साथ कृषिदास बेचने का अधिकार था क्योंकि कृषिदासों को वहीं रहना पड़ता है जहाँ वे खेती करते थे।

साहिन काराबुलूत, प्री-कैपिटलिस्ट मोड्स ऑफ प्रोडक्शन एंड द प्रोसेस ऑफ कैपिटलिस्ट अकुमुलेशन, (करंट पर्सपेक्टिव इन सोशल साइंस, सम्पादित द्वारा हसन अर्सलान, मेहमत अली, अलीना, इंटरनेशनल असोसिएशन ऑफ सोशल साइंस रिसर्च) अगस्त 2017, पृ. 80-81

विस्तार से जानने के लिए इन्हें पढ़िए-

मार्क्स, सी., प्री-कैपिटलिस्ट इकॉनामिक फार्मेशन, 1857

एंगेल्स, एफ., द पार्ट प्लेड बाई लेबर इन द ट्रांजिशन फ्राम एप टू मैन, 1876; मार्क्स एंड एंगेल्स, ऑन हिस्टारिकल मटिरिअलिज्म

रोमर, जॉन ई., ओरिजिन्स ऑफ एक्सप्लॉइटेशन एंड क्लास; वैल्यू थियरी ऑफ प्री-कैपिटलिस्ट इकॉनमी, (इकोनॉमेटिका वॉल्यूम 50, नम्बर 01, इकोनॉमेटिक सोसाइटी द्वारा प्रकाशित), जनवरी, 1982, पृ. 163-192

1

मुग़लकालीन आर्थिक ढाँचे का परम्परागत रूप : ग्रामीण हस्तशिल्प

मुग़लकाल में शिल्प अभी तक कृषि कर्म से पृथक नहीं हुए थे, मुख्यतया गृह-उत्पादन तक ही सीमित थे। गाँवों के किसान अपने घरों में ही गैर-कृषि व्यवसाय करते थे। मध्ययुग में उपमहाद्वीप के अनेक इलाकों में एक विशेष प्रकार के ग्राम-समाजों ने रूप धारण किया। कुछ इलाकों में तो इन समाजों का अठारहवीं शताब्दी के अन्त और उन्नीसवीं शताब्दी के प्रारम्भ तक अर्थात जब ब्रिटिश उपनिवेशकों ने अपनी लगानबन्दी प्रणालियों का प्रारम्भ किया, अस्तित्व बरकरार था।

ऐसे ग्राम-समाज की अपनी विशिष्ट कृषि-प्रणाली थी। इसमें भूमिधरी अधिकार का स्वरूप सार्वज़निक और निजी दोनों का मिला-जुला रूप था। ऊसर, गोचर और राजगामी भूमि ग्राम-समाज की होती थी। समाज के सदस्यों पर कुछ पाबन्दियाँ भी थीं। वे ख़ास समुदाय के बाहर किसी अन्य व्यक्ति को जमीन नहीं बेच सकते थे। निजी अधिकार सम्पत्ति का नहीं बल्कि भूमिधरी के अधिकार का प्रचलित रूप यह था कि समाज के पूर्ण सदस्यों को उनकी पैतृक भूमि जोतने का अधिकार प्राप्त था (अनेक मामलों में निचले वर्ग के किसानों का इस्तेमाल करके भी)। कर अदा करने के बाद उपज का जो हिस्सा बचता था, वह उनकी सम्पत्ति होता था। समाज के सदस्य सामुदायिक धारणाधिकार की सीमा के भीतर अपनी पैतृक भूमि का भी निबटारा कर सकते थे। उसे बेचने का भी उन्हें अधिकार था।

समाज के अन्य सदस्यों से पृथक, पूर्ण सदस्य आमतौर पर उच्च जातियों के होते थे। ये ग्रामीण जनसंख्या के महत्त्वपूर्ण भाग थे। इन्हें अपनी जमीनों पर पूर्ण अधिकार प्राप्त था। वे गाँव के कारीगरों और सेवकों की सेवाएं ले सकते थे। समाज की भूमि के स्थायी या अस्थायी काश्तकारों से लगान वसूल कर सकते थे। उनको अपने सामन्त को कर देना पड़ता था, इस रूप में वे भी शोषित थे किन्तु, वे स्वयं उन लोगों का शोषण करते थे जो समाज के पूर्ण सदस्य नहीं होते थे (नए आगन्तुक किसान, गाँव के कुछ प्रकार के कारीगर या सेवक इसी शोषित श्रेणी में थे)।

सोलहवीं से अठारहवीं शताब्दी के मध्य ग्राम समाज का धीरे-धीरे क्रमश: विघटन होता गया। इन परिवर्तनों का कारण गाँव में सम्पत्ति की असमानता की खाई गहरी होते जाना था। इसकी वज़ह माल (विक्रय योग्य वस्तुएँ) और मुद्रा के सम्बन्धों का विस्तार था। दूसरी तरफ सामन्तवादी तत्त्वों द्वारा किसानों के शोषण से गाँवों में जनता के स्तरीकरण की गति तेजी से बढ़ने लगी थी।

ग्रामीण समाज के विकास और विघटन के फलस्वरूप इसके पूर्ण सदस्यों की स्थिति में क्षय होता गया। अब ग्रामीण जनसंख्या में अधिकांश पूर्ण सदस्य सामन्तों पर निर्भर काश्तकार हो गए। वे तभी तक उन भूमियों पर काश्त कर सकते थे जब तक वे लगान अदा करते रहें। इसका मतलब यह था कि अब सामन्त वर्ग ने समाज को अपने अधीन बना लिया। सामन्त वर्ग किसानों का पूरी तरह से शोषण करने लगा। यह प्रक्रिया उस समय विकसित हुई जब कुछ इलाकों में लगान अनाज की जगह नक़द उगाही जाने लगी, तब समाज की सभी जमीनों पर कराधान प्रारम्भ हो गया। न सिर्फ कृष्य भूमि पर बल्कि, ऊसर और गोचर जमीनों पर भी कर लगने लगा। इसका यह मतलब हुआ कि ऐसी जमीनें बिकने लगीं। जब कराधान की मात्रा बढ़ने लगी और लगान वसूलने के लिए ठेके दिए जाने लगे, इससे किसानों का शोषण और बढ़ गया। सत्रहवीं-अठारहवीं शताब्दी में सामन्तों के आपसी संघर्ष और औपनिवेशिक युद्धों ने भी किसानों के स्वत्वहरण और विनाश में महत्त्वपूर्ण भूमिका अदा की।

इसी समय कुछ इलाकों में भूमि के पुनर्वितरण की प्रणाली शुरू हुई। भूमि पाने की एक ही शर्त थी, वह यह कि जोतने के लिए किसान के पास हल और एक जोड़ी बैल होने चाहिए। इस पुनर्वितरण में किसान की एक ही योग्यता पर विचार किया गया कि वह जमीन जोतने और लगान अदा करने लायक है या नहीं। इस पुनर्वितरण में सामन्त वर्ग के हितों की रक्षा का ही प्रयत्न किया गया था, किसानों के हितों की तनिक भी परवाह नहीं की गई।

किसानों की जोतों में असमानता बढ़ती गई। कुछ चन्द लोगों ने उपजाऊ बड़े-बड़े खेत हथिया लिए और सामुदायिक भूमि के बड़े-बड़े भाग अपने कब्जे में कर लिए। ये वही व्यक्ति थे जिन्होनें निजी सामन्ती भूस्वामित्व के उदीयमान अधिकार समुदाय से छीनकर अपने पास रख लिए थे। किसान जो पहले सम्पन्न अवस्था में था, अब इनके सभी अधिकार छिन जाने से ये सामन्त वर्ग के निचले तबकों में आ गए। अब धनी किसानों के खेतों पर किराए के श्रमिक रखे जाने लगे। अब सम्पत्ति पर सामुदायिक अधिकारों का ख़ात्मा होने लगा और वे सामन्त वर्ग की निजी सम्पत्ति बनती गईं। किसानों को भूमि को जोतने और पट्टेदारी पर रखने का अधिकार मिलने लगा।

विचाराधीन काल में ग्राम-समाजों में कृषक सम्बन्धों की रूपरेखा प्रस्तुत करने के लिए हमें ग्राम-समाज के हस्तशिल्पों के आर्थिक ढाँचे पर दृष्टि डालनी होगी। जिससे यह पता लग सके कि ग्राम-समाज की कृषि की पुरानी प्रणाली के विघटन और नए कृषि सम्बन्धों के निर्माण का हस्तशिल्पों पर कितना गहरा प्रभाव पड़ा।

इस अध्याय में हम ग्रामीण हस्तशिल्पों के पारम्परिक आर्थिक ढाँचे का, विशेषकर उन घरेलू उद्योगों का अध्ययन करेंगे जो किसानों के घरों में फल-फूल रहे थे। घरेलू उद्योग से हमारा तात्पर्य उन कच्चे मालों का घर में (किसान के परिवार में) संसाधन करने से है जो वस्तुओं का उत्पादन करते थे। उद्योग अभी तक व्यापार नहीं बन पाया था। उसका अनिवार्य सम्बन्ध कृषि से था जिसे कृषि से अलग नहीं किया जा सकता था। दोनों मिलकर एक इकाई बनते थे। पितृ-सत्तात्मक कृषि और घरेलू उद्योग (अर्थात कच्चे माल से परिवार

के काम की वस्तुएँ तैयार करना) मध्यकालीन अर्थव्यवस्था की सबसे ख़ास बात थी। दरअसल, यह उसका आवश्यक अंग रहा है।

सोलहवीं से अठारहवीं शताब्दी के मध्य भारत में घरेलू उद्योग से तात्पर्य था- हाथ से कताई और बुनाई, खाद्य तेलों और दूध-घी, गन्ने और ताड़ के रस से गुड़ और शक्कर का उत्पादन, धान कूटना, चटाई बुनना, और टोकरियाँ बुनना। जो किसान खेती से फुरसत के वक्त अपने परिश्रम से तैयार करता था। भारतीय अर्थव्यवस्था में सबसे महत्त्वपूर्ण पारम्परिक उद्योग कताई-बुनाई था जो परिवार की जरूरतों को पूरा करता था। कपास की व्यापक रूप में खेती होती थी। कुछ भागों में जूट और शहतूत के पेड़ भी उगाये जाते थे, इसलिए अधिकांश ग्रामीण परिवारों में घरेलू कताई के लिए कच्चा माल उपलब्ध था। चरखा पारम्परिक जीवन शैली का प्रतीक था।

किसानों के घरों में स्त्रियाँ आमतौर पर सूत कातती थीं। मध्यकालीन तेलुगु कवि श्रीनाथ ने (पन्द्रहवी शताब्दी के पूर्वार्द्ध में) लिखा है कि विजयनगर के पालनाड जिले के किसान परिवारों में पुरुष तो खेतो में हल चलाते थे और स्त्रियाँ घरों में चरखा कातती थीं।[1] परिवार के लिए सूत सादे (घरेलू) कपड़े तैयार करने के काम आता था। सूत या कपड़े की बिक्री नहीं होती थी। श्रीनाथ ज़ोर देकर कहते हैं कि पालनाड में व्यापार का विकास कमजोर था। गाँव में दुकानें नहीं थीं। आगे हम देखेंगे कि गाँवों में उसी काल में विशेषकर दक्षिण भारत में बड़ी संख्या में दुकानें खुल चुकी थीं।

यह बात स्पष्ट नहीं हो सकी है कि क्यों सोलहवीं-सत्रहवीं शताब्दी (और उससे पिछली शताब्दी) में कताई, बुनाई और अन्य गैर-कृषि व्यापारों के प्रमाण अत्यल्प मिलते हैं जबकि नैसर्गिक कृषक अर्थव्यवस्था में इनका महत्त्वपूर्ण स्थान था। इसकी शायद यह वज़ह है कि उस काल के दस्तावेज़ों में किसानों की आर्थिक दशा का वर्णन विरले ही मिलता है।

अठारहवीं शताब्दी और उन्नीसवीं शताब्दी में ऐसी सामग्री प्राप्त हुई हैं जिससे यह साफ-साफ प्रकट होता है कि उपमहाद्वीप के अनेक भागों में गृहस्थों के घरों में कताई, बुनाई की परम्परा जीवित थी। यही नहीं, गाँवों में अन्य गैर-कृषि (कृषक शिल्प) व्यवस्था भी घर-घर में चल रहे थे। उदाहरण के लिए अठारहवीं शताब्दी के अन्त में मैसूर में कताई, मैसूर की स्त्रियों का मुख्य व्यवसाय था।[2] एम. विल्क्स के कथनानुसार मैसूर के कुछ जिलों में कुछ वस्त्र गाँव की स्त्रियाँ अपने परिवार के लिए भी बुन लेती थीं।[3] दीनाजपुर (बंगाल) जिले में जूट की एक पुलिया हर घर के दरवाजे के सामने लटकती रहती थी। परिवार में जब भी किसी को काम से फुरसत मिलती, वह तकुए पर कताई कर लेता था। इसी सुतली को बाँट कर खेती में इस्तेमाल के लिए रस्सी तैयार कर ली जाती थी।[4] दीनाजपुर में ही निचली जाति के हिन्दू और मुसलमान किसान के घर में एक करघा होता था। घर के सभी पुरुष और स्त्रियाँ फुरसत के वक्त इस करघे पर काम करते थे। इस तरह मोटे किस्म का कपड़ा तैयार हो जाता था।[5] बुकानन लिखते हैं कि- "अधिकांश परिवारों में निचली हिन्दू जाति की स्त्रियाँ- कोंच, पोल्या और राजबोंगी स्त्रियों के पास एक करघा होता है, जिस पर लोग, ख़ासकर स्त्रियाँ परिवार के लिए

मोटे किस्म का कपड़ा तैयार कर लेती हैं। यह कपड़ा बिरले ही बाज़ार में बिकने के लिए जाता है, जूट का ऐसा मोटा वस्त्र इनकी आम वेशभूषा थी।"[6]

उन्नीसवीं शताब्दी के प्रारम्भ में महाराष्ट्र के किसान अपने इस्तेमाल के लिए वस्त्र स्वयं तैयार करते थे। उन्नीसवीं शताब्दी के अन्तिम भाग में पंजाब के पश्चिमी जिलों के किसान वे अपना वस्त्र स्वयं तैयार करते थे।[7] जे. टेलर ने 1840 में लिखा था कि-"भारत में रैयत खेती का हल छोड़कर करघे पर जा बैठता था, इसी प्रकार करघा छोड़कर हल की मूठ पकड़ लेता है। यह आम बात है, ख़ासकर उनके लिए जो मोटा कपड़ा तैयार करते हैं।"[8]

इस प्रकार गाँव में गृहस्थ किसान कुटीर उद्योगों में लगे हुए थे जो उन्हें आर्थिक स्थिरता प्रदान करते थे। ज़ाहिर है कि इन गृह उद्योगों की 'स्थिरता' का कारण यह था कि अनेक ग्राम-समाजों में हस्तशिल्प और कृषि साथ-साथ चलती थी। 'स्थिरता' एक अन्य स्रोत से भी प्राप्त होती थी, वह था गाँव के पुश्तैनी कारीगर। इस संगठन पर ही गाँवों की आत्मनिर्भरता और ग्राम-समाज की अर्थव्यवस्था की स्थिरता निर्भर थी।

भारत में श्रम का सामाजिक विभाजन था। इस पारम्परिक विधि की वजह से शिल्प और कृषि अलग-अलग व्यवसाय हो गए। इससे उत्पादक शक्तियों का और भी विकास हुआ। तथापि, अनेक ग्राम-समाज की नैसर्गिक अर्थव्यवस्था के ढाँचे में कुछ शिल्प जो पहले कृषि से पृथक हो गए थे, वे फिर मिल गए। इस बार उनका आधार नया था।

शिल्प और कृषि के इस सम्मिश्रण ने एक बिल्कुल नया रूप धारण किया। विभिन्न पेशोंवाले कारीगर बड़ी संख्या में किसान परिवारों को उनकी अलग-अलग जरूरतों के अनुसार समान देने लगे। कभी-कभी पूरे समुदाय की तरफ से आर्डर (किसी समान को बनाने, उसकी आपूर्ति या वितरण का आग्रह) मिलता था। इसका आधार समान-मूल्य के सम्बन्धों पर न होकर वस्तु-विनिमय पर होता था। इसमें कोई बिचौलिया नहीं होता था।

विचाराधीन काल में भारत में शिल्पों के उत्पादन (आर्थिक संघटन के इस पारम्परिक रूप) की मुख्य विशेषता यह थी कि 'शिल्पी' का पोषण समुदाय करता था। उनकी सेवाओं के बदले खाद्यान्न में उन्हें पारिश्रमिक दिया जाता था। दक्षिण में (ख़ासकर तमिलनाडु और कर्नाटक के कई जिलों में खाद्यान्न में मिलनेवाले पारिश्रमिक को **आयम** या आय कहते थे और शिल्पी को **आयंगार** कहते थे)। अठारहवीं शताब्दी के एक दस्तावेज़ से प्रकट होता है कि दक्षिण भारत में गाँव के शिल्पियों के पारिश्रमिक की पारम्परिक दर निम्नलिखित थी: प्रत्येक ग्राम में 12 अधिकारी होते थे (पटवारी, मुखिया, बढ़ई, धोबी, पुरोहित, नाई, लुहार, मोची, सुनार, चौकीदार, कहार, कुम्हार), इन्हें आयंगार कहते थे। प्रत्येक गाँव में किसान अपनी हैसियत के अनुसार दो तरह के पारिश्रमिक देते थे। ये 12 आयंगार हर गाँव में होते थे और इनके पद वंशानुगत होते थे।[9]

एक ब्रिटिश लोक सेवा के अधिकारी एम. विल्क्स ने मैसूर के कुछ जिलों के बारे में अठारहवीं शताब्दी के अन्त और उन्नीसवीं शताब्दी के प्रारम्भ में प्रचलित इस प्रथा का वर्णन इस प्रकार किया है—

भारत का हर गाँव एक पृथक समुदाय या गणतन्त्र है या सदा से रहा है। इसमें वास्तविक अवस्था का सजीव चित्र मिलता है ....जब लोग परस्पर एक दूसरे की आवश्यकताओं की पूर्ति के लिए सभा के रूप में इकट्ठे होते हैं: (1) गौड़, पटेल, मुकद्दम, या मुंडिल जैसा कि भिन्न-भिन्न भाषाओं में कहते हैं गाँव का न्यायाधीश और दंडाधिकारी (मजिस्ट्रेट) होता है। (2) करणम्, षण्भाग या पटवारी रजिस्ट्रार (पंजीयक) होता है। (3) टलियारी या स्थूलवार और (4) ताती गाँव या फसलों के चौकीदार होते हैं। (5) नीरगुंटी सबके खेतों को ध्यान में रखकर नदी जलस्रोतों का जल बाँटता है। (6) ज्योतिषी या जोशी बीज और फसल के मौसम और खेती के सभी चरणों के लिए शुभ और अशुभ दिनों की घोषणा करते हैं। (7) बढ़ई और (8) लुहार खेती के लिए स्थूल उपकरण और किसान के लिए घर के दरवाजे-चौखटे बनाते हैं। (9) कुम्हार गाँव के बरतन बनाता है। (10) धोबी गाँववालों के वस्त्रों की धुलाई करता है। ये सादे वस्त्र किसान स्वयं कताई और बुनाई कर तैयार कर लेता है या पास के बाज़ार से खरीद लाता है। (11) नाई लोगों की हज़ामत बनाकर उनकी शारीरिक सफाई में मदद करता है। (12) सुनार (कुछ भागों में 12 जातियों में सुनार की गिनती नहीं मिलती है। उसकी जगह भाट ले लेता है। भाट गाँव का सबसे कम खर्चीला सदस्य होता है जो अक्सर गाँव का अध्यापक भी होता है) गाँव की समृद्धि का सूचक है। यह गाँववालों के लिए सीधे-सादे आभूषण तैयार करता है जिससे वे अपनी बहुओं और बेटियों को सजाते हैं। ये बर्रा बुल्लावुती या आयंगदी (बारह अधिकारी या समाज के लिए आवश्यक सदस्य) अपने श्रम के बदले या तो भूमि पाते हैं या उन्हें शुल्क मिलता है। यह शुल्क गाँव का प्रत्येक किसान अपनी उपज का एक निश्चित अनुपात में देता है।[10]

उन्नीसवीं शताब्दी के प्रांरभ में मसूलीपट्टनम जिला के कोरोमंडल तट पर ऐसी ही स्थिति थी। वहाँ के कलेक्टर, जी. ई. रसेल ने इस सम्बन्ध में लिखा है कि—

> "यहाँ का ग्राम संगठन हमारे अधीन दूसरे इलाकों जैसा ही है। समाज का कामकाज मुखिया और करणम् देखते हैं। ..... पुरोहित, बढ़ई, लुहार, कुम्हार, धोबी, नाई, मोची, पनहारा और चौकीदार की तरह करणम् को भी सरकार के खेतों में से पारिश्रमिक मिलता है। कुछ मामलों में इसके अलावा उन्हें विशेष भूमि में से भी जमीन दी जाती है। इनके व्यावसायिक नामों से ही इनके कार्यों का पता चल जाता है.... ग्राम स्थापना में मणियम् को निश्चित अवधि के लिए भूमि जोतने का अधिकार होता है।"[11]

मालाबार में उन्नीसवीं शताब्दी में किसानों और गाँव के शिल्पियों के बीच लगभग इसी प्रकार के आर्थिक सम्बन्ध विद्यमान थे।[12] गाँव समाज द्वारा पूरे गाँव के लिए शिल्पी रखना और उन्हें पारिश्रमिक की अदायगी जिन्सों (अनाज या उपज) में करने की प्रथा महाराष्ट्र के अनेक जिलों में सत्रहवीं-अठारहवीं शताब्दी में भी प्रचलित थी जो बड़ी मात्रा में उन्नीसवीं शताब्दी तक चलती रही। ग्राम-समाज के सामूहिक शिल्पियों को वतनदार (बलूतेदार और अलूतेदार), हक़दार और इनामदार कहते थे।[13]

महाराष्ट्र में उन्नीसवीं शताब्दी के प्रारम्भ में इन सामुदायिक कारीगरों के पारिश्रमिक की विस्तृत चर्चा मिलती है। अंग्रेज लोक सेवक अधिकारी जेम्स ग्रांट लिखता है—

> सुतार या बढ़ई का काम खेती के काम में आनेवाली सभी काष्ठ उपकरणों की मरम्मत है। इसके लिए वह किसान से किसी तरह का पृथक मेहनताना पाने का हक़दार नहीं क्योंकि उसे ग्राम-समाज की ओर से इनाम में भूमि मिली रहती है। फिर भी, मेहनताना स्वरूप कुछ खाद्यान्न पाता है। गाँव के रिवाज़ के मुताबिक इसकी मात्रा निश्चित नहीं होती। हर गाँव का अलग-अलग रिवाज़ होता है। हर फसल पर वह अपना हक़ लेने आता है। साल में दो बार जब अनाज काटकर खलिहान में आता है, फिर जब उसकी दंवाई/ओसाई हो जाती है तब। काम खत्म करने के बाद भी बढ़ई को मेहनताने के रूप में कुछ मिलता है। लुहार लोहे के औजार बनाता या उसकी मरम्मत करता है। उसे भी बढ़ई की तरह ही पारिश्रमिक दिया जाता है। मोची या चमार गाँववालों के जूतों की मरम्मत करता है। वह कुओं से पानी निकालने के लिए चमड़े की मोठें भी बनाता है। किसानों से इसके लिए उसे अलग से कुछ नहीं मिलता। वह बैलों को हाँकने के लिए चाबुक भी देता है। वह गाँव का मशालची भी होता है। इन कार्यों के लिए उसे कर-मुक्त भूमि मिलती है और साथ ही हल पीछे निश्चित मात्रा में अनाज भी ।[14]

महाराष्ट्र में उन्नीसवीं शताब्दी के प्रारम्भ के एक ब्रिटिश लोक सेवक टी. मार्शल ने इस व्यवस्था का विवरण देते हुए लिखा है कि- "यहाँ भी बढ़ई जैसे गाँव के कारीगर किसानों की सेवा के लिए उपलब्ध हैं। इन्हें कुछ मात्रा में जमीन के फायदे से मेहनताना दिया जाता है। उनके भरण-पोषण के लिए पर्याप्त भूमि होती है। परन्तु मुझे विश्वास है कि इस तरह उन्हें गाँव की उत्तम भूमि देने की प्रथा नहीं है।"[15] गुजरात के कई जिलों में भी इसी प्रकार की प्रथा अठारहवीं शताब्दी के उत्तरार्ध और उन्नीसवीं शताब्दी के प्रारम्भ में प्रचलित थी।[16]

हिन्दुस्तान के बहुत से जिलों में ग्राम-समाज द्वारा सम्मिलित रूप से कारीगरों को रखने की प्रथा अठारहवीं शताब्दी के अन्तिम भाग और उन्नीसवीं शताब्दी के प्रारम्भ तक चली आ रही थी। उत्तर प्रदेश में बिहार से सटे गोरखपुर जिले में बढ़ई और लुहार को हर जगह और सुनार, महाजन, सर्राफ, नाई और चमार को अधिकांश जगहों में अपने भरण पोषण के लिए भत्ता मिलता था।[17] बिहार के कुछ जिलों में इसी अवधि में इस प्रथा के कुछ ही तत्त्व शेष थे। उदाहरणार्थ, किसानों द्वारा लुहारों, बढ़ईयों, कुम्हारों और मोचियों को उनकी सेवाओं के बदले अनाज में पारिश्रमिक दिया जाता है।[18]

महाराष्ट्र और उत्तर भारत में सोनार, पोतदार या पोतादार कभी-कभी सर्राफ, लक्ष्मण, गुजरात में सोनार, बंगाल में सुवर्णबानिक सोना या चाँदी के समान (आभूषण और धार्मिक कार्यों के लिए बरतन) बनाता था। समुदाय के दस्तावेज़ों पर वह अपनी जाति का प्रतीक चिन्ह हथौड़ी बनाता था। किन्तु, धीरे-धीरे उसका काम ग्राम-समाजों द्वारा सामन्तों को दिए जानेवाले करों का मान निर्धारित करना और करों की अदायगी के समय दी जानेवाली मुद्रा और व्यापार में प्रयुक्त मुद्रा की गुणवत्ता की जाँच-पड़ताल करना तथा मुद्रा का

विनिमय हो गया। इसमें मुद्रा विनिमय का काम कभी-कभी बनिया भी करता था जो गाँव का महाजन होता था।

इन कामों के करने से और सोनारी के व्यवसाय पर पैतृक अधिकार होने से वह गाँव का महाजन भी बन गया। इस प्रकार सोनार धनी शोषक वर्ग का प्रतिनिधि बन गया। उसका सामाजिक दर्ज़ा ग्राम मुखिया (जिसे महाराष्ट्र में पाटील, गुजरात में पटेल, उत्तर भारत में मुकद्दम, चौधरी, बंगाल में मंडल, कर्नाटक में गंडा आदि) लेखपाल (महाराष्ट्र में कुलकर्णी, भोई, उत्तर प्रदेश में पटवारी, तमिलनाडु में कनकपिल्ली, बंगाल में कायस्थ, मोहर्रिर, कर्नाटक में षण्भाग, तेलंगाना में करणम, मालाबार में मेनोन, गुजरात में तलती आदि) ज्योतिषी (जोशी, जोषी) आदि के बराबर हो गया। प्राय: (महाराष्ट्र में सत्रहवी-अठारहवीं शताब्दी में विशेषत:) सोनार लेखाकार बन गया। यह राजस्व विभाग में निचले स्तर का एक पद होता था जिसका काम गाँव के मुखिया द्वारा सामन्त या सरकार की तरफ से वसूल की गई लगान और अन्य कर अपने पास रखना था। गाँव के किसान उससे जो काम लेते थे उसका पारिश्रमिक पुरानी प्रथानुसार अनाज में देते थे (उत्तर प्रदेश, तमिलनाडु और महाराष्ट्र में यही रिवाज़ था)। महाराष्ट्र में लगान मुद्रा में मिलता था। महाराष्ट्र में सोनार को आभूषण बनाने के लिए जो सोना या चाँदी दिया जाता था उसका एक निश्चित भाग वह अपने पाश्रिमिक स्वरूप रख लेता था।[19]

गाँव में उत्पादन और आर्थिक जीवन में उसके महत्त्व की दृष्टि से बढ़ई (महाराष्ट्र और गुजरात में सुतार, उत्तर प्रदेश में बढ़ई, कर्नाटक में बडिंगे, तेलंगाना में वर्धकी, पंजाब में तरखान) और लोहार (महाराष्ट्र, गुजरात, बंगाल में लोहार, कर्नाटक में कम्भार, तमिलनाडु में करूमारी, तेलगांना में कम्भारी) को सामुदायिक कारीगरों में केन्द्रीय स्थान प्राप्त होता था। लोहार का जातिवाचक प्रतीक 'चिमटी' थी और बढ़ई का 'बर्मा'। तमिलनाडु में 'आयम' और 'मान्य' की प्रथा के अनुसार बढ़ई और लुहार को सभी तरह के कारीगरी के काम करने पड़ते थे। विशेषकर हल और कृषि के अन्य उपकरणों का निर्माण करना पड़ता था जिसके लिए वह किसी तरह की मजदूरी की माँग नहीं कर सकता था। अठारहवीं शताब्दी के अन्त में मैसूर में हल बनाने के लिए लुहार को आयम् मिलती थी। यह किसान की उपज का एक निश्चित भाग होता था। इसके अलावा उसे खेत का एक टुकड़ा भी मिलता था जिसे मान्य कहते थे। इस पर उसे सिर्फ आधी लगान अदा करनी पड़ती थी।[20] बिहार में सामुदायिक लुहार और बढ़ई को अनाज और प्राय: फसल का एक हिस्सा मिलता था। वे प्रत्येक राज्य की स्थापना का अंग होते थे।[21] इसी तरह की अवस्था महाराष्ट्र, गुजरात और पंजाब में भी थी, जहाँ गाँव के लुहार हल की फाल, हँसिया, घोड़ों की नालें और बढ़ई हल आदि बनाता था जिसके लिए धातु या लकड़ी किसान देते थे। ये किसानों के लिए बरतन भी बना देते थे। इन्हें फसल का एक हिस्सा और खेत का टुकड़ा पाश्रिमिक स्वरूप दिया जाता था।[22] पंजाब में कारीगरों में, बढ़ई, लुहार और कुम्हार सबसे ज्यादा पारिश्रमिक पानेवाले कारीगर थे। तथापि, समाज में लुहार की अपेक्षा बढ़ई और कुम्हार का सामाजिक दर्ज़ा ऊँचा था।[23]

मराठों में 12 बलूतेदार होते थे। बलूतों को ध्यान में रखकर तीन बराबर वर्गों में विभाजित किया जाता था। पहले वर्ग को सबसे ज्यादा बलूते मिलते थे। इस वर्ग में सुतार (बढ़ई), लुहार, चमार और महार (लकड़हारा) होते थे। दूसरे में कुमार (कुम्हार), न्हावी (नाई), धोबी (परित) और रज्जुकार होते थे। तीसरे वर्ग को सबसे कम बलूते मिलते थे। इस वर्ग में सोनार (पोतदार), जोशी, कोली (कहार), गुरु (पुजारी या मनलाना) होते थे। यह विभाजन बतलाता है कि कौन कारीगर गाँव के उत्पादन में कितना योगदान किया है। यह बलूतेदारों की सामाजिक हैसियत या सम्पन्नता का सूचक नहीं है। सोनार और जोशी गाँव के धनी सम्भ्रान्त वर्ग में थे किन्तु उन्हें कम बलूते मिलते थे। उनकी अपेक्षा चमार और महार को ज्यादा बलूते मिलते थे। सम्भवत: सोनार और जोशी की सम्पन्नता का आधार उनको खाद्यान्न में मिलनेवाला पारिश्रमिक न था बल्कि, उनकी अन्य तरीकों से की गई कमाई की वज़ह से था। उनकी आय का मुख्य साधन उनकी अपनी जोतें थीं।[24]

अठारहवीं शताब्दी में मराठों में बढ़ई की सामाजिक-आर्थिक हैसियत की एक ख़ासियत यह थी कि उसे सामन्त स्वामी के यहाँ बेगार देनी पड़ती थी। बेगार के दिन प्रतिवर्ष में निश्चित होते थे। उन दिनों उसे मालिक की तरफ से मात्र भोजन मिलता था।

कुछ गाँवों में एक ही व्यक्ति कारीगरी के कई काम करता था। विजयनगर के एक गाँव में एक व्यक्ति बढ़ई, लुहार और सोनार तीनों के काम करता था।[25] अठारहवीं शताब्दी के अन्तिम भाग और उन्नीसवीं शताब्दी के प्रारम्भ में बिहार में एक व्यक्ति बढ़ई और लुहार दोनों के काम करता था। कुछ स्थानों में खेती के उपकरणों में लकड़ी और लोहे दोनों वस्तुओं से निर्मित उपकरण एक ही व्यक्ति तैयार कर देता था। वह बढ़ईगिरी और लुहार दोनों काम करता था। अन्य स्थानों में इन दोनों के लिए अलग-अलग कारीगर होते थे। सामान्य तौर पर बढ़ई और लुहार दोनों एक ही जाति के माने जाते हैं।[26]

गाँव के अनेक सामुदायिक कारीगरों की बन्धुता, लुहार, बढ़ई और सोनार का काम एक ही व्यक्ति द्वारा सम्पादित करना एक तार्किक परिणति था। सोलहवीं से अठारहवीं शताब्दी और इससे पहले के प्रमाण स्त्रोतों से गाँवों के पाँच प्रमुख महत्त्वपूर्ण व्यवसायों को संचालित करने वालों का ज्ञान होता है: वे हैं सोनार, लुहार, बढ़ई, राजमिस्त्री और कसेरा। दक्षिण भारत में कम्मार (तेलंगाना मे कम्मार, केरल में कम्मालर, कर्नाटक में कम्मालन) जाति समूहों में या पंचाल के रूप में संघबद्ध थे। कभी-कभी पंचाल को वीरपाँचाल भी कहते थे। समाज में इनकी विशिष्ट हैसियत थी।[27] कम्भालों के बारे प्राप्त जानकारी से विदित होता है कि चौदहवीं-अठारहवीं शताब्दी में दक्षिण भारत में गाँवों के सामुदायिक कारीगरों में विशेषाधिकार प्राप्त वर्ग थे।

कम्माल, जिन्हें विश्वकर्मा के नाम से भी जाना जाता है, एक तमिल जाति समूह है जो मुख्य रूप से तमिलनाडु और पूर्वोत्तर श्रीलंका में पाया जाता है। वे पारंपरिक रूप से कारीगर हैं, जिनमें पांच मुख्य व्यावसायिक समूह शामिल हैं: सुनार (तत्तर), पीतल-कार्यकर्ता (कन्नार), लोहार (कोलार), बढ़ई (तत्चर), और मूर्तिकार (कर्तचर)। तमिलनाडु में उन्हें कभी-कभी असरियार या आचार्य के रूप में संदर्भित किया जाता है।

कारीगरों और किसानों का अपने गाँवों से पलायन वर्ग संघर्ष का एक व्यापक रूप था। इसने पूरे जिले की सामान्य आर्थिक गतिविधियों को कमजोर कर दिया, और कई मामलों में, सामंती प्रशासन को झुकने के लिए मजबूर होना पड़ा। समुदाय के सदस्यों को उनके गाँवों में वापस लाने के लिए, उन्होंने स्वीकार किया कि उनकी माँगें उचित थीं। सोलहवीं शताब्दी के आरंभिक शिलालेखों (उत्तर और दक्षिण अर्काट के जिलों) में कहा गया है कि असहनीय कर के बोझ के कारण कुछ गाँवों के निवासियों ने अपनी ज़मीनें बेच दीं और गाँव छोड़ दिए। कभी-कभी इसके कारण अधिकारियों ने कर की दरों में संशोधन किया। 1582 के एक शिलालेख (त्रिचिनोपोली जिले) में कहा गया है कि 'पाँच कारीगर वर्गों' को आश्वासन दिया गया था कि उनकी शिकायतों, 'जिन्होंने उन्हें एक साथ पलायन करने के लिए मजबूर किया था' को ठीक किया जाएगा। 'पाँच कारीगर वर्ग' मेलइमुरी और किलइमुरी गाँवों के कम्माला या पांचाल हैं। 1533 में कनंगनीपल्ले के कम्मालों ने अपने गाँव को छोड़ने के बाद इसी तरह की जीत हासिल की।

यह विशेष रूप से ध्यान देने योग्य है कि कम्मालों ने स्वयं ही गाँव छोड़ दिया, अर्थात् उन्होंने ग्राम समुदाय के किसानों के साथ अपने पारंपरिक घनिष्ठ आर्थिक संबंध तोड़ लिए। 1670 के दशक के फ्रांसीसी यात्री, अबे कैरे लिखता है कि कम्मालों के कारीगरों - सुनार, लोहार और बढ़ई - के बीच एक दृढ़ प्रथा थी कि 'यदि उनमें से किसी एक को ठेस पहुँचती है या उसके साथ अन्याय होता है, तो बाकी सभी अपनी दुकानें बंद कर देते हैं और अपना सारा काम छोड़ देते हैं...।'

ये स्रोत दर्शाते हैं कि ग्राम समुदाय के कारीगरों में एक निश्चित सामाजिक गतिशीलता थी, विभिन्न जिलों और गाँवों में रहने वाले कम्मालों ने मज़बूत संबंध बनाए रखे; उन्होंने सामंती उत्पीड़न के विरुद्ध एक संयुक्त संघर्ष किया - कभी अकेले, किसानों के बिना; और कभी-कभी उन्होंने समुदाय के साथ अपने संबंध तोड़ लिए। यह तथ्य अत्यंत महत्वपूर्ण है, क्योंकि यह हमें ग्राम समुदाय और उसके कारीगरों के बीच संबंधों की मजबूती को बढ़ा-चढ़ाकर पेश करने से रोकता है।

गाँव के कुम्हार (महाराष्ट्र में कुम्हार, उत्तर प्रदेश और पंजाब में कुम्भार, तेलगांना में कुम्हार तथा तमिलनाडु में कुयकन आदि) की स्थिति कुछ मामलों में सोनार, लुहार और बढ़ई से मिलती-जुलती थी। उसे अपने पारिश्रमिक स्वरूप फसल का एक भाग मिलता था। किन्तु, पंजाब, महाराष्ट्र और बिहार में उसे कत्तई कोई जमीन जोतने के लिए नहीं दी जाती थी। पंजाब में कुम्हार के वतन (गाँव के निवासियों के सेवाओं के बदले एक वंशानुगत कर-मुक्त भूमि अनुदान) में कई गाँव शामिल होते थे। उसे हर गाँव से आयम् मिलती थी।

महाराष्ट्र में कुम्हार को गाँव के सभी किसानों के लिए काम करने के अलावा शोषक समुदाय के सम्भ्रान्त व्यक्तियों की भी सेवा करनी पड़ती थी। उनको प्रति वर्ष बरतन देने पड़ते थे। कभी-कभी वह अनाज लाने ले जाने का भी काम करता था। वह पुरोहित के काम के अलावा दवा दारू भी बाँटता था।[28]

धोबी (महाराष्ट्र में परित, उत्तर प्रदेश, बिहार में धोबी, कर्नाटक में आयसी, आन्ध्र प्रदेश और तेलंगाना में चकली, तमिलनाडु में वेन्नार, असाम में धुपि, मेघालय, मिजोरम,

मणिपुर, त्रिपुरा और उड़ीसा में धोबा) का पेशा ऐसा था जिसे अकेले एक व्यक्ति सम्भाल सकता था। वह गाँव के पुरुषों के कपड़े धोता था। पंजाब में वह कुछ जातियों के कपड़े धोता था। जाटों में उनकी स्त्रियाँ घर के कपड़े धो लेती थीं। तमिलनाडु में धोबी को आयम् के अतिरिक्त हर परिवार से जिसके कपड़े वह धोता था, खाना भी मिलता था।[29]

गाँव का नाई (महाराष्ट्र में न्हावी, बिहार और पंजाब में नाई, गुजरात में नावी, बंगाल में नजाम, कर्नाटक में नैदा, तेलंगाना में मंगली, तमिलनाडु में अम्बट्टम) और कहार (महाराष्ट्र में कोली, पंजाब में जिवनार) को कई अन्य काम भी करने पड़ते थे। नाई गाँव का वैद्य और पशुओं का शल्य-चिकित्सक (सर्जन), उत्सवों में संगीतकार और बारात का बावर्ची भी होता था। वह गाँव के समाचार एक व्यक्ति से दूसरे व्यक्ति तक पहुँचाता था। कहार (कोली) गाँव का पनभरा था जो लोगों के घरों में पानी पहुँचाता था। इसके अलावा आगन्तुक यात्रियों, शासन कर्मचारियों और आगन्तुक व्यापारियों को भी पानी पहुँचाता था। उसे अनाज में (लुहार या बढ़ई से कम मात्रा में) पारिश्रमिक मिलता था। महाराष्ट्र में नाई या धोबी को गाँव में खेत नहीं दिया जाता था। कुम्हार, नाई और धोबी की सामाजिक हैसियत की एक विशेषता यह थी कि किसान इनको अपने खेतों पर भी अतिरिक्त श्रमिक के रूप में लगा लेते थे।[30]

हालाँकि, कारीगर तरह-तरह के काम करते थे, लेकिन अपने खानदानी जातीय पेशे पर उनका एकाधिकार रहता था। प्रथा और कानून दोनों इसकी रक्षा करते थे। मसूलीपट्टनम के एक अंग्रेज लोकसेवक (सिविल सर्वेंट) ने अठारहवीं शताब्दी के प्रारम्भ में लिखा था, "नाई (जो वंशानुगत हक़ के तौर पर हज़ामत बनाता है) उस व्यक्ति का वंशज है जो युगों पहले से यह पेशा करता रहा था। यदि किसी कारणवश उसे गाँव से बाहर निकाल देने का फैसला लिया जाता तो गाँव के लोगों की हज़ामत बढ़ी रह जाती थी। कोई दूसरा नाई अपनी बिरादरी के कोप की चिन्ता छोड़कर उनकी हज़ामत नहीं कर सकता था।"[31]

गाँव के शिल्पियों में चमार और अस्पृश्य कही जानेवाली अन्य जातियों की विशेष स्थिति थी। ये गाँव के अछूत थे। इनकी सामाजिक और आर्थिक स्थिति बड़ी खराब थी। इन दलितों का समाज के सम्भ्रान्त वर्ग और दूसरे किसान समान रूप से शोषण करते थे। सत्रहवीं शताब्दी के प्रारम्भ में डब्ल्यू. मेथवोल्ड नाम के एक अंग्रेज लोकसेवक ने इनकी अवस्था का वर्णन करते हुए लिखा है कि—

> सबसे खराब अवस्था घृणित पिरियावों (परया जाति के अछूतों) की है। किसी शहर में कोई इन्हें अपने पड़ोस में नहीं बसने देता है। परया को छोड़कर सभी शहर में बस सकते थे। परया सबसे तिरस्कृत होकर अपनी बस्ती में अपने लोगों के बीच रहते हैं। यदि संयोगवश कोई इन्हें छू लेता था तो उसे तुरन्त स्नान करना पड़ता था। ये मृत पशुओं की खाल उतारते हैं और उनका माँस खाते हैं। चमड़े की सिलाई करके गाँव के रईसों के लिए चप्पलें तैयार करते हैं। इन रईसों से तात्पर्य हिन्दुओं से है। भूरों (मुसलमानों) के लिए इसी चमड़े से जूते बनाते हैं। शेष चमड़े का इस्तेमाल व्यापारियों द्वारा माल को भींगने से बचाने के लिए आच्छादन के तौर पर होता है। मलनाद का घृणित काम भी इन्हें ही करना पड़ता है। वे सबसे नीच, दुर्गन्धपूर्ण होते हैं जिनके सम्पर्क से बचा जाता है।"[32]

गाँव के अस्पृश्यों की ऐसी ख़ासियत सर्वत्र मिलती है। इन्हें चमार (मोची, महाराष्ट्र में चम्हार, उत्तर प्रदेश, बिहार में चमार, गुजरात में खलप, मोची, तमिलनाडु में चक्किली) कहते हैं; इनका मुख्य काम चमड़ें के जूते चप्पल, शराब के कुप्पे, घोड़ों की रकाबें और साज बनाना होता है। ये वस्तुएँ गाँववालों के आर्डर पर बनाते हैं, इनका जातीय प्रतीक चमड़ा छेदने की टेकुई होती है। महाराष्ट्र में सत्रहवीं-अठारहवीं शताब्दी में चमारों को गाँव के सामन्त-स्वामियों और अन्य सम्भ्रान्त वर्ग को साल में निश्चित संख्या में बिना मूल्य के जूते देने पड़ते थे। यह सामन्ती सेवा का ही एक परिवर्तित रूप था। बिहार में सत्रहवीं शताब्दी के अन्त और अठारहवी शताब्दी के प्रारम्भ में चमार, बढ़ई, लुहार ग्राम-समाज की स्थापना के अनिवार्य अंग थे।[33]

महाराष्ट्र में मृत बैलों के चमड़े पर गाँव के किसानों का स्वामित्व होता था। वे चमारों को इसके चमड़े के जूते, चप्पल, कमरबन्द, चाबुक, कोड़े, बैग बनाने के लिए दे देते थे। भेड़ों के चमड़ो पर चमार का हक़ होता था। इनसे वे मुख्य रूप से जूते बनाते थे। ये जूते गाँव के सामन्त-स्वामी और सम्भ्रान्त वर्ग को नि:शुल्क देने पड़ते थे। चमार प्रथम वर्ग का बलूतेदार होता था। ग्राम-समाज की ओर से उसे जमीन का एक टुकड़ा भी मिलता था। दक्षिण भारत के गाँवों में भी चमारों का ऐसा ही मेहनताना मिलता था।[34]

पंजाब में चमार, चमड़े उतारने के अलावा सफाई का भी काम करता था। वह गाँववालों के लिए लकड़ियाँ लाता था, चौकीदार का काम करता, किसानों के घरों की मरम्मत करने के साथ ही उनके खेतों में भी काम करता था। उसे अपने काम का अनाज में मेहनताना मिलता था जो बढ़ई और लुहार के बराबर होता था। किन्तु इनसे उसकी सामाजिक हैसियत नीची थी। लोग उसे अछूत मानते थे।[35]

गाँव के सामुदायिक कारीगरों और सेवकों की विशेषकर चमारों, महारों (ये सफाईकार, लकड़हारा और चौकीदार होते थे) की सामाजिक-आर्थिक हैसियत की सबसे महत्त्वपूर्ण ख़ासियत यह थी कि इनके वतन सामुदायिक किसानों की भाँति खरीदे और बेचे जा सकते थे और उन्हें रेहन भी रख सकते थे। तथापि, इन अवसरों पर जाति की महत्त्वपूर्ण भूमिका होती थी। कोई वतन विक्रय की अवस्था में आमतौर पर उसी बिरादरीवाले के हाथों में जाता था।[36]

यह पारम्परिक अन्तर्सामुदायिक श्रमिक संगठन के ढाँचे में गाँव के कारीगरों की अवस्था की सबसे महत्त्वपूर्ण विशेषता की सामाजिक-आर्थिक संक्षिप्त रूपरेखा है। यह उनकी अनाज के माध्यम से सामूहिक पोषण की व्यवस्था थी।

इस प्रकार ग्राम-समाज में कृषि और शिल्प के मिलन का पारम्परिक रूप बनता था। इससे कुछ हद तक अर्थव्यवस्था का जीवन-निर्वाहवाला चरित्र सुरक्षित रहता था। कुछ सीमा में इस व्यवस्था ने आगे चलकर एक विविक्त, आत्मनिर्भर समष्टि बनकर किसान की गृहस्थी में कुटीर उद्योग का रूप धारण कर लिया। इसमें कृषि और शिल्प का स्पष्ट सम्मिश्रण हुआ, इस व्यवस्था में गाँव के कारीगरों का खाद्यान्न के द्वारा सामूहिक जीवन-निर्वाह होता था। ये कारीगर किसानों की माँगों के अनुसार अपने परिश्रम से उनके लिए आवश्यक उपकरण बनाकर देते थे। श्रम-विभाजन का यह रूप सदियों तक चलता रहा।

विचाराधीन काल में ग्राम-समाज में शिल्पी श्रमिकों का यह दोनों रूप कृषि के साथ-साथ चलता रहा। यह उत्पादन में सामन्ती तरीके के लिए आवश्यक था। इसी चौखटे में गाँवों की प्रधान्यतापूर्ण (प्रायः अनन्य भाव से) नैसर्गिक अर्थव्यवस्था काम करती थी।

सोलहवीं से अठारहवीं शताब्दी तक के दस्तावेज़ों में समग्र समाज की उत्पादक शक्तियों के विकास के बारे में जानकारी भरी पड़ी है। इसका सम्बन्ध विशेषकर खेती और ग्रामीण दस्तकारी से है। इन दस्तावेज़ों से इस बात की भी अच्छी जानकारी प्राप्त होती है कि गाँव के किसानों के बीच सम्पत्ति का विभेद किस तरह उत्पन्न हुआ जिससे सामुदायिक जोत की परम्परा नष्ट हो गई और ग्राम-समाज में एक नया कृषि सम्बन्ध पैदा हुआ। अब निजी जोत के अधिकार की एक विशिष्ट भूमिका हुई और माल मुद्रा सम्बन्ध गाँवों में प्रविष्ट होते गए। इन सब प्रक्रियाओं से ग्राम-शिल्प के आर्थिक संगठन का पारम्परिक रूप टूटकर बिखर गया।

सबसे पहले कारीगर इस बात की कोशिश करने लगा कि वह अपने अतिरिक्त उत्पादन को गाँव के बाहर बेचा करे, वह दूर-दूर तक बेचने के लिए चीजें बनाए। इसके फलस्वरूप जिन नए सम्बन्धों का प्रादुर्भाव हुआ उनसे नैसर्गिक अर्थव्यवस्था की नींव कमजोर नहीं हुई। अब ग्राम-समाज द्वारा शिल्पियों के पालन-पोषण के अलावा उनके काम के अनुरूप कुछ अदायगी करने का भी प्रचलन हुआ। कभी-कभी तो पूरे ग्राम-समाज द्वारा सामूहिक रूप में कारीगर रखने के स्थान पर उनको काम के अनुसार पारिश्रमिक अदा करने की प्रथा चल पड़ी। इससे सामुदायिक शिल्प के आर्थिक ढाँचे का पारम्परिक रूप बिखर गया।

जैसे-जैसे गाँव के कारीगरों और किसानों के श्रम से उत्पादित वस्तुओं के सीधे विनिमय की प्रथा का विकास होता गया, वैसे-वैसे इसने माल-वस्तु सम्बन्धों का रूप ग्रहण कर लिया। इससे कारीगरों को नकद मजदूरी देने की पृष्ठभूमि तैयार हो गई।[37] हम पाते हैं कि मालाबार तट पर सोलहवीं शताब्दी के प्रारम्भ से ही बढ़ईयों, लुहारों, सोनारों और कारीगरों को मजदूरी का भुगतान नक़द में करते थे। तथापि, कुछ कारीगरों को अभी तक जिन्सों में पारिश्रमिक मिलता था।[38] तमिलनाडु में अठारहवीं शताब्दी में जब गाँव के किसान मकान बनवाते थे तो बढ़ईयों और लुहारों को आयम् के अतिरिक्त उनके काम के लिए अलग से पारिश्रमिक दिया जाता था।[39] उत्तर प्रदेश में (बिहार के सीमावर्ती क्षेत्रों में) अठारहवीं शताब्दी के अन्तिम दशक में मोची को जूते बनाकर देने के लिए मुख्यतया अनाज दिया जाता था।[40] महाराष्ट्र में अठारहवीं शताब्दी में कुम्हार को ईंट, लुहारों को घोड़ों की नालें, महार को शवदाह में काम करने के लिए अतिरिक्त पारिश्रमिक दिया जाता था।[41]

गाँव के किसान में सम्पत्ति विभेद बढ़ता गया। जमीन का बहुलांश सामन्त-स्वामियों सामन्तोन्मुखी शोषक सम्भ्रान्त वर्ग के कब्ज़े में चला गया। इससे कारीगरों और किसानों दोनों के भूमि सम्बन्धी अधिकारों का उल्लंघन हुआ। कभी-कभी तो भूमि उनके हाथ से जाती रही जो उनके जीवन साधन का पारम्परिक और मुख्य आधार थी। इस प्रकार कृषि और शिल्प के सम्बन्धों पर आधारित पारम्परिक ग्रामीण अर्थव्यवस्था कमजोर पड़ गई;

जैसे गुजरात में अठारहवीं शताब्दी के मध्य सामन्त-स्वामियों ने गाँव-समाज की भूमि पर अधिकार कर लिया। कारीगरों द्वारा उगाई फसल काट ली। सम्भ्रान्त वर्ग ने महाराष्ट्र में महारों को उनकी जमीनें रेहन रखने के लिए मजबूर कर दिया और उन पर बेड़ियाँ कसते गए।[42]

इस प्रकार गाँवों में नए कृषि सम्बन्धों के उदय और विकास से पुराने पारम्परिक ग्रामीण शिल्प नष्ट होते गए और लघु विक्रय योग्य वस्तुओं के उत्पादन की अवस्था पैदा हो गई।

सन्दर्भ सूची

1. श्रीनाथ, सोशल कंडीशन इन द फिफ्टींथ सेंचुरी: श्रीनाथ फर्दर सोर्सेज ऑफ विजयनगर हिस्ट्री, भाग-3, मद्रास, 1946 पृ. 52
2. बुकानन, एफ. एच., ए जर्नी फ्राम मद्रास थ्रू द कन्ट्रीज ऑफ मैसूर, कनारा एंड मलाबार, भाग-1, लन्दन, 1807 पृ. 18

डॉ. फ्रांसिस बुकानन (15 फरवरी, 1762-15 जून,1829) जिन्हें बाद में फ्रांसिस बुकानन-हैमिल्टन के नाम से जाना गया, एक स्कॉटिश चिकित्सक थे। जिन्होंने भारत में रहते हुए (1794 ई. से 1815 ई. तक) एक भूगोलवेत्ता, प्राणीविज्ञानी और वनस्पतिशास्त्री के रूप में महत्त्वपूर्ण योगदान दिया था। बुकानन ने अपने करियर की शुरुआत इंग्लैंड और एशिया के बीच चलनेवाले जहाजों पर एक शल्य चिकित्सक के रूप में की थी। सितम्बर, 1794 ई. में कलकत्ता पहुँचकर कलकत्ता प्रेसीडेंसी की चिकित्सा सेवा में शामिल हो गए। उन्हें मुख्य रूप से उनके द्वारा किए गए दो सर्वेक्षण के लिए याद किया जाता है। पहला मैसूर, कनारा और मलाबार का 1800-1807 ई. में और दूसरा बंगाल का 1807-1814 ई. में। वे 1803 ई. से 1804 ई. तक कलकत्ता में भारत के गवर्नर जनरल लार्ड वेलेस्ली के शल्य चिकित्सक थे, जहाँ उन्होंने एक चिड़ियाघर संगठित किया जो बाद में कलकत्ता अलीपुर चिड़ियाघर बना। 1804 ई. में बैरकपुर में लार्ड वेलेस्ली द्वारा स्थापित भारत के प्राकृतिक इतिहास को बढ़ावा देनेवाले संस्थान के प्रभारी बनें।

1807 से 1814 ई. तक, बंगाल सरकार के निर्देशों के तहत, उन्होंने ब्रिटिश ईस्ट इंडिया के अधिकार क्षेत्र के भीतर के क्षेत्रों का व्यापक सर्वेक्षण किया। उन्हें स्थलाकृति, इतिहास, पुरावशेष, निवासियों की स्थिति, प्राकृतिक उत्पादन (विशेष रूप से मत्स्य पालन, जंगल और खदान), कृषि (सब्जियाँ, उपकरण, खाद, बाढ़, घरेलू जानवर, बाड़ आदि), वज़न, माप, परिवहन, व्यापार और वाणिज्य पर रिपोर्ट करने को कहा गया था। उनके निष्कर्षों को ग्रन्थों की एक श्रृंखला में लेखबद्ध किया गया है। उनके द्वारा किए गए कार्यों में भारतीय मछली प्रजातियों पर एक महत्त्वपूर्ण कार्य शामिल है, जिसका शीर्षक है 'गंगा नदी और उसकी शाखाओं में पायी जानेवाली मछलियों का लेखा-जोखा', जिनमें 100 से अधिक प्रजातियों का वर्णन है जिन्हें पहले वैज्ञानिक रूप से मान्यता नहीं मिली थी। उन्होंने इस क्षेत्र के कई नए पौधों का संग्रह कर गहराई से वर्णन किया है। वह 1814 ई. में विलियम रॉक्सबर्ग के बाद कलकत्ता वनस्पति उद्यान के अधीक्षक बनें लेकिन 1815 ई. में खराब स्वास्थ्य के कारण उन्हें ब्रिटेन लौटना पड़ा। उसी वर्ष उनको अपनी माँ की सम्पत्ति विरासत में मिली जिसके परिणामस्परूप उन्होंन हैमिल्टन उपनाम अपना लिया और स्वयं को फ्रांसिस हैमिल्टन नाम से सन्दर्भित किया। हालाँकि, उनको अन्य लोगों द्वारा 'बुकानन हैमिल्टन' या 'फ्रांसिस बुकानन-हैमिल्टन' के नाम से जाना जाता है।

3. विल्क्स, एम., हिस्टोरिकल स्केचेज ऑफ द साउथ ऑफ इंडिया भाग-1, लांगमैन पाब्लिशर, लन्दन, 1810, पृ. 118
4. मांटगोमरी, मार्टिन आर., द हिस्ट्री, ऐंटिक्विटीज, टपॉग्रफी एंड स्टैटिस्टिक ऑफ ईस्टर्न इंडिया, कम्पाइलिंग डिस्ट्रिक्ट्स ऑफ बिहार, शाहाबाद, भागलपुर, गोरखपुर, दीनाजपुर, पूर्णिया, रंगपुर एंड आसाम, भाग-2, लन्दन, 1838, पृ. 961
5. मांटगोमरी मार्टिन पृ. 975
6. मांटगोमरी मार्टिन पृ. 976
7. चोकसी, आर. डी., इकोनॉमिक हिस्ट्री ऑफ द बाम्बे, दकन एंड कर्नाटक (1818-1868), पूना, 1945, पृ. 213
8. टेलर, जे. ए., ए डिस्क्रिप्टिव एंड हिस्टोरिकल अकाउंट ऑफ द काटन मैन्यूफैक्चर्स ऑफ ढाका इन बंगाल, लन्दन, 1851, पृ. 73
9. शास्त्री, के. ए. एन., एंड वेकेंट रमनय्या एन. (सम्पा.), फर्दर सोर्सेज ऑफ विजयनगर हिस्ट्री, भाग-1, मद्रास, 1946, पृ0-118
10. विल्क्स, एम., हिस्टोरिकल स्केचेज ऑफ द साउथ इंडिया..... भाग-1, लन्दन, 1810, पृ. 118
11. (दि ईस्ट इंडिया कम्पनी, पेपर्स, रिपोर्ट्स एंड प्रोसिडिंग्स), मिनट्स ऑफ एविडेंस टेकन विफोर द सेलेक्ट कमेटी ऑन द अफेयर्स ऑफ दी ईस्ट इंडिया कम्पनी भाग-3 लन्दन, 1832, पृ. 359
12. लोगन, डब्ल्यू., मलाबार, भाग-2, मद्रास, 1887, पृ. cc,clxxiv
13. वतन एक अरबी शब्द है, वतन व्यवस्था की शुरुआत दक्खन में मुसलमान शासन की स्थापना के बाद हुई। महाराष्ट्र में गाँव के सम्भ्रात वर्ग के कई प्रतिनिधियों को भी ये पदनाम मिले थे (यह सरकार द्वारा गाँव में कार्यरत पदाधिकारी को ग्रामीण समुदाय को सेवाएं प्रदान करने के बदले दिया जानेवाला आनुवांशिक अनुदान था।), ये गाँव के स्थाई निवासी (देसज) होते थे। वतन का अर्थ मौरूसी हैसियत (आनुवांशिक अधिकार) होता था, समाज में उनके अलावा कोई दूसरा व्यक्ति उनके पेशे नहीं अपना सकता था और न ही पुरस्कार में बलूतें ग्रहण कर सकता था। बलूता प्रत्येक खेत से वर्ष में हर फसल पर मिलनेवाला अंश था जिसका निश्चय परम्परानुसार होता था। कतिपय बलूतेदारों को खेत का एक टुकड़ा मौरूसी काश्त के लिए मिलता था, इसे मिरासित या 'इनाम' भी कहते थे। आमतौर पर उन सभी लोगों को हकदार कहते थे जिनको ग्राम समाज में कोई ओहदा प्राप्त था। कारीगरों और ग्राम सेवकों को **बलूतेदार** या **अलूतेदार** कहते थे। मुग़ल सल्तनत के दस्तावेज़ों में सामुदायिक कारीगरों को बड़ा-बलूते, बड़ा बलवती कहा गया है, मराठा परम्पराओं में 12 बलूतेदारों और 12 अलूतेदारों का जिक्र आता है, किन्तु अठारहवी शताब्दी और उन्नीसवीं शताब्दी में अलूतेदारों का कोई निश्चित समुह न था, प्राय: ये बलूतेदारों में ही अन्तर्भुक्त हो गए थे। बलूतेदारों में आमतौर पर निम्नलिखित कारीगर शामिल होते थे, बढ़ई (सुतार), लुहार, कुम्हार, धोबी (परिज), नाई (न्हावी), चमार, चौकीदार (महार) आदि। अलूतेदार में सोनार (पोतदार, कभी-कभी वह बलूतेदार भी होता था), कोली (पनभरा), चौकीदार, मिराशी, आदि शामिल थे। उपमहाद्वीप के विभिन्न इलाकों में इनकी संख्या भिन्न-भिन्न होती थी, कभी-कभी तो यह 27 तक पहुँच जाती थी। कुल मिलाकर ग्राम-समाज के पूर्ण किसान सदस्यों की अपेक्षा इनकी सामाजिक हैसियत नीची होती थी, ये निचली जाति के माने जाते थे। सत्रहवीं-अठारहवीं शताब्दी में सामुदायिक कारीगरों की हैसियत के बारे में जानकारी आई.एम. ट्यस्नेर की 'सम फैक्ट्स एबाउट प्राब्लम्स ऑफ विलेज कम्युनिटी एंड मराठाज इन एंटींथ सेंचुरी एंड इन द बिगिनिंग ऑफ नाइनटींथ सेंचुरी', पृ. 179-217 से ली गई है इसमें उन प्रश्नों का विस्तृत विश्लेषण है जो मूल दस्तावेज़ों से उत्पन्न होते हैं।

और भी देखिए-
मिनाएव, आई. पी., एनशिएंट इंडिया, कमेंट्स ऑन अफानासी नीकितन वॉयेजेज एक्रास थ्री सीज, सेंट पीटर्सबर्ग, 1881, पृ. 115
बेडन-पावेल बी., 'ए स्टडी ऑफ दकन विलेजेज, देयर ओरिजिन एंड डेवलपमेंट', जर्नल ऑफ रॉयल एशियाटिक सोसाइटी, 1957 पृ. 257-258
ग्रांट, डफ जे., ए हिस्ट्री ऑफ मराठाज, भाग-1, लन्दन 1826, पृ. 29
साइक्स, डब्ल्यू. एच., ऑन द लैंड टैन्योर्स ऑफ दकन, भाग-2, लन्दन, 1835, पृ. 217-225

14. (दि ईस्ट इंडिया कम्पनी, पेपर्स, रिपोर्ट्स एंड प्रोसिडिंग्स) सेलेक्शन ऑफ द पेपर्स फ्राम द रिकार्डस ऐट दी ईस्ट इंडिया हाउस रिलेटिंग टू द रिवेन्यू, पुलिस एंड सिविल एंड क्रिमिनल जस्टिस अंडर द कम्पनीज गवर्नमेंट इन इंडिया, भाग-4, लन्दन, 1828, पृ. 661
15. मार्शल, टी., स्टैटिस्टिकल रिपोर्ट्स ऑन द परगनास ऑफ बादशाहपुर, बेलगाँव, कलानिद एंड चाँदगढ़, खानपुर, बागुलकोट एंड बादामी इन द सदर्न मराठा कंट्री .....बम्बई, 1822, पृ. 57
16. मार्शल, पृ. 25
17. मांटगोमरी मार्टिन, पृ. 542
18. मांटगोमरी मार्टिन पृ. 235
19. मोरलैंड, डब्ल्यू एच., रिलेशन ऑफ गोलकुंडा इन द अर्ली एटींथ सेंचुरी लन्दन, 1931, पृ. 29
20. बुकानन, पृ. 265
21. मांटगोमरी मार्टिन, पृ. 26
22. साइक्स, डब्ल्यू. एच., ऑन द लैंड टैन्योर्स ऑफ दकन, भाग-2, लन्दन, 1835, पृ. 274
23. डिस्ट्रिक्ट्स गजेटियर पंजाब, भाग-13ए, होशियारपुर डिस्ट्रिक्ट, 1904, पृ.173
24. साइक्स, डब्ल्यू. एच., ऑन द लैंड टैन्योर्स ऑफ दकन, पृ. 226
25. आर्कियालाजिकल सर्वे ऑफ मैसूर, मैसूर , 1913, पृ. 22
26. मांटगोमरी मार्टिन, भाग-2, पृ. 255
27. कभी-कभी ढलाईकारों, खरादवालों, विभिन्न अनुष्ठानों के लिए समान बनानेवालों आदि के नाम भी इनमें आते हैं, कारीगरों का इस प्रकार विभाजन हिन्दू धर्म सम्मत था, एक अनुश्रुति है कि विश्वकर्मा (या ब्रह्मा) को पाँच पुत्र हुए है जिनके नाम हैं मनु, मय, त्वष्ट्रा, शिल्पि, विशगज (दैवस), सामुदायिक शिल्पी जातियों की इन्हीं पाँच पुत्रों से उत्पत्ति हुई है।
    मोरलैंड, डब्ल्यू एच., रिलेशन ऑफ गोलकुंडा इन द अर्ली एवेंटिथ सेंचुरी लन्दन, 1931 पृ. 19
28. सेम्योनोवा, एन. आई., विलेज कम्यूनिटी एंड फ्यूडल लैंड ओनिंग इन रणजीत सिंह, स्टेट इन ट्रांजेक्शन ऑफ इन्स्टीट्यूट ऑफ ओरिएंटल स्टडीज, भाग-12, 1955, पृ. 77
29. सेम्योनोवा, पृ. 80
30. मोरलैंड, पृ. 19
31. दी ईस्ट इंडिया कम्पनी पेपर्स, भाग-2, पृ. 359
32. मोरलैंड, पृ. 19
33. मांटगोमरी मार्टिन, भाग-2, पृ. 252
34. टैवर्नियर, जे. बी., ट्रैवल्स इन इंडिया, भाग-2, लन्दन 1925 पृ. 349
35. पंजाब डिस्ट्रिक्ट गजेटियर, भाग-13ए, 1904, पृ. 173
36. सेन, एस., एडमिनिस्ट्रेटिव सिस्टम ऑफ द मराठा (फ्रांस ओरिजनल सोर्सेज) कलकत्ता, 1925, पृ. 225

37. पावलोव, वी. आई., फार्मेशन ऑफ इंडिया बुर्जुआ, मॉस्को, 1958, पृ. 19
38. बारबोसा, डी., द बुक ऑफ डुआर्ट बारबोसा, एन अकांउट ऑफ द कंट्रीज बार्डरिंग ऑन दी इंडियन ओशन एंड देयर इंहैबिटेंट्स, भाग-2, लन्दन, 1918-1921, पृ. 58;
    अलयेव, एल. बी., साउथ इंडिया : सोशियो इकोनॉमिक हिस्ट्री ऑफ फोर्टीन्थ टू एटींथ सेन्चुरी, मॉस्को, 1964, पृ. 297-98
39. शास्त्री, के. ए. एन. एवं वेंकट रमनय्या एन. (सम्पा.), फर्दर सोर्सेज ऑफ विजयनगर हिस्ट्री, भाग-3, मद्रास, 1946, पृ. 312
40. मांटगोमरी मार्टिन, भाग-2, पृ. 252
41. साइक्स, पृ. 359
42. साइक्स, पृ. 225

2

लघु हस्तशिल्प उत्पादन

मध्यकालीन भारत (1500-1800) में विक्रय हेतु दो प्रकार के लघु हस्तशिल्प का उत्पादन होता था। प्रथम हस्तशिल्प वह होता था जिसमें उत्पादन बाज़ार के लिए किया जाता था, जो किसान परिवारों में कृषि के साथ जुड़ा हुआ था। दूसरा प्रकार वह था जिसे पेशेवर कारीगर तैयार करते थे, ये शहर और देहात में माल (विक्रय योग्य वस्तु) के उत्पादक थे।

विवेच्य-काल में हम देखते हैं कि किसानों के परिवारों में विक्रय योग्य लघु हस्तशिल्प का उत्पादन कृषि से पृथक हो गया अर्थात अब किसान अपना उत्पादन मंडी में भेजने लगा। यह बात विशेषकर कपास, जूट और तिलहन जैसी औद्योगिक फसलों के ऊपर व्यापक रूप से लागू थी। अठारहवीं शताब्दी के दस्तावेज़ों में इस बात के स्पष्ट प्रमाण हैं कि किसान खेती के अलावा मंडी में बेचने के लिए भी कुछ वस्तुओं का उत्पादन करते थे।

इस काल के भारतीय किसानों द्वारा सूत कातना एक प्रमुख कुटीर उद्योग था। अनेक लेखकों ने लिखा है कि, बंगाल, उड़ीसा, मैसूर और भारत के अन्य भागों के बाज़ारों में कपास का जो सूत बिकता था वह महिलाएँ तैयार करती थीं। फ्रांसिस बुकानन के अनुसार, दीनाजपुर (बंगाल) में ऊँचे घराने की स्त्रियाँ फुरसत के समय और किसानों की स्त्रियाँ अपने अधिकांश समय में सूत कातती थीं।[1] गोरखपुर के अधिकांश घरों में जो अच्छा सूत तैयार होता था, वह उच्च वर्ग की महिलाएँ तैयार करती थीं।[2] मैसूर में सभी किसान और निम्न जातियों की स्त्रियाँ अच्छी कत्तिनें होती थीं।[3] विशाखापट्टन और गंजाम (आन्ध्र प्रदेश) में ब्राह्मणों को छोड़कर सभी सूत कातते थे। मुख्य रूप से स्त्रियाँ बच्चे और अन्य विकलांग व्यक्ति जो दूसरा काम नहीं कर सकते थे, सूत कातते थे। सूत की सफाई, धुनाई और कताई एक भोड़े से चरखे पर होती थी। बालक-बालिकाएँ अपनी माताओं की मदद करती थीं।[4] अठारहवीं शताब्दी के उत्तरार्ध के दस्तावेज़ों में गाँव का कताई उद्योग धीरे-धीरे माल (विक्रय योग्य वस्तु) का रूप धारण करने लगा था।

कुटीर उद्योग से माल उत्पादन में परिवर्तन के प्रथम चरण में किसान महिलाएँ घरों में उत्पादित कपास से सूत बनाती थीं जो बाज़ार में बिकने जाता था। दीनाजपुर में कपास के अधिकांश का इस्तेमाल सूत कातने में किसानों की स्त्रियाँ करती थीं। शेष हाट में बिकने के लिए चला जाता था, जो हफ्ते में एक दिन लगती थी।[5] मैसूर में हरिहर के आसपास के इलाके में बहुत सा सूत काता जाता था, किसानों के खेत में जो कपास उगती थी उसका काफी हिस्सा उनकी स्त्रियाँ सूत कातने में इस्तेमाल कर लेती थीं[6], विशाखापट्टनम और

गंजाम में किसान परिवारों की स्त्रियों और बच्चों द्वारा काता सूत बाज़ार में बिक जाता था।[7]

किसानों की कताई के रूप-परिवर्तन के दूसरे चरण में किसान स्त्रियाँ बाज़ार से कपास खरीदकर लाती थीं और उसका सूत कातकर बाज़ार में बेच देती थीं। दीनाजपुर में छोटे-मोटे व्यापारी उन स्त्रियों को कपास बेचते थे जो कत्तिनों का काम करती थीं। वे अपना सूत बुनकरो को बेच देती थीं।[8]

भारत के दूसरे भागों में लघु उद्योग के रूप में कच्चे रेशम से धागे बनाकर किसान बाज़ार में बेचते थे। बंगाल में जो लोग रेशम के कीड़े पैदा करते और कोये पालते थे उनको **चस्सर** कहते थे। पन्द्रहवी शताब्दी के आरम्भ में एक चीनी यात्री मा'हुआन भारत आया था। उसने उस काल में रेशम की बुनाई के विकास पर रोशनी डाली है।[9] बंगाल में मालदा, मुर्शिदाबाद, कासिमबाज़ार के आसपास चस्सरों की बहुत बडी-बड़ी बस्तियाँ थीं। गुजरात, कश्मीर और दूसरे भागों में भी रेशम का उत्पादन होता था।

शहतूत के पौधे उगाना, रेशम के कीड़ों का प्रजनन और कोयों से लच्छे बनाना ये सभी काम एक ही किसान करता था किन्तु, उत्पादक शक्तियों के विकास और सामाजिक श्रम गहराते जाने से इन पेशों में विशेषता आती गई और फिर ये काम अलग-अलग समुदाय करने लगे। जहाँ तक जाति का प्रश्न था, जो किसान शहतूत पैदा करते थे (अर्थात शुद्ध रूप में किसान थे), प्रथानुसार समाज में उनका स्थान पेशेवर रेशम कातनेवालों और बुननेवालों से ऊँचा था। कोये पालनेवालों की सामाजिक हैसियत काफी ऊँची थी। वे प्राय: दूसरे पेशेवालों को अपने खेतों में किसानी के काम में लगाते थे। उनका काम खेत जोतना, पौधों की जड़ों पर मिट्टी चढ़ाना, आदि होता था। बंगाल में मुख्य रूप में पंडा जातिवाले पितृ पितामह से रेशम के कीड़े पालने का काम करते थे, किन्तु दूसरी जातियों के लोग भी इस पेशे में थे। ब्राह्मण और कायस्थ रेशम के कीड़े के प्रजनन का काम नहीं करते थे क्योंकि उनको विश्वास था कि ये कार्य उनकी जाति के नियमों के विरुद्ध है। जो लोग कोये पालते थे वे ही उनकी लच्छियाँ भी बनाते थे, किन्तु जरूरी न था कि वे हमेशा यह काम करते। रेशम के कोयापालकों द्वारा बाज़ार में बेचने के लिए रेशम के धागों का उत्पादन करना इस बात का प्रमाण है कि गाँवों के सामुदायिक शिल्प अब अपनी आत्मनिर्भरता खो रहे थे।

बंगाल में उन्नीसवीं शताब्दी तक किसान परिवारों का **मटका** (मोटे किस्म का सूत) पुराने ढंग से हाथ से काता जाता था। यह सूत मोटे किस्म के रेशम के कपड़े बनाने के काम में आता था (उसको भी मटका कहते थे)। गरीब कोया पालकों की स्त्रियाँ मटका सूत तैयार करती थीं। मोटी कारीगरीवाले रेशम के बुनकरों के परिवार में भी मटका सूत बनाते थे। जमीन में एक गड्ढा करके उनमें कोये रखते जाते और उन पर मिट्टी डालते जाते थे या फिर एक विशेष किस्म का घोल उन पर छिड़क कर उन्हें ढक देते थे, फिर कोये में रेशम के धागे का एक कोना पकड़कर उसे एक तकुए पर और फिर रील (लटाई या नटाई) पर चढ़ा देते थे। इस तरह घर की स्त्रियाँ फुरसत के पलों में रेशम के लच्छे तैयार कर देती थीं। मटके का घर में बुनाई में इस्तेमाल होता था या उसे बाज़ार में बेच देते थे। मटका बुनकर परिवारों में स्त्रियाँ कोये पालकों से कोये खरीद लाती थीं।

चस्सर परिवारों में प्रचुर मात्रा में कच्चे रेशम की बाइंडिंग की जाती थी। उसके लिए वे एक सुक्ष्म तकनीक का इस्तेमाल करते थे। उन्नीसवीं शताब्दी के प्रथम चरण के एक अंग्रेजी दस्तावेज़ में इसका वर्णन हुआ है, जिसमें कहा गया है कि- चस्सर जो रेशम के कीड़े पालते हैं (ईंधन के रूप में उपलों का इस्तेमाल कर), मिट्टी के बरतन में कोयों को खोल देते हैं। यह बंगाल की ननती (बाँस की चरखी) पर रखी रहती है, इस तरह जो धागा तैयार होता है उसे **पटनी** कहते हैं। जितना मोटा धागा तैयार करना हो उसे ध्यान में रखकर चार, पाँच या इससे ज्यादा कोयों को एक साथ खोलते हुए हाथ से उनकी बटाई की जाती है। इस तरह के कच्चे रेशम को बंगाल में **खमरु** (खंगरु) या **पुतनी** कहते हैं। इसका मतलब यह था कि यह रेशम गाँव में तैयार हुआ है। इस तरह रेशम की बाइंडिंग और रीलिंग का कार्य उन गाँवों में खुब प्रचलन में था जहाँ रेशम के कोये पाले जाते थे। बाबिनो पर चढ़ाकर अच्छे किस्म के रेशम को मोटे किस्म के रेशम से पृथक कर लिया जाता था। फिर इन्हें बाँटकर अच्छी लच्छी तैयार कर लिया जाता था। इसके बाद उसे नज़दीक हाट में व्यापारियों का बेच देते थे जो उसे शहरी बाज़ार में बेच देते थे।

यूरोपीय व्यापारियों ने भारतीय रेशम कत्तिनों की भूरि-भूरि प्रशंसा की है। रेशम के धागे पूरने में अगर धागा जरा भी मोटा या पतला हो तो वो तुरन्त जान जाती थीं। ध्यान में रखने की बात यह है कि सत्रहवीं-अठारहवीं शताब्दी में पेशेवर कताई और रेशम वस्त्र निर्माण के विकास से कारीगरों के कौशल का स्तर तो उठा ही, इसके साथ-साथ रेशम के धागे बनाने के क्षेत्र में भी श्रम-विभाजन को प्रोत्साहन मिला और कारीगरों के उपकरणों में भी सुधार हुए। इससे व्यापार की उत्पादक शक्तियों में भी काफी विकास हुआ। हम देख चुके हैं कि अठारहवीं शताब्दी के उत्तरार्ध में और इससे पहले भी बंगाल में रेशम के कोयों से रेशम निकालकर लच्छियाँ बनानेवाले परिवार विद्यमान थे जिन्हें **नकाड़** या **नकोड़** कहते थे। इनके तरीके पुराने थे, यद्यपि ये हाथ से काम नहीं करते थे बल्कि, इसके लिए वे एक देशी रीलिंग मशीन का इस्तेमाल करते थे, जिसे घई या बंक कहते थे। इसका यह नाम उस घई (तसली) की वजह से पड़ा जिसमें रेशम के कोये उबाले जाते थे। अठारहवीं शताब्दी के आठवें दशक में यूरोपीय इसके लिए इतालवी तकनीक लाए थे परन्तु, भारत में घई वाली तकनीक उसके पहले से इस्तेमाल में आ रही थी। बंगाल में, इस देशी रीलिंग मशीन में प्राप्त कच्चे रेशम को खमरू (खंगरू) कहा जाता था। दो कारीगर देशी मशीन पर काम करते थे। एक था कटानी (रीलर या स्पिनर), जो बेसिन में कोकून को उबालने और उनकी रीलिंग की निगरानी भी करता था, दूसरा पकदार (बाइंडर) तहबिल (रील) घुमाता था जिस पर 8 से 20 कोकून से बना रेशम का धागा लपेटा जाता था। रेशम के रेशों को एक धागे में एक समान रूप से पिरोने के लिए एक विशेष उपकरण था।

बुनाई के व्यापार के जरिए हम लघु हस्तशिल्प कृषक उद्योगों के विकास को समझ सकते हैं। अठारहवीं शताब्दी के अन्तिम भाग में कपड़ों का (आमतौर पर मोटे किस्म का) जिसका बंगाल और बिहार की निम्न कृषक जातियों में उत्पादन होता था, का एक भाग मंडी में बिकने के लिए जाता था। इसी काल में कपड़ों की बढ़ती हुई माँग की पूर्ति के लिए किसान जातियों के कुछ लोग भी जो अन्य जातियों के थे, बेचने के लिए कपड़े

बुनने लगे।[10] मैसूर में किसान जूट की खेती करते थे। वे इस जूट के मोटे धागे तैयार कर टाट बना लेते थे, जिसे बाज़ार में बेच देते थे। गड़ेरियों के परिवार भी फसलें उगाते थे और कम्बल बुनते थे।[11]

सोलहवीं, सत्रहवीं शताब्दी में किसान एक महत्त्वपूर्ण हस्तशिल्प का काम करते थे। वह था शोरे का उत्पादन। शोरे का इस्तेमाल मुख्य तौर पर बारूद के निर्माण में होता था। शोरा उत्पादन के सबसे बड़े केन्द्र गुजरात, बंगाल, बिहार के कई इलाकों में, आन्ध्रप्रदेश, मैसूर, विशेषकर आगरा के आसपास के जिलों में थे।[12] गुजरात में बोहरा शोरा बनाते थे। ये मुसलमान किसान थे। एफ. पेल्सर्ट ने नोनी मिट्टी से शोरा बनाने की विधि बतलाई है जो सत्रहवीं शताब्दी के प्रारम्भ में प्रचलित थी।

> नमक बनाने की क्यारियों की तरह पहले दो उथली क्यारियाँ बनाई जाती हैं। इनमें एक क्यारी दूसरे से बहुत बड़ी होती है। बड़ी क्यारी में नोनी मिट्टी भर देते हैं। जमीन में बनी नालियों के द्वारा उसे पानी से भर देते हैं। इसके बाद मिट्टी को पैरों से खूब माड़ते हैं। इस काम के लिए बड़ी संख्या में मजदूर रखे जाते थे। मिट्टी सनकर पतला गारा बन जाती है। इसे दो दिन तक इसी अवस्था में छोड़ देते हैं ताकि पानी में सत उतर आए। फिर पानी एक बड़ी मोहड़ी से बाहर निकलकर दूसरी क्यारी में जमा हो जाता है और एक पतली सी पपड़ी बनने लगती है, यह कच्चा शोरा होता है। लोहे के कड़ाहों में इसका पानी सुखा देते हैं। पानी सुखाने के लिए उसकी सफेदी को देखकर एक या दो बार उबालते हैं। उबालते समय उसकी मैल निकालते जाते हैं। अन्त में जब वह बिल्कुल साफ हो जाता है, तब रख देते हैं। रात में ओस पड़ने से उस पर एक पपड़ी पड़ जाती है। अगर उसमें कुछ मैल अभी तक बची रह गई हो तो वह तल में बैठ जाती है। फिर घड़ों को फोड़कर शोरे को धूप में सुखा लेते हैं।[13]

पहली उबाल के बाद कच्चा शोरा बनता है। दूसरी उबाल के बाद **कलमी** (उससे साफ) तीसरी उबाल के बाद **सीठी** शोरा बनता है जो अच्छी किस्म का माना जाता है।

नोनिया (इन्हें उत्तर प्रदेश, मध्यप्रदेश और बिहार में नोनिया, चौहान, लोनिया; आंध्र प्रदेश, तेलंगाना, तमिलनाडु और कर्नाटक में उप्पारा; बंगाल और असम में नोनिया या नूनिया; महाराष्ट्र और गुजरात में लोनारी; हरियाणा और पंजाब में नूनगर कहते हैं) जाति के लोग बिहार में विश्व के सबसे उच्च कोटि के शोरा का निर्माण करते थे। शोरा (पोटैशियम नाइट्रेट) एक रासायनिक यौगिक है। इसका अणसूत्र KNO_3 है।

नोनिया जाति (चौहान, लोनिया) मुख्य रूप से पूर्वी उत्तर प्रदेश (ग़ाज़ीपुर, आज़मगढ़, मऊ जनपद) और बिहार (पटना, सिवान, सारण, मुज्जफरपुर, नालंदा, नवादा, शेखपुरा) एवं आसपास के क्षेत्रों में निवास करती हैं, जो पारंपरिक रूप से नमक बनाने की गतिविधियों में शामिल थी। गंगा-गंडक-कोशी कछार में लोनी मिट्टी या नोनी मिट्टी मिलती है। नोनिया नाम की जाति इस मिट्टी से नमक बनाया करती थी। लोनिया संस्कृत शब्द 'लवण' से आया है। लवण से लोन/नोन/नून हुआ और लोन से लोनिया, नून से

नोनिया हो गया। लवण को हिन्दी में नमक कहते हैं। नोनिया हमारे केमिकल इंजीनियर थे। उनके पास नोन (नून) ही नहीं, इस मिट्टी से शोरा बनाने की कला भी थी।

बंगाल, गुजरात (खम्भात के पास), आगरा के आस-पास के इलाकों, अहमदाबाद और कोरोमंडल तट पर नील की खेती होती थी। जिसका इस्तेमाल रंग बनाने में होता था।[14] सत्रहवीं शताब्दी के प्रारम्भ में यूरोप के एक सौदागर ने लिखा था कि, हम जो नील खरीदते हैं, वह अधिकांश इन पाँच जगहों में बनती है।[15]

सोलहवीं-अठारहवीं शताब्दी के अति विकसित लघु पण्य कृषि उद्योगों में शक्कर और तेल के उद्योग थे जो सिन्धु, गुजरात, मलाबार, मैसूर, बिहार, कोरोमंडल के तटीय प्रदेशों और ख़ासकर बंगाल में बड़े पैमाने पर चल रहे थे।[16] शक्कर मुख्य रूप से गन्ना और दक्षिण भारत में ताड़ के रस से बनाते थे। गन्ना पेरने के लिए किसान हाथ से चलनेवाले कोल्हू का इस्तेमाल करते थे, किन्तु बड़े-बड़े कारखाने भी होते थे। इनके कोल्हू में ईख पेरने के लिए कई जोड़ी बैल जोते जाते थे। ईख का रस लोहे के बडे-बड़े कड़ाहों में उबाला जाता था। इस तरह गुड़ के बड़े-बड़े पिंड बना लेते थे। इन्हें सुखाकर कभी-कभी शक्कर बनाते थे।

किसानों द्वारा बेचने के लिए उत्पादन करने से उत्पादक शक्तियों का जिस तरह विकास हुआ उसके परिणामस्वरूप श्रम का सामाजिक विभाजन गहरा होता गया, कृषि से दस्तकारी अलग होती गई। इससे पेशेवर कारीगरों की संख्या बढ़ती गई। अब दस्तकारी इन कारीगरों के जीवन-यापन का मुख्य साधन बन गई। कृषि माल हस्तशिल्पों के मुकाबले उनके क्रियाकलापों ने अब लघु पण्य-वस्तु (कमोडिटी) उत्पादन का रूप ले लिया।

आलोच्य-काल की एक विशिष्ट विशेषता यह थी कि रुई के बने कपड़ों का उत्पादन काफी विकसित हो गया था, विशेषकर सत्रहवीं-अठारहवीं शताब्दी में और इस व्यवसाय में विभिन्न जातियों के बहुत सारे लोग आ गए थे। उदाहरणार्थ-बंगाल के दीनाजपुर जिले में किसान जातियों की स्त्रियों के अलावा ऊँची हैसियत की स्त्रियाँ भी सूत कातती थीं। उच्च जातियों की स्त्रियों के फ़ुरसत का अधिकांश समय सूत कातने में जाता था। .....यहाँ तक कि ब्राह्मणों की स्त्रियाँ भी यह फायदे का काम करती थीं।[17]

उच्च जातियों का सूत आमतौर पर बढ़िया होता था। ख़ासकर बंगाल में गरीब ब्राह्मण विधवाएँ बहुत अच्छा सूत कातती थीं। आम रैयतों की स्त्रियों का सूत मोटे किस्म का होता था। मेहनत का काम करने की वजह से उनकी उँगलियाँ कड़ी पड़ जाती थीं, इसलिए वे महीन सूत नहीं कात सकती थीं।[18] कताई उच्च जाति के महिलाओं का पेशा होता गया जिससे वे अपना और अपने आश्रितों का जीवनयापन करती थीं।

सोलहवीं-सत्रहवीं शताब्दी में पेशेवर कताई के प्रचार के साथ-साथ बुनाई के व्यापार के बढ़ने से कताई की उत्पादक शक्तियों का और अधिक विकास हुआ। इस प्रकार श्रम का और विभाजन हुआ। कताई से पहले रुई के संस्कार से जुड़े परिचालन और धागे के संस्करण के कई दूसरे कार्य-जो पहले स्त्रियाँ करती थीं, अब स्वन्तत्र पेशे बन गए। इसमें रुई के सफाईकार, धुनिया, रज्जुकार, लच्छीकार (बाइंडर) आदि प्रमुख हैं।[19] अठारहवीं शताब्दी के अन्त और उन्नीसवीं शताब्दी के प्रारम्भ में तकिया, गद्दा बनाने का एक

अलग व्यवसाय बन गया।[20]

मलमल आदि बनाने के काम आनेवाले महीन धागों के उत्पादन के लिए विशेष प्रकार की कताई होती थी। ये धागे हाथ से कातकर तकली से बनाए जाते थे। इसके लिए कत्तिनों की तेज दृष्टि और कोमल उँगलियों की आवश्यकता होती थी। अठारह से तीस साल के बीच की स्त्रियाँ सबसे अच्छा सूत कातती थीं। 40 की उम्र के बाद उनकी आँखें कमजोर पड़ जाती थीं जिससे वे उम्दा किस्म का सूत नहीं कात सकती थीं। कताई का काम दिन भर नहीं कर सकते थे क्योंकि कत्तिनों की उँगलियाँ और आँखें जल्द थक जाती थीं। दोपहर की गरमी में पतला धागा बीच से टूट जाता था। इसलिए लम्बे वक्त तक काम बन्द रहता था। जब कत्तिनें महीन सूत कातने के लिए बैठती थी तो सामने एक बरतन में साफ पानी रख लेती थीं जिसमें सूत दिखलाई पड़ता था। इस प्रकार आँखों पर कम जोर पड़ता था। आमतौर पर वे चार से पाँच घंटे काम करती थीं। सुबह के दो-तीन घंटे और शाम के दो घंटे सूत कातती थीं।[21]

डब्ल्यू. वार्ड ने लिखा है कि बंगाल में कपास का सूत कातनेवाली स्त्रियाँ प्राय: अपना सूत व्यापारियों या बुनकरों को बेचकर महीने में सात से दस शिलिंग (लगभग पाँच से आठ रुपए) कमा लेती थीं।[22] तथापि, एन. के. सिन्हा के अनुसार उनकी कमाई इतनी न थी। उनका कहना है कि अति कुशल कत्तिन जो अच्छे से अच्छा सूत तैयार करती थी उसकी मासिक कमाई तीन रुपये तक होती थी। कत्तिनों को सूत बेचने के लिए स्थानीय मंडी में नहीं जाना पड़ता था। कभी-कभी बुनकर उनके घर पर ही पेशगी भुगतान कर जाते थे। औसत दर्ज़े के सूत के लिए उनको दो रुपया मासिक मिल जाता था, मोटे सूत के लिए 12-14 आने मिलते थे। शान्तिपुर (बंगाल) में बहुत बढ़िया कपड़ा बनता था। यहाँ कत्तिनें 4 से 5.50 रुपये मासिक कमा लेती थीं। एन. के. सिन्हा ने हिसाब निकाला है कि उस जमाने में एक व्यक्ति का करीब एक रुपये में भरण-पोषण हो जाता था।[23]

पेशेवर कत्तिनों को अपने परिवार के भोजन का खर्च चलाने के लिए पूरी तरह बाज़ार पर निर्भर रहना पड़ता था। इससे अकाल पड़ने पर उनको बड़ी कठिनाइयों का सामना करना पड़ता था। 1770 ई. में बंगाल में जो अकाल पड़ा था, उस दौरान बहुत सी कत्तिनों और कपास उत्पादकों की मृत्यु हो गई थी, इससे सूत की कीमतों में 25 प्रतिशत की वृद्धि हो गई थी।[24]

सोलहवीं-सत्रहवीं शताब्दी में जहाँ तक रोजगार देने का प्रश्न है भारत में कपड़े बुनने का व्यवसाय सबसे प्रमुख था। उस जमाने के सामन्ती समाज की अर्थव्यवस्था में इसकी प्रमुख भूमिका थी। सोलहवीं शताब्दी में बंगाल, गोलकुंडा (कोरोमंडल तट), गुजरात, सिन्धु, आगरा, अवध, बनारस और कुछ दूसरे जिलों में बने कपड़े बड़े लोकप्रिय थे।[25]

दक्षिण भारत के गाँवों में चौदहवीं-सोलहवीं शताब्दी में पेशेवर बुनकरों के उल्लेख से पता चलता है कि अनेक जातियाँ खेती से आगे बढ़कर पृथक तौर पर कारीगरी पेशा अपना रही थीं। यह बात विशेषकर कपड़ा-बुनाई के बारे में लागू होती है। पहले यह किसानों का खाली समय के लिए सहायक काम था, अब बुनाई का पेशेवर काम हो गया और

बुनकर दस्तकारों की एक पृथक जमात बन गई। इसका सम्बन्ध इस नई परिस्थिति से भी था जिसमें गाँव में जमीन का स्वामित्व समुदाय के हाथों से खिसक गया था। जो किसान अपनी जमीनों से बेदखल हो चुके थे, उन्होनें बुनकर पेशा अपना लिया।

खेती और दस्तकारी की पृथकता के फलस्वरूप शहर देहात से दूर होते चले गए। पेशेवर शहरों और उनसे जुड़े देहात में बसते चले गए। ये ही धीरे-धीरे उद्योग और व्यापार के केन्द्र बनते गए। इस प्रकार पन्द्रहवी-सोलहवीं शताब्दी में खम्भात और अहमदाबाद (गुजरात), चोल (कोंकण), आगरा और बनारस, सतगाँव-सोनारगाँव, मसूलीपट्टनम, काँचीवरम और पुलिकट जैसे शहरों में बुमकरों की तादाद दूसरे शहरों से ज्यादा थी।[26] कभी-कभी बुनकरों को मन्दिर से जमीन इस शर्त पर दी जाती थी कि वे मन्दिर के लिए वस्त्र दिया करेंगे।[27]

कृषि से शिल्प और देहात से शहर का अलगाव विशेषकर पूरी सत्रहवीं और अठारहवीं शताब्दी में होता चला गया। इसका सम्बन्ध गाँवों में भूमि के सामुदायिक स्वामित्व की प्रथा के विघटन में वृद्धि होने से भी है। इसका एक अन्य कारण कपड़ों की माँग में वृद्धि होना भी है। इस प्रक्रिया से बुनकरों की बस्तियाँ तेजी से बनती गईं, इसके साथ-साथ शहरों में बुनकरों की जनसंख्या भी बढ़ती गई।

प्राय: प्रत्येक भारतीय शहर में बुनकर थे। बड़े-बड़े शहरों में उद्योग और व्यापार के केन्द्रों में अनेक तरह के दस्तकारों की फौज तैयार होती गई जो बेचने के लिए समान तैयार करते थे। उदाहरणार्थ-सत्रहवीं शताब्दी के तीसरे दशक में मसूलीपट्टनम में 7,000 बुनकर रहते थे।[28] हरिहरपुर (उड़ीसा) में 3,000 बुनकर गृहस्थ थे, इनके अलावा भी बहुत से बुनकर थे। 1640 ई. के आस-पास बनारस में 7,000 बुनकर थे।[29] 1630 ई. के आसपास सिन्ध के दो शहरों थट्टा और नसीरपुर में करीब 3000 बुनकर परिवार रहते थे।[30]

सत्रहवीं शताब्दी के तीसरे दशक में ढाका सूती वस्त्रों के उत्पादन का सबसे बड़ा केन्द्र था। उस समय उसकी आबादी 1,50,000-2,00,000 थी।[31] इनमें सबसे बड़ी संख्या बुनकरों की थी। मालदा शहर में जो बंगाल में वस्त्रोत्पादन का अच्छा खासा केन्द्र था, 1807 ई. में वहाँ 4000 करघे चलते थे।[32] सत्रहवीं शताब्दी के प्रारम्भ में गुजरात में उद्योग और व्यापार के केन्द्रों के चारो तरफ बुनकरों की बस्तियाँ भरी पड़ी थीं।[33]

मसूलीपट्टनम, निजामपट्टनम (पेटपोल्लि) और मदपल्लम के चारो ओर बुनकरों की बस्तियाँ थी।[34] एक अंग्रेज भारतीय लोक सेवा अधिकारी ने 1670 ई. में लिखा था—"मदपल्लम में कपड़े की बहुत बड़ी मंडी है। इसके आसपास के सभी गाँवों में बुनकर बसे हुए हैं।"[35]

मद्रास कभी कोरोमंडल तट पर एक छोटा सा गाँव था। सत्रहवीं शताब्दी के अन्त तक यह एक अच्छा खासा उद्योग तथा व्यापार का केन्द्र बन गया। तब इसकी आबादी 1,50,000 थी। इसकी आबादी में बुनकरों की बहुतायत थी।[36]

सत्रहवीं शताब्दी के तीसरे दशक में फ्रांस्वा पिरार्ड ने बंगाल के छबासपुर और सोनारगाँव के बारे में लिखा है कि- "इन नगरों और इनके आसपास के गाँवो के निवासियों

की जीविका बुनाई उद्योग से चलती है। इनका कपड़ा उच्च कोटि का माना जाता है।"[37] ढाका के चारो तरफ भी बुनकरों की बस्तियाँ थीं। अठारहवीं शताब्दी के मध्य में आर. ओर्म्स नामक एक अंग्रेज सिविल सर्वेंट (लोक सेवक) कलकत्ता आया, उसने लिखा है कि- "बंगाल में मुख्य सड़कों और बड़े शहरों के आस-पास गाँवों में ऐसा कोई निवासी (मर्द, औरत या बच्चा) नहीं था जो कपड़ा उद्योग में न लगा हो।"[38]

आर. ह्यूज नामक एक अंग्रेज ने लिखा है कि, "बिहार के लखावर (लखवूर, लखौर) कस्बे के आसपास के गाँवों ('गोंगे', जाहिर तौर पर 'गंज' जिसका मतलब गाँव या बस्ती है) की आबादी 1620 के दशक में मुख्य रूप से बुनकरों की थी। ये एक विशेष किस्म का कपड़ा बनाते थे जिसे **अम्बर्ती** (अर्मिती, इमरती, अमिरती-मजबूत कपड़ा) कहते थे।"[39] इसके दस साल बाद पीटर मंडी वहाँ आया था, उसने लिखा है कि, "इन गाँव के व्यापारी यह कपड़ा गाँव-गाँव घूमकर थोड़ी-थोड़ी मात्रा में इकट्ठा करते हैं।"[40]

सत्रहवीं अठारहवीं शताब्दी में उड़ीसा के शहरों के इर्द-गिर्द भी बुनकरों की ऐसी ही बस्तियाँ थीं। बालासोर के उपान्त में रहनेवाले बुनकर **सन्नो** या **सानू** (एक खास किस्म का सूती कपड़ा) बनाते थे।

भारत में कपड़े खरीदने के लिए यूरोपीय व्यापारी भी बड़ी तादाद में आने लगे। बम्बई के आसपास अंग्रेजों के कारखाने थे। अब ईस्ट इंडिया कम्पनी बुनकरों को करों में तरह-तरह की छूट देने का प्रलोभन देकर अपने कारखानों के इर्द-गिर्द बसाने लगी। सत्रहवीं शताब्दी के आठवें दशक में उन्होनें बुनकरों के लिए बम्बई में बाहर से आनेवाली सूती धागों और कच्चे रेशम को करमुक्त कर दिया था।[41] 1790 ई. तक बंगाल के बुनकर जो ईस्ट इंडिया कम्पनी के आर्डर पूरा करते थे, अपनी जरूरत का सूत स्वयं खरीदते थे। मगर सूत की गुणवत्ता अच्छी न होने से कपड़े की गुणवत्ता पर बुरा असर पड़ता था, इसलिए 1790 ई. में अंग्रेजों ने फैसला किया कि वे स्वयं थोक में सूत खरीदकर बुनकरों को दिया करेंगे।[42]

बुनकर मात्र अपने सूत के लिए ही नहीं बल्कि अपनी रोजी-रोटी के लिए भी बाज़ार पर आश्रित था। अगर फसल मारी गई तो उसे भूखों मरने की नौबत आ जाती थी। 1630 ई. में भयंकर अकाल पड़ा था। उस समय सूरत के आसपास बसे बहुत से बुनकर भूख से मर गए।

बुनकरों के उपकरण भी माल की श्रेणी में आ गए। महत्त्व की बात यह है कि बंगाल में सोलहवीं शताब्दी में ख़ास कारीगर ही करघों के लिए ख़ास किस्म की बेंते तैयार करते थे। मुकुंदराम चक्रवर्ती कविकंकण ने अपनी पुस्तक चंडीमंगल में लिखा है कि, "जो बेंते बनाते (शाब्दिक अर्थ में बाँधते) थे उनको **शंतकार** (शाब्दिक अर्थ में बेंत बनानेवाले) कहते थे। बुनकर परिवार से उनकी जीविका चलती थी।[43] दीनाजपुर में एक करघा 2.50 रुपये में मिलता था। सूत लपेटने का परेता और एक चरखा, दोनों दो-दो आने में मिलते थे।"[44]

अठारहवीं शताब्दी मध्य में बंगाल में **ताँती** (बुनकर जाति) के सम्भ्रान्त परिवारों के कारीगर आमतौर पर अपनी पूँजी लगाकर माल तैयार करते थे जिसे वे अपने ढंग से

बेचते थे। सत्रहवीं शताब्दी में सूत की धुनाई और रंगाई भी बुनकरो के परिवारों में होती थी। लेकिन जब उत्पादन की मात्रा बढ़ गई और उत्पादन शक्तियों का विकास हो गया तो इस व्यापार में श्रम विभाजन भी गहरा होता गया। अब बुनकर परिवार सिर्फ बुनाई का काम करते थे। पेशे के दूसरे सभी काम उन्होनें छोड़ दिए। कताई, कोयों से रेशम के रेशे निकालना, उसे परेते पर लपेटना फिर उससे उतारकर कई रेशों को बाँटकर धागे तैयार करना, कपड़ों की धुलाई-रंगाई आदि सभी स्वन्तत्र पेशे में विकसित हो गए।

तकनीकी दृष्टि से भारत के बुनकर जिन उपकरणों का विशेषकर अठारहवीं शताब्दी के उत्तरार्ध में इस्तेमाल करते थे, वे अंग्रेजों के उपकरणों की तुलना में कम विकसित या निम्न स्तर के थे। डब्ल्यू. वार्ड ने अपनी निजी जानकारी के आधार पर लिखा था कि- "अठारहवीं शताब्दी के अन्तिम भाग में बंगाल के बुनकर का 'करघा' असल में ब्रिटिश करघे जैसा ही था। हलाँकि, वह बहुत ज्यादा सरल और अपूर्ण था।"[45] किन्तु, भारतीय करघे की 'सरलता' का अर्थ यह न था कि उसका रूप 'आदिम' (प्रिमीटिव) था। इसका प्रमाण यह है कि ढाका जिले में बुनकर सूती कपड़ा बनाने के लिए 120 अलग-अलग उपकरणों का इस्तेमाल करते थे। उनका कपड़ा बहुत ही बढ़िया माना जाता था।[46] अठारहवीं शताब्दी के अन्तिम भाग में यह करघा क्षैतिज (होरिजोंटल) था। इसमें एक बीम, एक कंघा और एक ढरकी होती थी।

उत्पादन का अनुभव पीढ़ियों से जुटता रहा, पिता अपने पुत्र को और पुत्र अपने पुत्र को सिखाता चला गया। भारत में वस्त्र उत्पादन का यह तरीका बड़े महत्त्व की बात है। इस तरह भारत का मजदूर अत्यन्त मामूली उपकरणों से उदाहरणार्थ, इंग्लैंड के मजदूरों के उपकरणों की तुलना में, सरल से सरल उपकरणों के जरिए ऐसे उम्दा कपड़े तैयार करता रहा जिसकी बराबरी दुनिया में कोई नहीं कर सकता था। अठारहवीं शताब्दी के अन्त और उन्नीसवीं शताब्दी के प्रारम्भ में कपड़ा बनाने की मशीनों के आ जाने के बाद इस स्थिति में परिवर्तन आया।

बंगाल में अठारहवीं शताब्दी के उत्तरार्ध में रुमाल बनानेवाले कारीगरों की आमदनी के बारे में लिखित प्रमाण उपलब्ध है। मामूली किस्म का कारीगर एक महीने में तीन रुमाल बना लेता था। कुशल कारीगर पाँच रुमाल बनाते थे। एक रुमाल की आमदनी एक से डेढ़ रुपये थी। इस प्रकार एक कारीगर की औसत मासिक आय 5 से 6 रुपये होती थी। मलमल बनानेवाले कारीगर की आमदनी भी इतनी ही होती थी।[47]

एन. के. सिन्हा ने हिसाब लगाकर बताया है कि, "अठारहवीं शताब्दी के आठवें दशक में एक बालिग पर मासिक खर्च करीब एक रुपया होता था।" इससे पता चलता है कि उस जमाने में बंगाल में ऐसे बुनकर थे जो अपनी आमदनी से अपने परिवार का भरण-पोषण कर कुछ बचा सकते थे। यह बात उन कारीगरों पर लागू थी जो खरीदारों के मुहताज न थे। अधिकांश बुनकर, विशेषकर वे जो ईस्ट इंडिया कम्पनी के लिए काम करते थे, कंगाली की हालत में रहते थे। उनके पास नए सिरे से काम करने के लिए पूँजी नहीं होती थी। इसलिए बहुत से कारीगर करघे फेंककर दूसरे कामों में लग गए। जो अपने

करघों से चिपके रहे, उनमें से अधिकांश धीरे-धीरे मरने को बाध्य थे।[48]

उपलब्ध प्रमाणों से ज्ञात होता है कि ढाका, सोनारगाँव, पटना, सूरत, भड़ौंच, अहमदाबाद, मसूलीपट्टनम और अन्य शहरों में रंगाई और छपाई का कार्य विशेष कुशल कारीगर करते थे। कपड़ों के विरंजन के लिए विशेष रसायन डालकर उसे उबालते थे, उसके बाद कपड़ों की धुलाई करते और फिर उन्हें धूप में सुखा देते थे। इसके लिए उसे मेहनताना मिलता था। दस कपड़ों के लिए उसे तीन रुपये मिलते थे।[49] कोरोमंडल तट पर सत्रहवीं शताब्दी के चौथे दशक में विरंजक की मासिक कमाई 2.50 पैगोडा (एक पैगोडा-3.00-3.50 रुपये) होती थी। ऐसा ही रिवाज़ सूरत में भी था।[50]

गोलकुंडा के **छीपी** (छपाई का कारीगर) सोलहवीं-सत्रहवीं शताब्दी में अपनी कारीगरी के लिए प्रसिद्ध थे। मसूलीपट्टनम, निजामपट्टनम, नरसापुर, अरमागाँव, मद्रास और दूसरे नगरों के आसपास भी कपड़ों की अच्छी छपाई होती थी। छपाई के दो तरीके थे; हाथ से पतली कूची के जरिए या लकड़ी के ठप्पों के जरिए। गोलकुंडा में कूची से छपाई की जाती थी। पश्चिम भारत (गुजरात आदि) में लकड़ी के ठप्पों से छपाई होती थी जिसमें डिजाइनें बनी होती थीं। कूची से छपाई किए कपड़ों को **कलमदार** कपड़ा कहते थे। फारसी में कूची को कलम कहते हैं ।

कपड़े पर कूची से छपाई का काम कठिन होता था। सत्रहवीं शताब्दी के अन्त में भारत में आए एक डच यात्री डी. हैवर्ट ने पालकोल्लु में आँखों देखी विधि का ब्योरा लिख छोड़ा है-

> "पहले वे एक खुरदरा कपड़ा लेते हैं। उसे धोकर सफेद कर लेते हैं। फिर कुछ कर्कायल पीटते हैं और उसे दूध में डाल देते हैं। इसी में सफेद कपड़े को भी भिगो देते हैं फिर उसे सुखा लेते हैं। फिर अपने हिसाब से वे कपड़े की तह लगाते हैं। फिर उसकी कुन्दी कर उसे घना कर लेते हैं। उसके पश्चात किसी गद्दी से उसका पानी सोख लेते हैं। पहले स्पंज पर रेखांकन कर लेते हैं। अगर कोई रंग डालने होते हैं, जैसे लाल, बैगनी, हरा आदि तो हर रंग के लिए कपड़े पर फिटकरी का पानी लगाते हैं। जहाँ-जहाँ जो रंग लगाना होता है, उस हिसाब से फिटकरीवाली जगहों पर रंग भर देते हैं। ये रंग उनकी बगल में प्यालियों में रखे रहते हैं।"[51]

कपड़ों के व्यापारियों के पास डिजाइनों की किताबें रहती थीं, कारीगरों को इनमें से जैसी डिजाइन का आर्डर मिलता था, वे वैसी डिजाइनें बना देते थे। डिजाइनों का चुनाव स्थानीय माँग को ध्यान में रखकर करते थे। सत्रहवीं शताब्दी में छींट (चिंट्ज) के छपाईवाले कपड़े का काम खूब बढ़ा। इसी जमाने में कपड़ों की छपाई के काम में भी श्रम-विभाजन बढ़ता गया।

सत्रहवीं शताब्दी के आठवें दशक में जे. फ्रायर नामक एक अंग्रेज यात्री भारत आया था, वह कोरोमंडल तट पर गया था। उसनें वहाँ की छपाई के बारे में लिखा है कि, "छोट-छोटे बच्चों और वयस्क लोगों की मदद से जमीन पर कपड़ा फैला देते हैं। उसे वे बड़ी कुशलता के साथ पैरों से रौंदते हैं।[52] अक्सर छपाई का काम जमीन पर न करके मेजों पर करते हैं जो इस काम के लिए ख़ासतौर पर बनवाई जाती है।" जे.

ओलफ्सन ने सत्रहवीं शताब्दी के तीसरे दशक में कोरोमंडल तट पर छपाई के एक कारखाने के बारे में लिखा है (जिसे वह रंगाई घर कहता है दरअसल, वह छपाईघर था) कि, "बड़े-बड़े घर बने थे जिनमें उनका घर और कारखाना साथ-साथ होता था। वह बताता है कि रंगाई के काम में कई काम करने होते हैं; कपड़े के खाके बनाना, उनमें रंग भरना और सुखाना। इसमें उस्ताद छपाकार की सहायता में पूरा परिवार जुटा रहता था। कोरोमंडल तट पर छपाईवाले कपड़े बहुत ही उच्च कोटि के बनते थे। इनके रंग इतने पक्के होते हैं कि बार-बार धुलाई के बाद भी इनकी चमक फीकी नहीं पड़ती, जो कपड़े फट जाने पर भी यथावत रहते हैं।

कपड़े की बुनाई, विरजंन और रंगाई के अलग-अलग पेशे बन जाने से श्रम विभाजन गहरा होता गया। इस तरह शिल्प कृषि से और शहर गाँवों से पृथक होते गए। व्यापार और उद्योग केन्द्रों के चारो ओर बसे बहुत से गाँवों में बुनकरों, छपाईकारों और रंगरेजों के अलावा दूसरी किसी जाति का कोई घर नहीं होता था। ए. शोर ने सत्रहवीं शताब्दी के प्रारम्भ में लिखा था-"नरसापुर के पड़ोस में कोरोमंडल तट की भाँति बहुत से बुनकर रहते थे। इनके अलावा कपड़े पर चित्रकारी करनेवाले, लुहार, बढ़ई, सोनार, दर्ज़ी और दूसरे कारीगरों के भी घर हैं किन्तु दूसरों (बुनकरों, चित्रकारों) के बराबर इनकी संख्या नहीं है।"[53] सोलहवीं शताब्दी में अहमदनगर में ताम्रकारों का महत्त्वपूर्ण स्थान था। सोलहवीं शताब्दी के अन्त में गोवा में ताम्रकारों की एक ही गली थी।[54] जे. ओलफ्सन ने सत्रहवीं शताब्दी के पूर्वार्द्ध में गोलकुंडा के ताम्रकारों के बारे में लिखा है :

> टाँका लगानेवाले शहर की गलियों में 'टाँके लगवा लो' की हाँक लगाते हुए मकानों के सामने से गुजरते थे। जिन्हें टूटे-फूटे बरतनों आदि की मरम्मत करानी होती है, वे अपना समान लाकर उनके समक्ष रख देते हैं। ये कारीगर निहाई, धौकनी, हथौड़ी, चिमटे आदि उपकरण अपने साथ लाते हैं। इनके पीछे-पीछे इनके बच्चे कोयले की बोरी लिए साथ चलते हैं। इनकी धौकनियाँ हमारी तरह की नहीं होती हैं। इनमें तीलियाँ नहीं रहती, इनमें हवा भरी रहती है। इनके किनारे पर किसी किस्म की लकड़ी भी नहीं रहती, एक लम्बी नली रहती है। यह नली धौंकनी के ऊपरी हिस्से में कीलों से जुड़ी रहती है। किसी भी मकान के सामने ये अपनी धौकनी और छोटी सी निहाई रख देते हैं और वहीं घुटनों के बल बैठकर ये धौंकनी चलाने लगते हैं। ये हमारी तरह उन्हें नहीं फुलाते। ये धौकनी को बीच से पकड़कर उसे दबाते हैं और हवा के झोंके से आग को तेज कर लेते हैं।[55]

अठारहवीं शताब्दी के अन्त और उन्नीसवीं शताब्दी के प्रारम्भ में बिहार में ढलैयावालों के परिवार होते थे। ये बड़े आदिम तरीके से अयस्क को पिघलाकर लोहा तैयार करते थे जिसे व्यापारी खरीदकर लुहारों को बेच देते थे।

फ्रांसिस बुकानन जोर देकर कहता है कि, इस जमाने के लुहार बिहार के गाँवों में ग्राम-समाज के अनुचर नहीं होते थे। इससे यह पता चलता है कि इस काल में श्रम विभाजन पक रहा था। लुहार व्यापारियों से घटिया दर्ज़े के लौह-पिंड खरीद लाते थे और उन्हें तपाकर अपनी मर्ज़ी के मुताबिक विभिन्न आकार की छड़ें बना लेते थे। इनसे ही हल की फालें बनती

थीं और दूसरे औजार बनाए जाते थे। लुहारों के कारखाने वहीं बनते थे जहाँ लौह अयस्क सुलभ होता था। एक भट्ठी पर प्राय: पूरा परिवार काम करता था। ये छड़ें, गुल्लियाँ, चादरें आदि तैयार करते थे, जो बिक जाती थीं। लोहे की फालें बनाने के लिए गुल्लियाँ महंगी बिकती थीं। लुहार की एक दिन की आमदनी दो आना होती थी। होशियार व अनुभवी लुहार तीन आने तक कमा लेते थे। शहरी लुहार अलग किस्म के होते थे जो स्थानीय बाज़ारों के लिए उच्च कोटि के उपकरण तैयार करते थे, जैसे-भालों के फलक, तलवारें, तोपें और तरह-तरह के चाकू, छुरे आदि-आदि। मुंगेर के बने हथियार मशहूर थे। गाँवों के लुहारों की आमदनी शहरी लुहारों की आय की आधी होती थी। एक गाँव में आमतौर पर एक या दो परिवार लुहारों के होते थे। कभी-कभी तो एक ही परिवार छह से आठ गाँवों के लिए उपकरण बनाता था। गाँव का लुहार खेतिहरों को उपकरण बेचता था।

तेल पेरने का उद्योग पहले किसानों का गृह-उद्योग था, अब पेशेवर तेली यह काम करने लगे।[56] सोलहवीं-अठारहवीं शताब्दी में सिन्ध, गुजरात, बंगाल, उड़ीसा और गोलकुंडा (मैसूर) में तिलहन की अच्छी पैदावार होती थी। जिसके लिए देश ही नहीं बल्कि विदेशों में भी अच्छा बाज़ार था।[57] तेली कोल्हू (दक्षिण भारत में इसे शेक्कू कहते थे) से तेल पेरते थे, उन्हें एक विशेष कर देना पड़ता था। ये कोल्हू पत्थर के बने होते थे। कभी-कभी वे इतने विशाल होते थे कि उनको चलाने के लिए कई जोड़ी बैलों की जरूरत होती थी। तेल बाज़ार में बिक जाता था।

चीनी उत्पादन भी किसान उद्योग था। यह एक विशेष उद्योग के रूप में विकसित हुआ। चीनी निर्माता गन्ने और ताड़ के रस को पकाकर गुड़ और चीनी बनाते थे। पुर्तगाल के एक व्यापारी डी. बार्बोसा ने बंगाल में चीनी उत्पादन की प्रक्रिया पर प्रकाश डाला है। सोलहवीं शताब्दी के प्रारम्भ में उसने लिखा है कि- "यहाँ गन्ने से सफेद चीनी बनती है। किन्तु इन्हें ये नहीं मालूम कि इसे दबाकर डलियाँ कैसे बनाई जाती है इसलिए ये भुरभुरी चीनी को ही चमड़े के थैलों में भरकर भेज देते हैं।"[58]

अठारहवीं शताब्दी के आठवें दशक में चीनी उत्पादन की प्रक्रिया का जे. एस. स्टावॉरिनस का निम्नलिखित विवरण ध्यान देने लायक है—

> "ये पक्की लकड़ी के दो मोटे रोलरों के बीच गन्नें को दबाकर उसका रस निकालते हैं। ये रोलर दो फुट लम्बे और छह इंच व्यास के होते हैं। ये दोनों रोलर सीधे बल एक के उपर एक करके रहते हैं। ये दोनों रोलर इस तरह जुड़े होते हैं कि ज़रा भी हिलते-डुलते नहीं। इनके बीच करीब चौथाई इंच जगह रहती है। हर एक रोलर के किनारे में चार अरे (स्पोक्स) या हत्थे होते हैं जिन्हें दो व्यक्ति विपरीत दिशाओं में घुमाते हैं। इन रोलरों के बीच से गन्ने की करीब चौथाई इंच चौड़ी खोइयाँ बाहर निकलती जाती हैं और रस नीचे रखी नाद में भरता जाता है। इस रस को चूल्हे के छेदों पर रखे बरतनों में रखकर पकाते हैं। चूल्हे में सूखी खोइयाँ ही ईधन के रूप में जलाई जाती हैं। इस तरह से गुड़/खांडसारी शक्कर बनती है।"[59]

नमक बनाना भी किसान उद्योग से पेशेवर शिल्प बना। नमक के कारीगरों को बंगाल में **मलंगी** (मौलंगी) कहते थे। ये दो वर्गों में बटे थे-**अजूरा** (अजोरा) और ठीका। पहले वर्ग के

कारीगरों के घर और जमीनें नमक के कारखाने (खलरियों) के पास होती थीं। नमक बनाना इनका खानदानी पेशा था। ठीकावाले कारीगर मालिकों के यहाँ साप्ताहिक मजदूरी के ठेके पर काम करते थे।[60] धूप में पानी सुखाकर बने नमक को **कुर्कुत्व** कहते थे। इससे उन्नत तरीका भी था जिसमें लवण-जल को उबालकर नमक बनाते थे। ऐसे नमक को **पुंगा** कहते थे। बंगाल और मैसूर में नमक बनाना खानदानी पेशा था।[61]

कुम्हारों और चमारों द्वारा बाज़ार के लिए समान बनाना भी आत्मनिर्भर ग्रामीण सामुदायिक शिल्पों के विघटक का प्रमाण है। अठारहवीं शताब्दी के अन्त और उन्नीसवीं शताब्दी के प्रारम्भ में हम देखते हैं कि छोटे व्यापारी गाँव के कुम्हारों से बरतन खरीदकर बाज़ार में खुदरा बेच देते थे।[62] बिहार में चमार स्थानीय रुचि के जूते बनाता था। ऐसे ग्रामीण चमार 3 रुपये और शहरी चमार 5 से 6 रुपये के बीच कमाई कर लेता था।[63] लघु-वस्तु उत्पादन अपने दो रूपों में-किसान हस्तशिल्प और पेशेवर कारीगरों की गतिविधियों ने भारत की ग्रामीण और विशेष रूप से शहरी आबादी के एक बहुत बड़े हिस्से को अपने में समाहित कर लिया; इसने सोलहवीं-अठारहवीं शताब्दी में उपमहाद्वीप के सामंती राज्यों की अर्थव्यवस्था में एक महत्वपूर्ण भूमिका निभाई।

लघु-वस्तु हस्तशिल्प उत्पादन का विकास श्रम के सामाजिक विभाजन, शिल्प को कृषि से और शहर को गाँव से अलग करने पर आधारित था। ये सभी प्रक्रियाएँ विवेच्य-काल में उभरकर सामने आईं। इसमें कोई शक नहीं कि पारम्परिक कृषक सम्बन्धों के विघटन और ग्राम-समुदाय में कृषकों की जोतों के बिखराव, समाज में सम्पत्ति की निरन्तर बढ़ती असमानता, आत्मनिर्भर अर्थव्यवस्था का विघटन, पण्य-मुद्रा सम्बन्धों के विस्तार आदि कारणों से इस प्रक्रिया की गति और तेज हो गई। अठारहवीं शताब्दी के अन्तिम और उन्नीसवीं शताब्दी के पूर्वार्द्ध में भारत औपनिवेशिक अत्याचारों का शिकार हो गया जिसके कारण पुराने सामाजिक संगठन की चूलें हिल गईं। इससे सामुदायिक शिल्प का पारम्परिक रूप ढहने लगा। अठारहवीं शताब्दी के अन्त और उन्नीसवीं शताब्दी के प्रारम्भ तक कृषको और कारीगरों के बीच खरीदने और बेचनेवाले का रिश्ता बनने लगा।

लघु-वस्तु हस्तशिल्प उत्पादक कारीगरों की सामाजिक आर्थिक अवस्था की एक विशेषता यह थी कि अब हर पेशे के कारीगर की अपनी जाति होती थी। वंशानुगत पेशे से जाति का निर्णय होता था। इसकी दूसरी परम्परा अपनी जाति में ही विवाह करने की थी। सोलहवीं शताब्दी के अन्त में भारत की यात्रा पर आए डच यात्री जे. एच. लिंशोटन ने लिखा है कि- "भारत के हिन्दुओं में रिवाज़ है कि कोई व्यक्ति अपना पुश्तैनी पेशा नहीं बदल सकता। उसे अपने पिता का पेशा अपनाना होता है और उसी पेशे की कन्या से ही विवाह करना पड़ता है।"[64]

ई. आइव्स के मतानुसार, "कारीगरों को पुराने ढर्रे से अलग नहीं कर सकते थे। यदि आप उन्हें कुछ सिखाना चाहते हैं या कोई बेहतर तरीका बताना चाहते हैं तो वे अपने पुरखों के रिवाज़ की दुहाई देगें। जिनके प्रति उनके मन में असीम सम्मान होता है। वे अपनी प्राचीन परम्परा से एक इंच भी नहीं हटते।"[65] आइव्स एक अंग्रेज यात्री था जो अठारहवीं शताब्दी

के मध्य में भारत आया था।

सामन्त शासक अपनी इच्छा से चाहें जिस वस्तु पर अपना एकाधिकार घोषित कर सकता था। सामन्त शासक क्रय के एकाधिकार का इस्तेमाल करते थे। वे ही इन वस्तुओं विशेषकर अच्छी कारीगरी की वस्तुओं के प्रमुख उपभोक्ता थे। पीटर मंडी ने सोलहवीं शताब्दी के तीसरे दशक में लिखा है कि, "अम्बरी अर्थात मलमल जिसे हम पटना के आसपास से खरीदते थे, अब बहुत महंगा हो गया है क्योंकि स्थानीय सूबेदार यहाँ की मलमल खरीदकर बादशाह के महल के लिए भेज देता है। इस काम में यहाँ के अधिकांश बुनकर लगे रहते हैं। शाह और सामन्त सरदारों के इस्तेमाल के लिए बने कपड़ों और दूसरी वस्तुओं को **सरकार** कहते थे।"[66] विशेष शासकीय हुक्म से इनके दाम निर्धारित किए जाते थे और कारीगरों की मजदूरी तय होती थी। मुग़ल साम्राज्य में यही प्रथा थी।

कारीगरों के आर्थिक-राजनीतिक जीवन के अनेक पहलुओं पर सामन्ती शासकों की मनमानी का प्रभाव पड़ता था। शासक किसी नए शहर में या उपनगर में बसने पर मजबूर कर सकते थे। कभी-कभी ये शासक पुरानी तकनीक के स्थान पर यूरोपियों द्वारा चालू किए गए प्रगतिशील तकनीकी सुधारों का भी विरोध करते थे।

भारत के कारीगरों का दारुण कष्टपूर्ण जीवन की व्याख्या डच यात्री फ्रांसिस्को पेल्सर्ट ने भी किया है जिसने सोलहवीं शताब्दी के दूसरे दशक (बीसवें वर्ष) में भारत की यात्रा की थी। कारीगरों के कष्ट दो प्रकार के हैं, पहला यह कि उन्हें मजदूरी कम मिलती है, दूसरा कष्ट सूबेदार द्वारा दमन है। सूबेदार के साथ-साथ उसके छोटे-बड़े अहलकार यानी दीवान, कोतवाल, बख्शी, आदि उसकी गर्दन नापने को तैयार बैठे रहते हैं। यदि इनमें से किसी को किसी कारीगर की जरूरत पड़ती तो वह उससे यह नहीं पूछता था कि तुम्हारी मजदूरी कितनी होगी, वह काम करने को तैयार है या नहीं। होता यह था कि उसे उसके घर या सड़क/गली से ही पकड़वा लाते थे। अगर किसी तरह का विरोध करता तो उसकी अच्छी पिटाई की जाती थी। दिन भर काम कराकर शाम को उसकी मजदूरी का आधा चुकता कर देते थे। कभी-कभी तो बेचारे को एक छदाम भी नहीं देते थे।[67] कारीगरों पर स्थानीय सरकारी अमले ही अत्याचार नहीं करते थे। सत्रहवीं-अठारहवीं शताब्दी में यूरोप के व्यापारियों, ख़ासकर अंग्रेजों ने भी ऐसी भूमिका अपना ली।

मध्यकालीन ग्रामीण व्यवस्था के अन्तर्गत उन सामाजिक और आर्थिक आवश्यकताओं को ढूंढ़ा जा सकता है जिनके कारण कृषि पर आधारित हस्त उद्योग एवं बाज़ार के लिए उत्पादित वस्तुओं के उत्पादन का क्रम साथ-साथ चल रहा था। उत्पादन की इस प्रक्रिया में महत्त्वपूर्ण परिवर्तन सत्रहवीं शताब्दी में स्पष्ट देखा जा सकता है, जब उत्पादन का लक्ष्य स्थानीय आवश्यकताओं की पूर्ति से उठकर विस्तृत माँग की पूर्ति हो गया था। यह परिवर्तन केवल उत्पादन की मात्रा में वृद्धि तक ही सीमित न होकर नवीन उद्योग धन्धों की स्थापना एवं व्यवसायिक दक्षता के क्षेत्र में हुआ जिसने भारतीय आर्थिक एवं सामाजिक स्थिति पर महत्त्वपूर्ण प्रभाव डाला।

ग्राम-समाज में परम्परागत रूप से हस्तशिल्प उद्योग कृषि के साथ जुड़े हुए थे। ग्राम-समाज के अध्ययन में उन दस्तकारों का उल्लेख किया जा चुका है जो मुख्यत: कृषक वर्ग

की आवश्यकताओं की पूर्ति के लिए विभिन्न वस्तुओं का उत्पादन करते थे। इनमें सुनार, लुहार, खाती, चमार, आदि वर्ग दस्तकारी से सम्बन्धित विभिन्न कार्यों में दक्ष थे तथा स्थानीय माँग के अनुसार वस्तुओं का निर्माण करते थे। यद्यपि स्थानीय गृह उद्योग का यह स्वरूप मध्यकाल में बना रहा, तथापि मुग़लकाल में मौद्रिक अर्थव्यवस्था के विकास और विस्तार तथा कृषि उत्पादन की प्रकृति में परिवर्तन के परिणामस्वरूप कृषि पर आश्रित गृह-उद्योगों का स्थान धीरे-धीरे व्यवसायिक वस्तु उत्पादन ने ले लिया। दस्तकारी उद्योग के अन्तर्गत यह विशेषता सोलहवीं से अठारहवीं शताब्दी के मध्य में स्पष्ट रूप से देखने को मिलती है।

सन्दर्भ सूची

1. मांटगोमरी मार्टिन, आर., द हिस्ट्री, ऐंटिक्विटीज, टपॉग्रफी एंड स्टैटिस्टिक्स ऑफ ईस्टर्न इंडिया, कम्पाइलिंग डिस्ट्रिक्ट्स ऑफ बिहार, शाहाबाद, भागलपुर, गोरखपुर, दीनाजपुर, पूर्णिया, रंगपुर एंड आसाम, भाग-2, लन्दन, 1838, पृ. 959
2. मांटगोमरी मार्टिन, पृ. 277
3. बुकानन, एफ. एच., ए जर्नी फ्राम मद्रास थ्रू द कन्ट्रीज ऑफ मैसूर, कनारा एंड मलाबार, भाग-2, लन्दन, 1807, पृ. 263
4. रीड, ए., द बारामहल रिकार्ड्स सैक्शन IV प्रोडक्शन, मद्रास, 1912, पृ. 59
5. मांटगोमरी मार्टिन, भाग-3, पृ. 960
6. बुकानन, पृ. 317
7. रीड, पृ. 59
8. मांटगोमरी मार्टिन, पृ. 267
9. मा' हुआन'स अकाउंट ऑफ द किंगडम ऑफ बंगाल, ज.रा.ए.सो. 1885, पृ. 53
10. मांटगोमरी मार्टिन, पृ. 975
11. बुकानन, पृ. 78
12. अबुल फजल अल्लामी, द आईन-ए -अकबरी, भाग-1, अनुवादित द्वारा हेनरिक ब्लॉकमेन, द रॉयल एशियाटिक सोसाइटी ऑफ बंगाल, कलकत्ता, 1873
13. पेल्सर्ट, एफ., जहाँगीर'स इंडिया: द रिमॉन्स्तरांसी ऑफ फ्रांसिस्को पेल्सर्ट, अनुवादित द्वारा डब्ल्यू. एच. मोरलैंड एंड पी. गेल, कैम्ब्रिज, 1925, पृ. 46
14. लिंशोटन, जे. एच., द वॉयेज ऑफ ह्यूगेन वान लिंशोटन टू दी ईस्ट इंडीज, भाग-1, लन्दन, 1897, पृ. 62
15. मोरलैंड, डब्ल्यू. एच., रिलेशन ऑफ गोलकुंडा द अर्ली सेंवेटींथ सेंचुरी, लन्दन, 1931, पृ. 61
16. मा' हुआन'स अकाउंट, पृ. 531
17. मांटगोमरी मार्टिन, पृ. 959
18. सिन्हा, एन. के., द इकोनॉमिक हिस्ट्री ऑफ बंगाल: फ्राम प्लासी टू द परमानेंट सेटेलमेंट, भाग-1, कलकत्ता, 1661, पृ. 183
19. शास्त्री, के. ए. एन. और वेंकटरमनय्या, एन. (सम्पा.), फर्दर सोर्सेज ऑफ विजयनगर हिस्ट्री, भाग-3, मद्रास, 1946, पृ. 90
20. मांटगोमरी मार्टिन, पृ. 959

21. सिन्हा, पृ. 183
22. वार्ड, डब्ल्यू., ए व्यू ऑफ द हिस्ट्री, लिटरेचर एंड रिलीजन ऑफ द हिन्दुस्तान .....भाग-1, लन्दन, 1817, पृ. 93
23. टेलर, जे. ए., अ डिस्क्रिप्टिव एंड हिस्टोरिकल अकाउंट ऑफ द काटन मैन्युफैक्चर ऑफ ढाका इन बंगाल, लन्दन, 1851, पृ. 72
24. सिन्हा, पृ. 160
25. बारबोसा, डी., द बुक ऑफ डुआर्ट बारबोसा, एन अकाउंट ऑफ द कंट्रीज बार्डरिंग ऑन दी इंडियन ओशन एंड देयर इनहैबिटेंट्स, भाग-2, लन्दन, 1919, पृ. 132
26. बार्थेमा, एल., द ट्रैवल्स ऑफ लुडोविको डि बार्थेमा इन ईजिप्ट, सीरिया, अरेबिया, पर्शिया, इंडिया 1508, लन्दन, 1863, पृ. 107
27. बार्थेमा, पृ. 308
28. ओलफ्सन, जे., द लाइफ ऑफ द आइसलैंड जान ओलफ्सन ट्रैवल टू इंडिया, ब्रिटेन बाई हिमसेल्फ एंड कम्प्लीटेड अबाउट 1661 ए.डी., भाग-1, लन्दन, 1923, पृ. 158
29. मैनरिक, एस., ट्रैवल्स ऑफ फ्रे सेबेस्टियन मैनरिक (1629-1643) भाग-2, आक्सफोर्ड, 1927, पृ. 147
30. फोस्टर, डब्ल्यू. (सम्पा.), दी इंग्लिश फैक्ट्रीज इन इंडिया ए कैलेंडर ऑफ डाक्यूमेंट्स आक्सफोर्ड, इन दी इंडिया ऑफिस, ब्रिटिश म्यूजियम एंड पब्लिक रिकार्ड ऑफिस (1618-1669), भाग-1, 1906 पृ. 128
31. मैनरिक, पृ. 45
32. मांटगोमरी मार्टिन, पृ. 97
33. साल्बांके, जे., द वॉयेज ऑफ एम. जोसेफ साल्बांके थ्रू इंडिया, पर्शिया, पार्ट ऑफ टर्की, द पर्शियन गल्फ एंड अरेबिया, 1609, ग्लासगो, भाग 3, पृ. 82
34. फोस्टर, पृ. 309
35. बावरी, टी., ए ज्याग्राफिकल अकाउंट ऑफ द कंट्रीज राउंड द बे ऑफ बंगाल, 1669-1679, कैब्रिंज, 1905, पृ. 190
36. व्हीलर, जे. टी., इंडिया अंडर ब्रिटिश रूल फ्राम द फाउन्डेशन ऑफ ईस्ट इंडिया कम्पनी, लन्दन, 1886, पृ. 13
37. पिरार्ड, एफ., "दी वॉयेज ऑफ फ्रांस्वा पिरार्ड ऑफ लावल टू ईस्ट इंडीज, द मालदीव, मलक्का एंड ब्राजील (1607- 1610), 1619 के तीसरे फ्रेंच एडिशन से इंग्लिश में ट्रांसलेट किया गया, और अल्बर्ट ग्रे, जो पहले सीलोन सिविल सर्विस में थे, ने हैरी चार्ल्स परविस बेल, जो सीलोन सिविल सर्विस में थे, की मदद से नोट्स के साथ संपादित किया। वॉल्यूम-I, 1887, पृ. 327
38. ओम्स, आर., हिस्टोरिकल फैग्मेंट्स ऑफ द मुग़ल एम्पायर, लन्दन, 1905, पृ. 409
39. फोस्टर, पृ. 192
40. मंडी, पी., द ट्रैवल्स ऑफ पीटर मंडी, इन यूरोप एंड एशिया, (1608-1667 ए.डी.)भाग-2, लन्दन, 1914, पृ. 145

    पीटर मंडी Peter Mundy (जन्म 1597 ई.-मृत्यु 1667 ई.) एक ब्रिटिश व्यापारी, यात्री और लेखक था। जिसने यूरोप से होते हुए कॉन्स्टेंटिनोपल और बाद में भारत, चीन और जापान की यात्रा की। अंग्रेजी के अतिरिक्त उसे पुर्तगाली, डच और स्पेनिश भाषा का ज्ञान था। उसके पिता का नाम रिचर्ड मंडी था जो खानेवाली छोटी समुद्री मछलियों (पिल्चर्ड्स) के व्यापारी थे जो 1609 ई. में पेनरीन से दक्षिणी

कॉर्नवाल (ग्रेट ब्रिटेन) में आकर बस गए थे।

मई 1611 में, मंडी एक व्यापारी जहाज पर केबिन-बॉय के रूप में नियुक्त हुआ और धीरे-धीरे जीवन में आगे बढ़ा। 1617 ई. में उसने कॉन्स्टेंटिनोपल का दौरा किया, इंग्लैंड के राजदूत पॉल पिंडर के साथ बुल्गारिया, सराजेवो और वेनिस की यात्रा की। लन्दन वापसी के बाद, रिचर्ड वाइचे (जहाज मालिक, व्यापारी जो ब्रिटिश ईस्ट इंडिया कम्पनी के निदेशकों की पहली समिति में थे) के यहाँ नौकरी की और एक क्लर्क के तौर पर स्पेन की यात्रा की। रिचर्ड वायचे के मृत्यु के उपरान्त वह घर चला गया, जहाँ परिवार के पिलचर्ड व्यवसाय में कुछ समय बिताने के बाद, वो लन्दन लौट आया। अपनी भाषा कौशल, यात्रा के अनुभवों और पिंडर से मिले सन्दर्भ के कारण उसने ब्रिटिश ईस्ट इंडिया कम्पनी में 25 पाउंड वेतन पर नौकरी पा ली। मंडी भारत में 1628-1634 ई. के मध्य रहा। उसने इंग्लैंड से सूरत की यात्रा की, जहाँ 30 सितम्बर 1628 ई. को पहुँचा। 1630 ई. में पीटर मंडी को आगरा स्थानान्तरित करने पर उच्च अधिकारियों में सहमति बनी। उसने 11 नवम्बर को अपनी यात्रा शुरू की और 3 जनवरी 1631 ई. को आगरा पहुँचा। जहाँ उसने अपने वरिष्ठों की सेवा की लेकिन फिर उसे कपड़े पर निवेश करने के लिए पटना जाने के लिए कहा गया। 6 अगस्त 1632 ई. को वो पटना के लिए रवाना हुआ। उसने 500 मील की यात्रा की और फिर 20 सितम्बर 1632 ई. को पटना पहुँचा। उसने धन्धे में पटना में अच्छा लाभ नहीं कमाया फलस्वरूप 16 नवम्बर 1632 ई. को आगरा लौटने का फैसला किया।

1632 ई. में आगरा से पटना जाने के दौरान उसने 200 मीनार या खम्भे देखे, जिन पर मोर्टार के साथ लगभग 7000 कटे हुए सिर चिन दिए गए थे। इसे उसने अब्दुल्ला खान और उसकी 12,000 घोड़े और 20,000 पैदल मुग़ल फौज का कारनामा बताया, उसके शब्दों में "अब्दुल्ला खान ने हिन्दुओं के सभी कस्बों को नष्ट कर दिया, उनकी सारी सम्पत्ति को हड़प लिया, उनकी पत्नियों और बच्चों को ग़ुलाम बना लिया और उनके सभी प्रमुख पुरुषों के सिर काट कर मीनारों में चिनवा दिया।" चार महीने बाद पटना से आगरा लौटने के दौरान मंडी ने देखा कि इस बीच प्रत्येक मीनार पर 2100 से 2400 कटे हुए हिन्दू सिरों के साथ 60 अन्य मीनारों को जोड़ा गया था और नई मीनारों के निर्माण अभी तक रुके नहीं थे।

वह 22 दिसम्बर 1632 ई. को आगरा पहुँचा और वहाँ दो महीने तक रहा, जहाँ उसने शाहजहाँ के दो बड़े बेटों की शादी देखी। उसे फतेहपुर सीकरी का दौरा करना पसन्द था। उसने अपने यात्रा वृत्तान्त में आगरा के एक मकबरे (ताजमहल) के शुरुआती निर्माण का उल्लेख किया है। मंडी ने भारतीय त्योहारों, प्रथाओं, बागों, मकबरों, मवेशियों, अनाजों, पण्य वस्तुओं के मूल्यों, रहन-सहन, आगरा और फतेहपुर सीकरी का किला, अकाल त्रासदी सहित भारतीय व्यंजनों आदि का विस्तार से वर्णन किया है।

उसने पान के पत्ते के खाने की विधि का रोचक वर्णन किया है। "हमने पान के कुछ टुकड़े भी देखे, जो इस देश में खाने के लिए इस्तेमाल किया जानेवाला एक प्रकार का पत्ता है। पान खानेवाले पहले सपरोज (सुपारी, सुपाड़ी) नामक एक प्रकार का नट लेते है, जिसे तोड़कर वे इन पत्तों में से एक में रखकर, उन पत्तों पर थोड़ा सा बुझा हुआ चुना लगाते हैं और अपने मुँह में डाल लेते हैं। पान को चबाते हुए उसके रस को तब तक निगलते रहते हैं जब तक कि वह सूख न जाए, फिर इसे थूक दिया जाता है। लेकिन, यह बहुत पौष्टिक, गन्ध में मीठा और स्वादिष्ट है।"

मंडी के अनुसार फरवरी 1633 ई. में राजा के सबसे बड़े बेटे दाराशिकोह और दूसरे बेटे शुजा की शादी 8 दिनों के भीतर ही कर दी गई थी, पहले 17 वर्षीय दारू शुकूर (दाराशिकोह) की सुल्तान परवेज की बेटी (लगभग 14 वर्षीय) से निक़ाह हुआ, उसके पश्चात सुल्तान शुजा का निक़ाह रुस्तम कन्धारी की बेटी से हुआ1 दोनों ही अल्पायु के थे।

मंडी ने 1630-32 ई. में गुजरात में आये भयंकर अकाल का विवरण दिया है, उसने भोजन के

लिए बच्चों को बेचते हुए देखा। 25 फरवरी 1633 ई. को आगरा से सूरत को प्रस्थान किया। 9 सितम्बर 1634 ई. को सूरत से इंग्लैंड वापस लौट गया।

1636 ई. में वह ईस्ट इंडिया कम्पनी के एक प्रारम्भिक और अल्पकालिक प्रतिद्वन्दी कोर्टीन एसोसिएशन (1635 में किंग चार्ल्स प्रथम द्वारा चार्टर्ड) में एक फैक्टर (लाइसेंस प्राप्त व्यापारी) के रूप में नियोजित हुआ। सर विलियम कोर्टीन द्वारा चार जहाजों और दो पिनेस* के बेड़े को जॉन वेडेल के नेतृत्व में चीन भेजा जा रहा था, जिन्होंने ओरमुज पर कब्ज़ा करने में भाग लिया था।

मंडी को यहीं एक फैक्टर के रूप में नियोजित कर चीन भेजा गया। (ध्यातव्य हो कि, यह ब्रिटेन का प्रथम आधिकारिक व्यापारिक मिशन था जो अंग्रेजों को लेकर चीन गया)# हो 14 अप्रैल 1636 ई. को डाउंस, इंग्लैड से यात्रा प्रारम्भ हुई, भारतीय मार्गों (गोवा) से होते हुए पन्द्रह महीने बाद बेड़ा मकाऊ पहुँचा। वहाँ उसने एक सचित्र डायरी लिखा जिसमें वह उस शहर और उसके एशियाई, यूरोपीय और यूरेशियन निवासियों के महान धन और वैभव को दर्ज़ किया। ब्रिटेन और चीन के बीच यह पहला सम्पर्क था।

उसकी डायरी में उसे चीनीयों द्वारा चा या चाय परोसने और एक स्पेनिश व्यापारी जहाज पर चॉकलेट चखने का विवरण है। मंडी ने चा (चाय) का पहला अंग्रेजी सन्दर्भ दर्ज़ किया। मकाऊ में उसने जापानी शरणार्थियों (जिन्हें चीन में बसने की अनुमति नहीं थी) को ईसाई उत्पीड़न से भागते हुए देखा, जो उस समय जापान में अपने चरम पर था। कालान्तर में (1949 ई.) ईस्ट इंडिया कम्पनी द्वारा कोर्टीन एसोसिएशन का अधिग्रहण करने के उपरान्त वह ईस्ट इंडिया कम्पनी में फैक्टर के रूप में कार्य किया। 1663 ई. में फालमाउथ में उसने अपने यात्रा के दिनों की समाप्ति की घोषणा की। उसने डायरी में अपनी कई यात्राओं में तय की गई दूरी की गणना 100833.63 मील के रूप में दर्ज़ की है।

*जहाज की नाव के रूप में पिनेस एक हल्की नाव है, जो चप्पू या पाल द्वारा संचालित होती है। इसका मुख्य कार्य यात्रियों को ले जाना, जहाजों के बीच संचार स्थापित करना, सुरक्षित लंगरगाहों की तलाश करना था। सैन्य अभियानों के लिए सशस्त्र नाविकों को भी ले जाने में इसका उपयोग होता था। स्पेनिश उन्हें हल्के तस्करी जहाजों के रूप में पसन्द करते थे जबकि डच उन्हें हमलावरों के रूप में इस्तेमाल करते थे। आधुनिक शब्दावली में 'पिनेस' का अर्थ सहायक जहाज हो गया है जो 'लॉन्च' या 'लाइफबोट' की परिभाषाओं के अन्तर्गत नहीं आता।

गोवा (एस्तादो दा इंडिया) और सूरत (ईस्ट इंडिया कम्पनी) के बीच हस्ताक्षरित गोवा सम्मेलन का उद्देश्य सुदूर पूर्व में बढ़ती डच शक्ति (VOC) का सामना करना था, जिससे धीरे-धीरे ब्रिटिश ईस्ट इंडिया कम्पनी के जहाजों और निजी अंग्रेज व्यापारियों के लिए मकाऊ का प्रवेश द्वार खुल सके। गोवा कन्वेंशन पर हस्ताक्षर करने के बाद, पुर्तगाली फैक्टर गैसपार गोम्स के नेतृत्व में अंग्रेजों का एक समूह, जैसा कि गोवा के वायसराय काउंट लिन्हारेस ने प्रस्तावित किया था, अप्रैल 1635 ई. में ईस्ट इंडिया कम्पनी के **लन्दन** नामक जहाज पर सवार होकर गोवा से रवाना हुआ जो 23 जुलाई 1653 को मकाऊ (चीन) पहुँचा। मकाऊ पहुँचकर पुर्तगाली और अंग्रेज हितों के संघर्ष में उलझ गए, गोवा के वायसराय ने गुप्त रूप से अंग्रेज चालक दल को जहाज से उतरने से मना कर दिया था। चूँकि गोवा के वायसराय ने व्यापारिक लाभ के उद्देश्य से सूरत के अंग्रेजी कारखाने के अध्यक्ष से जहाज (लन्दन) किराए पर लिया था, जो पुर्तगाली झंडे के तले मकाऊ में प्रवेश किया था इसलिए इसे अंग्रेजों की आधिकारिक व्यापारिक यात्रा नहीं माना जाता। इसके पूर्व फरवरी 1635 ई. में गोवा के वायसराय काउंट लिन्हारेस ने राजा फिलिप द्वितीय को लिखकर सूचित किया कि- "मकाऊ में ताँबे और लोहे का माल है जिसे सिंगापुर स्टेट्स में डच उपस्थिति के कारण भेजा नहीं जा सकता था, इसलिए सूरत के अंग्रेजी कारखाने से जहाज (लन्दन) किराए

पर लिया गया, जिस पर ये समान ले जाया जाए, क्योंकि अंग्रजों को डचों से कोई खतरा नहीं हैं, वे इसे बड़ी आसानी से ला सकते हैं। मुझे नही लगता कि वो धोखा देंगे।"

पीटर मंडी के लेखन का सबसे अच्छा हिस्सा वह है जहाँ वह छोटी-छोटी कहानियाँ पेश करता है जो इतिहास को जीवन्त कर देती हैं। उदाहरण के लिए, कॉन्स्टेंटिनोपल से एक दल के साथ यात्रा करते समय, उसे वेनिस पार करने से पहले रोक दिया जाता है और संगरोध (क्वारन्टीन) में रखा जाता है, फिर वो वेनिस में ही वेनिस के शस्त्रागार में जहाजों के निर्माण के तरीके का वर्णन करता है जो बड़े पैमाने पर आधुनिक उत्पादन की शुरुआत की तरह लगते हैं। 1630 ई. के क्रिसमस के लिए (तब मंडी भारत में था), मंडी ने उस भोजन के बारे में बताया है जो वो बनाने में कामयाब रहा, जिसमें भुना हुआ गौमांस, नमकीन सुअर का मांस और गाय या बैल की जीभ शामिल थी। जीवन के किस्सों के बीच, मंडी बताता हैं कि कैसे उसने भारत में स्थानीय कपड़े पहने और फर्श पर बैठकर कढ़ी खाई।

उसकी यात्राएँ पत्रिकाओं में दर्ज है, जिनकी पांडुलिपियाँ बोडलियन लाइब्रेरी और ब्रिटिश लाइब्रेरी में रखी गई हैं। बोडलियन लाइब्रेरी (रालिंसन संग्रह) में एक पांडुलिपि उसके जीवन की कथा को जारी रखती है। जिसमें डेनमार्क, प्रशा और रूस के यात्राएँ शामिल हैं, जो 1639 ई. से 1648 ई. तक चलीं। उसमें उल्लेखित है कि उसने हिंसा मुक्त शहर डैनज़िंग (आधुनिक डांस्क) में कई साल बिताए। यह सम्भवत: एक क्लर्क द्वारा लिखी गई थी, जिसमें मंडी द्वारा किए गए आवश्यक सुधार शामिल हैं, जिसमें उसके स्वयं के बनाए गए चित्र हैं और होंडियस के मानचित्रों पर अपने मार्गों को उसने लाल रंग से रेखांकित किया है। यह यात्रा वृत्तांत 1667 ई. में समाप्त होता है। इसमें धूमकेतुओं, समुद्री युद्धों, दुर्घटनाओं, मौसम के गड़बड़ी के विवरण, व्यापारिक प्रावधान, लन्दन और कार्नवाल के राजनितिक घटनाओं आदि के बारे में लिखे गए विविध नोट्स शामिल हैं। इसमें कुछ टिप्पणियाँ उसके अन्तिम घर वापसी के बाद की हैं।

पीटर मंडी की यात्राएँ, यूरोप और एशिया में (1608-1667 ई.), रिचर्ड कार्नैक टेम्पल के सम्पादन में 5 खंडों में कैम्ब्रिज हक्लुयट सोसायटी द्वारा मुद्रित हुई। हक्लुयट सोसायटी, लन्दन द्वारा प्रकाशित होने से पहले लगभग 300 वर्षों तक उसकी पांडुलिपियाँ खो गई थीं। पीटर मंडी के विवरण 1628 ई. से 1634 ई. के बीच भारतीय सामाजिक और आर्थिक इतिहास जानने के महत्त्वपूर्ण स्रोत हैं। पीटर मंडी के यात्रा वृत्तान्त आधुनिक पाठकों को अतीत की दुनिया और लोगों के जीवन पर एक नज़र डालने का अवसर देती है, जो हमारे समय से बहुत अलग समय में जी रहे थे।

41. फासेट, सी. एच., दी इंग्लिश फैक्ट्रीज इन इंडिया (न्यू सिरीज), भाग-1, पृ. 165
42. सिन्हा, पृ. 186
43. चक्रवर्ती मुकुन्दराम, कवि कंकण, चंडी मंगल, (जे.एन. दास गुप्ता, बंगाल इन द सिक्सटींथ सेंचुरी ए. डी., कलकत्ता, 1914, पृ. 92
44. मांटगोमरी मार्टिन, पृ. 973
45. वार्ड, पृ. 93
46. टेलर, पृ. 174
47. मांटगोमरी मार्टिन, पृ. 974
48. फोर्ट विलियम - इंडिया हाउस कॉरेस्पांडेंस एंड अदर कंटम्प्ररी पेपर्स रिलेटिंग देयर टु, भाग-5, नई दिल्ली, 1951, पृ. 139
49. फोस्टर, पृ. 192
50. फोस्टर, पृ. 287
51. हैवार्ट, डी., ओप-न अंडरगैंग वान कोरोमंडल, एम्स्टर्डम, 1963, पृ. 13
52. फ्रायर, जॉन, अ न्यू अकाउंट ऑफ ईस्ट एशिया एंड पर्सिया, इन एट लेटर्स बीइंग नाइन ईयर्स ट्रैवेल्स बिगन 1672 एंड फिनिश्ड 1681, लेटर-1, लन्दन, 1909, पृ. 90

    जॉन फ्रायर (लगभग 1650-1733 ई.) एक ब्रिटिश यात्री और लेखक थे। कैम्ब्रिज विश्वविद्यालय में

चिकित्सा का अध्ययन करने के बाद, वह ब्रिटिश ईस्ट इंडिया कम्पनी की सेवा में भारत आए। 1672 ई. में उन्हें ब्रिटिश ईस्ट इंडिया कम्पनी में एक सर्जन के रूप में नियुक्त किया गया था, जिसके लिए उन्हें प्रतिमाह 50 सेंट का भुगतान किया जाना था। उन्होंने दिसम्बर 1672 में इंग्लैंड छोड़ दिया और वह 26 जून 1673 को मसुलीपट्टनम (अब मछलीपट्टनम) पहुँचे, जो कोरोमंडल तट पर सबसे पुरानी अंग्रेजी बस्ती थी, और वहाँ से मद्रास तक नौकायन करते हुए गए। इंग्लैंड छोड़ने के लगभग एक साल बाद 1674 ई. में वह अन्ततः बम्बई पहुँचे। फ्रायर आठ साल तक पूर्व में रहे। उन्होंने अपना यात्रा-वृत्तान्त 'अ न्यू अकाउंट ऑफ ईस्ट एशिया एंड पर्सिया, इन एट लेटर्स, बीइंग नाइन ईयर्स ट्रैवल्स बिगन 1672 एंड फिनिश्ड 1681' (पूर्वी भारत और फारस का एक नया विवरण, आठ पत्रों में। नौ साल की यात्रा 1672 में शुरू हुई और 1681 में समाप्त हुई) नाम से लिख छोड़ा है। यह फ्रायर के पूर्व में बिताए गए समय का विवरण है। जिसमें फ्रायर द्वारा मानचित्रों, आँकड़ों और उपयोगी तालिकाओं के साथ सचित्र वर्णन उन देशों के प्राकृतिक और कृत्रिम सम्पत्ति के बारे में की गई है, जहाँ उन्होंने वक्त बिताया था। पुस्तक आठ पत्रों में व्यवस्थित है, जिनमें से अधिकांश को अध्यायों में विभाजित किया गया है। पत्र एक में भारत के मार्ग को शामिल किया गया है। पत्र दो, तीन और चार भारत में फ्रायर के समय का विवरण देते हैं। पत्र पाँच, जो सबसे लम्बा है, फारस में उनके बिताए समय का विवरण है, जिसमें इस्फहान की सफाविद राजधानी, शिराज और प्राचीन शहर पर्सेपोलिस के खंडहरों का विस्तृत विवरण है। पत्र छह में फ्रायर की भारत वापसी और वर्तमान पश्चिमी भारत के भरूच, बहरामपुर और सूरत शहरों में उनके प्रवास को शामिल किया गया है। पत्र सात में सामान्य घटनाएँ और टिप्पणियाँ शामिल हैं, पत्र आठ में 'केप ऑफ गुड होप' और एसेंशन द्वीप, सेंट हेलेना और अजोरेस के माध्यम से वापस इंग्लैंड की यात्रा को शामिल किया गया है। यह पुस्तक प्राकृतिक इतिहास के विवरण से समृद्ध है। फारस और भारत में चिकित्सा का अभ्यास कैसे किया जाता था, इसके विवरण के रूप में यह विशेष रूप से मूल्यवान है, जो एक चिकित्सक के रूप में फ्रायर के प्रशिक्षण को दर्शाता है। फ्रायर का लेखन उनकी जीवन्त जिज्ञासा और भूविज्ञान, मौसम विज्ञान तथा अन्य वैज्ञानिक क्षेत्रों में उनकी टिप्पणियों के लिए जाना जाता है। फ्रायर का विवरण प्राकृतिक इतिहास में सटीक टिप्पणियों के साथ मुग़ल भारत, दक्षिण भारत और फारस के समकालीन विवरण प्रदान करती है।

53. मोरलैंड, पृ. 63
54. ओलफ्सन, पृ. 142
55. मांटगोमरी मार्टिन, पृ. 261
56. एनुअल प्रोग्रेस रिपोर्ट ऑफ द असिस्टेंट आर्कियालाजिकल सुपरिन्टेन्डेंट फार द एपिग्राफी सदर्न सर्किल 1910-11, पृ. 77
57. बार्थेमा, पृ. 158
58. बारबोसा, पृ. 146
59. सेलेक्ट डाक्यूमेंट्स ऑफ द ब्रिटिश पीरियड ऑफ इंडियन हिस्ट्री (इन कलेक्शन ऑफ द विक्टोरिया मेमोरियल, कलकत्ता) सम्पादक : एल. सी. गांगुली कलकत्ता, 1958, पृ. 217
60. सिन्हा, पृ. 217
61. सिन्हा, पृ. 552
62. मांटगोमरी मार्टिन, पृ. 948
63. मांटगोमरी मार्टिन, पृ. 252
64. लिंशोटन, पृ. 231
65. आइब्स, ई., ए वॉयेज फ्राम इंग्लैंड टू इंडिया इन द ईयर 1754, लन्दन, 1773, पृ. 52
66. बुकानन, पृ. 168
67. पेल्सर्ट, पृ. 60

3

देशी और विदेशी व्यापार

यह अध्याय प्रमुख व्यापारिक केन्द्रों के व्यापारिक गतिविधियों पर केन्द्रित है। इसमें बाज़ार और उनके लेन-देन, अन्तरप्रान्तीय और विदेशी व्यापार, प्रमुख व्यापारिक मार्ग, व्यापारिक केन्द्रों का शहरीकरण और व्यापार के संगठनात्मक पहलू पर प्रकाश डाला गया है।

16वीं-17वीं शताब्दी में राजनैतिक स्थिरता और उत्पादन में वृद्धि के कारण व्यापारिक गतिविधियों में काफी तेजी आई जिससे व्यापार में कई गुना वृद्धि हुई। इस दौरान भारत की व्यापारिक गतिविधियों में कई यूरोपीय देश भी शामिल हुए। 15वीं शताब्दी के उत्तरार्ध में हुई भौगोलिक खोजों ने दुनिया के विभिन्न देशों के वाणिज्यिक सम्बन्धों को गहराई से प्रभावित किया। वास्कोडिगामा द्वारा 'केप ऑफ गुड होप' के माध्यम से यूरोप से भारत के लिए एक नए समुद्री-मार्ग की खोज ने सभ्य दुनिया पर दूरगामी प्रभाव डाला। सोलहवीं शताब्दी के आरम्भ में ही भारत के पश्चिमी भागों में पुर्तगालियों के आगमन के बाद सत्रहवीं शताब्दी में अन्य यूरोपीय समुदायों (डच, अंग्रेज, डेन और फ्रांसीसी) का आगमन हुआ। जल्दी ही भारत के तटीय और समुद्री व्यापार पर यूरोपीय लोगों का अधिकार हो गया। इस अवधि के दौरान भारत आनेवाले यूरोपीय व्यापारी पहले के विदेशी व्यापारियों से भिन्न थे जो राजनीतिक और अपने देश की सरकारों से समर्थित थे।

अधिशेष कृषि उत्पादन का अधिकांश हिस्सा गाँव में ही बेचा जाता था। इनमें से अधिकांश बंजारों (परम्परागत अनाज व्यापारी) द्वारा खरीद लिया जाता था, जिसे वे दूसरे शहरों और बाज़ारों में ले जाकर बेचते थे। टैवर्नियर नामक फ्रांसीसी यात्री जो 17वीं शताब्दी में भारत आया था, वह बताता है कि लगभग प्रत्येक गाँव में चावल, आटा, मक्खन, दूध, सब्जी, चीनी और विभिन्न प्रकार की मिठाइयाँ खरीदी जा सकती थीं। यहाँ तक कि कई गाँवों में भेड़, बकरी, मुर्गा आदि भी उपलब्ध होते थे। उसके अनुसार प्रत्येक बड़े गाँव में एक सर्राफ या मुद्रा विनिमयदाता होता था। इसके अलावा क्षेत्र विशेष के प्रत्येक शहर में एक बाज़ार होता था जहाँ आसपास के लोग समानों की खरीद बिक्री किया करते थे। इन नियमित बाज़ारों के अतिरिक्त हाट या पैंठ भी लगते थे, जहाँ गाँव के लोग रोजमर्रा की वस्तुओं का आदान-प्रदान कर सकते थे या खरीद-बेच सकते थे। हाट या पैंठ नियत कालिक बाज़ार होते थे

जो सप्ताह में किसी विशेष दिन लगाए जाते थे। इस प्रकार के कुछ हाट किसी विशेष वस्तु के व्यापार के लिए भी होते थे।

विभिन्न क्षेत्रों में छोटे और बड़े बाज़ारों यथा हाट, पैंठ, मंडी और व्यक्तिगत रूप से व्यापारियों के माध्यम से व्यापारिक गतिविधियाँ चलती रहती थीं। तपन रायचौधरी के अनुसार प्रत्येक गाँव और उसमें स्थित मंडी विनिमय और वस्तुओं के वितरण की कड़ी के रूप में काम करती थी।

ये स्थानीय व्यापारिक केन्द्र उस क्षेत्र के बड़े वाणिज्यिक केन्द्रों से जुड़े होते थे। प्रत्येक मुग़ल प्रान्त में एक बड़ा वाणिज्यिक केन्द्र होता था जहाँ सूबा के विभिन्न हिस्सों में उत्पन्न वस्तुओं का व्यापार होता था। आमतौर पर ये बड़े शहर सूबा के प्रशासनिक मुख्यालय हुआ करते थे। पटना, अहमदाबाद, सूरत, ढाका, आगरा, दिल्ली, लाहौर, मुल्तान, अजमेर, थट्टा, बुरहानपुर, मसूलीपट्टनम, बीजापुर, हैदराबाद, कालीकट, कोचीन, आदि इस प्रकार के व्यापारिक केन्द्रों के कुछ उदाहरण हैं। स्रोतों से पता चलता है कि इन वाणिज्यिक केन्द्रों में केवल उस प्रान्त की वस्तुएँ ही नहीं मिलती थीं, बल्कि यहाँ दूसरे प्रान्तों और विदेशों में बनी वस्तुएँ भी उपलब्ध होती थीं। प्रत्येक शहर में कई बाज़ार होते थे। केवल अहमदाबाद और उसके आसपास लगभग 19 मंडियाँ थीं। बाज़ार पर लगाये गए वाणिज्यिक कर को बाज़ार के आकार का सूचकांक माना जा सकता है। दिल्ली, आगरा, ढाका और लाहौर में अलग-अलग वस्तुओं के लिए अलग-अलग बाज़ार होता था।

विवेच्य-काल में भारत का आन्तरिक (अन्तरप्रान्तीय) व्यापार काफी विकसित था। यातायात के ख़र्च और आवागमन में लगनेवाले समय को देखते हुए यह कहा जा सकता है कि आन्तरिक व्यापार का परिमाण काफी उच्च था। व्यापार के लिए वस्तुएँ एक जगह से दूसरी जगह सैकड़ों और कभी-कभी हजारों मील दूर ले जाई जाती थीं। अन्तरप्रान्तीय व्यापार में अनाज और विभिन्न प्रकार के कपड़ों का विशेष स्थान था। लम्बी दूरी के व्यापार में विलास की वस्तुएँ, धातु और अस्त्र भी शामिल होते थे।

सोलहवीं-सत्रहवीं शताब्दी में भारत के ग्रामीण इलाकों में कृषक उद्योगों (कताई, बुनाई, शक्कर उत्पादन, तेल उत्पादन आदि) के साथ विक्रय योग्य वस्तु उत्पादन से सम्बन्धित उद्योगों का विकास हुआ। ग्रामीण कारीगरों, बुनकरों, छपाईगरों, लुहारों, कुम्हारों, सुनारों आदि की काफी तरक्की हुई।

मुख्य रूप से उनके पड़ोस के बाज़ार व्यापार के स्थान थे। गाँव में भी दुकानें खुल गई थीं और कारीगर तैयार हो गए थे। चौदहवीं से पन्द्रहवीं शताब्दी के मध्य दक्षिण भारत में अभिलेखों में ऐसे छोटे-मोटे बाज़ारों का उल्लेख है। पन्द्रहवीं-सोलहवीं शताब्दी में इनकी संख्या काफी बढ़ चुकी थी। 1569 ई. का एक अभिलेख जो उत्तरी अर्काट से मिला है, में इस बात का उल्लेख है कि वहाँ के सामन्त राजा मंगलवार और बुधवार को लगनेवाली बाज़ारों में बिकनेवाली कुछ वस्तुओं पर कम

और कुछ पर तो बिल्कुल टैक्स (विक्रय कर) नहीं वसूलते थे। सोलहवीं शताब्दी के प्रारम्भ के एक अभिलेख में स्थानीय व्यापारियों की दुकानों पर नकद कर लगने का उल्लेख है।[1]

गाँव के बाज़ारों या दुकानों पर जो माल बिकता था, वह मुख्य रूप से वही होता था जो स्थानीय किसान या दस्तकार तैयार करते थे। उनकी बड़ी माँग होती थी। उनमें सभी तरह के अनाज, सब्जियाँ, फल, घी, नमक, मिर्च, कपास, सूत, मोटे कपड़े, लोहा और स्टील की वस्तुएँ और दूसरी बहुत सी वस्तुएँ होती थीं।[2]

उत्तर भारत से प्राप्त प्रमाणों से चौदहवी-सोलहवीं शताब्दी में व्यापार के विकास पर प्रकाश पड़ता है। इब्नबतूता (मोरक्को का यात्री) ने चौदहवीं शताब्दी के मध्य में हुगली नदी से यात्रा की थी। उसके वर्णन से पता चलता है कि नदी के दोनों तटों पर गाँवों की श्रृंखला बनी हुई थी, जिसमें चहल-पहल भरे बाज़ार और गहन व्यावसायिक गतिविधियाँ थीं। 'ऐसा लगता था जैसे हम एक बाज़ार से गुजर रहे हों।'[3] उसने बस्तियों और व्यापारिक केन्द्रों के निरन्तर विस्तार के कारण इस अनुभव की तुलना 'बाज़ार से गुजरने' से की। इब्नबतूता का यात्रा वृत्तान्त 'रिहला', हुगली नदी क्षेत्र सहित उसके द्वारा देखे गए क्षेत्रों के आर्थिक, सामाजिक और सांस्कृतिक परिदृश्य के बारे में बहुमूल्य जानकारी प्रदान करता है।

सोलहवीं शताब्दी के उत्तरार्ध वाले कतिपय प्रमाणों से भी हुगली नदी के दोनों किनारों पर बसे बाज़ारों का पता चलता है जिनमें स्थानीय किसानों और कारीगरों द्वारा बनाई चीजें बिकती थीं। पीटर फ्लोरिस (पहला डचमैन जिसने ब्रिटिश ईस्ट इंडिया कम्पनी में नौकरी की) के अनुसार, "सतगाँव के पास, अनेक व्यापारी अपने इस्तेमाल के लिए नावें खरीदते थे। बजरे में समान लादकर वे गंगा नदी (शायद हुगली) से जगह-जगह मेलों में आते-जाते थे। जहाँ वे अपना समान बेचते और वहाँ का समान खरीदते थे। सप्ताह में हर दिन कहीं न कहीं, कोई न कोई मेला लगता रहता था। मैंने भी एक बजरा किराये पर लिया और नदी में काफी घूमा और कारोबार किया।"[4] फिच भी ऐसा ही एक विवरण देता है।[5]

ध्यान में रखने की बात यह है कि कृषक अर्थव्यवस्था में उत्पादन बढ़ने का मुख्य कारण यह था कि कृषक अब अनाज में लगान देने के स्थान पर नक़द भुगतान करने लगे थे। दक्षिण भारत में अनेक स्थानों में ऐसा संक्रमण हुआ। विजयनगर में तो चौदहवीं शताब्दी में ही यह परिवर्तन हो गया था। मुग़ल साम्राज्य के कुछ भागों में सोलहवीं शताब्दी के मध्य में (इससे पूर्व भी छिटपुट प्रयत्न हुए थे) नकद लगान ली जाती थी। अबुल फज़ल लिखता है कि बंगाल के किसान राजस्व अदा करने के लिए निश्चित किए स्थानों पर मुहरें और रुपये लाते थे। यहाँ सरकार और किसान के बीच अन्न का बँटवारा करने की प्रथा न थी। भूमि का लगान नकद लेने के अलावा किसानों के मकान और बागों पर भी नकद कर लगता था। नकब बनाने और मछली मारने के अधिकार के बदले रुपये देने पड़ते थे। बाज़ार पर भी कर लगता था। नकदी फसलों पर कर लगता था, इसकी दर अन्य फसलों के अपेक्षाकृत कुछ अधिक थी।[6]

फिर भी, भारत के कुछ भागों के गाँवों में विवेच्य-काल में मुद्रा-वस्तु सम्बन्ध का विकास अपर्याप्त था, इसलिए फसल बरबाद होने या सामन्ती शोषण से कुछ किसानों के तबाह होने के कारण कुछ जिलों में शासन द्वारा लगान नकदी और अनाज में, दोनों तरह से लिया जाता था। अबुल फज़ल ने आईन-ए-अकबरी में लिखा है कि—"सिर्फ नक़द लेने की आदत नहीं पड़नी चाहिए, अनाज में भी वसूली होनी चाहिए।"[7] सत्रहवीं शताब्दी के उत्तरार्ध में मुग़ल साम्राज्य में विदेशी व्यापार और शिल्पों की अवनति हुई। इसकी वजह युद्ध थे जिनसे अर्थव्यवस्था चरमरा गई थी। मुग़ल सेनाओं को समान मिलता रहे, इस दृष्टि से औरंगज़ेब ने आदेश भी जारी किया कि गुजरात जैसे समृद्ध सूबे में भी फसल कटने के मौके पर खिराज़ वसूल की जाए और वसूली खाद्यान्न में हो।

कर अदायगी के लिए रुपया पास न रहने की वजह से किसानों को अक्सर महाजनों से कर्ज़ लेना पड़ता था। मैसूर, राजस्थान, गुजरात में भी 18वीं शताब्दी कें अन्त में यही दशा थी। यहाँ प्रजा जमीदारों को अनाज में लगान अदा करती थी या फिर महाजन से इस वादे पर कर्ज़ लेकर लगान चुकता करती थी कि अगली फसल बेचकर कर्ज़ चुका दिया जायेगा।[8]

सत्रहवीं-अठारहवीं शताब्दी में किसानों और बाज़ार के बीच रिश्ते घनिष्ठ हुए और वस्तु-मुद्रा सम्बन्धों का भारत के कई भागों में गहरा प्रवेश हुआ। बंगाल, मैसूर और अन्य कई जिलों में जिनमें बाज़ार थे, कृषि अर्थव्यवस्था के सम्बन्धों के बारे में बहुमूल्य प्रमाण उपलब्ध हैं जहाँ कृषि उद्योगों से सम्बिन्धत वस्तुओं की बिक्री होती थी। बुकानन ने अठारहवीं शताब्दी के अन्त में मैसूर के एक बाज़ार का वर्णन करते हुए लिखा है कि- "पूरे तालुके में जगह-जगह साप्ताहिक हाटें लगती हैं। एक हाट से दूसरी हाट की दूरी दो से तीन मील है, इनमें किसान अपनी उपज ले जाते हैं और उन्हें बेचते हैं। कुछ तो सीधे ग्राहकों को फुटकर बेच देते हैं और कुछ थोक व्यापारियों को बेचते हैं। सभी हाटों में नकद सौदे होते हैं, गरीबों को छोड़कर वस्तु विनिमय का रिवाज़ नहीं है। वे अपने घर में उपजाई सब्जियों से अनाज खरीदते हैं।"[9] बंगाल के गाँवों के बाज़ारों की भी यही दशा थी। बंगाल में सप्ताह में एक या दो दिन हाट लगती थी। रॉबर्ट मांटगोमरी मार्टिन (आयरिश लेखक और लोक सेवक) के अनुसार, "हर व्यक्ति समान बेचने या खरीदने के लिए हाट में जाता है और फुटकर सौदा करता है। किसान अपने खेत की उपज लाता है, कलाकार अपनी कृति, मछुआरा मछली लाता है, छोटे-छोटे व्यापारी जिनमें दुकानदार भी होते हैं, हाट में जाते हैं।"[10]

मैसूर में अठारहवीं शताब्दी के अन्त में तोगोतारू जाति के गरीब बुनकर मोटी किस्म का सफेद कपड़ा बनाते थे। जिसमें लाल किनारे होते थे। अक्सर गाँव की महिलाएँ उनको खरीदती थीं। पुरुष और महिलाएँ दोनों इसकी लुंगी पहनते थे। हाल्लियारू जाति के ग्रामीण बुनकर भी ऐसे ही उपभोक्ताओं के लिए कपड़े तैयार

करते थे।[11] वेल्लूर शहर में एक साप्ताहिक मेला लगता था, इसमें पड़ोस के कई गाँवों के निवासी आते थे। यहाँ तरह-तरह की चीजें बिकती थीं, जैसे- मोटे किस्म की रुई, कपड़े, चादरें, चुन्नी, लोहे के समान, वगैरह-वगैरह। वेल्लूर में मुख्य काम सूती कपड़े बनाना था। बुनकर गाँवों में इस्तेमाल के लिए कपड़े बनाते थे। इसके अलावा वे बाहर भी भेजते थे। मोटे कपड़े वे हाट में बेच देते थे। एम. विल्क्स एक अंग्रेज लोक सेवक था, उसने लिखा है कि—"मैसूर के सामुदायिक किसान अठारहवीं शताब्दी के अन्तिम भाग में कुछ कपड़े तो अपने घरों में बना लेते थे पर जरूरत के अनुसार बाज़ार से भी कपड़े खरीदते थे।"[12]

इस काल में कपड़ों की खरीद से बंगाल के किसानों का बाज़ार से और भी घनिष्ठ सम्बन्ध बन चुका था। दीनाजपुर के किसान अपने फ़ुरसत के समय जो कपड़ा बुनकर तैयार करते थे, अठारहवीं शताब्दी के अन्त और उन्नीसवीं शताब्दी के प्रारम्भ में कीमत की दृष्टि से उसका एक तिहाई तो उसी जिले में खप जाता था।[13] बंगाल में अधिकांश किसान बुनाई का काम नहीं करते थे। उन्हें जितने कपड़े की आवश्यकता होती थी उसे वे बाज़ार से खरीद लाते थे। एच. कोलब्रुक ने 1794 ई. में लिखा है कि, "बंगाली सादे कपड़े पहनते हैं और उन्हें वे बाज़ार से खरीदते हैं।"[14]

कारीगर, विशेषकर बुनकर जो भी माल तैयार करते थे उसे गाँवों के बाज़ारों में ही नहीं बल्कि, शहरों के बाज़ारों में भी ले जाते थे। गाँवों के किसान और कारीगर जो भी समान उपजाते या बनाते थे उसे शहरों के बाज़ारों में ले जानेवाले मुख्यतः व्यापारी होते थे। वे उत्पादकों से माल खरीद लेते थे। एम. मेथवोल्ड ने सत्रहवीं शताब्दी के प्रारम्भ में लिखा है कि- "गोलकुंडा में कोमटी जाति के व्यापारी स्वयं गाँवों में जाकर या अपने नौकरों को गाँवों में भेजकर बुनकरों से कपड़े आदि इकट्ठा करवाते हैं, उसे वे पत्तन के बड़े व्यापारियों को बेच देते हैं। कभी-कभी नक़द दाम लेते थे और कभी बदले में दूसरा माल। इनमें कुछ सर्राफ भी होते हैं।"[15]

कोमटी गाँवों से कपड़े ही नहीं बल्कि दूसरी वस्तुएँ भी खरीदते थे। मेथवोल्ड और अबे कैरे ने भी उल्लेख किया है कि कोमटियों में सबसे गरीब वह दुकानदार होता था जो सभी तरह के अनाज, सब्जियाँ, मसाले, घी, तेल और इसी तरह की अन्य वस्तुएँ बेचता था।[16] बंजारा की भी छोटे व्यापारियों में गिनती थी। वह किसानों और कारीगरों से शोरा और नमक खरीदकर शहरों में बेचता था।[17]

विवेच्य-काल में प्रमुख व्यापार और औद्योगिक केन्द्रों के आसपास रहनेवाले किसानों और कारीगरों की बाज़ार-व्यापार (मार्केट ट्रेड) में संख्या निरन्तर बढ़ती जा रही थी। सत्रहवीं शताब्दी के दस्तावेज़ों में इसके अनेक उल्लेख मिलते हैं। सूरत, खम्भात, आगरा, गौड़, गोलकुंडा, मसूलीपट्टनम, मद्रास के आसपास के गाँवों में सूती कपड़ा बनता था। उड़ीसा में बालासोर, कटक, विशाखापट्टनम, गंजाम, पुरी आदि के आसपास कपड़ा व कृषि की उपज की वस्तुएँ बड़ी सस्ती मिलती थीं। पटना में कपड़ा,

नील, शोरा जैसी चीजें उसके आसपास से आती थीं। कासिमबाज़ार, हुगली और दूसरे अन्य शहरों के आसपास बसे बुनकर और दूसरे कारीगर अपना माल बाज़ारों में बेचते थे।[18]

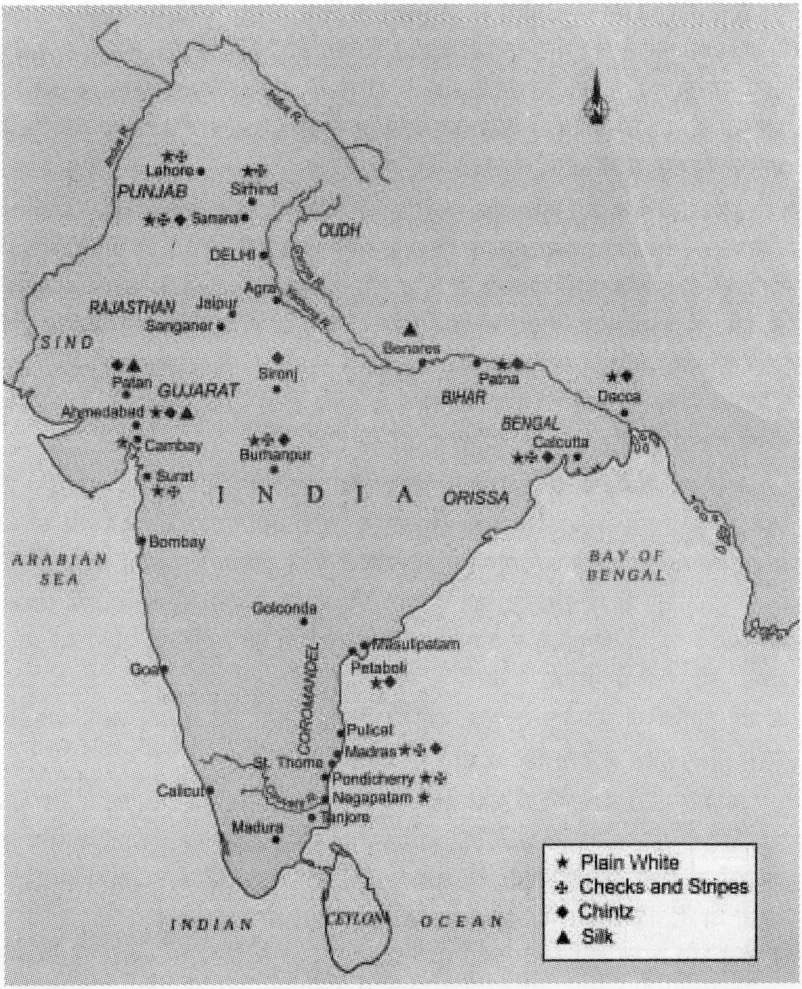

कपड़ा बुनाई के प्रमुख केन्द्र
1500-1750

बड़े-बड़े नगर आसपास के जिलों के आर्थिक केन्द्र बन गए थे। ईस्ट इंडिया कम्पनी के एक कर्मचारी हटन ने 1657 ई. में लिखा था कि, "यहाँ (मसूलीपट्टनम में) सभी तरह के कैलिको (भारत में निर्मित कपड़े), रुई, सूत, छपाईदार सूती कपड़े, लोहा, स्टील और हर तरह का अनाज आसपास के गाँवों से बिकने आता है।" थॉमस बावरी कहता है कि- "मसूलीपट्टनम बहुत बड़ा बाज़ार था। दरअसल, 100 मील के घेरे में इतना बड़ा दूसरा बाज़ार न था।"[19] सिन्ध नदी के पश्चिमी किनारे बसे सहवान शहर में भिन्न-भिन्न प्रकार के कपड़ों, नील, अफीम और हर तरह के खाद्य पदार्थों यानी चावल, घी, तेल आदि की बिक्री होती थी। इसमें अधिकांश माल नदी मार्ग से शहर में आता था।

गोलकुंडा के बन्दरगाह करेड़ु, पटना, निज़ामपट्टनम, मालदा, आगरा, खम्भात और दूसरे अनेक नगर क्षेत्रीय व्यापार केन्द्र थे।[20] उदाहरण के लिए नरसापुर में और वहाँ से 20-30 मील दूर तक गाँवों में जस्ते का एक छोटा सा सिक्का चलता था जिसे **पीकन** कहते थे।[21] जिस इलाके में यह सिक्का चलता था उससे प्रकट होता है कि नरसापुर का आर्थिक प्रभाव कितना विस्तृत था।

बड़े-बड़े व्यापारिक और औद्योगिक केन्द्र स्थानीय विपणन के केन्द्र बन गए थे। इस तरह, उनके माध्यम से न सिर्फ गाँवों के इलाके एकजुट हो गए थे बल्कि अनेक छोटे-मोटे शहर भी जुड़ गए थे। हरिहरपुर, जलासोर और दूसरे शहरों के कपड़े बालासोर में बिकते थे। वेटपल्लम (कृष्णा डेल्टा के दक्षिण), पालकोल्लु (गोदावरी डेल्टा) और अन्य नगरों से माल मसूलीपट्टनम में आता था।[22]

17वीं शताब्दी के अन्त के गोवा के बारे में लिखते हुए एक डच यात्री जान ह्यूगेन वॉन लिंशोटन बताता है कि शहर के मुख्य मार्ग पर प्रतिदिन नीलामी होती थी। वह यह भी बताता है कि एक मार्ग पर बहुत सी दुकानें थीं जिनमें सभी प्रकार के रेशमी, मखमली, साटन के कपड़े, चीन के बने चीनी मिट्टी के बर्तन, रेशम और सभी प्रकार के वस्त्र मिलते थे। इन शहरों में बड़ी संख्या में व्यापारी, दलाल और सर्राफ रहते थे। बाहरी व्यापारियों के रहने के लिए इन शहरों में सरायों की व्यवस्था थी।

पूर्व में बंगाल का भारत के सभी हिस्सों से व्यापार सम्बन्ध काफी विकसित था। हुगली, ढाका, मुर्शिदाबाद, मालदा, सतगाँव, टाँडा, हिजली, श्रीपुर, सोनारगाँव बंगाल के महत्त्वपूर्ण व्यापारिक केन्द्र थे। इनमें हुगली व्यापार का सर्वप्रमुख केन्द्र था।

किसी भी क्षेत्र में जितने बड़े शहर होते थे, उनके बीच घनिष्ठ व्यापारिक सम्बन्ध बने हुए थे। 1660 के दशक में रिचर्ड एडवर्ड्स ने उल्लेख किया था कि मालदा जिले से रेशम के कपड़े दूसरे जिलों में जाते थे। उसने लिखा है कि, "अकेले तीन लाख रूपए का अलचा कपड़ा (रेशम और सूत के मेंझरे से बनी पट्टियाँ) ढाका जाता है। राजमहल और मुर्शिदाबाद के छोटे-छोटे व्यापारी भी उतनी ही कीमत के कपड़े वहाँ भेजते हैं।"[23]

शहरों के निवासियों की आवश्यकताएँ पूरी करने के लिए बाज़ारों का जाल विद्यमान था। दुकानदारों के स्टाल या दुकानें होती थीं जहाँ हर तरह की खाद्य सामग्री, कपड़ा, सिले वस्त्र, जूते, चप्पल, तश्तरियाँ, फर्नीचर, हथियार, कागज, हीरे-जवाहरात और आभूषण, फूल-मालाएँ, सीपियाँ तथा कच्चा माल जिसकी शहर के कारीगरों को जरूरत पड़ती थी, उपलब्ध थी।[24]

शहरों में मोटे कपड़े का व्यापार खूब चलता था जिसे यूरोपवासी तो बिल्कुल पसन्द नहीं करते थे किन्तु भारत के आम लोग मजे से पहनते थे।[25] सत्रहवीं शताब्दी की दिल्ली का वर्णन करते हुए फ्रांस्वा बर्नियर लिखता है कि—

> यहाँ कीमती चीजें आमतौर पर गोदामों में रखी जाती हैं। दुकानों पर महंगे या तड़क-भड़क की चीजें आमतौर पर नहीं दिखलाई देती हैं। अगर एक दुकान में सोने-चाँदी की ज़री के कामवाले सुन्दर रेशम के कपड़े, सोने के कामवाली पगड़ियाँ और ब्राकेड के समान मिलेंगे तो पच्चीस दुकानों में सिर्फ तेल या घी के कुप्पे, चावल, जौ, गेहूँ, बाजरा, दालों की बोरियों की छल्लियाँ भरी मिलेंगी। यह हिन्दुओं (जो मांस नहीं खाते हैं) के भोजन के साथ छोटी जाति के मुसलमानों और फौज का भी भोजन है। फलों की एक मंडी है, जो सुन्दर दिखती है। इसमें बहुत सी दुकानें हैं जिनमें फारस, बल्ख, बोखारा और समरकन्द के मेवे बिकते हैं।[26]

बंगाल का देश के प्रत्येक भाग से घनिष्ठ व्यापारिक सम्बन्ध था। सोलहवीं शताब्दी के प्रारम्भ में बंगाल का कोरोमंडल और मलाबार तट, कोंकण और गुजरात से व्यापार होता था। बंगाल से छोटे-छोटे जहाजों में चावल भरकर कोरोमंडल जाता था। इसके लिए वही जहाज काम में लाए जाते थे जो गंगा के डेल्टा में आसानी से चले सकें। डुआर्ट बर्बोसा के शब्दों में- "मलाबार में जहाज हर साल बड़ी तादाद में आते थे, इनमें अधिकांश में धान लदा रहता था। मलाबार तट पर खाद्यान्न की किल्लत रहती थी। वहाँ चावल बहुत जल्दी बिक जाता था।"[27]

बंगाल के भिन्न-भिन्न नगरों टांडा, हिजिली, श्रीपुर, सोनारगाँव आदि से चावल के अलावा पश्चिमी तट को सूती कपड़ा भारी मात्रा में भेजा जाता था। प्रतिदिन सतगाँव से चावल, सूती कपड़ों और दूसरे समानों से लदे 30 से 35 जहाज निकलते थे।[28]

भारत के बहुत से क्षेत्र अपने खाद्यान्नों के लिए बंगाल पर निर्भर थे। फ्रांसीसी यात्री फ्रांस्वा पिरार्ड ने अपने यात्रा संस्मरण में लिखा है कि- "अगर बंगाल के जहाज निर्धारित तिथि से देर से आते या रास्ते में खो जाते तो चावल के दाम बहुत बढ़ जाते थे, फिर अकाल जैसा हाहाकार मच जाता था।"[29]

बंगाल से माल बिहार में भी भेजा जाता था। पटना में मुर्शिदाबाद और सैदाबाद से रेशम, मोटा सूती कपड़ा (सहन-महीन मजबूत कैलिको, और हुम्माम या हुमाहुम-सादा सूती कपड़ा), मालदा से रेशम, दक्षिण-पश्चिम भागों से टसर, सरगाँव से कम्बल आते थे। बंगाल से जो रेशम पटना आता था उसका बहुत बड़ा भाग पटना से आगरा और गुजरात भेज दिया जाता था।

सत्रहवीं शताब्दी में गुजरात में बंगाल के रेशम की बड़ी खपत थी। सूरत और अहमदाबाद से बंगाल के रेशम से बना कपड़ा सारे भारत में भेजा जाता था।[30] बंगाल का उत्तर भारत के साथ भी टिकाऊ व्यापारिक सम्बन्ध थे। उदाहरणार्थ- पंजाब (लाहौर और दूसरे नगर) को रेशम, सूती कपड़े और कच्चा रेशम भेजा जाता था।[31]

बंगाल में, देश के दूसरे भागों को निर्यात के साथ-साथ आयात भी होता था। कोरोमंडल तट से ताँबा, जस्ता, टिन, तम्बाकू, मसाले और मसूलीपट्टनम की मशहूर वस्तुओं से लदे जहाज आते थे। कश्मीर से ऊन, उत्तर-पश्चिम सूबे से नमक, अफीम, टिन, कालीन और तरह-तरह की वस्तुएँ बंगाल आती थीं।[32]

बंगाल ही अकेला सूबा न था जिसका देश के भिन्न-भिन्न भागों से व्यापार चलता था, इस दृष्टि से कोरोमंडल तट भी कम सक्रिय न था। कोरोमंडल तट पर ताँबा, पारा, हिंगुल, मिर्च आदि गुजरात से आता था। मालाबार से मसाले आते थे। उड़ीसा का कोरोमंडल, मालाबार और खानदेश से घनिष्ठ व्यापारिक सम्बन्ध था। वहाँ समुद्री रास्ते से माल आता-जाता था। इसके अलावा नदियों और सड़कों से भी व्यापार होता था। बार्थेमा जोर देकर यह बताता है कि इस वक्त तक व्यापार में मुख्य रूप से देशी व्यापारियों की ही पूँजी लगी हुई थी।[33]

16वीं और 17वीं शताब्दी के दौरान भारत का अन्य देशों के साथ समृद्ध व्यापारिक लेन-देन कायम था। विदेशी व्यापार में भारतीय माल का निर्यात बहुत अधिक था जबकि आयात की मात्रा बहुत कम थी। मुख्य रूप से कपड़ा, शोरा और नील का निर्यात किया जाता था। चीनी, अफीम, मसाले और अन्य उत्पाद निर्यात की अन्य वस्तुएँ थीं। आयात कुछ चुनी हुई वस्तुओं तक ही सीमित था। मुख्य रूप से चाँदी का आयात होता था। यूरोप और एशिया के व्यापारी यहाँ से समान खरीदकर चाँदी से भुगतान करते थे। थोड़ा बहुत ताँबा, शीशा और पारा का भी आयात होता था। फारस से अच्छी किस्म की शराब, कालीन और इत्र का आयात होता था। सैन्य उपयोग के लिए मध्य एशिया से धोड़ों का आयात किया जाता था। भुटान और नेपाल से कस्तूरी एवं नेपाल और तिब्बत से सुहागा का आयात किया जाता था।

बंगाल भारत का ऐसा प्रदेश था जिसका अत्यन्त प्राचीन काल से कोरिया-जापान-चीन, दक्षिण-पूर्व एशिया और मध्य-पूर्व एशिया (इसके माध्यम से यूरोप से) से व्यापार चलता था। चौदहवीं-पन्द्रहवीं शताब्दी में बंगाल से कपड़ा, रेशम और खाद्यान्नों का निर्यात किया जाता था। मसालों, सोना और अन्य धातुओं का मुख्य रूप से आयात किया जाता था।[34] पन्द्रहवी शताब्दी के प्रारम्भ में एक चीनी यात्री मा' हुआन बंगाल आया था। उसने लिखा है कि बंगाल के व्यापारियों के पास दूसरे देशों को निर्यात के लिए बहुत अच्छे और बड़े जहाज थे।

सोलहवीं शताब्दी के उत्तरार्ध तक, बंगाल भारत का एक प्रमुख निर्यातक क्षेत्र था जहाँ चटगाँव, सोनारगाँव और बाकला कपास के समानों के महत्त्वपूर्ण विनिर्माण केन्द्र थे। मलमल (मस्लिन) एक महत्त्वपूर्ण वस्तु थी जिसे भारत के भीतर और बाहर दोनों

जगह प्यार किया जाता था। यह एक श्रेष्ठ वस्त्र माना जाता था क्योंकि यह बहुत महीन और हल्का होता था। मलमल के मुख्य केन्द्र सोनारगाँव (ढाका के पास), शान्तिपुर और मुर्शिदाबाद थे। मलमल का उत्पादन मालदा और हुगली में भी किया जाता था। सोनारगाँव और उसके आस-पास के इलाकों में उत्पादित मलमल उत्कृष्ट गुणवत्ता का होता था, जो ढाका मलमल के नाम से लोकप्रिय था। शान्तिपुर में उत्पादित मलमल को शान्तिपुरी मलमल के नाम से जाना जाने लगा, जिसे ईस्ट इंडिया कम्पनी ने मान्यता दी थी। मलमल के लिए कम से कम 300-धागों की संख्या (थ्रेड काउंट) का उपयोग किया जाता था। मलमल की लगभग 28 किस्में थीं, जिनमें से **जमादानी** का अभी भी व्यापक रूप से उपयोग किया जाता है। 17वीं और 18वीं शताब्दियों के दौरान, बंगाल दुनिया में सबसे प्रमुख मलमल निर्यातक के रूप में उभरा। माना जाता है कि 'मस्लिन' शब्द की उत्पत्ति इराक के मोसुल में कपास के व्यापार के बारे में मार्को पोलो के वर्णन से हुई है। फैशन इतिहासकार सुसान ग्रीन का एक और आधुनिक दृष्टिकोण है, जिन्होंने लिखा है कि यह नाम 18वीं शताब्दी में **मूस** से उत्पन्न हुआ, जो फोम के लिए फ्रांसीसी शब्द है।

मुग़ल बादशाहों को भी मलमल से प्यार था और उन्होंने इसकी बारीक और हल्की प्रकृति के कारण इसे **अब्रावन** (बहता पानी), **बाफ्ट हवा** (बुनी हुई हवा) और **शबनम** (शाम की ओस) जैसे नाम दिए थे। ढाका की मलमल विशेष रूप से प्रसिद्ध थी। सोनारगाँव, बनारस, आगरा, मालवा, दक्कन, लाहौर, मुल्तान, बुरहानपुर और गोलकुंडा मलमल शिल्प के अन्य केन्द्र थे, जैसा कि अबुल फज़ल ने आइन-ए-अकबरी में उल्लेख किया है। वास्को-डी-गामा ने एक विशेष प्रकार के वस्त्र की बात की जिसे **एस्ट्रावेंटस** कहा जाता था जिसे एक बहुत ही पतले प्रकार के कपड़े के रूप में वर्णित किया गया था, जो महिलाओं के बीच बहुत सम्मानित था जिसका सन्दर्भ मलमल से होना चाहिए। विभिन्न यात्रा विवरणों में कपास की विविधताओं का उल्लेख **सिनाबाफोस** (एक अच्छा सफेद कपड़ा), **काहुनार** (चादर), **बीतिल्हास** और **बेइरामेंस** (कई रंगों के महीन सूती कपड़े) के रूप में किया गया है। इस समय बंगाल की मलमल का व्यापार थाईलैंड, चीन और मध्य पूर्व में किया जा रहा था। ऑटोमन (तुर्कों) द्वारा पगड़ी के लिए मलमल को अत्यधिक पसन्द किया जाता था। ढाका और श्रीपुर के पुर्तगाली व्यापारियों द्वारा इस वस्त्र का और अधिक व्यवसायीकरण किया गया।

सोलहवीं शताब्दी के प्रारम्भ में इथोपिया, अरब, सीरिया, तुर्की, ईरान, मलक्का, सुमात्रा, पेगू आदि देशों के साथ बंगाल का व्यापार फल-फूल रहा था। अनाज और कपड़ों का निर्यात प्रमुख था। पुर्तगाली टॉम पायर्स के मतानुसार, बंगाल से सालाना चार-पाँच जहाज कपास, शक्कर, अदरक लादकर मलक्का और जावा जाते थे। बंगाली व्यापारी मलक्का में कपड़े बेचकर खूब लाभ कमाते थे। वहाँ से कपूर, लौंग, जायफल, चन्दन, हीरे-जवाहरात, ताँबा, जस्ता, रांगा, पारा, पोर्सलीन (चीन से

आयात्ति मिट्टी के बर्तन) आदि खरीद लाते थे। इन वस्तुओं पर स्थानीय मूल्य का 30 प्रतिशत निर्यात शुल्क लगता था, फिर भी व्यापारी इसे ठीक मानते थे क्योंकि, वे यही चीजें बंगाल में 250 प्रतिशत से 300 प्रतिशत के लाभ पर बेचते थे। बंगाल से मलक्का पहुँचने में जहाज को एक माह लगता था।[35]

कोरोमंडल तट के बन्दरगाहों का ईरान, अरब और अफ्रीका के पूर्वी तटों से पुराना व्यापारिक सम्बन्ध था। इसी प्रकार मलय द्वीप समूह, पेगू और चीन से भी व्यापार की परम्परा चली आ रही थी। वहाँ से गोलकुंडा की मशहूर कपास, सूती धागे, लोहा, स्टील और अनाज का निर्यात होता था और बदले में सोना और चाँदी अफ्रीका, पेगू और चीन से तथा घोड़े अरब देशों से, मसालें और धातुएँ मलक्का से, रेशम और दूसरी चीजों का आयात चीन से होता था।[36]

सिन्ध, गुजरात, कोंकण और मालाबार के बन्दरगाहों से भी विदेशों के साथ व्यापार होता था। स्थानीय व्यापारी (जिनमें बहुत से मुसलमान भी थे) लाल सागर और ईरान की खाड़ी के देशों, मलक्का और सुंडा द्वीपों के साथ व्यापार करते थे। वेनिस निवासी बार्थेमा लिखता है कि, "सोलहवीं शताब्दी में खम्भात से हर साल 40 से 50 जहाज निकलते हैं। ये स्थानीय माल लेकर ईरान, अरब देशों, सीरिया और इथोपिया जाते हैं।"[37] कालीकट में उसकी मुलाकात ईरानी और अरबी व्यापारियों से हुई थी।

टॉम पायर्स ने उल्लेख किया है कि मालाबार के व्यापारी कोरोमंडल की चीजें गुजरात ले जाते थे, जहाँ गोलकुंडा की रुई बेंचकर उसके बदले कपड़े खरीदते थे जिसे वे मलक्का ले जाकर बेच देते थे। मलक्का से दक्षिण-पश्चिम एशिया और चीन की वस्तुएँ लादकर मालाबार लौट आते थे।

15वीं शताब्दी में गुजराती वाणिज्य का विस्तार देखा गया, जो पूर्व में इंडोनेशियाई द्वीपसमूह में जावावासियों के शिपिंग और व्यापार के उदय से मेल खाता था। मलक्का ने पूर्वी हिन्द महासागर के 'प्रवेश द्वार' के रूप में और कमोडिटी एक्सचेंज के लिए एक पुनर्निर्यात केन्द्र (गोदाम) के रूप में, एक स्थान विशेष पर कब्जा कर लिया। गुजराती व्यापारी यहाँ मसाले खरीदने आते थे और मलाया से चीनी मिट्टी के बरतन, रेशम और टिन भी घर ले जाते थे। 16वीं शताब्दी की शुरुआत में टॉम पायर्स ने उल्लेख किया है कि- "1000 गुजराती व्यापारी हर साल 4000 नाविकों के साथ मलक्का की यात्रा करते थे।" गुजरात की सल्तनत (1403-1573) के लिए कॉम्बे समुद्र का मुख्य आउटलेट (व्यवसायिक प्रतिष्ठान) था। समुद्री व्यापार में पर्याप्त गुजराती व्यापारी और साथ ही छोटे 'पेडलर' शामिल थे जो एक बाज़ार से दूसरे बाज़ार की यात्रा करते थे। गुजराती कपास के लिए सुमात्रन काली मिर्च का भुगतान इस हद तक किया गया था कि 17वीं शताब्दी में 'अचेह' (सुमात्रा द्विप पर स्थित) बाज़ार ने कोरोमंडल वस्त्रों को अस्वीकार कर दिया था। गुजराती व्यापारियों ने एक नया त्रिकोणीय व्यापार विकसित किया- कपड़े को अचेह तक और काली मिर्च को लाल सागर तक ले जाया गया तथा बुलियन को वापस गुजरात लाया गया।[38]

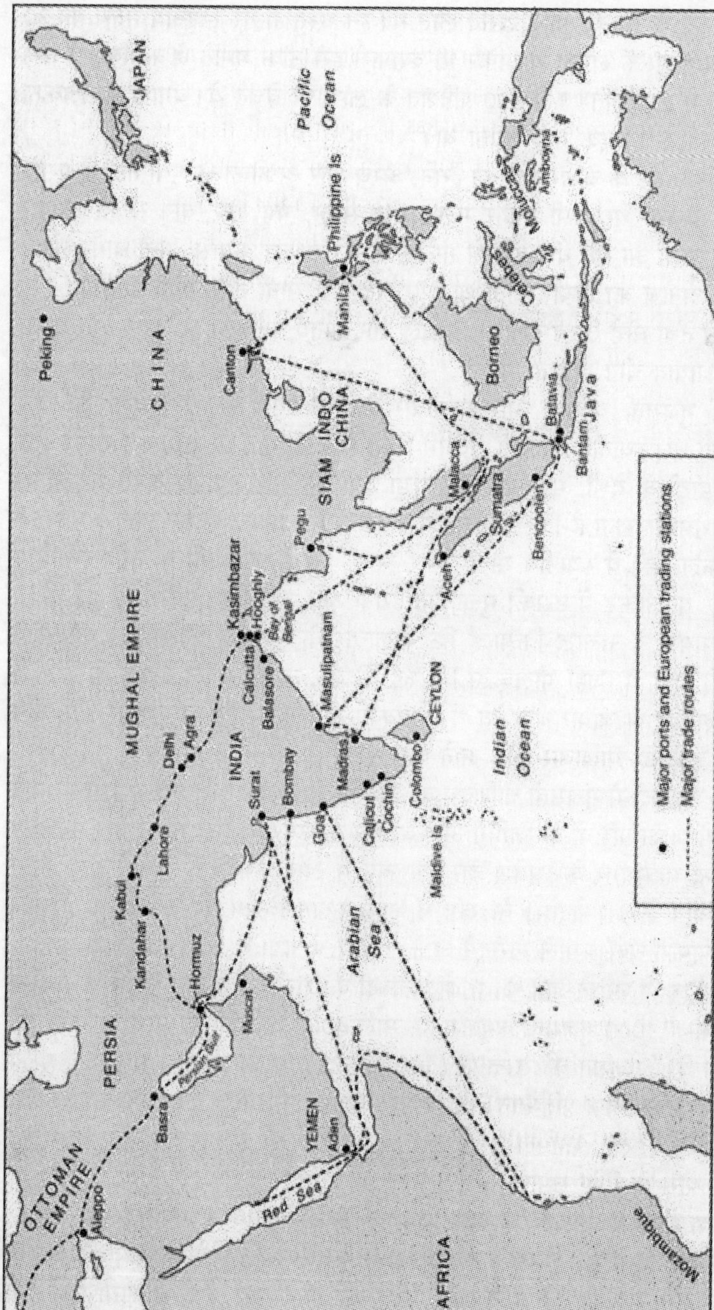

मध्यकालीन भारत में वाह्य व्यापार के मार्ग

गुजराती मुस्लिम जहाज मालिक गहरे समुद्र में नौसंचालन (नेविगेशन) की स्वतन्त्रता को संरक्षित करने और मध्य हिन्द महासागर के व्यापार पर अपनी पकड़ बनाए रखने में रुचि रखते थे, जो शुरू से ही पुर्तगाली दख़ल के सख्त विरोधी थे। 1511 ई. में मलक्का पर पुर्तगाली विजय के बाद, गुजराती व्यापारी धीरे-धीरे बन्दरगाह शहर से हट गए, जिन्हें तमिल केलिंग व्यापारियों द्वारा प्रतिस्थापित किया गया।

दक्षिण पूर्व एशिया में पुर्तगालियों द्वारा माँग की जानेवाली वस्तुओं में मलाकस से लौंग, बाँदा से जायफल और गदा, सुमात्रा और सुंडा से काली मिर्च, तिमोर से चन्दन, बोर्नियो से कपूर, सुमात्रा से सोना और मलाया से टिन शामिल थीं। 17वीं शताब्दी में भारतीय समुद्री व्यापार शिखर पर था। प्रसिद्ध मसाला व्यापार में गिरावट गुजरात के व्यापारियों के लिए एक वास्तविक झटका नहीं थी। 1600 ई. में उनकी निरन्तरता उल्लेखनीय है। गुजराती व्यापारी अभी भी हिन्द महासागर के व्यापार में एक अनिवार्य अंग थे। 1605 ई. में मसाला द्वीप समूह में अम्बोइना पर कब्जा करने के साथ डच (Vereenigde Oost-Indische Compagnie) मसाले के व्यापार में पुर्तगालियों के सच्चे उत्तराधिकारी बन गए। 1641 ई. में मलक्का की विजय के बाद, पुर्तगालियों की तुलना में डचों (V.O.C) ने मसालों में अधिक कुशलता से एकाधिकारवादी नीति अपनाई। उनका वाणिज्यिक संगठन जावा और मलाकस (Moluccas) में क्षेत्रीय ठिकानों और कारखानों के साथ समेकित था। हालाँकि, पुर्तगाली और गुजराती व्यापारियों द्वारा लाए गए सूरत के वस्त्र अभी भी व्यापक रूप से इंडोनेशियाई द्वीपसमूह में बेचे और वितरित किए जाते थे। जैन पीटर्सन कोएन द्वारा तैयार किए गए ब्लूप्रिंट में, सुमात्रा के तट पर काली मिर्च और सोने के लिए गुजराती माल से अदला-बदली (विनिमय) की जाती थी।*

18वीं शताब्दी में सूरत पर ग्रहण लगा और गुजरात के महान समुद्री व्यापार का पतन हुआ। इसके लिए अग्रणी कारकों में मुग़ल साम्राज्य का पतन, मराठा घुसपैठ, तट पर समुद्री डाकू, बम्बई में स्थानान्तरण और निजी क्षमता में काम करनेवाले अंग्रेजी देश के व्यापारियों से कड़ी प्रतिस्पर्धा शामिल थी। मलय-इंडोनेशियाई दुनिया में, जावा, सुमात्रा और पूर्वी द्वीप डचों के कड़े नियन्त्रण के तहत गरीब हो गए। अंग्रेजों के निजी व्यापार ने दक्षिण पूर्व एशियाई व्यापार के चरित्र को पूरी तरह से बदल दिया। हिन्द महासागर की व्यावसायिक वास्तविकता इसके भारतीय ढाँचे से अविभाज्य थी। पूर्वी द्वीपसमूह में काली मिर्च और मसालों का लाभदायक व्यापार भारत के सूती वस्त्रों की सहायता के बिना लगभग असम्भव था। उस क्षेत्र के कई द्वीपों की अर्थव्यवस्था अपूर्ण रूप से मुद्रीकृत थी, और भारतीय हथकरघा बुनकरों द्वारा आपूर्ति किया गया कपड़ा एक आवश्यक विनिमय वस्तु प्रदान करता था जो रोजमर्रा के पहनने की जरूरतों के साथ-साथ एक लक्ज़री (विलासी) बाज़ार की माँग को भी पूरा करता था।

सोलहवीं शताब्दी के उत्तरार्ध में, गुजरात के सरखेज और जम्बुसर से नील का निर्यात किया जाता था और कोरोमंडल में नील मुख्य रूप से पुलिकट, कैंटिगन, तेगेनापट्टनम और

* मलोनी, रूबी, 'गुजरात ट्रेड विथ साउथ ईस्ट एशिया (सिक्सटीन्थ एंड सेवेंटीन्थ सेंचुरीज)', प्रोसीडिंग्स ऑफ दी इंडियन हिस्ट्री कांग्रेस वॉल्यूम 75, प्लेटिनम जुबिली 2014, पृ. 336-340

दत्वेरॉन से निर्यात होती थी। मध्यकाल के दौरान महत्त्व का एक अन्य स्थान अवध था। परिवहन का सामान्य मार्ग आगरा के माध्यम से सूरत के बन्दरगाह तक था और सूरत से वस्तुओं को विदेशों में भेज दिया जाता था। अवध से सूरत तक वस्त्रों का मुख्य बाज़ार आगरा था इसलिए आगरा चौड़े बाफ्टा* और मोटे बाफ्टा जैसे वस्त्रों की उपलब्धता के लिए एक प्रमुख बाज़ार के रूप में उभरा। मुस्लिम व्यापारियों के बीच अवध के वस्त्रों की बहुत माँग थी, जो कन्धार से होकर कारवाँ मार्ग के माध्यम से अवध के वस्त्रों का निर्यात फारस, अरब और तुर्की को करते थे। अवध के कुछ अन्य वस्त्र की किस्में **दरियाबाद** और **खैराबाद** और **मर्कूल** (एक प्रकार का चौड़ा बाफ्टा) थे।

पन्द्रहवीं-सोलहवीं शताब्दी में भारत और पश्चिमी तुर्किस्तान के बीच सूती कपड़ों, मसालों और दूसरी चीजों का व्यापार खूब फल-फूल रहा था। तुर्किस्तान से बुखारा और समरकन्द के रास्ते यह माल रूस जाता था।[39] सोलहवीं शताब्दी के अन्तिम चरण में रूस से कपड़े, जूते आदि वस्तुएँ तिब्बत और भूटान के रास्ते भारत आती थीं। सोलहवीं से अठारहवीं शताब्दी के मध्य रूस के साथ गुजरात और पंजाब के व्यापारी भी आयात-निर्यात करते थे। वे व्यापारी अस्त्राखान में जाकर बस गए थे।

अफ़नासी निकितिन# (पन्द्रहवी शताब्दी) पहला रूसी व्यापारी था जिसने भारत की

---

* बाफ्टा (बाफ्ता या बफेता) एक फारसी शब्द है जिसका अर्थ 'बुना हुआ' है। यह एक प्रकार का कैलिको है जो मूल रूप से भारत में बना है। इसका उत्पादन मूल रूप से भरूच (गुजरात) में किया गया था। इसकी एक बन्द सादा बुनाई संरचना है जिसे मोटे से महीन तक, कई किस्मों में, केवल कपास से या रेशम के साथ बनाया जाता था। यह विभिन्न पोशाकों के लिए एक किफायती और आरामदायक सामग्री थी। बाफ्टा मध्यम वर्ग के पोशाक सामग्री में एक था। जहाँ धनी घरों की महिलाएँ रेशम, महीन सूती और मलमल आदि से बने महंगे कपड़े पहनती थीं, वहीं आम महिलाएं अलग-अलग रंगों में रंगे हुए बाफ्टा जैसे मोटे सूती वस्त्र पहनती थीं। सफेद सूती वस्त्र को बाफ्टा और धूमिल सफेद (ऑफ-व्हाईट) कपड़े को **मालती** या **मंसूरी** या **खाम** कहा जाता था।

\# **अफ़नासी निकितिन** एक रूसी यात्री और व्यापारी था, जिसका जन्म 1433 ई. में रूसी शहर त्वेर (अब कालीनीन) में हुआ था। इस दौर में त्वेर व्यापारियों का गढ़ माना जाता था। वोल्गा नदी के तट पर स्थित त्वेर शहर साहसी व्यापारियों के लिए चर्चित था जो यूरोप और मध्य एशिया की यात्राएँ किया करते थे। निकितिन ने भी ऐसी ही व्यापारिक यात्रा पर निकलने का फ़ैसला करके 1466 ई. में त्वेर छोड़ दिया। कहा जाता है कि उसे किसी ने बताया कि भारत में घोड़ों की अच्छी नस्लों की कमी है, ऐसे में उसने अपने साथ एक घोड़ा ले जाने का फ़ैसला किया। निकितिन ने अपनी इस यात्रा के बारे में विस्तार से लिखा है जिससे मध्यकालीन भारत के व्यापारिक रास्तों के बारे में जानकारी मिलती है। निकितिन ने बताया है कि उसने कैसे वोल्गा नदी से कैस्पियन सागर की यात्रा की। इस सफर में उसे दो बार लूटा गया। इस यात्रा में उसके साथ कुछ अन्य लोग भी आ रहे थे जिन्होंने वापस जाने या जहाँ पहुँच गए थे वहीं रुकने का फ़ैसला किया। लेकिन, निकितिन आगे बढ़ता गया। उन दिनों समुद्र की यात्रा भी बेहद जोखिम भरी हुआ करती थी । वह पूरे फारस को पार कर के पूर्व के सबसे बड़े बंदरगाह होरमुज़ जा पहुँचा। यहाँ उसने एक घोड़ा खरीदा, ताकि उसे भारत ले जा कर बेचा जा सके । यह हिम्मती व्यापारी एक छोटे से जलपोत में सवार होकर अरब सागर के रास्ते भारत पहुँचा। निकितिन की नाव सबसे पहले दीव पहुँची जिसके बाद वह गुजरात में खंबात पहुँचा। बंदरगाह पहुँचकर उसने इंडिगोय्यानी नील के बारे में लिखा है जो कि रूस में काफ़ी महंगी हुआ करती थी। इसके बाद

उसने महाराष्ट्र की कुंडलिका नदी के मुहाने पर स्थित चौल बंदरगाह की ओर यात्रा शुरू की। रूसी इतिहासकार मानते हैं कि अफ़नासी निकितिन ने भारतीय सरज़मीं पर पहली बार अपने पैर चौल में ही रखे थे। महाराष्ट्र के रायगढ़ ज़िले के अलीबाग़ शहर के दक्षिण में मुंबई से 110 किलोमीटर दूर स्थित चौल एक सामान्य-सा गाँव है। नारियल, पाम समेत तमाम अन्य उष्णकटिबंधीय जलवायु वाले पेड़ों से घिरा चौल किसी दूसरे तटवर्ती गाँव जैसा ही लगता है। लेकिन ये सामान्य सा दिखने वाला तटवर्ती गाँव अपने आप में दो हज़ार साल का इतिहास समेटे हुए है। कई ऐतिहासिक दस्तावेज़ों और यात्रियों ने इस बंदरगाह का ज़िक्र अलग-अलग नामों जैसे चंपावती, चिउल और चिवली के रूप में किया है। मध्यकालीन दौर में चौल एक बड़ा बंदरगाह शहर हुआ करता था जहाँ सुदूरवर्ती देशों से व्यापारी आया करते थे। अफ़नासी निकितिन इन व्यापारियों में से एक था। वह साल 1469 ई. में किसी समय यहाँ पहुँचा। उसने अपनी डायरी में तत्कालीन भारतीय समाज का विशद वर्णन किया है। उसने लिखा—
"यहाँ सभी लोग नग्न रहते हैं, ये अपने सिर को नहीं ढकते, नंगे पैर चलते हैं। यहाँ स्त्रियाँ अपने बालों को एक चोटी में बांधती हैं, समृद्ध लोग अपने सिर ढकते हैं, वे अपने कंधे पर एक कपड़ा रखते हैं और दूसरा कमर पर बांधते हैं। महिलाएं कमर पर एक कपड़ा बांधती हैं और उनके स्तन ढके नहीं रहते हैं। यहाँ महिलाओं और पुरुषों की त्वचा का रंग गहरा होता है। मैं जहाँ भी जाता हूँ, लोग मेरी गोरी त्वचा को देखकर मोहित नज़र आते हैं।"

वह लिखता है कि कैसे लोग गाय और बैलों को घोड़ों से ज़्यादा तरजीह दिया करते थे। इसके साथ ही उन्होंने समुदायों के बीच अमीरी और ग़रीबी की गहरी खाई का ज़िक्र किया। उसने लिखा कि, "एक समुदाय के लोग दूसरे समुदाय में शादी नहीं करते और न ही खाना खाते हैं।"

निकितिन चौल से पाली गया और वहाँ से जुन्नर पहुँचा (आधुनिक पुणे के निकट)। जुन्नर में असद ख़ान नाम के एक स्थानीय नेता ने निकितिन का घोड़ा छीन लिया और आदेश दिया कि ईसाई धर्म को मानने वाले निकितिन को अपना घोड़ा लेने के लिए इस्लाम धर्म स्वीकार करना पड़ेगा या भारी जुर्माना देना पड़ेगा। तुर्की मूल के एक मुसलमान मंत्री मोहम्मद खोरसन ने हस्तक्षेप करके निकितन का घोड़ा वापस करवाया।

इसके बाद निकितिन बहमनी सल्तनत की राजधानी बीदर पहुँचा जहाँ वह अपना घोड़ा बेचने में सफल हुआ। इसके बदले में उसे अच्छी-ख़ासी रकम मिली। वहाँ से विजयनगर साम्राज्य की ओर बढ़ा। निकितिन ने रमज़ान के दौरान व्रत भी रखा। वह गुलबर्गा भी पहुँचा। फिर रायचूर और गोलकुंडा में हीरे की खान देखने गया। निकितिन ने केवल समुद्र तट से सटे दक्षिणी भारत की ही यात्रा की थी । भारत में 3 वर्ष का समय गुज़ारने के बाद 1472 ई. में, चौल से 180 किलोमीटर दूर दाभौल बंदरगाह से उसने वापसी की यात्रा शुरू की। उसने लिखा है कि मिस्र, अरब और तुर्की से घोड़ों समेत अन्य चीज़ों को यहाँ बेचने के लिए लाया जाता है।

उसने कई मुसलमानों और हिंदुओं से दोस्ती की, नारियल की ताड़ी पी, कटहल खाया और अपनी ज़िंदगी में पहली बार घी का स्वाद चखा। विदेशियों के लिए भारत सदैव से अचंभे, अनबुझी पहेली की तरह रहा है। उसने मूर्ति-पूजा को 'बुतपरस्ती', गणेश जी व हनुमान जी को क्रमश: हाथी व वानर के मुँह वाले देवता के रूप में वर्णित किया है।

दाभोल से निकितिन इथियोपिया गया और वहाँ से ईरान पहुँचा। इसके बाद उसने क्रीमिया और कीव (मौजूदा यूक्रेन) से सड़क मार्ग से अपनी यात्रा जारी रखी। लेकिन, 1472 ई. में अपने शहर त्वेर पहुँचने से पहले ही रूस के स्मोलेंस्क में निकितिन की मौत हो गई।

उसने अपनी पुस्तक **'ए जर्नी बियॉन्ड द थ्री सीज'** (A Journey Beyond the Three Seas) में

यात्रा (1469-1472 ई.) की थी। सत्रहवीं शताब्दी के अन्तिम भाग में सैम्योन मालेंकी नामक रूसी व्यापारी ने रूस के जार का परिचय पत्र औरंगज़ेब को पेश किया था। औरंगज़ेब ने उसे बिना शुल्क मुग़ल सम्राज्य में व्यापार की छूट दी थी किन्तु, अठारहवीं शताब्दी में रूस और भारत के बीच व्यापारिक रिश्ते आगे नहीं बढ़ सके क्योंकि उस समय भारत राजनीतिक संकट से गुजर रहा था।

ध्यान में रखने की बात यह है कि उत्तर पश्चिम के देशों के साथ व्यापार भू-मार्गों से होता था। इसमें सिन्ध, पंजाब, गुजरात और राजपूताना के व्यापारी भाग लेते थे। अफगानिस्तान (काबुल, कन्धार, हेरात), ईरान (इस्फहान), पश्चिमी तुर्किस्तान (बुखारा), काकेशिया क्षेत्र (बाकू, शेमख़ा) और रूस (अस्त्राखान) में इन व्यापारियो की बस्तियाँ थीं। गुजरात, कोंकण और मलाबार के व्यापारी लाल सागर से व्यापार करते थे। इनकी बस्तियाँ अरब (ख़ासकर मोचा) में थीं। बंगाल और कोरोमंडल के व्यापारी दक्षिण-पूर्व एशिया के साथ व्यापार करते थे। इनकी बस्तियाँ अचेह, मलक्का और दूसरे शहरो में थीं।

महत्त्व की बात यह है कि भारत के अनेक प्रदेशों; बंगाल, गोलकुंडा और गुजरात का व्यापारिक सन्तुलन इनके पक्ष में था। आयात की अपेक्षा निर्यात की गई वस्तुओं के मूल्यों में निरन्तर वृद्धि के कारण सोना-चाँदी भारत में खिंचा आ रहा था। इसका अधिकांश भाग सामन्त शासक और व्यापारियों को मिलता था।

पन्द्रहवीं शताब्दी के अन्त और सोलहवीं शताब्दी के प्रारम्भ में यूरोपीय व्यापारियों का भारत में प्रवेश हो चुका था। यह औपनिवेशिक शक्तियों के सैनिक और आर्थिक विस्तार का प्रारम्भ था। सबसे पहले पुर्तगालियों ने भारत में सैनिक और व्यापारिक केन्द्र बनाया।

पुर्तगाली भारत और दक्षिण पूर्व एशिया के वस्तुओं के व्यापार में अपना एकाधिकार बनाने की कोशिश करते रहे। ख़ासकर मसालों के व्यापार की तरफ उनकी आँखें लगी थी जिनकी यूरोप में बड़ी माँग थी और इनके व्यापार में अकूत लाभ होता था, इसलिए पूरी सोलहवीं शताब्दी में पुर्तगालियों ने यूरोप के व्यापार-मार्ग पर नियन्त्रण की पूरी कोशिश की। पुर्तगाली नौसेना का पूरा इस्तेमाल करते थे, प्रायः हिंसा पर उतारू रहते थे, वे भारत व अरबों के जहाजों को समुद्र में डुबो देते थे। उन्होंने स्थानीय शासकों के परस्पर संघर्ष का भरपूर लाभ उठाकर ओमान और ईरान की खाड़ी, अदन की खाड़ी, सिंगापुर और उसके आसपास के द्वीपों में अपने किलों का जाल बिछा रखा था। उन्होंने हिन्द महासागर की महत्त्वपूर्ण जगहों पर कब्जा कर लिया था। बाद में उन्होंने सुंडा द्वीप में अपने आधार शिविर (बेस कैम्प) बना लिए; चीन के दक्षिणी समुद्र

1466 ई. से 1472 ई. के मध्य अपनी भारत यात्रा का वर्णन करता है। भारत पहुँचने की अपनी यात्रा के दौरान उसने कैस्पियन सागर, काला सागर और अरब सागर को पार किया। यह पुस्तक भारत पर किसी यूरोपीय द्वारा लिखे गए सबसे प्रारंभिक यात्रा वृत्तांतों में से एक है। यात्रा वृत्तांत के रूप में लिखी गई यह पुस्तक भारतीय समाज, व्यापार, धर्म और भूगोल के अवलोकन का दस्तावेजीकरण करती है। इसमें व्यापार केंद्रों, मुख्यतः गुजरात और दक्कन का चित्रण किया गया है। इस पुस्तक में भारत के 20 स्थानों का उल्लेख है और यह उस समय के समाज, अर्थव्यवस्था और राजनीति का विशद चित्रण प्रस्तुत करती है।

तट पर जम गए और जापान के साथ व्यापार करने लगे।

यूरोपीय व्यापारियों में पुर्तगाली पहले थे जो व्यापार के लिए 'केप ऑफ गुड होप' के माध्यम से सीधे मालाबार तट पर आए, उसके बाद अंग्रेज, डच, डेन और फ्रांसीसी आए। वे सभी मालाबार तट को काली मिर्च, अदरक, इलायची और अन्य मसालों के व्यापार के लिए एक महत्त्वपूर्ण क्षेत्र मानते थे। पुर्तगालियों ने मालाबार तट के उत्पादों को प्राप्त करने और जहाजों के आगमन और यूरोप के लिए अनुकूल मौसम में उनके प्रस्थान तक उन्हें संग्रहीत करने के लिए कई कारखाने और किले स्थापित किए। मालाबार तट के साथ पुर्तगाली व्यापार की एक उल्लेखनीय विशेषता काली मिर्च पर शाही एकाधिकार की घोषणा और काली मिर्च की अनुमानित मात्रा के लिए विभिन्न शासकों के साथ अनुबन्ध पर हस्ताक्षर करना था।

1495 ई. से 1521 ई. तक पुर्तगाल पर शासन करनेवाले राजा डोम मैनुअल ने काली मिर्च के व्यापार से भारी मुनाफा कमाया। मालाबार तट के साथ हाल ही में शुरू हुए विदेशी व्यापार ने उसे अपने राज्य का राजस्व 1506 ई. में 173,000 क्रूजेडो से बढ़ाकर 1518 ई. में 245,000 क्रूजेडो करने में मदद की। पुर्तगालियों के पास मालाबार तट के साथ व्यापार करने के लिए नक़दी या सामग्री के रूप में पर्याप्त साधन नहीं थे, इसलिए उन्हें इतालवी और जर्मन व्यापारी निवेशकों (वित्तपोषकों) का सहयोग लेना पड़ा। मालाबार तट पर पुर्तगाली व्यापार से जुड़े निवेशकों में इतालवी विशेषकर फ्लोरेंटाइन का महत्त्वपूर्ण स्थान था। बर्थोलोम्यू मार्चियोनी, ग्वाल टेरोटी, फ्रेस्कोबाल्डी, गिरोलामो सेमिगी, आन्द्रका कोर्साली, लियोनार्डो नारदी, जियोवानी फ्रांसेस्को, डी अफैटाती और लुकास गेराल्डी द्वारा निभाई गई भूमिका बहुत महत्त्वपूर्ण थी।[40] उन्होंने नक़दी और ताँबे की आपूर्ति की।

1500 ई से इतालवी वित्तपोषक पुर्तगालियों के अधीन मालाबार तट पर जहाजों की फिटिंग के काम से निकटता से जुड़े हुए थे। 1500 ई. में पुर्तगाली राजा द्वारा दी गई अनुमति के आधार पर, बर्थोलोम्यू मार्चियोनी के नेतृत्व में व्यापारियों का एक संघ बनाया गया था। 1501 ई. में पुर्तगाल से मालाबार तट पर आए चार जहाजों में से दो का स्वामित्व संघ (कंसोर्टियम) के पास था। बर्थोलोम्यू मार्चियोनी ने फेमांडो विनेटी को अपने जहाज का कप्तान नियुक्त किया। फिर 1502 ई. में, उन्होंने पुर्तगाल के राजा के साथ साझेदारी में जहाज 'सैंटियागो' को जोआओ डी बोनाग्रैसिया के नेतृत्व में मालाबार तट पर भेजा, जहाँ पहुँकर जहाज ने 1,10,163 से 1,15,409 किलोग्राम मसालों का माल लिया, जिसमें से आधा राजा के पास गया।[41] इतालवी व्यापारी निवेशकों ने भी 1505 ई. में पुर्तगाली झंडे के नीचे मालाबार तट तक जहाजों को स्थापित करने में सक्रिय रूप से भाग लिया। उनमें से कुछ के कारखाने लिस्बन के अलावा फ्लैंडर्स, इंग्लैंड, सेविले, वालेंसिया और मदीना एल कैम्पो में थीं। जिससे पुर्तगाली व्यापारियों और उनके बीच बातचीत के बेहतर अवसर मिलते थे।

16वीं शताब्दी के पहले दशक में मसालों की जो कीमत तय की गई थी, उस पर सदी की तीसरी तिमाही तक जोर दिया गया, जिससे केरल के मसाला उत्पादकों और व्यापारियों को भारी नुकसान हुआ। इससे इन उत्पादों के प्रवाह को दुनिया के अन्य क्षेत्रों में मोड़ने

का मार्ग प्रशस्त हुआ, भले ही पुर्तगालियों ने इसे रोकने की भरपूर कोशिश की। पुर्तगालियों का उद्देश्य लाल सागर और फारस की खाड़ी के माध्यम से व्यापार का निरीक्षण करना, 'केप ऑफ गुड होप' के माध्यम से पूरे व्यापार को निर्देशित और नियन्त्रित करना था। 1500 ई. से 1506 ई. के बीच की अवधि में मालाबार तट पर पुर्तगाली उद्यम के विवरण को ध्यान में रखते हुए पुर्तगालियों की वित्तीय स्थिति के सम्बन्ध में निम्नलिखित गणना की गई है। पुर्तगाल की वार्षिक आय 3,50,000 डुकाट थी जिसमें से 3,00,000 डुकाट राज्य के सामान्य खर्चों पर खर्च किए जाते थे। राजा वस्तुओं की खरीद के लिए आवश्यक कुल राशि का केवल एक-चौथाई ही आपूर्ति करता था। शेष रकम व्यापारी निवेशकों ने मुहैया कराई। यूरोप में लिस्बन के रास्ते मालाबार से हर साल 25,000 डुकाट की वस्तुएँ आयांत की जाती थीं, इसलिए पुर्तगालियों को मालाबार तट से व्यापार करने के लिए दूसरों के सहयोग पर निर्भर रहना पड़ता था।

इतालवियों द्वारा फ्लैंडर्स में पुर्तगालियों को आपूर्ति किया गया ताँबा, मसालों के बदले मालाबार तट पर ले जाया जाता था। पुर्तगालियों को गुजरात में बिक्री के अलावा मालाबार तट से काली मिर्च के आंशिक भुगतान के रूप में ताँबे की आवश्यकता थी। पुर्तगाल के पास ताँबा नहीं था और उसे इसके लिए इतालवी व्यापारी निवेशकों पर निर्भर रहना पड़ता था। सोलहवीं शताब्दी के पहले दशक से ही कोचीन के साथ व्यापार समझौते में ताँबे को आंशिक भुगतान के रूप में शामिल किया गया था।[42]

तालिका-01

केरल से पुर्तगाल को निर्यात काली मिर्च की मात्रा 1501-1600 ई.

वर्ष	काली मिर्च (किलोग्राम में)	वर्ष	काली मिर्च (किलोग्राम में)
1501	1,04,920	1582	11,27,675
1502	52,459	1587	6,29,715
1504	5,24,590	1588	12,04,409
1505	11,54,120	1589	15,75,703
1513	10,50,259	1590	12,42,121
1514	10,70,865	1592	8,15,021
1517	3,09,875	1593	2,62,336
1519	18,36,065	1593	3,41,792
1523	3,93,442	1595	9,23,697

स्रोत : के. एस. मैथ्यू एंड पी. मालेकंडाथिल, केरला इकॉनमी एंड यूरोप, मुवात्तुपुझा, 2003 पृ. 38

व्यापारियों का एक अन्य समूह जो मालाबार तट पर विनिमय के लिए नक़दी, कीमती धातुओं और अन्य वस्तुओं को खोजने में पुर्तगालियों की मदद के लिए आया था, उनमें वेलर्स, फुगर्स[43] हेरवाट्र्स, होचस्टेटर्स, इम्होफ्स और हिर्शवोगेल जैसे जर्मन व्यापारी निवेशक शामिल थे। वे मालाबार तट पर विनिमय के लिए नक़दी, ताँबा, चाँदी, सिन्दूर, चाँदी, पीतल और अन्य वस्तुओं की आपूर्ति करते थे।[44]

अपने सीमित संसाधनों के अलावा पुर्तगालियों को मालाबार तट पर रहनेवाले व्यापारियों से भी धन उधार लेना पड़ा। सोलहवीं शताब्दी की पहली तिमाही में कुन्हाली मराक्कर और मामाले मराक्कर ने कोचीन में पुर्तगालियों को उधार पर वस्तुएँ पहुँचाई। कभी-कभी कोचीन और कन्ननौर (कन्नूर) के राजा पुर्तगालियों के लिए गारंटर (ऐसे व्यक्ति को कहते है जो उधारकर्ता के ऋण दायित्व का भुगतान करने में चूक होने पर उधारकर्ता के ऋण का भुगतान करने का वादा करता है) के रूप में खड़े होते थे और व्यापारियों से पुर्तगालियों को उधार पर वस्तुओं की आपूर्ति कराते थे। पुर्तगालियों ने कोचीन के कारखाने में काली मिर्च की आपूर्ति के लिए सोलहवीं और सत्रहवीं शताब्दी में सेंट थॉमस ईसाइयों के साथ अनुबन्ध किया। जब सत्रहवीं शताब्दी में पुर्तगालियों को अन्य यूरोपीय व्यापारियों की प्रतिस्पर्धा का सामना करना पड़ा, तो अंगामाली के बिशप और आर्कडेकन ने सेंट थॉमस ईसाइयों को, जो इसके उत्पादक थे, को कोचीन में पुर्तगालियों को काली मिर्च की आपूर्ति करने के लिए राजी किया।[45]

मालाबार की कृषि और व्यापारिक अर्थव्यवस्था पर यूरोपीय व्यापार का एक उल्लेखनीय प्रभाव यह हुआ कि मालाबार तट पर बन्दरगाह शहरों के भीतरी इलाकों का विस्तार होना शुरू हो गया। यूरोपीय लोगों के आने से पहले मालाबार के उत्पाद या तो चीन, पश्चिम एशिया और पूर्वी अफ्रीकी तट पर ले जाए जाते थे और वहाँ से उन्हें अन्य व्यापारियों द्वारा दुनिया के कई हिस्सों में ले जाया जाता था। 'केप ऑफ गुड होप' के माध्यम से समुद्री मार्ग की खोज के बाद, मालाबार के बन्दरगाह शहरों से वस्तुओं को सीधे लिस्बन, एंटवर्प, एम्स्टर्डम, लन्दन, फ्रांस और डेनमार्क के अन्य क्षेत्रों (व्यापार के यूरोपीय केन्द्रों) में ले जाया जाने लगा। यूरोपीय सम्पर्कों के मद्देनजर इस विकास को मालाबार की व्यापार अर्थव्यवस्था का एक महत्त्वपूर्ण आयाम माना जा सकता है। काली मिर्च, अदरक और अन्य मसालों जैसे उत्पादों के लिए बन्दरगाह-नगरों में भारी माँग को देखते हुए किसान आन्तरिक स्थानों की ओर चले गए, पेड़ों को काट दिया और बंजर भूमि को खेती के अन्तर्गत ले आए। विदेशी व्यापारियों की जरूरतों को पूरा करने के लिए भीतरी इलाकों, विशेषकर पहाड़ी इलाकों में बहुत सक्रिय रूप से खेती की जाने लगी। इससे कृषि का यन्त्रीकरण और व्यावसायीकरण भी हुआ होगा। दैनिक उपभोग की वस्तुओं की हानि के बावजूद नक़दी फसलों की खेती को गति मिली।[46]

मालाबार की व्यापार अर्थव्यवस्था पर यूरोपीय सम्पर्क का एक और महत्त्वपूर्ण प्रभाव स्थानीय शासकों और विदेशी व्यापारियों के बीच कई अनुबन्धों और राजनयिक

सम्बन्धों का समापन है। पुर्तगालियों से लेकर फ्रांसीसियों तक, यूरोपीय व्यापारियों ने मालाबार के शासकों के साथ व्यापारिक सन्धियाँ कीं। पुर्तगालियों के आगमन तक मालाबार तट पर व्यापार के इतिहास में यह एक नया अनुभव था। भारत में आनेवाली यूरोपीय शक्तियों में से पुर्तगालियों और फ्रांसीसियों ने क्रमश: 1663 ई. और 1962 ई. तक मालाबार तट पर अपना कब्जा बनाए रखा जबकि पूर्व को डचों के हथियारों के बल पर बाहर कर दिया गया और बादवाले शान्तिपूर्वक और चतुर कूटनीति के माध्यम से वापस चले गए। अठारहवीं शताब्दी के अन्त में डचों ने अपनी सम्पत्ति अंग्रेजों को सौंप दी, इससे अंग्रेज भारत में सर्वोपरि शक्ति बन गए और 1947 ई. तक अपना कब्ज़ा बरकरार रखा।[47]

पंद्रहवीं शताब्दी की शुरुआत में ही तमिल तट से कई व्यापारी दक्षिण भारत के पश्चिमी तट पर आते थे और कोरोमंडल से लाए कपड़ा, चावल और अनाज के बदले काली मिर्च और अन्य मसाले खरीदते थे। कोरोमंडल तट के चेट्टी एक प्रमुख व्यापारिक वर्ग थे जो केरल के मसाला उत्पादन और व्यापार केंद्रों को तमिलनाडु से जोड़ने की प्रक्रिया में पूरे केरल में फैल गए। मा'हुआन ने 1409 ई. में लिखा था कि चेट्टी कोचीन के प्रमुख व्यापारी और पूँजीपति थे, जो किसानों से काली मिर्च खरीदते थे और उसे बंदरगाह पर आने वाले विदेशी जहाजों को बेचते थे। कन्नूर चेट्टी और केरल के एक आंतरिक बाज़ार कंजिरापल्ली के वेल्लालों की मौखिक परंपराएँ बताती हैं कि उनके पूर्वज बारहवीं शताब्दी में डिंडीगल के पास चेट्टीनाडु से वहाँ पहुँचे थे।[48]

काली मिर्च, तमिल खाद्य संस्कृति में सबसे महत्त्वपूर्ण तत्त्व होने के नाते, तमिलनाडु में केरल की अत्यधिक विपणनवाली वस्तु बन गई और परिणामस्वरूप पुर्तगाली क्रूसेडो (पुर्तगाल का एक पुराना सोने या चाँदी का सिक्का जिसके पीछे क्रास बना होता है) द्वारा केरल के बन्दरगाहों से बड़ी मात्रा में काली मिर्च गुप्त रूप से कोरोमंडल बन्दरगाहों तक ले जाया गया। तमिलनाडु में इसका उपयोग वस्त्र प्राप्त करने के लिए किया जाता था, जिसे वे जायफल, जावित्री और लौंग प्राप्त करने के लिए वस्तु-विनिमय (एक्सचेंजवेयर) के रूप में दक्षिण पूर्व एशिया में ले जाते थे।[49] हालाँकि, केरल के बन्दरगाहों से काली मिर्च प्राप्त करने का सबसे आसान तरीका, जो हमेंशा भोजन की कमीवाला क्षेत्र था, कावेरी बेसिन से चावल लेना था। कोचीन में चावल आयात का वार्षिक औसत लगभग 3,86,830 किलोग्राम था।[50]

इस बीच मदुरै और तमिलनाडु के अन्य बाज़ारों से जुड़े तमिल ब्राह्मण पट्टार और रावुथर मुसलमान पश्चिमी घाट के मार्गों से यात्रा करते थे और तमिलनाडु से लाए गए कपड़े, चावल और अनाज के बदले में आन्तरिक केरल से बड़े पैमाने पर काली मिर्च लेते थे।[51] घाट के पार केरल और तमिलनाडु के बीच व्यापार को प्रभावी ढंग से संचालित करने के लिए बड़ी संख्या में तमिल पट्टार और रावुथर मुसलमान अन्तत:

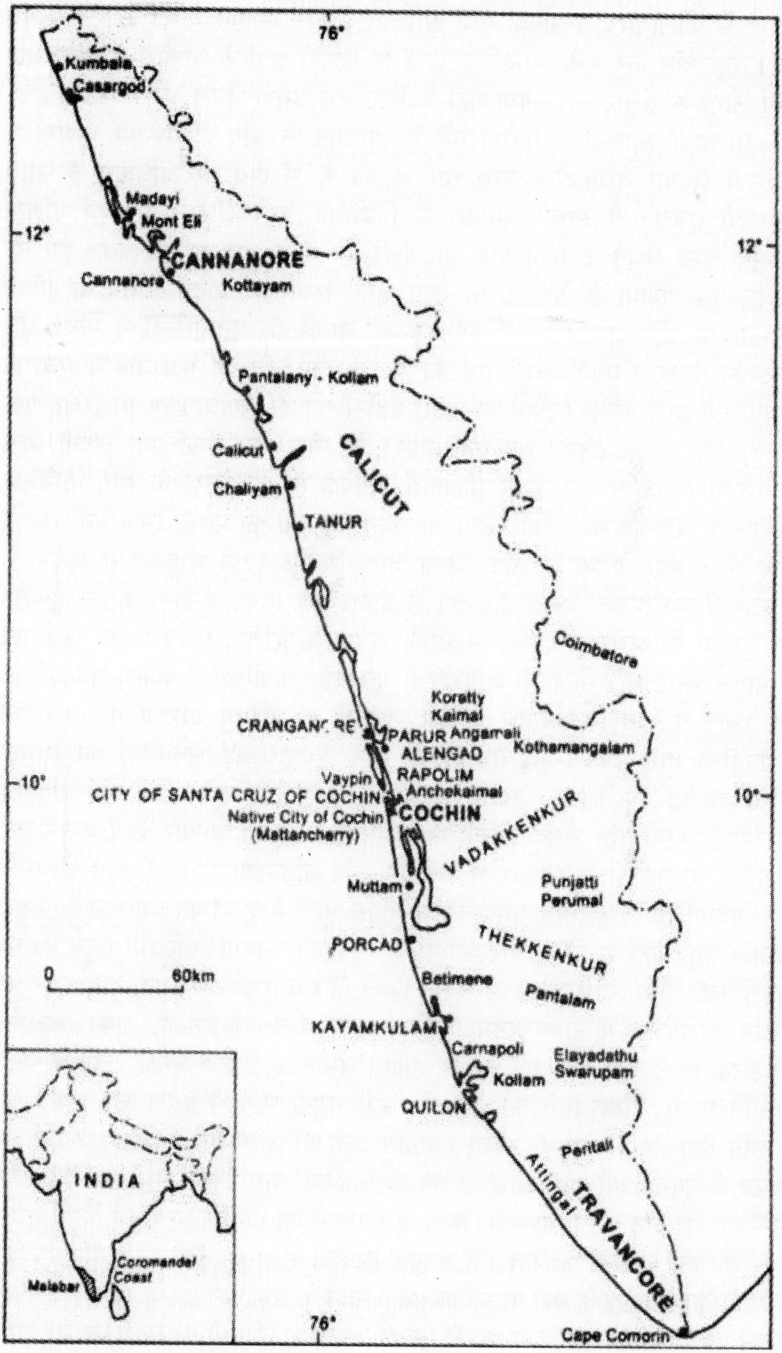
76°
Kumbala
Casargod
Madayi
Mont Eli
12°
CANNANORE
Cannanore
Kottayam
Pantalany - Kollam
Calicut
CALICUT
Chaliyam
TANUR
Coimbatore
Koratty
Kaimal
CRANGANORE
PARUR
Angamali
ALENGAD
Kothamangalam
Vaypin
RAPOLIM
10°
CITY OF SANTA CRUZ OF COCHIN
Anchekaimal
COCHIN
Native City of Cochin
(Mattancherry)
VADAKKENKUR
Muttam
Punjatti
Perumal
PORCAD
THEKKENKUR
0
60km
Batimene
Pantalam
KAYAMKULAM
Carnapoli
Elayadathu
Swarupam
Kollam
QUILON
Peritali
Attingal
TRAVANCORE
INDIA
Coromandel
Coast
Malabar
Cape Comorin

केरल के काली मिर्च उत्पादक क्षेत्रों और काली मिर्च व्यापार केन्द्रों के गढ़ में बस गए। मदुरै और केरल के आन्तरिक भागों के पहाड़ी क्षेत्रों के बाज़ारों के बीच घाट मार्ग लोगों के संचार और आवाजाही के लिए एक प्रमुख चैनल बन गए।

सोलहवीं शताब्दी में पुर्तगालियों के आगमन के बाद दक्षिण-पूर्व एशिया में गुजराती व्यापार बेरोकटोक जारी रहा। 1534 ई. में दीव पर अधिकार के साथ पुर्तगाली गुजरात से समुद्री व्यापार को नियन्त्रित करने और दक्षिण-पूर्व एशिया में सूती वस्त्र भेजने के लिए एक आदर्श स्थिति में थे। यह महसूस करते हुए कि दक्षिण-पूर्व एशिया के मसालों के लिए सूती वस्त्रों का आदान-प्रदान अत्यधिक लाभदायक और अन्तरएशियाई व्यापार का आधार है, पुर्तगालियों ने गोवा और मलक्का के बीच एकाधिकार मार्ग की स्थापना की। जिसके मुकाबले में गुजराती व्यापारियों द्वारा अचेह (एकेह या अचे, इंडोनेशिया के सुमात्रा द्वीप पर स्थित एक प्रान्त) और अदन (यमन का एक शहर) के बीच एक वैकल्पिक काली मिर्च मार्ग स्थापित किया गया, जिसे सोलहवीं शताब्दी में पुर्तगालियों के साथ नौसैनिक जुड़ाव के बावजूद बन्द नहीं किया जा सका। सुमात्रा की काली मिर्च का भुगतान गुजराती कपड़ों से इस हद तक किया जाता था कि 17वीं शताब्दी में अचेह के बाज़ार ने कोरोमंडल वस्त्रों को लेने से इंकार कर दिया, क्योंकि केवल गुजरात ही सुमात्रा के अचेह बन्दरगाह में माँगी जानेवाली विशिष्ट गुणवत्ता के वस्त्रों का उत्पादन करता था। सोलहवीं शताब्दी में गुजराती व्यापारियों ने दक्षिण-पूर्व एशिया पर ध्यान केन्द्रित किया और अगली शताब्दी में पश्चिम एशिया पर। गुजराती व्यापारियों द्वारा दक्षिण-पूर्व एशिया के साथ व्यापार कई चुनौतियों का सामना करते हुए भी एक विस्तृत अवधि में जारी रहा। गुजरात को दक्षिण-पूर्व एशियाई बन्दरगाह शहरों और समुद्री राज्यों से जोड़नेवाले मसाला व्यापार के राजमार्ग पर, गुजराती व्यापारियों ने व्यापार में सहयोग और प्रतिस्पर्धा दोनों में भाग लिया।[52]

पुर्तगालियों ने भारतीय समुद्र तट के भीतरी भागों में घुसने का प्रयत्न नहीं किया। उन्होंने समुद्र तटों पर किले और व्यापारिक कारखाने बनवाए। पश्चिमी समुद्र तट पर कालीकट, गोवा, दीव, दमन में उनके किले और कारखाने थे। पूर्वी समुद्र तट पर स्थित कोरोमंडल में नागपट्टनम, ट्रैंकोबार और बंगाल में हुगली, ढाका, चटगाँव में उनके किले और कारखाने थे। अधिग्रहित जमीन पर कब्जा बनाए रखने के लिए उन्होंने मजबूत किलेबन्दी की, जिसमें सिर्फ समुद्री मार्ग से प्रवेश कर सकते थे। उन्होंने बेलगाम आतंक के जरिए स्थानीय प्रजा पर अत्याचार किए। 1560 ई. में भारत में पुर्तगालियों द्वारा बस्तियों का 'अधिग्रहण' शुरू किया गया। मन्दिरो और मस्जिदों को नष्ट कर दिया गया। हिन्दू-मुसलमानों का धार्मिक उत्पीड़न किया गया।

सोलहवीं शताब्दी के अन्त और सत्रहवीं शताब्दी के प्रारम्भ तक अपनी सैनिक शक्ति और नौसैनिक क्षमता के बल पर पुर्तगालियों ने भारत के समुद्री व्यापार के मुख्य स्थानों को अपने एकाधिकार में कर लिया था। ये मुख्यत: भारत के पश्चिमी तट पर स्थित थे। भारत

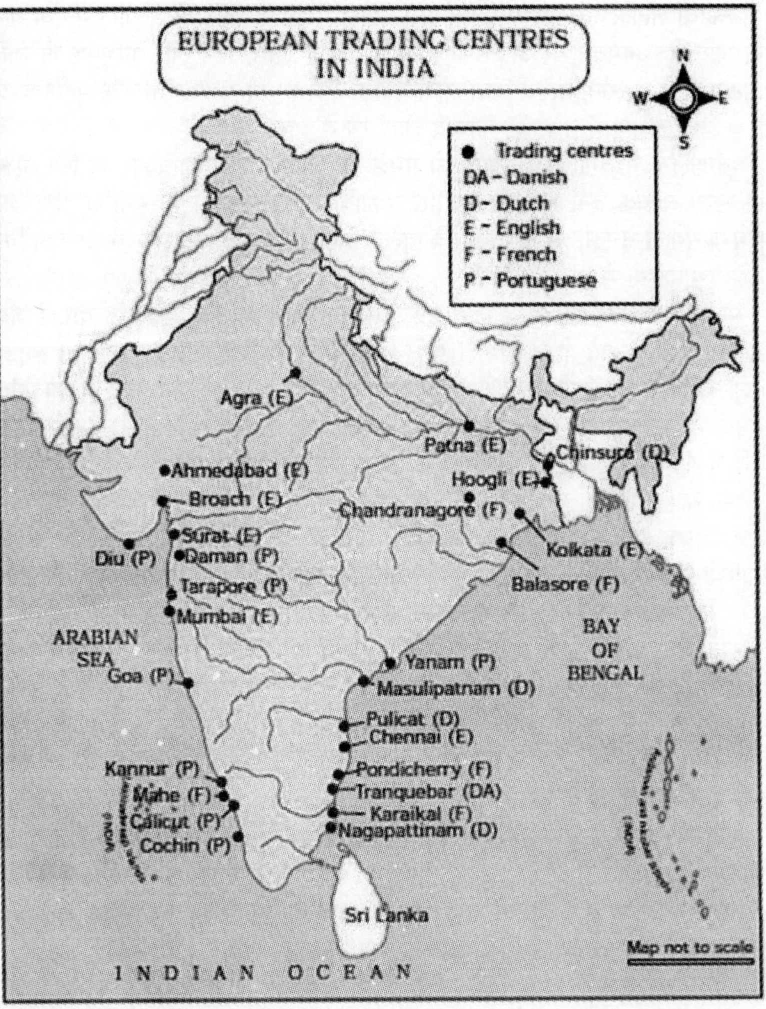

से पुर्तगाली मुख्य रूप से मसाले (काली मिर्च, जायफल, आदि) का निर्यात करते थे। वस्त्रों का भी अल्प मात्रा में निर्यात कर रहे थे। इस बीच यूरोप में मसाले पर एकाधिकार स्थापित कर उन्होंने खूब धन बटोरा। वे लागत पूँजी पर 800 से 1000 प्रतिशत लाभ कमाते थें।[53]

सत्रहवीं शताब्दी के प्रारम्भ में पुर्तगाली बंगाल से खाद्यान्न, नील, शोरा, मोम, प्रसिद्ध बंगाली वस्त्र खरीदकर दक्षिण-पूर्व एशिया और भारत के विभिन्न हिस्सों में बेचते थे। बंगाल में वे मालाबार की मिर्च, लंका की दालचीनी, चीन की पोर्सलीन और रेशम, सुंडा द्वीपो का चन्दन, मलक्का का लौंग और जायफल तथा बोर्नियों की कपूर बेचते थे। इनमें से बहुत सी वस्तुएँ मुसलमान व्यापारी आगरा के दरबार को आपूर्ति करते थे।[54]

सत्रहवीं शताब्दी के प्रारम्भ में पुर्तगाली बंगाल में अपनी चौकियों से साल में एक बार पटना जाते थे। आमतौर पर अपने साथ मसाले, चीनी रेशम, टिन और आभूषण ले जाते थे। पटना से वे कालीन, कच्चा रेशम, सूती कपड़ा और हुगली से तरह-तरह के महीन वस्त्र लाते थे जिसे दक्षिण में बेचने के लिए वे लाल रंग में रंगवा देते थे।[55]

पुर्तगालियों ने बंगाल के नवाब को नमक के व्यापार पर एकाधिकार के लिए एक लाख रुपये वार्षिक देना शुरू किया। इस एकाधिकार से उन्हें अकूत मुनाफा होता था, जिससे वे बंगाल में खरीदारी करते थे। वे माल दलालों की मध्यस्थता से सीधे उत्पादकों से या छोटे व्यापारियों से खरीदते थे।[56]

सोलहवीं शताब्दी के अन्त में सी. फ्रेडरिक ने लिखा था कि, "प्रत्येक वर्ष में जब पुर्तगाली व्यापारी आते थे तो बंगाल में उनकी खरीद के लिए स्थानीय व्यापारी बट्टर (हुगली के किनारे, सतगाँव के दक्षिण) में बहुत बड़े मेले का आयोजन करते थे। सतगाँव तक नदी में पानी कम रहने से पुर्तगाली जहाज वहाँ तक नहीं पहुँच सकते थे।"[57] इस तरह आढ़तियों का उदय हुआ। ये स्थानीय व्यापारी थे, जिनकी भलाई यूरोपवासियों के व्यापार पर निर्भर थी। वे जितना माल खरीदते उसमें इन आढ़तियों का हित निर्भर करता था। बाद में डच, अंग्रेज और फ्रांसीसी सभी शक्तियों ने भारत में अपने उपनिवेशों के विस्तार में इन व्यापारियों की मदद ली। पुर्तगाली अपनी नौसैनिक शक्ति के बलबूते पर अपना व्यापार बढ़ाकर लाभ तो कमाते थे पर इससे वे सन्तुष्ट नहीं थे। वे स्थानीय व्यापारियों के व्यापार में भी हिस्सा लेकर अपनी जेबें भरने लगे। इनका माल वे अपने जहाजों पर ढोने लगे। सत्रहवीं शताब्दी के प्रारम्भ में डब्ल्यू. पेटन ने लिखा है कि- "पुर्तगाली थट्टा (सिन्ध) में बड़े पैमाने पर व्यापार करते हैं। यहाँ पुर्तगाली अपना कारोबार तो करते ही हैं इसके अलावा वे अपने जहाज गुजरातियों और बनियों को भाड़े पर देते हैं जिनसे उन्हें एक लाख रुपया मिल जाता है जो दस हजार पाउंड के बराबर है।"[58]

पुर्तगाली व्यापार का भारत के दूसरे हिस्सों पर उतना प्रभाव नहीं पड़ा जितना कि तटीय क्षेत्रों में। गुजरात और मालाबार तट पर उन्होंने जो लूटपाट और खूनखराबा किया, उससे उन इलाकों की अर्थव्यवस्था नष्ट हो गई। पुर्तगालियों ने पहले काम्बे के व्यापार को तबाह किया और बाद में उस कस्बे को ही नष्ट कर दिया। उन्होंने मालाबार के कई कस्बे नष्ट कर दिए।[59]

बंगाल और गोलकुंडा में पुर्तगालियों के कारोबार से आर्थिक विकास पर विपरित प्रभाव पड़ा। एक ओर तो पुर्तगालियों ने स्थानीय व्यापारियों को मार भगाया जिनका विदेशी व्यापार पर एकाधिकार था। अब सभी लाभ पुर्तगाली उठाने लगे। इससे एक ओर सामाजिक-आर्थिक जीवन में स्थानीय व्यापारियों की स्वतन्त्रता कमजोर हुई किन्तु आढ़तियों और कुछ दूसरे लोगों को इनसे फायदा हुआ। दूसरी ओर, पुर्तगालियों का व्यापार बढ़ा। बंगाल और गोलकुंडा का विदेशों से व्यापार चमकने लगा। तपन रायचौधरी के मतानुसार, "सोलहवीं शताब्दी के अन्तिम चरण में और सत्रहवीं शताब्दी के प्रारम्भ में पुर्तगालियों ने बंगाल के माल के लिए बाज़ार में वृद्धि की। उन्होंने सामान्य तौर पर एशियाई व्यापार को प्रोत्साहन प्रदान किया क्योंकि भारत की वस्तुएँ एशिया में बड़े पैमाने पर पहुँचने लगीं और नए बाज़ार भी खुले जैसे चीन, जापान आदि।"[60]

भारत के साथ व्यापार से पुर्तगालियों को खूब मुनाफा हुआ। हुगली में अपने व्यापार के लिए वे शासकों को 4 लाख रुपये सालाना देते थे[61] किन्तु, जब पुर्तगालियों ने भारत के विदेशी व्यापार को हथिया लिया तब स्थानीय व्यापारियों पर अत्याचार और शोषण बढ़ने के साथ स्थानीय लोगों में पुर्तगालियों की प्रति घृणा बढ़ने लगी। मुग़लों की पुर्तगालियों के प्रति दृष्टि में भी परिवर्तन हुआ। 1630 के दशक में मुग़ल फौजों ने बंगाल में उनके सबसे बड़े कारखानों को जो हुगली और हिजली में थे, ध्वस्त कर दिया। किन्तु, सामन्ती शासक अब भी पुर्तगालियों के व्यापार में मिलनेवाले करों पर आँखें गड़ाए हुए थे। उनके पास शक्तिशाली नौसेना न थी जो समुद्र पर पुर्तगालियों के वर्चस्व को खत्म कर सके।

एशियाई समुद्री व्यापार पर पुर्तगालियों के एकाधिकार को पहला करारा धक्का डच ईस्ट इंडिया कम्पनी ने दिया। डच बुर्जुआओं ने इस कम्पनी का निर्माण किया था। सत्रहवीं शताब्दी के प्रारम्भ में डच व्यापारियों ने पुर्तगालियों की परवाह न कर गुजरात (सूरत और अन्यत्र) में कारखाने लगाने शुरू किए। इसके अलावा उन्होंने कोरोमंडल तट पर (मसूलीपट्टनम, पुलिकट, और अन्यत्र) और 1630 के दशक से 1650 के दशक तक बंगाल (ढाका, कासिमबाज़ार और अन्यत्र) में भी कारखाने खोल लिए। बिहार (पटना), उड़ीसा (बालासोर) और मालाबार तट पर (कोचीन में) उनके कारखाने खुल गए।[62] सत्रहवीं शताब्दी में यूरोप और एशिया के बीच जल-मार्गों पर वर्चस्व के लिए डच लोगों को अंग्रेजी ईस्ट इंडिया कम्पनी से संघर्ष करना पड़ा।

पुर्तगालियों के मुकाबले में डच व्यापारियों के पास मलाबार तट पर मसाले खरीदने के लिए पर्याप्त चाँदी न थीं। किन्तु, जब देखा कि कोरोमंडल तट के सूती कपड़ों की दक्षिण-पूर्व एशिया में बड़ी माँग है तो उन्होनें व्यापार के अपने मुख्य कारखाने कोरोमंडल तट पर स्थापित कर लिए।

डच व्यापार 1640 के दशक और 1670 के दशक में अपनी उन्नति के शिखर पर था। भारत से यूरोप को डच निर्यात का 43 प्रतिशत भाग वस्त्र था।[63] तथापि, डच बहुत बड़ी मात्रा में कपड़े दक्षिण-पूर्वी एशिया में भेजते थे। वहाँ कपड़ों के कारोबार से 1630 के दशक में डचों ने 125 प्रतिशत लाभ कमाया। मुख्य निर्यात मसाले का था जिसके व्यापार में 500-800 प्रतिशत का लाभ होता था। डच गोलकुंडा से नील लेकर यूरोप के देशों में भेजते थे और शोरा, लोहा, स्टील और हीरे ईरान और दक्षिण पूर्वी एशिया को ।

डच गोलकुंडा में मलाया द्वीपसमूह से मसाले, टिन (रांगा), जायफल और पारा लाते थे (जिससे उन्हें 1660 और 1670 के दशक में 100 प्रतिशत लाभ होता था) जापान से ताँबा और चाँदी, चीन, जावा, स्याम से सोना (जिस पर 10 से 30 प्रतिशत लाभ होता था) भी गोलकुंडा में ले आते थे। डच व्यापार की वजह से कोरोमंडल तट, बंगाल और उड़ीसा में शिल्प उत्पादन के विकास को प्रोत्साहन मिला, विशेषकर बुनकर उद्योग को लाभ हुआ।

सत्रहवीं शताब्दी के प्रारम्भ से अंग्रेज व्यापारियों ने भारत के विदेश व्यापार में सक्रिय रूप से भाग लेना आरम्भ किया। सत्रहवीं शताब्दी के उत्तरार्ध में इंग्लिश ईस्ट इंडिया कम्पनी सभी कम्पनियों पर छा गई। अंग्रेजों ने भारत के शासकों से गुजरात (सूरत,

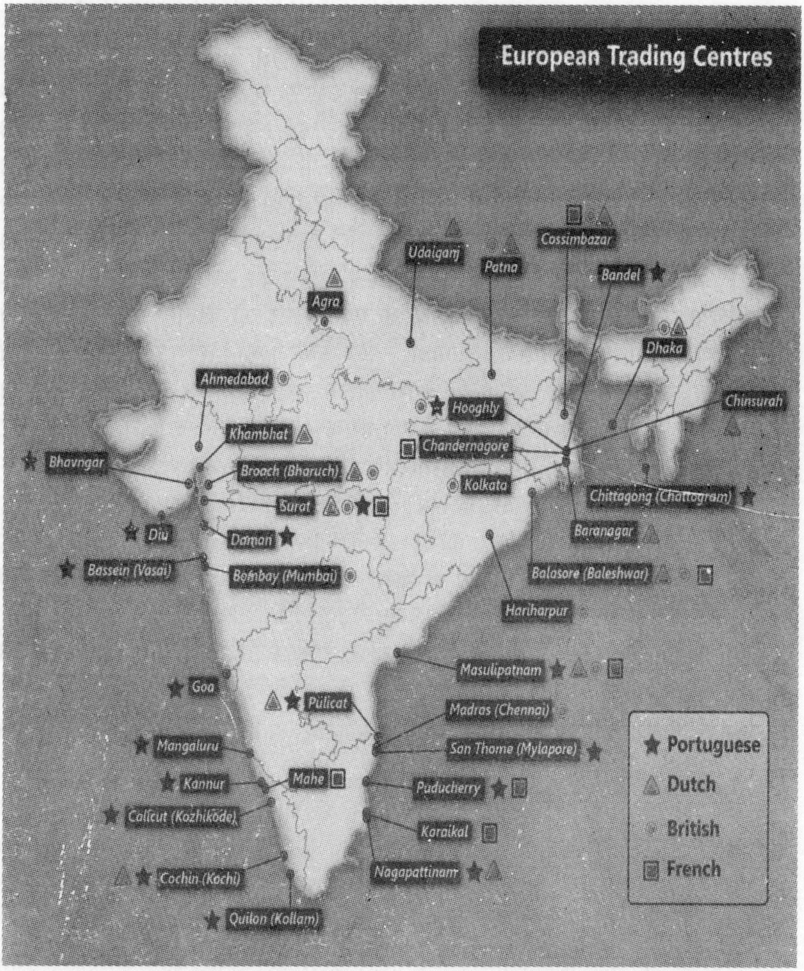

बड़ौदा, अहमदाबाद आदि) में, हिन्दुस्तान (मुग़ल प्रशासित क्षेत्र) में, कोरोमंडल तट (मसूलीपट्टनम, पुलिकट, अरमागाँव), उड़ीसा (हरिहरपुर, बालासोर आदि) में कारखाने लगाने की अनुमति प्राप्त कर ली। 1650 और 1660 के दशक में उन्होंने बंगाल (हुगली, कासिमबाज़ार, ढाका) में, बिहार (पटना) में, कर्नाटक (बीजापुर) में, कोंकण (बम्बई) और दूसरे शहरों में कारखाने खोल लिए। मुग़लों, गोलकुंडा और दूसरी रियासतों के शासकों को मामूली धन देकर इंग्लिश ईस्ट इंडिया कम्पनी ने फरमानों के जरिए बिना कोई कर दिए व्यापार करने की इजाजत प्राप्त कर ली। 1651 ई. में सिर्फ 3000 रुपये वार्षिक कर के बदले बंगाल के नवाब शाहशुज़ा ने बंगाल में ईस्ट इंडिया कम्पनी को व्यापार की इजाज़त दे दी।

भारतीय व्यापारियों में जो बड़े पैमाने पर विदेशों से व्यापार करते थे, में जो रिवाज़ प्रचलित था उसी रिवाज़ पर डच और पुर्तगाली भी चलते थे। अंग्रेजों ने भी व्यापार का वही तरीका अपनाया। अन्य व्यापारियों की तरह वे भी बिचौलियों और दलालों के द्वारा सौदे करते थे। वे उन्हें अपनी जरूरतें बता देते और पेशगी के रूप में नक़द रुपये दे देते थे ताकि वे उनके लिए माल खरीद सकें। यूरोपीय व्यापारी स्थानीय भाषाएँ नहीं जानते थे और न ही बाज़ार की उन्हें अच्छी समझ थी, इसलिए बिचौलियों के बिना उनका काम नहीं चल सकता था। ये बिचौलिए ही दूर-दूर से उनके लिए माल खरीद कर लाते थे।[64] बिचौलिए उनसे सौदा करना पसन्द करते थे जो माल की कीमत नक़द चुकाते थे। यूरोपीय व्यापारियों को (इनमें अंग्रेज भी शामिल थे) नक़द रुपयों की तंगी रहती थी, इसलिए वे स्थानीय महाजनों से कर्ज़ लिया करते थे।[65]

यूरोप के व्यापारी भारत की 'ददन' या ददनी प्रथा का पालन करते थे। इसमें बिचौलियों को पेशगी के रूप में नक़द रुपये दे दिए जाते थे।[66] गोलकुंडा में अंग्रेज व्यापारी जिस किस्म के कपड़े खरीदना चाहते थे उसका नमूना दलाल को दे देते थे। अगर आपूर्ति (सप्लाई) किया माल उस नमूने से घटिया किस्म का होता तो दलाल को उसी के मुताबिक कम दाम मिलता था। 1620 के दशक में गोलकुंडा में अंग्रेज व्यापारियों को लगता था कि स्थानीय दलालों को बुनकरों, रंगरेजों और छीपियों को पेशगी देने के लिए जो रुपये दिए जाते हैं, उनसे वे खूब मुनाफा कमा रहे हैं। फिर भी, ये अंग्रेज उन दलालों को छोड़कर कारीगरों से सीधे सौदा नहीं कर सकते थे। इसलिए वे झख मारकर दलालों की शरण में जाते थे क्योंकि उनको कारीगरों को पेशगी में दी गई धनराशि डूबने का भय बना रहता था। अगर वे माल न दें या वक्त पर न दें तो वे उनका कुछ भी नहीं बिगाड़ सकते थे क्योंकि कारीगरों पर उनका कोई नियन्त्रण न था।[67]

ढाका में 1670 के दशक में कपड़े की खरीद दलालों के द्वारा होती थी। मुग़ल भी उन दलालों की सेवाएँ लेते थे। इंग्लिश ईस्ट इंडिया कम्पनी का दलालों से क़रारनामा होता था, कि अमुक किस्म का इतना माल अमुक तारीख़ तक अमुक दर से पहुँचाया जाएगा। दलाल अपने सहायकों को जिन्हें **पैकर** कहते थे, बुलाता और उन्हें पेशगी मिली धनराशि बाँट देता था। ये पैकर बुनकरों से सम्पर्क कर उन्हें पेशगी दे देते थे। माल का मूल्य पहले ही तय हो जाता था। आर्डर पूरा हो जाने पर दलाल को उसकी दलाली मिल जाती थी।

1670 के दशक में इंग्लिश ईस्ट इंडिया कम्पनी से रेशम खरीद की एक नई प्रथा चलाई, जिसे उन्होंने कासिमबाज़ार में लागू किया। जब कोये निकलने का मौसम आता तो अंग्रेज व्यापारी नए कोयों के छोटे से लाट का रेशम अपने कारखाने में निकाल लेते। इससे उन्हें लागत का पता चल जाता था और यह भी पता चल जाता था कि किस किस्म के कितने रेशम की उनको जरूरत होगी। इसके बाद वे रेशम के व्यापारी और पैकरों को बुलाकर उनसे सट्टा (अनुबन्ध-विलेख) करते थे कि किस किस्म का, किस दर से, कितना रेशम, किस तारीख़ तक मिल जाएगा। पैकर की दस्तख़ती हुंडी में पेशगी की धनराशि लिख दी जाती थी, इसके साथ रेशम की गुणवत्ता भी बता दी जाती थी। कासिमबाज़ार में अंग्रेज कभी-कभी सीधे बुनकरों को पेशगी देने लगे। उनके साथ क़रारनामा में पेशगी धनराशि, आर्डर पूरा करने की तारीख, माल की गुणवत्ता, रंग आदि का उल्लेख कर दिया जाता था।[68]

अंग्रेजों ने सत्रहवीं शताब्दी के उत्तरार्ध में स्थानीय व्यापारियों की कम्पनियाँ बनवाई और उनसे माल की आपूर्ति के क़रारनामें किए। क़रारनामा (अनुबन्ध पत्र) के अनुसार कम्पनी में शामिल हर व्यक्ति इस बात का उत्तरदायित्व लेता था कि वह अपने हिस्से का माल बनाकर दे देगा। कम्पनी के प्रधान व्यापारियों को इस बात का उत्तरदायित्व सौंपा जाता था कि वे अपने सदस्यों (पैकरों) से शर्तों का पालन कराएंगे। क़रारनामें में माल की सुपुर्दगी (डिलीवरी) की तारीख़ आदि लिख दी जाती थी। यह शर्त भी होती थी कि अगर वे क़रारनामें की शर्तों का पालन नहीं करेंगे तो उन्हें हर्ज़ाना भरना पड़ेगा। इसमें यह भी लिखा जाता था कि व्यापारियों को दी गई पेशगी को कर्ज़ माना जाएगा और उस पर ब्याज़ देना होगा।

1675 ई. से 1680 ई. के बीच अंग्रेज व्यापारियों ने कोरोमंडल तट पर भारतीय व्यापारियों को खरीद के लिए जो पेशगी रकम दी थी उसका लगभग 50 प्रतिशत नक़द न होकर समान के रूप में था। दरअसल, अंग्रेजों ने इंग्लैड में बना ऊनी कपड़ा दिया था, किन्तु इस तरह के कपड़े की उस इलाके में अच्छी माँग न थी, इसलिए यह व्यवस्था ज्यादा दिन न चल सकी।

स्थानीय बड़े व्यापारियों में गुजरात में जयराम शाह, भीम जी पारेख और वीरजी वोरा (1590-1670) प्रमुख थे। वीरजी वोरा सूरत निवासी थे जिन्हें ईस्ट इंडिया कम्पनी फैक्ट्री रिकॉर्ड्स में उस समय दुनिया के सबसे अमीर व्यापारी के रूप में वर्णित किया गया है। रिकॉर्ड्स के अनुसार सोलहवीं शताब्दी में उनकी सम्पत्ति लगभग 8 मिलियन (80 लाख) थी। यही कारण है कि वीरजी वोरा को उस दौर में **मर्चेन्ट प्रिंस** के नाम से जाना गया। वीरजी के अधिकांश महत्त्वपूर्ण वाणिज्यिक केन्द्रों में प्रतिनिधि (एजेंट) थे। वीरजी वोरा के व्यापारिक घराने की भारत के कई शहरों में शाखाएँ थी, साथ ही फारस की खाड़ी, लाल सागर और दक्षिण-पूर्व एशिया के बन्दरगाह शहरों में उनके प्रतिष्ठान थे। कोंकण से लेकर मालाबार तट तक व्यापार पर उनका प्रभुत्व था। वह 1619 ई. से लेकर 1670 ई. तक ईस्ट इंडिया कम्पनी के बड़े निवेशक रहे। दुनिया भर के बाज़ार की नब्ज पकड़ना उन्हें बहुत अच्छे से आता था। उन्हें 'एकमात्र एकाधिकारवादी' के रूप में जाना जाता था। जिन वस्तुओं की माँग बढ़नेवाली होती, वह उसका पूरा स्टॉक खरीद लेते थे, इसके बाद भारतीय और यूरोपीय सहित अन्य व्यापारियों को अपनी शर्तों और मूल्य पर बेचते। 18 जुलाई 1643 ई. के सूरत के अंग्रेजी कारखाने रिकॉर्ड में उल्लेखित है कि, 'सभी यूरोपीय वस्तुओं पर उनका एकाधिकार था। यूरोपीय और छोटे स्थानीय व्यापारियों के बीच सौदे वीरजी वोरा द्वारा प्रतिबन्धित थे। सौदों का समय और मूल्य उनकी इच्छा और उनके स्वयं के निपटान पर तय किए जाते थे।' हालाँकि, वीरजी ने कई बार ब्रिटिश ईस्ट इंडिया कम्पनी के साथ प्रतिस्पर्धा की, लेकिन वे सूरत में उनके सबसे बड़े लेनदार और ग्राहक भी थे। दोनों अक्सर एक-दूसरे को महँगे उपहार और चिट्ठियाँ भेजा करते थे। 1643 ई. में ब्रिटिश ईस्ट इंडिया कम्पनी ने वीरजी को एक जर्मन आयरन चेस्ट (तिजोरी) भेंट दिया था। अंग्रेज अक्सर वीरजी द्वारा लगाए गए उच्च ब्याज दरों (1-1.5 प्रतिशत प्रतिमाह) के बारे में शिकायत करते थे। एक साहूकार के रूप में वीरजी वोरा अक्सर उन अंग्रेजों को धन मुहैया कराते थे जो अपनी खुद की छोटी कम्पनी शुरू करने के इच्छुक थे। 27 जनवरी 1642 ई. के एक पत्र में उल्लेख किया गया है कि उन्होंने ब्रिटिश ईस्ट इंडिया कम्पनी को आवश्यक और विपत्तिपूर्ण समय में 1 लाख रुपये का ऋण दिया है। गोलकुंडा में उन्होंने 1.17 प्रतिशत प्रतिमाह के ब्याज पर 10,000 पैगोडा

प्रदान करके पेगू, बर्मा में ब्रिटिश ईस्ट इंडिया कम्पनी की यात्रा को वित्तपोषित किया। भारत में डच ईस्ट इंडिया कम्पनी को दी गई अधिकांश पूँजी भी वीरजी वोरा और उनके करीबी सहयोगी शान्तिदास झावेरी से आई थी।

कोरोमंडल तट पर काशी वीरन्ना, उड़ीसा में खेमचन्द और बंगाल में जगत सेठ बड़ी ऊँची हस्तियाँ थीं। यूरोपीय व्यापारियों से कारोबार के जरिए वे खूब धन कमा रहे थे। कभी-कभी तो ये लोग ही दाम (मूल्य) तय करते थे। स्थानीय बाज़ार पर इनका नियन्त्रण होता था। इनके पास अकूत धन था। इसलिए इन एकाधिकारियों से ताल मिलाने में यूरोपीय कम्पनियों को कठिनाई का सामना करना पड़ता था। इंग्लिश ईस्ट इंडिया कम्पनी के कारखानेदार अक्सर विचार करते थे कि बड़े स्थानीय व्यापारियों को दरकिनार कर कारीगरों को सीधे पेशगी देकर माल लेना बेहतर होगा।[69] किन्तु, अंग्रेज बड़े और छोटे दलालों से सम्पर्क तोड़ न सके क्योंकि उनसे सम्पर्क के जरिए वे बाज़ार को बेहतर ढंग से समझ पाते थे, इसलिए बड़े व्यापारियों के साथ कारोबार चलता रहा। भारतीय 'एकाधिकारियों' से सम्पर्क तोड़ लेने में घाटा था क्योंकि वे जो माल आपूर्ति (सप्लाई) करते थे, वह छोटे दलालों की अपेक्षा गुणवत्ता में उच्च होता था। बड़े व्यापारी थोक में कारोबार करते थे।

भारतीय माल की इंग्लैंड में बिक्री से इंग्लिश ईस्ट इंडिया कम्पनी ने खूब लाभ कमाया। उदाहरण के लिए 1620 ई. में जो कपड़ा 7 शिलिंग में खरीदा जाता था उसे वे इंग्लैंड में 1 पाउंड में बेचते थे अर्थात उनको 300 प्रतिशत लाभ मिलता था। भारत में एक पाउंड लौंग या जायफल 8-9 पेनी में मिलती थी, जिसे वे इंग्लैंड में 6 शिलिंग में बेचकर 800 से 900 प्रतिशत लाभ कमाते थे।[70]

सत्रहवीं शताब्दी के प्रथम चरण में भारतीय कपड़ों के निर्यात में पर्याप्त विस्तार हुआ। यह कपड़ा मुख्य रूप से पश्चिमी समुद्र तट से जाता था। अहमदाबाद, खम्भात, सूरत, आदि इस व्यापार के मुख्य केन्द्र थे। 1614 ई. में इंग्लैंड में 12500 थान कपड़े का आयात हुआ था जो 1725 ई. में बढ़कर 165000 थान हो गया, इसमें तेरह गुनी वृद्धि हुई।[71]

उस काल की दूसरी यूरोपीय कम्पनियों की तरह इंग्लिश ईस्ट इंडिया कम्पनी के पास भी व्यापार का विस्तार करने के लिए पर्याप्त पूँजी न थी, इसलिए दूसरे यूरोपीय (पुर्तगाली, डच) व्यापारियों की तरह अंग्रेज भी अन्तरएशिया व्यापार के जरिए पूँजी इकट्ठी करते थे। भारतीय माल (ख़ासकर कपड़े) मलक्का में बेचने पर 300 प्रतिशत लाभ मिलता था। इसी तरह दक्षिण भारत से मसाले और कुछ दूसरी चीजें सूरत में दस गुना दाम पर बिकती थीं।[72]

1630 और 1640 के दशक में अन्य यूरोपीय व्यापारियों से प्रतिस्पर्धा और गुजरात और कोरोमंडल तट पर अकाल के साथ-साथ पूँजी की कमी और इंग्लैंड में गृह युद्ध के कारण भारत में अंग्रेजी व्यापार में गिरावट आई। 1650 के दशक में, इंग्लैंड में बुर्जुआ क्रांति के बाद, अंग्रेजी ईस्ट इंडिया कंपनी की व्यापारिक गतिविधियाँ बड़े पैमाने पर फैल गईं, कोरोमंडल तट और बंगाल में व्यापार ने प्रथम श्रेणी का महत्व हासिल कर लिया और पश्चिमी तट (सूरत) के व्यापार को पृष्ठभूमि में धकेल दिया। इंग्लैंड के पूर्वी व्यापार में भारत की भूमिका लगातार बढ़ती गई।

1658 ई. से 1681 ई. के बीच इंग्लैंड से जितने जहाज पूरब की दिशा में (ईरान, भारत, दक्षिण-पूर्व एशिया) चले, उनमें 70 प्रतिशत का गन्तव्य भारत था। 32,000 टन माल सूरत के लिए, 43,000 टन माल कोरोमंडल और बंगाल के लिए लादा गया। इस अवधि में कुल निर्यात माल का 88 प्रतिशत भारत आया। सूरत की 33 प्रतिशत तथा बंगाल और कोरोमंडल तट की 55 प्रतिशत भागीदारी थी। 1660-1690 ई. के मध्य में अंग्रेजी कम्पनी के बंगाल और गोलकुंडा से निर्यात का अधिकांश वस्त्र के रूप में था।

अंग्रेजों की पूँजी सूती और रेशमी बुनाई उद्योगों के बड़े-बड़े केन्द्रों में जाती थी, जैसे- 1676 ई. में 1,96,000 पाउंड की अदायगी कोरोमंडल तट पर हुई। इसमें से 105,000 पाउंड फोर्ट सेंट जार्ज में और इसके आसपास के कारखानों-नागपट्टनम, पुलिकट में तथा 67,000 पाउंड मसूलीपट्टनम और निजामाबाद एवं 24,000 पाउंड मदपोल्लम में खर्च हुए।[73]

1681 ई. में लन्दन के रेशम के बुनकरों ने पार्लियामेंन्ट (ब्रिटिश संसद) को अर्ज़ी (प्रार्थना-पत्र) दिया कि जनता को भारतीय कपड़े पहनने से रोका जाए। यह अर्ज़ी नामंजूर हो गई। तथापि, भारतीय वस्त्रों पर आयात शुल्क बढ़ाकर 1685 ई. में 10 प्रतिशत कर दिया गया। फिर 1690 ई. में, वह 20 प्रतिशत कर दिया गया। किन्तु भारत से वस्त्रों का आयात बराबर बढ़ता ही गया। लन्दन के बुनकरों ने ईस्ट इंडिया कम्पनी के मकान को घेरकर नष्ट कर देने की कोशिश की। भारतीय वस्त्रों के विरूद्ध अभियान 1701 ई. में अपनी बुलन्दी पर पहुँचा जब 'बंगाल सिल्क' पर रोक लगा दी गई। बंगाल सिल्क पहनने पर 200 पाउंड जुर्माना की व्यवस्था की गई। इसके अलावा सफेद कपड़ों पर 15 प्रतिशत का अतिरिक्त शुल्क लगा दिया गया।[74]

बंगाल से निर्यात के मामले में सूती रेशमी कपड़ों के बाद कच्चे रेशम का स्थान था। सत्रहवीं शताब्दी के उत्तरार्ध में ईरान से अंग्रेजों ने रेशम खरीदना कम कर दिया। क्योंकि बंगाल रेशम में उनका रुझान बढ़ गया था। बंगाल से रेशम के निर्यात में वृद्धि के फलस्वरूप रेशम के कीड़े पालने का रोजगार बढ़ा। 1658 ई. में ईस्ट इंडिया कम्पनी ने बंगाल से रेशम की 100 गाँठों का निर्यात किया जो 1673 ई. में 500, 1677 ई. में 1200, 1680-81 ई. में 2110 गाँठों तक पहुँच गया।[75] बंगाल से निर्यात के दूसरे पदार्थों में सूत और शोरा प्रमुख थे। शोरे के निर्यात से इसके उत्पादन को प्रोत्साहन मिला।

सत्रहवीं शताब्दी के उत्तरार्ध और अठारहवीं शताब्दी के प्रारम्भ में अंग्रेज और डच कम्पनियों का एशिया और अफ्रीका के समुद्रपारीय व्यापार पर पूर्ण नियन्त्रण था। इस व्यापार से उन्होंने खूब लाभ कमाया। इसका इस्तेमाल उन्होंने यूरोप के निर्यात में वृद्धि करके किया। उस जमाने के बादशाहों, सुल्तानों और राजाओं से व्यापार के मामले में उन्होंने विशेषाधिकार प्राप्त कर लिए थे। इसका लाभ उठाकर यूरोप के व्यापारियों ने भारत की पूँजी के विस्तार पर रोक लगा दी। इस तरह से उन्होंने भारत की अर्थव्यवस्था और उसकी राजनीतिक भूमिका को कमजोर किया।

डचों और अंग्रेजों की नौसेना मजबूत थी। उन्होंने व्यापार के विशेषाधिकार प्राप्त कर लिए थे। इन बातों का लाभ उठाकर उन्होंने भारत के उन स्थानों पर कब्ज़ा कर लिया जो विदेशी

व्यापार के केन्द्र थे। उन्होंने भारतीय व्यापारियों और एशिया के व्यापारियों के प्राप्त विशेषाधिकार समाप्त कर दिए। इस प्रकार विदेश व्यापार से पूँजी हटाकर भारतीय व्यापारी यूरोपीय कम्पनियों के महाजन बन गए। किन्तु, विदेशी व्यापार का बहुत बड़ा भाग अभी तक भारतीय और एशियाई व्यापारियों के हाथ में ही रहा।

सत्रहवीं शताब्दी के प्रारम्भ में यूरोप के व्यापारियों ने जब दक्षिण-पूर्वी एशिया में अपना कारोबार फैलाने की कोशिश प्रारम्भ किया तो उन्हें भारतीय और अन्य एशियाई देशों के व्यापारियों से कड़ी प्रतिस्पर्धा का सामना करना पड़ा, जिन्होंने उन देशों में पहले से ही अपने पैर जमा रखे थे। यूरोपियों के एक पत्र से पता चलता है कि दक्षिण-पूर्वी एशिया में उनके सबसे बड़े शत्रु गुजराती थे।[76] सत्रहवीं सदी की शुरुआत में दक्षिण-पूर्व एशियाई देशों में व्यापार बढ़ाने की कोशिश कर रहे यूरोपीय व्यापारियों को भारतीय व्यापारियों से कड़ी प्रतिस्पर्धा का सामना करना पड़ा, जिनके उस क्षेत्र में मजबूत व्यापारिक संबंध थे। यूरोपीय व्यापारियों द्वारा लिखे गए एक पत्र में कहा गया है कि दक्षिण-पूर्व एशियाई देशों में गुजराती उनके सबसे खतरनाक और कट्टर दुश्मन थे।

सत्रहवीं और अठारहवीं शताब्दी के दौरान वाह्य व्यापार का मुख्य स्रोत पश्चिम से दक्षिण और अन्त में पूर्व (बंगाल) में चला गया। पश्चिमी भारत में सूरत प्रारम्भिक कपड़ा व्यापार का केन्द्र था। दक्षिणी भारत में कोरोमंडल तट सत्रहवीं शताब्दी के मध्य से महत्त्वपूर्ण हो गया क्योंकि यूरोपीय कम्पनियों ने तट के साथ व्यापारिक केन्द्रों की स्थापना की। ईस्ट इंडिया कम्पनी व्यापार में इस क्षेत्र की हिस्सेदारी 1690 ई. के बाद घट गई क्योंकि राजनीतिक संघर्ष ने आपूर्ति को बाधित कर दिया था। अठारहवीं शताब्दी की शुरुआत में व्यापार में सुधार हुआ, यूरोप के निर्यात व्यापार में बंगाल का महत्त्व बढ़ गया और सदी के अन्त तक वह अन्तर्देशीय व्यापार का मुख्य केन्द्र बना रहा।

भारत के कपड़ा उत्पादन में सैकड़ों प्रकार के कपड़े शामिल थे। अलग-अलग बाज़ारों में अलग-अलग उत्पाद बेचे गए। भारत के विभिन्न क्षेत्रों से विभिन्न प्रकार के वस्त्रों का निर्यात किया जाता था। इनमें मध्यम मोटे किस्में जैसे—लांगक्लॉथ, कैलिको* और मलमल जैसी

---

* मूलतः भारत के केरल राज्य में स्थित कालीकट (वर्तमान कोझीकोड) नामक स्थान से ब्रिटेन जानेवाले सूती वस्त्र को कैलिको कहते थे। कैलिको शब्द कपास के रेशों से बने बिना ब्लीच किए गए कपड़े को सन्दर्भित करता है। इसे अक्सर अर्द्ध-प्रसंस्कृत सूती कपड़े के रूप में वर्णित किया जाता है, क्योंकि इसे आमतौर पर बुनने के बाद वैसे ही बेचा जाता है। नतीजन, कपड़े का रंग थोड़ा ग्रे होता है। साधारणतः कैलिको उन्हीं कपड़ों को कहते हैं जिनमें ताना और बाना एक मोटाई में रहते हैं। उसकी बुनावट में ताने का प्रत्येक धागा बाने के धागों को एकान्तरतः ऊपर चढ़कर फिर नीचे से पार करता है। अर्थात कैलिको बुनाई में, ताने के धागों के एक सेट को बाने के धागों के एक सेट के साथ एक-ऊपर और एक-नीचे बुना जाता है। बाने को ताने की अपेक्षा मोटा रखने से **पॉपलिन** नामक कपड़ा बनता है। बाने की अपेक्षा ताने को मोटा रखने से **रेप्प** नामक कपड़ा बनता है जो सोफा आदि की गद्दी बनाने के काम में आता है। कुशल मुद्रकों ने कैलिको को सुशोभित करने के लिए परिष्कृत तकनीक विकसित की, आमतौर पर प्राकृतिक रंगों का उपयोग करते हुए, इन सजाए गए कैलिको को चिंट्ज (छींट) कपड़े कहा जाता है। अमेरिका में कैलिको का अर्थ छींट माना जाता है। वहाँ की स्त्रियों को परिहास में कैलिको कहते हैं, क्योंकि पे बहुधा छींट पहनती हैं।

नई किस्में शामिल थीं। एशियाई बाज़ार रंगों के बारे में चिन्तित थे, वे बुने हुए कपड़े की लम्बाई और चौड़ाई पर बहुत कम ध्यान देते थे। सत्रहवीं शताब्दी की शुरुआत तक, दक्षिण पूर्व एशिया के साथ कपड़ा व्यापार अच्छी तरह से स्थापित हो गया था। यूरोपीय लोग मानकीकरण चाहते थे। इसे सम्भव बनाने के लिए करघों में समायोजन किया गया। यूरोपीय माँग अपेक्षाकृत बेहतर गुणवत्तावाले समानों पर केन्द्रित थी। अन्य बाज़ारों ने सस्ते और निम्न गुणवत्तावाले उत्पादों को अवशोषित किया।

तालिका-02

डच ईस्ट इंडिया कम्पनी और ब्रिटिश ईस्ट इंडिया कम्पनी द्वारा व्यापार किए जानेवाले विभिन्न श्रेणी के वस्त्रों का हिस्सा (प्रतिशत में), 1730-1759

वस्त्र उत्पाद	**डच ईस्ट इंडिया कम्पनी**			**ब्रिटिश ईस्ट इंडिया कम्पनी**		
	1730-39	1740-49	1750-59	1730-39	1740-49	1750-59
साधारण कैलिको	46	40	56	46	31	31
उत्कृष्ट कैलिको	15	20	13	20	22	19
मलमल	20	26	18	24	34	39
रेशम	10	10	11	3	5	6
हजार टुकड़े (पीस) प्रति वर्ष औसतन	278.3	275.2	427.1	60.2	3.5	65.9

स्रोत : सुशील चौधरी, फ्राम प्रास्पेरिटी टू डिक्लाइन : एटींथ सेंचुरी बंगाल (नई दिल्ली, मनोहर, 1995) तालिका 7.3, पृ. 184; के. एन. चौधरी, द ट्रेडिंग वर्ल्ड ऑफ एशिया एंड दी इंग्लिश ईस्ट इंडिया कम्पनी, 1660-1760 (कैम्ब्रिज, कैम्ब्रिज यूनिवर्सिटी प्रेस, 1978), पृ. 547-48

तालिका-02 बंगाल में कपड़ा व्यापार में अंग्रेजी और डच कम्पनियों के व्यापार हिस्से को दर्शाती है। अठारहवीं शताब्दी में बंगाल में, डचों की कीमत पर अंग्रेजी कम्पनी का हिस्सा बढ़ता रहा। अंग्रेजी व्यापार में कैलिको की तुलना में मलमल अधिक महत्त्वपूर्ण हो गए जबकि डच व्यापार ने विपरीत प्रवृत्ति दिखाई।

के.एन. चौधरी ने यूरोप और उसके बाहर भारतीय कपास के बाज़ार के विकास का दस्तावेज़ीकरण किया है। यूरोप में अंग्रेजी कम्पनी के प्रभुत्व को डचों ने चुनौती दी और 1670 के दशक तक यूरोपीय बाज़ारों में दोनों के बीच कड़ी प्रतिस्पर्धा थी, जिससे माँग कीमत के प्रति संवेदनशील हो गई। चौधरी ने विभिन्न क्षेत्रों में माँग की कीमत लोच का अनुमान लगाया और सुझाव दिया कि कीमत माँग का एक महत्त्वपूर्ण निर्धारक है।

तालिका-03
ब्रिटिश ईस्ट इंडिया कम्पनी और डच ईस्ट इंडिया कम्पनी (V.O.C.) द्वारा यूरोप को भारतीय वस्त्रों का निर्यात, 1665-1759
(प्रति वर्ष टुकड़ों में)

वर्ष	ब्रिटिश ईस्ट इंडिया कम्पनी द्वारा				V.O.C. द्वारा
	बंगाल	मद्रास	बम्बई	कुल	
1665-69	7,041	37,078	95,558	1,39,677	1,26,572
1670-74	46,510	1,69,052	2,94,959	5,10,521	2,57,918
1675-79	66,764	1,93,303	3,09,480	5,69,547	1,27,459
1680-84	1,07,669	4,08,032	4,52,083	9,67784	2,83,566
1685-89	1,69,595	2,44,065	2,00,766	6,14,426	3,16,167
1690-94	59,390	23,011	89,486	1,71,887	1,56,891
1695-99	1,30,910	1,07,909	1,48,704	3,87,583	6,64,613
1700-04	1,97,012	1,04,939	2,96,087	5,97,978	3,10,611
1705-09	70,594	99,038	34,382	2,04,014	2,94,886
1710-14	2,60,318	1,50,042	1,64,742	5,75,102	3,72,601
1715-19	2,51,585	2,00,495	82,108	5,34,188	4,35,923
1720-24	3,41,925	2,69,653	1,84,715	7,96,293	4,75,752
1725-29	5,58,850	1,42,500	1,19,962	8,21,312	3,99,477
1730-34	5,83,760	86,606	57,503	7,27,816	2,41,070
1735-39	5,80,458	1,37,233	66,981	4,84,672	3,15,43
1740-44	6,19,309	98,252	95,139	8,12,700	2,88,050
1745-49	4,79,593	1,44,553	60,042	6,84,188	2,62,261
1750-54	4,06,706	1,69,892	55,576	6,32,174	5,32,865
1755-59	3,07,776	1,06,646	55,770	4,70,192	3,21,251

स्रोत : के. एन. चौधरी, द ट्रेडिंग वर्ल्ड ऑफ एशिया एंड दी इंग्लिश ईस्ट इंडिया कम्पनी, 1660-1760 (कैम्ब्रिज, कैम्ब्रिज यूनिवर्सिटी प्रेस, 1978), पृ. 540-45 ; माइकल मोरिन्यू, 'द इंडियन चैलेंज : सेवेटींथ एंड एटींथ सेंचुरी', चौधरी, सुशील एंड माइकल मोरिन्यू (सम्पा.), मर्चेन्ट, कम्पनी एंड ट्रेड : यूरोप एंड एशिया इन अर्ली मोडर्न एरा (कैम्ब्रिज, कैम्ब्रिज यूनिवर्सिटी प्रेस, 1999), पृ. 273-74

तलिका-03 सत्रहवीं शताब्दी के मध्य से यूरोप को निर्यात में वृद्धि दर्शाती है। समय के साथ क्षेत्रीय सन्तुलन में बदलाव आया। अठारहवीं शताब्दी में बंगाल वस्त्रों के प्राथमिक निर्यातक के रूप में उभरा। तालिका-04 से स्पष्ट है कि अठारहवीं शताब्दी के उत्तरार्ध में

बंगाल से निर्यात की मात्रा में उतार-चढ़ाव दिखा, लेकिन 1790 के दशक तक निरन्तर गिरावट दर्ज़ नहीं की गई, जबकि सूरत से निर्यात में तेजी से गिरावट आई। तालिका-03, 1660 और 1750 के दशक के बीच ईस्ट इंडिया कम्पनी (EIC) द्वारा बॉम्बे (गुजरात व्यापार), मद्रास (कोरोमंडल तट व्यापार) और बंगाल से ब्रिटेन को निर्यात किए गए कपड़ा टुकड़ों (थान) की संख्या को दर्शाता है, साथ ही डच ईस्ट इंडिया कम्पनी (V.O.C.) के माध्यम से यूरोप को कपड़ा निर्यात के आँकड़े भी दिखाता है। हालाँकि, कपड़ा आँकड़ों में रेशम के सामान और रेशम और कपास के मिश्रण की छोटी मात्रा शामिल है, लेकिन उनमें सूती कपड़े का प्रभुत्व है। भारतीय सूती वस्त्र व्यापार के इन तीन प्रमुख केंद्रों से ब्रिटेन को कुल कपड़ा निर्यात 1660 के दशक से 1680 के दशक तक एक मजबूत उर्ध्वगामी प्रवृत्ति दर्शाता है, इसके बाद मुग़ल साम्राज्य के साथ राजनीतिक संघर्ष और युद्ध के कारण तेज गिरावट आती है। अठारहवीं शताब्दी के पहले दशक में दूसरी मंदी को ब्रिटिश कपड़ा उत्पादकों की सुरक्षा के उपायों की शुरूआत के साथ-साथ बुलियन की कमी और युद्ध से समझाया जा सकता है (चौधरी, 1978, पृ. 295)। हालाँकि, सुरक्षात्मक उपायों के इर्द-गिर्द तरीके खोजे गए और अठारहवीं सदी के पहले आधे हिस्से में ब्रिटेन को भारतीय कपड़ा निर्यात 600,000 से 800,000 टुकड़ों के आसपास रहा। तालिका-04, 1770 से 1790 के दशक की कहानी को आगे बढ़ाता है, लेकिन गुजरात व्यापार बॉम्बे के बजाय सूरत से होकर गुजरता था। ध्यान दें कि इस अवधि के दौरान ब्रिटेन को भारतीय निर्यात बढ़ता रहा।

तालिका-04

ब्रिटिश ईस्ट इंडिया कम्पनी द्वारा ब्रिटेन को भारतीय वस्त्रों का निर्यात, 1772-1792
(प्रति वर्ष टुकड़ों में)

वर्ष	ब्रिटिश ईस्ट इंडिया कम्पनी द्वारा द्वारा ब्रिटेन को भारतीय वस्त्रों का निर्यात			
	बंगाल	मद्रास	सूरत	कुल
1771-74	652,158	182,588	93,683	928,429
1775-79	584,889	197,306	48,412	830,607
1780-84	435,340	79,999	40,488	555,827
1785-89	697,483	67,181	38,800	803,464
1790-92	727,717	170,442	38,707	936,836

स्रोत : मोरिन्यू (1999 : 273,274), 1771-1794 : मिलबर्न (1813, वॉल्यूम 2, 234)

सत्रहवीं शताब्दी के उत्तरार्ध और अठारहवीं शताब्दी के पूर्वार्द्ध में कोरोमंडल तट के व्यापारियों का विदेशों में अच्छा कारोबार चलता था। सी. हटन जो ईस्ट इंडिया कम्पनी का एक सेवक था ने लिखा है कि—

> "मैं 1657 ई. में मसूलीपट्टनम आया था। उस वक्त यह शहर बड़ी तरक्की कर रहा था। अराकान, पेगू, क्वेडा, मलक्का जोहार, अचिन (अचेह), ईरान और मालदीव द्वीपसमूह के लिए 20 जहाज बराबर आते-जाते थे, इनके मालिक भारतीय थे। इन पर

स्थानीय उत्पादन, कपड़े, तरह-तरह के चित्र, लोहा, स्टील, हर किस्म का अनाज लदा रहता था। इन जगहों से भी अनेक प्रकार की चीजें लाकर मुग़लों के राज्य बीजापुर और गोलकुंडा के राज्यों में बेच देते थे।"[77]

1670 के दशक में मालदा में मुख्य व्यापारी आगरा, गुजरात और बनारस के थे। ये सभी प्रकार के सूती, रेशमी कपड़े खरीदकर जल-मार्ग से जहाज द्वारा बाहर भेजते थे। इनका व्यापार 15 लाख से 25 लाख रुपये वार्षिक का था। इसके अलावा इससे करीब आधे मूल्य का समान सड़क-मार्ग से बाहर भेजा जाता था। मालदा में डचों का व्यापार सिर्फ 50,000 रुपये वार्षिक था जो भारत के व्यापारियों की पूँजी की तुलना में कहीं नहीं ठहरती थी। अंग्रेज व्यापारियों ने तो अभी इस इलाके में अपना कारोबार शुरू ही किया था।[78]

भारत और एशिया के व्यापारी भी माल का नक़द भुगतान करते थे। फ्रांस्वा बर्नियर के अनुसार, "आगरा में विदेशों से माल आता था, फिर भी दुनिया के सोने और चाँदी का बहुत बड़ा भाग अनेक प्रणालियों से यहाँ इकट्ठा हो जाता है, जबकि यहाँ से उसके बाहर जाने के रास्ते शायद ही हों।"[79]

घोड़ों की भारतीय नस्ल आयातित घोड़ों के मानक और गुणवत्ता के अनुरूप नहीं थी, इसलिए शाही सेना में घोड़ों की श्रेष्ठ गुणवत्ता प्राप्त करने के लिए भारतीय शासक अरब, ईरान और मध्य एशिया के देशों से घोड़े के व्यापार पर बहुत अधिक निर्भर थे। फ्रांसिस्को पेल्सर्ट का कथन है कि- "76 प्रतिशत शाही घोड़े अरबी, फारसी और तुर्की नस्ल के थे, जो मध्य एशिया और पूर्वी एशिया के देशों से आयात किए जाते थे।"[80] शाही दस्तावेज़ से पता चलता है कि मुग़लों ने अपने राजस्व हिस्से का अधिकतम भाग उच्च गुणवत्तावाले घोड़ों की खरीद पर खर्च किया।

बुखारा-काबुल-लाहौर (खैबर दर्रे को पार करते हुए), कन्धार-काबुल-लाहौर के भूमिगत मार्ग (खैबर दर्रे को पार करते हुए), कन्धार-मुल्तान (सन्धार, सरवंड और गोमल दर्रे को पार करते हुए) और कन्धार-शिकारपुर (बोलन दर्रे को पार करते हुए) मुख्य कारवाँ थल-मार्ग थे जिसके माध्यम से घोड़ों को उज्बेक और सफाविद क्षेत्रों से भारत में आयात किया जाता था। लाहौर, पेशावर, मुल्तान, कन्धार, शिकारपुर, अटक और अमृतसर इन भू-मार्गों के प्रमुख ठिकाने थे।[81] भू-मार्गों के साथ-साथ अश्व व्यापार समुद्री मार्गों से भी होता था। अश्व व्यापार प्रारम्भिक मध्यकाल से ही समुद्री मार्गों से होता था।[82] अरब और फारसी घोड़ों को अरब, ईरान और अफ्रीका के उत्तर-पूर्वी हिस्से से समुद्री मार्गों से आयात किया जाता था। टैवर्नियर के अनुसार, हाथियों को न केवल सीलोन (उपमहाद्वीप पर हाथियों का मुख्य स्रोत) से बल्कि पूर्वी अफ्रीका और दक्षिण पूर्व एशिया से भी लाया जाता था (टैवर्नियर्स ट्रैवल इन इंडिया, सम्पा. बाल, वॉल्यूम 1, पृ. 277)। ये यात्राएँ जहाज से की जाती थीं। निस्सन्देह इस कठिन यात्रा की पुष्टि मुग़ल स्रोतों से होती है जो अकबर[1] और जहाँगीर[2] के शासनकाल के दौरान पूर्वी अफ्रीका से हाथियों के

---

1 अबुल फज़ल, अकबरनामा, अनुवादित एच. बेवरीज कलकत्ता एशियाटिक सोसाइटी ऑफ बंगाल, 1910), पृ. 466

2 द जहाँगीरनामा, मेमोयर्स ऑफ जहाँगीर, एम्परर ऑफ इंडिया, अनुवादित- डब्ल्यू. थैक्स्टन, ऑक्सफोर्ड यूनिवर्सिटी प्रेस, 1999, पृ. 193

परिवहन का दस्तावेजीकरण करते हैं।

कुल आयात बिल में सबसे महत्त्वपूर्ण एकल वस्तु कीमती धातुओं में मुख्य रूप से चाँदी की रियल (Real) और डुकाट एवं कई अन्य सिक्कों की थी। इनमें से लगभग सभी सिक्के लाल सागर और फारस की खाड़ी से आए थे। जहाँ उन्हें यूरोप से लेवेंट के रास्ते अपना रास्ता मिल गया था। जैसा कि ज्ञात है, मुग़ल भारत में सोने और चाँदी का घरेलू उत्पादन नगण्य था और इन धातुओं को प्राप्त करनेवाला एकमात्र माध्यम विदेशी व्यापार था। कीमती धातुओं की आवश्यक खपत के अलावा, साम्राज्य की मुद्रा प्रणाली को चालू रखने के लिए इन धातुओं की नियमित आपूर्ति की आवश्यकता थी। विदेशी व्यापार के इस विशेष आयाम के महत्त्व को मुग़लों ने पूरी तरह पहचाना और इसका समर्थन किया। अन्य बातों के अलावा, आयातित कीमती धातुओं की तुलना में साधारण व्यापारिक वस्तुओं के लिए निर्धारित सीमा शुल्क की दर में अन्तर था, इस प्रकार सत्रहवीं शताब्दी के शुरुआती वर्षों में यूरोपीय लोगों द्वारा सूरत में आयात किए गए समान पर 3.5 प्रतिशत का सीमा शुल्क लगता था, जबकि सिक्कों और अन्य कीमती धातुओं के आयात पर केवल 2 प्रतिशत कर का भुगतान करना पड़ता था।[83]

भारत-फारस भूमि व्यापार के मूल्य के बारे में कुछ जानकारी 1634 ई. की डच रिपोर्ट में उपलब्ध है। डच फैक्टर ने फारस को भेजे गए भारतीय समानों की कुल लागत और इन समानों की बिक्री से प्राप्त कुल आय, दोनों के बारे में जानकारी एकत्र करने का दावा किया है। दो आँकड़े क्रमशः 1.89 मिलियन महमूदी और 3.63 मिलियन महमूदी थे, जो इस धारणा पर 91.62 प्रतिशत की सकल लाभ दर दे रहे थे कि टोल और अन्य लागत कार्गो (माल) की कुल लागत का 20 प्रतिशत थी; फैक्टर्स ने 55.28 प्रतिशत की शुद्ध लाभ दर निकाली। इसी रिपोर्ट ने दोनों देशों के बीच समुद्री व्यापार पर औसत शुद्ध लाभ दर 41.1 फीसदी बताया।[84]

1640 के दशक के दौरान सूरत में भारतीय व्यापारी द्वारा आयात से सम्बन्धित कुछ उपलब्ध आँकड़े वास्तव में इंगित करते हैं कि फारस की खाड़ी और लाल सागर के बीच, अनिवार्य रूप से कीमती धातुओं की एक बड़ी आपूर्ति थी। उपलब्ध जानकारी वर्ष 1643, 1645, 1647 और 1654 से सम्बन्धित है। इन वर्षों के दौरान फारस की खाड़ी से आयातित कीमती धातुओं का मूल्य क्रमशः 2,19,906 रुपये 2,41,799 रुपये, 2,14,110 रुपये, 5,75,904 और 1,17,330 रुपये था। लाल सागर का आँकड़ा 6,14,548 रुपये 7,51,942 रुपये, 6,37,996 रुपये, 8,22,322 रुपये, 1,93,1620 रुपये थी।[85] यह इस तथ्य का समर्थन नहीं करता कि भारतीय व्यापारियों के हिसाब से 1651 ई. से 1654 ई. के दौरान फारस की खाड़ी से सूरत पहुँचनेवाले जहाजों की संख्या लाल सागर से बहुत अधिक थी।[86]

सोलहवीं-सत्रहवीं शताब्दी में भारत के विभिन्न वाणिज्यिक स्थलों को व्यापारी मार्गों से जोड़ने में सूर और मुग़ल सम्राटों ने महत्त्वपूर्ण योगदान दिया। आमतौर पर सड़को की देखभाल राज्य या क्षेत्र विशेष के राजा ही करते थे। उस काल के प्रमुख व्यापारिक मार्ग निम्नलिखित हैं—

आगरा-दिल्ली-काबुल मार्ग

आगरा-फरीदाबाद-दिल्ली-सोनीपत-पानीपत-करनाल-अम्बाला-लुधियाना-फतेहपुर-लाहौर-रावलपिंडी-शमसाबाद-पेशावर-फतेहाबाद-काबुल

आगरा-बुरहानपुर-सूरत मार्ग

आगरा-धौलपुर-ग्वालियर-नरवर-सिरोंज-बुरहानपुर-तलनेर-नन्दुरबार-किर्का-सूरत

सूरत-अहमदाबाद-आगरा मार्ग

सूरत-भड़ौच-बड़ौदा-अहमदाबाद-पालमपुर-जालोर-हिन्दुआना-फतेहपुर सीकरी-आगरा

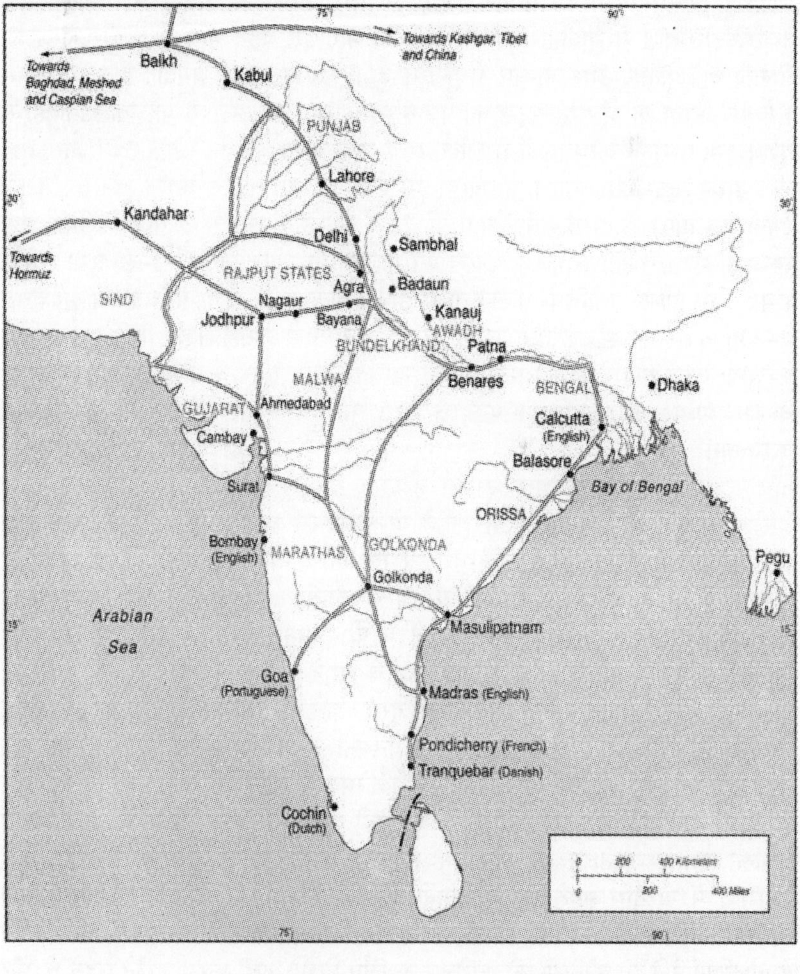

मध्यकालीन.भारत में आन्तरिक व्यापार के मार्ग

आगरा-पटना-बंगाल मार्ग

आगरा-फिरोजाबाद-इटावा-इलाहाबाद-बनारस-सासाराम-दाउदनगर-पटना-मुंगेर-भागलपुर-राजमहल-दामपुर-ढाका

आगरा से लेकर बंगाल तक नदी मार्ग थल मार्ग के समानान्तर था।

प्राचीन और मध्यकाल का सबसे प्रमुख थल मार्ग वृहद रेशम मार्ग था। यह ऐतिहासिक व्यापारिक एवं सांस्कृतिक मार्गों का समूह था जिसके माध्यम से एशिया, यूरोप और अफ्रीका जुड़े हुए थे। रेशम मार्ग का जमीनी हिस्सा 6,500 किलोमीटर लम्बा था। इसका नाम चीन के रेशम के कारण पड़ा जिसका व्यापार इस मार्ग की मुख्य विशेषता थी। यह रेशम मार्ग बीजिंग से शुरू होकर काशघर, समरकन्द, बल्ख और काबुल होते हुए मध्य एशिया से गुजरता था। भारतीय थल मार्ग इस वृहद मार्ग से लाहौर में जाकर मिलता था। मुल्तान और कान्धार से गुजरता हुआ यह इस्फहान, बगदाद होते हुए फारस में प्रवेश करता था और यूफरेट्स को पार करने के बाद यह अलेप्पो पहुँचता था। वहाँ से यूरोपवासी वस्तुओं को जहाजों में लादकर ले जाया करते थे।

अरब सागर और बंगाल की खाड़ी प्रमुख समुद्री मार्ग थे। 'उत्तमाशा अन्तरीप' (केप ऑफ गुड होप) के रास्ते समुद्री मार्ग की खोज के पहले उत्तर से आनेवाला समुद्री मार्ग खम्बात, सूरत, थट्टा से होकर फारस की खाड़ी और लाल सागर में मिलता था। दूसरा समुद्री मार्ग दाभोर, कोचिन, कलकत्ता से होकर अदन और मोचा पहुँचता था। मोचा से वस्तुओं को लाल सागर और उसके बाद थल मार्ग से अलेक्जेंड्रिया होते हुए काहिरा पहुँचाया जाता था। 'आशा अन्तरीप' की खोज के बाद यूरोप के देशों को अलेक्जेंड्रिया या अलेप्पो पर निर्भर नहीं रहना पड़ा, वे भारत और दक्षिण एशियाई देशों से सीधे व्यापार करने लगे।

प्रत्येक मुग़ल बादशाह अपनी हुकूमत की सूचना देने के लिए नए रुपये ढालता था। जिसे सिक्का रुपया कहते थे। सरकारी कामकाज में सिर्फ उसी मुद्रा का इस्तेमाल हो सकता था। सभी पुराने रुपयों की कीमत घट जाती थी। इस प्रणाली को बट्टा कहते थे। सरकारी तौर पर पुराने रुपयों को स्वीकार नहीं किया जाता था। जो लोग नया सिक्का लेना चाहते थे वे अपनी तरफ से चाँदी टकसाल में पहुँचाकर सिक्का ढलवा लेते थे या फिर वे पुराने सिक्के सर्राफ के पास ले जाते जो उन्हें बट्टा काटकर नए सिक्के या दूसरे देशों के सिक्के दे देता था। सत्रहवीं शताब्दी के अन्त में इंग्लिश ईस्ट इंडिया कम्पनी अपने सिक्के खुद ढालने लगी थी।

कई सामन्ती कोठियाँ भी सिक्कों के विनिमय में प्रामिसरी नोट भी देती थी और स्वीकार करती थीं। इन प्रामिसरी नोटों को हुंडी कहते थे। मुग़ल भारत में इनका बड़ा प्रचलन था। रुपया उधार देने और उन्हें विनिमय करनेवाले को गुजरात में शर्राफ और महाराष्ट्र में पोद्दार कहते थे। वे अपनी कोठियों से कारोबार करते थे। इनके मुख्य कर्मचारी 'मुनीम जी' कहलाते थे जो कोठी के संस्थापक या मालिक के नीचे काम करते थे। महाजनों की इन कोठियों को कारोबार के लिए विशेष शाही फरमान लेने पड़ते थे और सरकारी अधिकारी इनकी देखरेख करते रहते थे। कोठियों को शाही परिवार के सदस्यों

और सल्तनत के प्रमुख अधिकारियों से प्रतिस्पर्धा की इजाज़त न थी। मुद्रा-विनिमय की दर शाही फरमान से तय होती थी। अकबर और जहाँगीर के जमाने में कोठियों का कारोबार खूब फैला। इन्होनें साम्राज्य के अनेक शहरों में अपने दफ़्तर खोल लिए। किन्तु, आपस की प्रतिस्पर्धा और राज्य के नियन्त्रण से अनेक कोठियों के दिवाले पिट गए। छोटी कोठियाँ अनेक बड़ी कोठियों के यहाँ बिक गईं।

विवेच्य-काल में सामाजिक विभाजन गहरा हो जाने, कृषि से दस्तकारी की पृथकता और वस्तु-मुद्रा सम्बन्धों के विस्तार का एक महत्त्वपूर्ण फल भारत में नगरों की वृद्धि और विकास के रूप में सामने आया।[87] देशी और विशेषकर विदेशी व्यापार के विकास ने नगरों की वृद्धि पर बड़ा गहरा प्रभाव डाला। गाँवों का रूप बदल गया। वे बड़े-बड़े व्यापार और उद्योग केंद्रों में परिवर्तित हो गए। इसका विशिष्ट उदाहरण मसूलीपट्टनम है। डब्ल्यू. मेथवोल्ड ने जो सत्रहवीं शताब्दी के प्रारम्भ में यहाँ आया था, लिखा है कि—

> "मसूलीपट्टनम एक छोटा सा कस्बा है किन्तु घना बसा है। इसके चारो ओर कोई दीवार नहीं है। कस्बे की बनावट टेढ़ी-मेंढ़ी है। इसकी स्थिति उससे भी बुरी है। ..... पहले यह मछुआरों का छोटा सा कस्बा था। इसके नाम में मसूली (मछली) अब तक जुड़ा है। (तेलुगु और तमिल में मछली को मसूली कहते हैं, पट्टम्, पट्टिनम का अर्थ नगर होता है)। बाद में सड़कें बनीं और यह व्यापारियों के रहने लायक जगह हो गई, व्यापार बढ़ने के साथ बस्ती भी बढ़ती गई। हमारे और डचों के आने-जाने से यह स्वाभाविक था।"

पन्द्रहवी और सत्रहवीं शताब्दी के प्रारम्भ में विदेशी व्यापार ने खम्भात के विकास को भी प्रोत्साहित किया और यह एशिया के बड़े से बड़े व्यापार केन्द्रों में एक हो गया। इसने चोल, सूरत, कालीकट, सरगाँव और दूसरे कस्बों पर भी अच्छा असर डाला।[88]

अरबों को एक बड़े औद्योगिक और व्यापारिक केन्द्र के रूप में गोवा का पता था। यहाँ दक्कन के हर हिस्से से माल से लदे कारवाँ आते थे।[89] सोलहवीं शताब्दी के उत्तरार्ध में पुर्तगालियों का व्यापार तेजी से बढ़ रहा था, उस समय गोवा भारत ही नहीं बल्कि समूचे एशिया का एक महत्त्वपूर्ण औद्योगिक और व्यापारिक केन्द्र बन गया। गोवा की आबादी में अधिकांश भारतीय व्यापारी और कारीगर थे। गोवा के चारो ओर एक नया व्यापारिक और औद्योगिक केन्द्र बन गया। इस अभिनव गोवा में धनी भारतीय व्यापारी (मुख्य रूप से गुजराती, कन्नड़ और बंगाली) और एशिया के दूसरे देशों के व्यापारी रहते थे।[90]

सोलहवीं शताब्दी के अन्त में भागीरथी नदी के तट पर पुर्तगालियों ने एक गाँव में एक नए कारखानें की नींव रखी। इस कारखानें के आसपास कारीगरों की बस्तियाँ बन गईं। इस प्रकार यह एक नया शहर बन गया। नदी तट तक यहाँ जहाज आसानी से आ-जा सकते थे। नदी के नाम से यह शहर हुगली के नाम से विख्यात हुआ।

मद्रास, बम्बई और कालीकट का अभ्युदय और विकास अंग्रेज व्यापारियों से जुड़ा था। 1611 ई. में मसूलीपट्टनम भारत के पूर्वी समुद्रतट पर ईस्ट इंडिया कम्पनी का

सबसे पुराना व्यापारिक चौकी (पोस्ट) था। 1625 ई. में दक्षिण की ओर कुछ मील की दूरी पर अरमागाँव में एक और कारखाना स्थापित किया गया था जिसके बाद दोनों कारखाने मसूलीपट्टनम में स्थित एक एजेंसी के पर्यवेक्षण के अन्तर्गत आ गए। उसके तुरन्त बाद ब्रिटिश अधिकारियों ने कारखानों को और अधिक दक्षिण की ओर स्थानान्तरित करने का निर्णय लिया क्योंकि वहाँ उस समय पूर्वी समुद्रतट पर खरीद के लिए उपलब्ध व्यापार की मुख्य सामग्री सूती वस्त्रों की कमी थी। यह समस्या गोलकुंडा के सुल्तान के स्थानीय अधिकारियों द्वारा किए जानेवाले उत्पीड़न के कारण कई गुना बढ़ गई थी। इन परिस्थितियों में 1632 ई. में, फ्रांसिस डे (1605-70) ईस्ट इंडिया कम्पनी के फैक्टर के रूप में अरमागाँव के लगभग बर्बाद हो चुके कारखाने में पहुँचा। शत्रुतापूर्ण शक्तियों से घिरे डे ने कारखाने के लिए सुरक्षित स्थान की तलाश शुरू कर दी।[91] 1637 ई. में फ्रांसिस डे, जो उस समय मसूलीपट्टनम परिषद का सदस्य और अरमागाँव फैक्ट्री प्रमुख था, ने कोरोमंडल तट पर पांडिचेरी तक अन्वेषण किया। उस समय इस क्षेत्र पर विजयनगर के राजा पेडा वेंकट राय का कब्जा था। हालाँकि, उन्होंने क्षेत्र की बागडोर दमरेला वेंकटपति वेंकटप्पा नायक को सौंप रखी थी। व्यवहार में कोरोमंडल तट और उसके आसपास के इलाके के राजा नायक ही थे।

यह व्यापक रूप से माना जाता है कि अय्यप्पा नायक (वेंकटप्पा नायक का भाई) वह व्यक्ति था जिसने बस्ती के लिए मद्रासीपट्टनम और चिन्नापट्टनम के बीच एक क्षेत्र को चुनने के लिए अंग्रेजों को आमन्त्रित किया था। डे और उनके वरिष्ठ एंड्रयू कोगन ने प्रस्तावित साइट (स्थल) की जाँच की। फ्रांसिस डे और नायक के बीच सौदा पक्का हुआ, 22 अगस्त 1639 ई. में फ्रांसिस डे ने 10 किमी (6 मील) लम्बा और 1.6 किमी (1 मील) चौड़ा भूखंड पट्टा (लीज) पर ले लिया,[92] जो पुर्तगाली चर्च और बस्ती के करीब था। डे ने मसूलीपट्टनम में अपने सहयोगियों को उस स्थल के कई फायदों के बारे में बताया। यह स्थान कपड़ा प्राप्त करने के लिए सस्ता था, तट लैंडिंग के लिए अच्छा था, निपटान चित्रित कपड़े के स्रोतों के करीब था और सबसे बढ़कर, उदार स्थानीय शासक ने डे के आने से पहले किले का निर्माण करने की पेशकश की थी, इस वादे पर कि वह फारसी घोड़ों के रूप में उसकी प्रतिपूर्ति करेगा।[93] मसूलीपट्टनम की फैक्ट्री और बैंटम (जावा में) के प्रेसीडेंसी की स्वीकृति प्राप्त करने के बाद, मद्रासपट्टनम का बन्दोबस्त शुरू हुआ।

फोर्ट सेंट जॉर्ज (तमिलनाडु का वर्तमान विधान सभा भवन) के निर्माण के लिए डे और कोगन संयुक्त रूप से जिम्मेदार थे। फैक्ट्री हाउस का निर्माण 1 मार्च 1640 ई. को शुरू किया गया था। संरचना का कुछ हिस्सा सम्भवत: उस वर्ष के सेंट जॉर्ज डे (23 अप्रैल) तक पूरा हो गया था और इसके परिणामस्वरूप किले को फोर्ट सेंट जॉर्ज नाम दिया गया।

डे के इस कदम (फोर्ट सेंट जॉर्ज की स्थापना) से लन्दन प्रसन्न नहीं था, इसलिए डे को अपने स्वयं के पैसे से निर्माण कार्य शुरू करना पड़ा। लन्दन की शक्तियों ने सूरत के अधिकारियों को निर्देश भेजा कि डे को किले के निर्माण से रोका जाय और उसपर कठोर दंडात्मक कार्रवाई की जाय। बदले में सूरत के अधिकारियों को उम्मीद थी कि कोरोमंडल

के फैक्टर्स ने वहाँ एक किला बनाने से पहले सभी सम्भावित कोणों पर विचार किया होगा। इस तरह, मद्रास में फोर्ट सेंट जॉर्ज सम्भव हो पाया क्योंकि सूरत और मसूलीपट्टनम के अधिकारी लन्दन में कम्पनी के मुख्यालय को चुपचाप नज़रअन्दाज कर डे के कार्यों में शामिल हो गए। एक अनुशासनात्मक कार्रवाई से बचने के लिए एक वाणिज्यिक केन्द्र के रूप में इसकी स्थापना डे की तात्कालिक सफलता थी। कुछ माह के भीतर दर्जनों बुनकर परिवार मद्रास आ गए और वहाँ रहने लगे। पुर्तगाली उपनिवेश सैन थोम में रहनेवाले व्यापारियों और कारीगरों के परिवारों ने निवास को अंग्रेजी क्षेत्र में स्थानान्तरित कर दिया। हालाँकि, पुर्तगालियों ने अनिच्छा से अंग्रेजी किले को स्वीकार कर लिया और डचों ने भी हस्तक्षेप नहीं किया।

1641 ई. की गर्मियों में दंडात्मक कार्रवाई के लिए डे को इंग्लैंड बुलाया गया। एक जाँच के बाद उसे उस निर्णय को अधिकृत करनेवाले पत्रों के एक बंडल के साथ वापस मद्रास भेज दिया गया। 1642 ई. में, कोरोमंडल संचालन का प्रधान कार्यालय मसूलीपट्टनम से मद्रास स्थानान्तरित कर दिया गया। इस फैसले के लिए डे को मसूलीपट्टनम के एजेंट एंड्रयू कोगन का सहयोग मिला। समर्थन से फ़र्क पड़ा, क्योंकि कोगन प्रभावशाली और शक्तिशाली दोनों था। 1657 में, 'फोर्ट सेंट जॉर्ज' बैंटम के अधीनस्थ होना बन्द हो गया, जैसा कि तब तक था। अब यह एक स्वतन्त्र व्यापारिक केन्द्र की स्थिति तक पहुँच गया था।

सूरत या मसूलीपट्टनम के विपरीत, जहाँ अंग्रेजों को केवल निवास करने और व्यापार करने का अधिकार था, फोर्ट सेंट जॉर्ज में वे जमींदार थे। यह एक अनिश्चित टाइटल (शीर्षक) था। फिर भी, इसने कम्पनी को छोटे पैमाने पर एक क्षेत्रीय शक्ति बना दिया। स्थानीय शासकों की सहायता के बिना उस शक्ति को बनाए रखने के लिए, मद्रास के अधिकारियों ने छह वर्ग मील के चारों ओर एक दीवार का निर्माण किया, जिस पर उनका स्वामित्व अधिकार था। भारत का पहला औपनिवेशिक शहर इन्हीं दीवारों के अन्दर बसा। दीवारों के ठीक बाहर कारीगरों और सेवा प्रदाताओं की एक बड़ी बस्ती बस गई। बाद में उन्हें क्रमशः **व्हाइट टाउन** और **ब्लैक टाउन** से नामित किया गया। पूरे किले को बनाने में चौदह वर्ष लगे और यह 1653 ई. में बनकर तैयार हुआ। 1670 के दशक में, इन दो क्षेत्रों जो पहले से ही तेजी से सीमांकित थे, को जॉन फ्रायर द्वारा **क्रिश्चियन टाउन** और **हीथेन टाउन** के रूप में वर्णित किया गया था। 1670 के दशक में इस जगह का एक रिकॉर्ड छोड़नेवाले एक निजी व्यापारी थॉमस बाउरी ने माना कि दोनों बस्तियों में एक साथ 40,000 की आबादी थी, जो इस समय के विशुद्ध रूप से वाणिज्यिक शहर के लिए एक अच्छा आकार था। शहर के धनी भारतीयों में से कई तमिल कारीगर और तेलुगु व्यापारी थे।

'ब्लैक टाउन' में कारीगरों की बस्तियाँ थीं जिनमें मुख्य रूप से बुनकर और रंगरेज थे। 'ब्लैक टाउन' की आबादी तेजी से बढ़ी। अठारहवीं शताब्दी के प्रारम्भ में यहाँ की आबादी बढ़कर 80,000 और अठारहवीं शताब्दी के मध्य में 1,50,000 हो गई।[94] महत्त्व की एक बात जिससे मद्रास में भारतीय व्यापारी और कारीगर तेजी से आ बसे यह थी कि

यहाँ अंग्रेजों की छत्रछाया में कोई भारतीय राजा या उसके कर्मचारी उनपर किसी तरह का जुल्म नहीं कर सकते थे और न ही युद्धों के दरमियान कोई इनका माल-मत्ता लूट सकता था। अठारहवीं शताब्दी के मध्य में पूरे दक्षिण भारत में लड़ाईयाँ चलती रहती थीं। ए. हैमिल्टन ने इस सम्बन्ध में लिखा है—

> "1685 ई. से 1689 ई. तक अंग्रेज और मुग़ल शक्तियों के बीच बंगाल और बम्बई में लड़ाईयाँ होती रहीं। इससे फोर्ट सेंट जार्ज की शक्ल सुधर गई क्योंकि शान्तिप्रिय हिन्दुस्तानी व्यापारी जो झगड़ा फसाद से घृणा करते हैं, झुंड के झुंड यहाँ आ बसे, क्योंकि यह व्यापार के लिए हानि पहुँचानेवाले तत्त्वों से दूर पड़ता था और इसके आसपास गोलकुंडा की हीरा की खानें थीं जहाँ अक्सर अच्छे सौदे हो जाते थे और हमारे गवर्नरों को भी रुपये मिल जाते थे। काले व्यापारी हमारी बस्ती में आकर अच्छी कमाई कर लेते थे। यहाँ पर बाज़ार सुरक्षित था, जिसके फलस्वरूप वे इसमें अपना माल आसानी से ला सकते थे। इसलिए इसकी आबादी बढ़ती गई और यह समृद्ध हो गया। कुछ प्राकृतिक कठिनाइयों के बावजूद यहाँ की समृद्धि में कमी नहीं आने पाई।"[95]

कोरोमंडल में यूरोपीय बस्तियों को समय-समय पर क्षेत्रीय विवादों का सामना करना पड़ा। नई बस्ती के नियन्त्रण के लिए एक एजेंसी बनायी गई और मसूलीपट्टनम के फैक्टर एंड्रयू कोगन को प्रथम एजेंट नियुक्त किया गया। फ्रांसिस डे 1643 से 1644 तक मद्रास के दूसरे एजेंट के रूप में कार्य किया। एंड्रयू कोगन के साथ उसे मद्रास के संस्थापक के रूप में माना जाता है।

मद्रास नाम की उत्पत्ति को लेकर हो रहे दावों पर फ्रेंच इतिहासकार प्रशान्त मोरे ने एक किताब लिखी है, नाम है Origin and foundation of Madras। इस किताब में वो बताते हैं कि—

> "अंग्रेजों के आने से पहले कोई मद्रासपट्टनम या मद्रास नहीं था। अंग्रेजों से मिले दस्तावेज़ बताते हैं कि 1639 ई. में ब्रिटिश ईस्ट इंडिया कम्पनी के अधिकारी फ्रांसिस डे को वेंकटपति नायक से जो जमीन मिली थी, उसे **सियार का टीला** या **नारी मेन्दु** कहा जाता था। और जब यहाँ सेंट जॉर्ज किले की स्थापना की जाने लगी तो किले के आसपास की जगह पर तमिल और तेलुगु प्रवासी आकर बस गए। इसके बाद शुरुआत में इस जगह का नाम मद्रासपट्टनम पड़ा, जगह का विस्तार हुआ और नाम मद्रास हो गया।"

कोल्लम मालाबार तट का सबसे प्रसिद्ध व्यापारिक केन्द्र था।[96] यह वेनाड की राजधानी थी और इसे 'कुरक्केनी कोल्लम' भी कहा जाता था। वर्तमान में यह केरल के कोल्लम जिले का मुख्यालय है। कोल्लम विदेशियों का मिलन स्थल और समुद्रपारीय (ट्रांसमरीन) व्यापार का केन्द्र था। हम देखते हैं कि जो व्यापारी मध्य पूर्व और चीन से आते थे उन्होंने अपनी गतिविधियों को कोल्लम और मणिग्राम व्यापारियों तक केन्द्रित किया। कावेरीपट्टिनम में काम करने से उनका ध्यान इस ओर गया था।

केरल के इतिहास को मौलिक रूप से प्रभावित करनेवाली अत्यन्त महत्त्वपूर्ण घटना 1341 ई. में घटी। विशेष रूप से उच्च पर्वतमालाओं में भारी और लगातार वर्षा के परिणामस्वरूप पेरियार नदी में प्रलयंकारी बाढ़ आई थी, जिससे कोडुंगल्लूर के बन्दरगाह के मुहाने पर गाद भर गई थी, जिससे धीरे-धीरे इसका अस्तिव समाप्त हो गया। महत्त्व और इसके परिणामस्वरूप मुजिरिस की तुलना में छोटे मुहाना का एक नया बन्दरगाह बना और इसलिए इसे 'कोचाजी' कहा जाने लगा, जो अन्ततः **कोच्चि** बन गया। महोदयपुरम् (कोडुंगल्लूर) से कोच्चि तक, यह एक महत्त्वपूर्ण बन्दरगाह के रूप में उभरा था।[97]

मा'हुआन पहला विदेशी यात्री था जिसने कोच्चि को एक व्यापारिक केन्द्र के रूप में उल्लेखित किया है।[98] कोच्चि के पड़ोसी क्षेत्रों में कृषि प्रधान भूमि स्थित थी, जिसमें राज्य वडाकुमकुर (किझुमलैनाडु) भी शामिल था, जो अपनी सर्वोत्तम गुणवत्तावाली काली मिर्च के लिए जाना जाता था। मध्य केरल की प्रमुख मसाला उत्पादक बेल्ट उत्तर में पेरियार नदी, पश्चिम में वेम्बनाडु लैगून पर एक मैदान और दक्षिण में अचनकोविल नदी द्वारा सीमांकित थी। मा'हुआन के अनुसार एक रात और एक दिन की यात्रा में कोल्लम से कोच्चि पहुँचा जा सकता है।[99] उसने कोच्चि के मुस्लिम और चेट्टी या शेट्टी जैसे व्यापारिक समुदायों का भी उल्लेख किया है। मा'हुआन काली मिर्च की खेती करनेवालों और विदेशी व्यापारियों को बिक्री के लिए काली मिर्च भंडारण की सुविधाओं की ओर इशारा करता है।[100] चेट्टी अन्तर्राष्ट्रीय मसाला व्यापार में मध्यस्थ के रूप में कार्य करते थे। वे मोती, रत्न, सुगन्धित उत्पाद आदि का भी व्यापार करते थे। मा'हुआन काली मिर्च को मापने में वज़न के मानक के बारे में जानकारी प्रदान करता है। काली मिर्च को **पोहो** (एक प्रकार का खोखला पात्र या डिब्बा) में तौला जाता था, जिसका मूल्य कोच्चि के सौ स्थानीय सोने के सिक्कों के बराबर होता था।[101] फणम् और चाँदी का सिक्का तारम् कोचीन में वर्तमान सिक्के थे। फणम् को 90 प्रतिशत शुद्धता के साथ सोने में गढ़ा गया था।[102]

जमोरिन का राजनीतिक विस्तार और मुस्लिम व्यापारियों का वाणिज्यिक विस्तार केरल के एक विशाल क्षेत्र में साथ-साथ चला, जो उत्तरी केरल से शुरू होकर दक्षिण में कोच्चि तक फैला था। राजनीतिक और आर्थिक विकास का आयाम लगभग अखिल-केरल था, जिसमें कोझिकोड के जमोरिन ने अपने क्षेत्रीय आधिपत्य का विस्तार किया, जबकि मुस्लिम व्यापारियों के पास अपने व्यापार नेटवर्क का विस्तार करने की व्यवसायिक महत्त्वाकांक्षा थी।[103] कोच्चि की आर्थिक वृद्धि काफी हद तक समृद्ध काली मिर्च पर निर्भर थी।

पड़ोसी क्षेत्रों में स्थित भीतरी इलाकों के उत्पादन ने जमोरिन के हस्तक्षेप को आमन्त्रित किया।[104] कोच्चि धीरे-धीरे एक महत्त्वपूर्ण बन्दरगाह शहर के रूप में उभरा और कोच्चि में पुर्तगालियों के बसने के साथ ही इसने यूरोपीय लोगों का ध्यान आकर्षित किया और महत्त्व में कालीकट को पीछे छोड़ दिया। डच और अंग्रेजों ने बदले में

कोचीन के बन्दरगाह शहर पर कब्ज़ा कर लिया। वे क्षेत्र जहाँ यूरोपीय लोगों ने अपने कारखाने और किले स्थापित किए, वे विदेशियों और स्थानीय एजेंटों की जरूरतों को पूरा करनेवाली संस्थाओं के साथ विदेशी निवासियों के लिए क्लबों की बस्तियों के साथ शहरी केन्द्र बन गए। व्यापार और बाज़ार के नए प्रकार के केन्द्र अस्तित्व में आए। विशिष्ट उदाहरण कोचीन (कोच्चि) है जहाँ ऊपरी कोचीन और निचला कोचीन थे। एक वह क्षेत्र जहाँ देशी लोग आकर बसे और दूसरा वह क्षेत्र जहाँ विदेशियों ने अपने प्रतिष्ठान स्थापित किए।[105] किसी भी तरह 16वीं शताब्दी के अन्त तक कोच्चि मध्ययुगीन केरल के कई अन्य व्यापार केन्द्रों को पीछे छोड़ते हुए विदेशी व्यापार का एक बड़ा केन्द्र बन गया था।

'तारीखे-ए-दाऊदी' बतलाती है कि पटना का विकास कैसे हुआ? सोलहवीं शताब्दी के मध्य में पटना गंगा के किनारे बसा एक छोटा सा शहर था। इसके पास ही बिहार की राजधानी थी। 1541 ई. में शेरशाह बंगाल की चढ़ाई से लौट रहा था, उसने गंगा के किनारे नितान्त अनुकूल स्थिति में बसे पटना पर दृष्टि दौड़ाई तो उसने इसे देश के व्यापार की मुख्य धमनी के रूप में पहचाना। उसने यहाँ एक किला बनाने का फैसला किया और इसे बिहार की राजधानी बना दिया। पटना शीघ्र ही पूरे उत्तर भारत में व्यापार का एक मुख्य केन्द्र बन गया।[106]

ग़ुलाम हुसैन सलीम ने अपनी पुस्तक 'रियाज़-उस-सलातीन' (प्रथम प्रकाशन 1788ई.) में मुर्शिदाबाद का इतिहास लिखा है। मख्सूस खाँ सौदागर ने एक कारवाँ सराय बनवाई थी। इसके आसपास कई दुकानें बन गईं। वहाँ जो बस्ती बनी और व्यापार केन्द्र विकसित हुआ उसका नाम मख्सूसाबाद था। धीरे-धीरे यहाँ पूरा शहर बस गया जो बंगाल के रेशम के व्यापार का केन्द्र बन गया। बंगाल का दीवान जफर ख़ान (जो बाद में मुर्शिद कुली ख़ान के तौर पर मशहूर हुआ) की बंगाल के नवाब अजीम-उस-शान से नहीं पटती थी इसलिए वह ढाका छोड़कर मख्सूसाबाद रहने लगा। उसने इस शहर का नाम मुर्शिदाबाद कर दिया। उसनें यहाँ एक टकसाल और बहुत सी इमारतें बनवाई थी।[107]

शहरी व्यापार की अवनति होने पर शहर की भी अवनति हो जाती थी। पूरी सोलहवीं शताब्दी में सतगाँव बंगाल का सबसे बड़ा व्यापारिक केन्द्र था किन्तु हुगली की उस सहायक नदी में जिसके किनारे यह शहर बसा था, अपना मार्ग बदल दिया। पुरानी नदी का पानी घट गया। अब वहाँ जहाज नहीं पहुँच सकते थे। इससे 16वीं शताब्दी के अन्त में, इसके व्यापार में कमी आ गई। 'रियाज़-उस-सलातीन' के लेखक गुलाम हुसैन सलीम के कथनानुसार सतगाँव जैसा घना बसा शहर सिर्फ एक छोटा सा गाँव बनकर रह गया। सत्रहवीं शताब्दी के प्रारम्भ में खम्भात शहर की अवनति की भी यहीं वज़ह थी। 1960 के दशक में सिन्ध में थट्टा एक बड़ा व्यापारिक और औद्योगिक केन्द्र था। जिसकी भी ऐसी ही दुर्दशा हुई। टैवर्नियर ने 1667 ई. में लिखा है कि- "थट्टा का पहले खूब व्यापार चलता था, लेकिन अब तेजी से घट रहा है क्योंकि नदी का मुहाना दिन प्रतिदिन खराब होता जा रहा है। रेत इकट्ठी होती जा रही है, जिससे रास्ता करीब-करीब बन्द हो चुका है।"

सामाजिक-आर्थिक दृष्टि से भारत में सामन्तकालीन शहरों के कई खंड होते थे। उदाहरण के लिए सोलहवीं शताब्दी में कालीकट में पहले खंड में धनिकों के निवास थे (ब्राह्मण भी इनमें शामिल थे) और कई हजार सौदागर भी इसमें रहते थे। दूसरे खंड में 'नायर' रहते थे, ये सैनिक थे। तीसरे खंड में तीव (कारीगर) और आखिरी भाग में मेंचुआ (मछुआरे) और पोलियारों के निवास थे, जो काली मिर्च, काजू आदि इकट्ठा करते थे। पोलियार और ईड़वा या एझवा (जो धान की रोपनी और कटाई करते थे) समाज में सबसे निचले सोपान पर थे और अछूत माने जाते थे,[108] जो शहर से बाहर रहते थे।

शहरी कामगारों में कारीगरों की संख्या अधिक थी। शहरी कारीगरों के प्रायः दो वर्ग होते थे: धनी और गरीब मजदूर। धनी कारीगर अपने उपकरणों से काम करते थे, दस्तावेज़ों में ऐसे बुनकरों को **गृहस्थ** या **छीपी** कहा गया है, इनके 'लम्बे-लम्बे मकान' या 'छपाईघर' होते थे।[109] शेष गरीब कारीगर होते थे।

शहरी आबादी (विशेषकर छोटे शहरों में) का बहुत बड़ा भाग खेती करता था। इससे पता चलता है कि अभी तक गाँव और शहर पूरी तरह से पृथक नहीं हुए थे। ए. हैमिल्टन ने सत्रहवीं शताब्दी के अन्त और अठारहवीं शताब्दी के प्रारम्भ में उड़ीसा के कटक शहर का वर्णन करते हुए लिखा है कि शहर में करीब 1000 मकान हैं। नागरिकों में अधिकांश खेती, कताई-बुनाई या मथाई करते हैं...।[110] माडपालम या पोलकोल्लु में आनेवाले यूरोपीय यात्री कभी इन्हें गाँव कहते हैं तो कभी शहर।[111]

जहाँ तक नगरों के वास्तु का प्रश्न है, भारतीय नगरों के वाह्य रूप से भी निवासियों के बीच सामाजिक अन्तर स्पष्ट दिखाई पड़ता था। सामन्त स्वामियों के शानदार महलों, धनी व्यापारियों की सुन्दर बड़ी-बड़ी कोठियाँ, अन्य धनिकों के सुंदर मकान नगर के बीच सड़कों के किनारे बने होते थे। इसके विपरीत छोटे व्यापारियों, कारीगरों के मामूली मकान होते थे। शहरी गरीबों के खपरैलोंवाले कच्चे मकान होते थे और नितान्त गरीबों की फूस की छाजनवाली झोपड़ियाँ इन सबसे अलग होती थी। नगर के ज्यादातर निवासी इनमें रहते थे।[112]

मध्यकाल में सम्पूर्ण भारत में व्यापार में वणिक वर्ग (बनिया) कुशल होते थे। इनमें गुजराती और मारवाड़ी प्रमुख थे। सोलहवीं-सत्रहवीं शताब्दी में भारत आए अनेक यूरोपीय यात्रियों ने इनकी महाजनी और व्यापार-कुशलता के बारे में लिखा है। उन्होंने लिखा है कि हर भारतीय बन्दरगाह में बनिया जरूर मिलेंगे। वे बहुत धनी होते थे। जे. लिंशोटेन सोलहवीं शताब्दी के अन्त में इनके बारे में लिखता है कि—"गुजराती बनिया खम्भात के रहनेवाले होते हैं। बनिया गोवा, दीव, चोल और कोचीन तथा अन्य स्थानों में भी रहते हैं। वे अनाज, रुई, कपड़ा, नील, चावल और दूसरी चीजों का भी व्यापार करते हैं। हीरों की परख अच्छी होने से उसका व्यापार इनकी ख़ासियत है।"[113]

व्यापारी संगठनों के अलावा भिन्न-भिन्न व्यापारियों और महाजनी कोठियों (बैंकिग हाउसेज) ने भी व्यापार और महाजनी कार्यों में महत्त्वपूर्ण भूमिका निभाई। इसका उदाहरण जगत सेठ की महाजनी कोठी है। कोठी के संस्थापक हीराचन्द साहु मारवाड़ नगर से पटना आए जहाँ उन्होंने महाजनी का काम शुरू किया। उनके बड़े बेटे मानिकचन्द ने ढाका

जाकर कारोबार शुरू किया। उनका काम खूब चमका, उनकी कोठी का अजीम-उस्-शान और मुर्शिद कुली खान से अच्छा सम्बन्ध था। मुर्शिद कुली खान उस समय बंगाल का नवाब था। मानिकचन्द इनको कर्ज़ देते रहते थे। मानिकचन्द के बेटे फतेहचन्द को मुग़ल बादशाह ने जगत सेठ का ख़िताब दिया था। मानिकचन्द और फतेहचन्द की कोठी अठारहवीं शताब्दी के पूर्वार्द्ध में अपनी बुलन्दी पर थी। इस कोठी ने नवाबी व्यवस्था में खूब लाभ कमाया। वे कर उगाहने का ठेका लिया करते थे। उनको नवाबों का संरक्षण भी प्राप्त था। इन्होंने मुनीमी और ब्रिटिश ईस्ट इंडिया कम्पनी से लेन-देन बढ़ाया। जगत सेठ की कोठी ने 1757 ई. में बंगाल में अंग्रेजों की शक्ति की जड़ जमाने में मदद की थी। इसके बावजूद वे उपनिवेशवादी लूट के शिकार हो गए।

सत्रहवीं-अठारहवीं शताब्दी में व्यापारियों, महाजनों और शासकों में आपसी सहयोग खूब बढ़ा। इस सहयोग का ख़ामियाजा जनता को भुगतना पड़ा। व्यापारी सामन्त शासकों द्वारा प्रजा के शोषण में भागीदार हो गए। बड़े-बड़े व्यापारियों ने शासकों से कर वसूली के अधिकार खरीद लिए। गोलकुंडा में कर-वसूली का अधिकार बिकने लगा। जिस इलाके में दस्तकारी और व्यापार का जितना विकास था, उसी के आधार पर दाम तय किया जाता था। मसूलीपट्टनम में सत्रहवीं शताब्दी के प्रारम्भ में कर वसूलने के अधिकार की कीमत 1,80,000 पैगोडा वार्षिक थी और निजामपट्टनम में यह रकम 55,000 पैगोडा थी।[114] विदित है कि व्यापारी खूब मुनाफ़ा कमाना चाहते थे। उन्होंने किसानों, कारीगरों और छोटे दुकानदारों को बेरहमी से लूटा। इससे शिल्प और व्यापार का विकास अवरुद्ध गया। सामन्त वर्ग से व्यापारियों की सहभागिता का एक रूप व्यापारियों द्वारा भूमि और सिंचाई योजनाओं की खरीद से शुरू हुआ, यह एक तरह से सौदागरी पूँजी का सामन्तीकरण था।

एक इटालियन यात्री पी. वेल ने लिखा है कि- "सत्रहवीं शताब्दी के प्रारम्भ में सूरत में व्यापारियों और कारीगरों की अवस्था प्रायः अच्छी है। उन्हें पूरी सुरक्षा मिली हुई है क्योंकि शासक उन्हें झूठे अभियोग लगाकर परेशान नहीं करता, उनको शान शौकत से रहते देखकर उनसे कुछ छीनने की युक्ति नहीं बनाता जैसा कि प्रायः मुस्लिम देशों में होता रहता है।"[115]

सोलहवीं शताब्दी के अन्त और सत्रहवीं शताब्दी के प्रारम्भ में मुग़ल बादशाह अकबर के शासन काल में साम्राज्य उन्नति के शिखर पर था क्योंकि राज्य की नीति इसके अनुकूल थी। राज्य हस्तशिल्प उत्पादन के विकास और उनके व्यापार को प्रोत्साहित करता था; कारीगरों और व्यापारियों को करों में छूट देता था और अन्य सामन्त स्वामियों के अत्याचारों से उनकी रक्षा का प्रयत्न करता था। अकबर के शासन के मुख्य विशिष्टताओं में यह भी एक थी। जहाँगीर और शाहजहाँ ने अकबर की इस नीति पर अमल किया और वे भी शिल्पियों और व्यापारियों को प्रोत्साहित करते रहे।

अबुल फज़ल ने अपनी पुस्तक 'आइन-ए-अकबरी' में लिखा है कि, "अकबर ने अपने साम्राज्य के बन्दरगाहों से गुजरनेवाले माल पर निर्यात और आयात शुल्क घटाकर उनके मूल्य का 2.5 प्रतिशत कर दिया।"[116] यह कर इतना कम है कि व्यापारी इसे न के बराबर मानते हैं।[117] आइन-ए-अकबरी में करों की एक लम्बी सूची दी गई है जिसमें या तो

कमी की गई थी या छूट दी गई थी। **ज़जिया** गैर मुसलमानों पर लगनेवाला कर था इसकी वज़ह से हिन्दू शिल्पियों और व्यापारियों को गैरबराबरी का सामना करना पड़ता था। अकबर ने ज़जिया उठा लिया। उसने **मीरबहरी** कर भी खत्म कर दिया, यह बन्दरगाहों में लगाया जाता था। इसी तरह बाज़ार में जानवरों की बिक्री पर लगनेवाला कर, घी, सन आदि वस्तुओं पर लगनेवाले कर, माल के यातायात पर पारगमन टैक्स, कई वस्तुओं के उत्पादन पर लगनेवाला कर, दलाली, रंगरेजी, मछुआरी पर लगनेवाले कर भी समाप्त कर दिए। किन्तु, अकबर के शासनकाल को सामन्त वर्ग और व्यापारियों और शिल्पी वर्गों के हितों में पूर्ण सामंजस्य और व्यापारियों और शिल्पियों की निर्बाध समृद्धि के काल के रूप में पेश करना बहुत ही बड़ी भूल होगी। अनेक प्रमाणों से सिद्ध होता है कि अकबर और उसके उत्तराधिकारियों के शासन काल में सामन्त-स्वामियों ने व्यापारियों और शिल्पियों पर अत्याचार किए।

सामन्त स्वामियों के आर्थिक और राजनीतिक शासन का सबसे बड़ा हथियार राज्य द्वारा लगाए जानेवाली कर-प्रणाली थी। सौदागरी पूँजी पर तरह-तरह के अनेक कर लगाए जाते थे। इनमें एक कर पनधरी (पनधर पट्टी) था जो ख़र्फी खान के विवरण के अनुसार मासिक भूमि और भवन किराया था। कसाई से लेकर कुम्हार तक और फल सब्जी बेचनेवालों से लेकर कपड़ा व्यापारियों, सुनारों, सर्राफों अर्थात हर कारीगर और खुदरा व्यापारी को यह कर अदा करना पड़ता था। बाज़ार में जमीन के हर टुकड़े के इस्तेमाल पर, प्रत्येक टेंट या दुकान में जहाँ किसी वस्तु का क्रय-विक्रय होता हो, उसे उस समय के रिवाज़ के अनुसार राज्य को कर (टैक्स) देना पड़ता था। इस तरह सैकड़ों रुपये मूल्य का सोना राजकोष में जाता था।

जनता पर बहुत बड़ा बोझ राहदारी कर का था। पहाड़ी दर्रों, दो जिलों की सीमाओं, नदियों को पार कर माल ले जाने पर जो कर देना पड़ता था उसे 'राहदारी' कहते थे। सरकारी आय का यह प्रमुख साधन था। कर की दरें इतनी ऊँची थीं कि जो समान कारखाने या बन्दरगाह में खरीदा जाता था, राहदारी अदा करने के बाद उसकी लागत गुनी हो जाती थी। राहदारी वसूलने के लिए सभी व्यापार मार्गों पर चौकियाँ बनी होती थीं। हर चौकी के प्रधान अधिकारी को जमादार और उसके सहायक को चौकीदार कहते थे। हर चौकी पार करने पर माल पर एक छाप लगा दी जाती थी। जे. मार्शल के कथनानुसार, चौकी के कर्मचारी बख्शीस ऐठते थे।[118] सल्तनत के करों के अलावा व्यापारियों को छोटे-मोटे सामन्त स्वामियों के इलाके से गुजरने पर उनको भी कर देना पड़ता था, इससे वस्तुओं की कीमतें और बढ़ जाती थीं।

सोलहवीं-अठारहवीं शताब्दी में मुग़ल सल्तनत, गोलकुंडा, बीजापुर आदि रियासतों में राज्य प्रणाली प्रचलित थी। इसमें कुछ वस्तुओं के उत्पादन और व्यापार पर शासक का एकाधिकार होता था। इनमें कुछ विशेष तरह के कपड़े, सोना, रेशम, रंग, नमक, हीरे आदि प्रमुख थे। एकाधिकारवाली वस्तुओं के उत्पादन और व्यापार पर विशेष आज्ञा लेनी पड़ती थी जिसे **दस्तक** या **छाप** कहते थे। इससे राज्य को अतिरिक्त आय होती थी। किसी भी वस्तु पर, जिसकी खूब माँग हो (इसमें खाद्य-सामग्री और पशुओं का चारा भी

शामिल है) शासक अपना 'एकाधिकार' घोषित कर सकता था। दस्तक या छाप कभी भी ख़ारिज किया जा सकता था। ढाका में अठारहवीं शताब्दी के मध्य में शासकों ने सिर्फ नौ दलालों और ग्यारह पैकरों को कपड़े का व्यापार करने की अनुज्ञप्ति (लाइसेंस) दी थी। इसके लिए उनसे भारी रकम वसूल की गई थी। इन एकाधिकारों और बाज़ार में कतिपय वस्तुओं की खरीद पर शासन की तरज़ीह (वरीयता) के अधिकार का प्रयोग कर सूबेदार और अमीन व्यापारियों और शिल्पियों से घूस लेते थे।

सत्रहवीं-अठारहवीं शताब्दी में, अनेक इलाकों में मुग़ल साम्राज्य की कमजोरी का लाभ उठाकर राज्य के कर्मचारियों और भूस्वामियों ने व्यापारियों और शिल्पियों पर नए कर लगा दिए और इनको खुद हड़प कर लिया। यह प्रक्रिया विशेषकर औरंगज़ेब के शासनकाल में सत्रहवीं शताब्दी के अन्त और अठारहवीं शताब्दी के प्रारम्भ में प्रकट हुई। जैसा कि ख़फी खांन लिखते हैं कि-"इस जमाने में जागीरदारों, फौजदारों और जमींदारों को सजा का कोई खौफ नहीं रह गया था।" औरगंजेब की प्रतिक्रियावादी धार्मिक नीति, काफिरों (गैर मुसलमान) पर उसके अत्याचारों का व्यापार और हस्तशिल्प के विकास पर बहुत बुरा असर पड़ा। उस जमाने में मुस्लिम सामन्ती प्रतिक्रिया चरम पर थी। उस जमाने में, यूरोपीय व्यापारियों को मुसलमानों और हिन्दू व्यापारियों की अपेक्षा कम कर देना पड़ता था, यह सिद्ध करता है कि इस प्रथा से स्थानीय व्यापारी मूँजी को जबरदस्त धक्का लगा (मुस्लिम और हिन्दू व्यापारी को 200 फीसदी ज्यादा कर देना पड़ता था)।

सत्रहवीं शताब्दी के मध्य में राज्य की कमजोरियों और स्थानीय सामन्त स्वामियों के कारनामों पर अदालती नियन्त्रण ढीला पड़ने का विवरण देते हुए बर्नियर लिखता है—

> किसानों, कारीगरों, व्यापारियों पर किए गए जुल्मों की फरियाद सुननेवाला कोई न था। फ्रांस की भांति इस देश में बदमाशों और ज़ालिमों को रोकनेवाले बड़े लार्ड नहीं हैं, न संसद है और न ही स्थानीय अदालतों के न्यायाधीश। इन मजलूमों को न्याय देने के लिए काज़ी को पर्याप्त अधिकार नहीं है। गुलामी की इस दूषित परिस्थिति में व्यापार की उन्नति रूक जाती है और हर व्यक्ति की जीवन शैली पर बुरा प्रभाव पड़ता है। वाणिज्य के लिए कोई उत्साह नहीं होता। यदि किसी को सफलता मिल जाती है तो इससे उसका पड़ोसी खुश होने की बजाय अपनी अत्याचारी लोलुप दृष्टि उस पर टिका देता है। यदि कोई धन कमा लेता है तो वह अपना रहन-सहन बेहतर करने के लिए उत्साहित नहीं होता। वह अपने मकान के फर्नीचर नहीं बदलता, न ही बेहतर कपड़े पहनता है। वह इसी उधेड़बुन में पड़ा रहता है कि लोगों को इसका पता न चल जाए। अपनी सुख-सुविधा का ध्यान नहीं रखता। वह अपने सोना-चाँदी घरों में ज़मीन में दबाए रखता है। किसान, कारीगर, व्यापारी सभी ऐसा ही करते हैं चाहें वे हिन्दू हों या मुसलमान। ख़ासकर हिन्दू जिनके पास देश का प्राय: समूचा व्यापार और धन है। हिन्दुओं का विश्वास है कि इस जीवन में छिपाया धन अगले जन्म में उनके काम आएगा।[119]

जे. मेंडेल्स्लो ने 1639 ई. में गुजरात की स्थिति के बारे में आँखों देखा विवरण प्रस्तुत किया है। उसके अनुसार- "व्यापारी, कुशल दस्तकारों से कई गुना प्रसन्न रहता है, किन्तु

उनको भी यह डर होता है कि जैसे ही उसने धन कमाया कि पड़ोसी आदमी को ईर्ष्या हो जाती है और वह सोचने लगता है कि कैसे उसका माल-मत्ता हड़पे लें। न्याय मार्ग से तो ऐसा सम्भव नहीं होता इसलिए वह दूसरे हथकंडे अपनाता है। कभी-कभी तो धन कमानेवाले को अपनी जान से भी हाथ धोना पड़ता है।"[120]

वास्तव में, कई यूरोपीय व्यापारियों ने इस स्थिति को बड़ा-चढ़ाकर पेश किया है। यह नहीं सोचना चाहिए कि सत्रहवीं शताब्दी के उत्तरार्ध और अठारहवीं शताब्दी के प्रारम्भ में समूचे भारत में ऐसी परिस्थितियाँ थीं। बंगाल, बिहार, उड़ीसा में इसी काल में व्यापारियों और दस्तकारों की दशा मुग़ल साम्राज्य के कई सूबों से बेहतर थी, इसका श्रेय बंगाल के नवाब शाइस्ता खान की कर नीति को है। अनेक प्रमाणों से सिद्ध होता है कि उसने करों का बोझ कम करने के लिए कई उपाए किए थे।[121] किन्तु, व्यापारियों और दस्तकारों पर अत्याचारों के भी उदाहरण मिलते हैं। सत्रहवीं शताब्दी में दक्षिण भारत में भी सामन्त शासकों ने व्यापारियों और दस्तकारों पर अत्याचार किए। मसलन, गोलकुंडा और बीजापुर की विजय के पश्चात औरंगज़ेब की फौजों के हाथों इन इलाकों के निवासियों को काफी नुकसान उठाना पड़ा।[122]

कृषि के विस्तार, उत्पादन वृद्धि एवं व्यापारिक फसलों की उन्नति के फलस्वरूप जहाँ एक ओर स्थानीय व्यापार में वृद्धि हुई वहीं दूसरी ओर स्थानीय व्यापारिक केन्द्रों से व्यापारिक वस्तुओं का आदान-प्रदान दूरस्थ क्षेत्रों के साथ विकसित हुआ। कृषि पर आधारित पारिवारिक कुटीर-उद्योग की क्षमता एवं विकास की प्रकृति से स्पष्ट है कि कृषक परिवारों द्वारा वस्तु उत्पादन का व्यापारिक विस्तार सोलहवीं एवं सत्रहवीं शताब्दी में सीमित क्षेत्र में व्याप्त था। किन्तु, इसी अवधि में उत्पादन में नए तत्त्वों का समावेश हुआ और उत्पादन के तरीकों में प्रगति हुई, जिनके कारण व्यापारिक क्षेत्र का विकास निरन्तर बढ़ता गया।

सन्दर्भ सूची

1. शास्त्री, के. ए. एन. और वेंकटरमनय्या, एन. (सम्पा.), फर्दर सोर्सेज ऑफ विजयनगर हिस्ट्री, भाग-3, मद्रास, 1946, पृ. 87
2. महालिंगम, टी. वी., एडमिनिस्ट्रेशन एंड सोशल लाइफ अंडर विजयनगर, मद्रास, 1951, पृ. 114
3. यूल, हेनरी, कैथे एंड द वे दिदर: बीइंग ए कलेक्शन ऑफ मेंडिवल नोटिसेज ऑफ चाइना, भाग-4 (इब्नबतूता ट्रैवल्स इन बंगाल एंड चाइना), लन्दन, 1916, पृ. 80
4. फ्लोरिस, पी., पीटर फ्लोरिस: हिज वॉयेज टू दी ईस्ट इंडीज इन द 'ग्लोब' 1611-1615, लन्दन, 1934, पृ. 114
5. फिच, आर., द वॉयेज ऑफ मास्टर राल्फ फिच मर्चेंट ऑफ लन्दन, भाग-10, ग्लासगो, 1905, पृ. 182
6. अबुल फज़ल अल्लामी, द आइन-ए-अकबरी, भाग-1, कलकत्ता, 1939, पृ. 285

   'आइन' की अहमियत की वजह से कई विद्वानों ने इसका अनुवाद किया। हेनरिक ब्लॉकमेन ने इसे सम्पादित किया और कलकत्ता (कोलकाता) के एशियाटिक सोसाइटी ने अपनी बिब्लियोथिका श्रृंखला में इसे छापा। इस किताब का तीन खंडो में अंग्रेजी अनुवाद भी किया गया। पहले खंड का

मानक अंग्रेजी अनुवाद ब्लॉकमेन का है (कलकत्ता, 1873), बाकी के दो खंडों के अनुवाद एच. एस. जैरेट ने किए।

'आइन-ए-अकबरी' आँकड़ों के वर्गीकरण के एक बहुत बड़े ऐतिहासिक और प्रशासनिक परियोजना का नतीज़ा था जिसका ज़िम्मा बादशाह अकबर के हुक्म पर अबुल फज़ल ने उठाया था। अकबर के शासन के बयालीसवें वर्ष, 1598 ई. में, पाँच संशोधनों के बाद, इसे पूर्ण किया गया। 'आइन' इतिहास लिखने के एक ऐसे वृहत्तर परियोजना का हिस्सा थी जिसकी पहल अकबर ने की थी। इस परियोजना का परिणाम था **अकबरनामा**, जिसे तीन जिल्दों में रचा गया। पहली दो जिल्दों ने ऐतिहासिक दास्तान पेश की। तीसरी जिल्द, आइन-ए-अकबरी को शाही नियम कानून के सारांश और साम्राज्य के एक राजपत्र की सूरत में संकलित किया गया था।

'आइन' कई मसलों पर विस्तार से चर्चा करती है: दरबार, प्रशासन और सेना का संगठन; राजस्व स्रोत और अकबरी साम्राज्य के प्रान्तों का भूगोल; और लोगों के साहित्यिक, सांस्कृतिक व धार्मिक रिवाज़। अकबर की सरकार के तमाम विभागों और प्रान्तों (सूबों) के बारे में विस्तार से जानकारी देने के अलावा आइन इन सूबों के बारे में पेंचीदे और आँकड़ेबद्ध सूचनाएँ बड़ी बारीकी के साथ देती है।

इन सूचनाओं को इकट्ठा करके, उन्हें सिलसिलेवार तरीके से संकलित करना एक महत्त्वपूर्ण शाही क़वायद थी। इसने बादशाह को साम्राज्य के तमाम इलाकों में प्रचलित रिवाज़ों और पेशों की जानकारी दी। इस तरह हमारे लिए 'आइन' अकबर के शासन के दौरान मुग़ल साम्राज्य के बारे में सूचनाओं की खान है। फिर भी यह ध्यान रखना महत्त्वपूर्ण है कि 'आइन' का नजरिया क्षेत्रों के बारे में, केन्द्र का नजरिया है या यूँ कहें कि समाज के शीर्ष से देखी हुई समाज की तस्वीर।

'आइन' पाँच भागों (दफ्तर) का संकलन है जिसके पहले तीन भाग प्रशासन का विवरण देते हैं। **मंजिल-आबादी** के नाम से पहली किताब शाही घर-परिवार और उसके रख-रखाव से ताल्लुक रखती है। दूसरा भाग, **सिपह-आबादी** सैनिक व नागरिक प्रशासन और नौकरों की व्यवस्था के बारे में हैं। इस भाग में शाही अफसरों (मनसबदारों), विद्वानों, कवियों और कलाकारों की संक्षिप्त जीवनियाँ शामिल हैं।

तीसरा भाग **मुल्क-आबादी** है जो साम्राज्य व प्रान्तों के वित्तीय पहलुओं तथा राजस्व की दरों के आँकड़ों की विस्तृत जानकारी देने के बाद बारह प्रान्तों का विवरण देता है। इस खंड में सांख्यिकी सूचनाएँ विस्तार से दी गई हैं, जिसमें सूबों और उनकी तमाम प्रशासनिक व वित्तीय इकाइयों (सरकार, परगना और महल) के भौगोलिक, स्थलाकृतिक और आर्थिक रेखाचित्र भी शामिल हैं। इसी खंड में हर प्रान्त और उसकी अलग-अलग इकाइयों की कुल मापी गई जमीन और निर्धारित राजस्व (जमा) भी दी गई है।

सूबा स्तर की विस्तृत जानकारी देने के बाद, 'आइन' हमें सूबों के नीचे की इकाई सरकारों के बारे में विस्तार से बताती है। ये सूचनाएँ तालिकाबद्ध तरीके से दी गई हैं, जहाँ हर तालिका में आठ खाने हैं जो हमें निम्नलिखित सूचनाएँ देते हैं: (1) परगनात/महल; (2) किला; (3) अराज़ी और जमीन-ए-पाईमूद (मापे गए इलाके); (4) नक़दी (नक़द निर्धारित राजस्व); (5) सुयूरग़ल (दान में दिया गया राजस्व अनुदान); (6) जमींदार; (7) खाने और (8) में जमींदारों की जातियाँ और उनके घुड़सवार सिपाही, पैदल सिपाही (प्यादा) व हाथी (फ़ील) सहित उनके फौज की जानकारी दी गई है। मुल्क-आबादी उत्तर भारत के कृषि समाज का विस्तृत, आकर्षक व पेंचीदा चित्र पेश करती हैं। चौथा और पाँचवां भाग (दप्तर) भारत के लोगों के मज़हबी, साहित्यिक और सांस्कृतिक रीति-रिवाज़ों से ताल्लुक रखती हैं; इनके आख़िर में अकबर के 'शुभ वचनों' का एक संग्रह भी है।

7. अबुल फज़ल, पृ. 270
8. बुकानन, एफ. एच., ए जर्नी फ्राम मद्रास थ्रू द कन्ट्रीज ऑफ मैसूर, कनारा एंड मलाबार, भाग-1 लन्दन, 1807 पृ. 265

   इसे भी देखें—

   फोब्स जे., ओरियन्टल मेंमोयर्स : अ नैरेटिव सेवेंटीन ईयर्स रेजि9 इन इंडिया, द्वितीय संस्करण उनकी बेटी द्वरा सम्पादित, भाग-1 लन्दन, 1834
9. बुकानन, पृ. 125
10. मांटगोमरी, मार्टिन आर., द हिस्ट्री, ऐंटिक्विटीज, टपॉग्रफी एंड स्टैटिस्टिक्स ऑफ ईस्टर्न इंडिया, कम्पाइलिंग डिस्ट्रिक्ट्स ऑफ बिहार, शाहाबाद, भागलपुर, गोरखपुर, दीनाजपुर, पूर्णिया, रंगपुर एंड आसाम, भाग-2, लन्दन, 1838, पृ. 1007
11. बुकानन, पृ. 208
12. विल्क्स, एम., हिस्टोरिकल स्केचेज ऑफ द साउथ ऑफ इंडिया, भाग-1, लन्दन, 1810, पृ. 118
13. मांटगोमरी मार्टिन, पृ. 971
14. कोलब्रुक, एच. टी., रिमार्क्स ऑन द हस्बेड्री एंड इंटर्नल कामर्स ऑफ बंगाल, लन्दन, 1806, पृ. 175
15. मोरलैंड, डब्ल्यू. एच., रिलेशन ऑफ गोलकुंडा इन द अर्ली सेंवेटींथ सेन्चुरी, लन्दन, 1931, पृ. 16
16. कैरे, अबे, "दी ट्रैवल ऑफ द अबे कैरे इन इंडिया एंड दी नियर ईस्ट (1672-1674)", लेडी फॉसेट द्वारा इंडिया ऑफिस में उनकी यात्राओं की हस्तलिखित डायरी से अनुवादित और सर चार्ल्स फॉसेट द्वारा सर रिचर्ड बर्न की सहायता से संपादित, भाग- 2, हक्लुयत सोसाइटी, लंदन, 1947, पृ. 526
17. दी इंग्लिश फैक्ट्रीज इन इंडिया ए कैलेंडर ऑफ डाक्यूमेंट्स इन दी इंडिया ऑफिस, ब्रिटिश म्यूजियम एंड पब्लिक रिकार्ड ऑफिस (1655-57), (सम्पा.) डब्ल्यू. फोस्टर, आक्सफोर्ड, 1908, पृ. 75
18. मोरलैड, पृ. 79
19. बावरी, टी., ए ज्यॉग्राफिकल अकाउंट ऑफ द कंट्रीज राउंड द बे ऑफ बंगाल,1669-1679, कैब्रिंज 1905, पृ. 106
20. मास्टर, एस., द डायरीज ऑफ स्ट्रेनशम मास्टर, 1675-1680 एंड अदर कंटम्प्ररी पेपर्स रिलेटिंग देअर टु, भाग-1, लन्दन, 1911, पृ. 399
21. मोरलैड, पृ. 34
22. मास्टर, पृ. 86
23. मास्टर, पृ. 40
24. मा हुआनस अकाउंट ऑफ द किंगडम ऑफ बंगाल जर्नल ऑफ द रायल एशियाटिक ऑफ ग्रेट ब्रिटेन एंड आयरलैंड, लन्दन, 1895, पृ. 530
25. टैवर्नियर, जे. वी., ट्रैवल्स इन इंडिया, भाग-2, लन्दन, 1925 पृ0. 7
26. बर्नियर, एफ., ट्रैवल्स इन द मुग़ल एम्पायर (1656-1668), लन्दन, 1934, पृ. 248
27. बारबोसा, डी., द बुक ऑफ डुआर्ट बारबोसा, एन अकाउंट ऑफ द कंट्रीज बार्डरिंग ऑन दी इंडियन ओशन एंड देयर इन्हैबिटेंट्स, भाग-2, पृ. 125

28. फ्रेडरिक, सी., एक्सट्रैक्टर्स ऑफ मास्टर सीजर फ्रेडरिक, हिज एटीन ईयर्स ऑफ इंडियन आब्जर्वेशन, ग्लासगो, 1905, पृ. 112
29. पिरार्ड, एफ., "दी वॉयेज ऑफ फ्रांस्वा पिरार्ड ऑफ लावल टू ईस्ट इंडीज, द मालदीव, मलक्का एंड ब्राजील (1607- 1610), 1619 के तीसरे फ्रेंच एडिशन से इंग्लिश में ट्रांसलेट किया गया, और अल्बर्ट ग्रे, जो पहले सीलोन सिविल सर्विस में थे, ने हैरी चार्ल्स परविस बेल, जो सीलोन सिविल सर्विस में थे, की मदद से नोट्स के साथ संपादित किया। वॉल्यूम-I, 1887, पृ. 327
30. पेल्सर्ट, एफ., जहाँगीर[स] इंडिया: द रिमोंस्तरांसी ऑफ फ्रांसिस्को पेल्सर्ट, अनुवादित द्वारा डब्ल्यू. एच. मोरलैंड एंड पी. गेल, कैम्ब्रिज, 1925, पृ. 7
31. बर्नियर, पृ. 437
32. बार्थेमा, एल., द ट्रैवल्स ऑफ लुडोविको द बार्थेमा इन ईजिप्ट, सीरिया, अरेबिया, पर्शिया, इंडिया 1508 ए.डी., लन्दन 1863, पृ. 151
33. बार्थेमा, पृ. 122
34. पोलो, एम., 'द बुक' मार्कोपोलो, मास्को, 1956, पृ. 145
35. पायर्स, टी., द सुमा ओरिएंटल ऑफ टॉम पायर्स, एन अकाउंट ऑफ दी ईस्ट फ्राम द रेड सी टू जापान, रिटेन इन मलक्का एंड इंडिया इन 1512-1515, भाग-1, लन्दन, 1944, पृ. 92
36. चाउ जु-कुऑ, चाउ-जु-कुऑ : दिस वर्क ऑन द चाइनीज एंड अरब ट्रेड इन ट्रवेल्ब एंड थर्टीन्थ सेन्चुरी, न्यूयार्क, 1966, पृ. 96
37. बार्थेमा, पृ. 107
38. मलोनी, रूबी, 'गुजरात ट्रेड विथ साउथ ईस्ट एशिया (सिक्सटीन्थ एंड सेवेंटीन्थ सेंचुरी)', प्रोसीडिंग्स ऑफ दी इंडियन हिस्ट्री कांग्रेस वॉल्यूम 75, प्लेटिनम जुबिली 2014, पृ. 336-337
39. क्लैविजो, आर., ट्रैवल एकाउंट्स इन तैमुर'[स] कोर्ट इन समरकन्द, 1403-1416, सेंट पीटर्सबर्ग, 1881, पृ. 328
40. मैथ्यू, के. एस., पुर्तगीज़ ट्रेड विथ इंडिया इन द सिक्सटींथ सेंचुरी, नई दिल्ली, 1983, पृ. 158-63
41. मेडिवल ट्रेड, मार्केट एंड मोड्स ऑफ एक्सचेंज, पृ. 252
42. मेडिवल ट्रेड, मार्केट एंड मोड्स ऑफ एक्सचेंज, पृ. 253
43. मैथ्यू, के. एस., इंडो-पुर्तगीज़ ट्रेड एंड द फगर ऑफ जर्मनी, नई दिल्ली, 1997, पृ. 180
44. मेडिवल ट्रेड, मार्केट एंड मोड्स ऑफ एक्सचेंज, पृ. 254
45. अहमद, अफ़जल, इंडो-पुर्तगीज़ ट्रेड इन द सेवेनटींथ सेंचुरी 1600-1663, नई दिल्ली, 1991, पृ. 84
46. मालेकंडाथिल, पायस एंड मैथ्यू, के. एस., केरला इकॉनमी एंड यूरोपियन ट्रेड, मुवत्तुपुझा, 2003, पृ. 23
47. कोशी, एम. ओ., डच पावर इन केरला, नई दिल्ली, 1989, पृ. 69
48. मालेकंडाथिल, पायस, पुर्तगीज़ कोचीन एंड द मेंरीटाइम ट्रेड ऑफ इंडिया,1500-1663, नई दिल्ली, 2001,
49. मालेकंडाथिल, पृ. 121-22
50. मालेकंडाथिल, पायस, मर्चेंट कैपटलिस्ट एंड द एस्तादो दा इंडिया, चेंजिंग पैटर्न ऑफ पुर्तगीज़ ट्रेड विथ इंडिया, 1570-1663, इन इंडो-पुर्तगीज़ हिस्ट्री : ग्लोबल ट्रेंड, सम्पा. द्वारा चार्ल्स बोर्जेस, फातिमा ग्रासिआ एंड सेल्सा पिंटो, गोवा, 2005, पृ. 357-58
51. मालेकंडाथिल, पुर्तगीज़ कोचीन एंड द मेंरीटाइम ट्रेड ऑफ इंडिया, पृ. 55-56, 70-71

52. मलोनी, पृ. 336-340
53. लिंशोटन, जे. एच., द वॉयेज ऑफ जान ह्यूगेन वान लिंशोटन टू दी ईस्ट इंडीज, भाग-2, लन्दन, 1897, पृ. 220
54. मेनरिक, एस., ट्रैवल्स ऑफ फ्रे सेबेशियन मेनरिक (1629-1643), भाग-1, आक्सफोर्ड, 1927, पृ. 194
55. फोस्टर, पृ. 194
56. टैवर्नियर, पृ. 30
57. फ्रेडरिक, पृ. 113
58. पेटन, डब्ल्यू., ए. जर्नल ऑफ आल प्रिंसिपल मेंटर्स पास्ड इन द ट्रैवल्स वॉयेज टू दी ईस्ट इंडिया आब्सर्ड बाई मी वाल्टर पेटन, ग्लासगो, 1905, पृ. 206
59. खान, अली मुहम्मद, द पालिटिक्स एंड स्टैटिस्टिकल हिस्ट्री ऑफ गुजरात, लन्दन, 1935
60. रायचौधरी, टी., बंगाल अंडर अकबर एंड जहाँगीर, कलकत्ता, 1953, पृ. 68
61. पोर्तुगीज वॉयेजेज (1498-1663), लन्दन, 1942 पृ. 263
62. अन्तनोवा, के. ए., कंक्वेस्ट ऑफ दी इंग्लिश ऑन इंडिया इन एंटींथ सेंचुरी, मास्को, 1958, पृ. 37
63. मांसरेट, ए., 'फादर एंटोनस मासरेट्'[स] अकाउंट ऑफ अकबर (26 नवम्बर 1582)जर्नल ऑफ प्रोसीडिंग्स ऑफ द एशियाटिक सोसाइटी ऑफ बंगाल, कलकत्ता, 1912, पृ. 156
64. फासेट, सी. एच., दी इंग्लिश फैक्ट्रीज इन इंडिया (न्यू सीरिज), भाग-2, आक्सफोर्ड,1938
65. फोस्टर, पृ. 157
66. हैजेज, डब्ल्यू., द डायरी ऑफ विलियम हैजेज ड्यूरिंग हिज एंजेसी इन बंगाल (1681-1887), भाग-1, लन्दन, 1887, पृ. 133
67. फोस्टर, पृ. 104
68. मास्टर, पृ. 146
69. मास्टर, पृ. 86
70. पायर्स, पृ. 241
71. बालकृष्ण, आर., इंडस्ट्रियल डेवलपमेंट ऑफ मैसूर, बंगलौर, 1940, पृ. 92
72. बालकृष्ण, पृ. 80
73. मास्टर, पृ. 257
74. बालकृष्ण, पृ. 255
75. बालकृष्ण, पृ. 142
76. फॉस्टर, विलियम, लेटर्स रिसीव्ड बाई दी ईस्ट इंडिया कम्पनी फ्राम इट्स सर्वेन्ट्स इन दी ईस्ट (1602-1617), भाग-1, लन्दन, 1896
77. मास्टर, पृ. 113
78. मास्टर, पृ. 399
79. बर्नियर, पृ. 204
80. मूसवी, शिरीन, द इकॉनमी ऑफ द मुग़ल एम्पायर, 1987, पृ. 274
81. बनर्जी, अरूप, ओल्ड रूट्स; नार्थ इंडियन नोमैड्स एंड बैंकर इन अफगान उज्बेक एंड रसियन लैंड, नई दिल्ली, 2011, पृ. 121

82. ट्रैवल ऑफ मार्कोपोलो, अनुवादित और सम्पादित द्वारा हेनरी यूल और एच. कार्डियर लन्दन, 1903

13वीं शताब्दी के एक यात्री मार्कोपोलो (1292 ई.) ने यह टिप्पणी की थी कि भारत की अरब, फारस और मध्य एशिया के देशों के साथ समुद्री व्यापार करने की एक सदियों पुरानी परम्परा है और भारतीय राजस्व का एक बड़ा हिस्सा अरबी और फारसी घोड़ों के आयात पर खर्च किया जाता है। मालाबार अरबी और फारसी घोड़ों के आयात का मुख्य केन्द्र था जिसे आगे चलकर भारतीय मेलों और बाज़ार में भूमि मार्गों द्वारा स्थान्तरित कर दिया गया था, जहाँ से उन्हें राज्य को आपूर्ति की जाती थी।

83. ओमप्रकाश, प्रेसिडेंशियल एड्रेस; सम एस्पेक्ट्स ऑफ ट्रेड इन मुग़ल इंडिया (प्रोसिडिंग ऑफ दी इंडियन हिस्ट्री कांग्रेस, 1981, वॉल्यूम 42, पृ. 173-187), पृ. 177
84. ओमप्रकाश, पृ. 178
85. ओमप्रकाश, पृ. 181
86. ओमप्रकाश, पृ. 18

1651 में लाल सागर से आनेवाले जहाजों की संख्या 8 थी, जबकि फारस की खाड़ी से आनेवाले जहाजों की संख्या 14 थी। 1954 के लिए संगत आँकड़ा 12 और 17 था। (स्टेटमेंट इन V.O.C 1188 ff 566-572 V.O.C 1208 ff 456-459)

87. मोरलैड, पृ. 6
88. कोंटि, एन., द ट्रैवल्स ऑफ निकोलो कोंटि इन दी ईस्ट इन द अर्ली पार्ट ऑफ द फिफ्टींथ सेंचुरी, इंडिया इन द फिफ्टींथ सेचुंरी, लन्दन, 1857, पृ. 20
89. कैथे, पृ. 444
90. लिंशोटन, पृ. 220
91. रॉय, तीर्थंकर, दी इंडिया कम्पनी, नई दिल्ली, 2016, पृ. 72
92. व्हीलर, जेम्स टेलबॉयज़, इंडिया अंडर ब्रिटिश रुल, फ्राम द फाउंडेशन ऑफ ईस्ट इंडिया कम्पनी
93. रॉय, तीर्थंकर, पृ. 72
94. बावरी, पृ. 6
95. हैमिल्टन, ए., ए न्यू अकाउंट ऑफ दी ईस्ट इंडीज, बीइंग द आब्जर्वेशंस एंड रिमार्क्स ऑफ कैप्टन ए. हैमिल्टन (1688-1723), भाग-1, एडिनबर्ग, 1727, पृ. 36
96. प्रारम्भिक लेखकों और यात्रियों द्वारा कोल्लम को विभिन्न नामों से जाना जाता था जैसे- कोइलोन (अबुल फिदा), कौलम मलय (सुलेमान), माले (कॉसमास), कुलम (मार्कोपोलो), कौलम (इब्नबतूता), कोलम्बम (जॉन मारिंगोली)। देखें- शास्त्री, के. ए. एन., फारेन नोटिसिज ऑफ साउथ इंडिया फ्राम मेंगस्थनीज टू मा'हुआन, मद्रास, 1939
97. मालेकंडाथिल, पायस एंड टी. जमाल (सम्पा.), द पोर्तुगीज़, इंडियन ओशन एंड यूरोपियन ब्रिज हेड्स 1500-1800, तेलीचेरी, 2001, पृ. 242-243
98. मिल्स, जे. वी. जी. (सम्पा. और अनुवाद), यिंग यार शोंग-लान (1453) ऑफ मा'हुआन, हाक्लुयत सोसाइटी, 1970, पृ. 132-37
99. मिल्स, पृ. 132
100. मिल्स, पृ. 133
101. मिल्स, पृ. 143
102. मिल्स, पृ. 136

103. मालेकंडाथिल, पायस एंड टी. जमाल (सम्पा.), पृ. 243
104. मालेकंडाथिल, पायस, पुर्तगीज़ कोचीन एंड द मेंरीटाइम ट्रेड ऑफ इंडिया,1500-1663, अनपब्लिश्ड पीएच. डी. थेसिस सबमिटेड एट पांडिचेरी सेंट्रल यूनिवर्सिटी 1998, पृ. 47
105. मालेकंडाथिल, पायस एंड मेंथ्यू, के. एस., केरला इकॉनमी एंड यूरोपियन ट्रेड, पृ. 21
106. अब्दुल्ला, 'तारीख-ए-दाऊदी ऑफ अब्दुल्ला' द हिस्ट्री ऑफ इंडिया, ऐज टोल्ड बाई इट्स ओन हिस्टोरियंस, भाग-1, कलकत्ता, 1952, पृ. 477
107. गुलाम हुसैन सलीन, द रियाज़-उस-सलातीन, ए हिस्ट्री ऑफ बंगाल, कलकत्ता, 1902, पृ. 27
108. बार्थेमा, पृ. 141
109. ब्रुटन, डब्ल्यू., न्यूज फ्राम दी ईस्ट इंडीज ऑफ वॉयेज टू बगांल ऑफ विलियन ब्रुटन इस्लामिक कल्चर, भाग 5, हैदराबाद, 1812, पृ. 55, पृ. 392
110. हैमिल्टन, पृ. 392
111. बाबरी, पृ.100
112. कृष्णदास कविराज, चैतन्याज, लाइफ एंड टीचिंग्स फ्राम कंटेम्प्रेरी बंगाली बायोग्राफी द चैतन्यामृतम, लन्दन, 1922 पृ. 245
113. लिंशोटन, जे. एच., द वॉयेज ऑफ जान ह्यूगेन वान लिंशोटन टू दी ईस्ट इंडीज, भाग-1, लन्दन, 1897, पृ. 252
114. मोरलैंड, पृ. 6
115. वैले, पी., द ट्रैवल्स ऑफ पेट्रो डेल्ला वैंले इन इंडिया, भाग-1, लदंन, 1892, पृ. 42
116. अबुल फज़ल, पृ. 233
117. पायर्स, सी. ई., मैसूर सिटी, लन्दन, 1930, पृ. 83
118. मार्शल, जे., जान मार्शल इन इंडिया: नोट्स एंड आब्जर्वेशन इन बंगाल 1668-1672, इलाहाबाद, 1927, पृ. 115
119. बर्नियर, पृ. 65
120. मंडेलस्लो, जे. ए., 'द वॉयजेज एंड ट्रैवल्स ऑफ जे. अल्बर्ट डी. मंडेलस्लो इन टू ईस्ट इंडीज, बिगन इन द ईयर 1638 एंड फिनिस्ट इन 1640, लन्दन, 1669, पृ. 65
121. मास्टर, पृ. 60
122. शास्त्री, के. ए. एन. एवं रमनय्या, एन. वेंकट (सम्पा.) पृ. 178

4
भू-राजस्व व्यवस्था

मुग़ल साम्राज्य में राजस्व को दो भागों में बाँटा जा सकता है। केन्द्रीय अथवा शाही तथा स्थानीय अथवा प्रान्तीय। स्थानीय राजस्व स्पष्टत: बिना केन्द्रीय सरकार के वित्त-सम्बन्धी अधिकारियों से पूछे ही वसूला तथा खर्च किया जाता था। यह विभिन्न छोटे-छोटे करों से प्राप्त किया जाता था, जो उत्पादन एवं उपभोग, व्यापार एवं धन्धों, सामाजिक जीवन की विभिन्न घटनाओं तथा सबसे अधिक परिवहन पर लगाये जाते थे। केन्द्रीय राजस्व के प्रधान साधन थे- भू-राजस्व, चुंगी, टकसाल, उत्तराधिकार, लूट एवं हर्ज़ाना, उपहार, एकाधिकार तथा प्रत्येक मनुष्य पर लगनेवाला कर (पॉल-टैक्स)। इनमें पुराने जमाने की तरह राज्य की आय का सबसे महत्त्वपूर्ण साधन था भू-राजस्व।

मुग़लों के समय भू-राजस्व उत्पादन का हिस्सा होता था। यह भूमि पर कर नहीं वरन् उत्पादन और उपज पर कर होता था। 'आइन-ए-अकबरी' के अनुसार भू-राजस्व राजा द्वारा दिए जानेवाले संरक्षण और न्याय व्यवस्था के बदले लिए जानेवाला सम्प्रभुता शुल्क था। मुग़ल शासन में भू-राजस्व के लिए फारसी शब्द 'माल' और 'मालवाजिब' का प्रयोग किया जाता था। 'ख़राज' शब्द की नियमित रूप से चर्चा नहीं मिलती थी।

मुग़ल साम्राज्य के संस्थापक बाबर के काल में भू-राजस्व के निर्धारण के सन्दर्भ में कोई विशेष परिवर्तन दृष्टिगत नहीं होता है। लोदी वंश के शासन काल में जो नियम निर्धारित किए गए थे वही नियम बाबर के अल्पकालीन शासन काल में भी चलते रहे। भू-राजस्व के निर्धारण सम्बन्धी नियमों में हुमायूँ के शासन काल में कुछ परिवर्तन हुए। हुमायूँ ने सिकन्दर लोदी द्वारा प्रचलित गज $41\frac{1}{2}$ 'इस्कन्द्री'[1] (41 इस्कन्द्रियों के व्यास तथा एक इस्कन्द्री के त्रिज्या के योग के बराबर लम्बाई। लोदी काल के एक काँसे के सिक्के का नाम इस्कन्द्री था) को परिवर्तित करके 42 इस्कन्द्री कर दिया। अकबर के शासनकाल के अपेक्षा हुमायूँ के शासनकाल में कम मालगुजारी ली जाती थी। हुमायूँ के शासनकाल में एक खरबार (8 मन से कुछ अधिक) अनाज पर दो बाबरी (चाँदी का सिक्का) चार तनका (ताँबे का सिक्का) मालगुजारी कर दिया था। अकबर के समय इसी वज़न पर चार बाबरी देना पड़ता था।[2]

अकबर के पूर्व शेरशाह ने जिस राजस्व व्यवस्था को अपनाया वह सल्तनत कालीन शासकों से कुछ भिन्न थी। हालाँकि, उसकी राजस्व व्यवस्था लगभग वही थी जो युवा फरीद के रूप में उसने अपने पिता की जागीरों में प्रारम्भ की थी।[3] अब्बास खाँ सरवानी कहते हैं कि जब उसे मियाँ हसन ने अपनी जागीरों का प्रशासन सौंपा तो उसने जागीरों में

पहुँचते ही अपने इलाके के मुकद्दमों, कृषकों तथा पटवारियों को बुला भेजा। वह भली-भाँति जानता था कि राज्य की उन्नति का आधार कृषकों के परिश्रम पर ही निर्भर होता है इसलिए उन्हें कृषि तथा रचनात्मक कार्यों में सहयोग का आदेश दिया। उसने कर्मचारियों को आदेश दिए कि अत्याचार और उदंडता को छोड़कर उपज के समय कृषकों पर जो भूमि-कर निर्धारित किया जाए वही उगाहा जाए। फरीद के रूप में शेरशाह ने राजस्व व्यवस्था के जिन सिद्धान्तों को अपनाया वे इस प्रकार हैं-

(1) रैयत की भलाई—सम्पूर्ण अर्थव्यवस्था कृषि पर आधारित थी जिसकी रीढ़ किसाने थे इसलिए वह उनकी भलाई के लिए चिन्तित रहता था। रैयत की रक्षा राजस्व व्यवस्था में निहित उत्पीड़न को रोक कर ही की जा सकती थी।

(2) राजस्व अधिकारियों पर नियन्त्रण—वसूली करनेवाले अमले पर उचित नियन्त्रण रखा जाता था, लेकिन कर-निर्धारण और वसूली के शुल्क के रूप में तथा जमीदारों को नियन्त्रित रखने के लिए उनका देय हिस्सा उन्हें अवश्य प्रदान किया जाता था।

शेरशाह ने मसाहत (मापन) या बटाई में से किसी एक विकल्प के चुनने की छूट दे रखी थी। चूँकि विकल्प का चयन किसान की इच्छा पर निर्भर था इसलिए दोनों विकल्पों का चलन जारी रहा। दोनों विकल्पों के चलन से एक बात स्पष्ट हो जाती है कि दोनों में लाभ-हानि का कोई विशेष अन्तर नहीं रहा होगा। शेरशाह ने रैयत को भुगतान के माध्यम अर्थात नकद या जिन्स (अनाज; गल्ला) सम्बन्धी छूट भी दे रखी थी। शेरशाह ने कृषकों की सहमति (कबूलियत) को लिखित रूप से लिया और इसके बाद उसने ज़रीब (भूमि मापक, इसकी लम्बाई 60 हिन्दुस्तानी गज या 55 अंग्रेजी गजों के बराबर होती थी।) से भूमि को बीघों में नपवाकर कृषकों पर उचित भूमि-कर निर्धारित किया। प्रत्येक बीघें का क्षेत्रफल 3600 वर्ग गज था। इसके साथ ही कर उगाहनेवाले कर्मचारियों का **जरीबाना** (ज़रीब से भूमि मापनेवाले कर्मचारी का शुल्क), **महासिलाना** (कर वसूलनेवाले कर्मचारी या नाज़िर का शुल्क) और **खुराक-ए-महासिलाना** (कर वसूल करनेवाले कर्मचारी का भत्ता या खुराक) भी निश्चित कर दिया था, जो किसान द्वारा देय था।[4] उसने यह व्यवस्था भी की थी कि खरीफ और रबी की फसलों का भूमि-कर रबी की फसल के अन्त में ही लिया जाए। उसने अपने कर्मचारियों और अधिकारियों को आगाह करते हुए कहा था कि- "मैने भूमि की नाप के अनुसार उन (कृषकों) पर भूमि कर निश्चित कर दिया है साथ ही कर्मचारी के 'जरीबाना', 'महासिलाना' और 'खुराक-ए-महासिलाना' भी निर्धारित कर दिए हैं। यदि किसी कर्मचारी ने किसी कृषक से निश्चित राशि के अतिरिक्त भूमि कर उगाहा तो यह राशि वापस करनी होगी।"

शेरशाह की राजस्व सम्बन्धी व्यवस्था के बारे में इतिहासकारों में कुछ मतभेद है। जैसे-कानूनगो का मानना है कि शेरशाह ने अन्य सभी प्रथाओं को छोड़कर कर-निर्धारण के लिए मापन की प्रथा को ही आधार बनाया और इसे अपने पूरे साम्राज्य में लागू किया।[5] लेकिन, मोरलैंड इसे सही नहीं मानते क्योंकि उनके अनुसार "उत्तर भारत में प्रचलित भू-राजस्व व्यवस्था की प्रथा तब से चली आ रही थी जब से हिन्दुत्व की पवित्र विधि निर्मित हुई थी और तब तक चलती रही जब तक 19वीं शताब्दी में उसमें कुछ परिवर्तन नहीं कर

दिए गए।"[6] इसका मतलब यह हुआ कि राजस्व की पारम्परिक व्यवस्था ही अखंड रूप से सूर काल में चलती रही। यह अलग बात है कि शेरशाह ने उसमें कुछ परिवर्तन किए, लेकिन उसने भी राजस्व निर्धारण की पद्धति, भुगतान का प्रकार, कृषि उत्पादन में राजस्व का हिस्सा आदि आधारभूत बातों को नहीं बदला।

निष्कर्षतः शेरशाह ने राजस्व प्रशासन की पहले से चली आ रही व्यवस्था को कभी समाप्त नहीं किया, क्योंकि वह ऐसा कर ही नहीं सकता था। मापन सम्बन्धी अपने विचारों को वह लागू भी नहीं कर सकता था और उसने लागू भी नहीं किया, जैसे मुल्तान में राजस्व निर्धारण और संग्रह के लिए बटाई व्यवस्था पहले से चली आ रही थी, शेरशाह ने उसी को जारी रखा। मालवा, राजपूताना और पश्चिमी पंजाब के प्रदेश उस समय पूरी तरह शान्त नहीं थे, इसलिए मापन व्यवस्था को चाहते हुए भी वह वहाँ लागू करने में असमर्थ रहा। 'दौलत-ए-शेरशाही' के लेखक हसन खाँ ने उस समय प्रचलित राजस्व प्रशासन की तीन पद्धतियाँ गिनाई हैं- नकदी अथवा ज़ब्ती, गल्ला-बख्शी (बटाई) और मसाहत (मापन)। पहली के बारे में हसन खाँ का कहना है कि, "इसके अन्तर्गत गाँव के किसी व्यक्ति को यह जिम्मेदारी सौंप दी जाती थी कि वह शासन की देनदारी की भरपाई करे। ऐसी स्थिति में उससे अपेक्षा की जाती थी कि वह खेतों से देनदारी एकत्रित करे और शासन के पास एक नियत राशि जमा कर दे। किन्तु ऐसी स्थिति में जोर-जबरदस्ती या शक्ति के प्रयोग को छिपाना अवश्यम्भावी हो जाता है, इसलिए यह आवश्यक समझा गया कि शासकीय कर्मचारियों को निर्देश दिए जाए कि वे लोगों के बचाव और उनकी सुरक्षा का ध्यान रखें, ताकि कोई भी मालगुजार कहीं भी कृषक को दबाने के लिए प्रयास न कर सके.......।" लेकिन एस. सी. मिश्र का कहना है कि, "इस व्यवस्था में किसी व्यक्ति विशेष को इस बात की जिम्मेदारी सौंपी जाती थी कि वह आवंटित क्षेत्र में से राजस्व इकट्ठा करे और नियतांश राज्य के कोष में जमा करे।"[7]

इस ज़रीब पद्धति को लागू नहीं किया जा सकता था क्योंकि नकद (कैश) भुगतान व्यवस्था को क्रियान्वित करने में कई व्यवहारिक उलझने थीं। इसके अतिरिक्त जो दो व्यवस्थाएँ थीं जो पहले से चली आ रही थीं, उनमें शेरशाह ने किसी प्रकार का हस्तक्षेप नहीं किया बल्कि, केवल उनकी क्रियाविधि को अपने अनुसार व्यवस्थित किया। शेरशाह ने खेतों के नक्शे बनवाए, मिल्कियत का वर्गीकरण कराया। दौलत-ए-शेरशाही के फरमान संख्या 10 से पता चलता है कि उसने कृषि और परती (कृषि-अयोग्य) भूमि की माप करवायी। इसके लिए निर्धारित दायित्व उसने अहमद खाँ को सौंपे। उसने यह काम ब्राह्मणों की मदद से किया। इस सर्वेक्षण के आधार पर एक रजिस्टर (खसरा-खतौनी) तैयार किया गया जिसमें मालिकों के अधिकारों व सारी खेतिहर जमीनों के माप और उनकी किस्में दर्ज़ की गई। मापन के लिए 32 अंक (32 इंच) वाला सिकन्दरी गज और सन की डंडी काम में लाया गया।[8]

शेरशाह के शासनकाल में राजस्व व्यवस्था में सबसे महत्त्वपूर्ण थी राई[1] अथवा भू-राजस्व निर्धारण के लिए 'फसल दरों' (राई) का लागू किया जाना। शेरशाह ने राज्य

1 कुछ किताबों में रै या रे नाम से सम्बोधन मिलता हैं।

की ओर से पोलज (जिस पर लगातार बुआई की जाती थी) तथा परती (वह भूमि जिसे यदा-कदा खाली छोड़ा जाता था) के लिए राई (फसल दर) का प्रतिपादन किया था। राई ज्ञात करने के लिए उसने उपज के आधार पर भूमि को तीन श्रेणियों (अच्छी, मध्यम या मझोली तथा खराब) में बाँटा और दोनों मौसमों की सभी प्रकार की प्रमुख फसलों की एक-एक बीघा अच्छी, मझोली और खराब भूमि की पैदावार के आँकड़ों के प्रति बीघा औसत पैदावार को एकत्र किया। इस औसत उपज का एक तिहाई हिस्सा भू-राजस्व के रूप में निश्चित किया गया।

यहाँ पर यह स्पष्ट कर देना अधिक उचित होगा कि शेरशाह के समय औसत उपज के आधार पर राई का निर्धारण जिन्सों (अनाज; वस्तु; गल्ला) के रूप में होता था। नकद में भुगतान के लिए अनाज की मात्रा को स्थानीय कीमतों से गुणा कर दिया जाता था। उपज में राज्य का हिस्सा कितना था इस बारे में इतिहासकार एक मत नहीं हैं। कानूनगो और कुरैशी का मानना है कि शेरशाह के समय राजस्व की मात्रा उपज का 1/4 भाग थी।[9] यहाँ तक कि अबुल फज़ल भी इस बात का समर्थन करता है कि शेरशाह के समय राजस्व की दरें सबसे कम थीं, उन्हें अकबर ने बढ़ाकर 1/3 कर दिया।[10] लेकिन, मोरलैंड इन दोनों आधारों पर कानूनगो के मत को ख़ारिज करते हुए कहते हैं कि मुल्तान के प्रति शेरशाह ने सदैव पक्षपात का रूख अपनाया। इससे यह निष्कर्ष नहीं निकाल लेना चाहिए कि सारे साम्राज्य के प्रति शेरशाह का मुल्तान जैसा ही नज़रिया रहा। परमात्मा सरन भी मोरलैंड के मत का समर्थन करते हैं और 'राई' की व्याख्या करते हुए कहते हैं कि राज्य की माँग कुल उपज की 1/3 भाग थी। इसके अतिरिक्त किसान को **जरीबाना** (सर्वेक्षण शुल्क), **महासिलाना** (कर संग्रह शुल्क) और **खुराक-ए-महासिलाना** चुकाना पड़ता था। उसे जरीबाना के रूप में $2^1/_2$ प्रतिशत तथा महासिलाना के रूप में 5 प्रतिशत देना पड़ता था।[11] 'दौलत-ए-शेरशाही' एक और बात का उल्लेख करती है जिसके अनुसार शेरशाह ने इस तरह की व्यवस्था कर रखी थी कि प्रत्येक भू-धारक और कर-दाता अपने कर का $2^1/_2$ प्रतिशत सार्वज़निक कोषागार में जमा करवाए, ताकि वह धन आकस्मिक घटनाओं के समय खर्च किया जा सके।

इस प्रकार से इस निष्कर्ष पर पहुँचा जा सकता है कि शेरशाहकालीन राजस्व व्यवस्था पूर्ववर्ती तुर्क शासकों से काफी समानता रखती थी। उसने ऐसी व्यवस्था स्थापित करने की कोशिश की कि रैयत का उत्पीड़न रोका जा सके। उसने मध्यवर्ती वर्ग को समाप्त तो नहीं किया पर उनके अधिकारों को नगण्य कर दिया। वास्तव में उसने रैयत और सरकार के मध्य सीधा सम्बन्ध स्थापित करने की व्यवस्था की, इसलिए उसकी राजस्व व्यवस्था को रैयतवारी व्यवस्था के अधिक करीब माना जा सकता है, ना कि जमींदारी व्यवस्था के। कुल मिलाकर उसने अपने अल्पकालीन शासन में अपने लक्ष्यों को पूरा करने का भरसक प्रयास किया, जिसमें वह सफलता की सीमा तक पहुँचा भी।

अकबर ने प्रारम्भ में शेरशाह की ज़ब्त व्यवस्था को ही जारी रखा, लेकिन इसके साथ-साथ अन्य पद्धतियाँ भी जारी रहीं। ऐसा प्रतीत होता है कि भू-राजस्व जिन्स के रूप में नहीं बल्कि नकदी के रूप में सुनिश्चित करने की प्रक्रिया आरम्भ की गई। वस्तुत:, उन

कीमतों अथवा अनुबन्धित कीमतों का जिसके आधार पर राज्य की माँग वस्तु से नकदी में परिवर्तित की जाती थी, किसान द्वारा फसल के समय दिए गए हिस्से की कीमत के अनुरूप होना अस्वाभाविक था। क्योंकि, फसल के समय अनाज की कीमतें कम होती थीं और इस तरह रैयत द्वारा चुकाए जानेवाले लगान की मात्रा उपज के एक तिहाई हिस्से से अधिक हो जाती थी। इसके अतिरिक्त चूँकि ज़ब्त व्यवस्था के अन्तर्गत राज्य की माँग प्रथमत: एक समान फसल दर तथा द्वितीय एक समान नकदी पर आधारित होती थी इसलिए फसल के अनिश्चित स्वभाव की स्थिति में रैयत को अकेले ही सारी जोखिम उठानी पड़ती थी।

मुग़ल साम्राज्य की पुनर्स्थापना के बाद ही अकबर ने राजस्व प्रणाली को सुव्यवस्थित रूप देने का उपाय किया। इस क्रम में उसने विभिन्न प्रयोग किए और अन्तत: शेरशाह द्वारा विकसित लगान-व्यवस्था को कुछ सुधारों के साथ ग्रहण किया।

अकबर ने शेरशाह की व्यवस्था में सबसे महत्त्वपूर्ण संशोधन भूमि के वर्गीकरण के क्षेत्र में किया। उसने भूमि को खेती की बारम्बारता (Frequency of cultivation) के आधार पर चार श्रेणियों में विभक्त कर दिया जो निम्नलिखित थीं—

1. **पोलज**—जिसमें प्रति वर्ष खेती का काम होता था।
2. **परती (पड़ौती)**—जिसमें एक वर्ष के अन्तर पर खेती की जाती थी।
3. **चाचर—जो** दो से चार साल तक खेती के काम में नहीं लाई जाती थी।
4. **बंजर**—जो पाँच साल या उससे अधिक समय तक खेती के काम में नहीं लाई जाए।[12]

प्रत्येक श्रेणी की भूमि का उपज के आधार पर उत्तम, मध्यम और निम्न श्रेणियों में विभाजन कर उनकी औसत दर के आधार पर भू-राजस्व की राशि तय की गई। पोलज और परती उत्तम श्रेणी की भूमि थी जिस पर सामान्य दर से लगान लिया जाता (1/3 भाग) जबकि चाचर और बंजर निम्न श्रेणी की भूमि थी, जिस पर रियायती दर से लगान लगता था (14 भाग)। लगान वसूली के लिए उसने नया संवत् आरम्भ किया जो इलाही संवत् कहलाता था और जो सौर्य पंचाग पर आधारित होने के कारण मौसम के अनुरूप था। इसमें लगान की वसूली नियमित रूप से करना आसान हो गया।[13] चाचर भूमि में जब पहले वर्ष खेती होती थी तो निश्चित दर का 2/5 भाग, दूसरे वर्ष 3/5 भाग तथा तीसरे एवं चौथे वर्ष 4/5 भाग लिया जाता था। पाँचवे वर्ष खेती के पश्चात सामान्य दर से भू-राजस्व वसूल किया जाता था।[14]

अकबर के काल में प्रचलित भू-राजस्व व्यवस्था पद्धतियों में बटाई और ज़ब्ती के अन्तर्गत रैयत से सम्भवत: उपज का 1/3 से अधिक और 1/2 से कम लिया जाता था। कश्मीर, थट्टा एवं अजमेर में बटाई पद्धति चलन में थी और यहाँ पर भू-राजस्व के रूप में उपज का लगभग आधा भाग लिया जाता था। 'मज़हर-ए-शाहजहाँनी' से संकेत मिलता है कि रबी की सभी फसलों पर (गेहूँ को छोड़कर जिसकी दर 1/3 भाग थी) कनकूत के अन्तर्गत भू-राजस्व की दर 1/2 भाग थी, जबकि खरीफ की सभी फसलों पर यह दर 1/3 भाग थी। शाहजहाँ के समय गुजरात में यह दर 3/4 भाग थी तथा थट्टा में 1/2 भाग।

औरंगज़ेब ने राजस्व की दर को धार्मिक आधार देने की कोशिश की और घोषित किया कि भू-राजस्व शरीअत के अनुसार अर्थात कुल उत्पादन के आधे से ज्यादा नहीं लिया जाना चाहिए। लेकिन गुजरात में भूमि के अधिक उर्वर होने के कारण यह दर अधिक ऊँची थी। लाहौर, कश्मीर, सिन्ध और दिल्ली में 1/2 भाग थी। इसका तात्पर्य यह हुआ कि राजस्व की दरें एक जैसी नहीं थीं।

अबुल फज़ल कहता है कि—"राजा के अपनी प्रजा से वसूली करने के अधिकार पर कोई नैतिक सीमा निर्धारित नहीं की जा सकती बल्कि प्रजा के जीवन और सम्मान के संरक्षक द्वारा अगर उसका सबकुछ हरण कर लिया जाता है तो भी उसे अपने संरक्षक के प्रति कृतज्ञ होना चाहिए।" वह आगे कहता है कि, "न्यायप्रिय शासक प्रजा से अपनी आवश्यकता से ज्यादा वसूल नहीं करता है परन्तु यह सीमा उसी के द्वारा निर्धारित की जाती है।" इससे एक बात साबित हो जाती है कि यह शासक की इच्छा पर निर्भर करता था कि वह रैयत से कितना वसूल करना चाहता है। हालाँकि, अबुल फज़ल के अनुसार शासक कुछ नैतिक मर्यादाओं से बँधा हुआ था इसलिए एक सीमा के आगे ऐसा नहीं कर सकता था। इरफान हबीब की बात मानें तो किसानों पर केवल करों का ही बोझ नहीं था बल्कि अन्य देयतायें भी उसी पर निर्भर करती थीं। इसलिए देयताओं का कुल योग, जो किसान को माल या राजस्व के रूप में देना होता था, राजस्व की वैधानिक मात्रा से बहुत अधिक हो जाता था। क्योंकि राज्य को निर्धारित लगान देने के अतिरिक्त जमींदारों को भी 'दस्तूरी' अथवा 'मालिकाना' या 'हुकूके जमींदारी' के रूप में उपज का लगभग 1/10 भाग अतिरिक्त कर देना पड़ता था।[15] डच यात्री पेल्सर्ट (17वीं शताब्दी) कहता है कि, "किसानों से इतना ज्यादा ले लिया जाता है कि अपना पेट भरने के लिए उन्हें सूखी रोटी तक नहीं मिलती है।"[16] मोरलैंड का कहना है कि इस प्रकार की वृद्धि औरंगज़ेब के काल में हुई। इरफान हबीब इस वृद्धि को अकबर के काल से ही जारी मानते हैं लेकिन वे यह भी तर्क देते हैं कि चूँकि कर की मात्रा में होनेवाली वृद्धि, उत्पादन में होनेवाली वृद्धि के अनुपात में थी, इसलिए किसानों को अतिरिक्त भार वहन नहीं करना पड़ा।[17]

किसान सीधे-सीधे भू-राजस्व की नियत मात्रा को चुका कर ही दायित्व से मुक्ति नहीं पाता था, बल्कि राजस्व की दरों के अन्तर्गत उत्पादन पर लगनेवाली राज्य की माँग (माल) के अतिरिक्त किसानों को अपनी उपज में से अन्य करों का भुगतान भी करना पड़ता था, जिन्हें 'माल-ओ-जिहात' और 'साइर-जिहात' या 'सायर-जिहात' के नाम से जाना जाता था।[18] माल-ओ-जिहात व साइर* -जिहात के सन्दर्भ में जो जानकारियाँ हासिल हुई हैं उनसे संकेत मिलता है कि फसल दर के अनुसार किसानों के उत्पादन में से जो भाग राज्य के लिए निर्धारित किया जाता था उसे **माल** कहते थे, जबकि विभिन्न प्रकार के हस्त उद्योगों (कुटीर उद्योगों) से वसूल किया जानेवाला कर **जिहात** था। अन्य कर साइर-जिहात के नाम से जाने जाते थे। लेकिन औरंगज़ेबकालीन एक प्रशासनिक दस्तावेज़ के अनुसार माल का सम्बन्ध मूल कर से था, जबकि जिहात माल के निर्धारण

* 'साइर' एक अरबी शब्द है जिसका अर्थ है—चुंगी या महसूल, जो शहरों के प्रवेश द्वारा पर लिया जाता था।

की प्रक्रिया के सम्बन्ध में हुए खर्च की पूर्ति के लिए वसूल किए जाते थे। इस तरह से जिहात शब्द का अर्थ औरंगज़ेब के काल में आकर 'आइन' में दिए गए अर्थ से भिन्न हो गया। नोमान अहमद सिद्दीकी के अनुसार औरंगज़ेबकालीन प्रशासनिक दस्तावेज़ में माल और जिहात की परिभाषा देने के पश्चात 'सायर-उल-वजूह' की परिभाषा दी गई है। जिसके अन्तर्गत 'माल-ओ-जिहात' के अतिरिक्त वसूल किए जानेवाले कर आते थे। सामयिक दस्तावेज़ों के विवरण से ऐसा जान पड़ता है कि 'सायर-उल-वजूह' उन करों को सम्बोधित करता था जो करोड़ी द्वारा 'माल-ओ-जिहात' के अतिरिक्त वसूल किए जाते थे और इन्हें 'साइर-जिहात' अथवा 'साइर-उल-जिहात' के नाम से पुनः वर्गीकृत कर दिया जाता था। जहाँ तक माल तथा 'माल-ओ-जिहात' का सम्बन्ध है तो ये निर्धारित भू-राजस्व (माँग) का प्रमुख आधार थे जो औरंगज़ेब की मृत्यु के पश्चात 18वीं शताब्दी के मध्य में तथा कुछ एक क्षेत्रों में इस शताब्दी के अन्त तक जारी रहे। ज़ब्त व्यवस्था के अन्तर्गत 'माल-ओ-जिहात' करों का भार कुल भू-राजस्व का 5 प्रतिशत था। इस तरह किसान को एक-तिहाई माल के रूप में देने के अतिरिक्त लगभग 5 प्रतिशत 'माल-ओ-जिहात' के रूप में देना पड़ता था। नोमान अहमद सिद्दीकी द्वारा प्रस्तुत आँकड़ों के अनुसार 'सायर-जिहात' करों का संकलन ग्रामीण कृषक वर्ग से किया जाता था जो कुल राजस्व का 15 प्रतिशत था।[19]

इन आँकड़ों को यदि आधारभूत तत्त्वों के रूप में स्वीकार कर माल की दर एक तिहाई मान ली जाये तो ज़ब्त क्षेत्र में रैयत की उपज का आधा या उससे अधिक भाग राजस्व के रूप में राज्य द्वारा अधिग्रहीत कर लिया जाता था। बटाई क्षेत्र के अन्तर्गत जहाँ राजस्व की दर 50 प्रतिशत थी, वहाँ माल-ओ-जिहात और साइर-जिहात करों का भार कम देखने को मिलता है। सम्भवतः माल-ओ-जिहात और साइर-जिहात करों का भार सभी जगह समान नहीं था। सतीश चन्द्र और दिलबाग सिंह का अध्ययन एक और जानकारी देता है कि विशेषाधिकार प्राप्त किसानों (ब्राह्मण, राजपूत व महाजन आदि) पर कर-भार सामान्य किसानों (पाहीकाश्त व मुज़ारियन) की अपेक्षा कम था।[20] इसका मतलब तो यही हुआ कि करों की प्रकृति प्रतिगामी थी, क्योंकि इसमें बड़े किसानों की अपेक्षा छोटे किसानों पर बोझ (करों का) अधिक पड़ जाता था।

राज्य की आय के साधनों को नियमित करने एवं वास्तविक आय के ज्ञान के लिए राजस्व निर्धारण की प्रक्रिया एवं सम्बन्धित तन्त्र को सार्थक बनाना आवश्यक था। इसको देखते हुए अकबर के शासनकाल में एक विशाल क्षेत्र में भू-राजस्व प्रणाली के मानकीकरण के प्रभावी प्रयास किए गए। हालाँकि, अकबर ने ज़ब्त पर आधारित राजस्व व्यवस्था को अपनाया लेकिन इसके साथ-साथ राजस्व की अन्य पद्धतियाँ भी जारी रहने के साक्ष्य मिलते हैं।

मुग़लकाल में भू-राजस्व दो प्रकार का होता था। प्रथम 'जमा रकम कलमी' व दूसरा 'ज़मा हाल हासिल'। मोरलैंड के अनुसार, **जमा** का अर्थ था राज्य द्वारा निर्धारित किसी क्षेत्र अथवा जागीर का कुल राजस्व। अनुमानित आँकलित भू-राजस्व 'जमा रकम कलमी' कहलाती थी। जबकि वसूल किया गया भू-राजस्व 'ज़मा हाल हासिल' कहलाती थी।

वसूल किए गए भू-राजस्व की कुल रकम आँकलित भू-राजस्व रकम से बहुत कम होती थी। इसलिए कर्मचारियों एवं पदाधिकारियों को उनके पदानुसार उनके वेतन को ध्यान में रखकर ही उतनी ही भूमि जागीर में प्रदान की जाती थी जिस पर वास्तव में वसूल किया गया भू-राजस्व उनके वेतन के बराबर हो।

इस प्रकार मुग़लकालीन राजस्व व्यवस्था दो प्रक्रियाओं पर अवलम्बित थी। प्रथम-निर्धारण और द्वितीय-संकलन। 'जमा' शब्द का अर्थ था आँका गया कुल लगान, जिसे किसी व्यक्ति को राज्य को अदा करना होता था। 'हासिल' शब्द का अर्थ है राज्य द्वारा वसूल की गई वास्तविक राशि। भू-राजस्व का निर्धारण करने के पश्चात राज्य की तरफ से एक दस्तावेज़ जारी किया जाता था जिसे पट्टा, कौल अथवा क़रार के नाम से जाना जाता था। इसमें भू-राजस्व की दर (राज्य की माँग) दर्ज़ होती थी जिसे पट्टाधारक को स्वीकार (कबूलियत) करना होता था। कबूलियत में किसान द्वारा अपने उत्तरदायित्व के परिपालन का वचन देते हुए लगान देने का समय तथा तिथि का उल्लेख किया जाता था।[21]

राजस्व-निर्धारण की पद्धतियों में सर्वप्रमुख ज़ब्त व्यवस्था मालूम पड़ती थी जिसमें वैज्ञानिकता का पुट अधिक था। ज़ब्त व्यवस्था का चलन सही अर्थों में शेरशाह के समय से शुरू हुआ जब उसने राई अथवा फसल दर को सुनिश्चित करते हुए राजस्व की मात्रा निर्धारित की। लेकिन यू.एन.डे का कहना है कि- "उस समय राज्य नकद माँग को सुनिश्चित करने के लिए मूल्यों का निर्धारण कुछ विशेषज्ञों तथा सम्राट के आदेश द्वारा होता था, इसलिए जमा सम्बन्धी आँकड़े अत्यधिक स्फीतिक रहते थे जिससे कि अधिकारियों को जागीरें प्रदान करने के लिए जमा में पर्याप्त वृद्धि की जा सके। लेकिन इससे रैयत और अधिकारियों, दोनों के ही समक्ष कठिनाईयाँ उत्पन्न होती थीं।"[22]

मुग़लकाल में ज़ब्त व्यवस्था पर प्रकाश डालते हुए अबुल फज़ल कहता है कि- "अकबर के शासनकाल के आरम्भ से ही, प्रतिवर्ष विशेषज्ञ मूल्यों की जानकारी प्राप्त करते थे और सिंहासन के समक्ष पेश करते थे और राजस्व की नकदी दर ज्ञात करने के लिए कृषि उपज तथा उसकी कीमतों की सूची तैयार करते थे....।" लेकिन 'आइन-ए-अकबरी' में अकबर के शासन काल के छठे वर्ष से राजस्व दर का ब्यौरा दिया गया है जिसमें ज़ब्ती क्षेत्र से सम्बन्धित विभिन्न फसलों का वार्षिक दस्तूर अंकित किया गया है। उल्लेखनीय है कि इन तालिकाओं में छठें से नवें शासकीय वर्ष तक के ज़ब्ती प्रदेशों (मालवा को छोड़कर) के प्रत्येक फसल के अंक लगभग समानान्तर है। इससे ऐसा लगता है कि अकबर के शासन के आरम्भिक वर्षों में एक प्रामाणिक राई (फसल दर) नहीं थी, बल्कि एक ही कीमत तालिका कुछ आंशिक परिवर्तनों के साथ साम्राज्य के सभी प्रदेशों पर लागू थी। चूँकि समकक्षी फसल दर सम्पूर्ण साम्राज्य पर एक साथ लागू करना मुश्किल और अवास्तविक था, अतः इन्हें कागजी दर मानना अधिक उचित होगा।

सुधार की तरफ पहला कदम अकबर के शासन के 8वें राज्यवर्ष (1563 ई.) में उठाया गया जब एतमाद खान को खालिसा क्षेत्र को संगठित करने का दायित्व सौंपा गया। 9वें राज्यवर्ष (1564 ई.) में राज्य में यथोचित सुधार हेतु मुज़फ्फर खाँ तुरबती को **दीवान-ए-कुल** नियुक्त किया गया और टोडरमल को उनका सहायक। लेकिन ये दोनों

बहुत अच्छा नहीं कर पाए। मोरलैंड का कहना है कि इन सुधारों का क्रम 11वें राज्यवर्ष (1567 ई.) से शुरू होकर 15वें राज्यवर्ष में पूर्ण हुआ। इन उपायों के अन्तर्गत मुज़फ्फर खाँ एवं टोडरमल के कानून से देश के विभिन्न क्षेत्रों (तकसीमात-ए-मुल्क) के अधीन आनेवाले स्थानीय भू-भाग एवं राजस्व सम्बन्धी आँकड़े प्राप्त कर नवीन जमा के निर्धारण में उत्पादन का मूल्याँकन नहीं किया गया। इस प्रकार संक्षिप्त प्रामणिकता के अनुसार वास्तविक उत्पादन तथा फसल दरें निश्चित की गई जिसके कारण नवीन जमा में अवास्तविकता का दोष बना रहा।[23] 13वें राज्यवर्ष (1568-69 ई.) में खालिसा क्षेत्र में राजस्व आँकलन की पद्धति में परिवर्तन कर पूर्व व्यवस्था के स्थान पर **नसक़** को अपना गया। अबुल फज़ल कहता है कि इस भाग्यशाली वर्ष (13वें) में मुज़फ्फर खाँ को कार्यमुक्त कर दिया गया और शिहाबुद्दीन अहमद खान को दीवान-ए-खालिसा के रूप में नियुक्ति किया गया। उसने ज़ब्त के आधार पर आँकलन की वार्षिक व्यवस्था (ज़ब्त-ए-हरसाला) को समाप्त कर दिया जो कि बहुत ही खर्चीली और अप्रासंगिक थी।

गुजरात विजय के बाद 1573-74 ई. में वहाँ पर टोडरमल को सर्वेक्षण एवं नवीन जमा के मूल्याँकन का कार्यभार सौंपा गया। टोडरमल ने वहाँ पर जिन मानकों को आधार बनाकर कार्य किया, वे बाद में उत्तर भारत के लिए बन्दोबस्त का आधार बने। अकबर ने 1575-76 ई. में राजस्व एवं प्रशासनिक आदेश को ध्यान में रखते हुए परम्परागत स्थानीय प्रशासनिक इकाइयों (परगना) को समाप्त कर अपने साम्राज्य को (बंगाल, बिहार व गुजरात को छोड़कर) 182 कृत्रिम इकाइयों में विभक्त किया जिनमें से प्रत्येक की आय एक करोड़ दाम अथवा दो लाख पचास हजार रुपये थी। इस पर **करोड़ी** की नियुक्ति की गई। सम्पूर्ण जागीर भूमि को खालिसा भूमि में परिवर्तित कर दिया गया। करोड़ियों द्वारा अपने क्षेत्र की उत्पादकता, वास्तविक उपज और स्थानीय मूल्यों के बारे में जानकारी उपलब्ध करायी गई। इसी जानकारी के आधार पर अकबर के शासन के 24वें वर्ष (1580 ई.) में अकबर ने 'आइन-ए-दहसाला' नामक नई व्यवस्था की शुरुआत की।[24] इसके लिए विभिन्न फसलों के औसत उत्पादन और पिछले दस वर्षों (15वें-24वें शासकीय वर्ष) के उनके औसत मूल्यों की गणना की गई। मोरलैंड का कहना है कि ज़मा-ए-दहसाला (आइन-ए-दहसाला) का प्रतिपादन किसानों पर पिछले दस वर्षों की राज्य की माँग का औसत निकाल कर किया गया। लेकिन अबुल फज़ल ने स्पष्ट किया कि इस प्रयोग के पीछे गत वर्षों में प्रत्येक परगने की कृषि क्षेत्रों की वार्षिक आय तथा कीमतों के स्तर के आधार पर दसवाँ हिस्सा **माल-ए-हरसाला** (वार्षिक मालगुजारी) निश्चित किया गया।[25] इस तरह से यदि राज्य का उद्देश्य केवल विगत वर्षों की वास्तविक आय का ही पता लगाना था तो उत्पादन एवं कीमतों के विषय में जानकारी प्राप्त करना अनावश्यक था। चूँकि कीमतों का विवरण भी प्राप्त किया था, अतः यह मानना स्वाभाविक है कि स्थानानुसार वार्षिक उत्पादन दर तथा साथ ही कीमतों की अनाज के हिसाब से सारणी तैयार की गई जिससे पहले के प्रत्येक वर्ष की भू-राजस्व दरें तैयार की जा सके। 'आइन' के विवरण से स्पष्ट है कि 20वें राज्यवर्ष के बाद के तथ्य वास्तविक जानकारी (तहकीक) पर आधारित थे। लेकिन पिछले पाँच वर्ष (15वें से 19वें शासकीय वर्ष) की सूचनाएँ एवं

जानकारी विश्वसनीय लोगों से प्राप्त की गई थीं। यह बात वास्तव में 19वें शासकीय वर्ष में हुए परिवर्तनों को अंकित करती है, जिस वर्ष बिहार को छोड़कर सम्पूर्ण हिन्दुस्तान का वृहत क्षेत्र खालिसा के अन्तर्गत लाया गया तथा ज़ब्त व्यवस्था लागू की गई। उपलब्ध तथ्यों से स्पष्ट है कि विगत वर्षों के वास्तविक फसल दरों का औसत निकालकर सर्वप्रथम यह व्यवस्था प्रत्येक भू-राजस्व इकाई में लागू की गई, तत्पश्चात पहले के दस वर्षों की नकद दरों का औसत निकालकर तथा सर्वज्ञात कीमतों को ध्यान में रखकर अन्तिम दस्तूर (नकद भू-राजस्व दर) तैयार किया गया, जिसे 'दस्तूर-उल-अमल' के नाम से जाना जाता है।[26] औसतन क्षेत्रीय अंकों का इन दस्तूरों से गुणा करके **जमा-ए-दहसाला** प्राप्त किया जा सकता था। फसल के अन्तिम रूप से निर्धारण के अन्तर्गत यह उल्लेखनीय है कि इन दरों में समय-समय पर परिवर्तन होता रहता था। इस पर टिप्पणी करते हुए इरफान हबीब कहते हैं कि स्थायी दरों को क्रियान्वित करने का अर्थ था राजस्व दरों का प्रतिवर्ष फसल की किस्म के आधार पर निर्धारित न होना। फसलों के नष्ट होने की स्थिति में राजस्व दरों में कमी कर किसी तरह की रियायत नहीं की जाती थी, बल्कि कृषि-भूमि में कमी कर रियायत दी जाती थी।[27] इस दस वर्षीय व्यवस्था के सन्दर्भ में हिदायतुल फवायद ने जो विवरण दिया है उससे स्पष्ट है कि दहसाला से सम्बन्धित कागजातों में विभिन्न परगनों के पीछे 10 वर्षों की उर्वरता, भाव दरों व प्रत्येक महाल के कृषि क्षेत्रफल का पूर्ण विवरण होता था। गत वर्षों में जो धनराशि किसानों से लगान या मालगुजारी के रूप में ली गई थी उसी का मध्यमान जमा दहसाला थी।[28]

'आइन' के अनुसार अकबर के शासनकाल के 31वें वर्ष तक भूमि मापने की मानक इकाई 'इस्कन्द्री गज' या 'सिकन्दरी गज' थी। 1587 ई. में भूमि की पैमाइश की पुरानी इकाई सिकन्दरी गज (32 इंच) के स्थान पर इलाही गज का प्रयोग प्रारम्भ किया गया जो लगभग 33 इंच के बराबर था। अबुल फज़ल के अनुसार इलाही गज 41 अंगुल के बराबर था। इसके पहले जो सिकन्दरी गज भूमि पैमाइश के लिए प्रयोग में लाया जाता था वह 39 अंगुल के बराबर था। इस तरह सिकन्दरी गज व इलाही गज में 39: 41 का अनुपात था। उसने ज़रीब में कुछ नए सुधार किए। शेरशाह के जमाने में जमीन नापने के लिए जो ज़रीब प्रयोग में लाई जाती थी वो मूंज की रस्सी की बनी होती थी और इसके माप में काफी त्रुटियाँ आती थी। रस्सी पर मौसम का प्रभाव पड़ जाता था, इससे वह या तो घट जाती थी या बढ़ जाती थी। इसलिए टोडरमल ने इसकी जगह बाँस के डंडों की कड़ियों (जो आपस में लोहे की चूड़ियों से जुड़ी होती थीं) से बनी ज़रीब का प्रयोग शुरू किया।[29] जिसे वर्तमान अर्थों में पहली ज़रीब कहा जा सकता है। अबुल फज़ल लिखता है कि रस्सी द्वारा मापने से एक बीघा में 13 प्रतिशत की कमी हो जाती थी क्योंकि रस्सी भींगने पर सिकुड़ जाती थी। रस्सी द्वारा भूमि पैमाईश में जो घटने या बढ़ने की आशंका थी वह इस व्यवस्था से समाप्त हो गई। इस ज़रीब की लम्बाई 60 इलाही गज होती थी और 3600 वर्ग इलाही गज एक बीघा होता था। एक बीघा को 20 बिस्वा में उपविभाजित किया जाता था। प्रत्येक बिस्वा को पुन: 20 बिस्वान्सों में बाँटा जाता था। नौ बिस्वान्सों तक कोई राजस्व नहीं लिया जाता था। किन्तु दस बिस्वान्सों की गणना एक बिस्वा के रूप में की जाती थी।

अकबर के अधीन अपनाई गई ज़ब्ती व्यवस्था की निम्नलिखित विशेषताएं थीं—

(i) भूमि की नाप अनिवार्य थी।

(ii) प्रत्येक फसल के लिए 'दस्तूर-उल-अमल' या 'दस्तूर' के नाम से जाना जानेवाला नक़द राजस्व निर्धारित किया गया , तथा

(iii) सभी वसूली नक़द में की गई।

प्रशासनिक दृष्टि से ज़ब्ती व्यवस्था के कुछ लाभ इस प्रकार थे- भूमि के नाप को कभी भी जाँचा जा सकता था, निर्धारित 'दस्तूरों' के कारण पदाधिकारी अपनी मनमानी नहीं कर सकते थे और स्थाई दस्तूरों के निर्धारण के बाद भू-राजस्व माँग की अनिश्चितता और उतार चढ़ाव में काफी कमी आ गई।

इस व्यवस्था की कुछ सीमाएँ भी थी- भूमि की उर्वरता समान न होने पर इसे लागू नहीं किया जा सकता था, उत्पादकता की अनिश्चितता का दंड केवल किसानों को ही भुगतना पड़ता था और यह किसानों के लिए हानिकारक था। अबुल फज़ल कहता है कि-"अगर किसानों में ज़ब्त को वहन करने की क्षमता नहीं होती है तब राजस्व के रूप में उत्पादन का एक तिहाई हिस्सा लिया जाता है।" यह एक खर्चीली प्रणाली थी क्योंकि इसमें माप करनेवाले दल को पारिश्रमिक के रूप में प्रति बीघा एक दाम की दर से 'जाबिताना' देना पड़ता था। माप करते समय कर्मचारियों द्वारा गड़बड़ी और धोखाधड़ी की सम्भावना बनी रहती थी।

आंशिक खामियों के बावजूद भी ज़ब्त व्यवस्था मुग़ल काल में सर्वाधिक प्रामाणिक रूप से प्रचलित रही, क्योंकि यह व्यवस्था पूर्व प्रतिपादित किसी भी व्यवस्था से अधिक वैज्ञानिक थी। लेकिन जहाँ एक ओर इस प्रणाली के संशोधित रूप को लागू किया गया वहीं दूसरी तरफ परम्परागत बटाई व्यवस्था भी साम्राज्य में लागू रही। अबुल फजल ने अनेक स्थानों पर नसक़ पद्धति[30] का उल्लेख किया है लेकिन इसका अर्थ कहीं भी स्पष्ट नहीं है। वास्तव में, इसे एक पद्धति कहना कठिन है क्योंकि अलग-अलग क्षेत्रों में इसके अलग-अलग रूप देखने को मिलते हैं। हिन्दुस्तान[1] में इसका स्वरूप बंगाल, बिहार व कश्मीर से भिन्न था। अकबर के शासनकाल के 31वें वर्ष में उल्लेख मिलता है कि शिहाबुद्दीन खाँ ने खालिसा क्षेत्र में ज़ब्त (ज़ब्त-ए-हरसाला) को छोड़कर नसक़ पद्धति लागू की। यहाँ उल्लेखनीय है कि नसक़ ने ज़ब्त का स्थान नहीं लिया था बल्कि वार्षिक निर्धारण को छोड़ दिया गया था। यह स्पष्ट है कि ज़ब्त व्यवस्था का सही तकनीकी अर्थ भू-पैमाइश है तथा मदद-ए-माश दस्तावेज़ों में ज़ब्त-ए-हरसाला सही अर्थों में प्रतिवर्ष

1. प्रत्यक्ष मुग़ल प्रशासित क्षेत्रों को विदेशी लेखक हिन्दुस्तान नाम से सम्बोधित करते हैं जिसका मुख्यालय प्रारम्भ में आगरा था जो बाद में दिल्ली स्थानान्तरित हो गया। पहले हिन्दुस्तान का अर्थ था सिन्धु नदी का क्षेत्र, फिर बना मुग़ल प्रशासित क्षेत्र। सल्तनत काल का हिन्दुस्तान वह नहीं था जो मुग़ल काल में था। बाबर का हिन्दुस्तान हुमायूँ के हिन्दुस्तान से अलग और अकबर का हिन्दुस्तान उन दोनों से बड़ा था। जहाँगीर, शाहजहाँ और औरंगज़ेब का हिन्दुस्तान उनकी विजयों के साथ क्रमशः आकार में बड़ा होता गया।

माप के लिए प्रयुक्त हुआ है। 'आइन' के विवरण से स्पष्ट है कि यद्यपि नसक़ का अर्थ वार्षिक भार को त्यागने से था, लेकिन इसके बावजूद भी पहले के वर्ष का पैमाइश, क्षेत्र का लेखा-जोखा निर्धारण के काम में आता रहा।

किसान यदि चाहता तो पुनर्निर्धारण के उद्‌देश्य से अपने क्षेत्र की पुन: पैमाइश

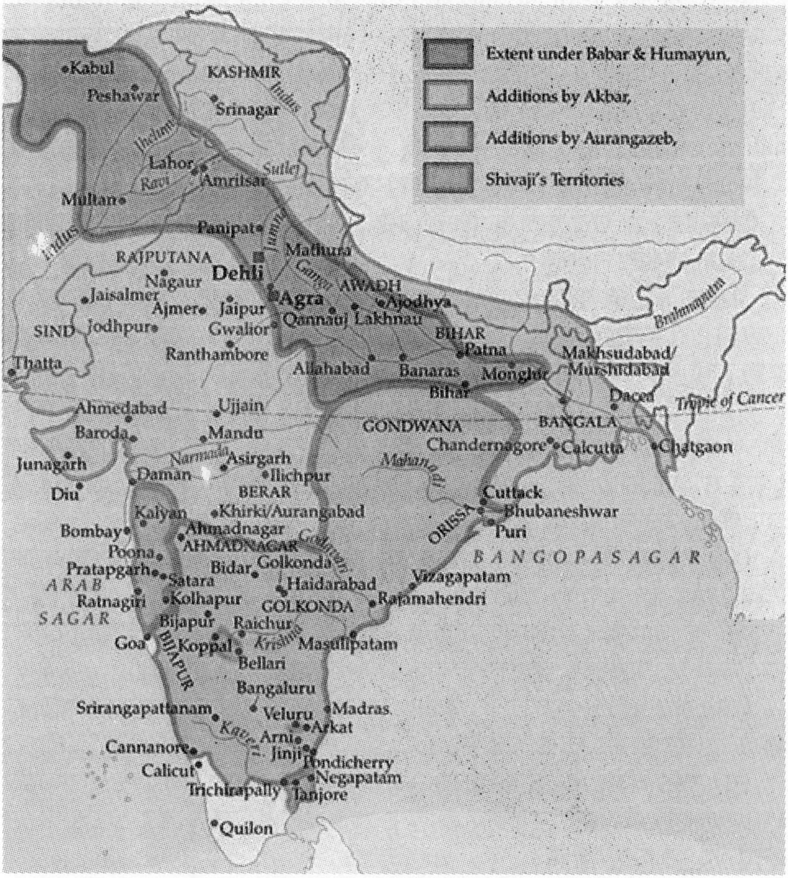

मुग़ल साम्राज्य का विस्तार

स्वीकार करनी होती थी। दूसरे शब्दों में कहें तो नसक़ का अर्थ ज़ब्त के अन्तर्गत वार्षिक पैमाइश के विकल्प से था जो क्षेत्र विशेष में पूर्व में निर्धारित आँकड़ों के प्रचलन में होने का उल्लेख करता है। यह (नसक़) व्यवस्था अलग-अलग क्षेत्रों में अपने कुछ विशिष्ट रूपों में थी। गुजरात में यह ज़ब्त के अन्तर्गत थी क्योंकि 'आइन' के अनुसार यह क्षेत्र *अधिकांशत: नाबूदी था तथा पैमाइश की कार्यरूपता बहुत कम होती थी।* बरार, बिहार व

कश्मीर में इसका स्वरूप भिन्न था। बरार में नसक़ प्राचीनकाल से चली आ रही थी जिसे मुग़लों ने यथावत चालू रखा, इस प्रथा के अनुसार गाँवों में हलों की संख्या के अनुसार परम्परागत दर से भू-राजस्व वसूल किया जाता था।[31] प्रति हल कर वसूल करने की प्रथा का उल्लेख हमें राजस्थान में भी मिलता है जो मुग़ल प्रभाव के पहले से चला आ रहा था। वस्तुत: *मुँहणोत नैणसी की ख्यात* से मारवाड़ के सन्दर्भ में एक हल के अन्तर्गत जोते जानेवाले भू-क्षेत्र का उल्लेख मिला है। कश्मीर में अबुल फज़ल ने नसक़-ए-गल्ला अर्थात गल्लाबख्शी को नसक़ के अन्तर्गत माना है। इस व्यवस्था के अन्तर्गत विभिन्न फसलों की बाज़ार दरें (राई) निश्चित करने के पश्चात उन्हें प्रत्येक गाँव के कृषि क्षेत्र पर लागू किया जाता था। इस तरह नसक़ पद्धति में भिन्नता के होते हुए भी इसमें प्रमुख समानता देखने को मिलती है कि भू-राजस्व निर्धारण प्रतिवर्ष नहीं होता था। एक बार निर्धारित दरें बाद के वर्षों के लिए भी लागू रहती थीं किन्तु, नसक़ सही अर्थों में ज़ब्त के अन्तर्गत वार्षिक पैमाइश का विकल्प मात्र था।

अब्बास खाँ सरवानी तथा अबुल फज़ल के विवरण से स्पष्ट है कि शेरशाह के शासनकाल से बटाई के स्थान पर ज़ब्त व्यवस्था को हिन्दुस्तान पर लागू करने का प्रयत्न प्रारम्भ हुआ था। राज्य द्वारा उत्पादन का निश्चित भाग वस्तु के रूप में लेना प्राचीन प्रथा थी जो विभिन्न सुधारों के बावजूद भी मुग़ल काल में जारी रही। वास्तव में यह भू-राजस्व निर्धारण की पद्धति न होकर संकलन की पद्धति थी। यह बटाई, गल्ला-बख्शी या **भावली** के नाम से जानी जाती थी।[32] आइन-ए-अकबरी में फसल बँटवारे के लिए तीन तरह की पद्धतियों का उल्लेख मिलता है—

(क) खलिहान में अनाज को अलग करने के तुरन्त बाद ही राजस्व का बँटवारा— इसके अन्तर्गत खलिहान में फसल के आने पर राज्य के प्रतिनिधियों व उत्पादक की उपस्थिति में समझौते (क़रार-दाद) के अनुसार कुल उपज का विभाजन किया जाता था। सम्भवत:, वास्तविक रूप में यह व्यवस्था ही बटाई थी।

(ख) खेत बटाई— फसल के खेत में लगे रहने के वक्त ही खेत में निशान लगाकर खेत को हिस्सों में बाँट लिया जाता था।

(ग) लांग बटाई या लंक बटाई— फसल काटकर (उसे अनाज से अलग किए बिना) खलिहान में गट्ठर बनाकर रख दिया जाता था और इसके बाद फसल के इन गट्ठरों का बँटवारा होता था।

मलिकजादा कृत 'निगारनामा-ए-मुंशी' (सत्रहवीं शताब्दी के उत्तरार्ध में लिखित) में फसल बँटवारे को सर्वोत्तम प्रणाली कहा गया है। इस प्रणाली के अन्तर्गत राज्य और किसान दोनों को एक बराबर मौसम की मार झेलनी पड़ती थी। एक दृष्टि से यह पद्धति किसान के लिए सर्वोत्तम थी क्योंकि इसमें किसान अपने जोखिम में राज्य को सहभागी बना लेता था। राज्य के लिए भी यह इसलिए लाभप्रद थी क्योंकि उत्पादन वृद्धि के साथ-साथ राज्य के हिस्से में भी वृद्धि स्वाभाविक रूप से हो जाती थी।

राजस्व निर्धारण की पद्धतियों में एक अन्य निर्धारण पद्धति थी **हस्त-ओ-बूद**। इसके अन्तर्गत निर्धारणकर्त्ता गाँव का निरीक्षण करता था। अच्छी या खराब भूमि को मिलाकर

कुल उत्पादन का योग निश्चित करता था, तत्पश्चात उसके आधार पर राज्य का हिस्सा निर्धारित किया जाता था। इसमें कुछ दोष भी थे जैसे- मूल्याँकनकर्त्ता की कार्यकुशलता एवं निष्पक्षता तथा राजस्व माँग का असामान्य होना, जिनका निराकरण कनकूत या दानाबन्दी द्वारा किया जाता था। **कनकूत** शब्द 'कन' और 'कूत' के मिलने से बना है। 'कन' का अर्थ अनाज और 'कूत' का मतलब मूल्याँकन या आँकलन होता है। इसी प्रकार 'दाना' का अर्थ अनाज है और 'बन्दी' का मतलब निर्धारण करना या निश्चित करना होता है।[33] इस प्रणाली में अनाज उत्पादन (उत्पादकता) का आँकलन किया जाता था। कनकूत में सर्वप्रथम रस्सी या चलकर कदमों द्वारा खेत को नापा जाता था। इसके बाद उत्तम, मध्यम और खराब तीनो प्रकार की जमीनों की प्रति बीघा उत्पादकता का आँकलन किया जाता था और तदनुरूप कुल भूमि पर राजस्व माँग तय की जाती थी। इस व्यवस्था के तहत भूमि के मापन के बाद प्रति इकाई फसल के उत्पादन (फसलवार) का निर्धारण किया जाता था। इस पद्धति की प्रमुख विशेषता यह थी कि इसमें भू-राजस्व का निर्धारण नकदी में न करके वस्तु (जिन्स) के रूप में किया जाता था। इस तरह उत्पादित फसल का बाज़ार-दर के आधार पर निर्धारण करने के पश्चात किसान के हिस्से को अलग कर दिया जाता था। शेष हिस्सा राज्य का होता था जिसे बाज़ार-दरों के आधार पर नकदी में परिवर्तित कर लिया जाता था। यह व्यवस्था फसल के वास्तविक उत्पादन पर आधारित होने के कारण बटाई-व्यवस्था से मिलती जुलती थी। इसके अतिरिक्त साम्राज्य के कई सूबों में अन्य पद्धतियाँ भी चलन में थीं।

कश्मीर में परम्परागत बटाई व्यवस्था लागू रही। इसके अन्तर्गत उत्पादन का एक तिहाई भू-राजस्व के रूप में लिया जाता था। कुछ साक्ष्यों से जानकारी मिलती है कि अकबर के 34वें शासकीय वर्ष में उपज का आधा भाग राजस्व के रूप में लिया गया।[34] मुल्तान सूबे के अन्तर्गत शक्खर में 1575-76 ई. में कनकूत व्यवस्था के स्थान पर एकरूपेण 'दस्तूर-उल-अमल' स्थापित किया गया। इस दस्तूर में राज्य की माँग वस्तु के रूप में प्रस्तुत की गई। गुजरात में टोडरमल के प्रयोग के साथ-साथ नसक़ व्यवस्था लागू की गई।[35] बंगाल के विषय में अबुल फज़ल का कहना है कि, "वहाँ के किसान आज्ञाकारी एवं राजस्व देनेवाले थे। वहाँ राजस्व की माँग किसानों से प्राप्त न कर जमीदारों से की जाती थी।" जहाँ तक दक्षिण (मुग़ल अधिकृत) का सम्बन्ध है तो 'आइन-ए-अकबरी' में इस विवरण के अतिरिक्त कि बटाई क्षेत्र नसक़ के अन्तर्गत था, कोई अन्य विवरण प्राप्त नहीं होता है। मुहम्मद सादिक खाँ (शाहजहाँनामा) के अनुसार परम्परागत व्यवस्था के अन्तर्गत कम या अधिक भूमि को जोतना एवं फसल की किस्म, किसान एवं ग्रामिक की इच्छा पर निर्भर थी तथा वह प्रति हल के हिसाब से कुछ पैसा राज्य को देता था। इसकी अलग-अलग स्थानों पर दरें भिन्न-भिन्न थीं।[36]

इस प्रकार से मुग़लकाल में मुख्य रूप से ज़ब्त व्यवस्था ही राजस्व संकलन का प्रमुख आधार थी, लेकिन इसके साथ-साथ क्षेत्रीय या पारम्परिक प्रथाओं के रूप में बटाई, कनकूत और नसक़ जैसी व्यवस्थाएं कुछ परिवर्तन और विशिष्टताओं के साथ क्षेत्रानुसार प्रचलित थीं।

दक्कनी राज्यों की भू-राजस्व व्यवस्था के निर्माण में निजामशाही प्रधानमन्त्री मलिक अम्बर का महत्त्वपूर्ण योगदान है। उसने पहली बार राजस्व निर्धारण और वसूली का सर्वोत्तम वैज्ञानिक तरीका विकसित किया। उस पर टोडरमल के नियमों का प्रभाव था। कुछ फेर बदल के साथ सभी दक्कनी राज्यों (बीजापुर, गोलकुंडा और अहमदनगर) और मराठों ने अपनी राजस्व व्यवस्था उसी के बनाये अधिनियमों पर निर्धारित की। मलिक अम्बर के अधीन कर निर्धारण वास्तविक जमीन पर की गई खेती और उत्पादित फसल के नगद मूल्य के आधार पर किया जाता था। लेकिन उसने कभी भी भूमि का सर्वेक्षण नहीं कराया। कर निर्धारण और मूल्याँकन वास्तविक माप के आधार पर नहीं बल्कि अनुमान पर आधारित था।[37]

मराठवाड़ा में कर का निर्धारण वंशानुगत ग्रामीण पदाधिकारियों, देशमुखों और पाटिलों की सहायता से किया जाता था। परन्तु शिवाजी ने जमीन को मापने पर सबसे ज्यादा ध्यान दिया। रस्सी की कमियों (बदलते मौसम के साथ इसमें परिवर्तन होता रहता है) को देखते हुए शिवाजी ने इसके स्थान पर काठी (मापने की छड़) का प्रयोग आरम्भ करवाया। बीस काठी मिलकर एक बीघा और 120 बीघे मिलकर एक चवर बनता था। लेकिन बीघे के आकार में स्थानीय अन्तर मौजूद थे।[38]

मलिक अम्बर ने मोटे रूप से भूमि को दो कोटियों में विभक्त किया। **बागयत** (बागीचा भूमि) और **जिरायत** (खेती की भूमि)। जिरायत भूमि को प्रारम्भिक काल में चार श्रेणियों में विभक्त किया गया। शिवाजी के शासनकाल में जिरायत भूमि कुल मिलाकर बारह कोटियों में विभक्त थी। आमतौर पर बंजर भूमि का कर निर्धारण नहीं किया जाता था। लेकिन जैसे-जैसे जमीन पर दबाव बढ़ता गया वैसे-वैसे खेती योग्य बंजर जमीन पर खेती की जाने लगी और इन नई जमीनों का कर निर्धारण किया गया।[39] मलिक अम्बर ने प्रगतिशील कर निर्धारण की व्यवस्था विकसित की। सम्भवत: निज़ामशाही राज्य में इस प्रकार की भूमियों पर पहले दो साल तक कर नहीं लगाया जाता था। लेकिन, तीसरे साल में राज्य द्वारा कुल उत्पादन का एक छोटा हिस्सा वसूला जाता था, आठवें साल में पूर्ण दर पर राजस्व की वसूली की जाती थी। लेकिन मराठों के शासन काल में खेती योग्य खाली पड़ी भूमि पर कृषि के पहले ही वर्ष से कर की वसूली शुरू कर दी जाती थी। प्रत्येक वर्ष धीरे-धीरे इसकी दर में वृद्धि की जाती थी और आठवें साल पूर्ण दर पर कर वसूल किया जाता था।[40] मराठों के अधीन कभी-कभी बीघा के स्थान पर हलों की संख्या के आधार पर भी कर निर्धारण किया जाता था। कभी-कभी राजस्व के उद्देश्य से 6-7 बीघाओं का मूल्याँकन एक बीघा के रूप में किया जाता था। मिट्टी की उर्वरा शक्ति के आधार पर भी राजस्व निर्धारण का मानदंड बदलता रहता था। फसलों के आधार पर भी, जैसे—गन्ना, दालें, कपास, आदि पर करों का निर्धारण अलग-अलग किया जाता था। यहाँ तक कि जब दूसरी फसल (मुख्य फसल से अलग) उगाई जाती थी तो द्वितीय फसल का निर्धारण कम दर पर किया जाता था। मिट्टी की उर्वरा शक्ति और अनुमानित उत्पादन के आधार पर भी कर कर निर्धारण की दर स्थायी रूप से तय कर दी जाती थी। सभी किसानों के लिए कर निर्धारण अलग-अलग होता था परन्तु, वसूली के लिए पूरे गाँव को एक इकाई माना जाता था।[41]

अहमदनगर के वज़ीर मलिक अम्बर ने मीरासदारों के पुश्तैनी अधिकारों को स्वीकार किया था और उनको कृषक भूस्वामी माना था। शिवाजी के नेतृत्व में मराठों ने सिद्धान्त: इसी प्रथा का अनुसरण किया। वे पुश्तैनी जमींदारों को भूखंडों के स्वामी ही नहीं मानते थे, बल्कि 17वीं शताब्दी में मराठा सत्ता की स्थापना में उनके योगदान को भी स्वीकार करते थे, जिसे रामचन्द्रपन्त आमात्य ने इन शब्दों में व्यक्त किया है-"ये लोग वास्तव में राज्य के दायाद हैं।" शिवाजी वतनदारों की कमियों के प्रति सजग थे लेकिन, उन्होनें कभी भी उनके पुश्तैनी अधिकारों को समाप्त करने की बात नहीं सोची। इन अधिकारों में उनका भू-स्वामित्व भी शामिल था। तत्कालीन दस्तावेज़ों से स्पष्ट है कि सत्रहवीं शताब्दी में मराठा शासन के दौरान भू-स्वामियों के भूमि सम्बन्धी अधिकारों का सृजन किया गया, उनमें निरन्तरता को बनाए रखा गया और उनका अधिग्रहण किया गया। भू-धारक अपनी जमीन अथवा भू-राजस्व सम्बन्धी अधिकारों को बेच अथवा गिरवी रख सकता था लेकिन ग्राम समुदाय के पारम्परिक नियमों के कारण वतन भूमि की खुली खरीद बिक्री में अनेक बाधाएँ थीं।

मध्यकालीन दक्कन की भू-राजस्व प्रणाली और भू-स्वामित्व की व्यवस्था में गहरा सम्बन्ध है। ग्राम-समुदायों के गठन से उपजे भूमि कानूनों में विभिन्न प्रकार के ग्रामवासियों और सरकार के सम्बन्धों को परिभाषित किया गया है। मराठा राज्य में वतनदार (तुर्क-अफगान काल का देशज) स्थायी निवासी था जिसका ग्राम में निहित स्वार्थ था और शेष ऊपरी (अथवा बाहरी) की श्रेणी में आते थे जिन्हें कोई अधिकार प्राप्त नहीं था। तत्कालीन भूमि पट्टेदारियों को निम्नलिखित श्रेणियों में विभक्त किया जा सकता है- वतन, इनाम, मीरास, बलूत, ऊपरी, मोकासा, अग्रहार आदि। मराठा राज्य में वतन पट्टेदारियाँ ग्राम अधिकारियों के हाथों में होती थीं जिनमें पाटील या मुकद्दम (मुखिया), कुलकर्णी (गाँव का पटवारी), चौगुला (पाटिल का सहायक), शेटे महाजन (गाँव की हाट का अधिकारी) और महार (गाँव का सेवक) आदि आते थे। दस्तावेज़ों में इन्हें वतनदार कहा गया है।[42] देशमुख और देशपांडे जैसे वतनदार अपने अधिकार क्षेत्र के अन्तर्गत आनेवाले गाँव के पाटिल और कुलकर्णी के कार्यों का निरीक्षण करते थे।

वतन की पट्टेदारियाँ पुश्तैनी होती थीं और तब तक वतनदार के परिवार के पास रहती थीं जब तक वह अपना कर्तव्य पूरा करता रहता था। यहाँ उल्लेखनीय बात यह है कि वतन मराठा सरदारों के लिए केवल आय का स्रोत ही नहीं था, बल्कि सामाजिक स्थिति का द्योतक भी था। इसलिए सामन्त सरदार सत्ता के सोपान में उपर पहुँच जाने पर भी मूल वतनों को अपने हाथों में ही रखने के इच्छुक रहते थे। मूल वतन को यह वरीयता इस तथ्य के कारण थी कि मराठा जहाँ राजनीतिक सत्ता को अस्थायी मानते थे, वहीं वतन को वो स्थायी मानते थे, जिस पर वे राजनीतिक सत्ता खोने की स्थिति में भरोसा कर सकते थे।

वतन और **इनाम** पट्टेदारी (भू-अनुदान) को ऐतिहासिक अभिलेखों में समानार्थक शब्दों के रूप में इस्तेमाल किया जाता है। वतन, मूल रूप से एक अरबी शब्द है, जिसका अर्थ है किसी पद पर आसीन व्यक्ति को दिया जानेवाला भूमि अनुदान और सैद्धान्तिक रूप

से यह तब तक उसके परिवार में कायम रहता है जब तक वह कुशल सेवा प्रदान करता है; लेकिन व्यवहार में जब तक धारक राज्य के प्रति वफादार रहता है। यह अनिवार्य रूप से एक सेवा पट्टेदारी थी जिसे आम बोलचाल में **चाकरी वतन** कहा जाता था। वतनदार को न केवल अपनी सेवा के बदले लगान-मुक्त भूमि मिलती थी, बल्कि वह गाँव में कुछ अधिकार और सुविधाएँ (हक-लाजिमा) पाने का भी हकदार था। **इनाम** वह स्थायी भूमिदान था जिसके साथ कोई शर्त नहीं जुड़ी होती थी। यह सेवाओं के बदले नहीं मिलता था बल्कि अतीत में की गई सेवाओं का पुरस्कार होता था। इनाम, राज्य और इनाम रखनेवाले व्यक्ति के बीच इनाम-पत्र या क़रार नामक समझौते द्वारा बनाया जाता था। इस दस्तावेज में उल्लेख किया जाता था कि इनाम हमेशा के लिए किराया-मुक्त अनुदान है या यह इनाम-निमाई, तिज़ाई या चौथाई है। उदाहरण के लिए इनाम-तिज़ाई का अर्थ है कि इनामधारक को अपनी जमीन के लिए निर्धारित सामान्य किराए का 1/3 राज्य को देना है। कभी-कभी इनामदार को ज़मीन के किसी भी स्वामित्व का आनन्द लिए बिना, उसके नाम पर पंजीकृत ज़मीन के राजस्व का ही हक होता था। इनाम की ज़मीन विभिन्न उद्देश्यों के लिए दी जाती थी, जैसे- धार्मिक कर्तव्यों का पालन, संकट की अवधि में व्यक्तिगत बलिदान।

मीरासी भू-धृति भूमि पट्टेदारी की सबसे महत्त्वपूर्ण और प्रमुख श्रेणी थी। यह कृषक स्वामित्व की व्यवस्था थी। मीरासी शब्द अरबी शब्द मीरास से लिया गया है, जिसका अर्थ विरासत होता है। मीरासी का तात्पर्य उस भूमि से है जिस पर व्यक्ति का एकछत्र पुश्तैनी अधिकार हो। मराठी दस्तावेज़ों में इसका प्रयोग ऐसे किसी वंशानुगत और हस्तान्तरणीय अधिकार को इंगित करने के लिए किया गया है जिसे व्यक्ति ने उत्तराधिकार में, खरीदकर या उपहार के द्वारा अर्जित किया हो। ऐसा व्यक्ति मीरासदार कहा जाता था और उनका परिवार गाँव के मूल निवासियों के समूह से सम्बन्धित था। मीरासदार कभी भी ज़मीन पर अपना अधिकार नहीं खोता, इसका जमीन पर तब तक अधिकार बना रहता था जब तक वह उसे बिक्री, गिरवी अथवा उपहार द्वारा हस्तान्तरित न कर दे। अगर किसी आपदा के कारण वह गाँव छोड़कर चला गया हो और लम्बे समय अन्तराल के बाद अपनी मातृभूमि पर लौट आया हो, तब वह या उसके परिवार के लोग सरकार को उचित मुआवजा देकर ज़मीन वापस पा सकते थे। ऐसी वीरान ज़मीनों को गाँव के अभिलेखों में **गत-कुली** के रूप में दिखाया गया है।

मीरास के विपरीत, ऊपरी पट्टेदारी अस्थायी होती थी। उसका धारक गैर-मौरूसी काश्तकार होता था। 'आन द टेरिटरीज कांकर्ड फ्राम द पेशवा' नामक रिपोर्ट में एलफिंस्टन ने लिखा है-"सरकार की खेती की भूमि, कुछ भूमि को छोड़कर जिनका प्रबन्धन मामलतदारों द्वारा किया जाता था, हमेशा ही ऊपरियों को पट्टे पर दे दी जाती थी और पट्टों के समाप्त होने पर उनके दावे और कर्तव्य भी समाप्त हो जाते थे।"[43] ऊपरी काश्तकार को **उक्ति** भी कहा जाता था, यानी एक साल के लिए मौखिक समझौते पर पट्टा। यद्यपि यह एक साल के लिए जबानी समझौते पर लिया गया पट्टा होता था, लेकिन शासक या उसके प्रतिनिधि को नज़र (कुछ नकद पेशकश) देकर कोई भी ऊपरी, मीरासदार बन सकता था।

मराठी दस्तावेज़ों में मोकासा, जागीर और सरंजाम भू-धृति (लैंड टेन्योर) का समानार्थी के रूप में इस्तेमाल किया गया है। ये मूलत: सैन्य पट्टेदारियाँ थीं जो सिद्धान्त में अस्थायी होती थीं, लेकिन व्यवहार में आमतौर पर ये आगे चलकर पुश्तैनी हो जाती थीं। यद्यपि, मोकासा पट्टेदारी असैनिक और सैनिक दोनों प्रकार की सेवाओं के बदले दी जा सकती थी लेकिन मुख्यत: ये सैन्य सेवाओं के बदले ही दी जाती थी। 17वीं शताब्दी के शुरुआत में यह बहुत आम था, विशेषत: दक्कन के मुस्लिम शासकों के अधीन। आदिलशाही शासन के तहत कुछ व्यक्तियों को परगना या गाँव का मोकासा देने के कई उदाहरण हैं। हमें मोकासदार के स्थानान्तरण, उनके प्रतिस्थापन, उन्हें सौंपे गए कर्तव्यों को पूरा करने में विफलता के लिए उनकी गिरफ्तारी और यहाँ तक कि उनके मोकासा को जब्त करने के मामले भी मिलते हैं। मोकासादार कभी-कभी अपने सम्बन्धियों या सहायकों को अनुगृहित करने के लिए उप पट्टेदारी (सब टेन्योर) भी बना लेते थे। उदाहरण के लिए, शाहजी जो आदिल शाह के अधीन पुणे, सुपे और शिरवल परगना के मोकासदार थे, ने अपने बेटे शिवाजी को पुणे परगना के 36 गाँवों का **पोट-मोकासा** दिया। मराठा राज्य में, 'पोट-मोकासा' एक उच्च पदस्थ प्रशासनिक और राजस्व अधिकारी था जो किसी विशिष्ट क्षेत्र के वित्त और कराधान के प्रबन्धन के लिए उत्तरदायी था। 'पोट-मोकासा' को आमतौर पर एक विशिष्ट अवधि के लिए नियुक्त किया जाता था, जो 1 से 3 साल तक होती थी। यदि वे अच्छा प्रदर्शन करते तो उनका कार्यकाल एक और अवधि के लिए बढ़ाया जा सकता था या स्थायी भी बनाया जा सकता था। खराब प्रदर्शन, भ्रष्टाचार या राजनीतिक परिवर्तनों के कारण उन्हें पद से हटाया जा सकता था। 17वीं शताब्दी में, आदिलशाही राजवंश द्वारा 'पोट-मोकासा' उपाधि कुलीनों, उच्च श्रेणी के अधिकारियों और सैन्य कमांडरो को प्रदान की जाती थी, जिन्होंने आदिलशाही शासकों के प्रति असाधारण वफादारी, बहादुरी और सेवा का प्रदर्शन किया था। 'पोट-मोकासा' शब्दावली कन्नड़ भाषा से ली गई है, जहाँ 'पोट' का अर्थ है 'सम्माननीय' और 'मोकासा' का अर्थ है 'पद' या 'उपाधि'।

मराठा दस्तावेज़ों में जागीर और मोकासा शब्द का प्रयोग शिथिल रूप से किया जाता है। इन दोनों में थोड़ा सा अन्तर प्रतीत होता है। हालाँकि, उनका इस्तेमाल समानार्थक शब्दों के रूप में किया जाता है। मोकासा पट्टेदारी जागीर पट्टेदारी की अपेक्षा कम स्थायी प्रतीत होती है। मोकासा एक अस्थायी पट्टेदारी थी, इसलिए इसका धारक स्वाभाविक रूप से इसे इनाम या वतन पट्टेदारी में परिवर्तित करने के लिए उत्सुक रहता था जो स्थायी होती थीं।

एक दूसरे प्रकार की पट्टेदारी थी जो **सरंजाम** कहलाती थी।[44] यह विशुद्ध रूप से सैन्य थी। सरंजाम भू-धृति को जाट और फौज में विभाजित किया गया था, किसान को सैन्य सेवा के लिए नियुक्त किया गया था, उनके व्यक्तिगत वेतन के रूप में और बाद में सैनिकों की सहायता एवं किलों के रख-रखाव के लिए सरंजाम दिया गया था।

इस प्रकार ग्राम अथवा ग्रामों के राजस्व में मुख्य रूप से दो हिस्सेदार होते थे- वतनदार और मोकासादार। सामान्य तौर पर मोकासादार को राजस्व का तीन चौथाई हिस्सा (3/4) प्राप्त होता था लेकिन व्यवहारिक तौर पर राज्य का हिस्सा निकालने के

बाद उसके तीन भाग किए जाते थे। प्रथम भाग **सहोत्र** होता था जो राजस्व का 6 प्रतिशत था, जिस पर पन्तसचिव की दावेदारी होती थी। 3 प्रतिशत भाग **नादगोंडा** कहलाता था, जो राजा की इच्छा पर निर्भर करता था कि वह किसे दे। इसमें से भी यदि राजा की **बबती** (10 प्रतिशत) निकाल दी जाए, जैसा कि कुछ विद्वान मानते हैं तो फिर यह धनराशि केवल 56 प्रतिशत ही बचती थी। लेकिन कुछ विद्वान बबती को चौथ में शामिल मानते हैं इसलिए यह दावेदारी नहीं की जा सकती कि बबती 66 प्रतिशत में से ही निकाली जाती थी।[45] वतनदारों का भूमि पर पुश्तैनी स्वामित्व होता था जबकि मोकासादार भू-राजस्व में एक हिस्से मात्र तक ही सीमित था। मराठा राज्य भी अन्य राज्यों की तरह भूमि की कुल उपज में अपना भाग लेता था। सामान्यतः यह कुल उपज का 8 से 30 प्रतिशत तक होता था।

मराठों ने अपने क्षेत्र में मलिक अम्बरी पद्धति लागू की और राज्य का हिस्सा कुल उपज का 2/5 भाग (40 प्रतिशत) निर्धारित किया। शिवाजी के तत्कालीन विवरण तथा अन्य दस्तावेज़ों से शिवाजी के शासन में राज्य की माँग के रूप में **राजभाग पंचादुई** (उपज का 2/5 भाग) का उल्लेख मिलता है। यह राजस्व नक़द अथवा जिन्स (अनाज; वस्तु) दोनों ही रूपों में लिया जाता था।[46]

शिवाजी के शासनकाल में राज्य की आय के दो और स्रोत थे- **सरदेशमुखी** और **चौथ**। उनका मानना था कि मराठा राज्य के वंशानुगत और सबसे बड़े सरदेशमुख होने के नाते और लोगों के हितों की रक्षा करने के बदले उन्हें सरदेशमुखी लेने का अधिकार है। चौथ के सम्बन्ध में इतिहासकार एक मत नहीं हैं। रानाडे कहते हैं कि, "यह सेना के लिए दिया जानेवाला अंशदान मात्र नहीं था जिसमें कोई नैतिक और कानूनी बाध्यता नहीं होती थी, बल्कि यह बाह्य शक्ति के आक्रमण से सुरक्षा प्रदान करने के बदले लिया जानेवाला कर था।"[47] जबकि सरदेसाई इसे शत्रुता रखनेवाले अथवा विजित क्षेत्रों से वसूल किया जानेवाला कर (ट्रिब्यूट) मानते हैं।[48] जदुनाथ सरकार का कहना है कि- "यह मराठा आक्रमण से बचने के एवज़ में वसूल किए जानेवाले शुल्क से अधिक कुछ नहीं था। चौथ उन प्रान्तों से लिया जाता था जिन्हें **मुग़लई** कहा जाता था। ये प्रान्त प्रत्यक्षतः मुग़ल आधिपत्य में थे किन्तु मराठा शक्ति से आतंकित होने के कारण उनकी लूटमार से बचने के लिए मराठों को सिद्धान्त रूप में अपने भू-राजस्व का एक चौथाई देते थे जिसे **खानदानी** भी कहा जाता था, जो व्यवहार में एक चौथाई से अधिक होता था। इसके बदले इन 'मुग़लई' प्रान्तों को यद्यपि किसी प्रकार की मराठा सैनिक सहायता का आश्वासन तो नहीं था, तथापि उनको लूटमार से मुक्ति अवश्य मिलती थी।"[49] अतः इसे एक प्रकार का भयादोहन ही कहा जाना चाहिए। जो राज्य चौथ या सरदेशमुखी नहीं देते थे शिवाजी उन्हें लूट लेते थे। इसीलिए वी. ए. स्मिथ ने शिवाजी के राज्य को 'डाकू राज्य' (Robber State) की संज्ञा दी है[50] जो अनुचित है। चौथ से प्राप्त धन मराठा राज्य के प्रशासन के लिए खर्च किया जाता था जबकि सरदेशमुखी से प्राप्त धन छत्रपति या मराठा शासक के निजी उपयोग हेतु था।[51] पेशवाओं के काल में चौथ वसूलने का अधिकार भी अधीनस्थ सरदारों को हस्तान्तरित कर दिया गया।

दक्षिण भारत में, इस काल में नायक राज्यों का उदय हुआ। हालाँकि, भू-राजस्व का कुछ अंश केन्द्र (विजयनगर के राजाओं) तक भी पहुँचता था परन्तु नायक शासक लगभग स्वतन्त्र रूप से कार्य करते थे। नायकों के अधीन अधिकांश भूमि पोलिगरों के बीच वितरित थी जो पलयमों के प्रभारी थे, ये एक मुश्त रकम राजस्व के रूप में भुगतान कर देते थे जो कुल उत्पादन के 1/3 अंश के बराबर होता था।[52] आनुवंशिकता के उदय के साथ इन पोलिगरों ने, ख़ासकर कमजोर नायकों को नियमित रूप से भुगतान करना बन्द कर दिया। मैसूर के ओडियार शासक चिक्कदेव राजा ओडियार और शिवप्पा नायक ने दक्षिण भारत के राजस्व प्रशासन को निश्चित स्वरूप प्रदान करने का कार्य किया।

शिवप्पा नायक (1645-1660 ई.) के पहले भू-राजस्व व्यवस्था अविकसित थी। उसने पहली बार राजस्व व्यवस्था को नियमित किया। उसकी भूमि व्यवस्था और कर निर्धारण आदेश को 'शिवप्पा नायक शिस्त' के नाम से जाना जाता था। उसने भूमि का वर्गीकरण किया, मिट्टी की उर्वरा शक्ति निश्चित की और औसत उत्पादन के आधार पर लगान तय किया। भूमि को पाँच श्रेणियों में विभक्त किया गया।[53]

(1) उत्तम : काली मिट्टी

(2) मध्यमम : लाल और मिश्रित मिट्टी

(3) कामोष्ठम : कम पानी मिली मिश्रित काली मिट्टी

(4) अधम : नमी रहित अर्थात कड़ी मिट्टी

(5) अधमाधमम : गर्म बालुई सुखी मिट्टी-बंजर भूमि।

इनमें से प्रत्येक श्रेणी के एक टुकड़े पर लगातार बारह साल तक राजा के लिए खेती होती थी। बोए गए बीज और उत्पादन के मूल्य का सही-सही हिसाब रखा जाता था। पाँच वर्षों के कुल उत्पादन और उसके बाज़ार मूल्य का आँकलन किया जाता था, तब प्रत्येक वर्ष का औसत निकाला जाता था। इस औसत का 1/3 भाग राज्य के कोष में जाता था। इसके अलावा अधिकतम और न्यूनतम कर निर्धारण की दरें भी निर्धारित की गई थीं।[54]

मैसूर में ओडियार शासक **चिक्क देवराजा ओडियार** (1673-1704 ई.) ने भूमि कर को व्यवस्थित करने की कोशिश की थी। वह अपने पदाधिकारियों को वेतन आधा नगद और आधा फसल के रूप में दिया करता था। उसने आदेश दिया था कि कोई भी पदाधिकारी अपनी आय से अधिक व्यय नहीं करेगा। कुशल राजस्व नीति के फलस्वरूप उसके कोष में 9 करोड़ पैगोडा जमा हो गए थे। उसकी जनता उसकी राजस्व सम्बन्धी इन सफलताओं के कारण उसे 'नौकोटि नारायण' कहती थी।[55]

मालाबार के राज्य वे अपवाद थे जहाँ कोई भूमि कर नहीं लगाया जाता था। हालाँकि, कुछ इतिहासकारों ने इस अनुमान पर प्रश्नचिह्न लगाया है। यहाँ राज्य की आय का मुख्य स्रोत सीमाकर, सरदारों/राजाओं की व्यापार में व्यक्तिगत हिस्सेदारी और राजा/शासन के सीधे नियन्त्रणवाले क्षेत्रों से प्राप्त आमदनी थी। वस्तुत:, मालिक कृषक अपनी जमीन मन्दिरों को भेंट दे देते थे और उनके काश्तकार के रूप में खेती करते थे। इसके बदले में वे मन्दिरों को कुल उपज का 1/8 से 1/6 अंश देते थे। मन्दिरों को कर देना किसानों के लिए लाभप्रद था क्योंकि राज्य की माँग की तुलना में यह कम होता था। इसके अलावा

मन्दिरों को दान दी गई सारी जमीनें राजस्व मुक्त थीं। अत: राज्य को कोई भूमि कर प्राप्त नहीं होता था। वहाँ सीमा कर (**चुकन**) राजस्व का महत्त्वपूर्ण एवं बड़ा स्रोत था।

सन्दर्भ सूची

1. वर्मा, हरिश्चन्द्र, मध्यकालीन भारत (1540-1761), भाग-2, नई दिल्ली, 1998, पृ. 396
2. श्रीवास्तव, हरिशंकर, मुग़ल सम्राट हुमायूँ, आगरा, 1965 पृ. 417
3. वर्मा, पृ. 30
4. श्रीवास्तव, आर्शीवादी लाल, अकबर महान, भाग-2, आगरा, 1965, पृ. 180
5. कानूनगो, के. आर., शेरशाह, कलकत्ता, 1921, पृ. 65
6. मोरलैंड, डब्ल्यू. एच., एग्रेरियन सिस्टम ऑफ मुस्लिम इंडिया, कैम्ब्रिज, 1929, पृ. 244
7. मिश्रा, एस. सी., रिवेन्यू सिस्टम ऑफ शेरशाह, पी. आई. एच. सी., ग्वालियर, 1952, पृ.
8. वर्मा, पृ. 31
9. कुरैशी, इश्तियाक हुसैन, दी एडमिनिस्ट्रेशन ऑफ दी मुग़ल एम्पायर, नई दिल्ली, 2004, पृ. 118,
10. अबुल फज़ल अल्लामी, आइन-ए-अकबरी, भाग-2, कलकत्ता, 1939, पृ. 62
11. सरन परमात्मा, द प्राविन्शियल गवर्नमेन्ट अंडर द मुग़ल, लन्दन, 1991, पृ. 102
12. अबुल फज़ल, भाग-2, पृ. 60
13. अबुल फज़ल, भाग-2, पृ. 61
14. अहमद, इम्तियाज, मध्यकालीन भारत एक सर्वेक्षण, पटना, 2003, पृ. 280
15. अहमद, इम्तियाज, पृ. 281
16. पेल्सर्ट एफ., जहाँगीर'[स] इंडिया: द रिमोंस्तरांसी ऑफ फ्रांसिस्को पेल्सर्ट, कैम्ब्रिज, 1925, पृ. 174

डच ईस्ट इंडिया कम्पनी के अधिकारी फ्रांसिस्को पेल्सर्ट (1595-1630 ई.) का जन्म बेल्जियम के एंटवर्प में हुआ था। जिसे 'बटाविया' के कमांडर के रूप में उसकी उल्लेखनीय भूमिका के लिए जाना जाता है। 1618 ई. में वह डच ईस्ट इंडिया कम्पनी की वाणिज्यिक सेवा में पूर्व के देशों के लिए रवाना हुआ और दो साल बाद 1620 ई. में भारत पहुँचकर वहाँ कनिष्ठ व्यपारी के रूप में तैनात हुआ। भारत में उसे डच 'गुमाश्ता' (दलाल या प्रतिनिधि) के रूप में जाना जाता है। मसूलीपट्टनम से सूरत तक की यात्रा करने के बाद उसे आगरा भेजा गया जहाँ वह सात साल तक रहा, इस बीच वह कम्पनी में वरिष्ठ व्यापारी बन गया। उस प्रवास के दौरान जहाँगीर ने उसे आगरा टकसाल का अध्यक्ष बना दिया था। 1626 ई. में उसने मुग़ल साम्राज्य पर एक लेख लिखा, जिसका डच से अंग्रेजी भाषा में अनुवाद डब्ल्यू. एच. मोरलैंड और पी. गेल ने किया जो जहाँगीर्स इंडिया (जहाँगीर का भारत): रिमोंस्तरांसी ऑफ फ्रांसिस्को पेल्सर्ट (कैम्ब्रिज, 1925 ई.) के रूप में प्रकाशित हुआ। जून से अक्टूबर 1628 ई. तक हालैंड (नीदरलैंड) में रहने के बाद वह तीन जहाजों का प्रभारी बन जावा के लिए रवाना हुआ। लेकिन उसके अपने जहाज 'बटाविया' का अटलांटिक महासागर में अन्य दो जहाजों के साथ सम्पर्क टूट गया। चालक दल के झगड़ालू सदस्यों के बीच यह एक कठिन यात्रा थी। यात्रा के दौरान, कम्पनी के एक अधिकारी **जेरोनिमस कार्नेलिज** (1598-2अक्टूबर,1629) और जहाज के कप्तान **एरियन जैकब्स** ने उसके ख़िलाफ साजिश रची थी पर विद्रोह के पूर्व ही 4 जून 1629 ई. को 'बटाविया' हाउटमैन एब्रोलहोस के प्रवाल भित्तियों पर गेराल्डटन के वर्तमान शहर से लगभग 25 मील (72 किमी) दूर क्षतिग्रस्त हो गया। अधिकांश चालक दल और यात्रियों को दो द्वीपों पर छोड़कर, पेल्सर्ट 8 जून को जहाज की नाव में तीस लोगों

को साथ लेकर ताजे पानी की तलाश में पड़ोस में निकल पड़ा। जब यह खोज असफल साबित हुई तो उसने बटाविया (यह क्षेत्र वर्तमान में इंडोनेशिया की राजधानी जाकार्ता से मेल खाता है जो 1619 ई. से 1949 ई. तक डच ईस्ट इंडीज की राजधानी रहा) की यात्रा की, जहाँ 5 जुलाई को पहुँचा। पेल्सर्ट और जैकब्स के चले जाने के बाद, कार्नेलिज और उसके समर्थकों ने द्वीप पर आतंक का शासन शुरू किया। स्त्रियों का बेरहमी से बालात्कार किया गया, सम्भावित विरोधियों को अमानवीय पीड़ा दी गई। सितम्बर 1629 ई. में कुछ बचे लोगों ने कार्नेलिज के नेतृत्व में एक खूनी विद्रोह को अंजाम दिया। विद्रोहियों ने 125 पुरुषों और महिलाओं का नरसंहार कर दिया था। अक्टूबर 1629 ई. में चार माह की अनुपस्थिति के बाद, पेल्सर्ट डच ईस्ट इंडिया कम्पनी के जहाज 'सरदम' से द्वीप पर लौट आया। उसने विद्रोह को दबाकर कानून और व्यवस्था बहाल की और विद्रोहियों को सजा दिलवाई।

पेल्सर्ट का स्वास्थ्य गिरता जा रहा था लेकिन फिर भी उसने सुमात्रा के एक अभियान में भाग लिया। बटाविया लौटने के तुरन्त बाद सितम्बर 1630 ई. में उसकी मृत्यु हो गई। पेल्सर्ट ने उपमहाद्वीप के सम्पूर्ण उत्तरी और पश्चिमी भागों में उत्पादन और व्यापार से सम्बन्धित महत्त्वपूर्ण स्थलों का भ्रमण किया। उसने अपने यात्रा वृत्तान्त में इन स्थलों की सामाजिक और आर्थिक परिस्थितियों का अत्यधिक रोचक वर्णन किया है।

पेल्सर्ट के विवरणानुसार, लाहौर एक प्रमुख व्यापारिक केन्द्र था। मुल्तान और थट्टा, वस्त्र उद्योग, चीनी, सल्फर और नील के लिए प्रसिद्ध थे। उसने कश्मीर की भी यात्रा की। उसने भारत में गरीबी और कृषकों की अत्यन्त दयनीय दशा का मार्मिक चित्रण किया है। नील उत्पादन से सम्बन्धित विशेष रूप से बयाना में नील के उत्पादन के विषय में जो बातें उसने लिखी हैं वह किसी भी यूरोपीय यात्री के नील सम्बन्धी विवरण में अद्वितीय है। उसके अनुसार बयाना में अत्यधिक मात्रा में नील उत्पादित किया जाता था, जिसका इस वस्तु पर एकाधिकार था। वह आगरा में अपने प्रवास के अन्तिम दिनों में जहाँ उसने मुख्य रूप से कपास और नील का कारोबार किया, व्यापार और अर्थव्यवस्था के बारे में एक रिपोर्ट तैयार की, साथ ही मुग़ल साम्राज्य के समाज और रीति रिवाज़ों के सम्बन्ध में भी लिखा। वह आगरा को प्रमुख शहरों से सम्पर्क मार्ग द्वारा जुड़ा हुआ बताता है। उसकी इस रिपोर्ट को आधिकारिक रिपोर्ट के रूप में कभी प्रकाशित नहीं किया गया था लेकिन इसे फ्रांसिसी यात्री थेवेनॉट ने पढ़ा और उसने 1663 ई. में फ्रेंच में इसका एक संक्षिप्त संस्करण प्रकाशित किया।

17. हबीब, इरफान, दी एग्रेरियन सिस्टम ऑफ मुग़ल इंडिया (1556-1707), बाम्बे, 1965, पृ. 272
18. हबीब, इरफान, एग्रेरियन रिलेशन्स एंड लैंड रेवेन्यू (रायचौधरी तपन (सं.): द कैम्ब्रिज इकोनॉमिक हिस्ट्री ऑफ इंडिया (1200-1750), भाग-1 कैम्ब्रिज, 1982, पृ. 238
19. सिद्दीकी, नोमान अहमद, मुग़लकालीन, भू-राजस्व प्रशासन, नई दिल्ली, 1989, पृ. 60
20. सिद्दीकी, पृ. 61
21. कानूनगो, पृ. 65
22. डे, यू. एन., सम आस्पेक्ट्स ऑफ मेडिवल इंडियन हिस्ट्री, नई दिल्ली, 1998, पृ. 192
23. मोरलैंड, पृ. 261
24. श्रीवास्तव, पृ. 150
25. अबुल फज़ल, भाग-3, पृ. 413-14
26. अबुल फज़ल, भाग-3, पृ. 421

27. हबीब, इरफान, पृ. 340
28. मोरलैंड, पृ. 96-97
29. सुन्दरम, लंका, मुग़ल लैंड रेवेन्यू सिस्टम, लन्दन, 2007, पृ. 234
30. मोरलैंड के अनुसार, इस प्रथा में भूमि की माप के बिना सामान्य रूप से लगान निर्धारित किया जाता था। कुछ इतिहासकारों के अनुसार यह प्रत्येक किसान पर अलग-अलग लगान निर्धारित करने की बजाय एक क्षेत्र पर सामूहिक रूप से लगान निर्धारित करने की प्रथा थी। इसका अभिप्राय यह था कि आँकलन की इकाई एक किसान की जोत न होकर ग्राम, टप्पा या परगना थी। कुछ इसे निश्चित समय के लिए लगान निर्धारण के रूप में देखते हैं। इरफान हबीब के अनुसार, यह कोई विशिष्ट प्रणाली नहीं थी बल्कि विभिन्न प्रणालियों का मिला-जुला रूप था। सत्रहवीं शताब्दी के उत्तरार्ध तक यह प्रणाली चलती रही। इस प्रकार की व्यवस्था के अन्तर्गत आँकलित जमा के वितरण का काम बड़े जमींदारों या तालुकेदारों के हाथों में छोड़ दिया गया जो भू-राजस्व की वसूली तथा अदायगी का प्रबन्ध करते थे। इससे बड़े जमींदारों या किसानों को यह आवश्यक अधिकार व मौका मिल गया कि वे छोटे जमींदारों के खिलाफ राजस्व की माँग में वृद्धि कर सकते थे। छोटे जमींदारों ने अपना भार किसानों पर डाल दिया। पिछले अभिलेखों (रिकार्डो) पर आधारित होने के कारण नसक़ व्यवस्था अपेक्षाकृत सरल थी तथा उस पर अतिरिक्त व्यय भी नहीं करना पड़ता था।
(वर्मा, हरिश्चन्द्र, मध्यकालीन भारत (1540-1761), भाग-2, नई दिल्ली, 1998, पृ. 398; अहमद, इम्तियाज, मध्यकालीन भारत (8वीं से 18वीं शताब्दी) एक सर्वेक्षण, पटना, 2003, पृ. 281)
आर. पी. त्रिपाठी के अनुसार इसमें न तो भूमि की पैमाइश की जाती थी और न तो फसलों का वर्गीकरण किया जाता था, यह शासन तथा कृषक अथवा भू-स्वामी के मध्य मोटे अनुमान पर आधारित शुद्ध एवं सरल समझौता था।
31. श्रीवास्तव, हरिशंकर, मुग़ल शासन प्रणाली, आगरा, 1969, पृ. 167
32. सिद्दीकी, पृ. 77
33. हबीब, इरफान, पृ. 199-200
34. सरकार, जगदीश नरायन, स्टडी इन इकोनॉमिक लाइफ इन मुग़ल इंडिया, नई दिल्ली, 1975, पृ. 174
35. रायचौधरी, तपन, एंड इरफान हबीब (सं.), द कैम्ब्रिज इकोनॉमिक हिस्ट्री ऑफ इंडिया 1200-1750, वॉल्यूम-1, कैम्ब्रिज 1982, पृ. 236-37
36. मेहता, जे. एल., एडवान्स स्टडी इन द हिस्ट्री ऑफ मेडिवल इंडिया, वॉल्यूम-2, मुग़ल एम्पायर (1526-1707), नई दिल्ली, 1979, पृ. 61
37. रायचौधरी, हबीब, पृ. 250
38. रायचौधरी, हबीब, पृ. 251
39. रायचौधरी, हबीब, पृ. 252
40. सरदेसाई, गोविन्द सखाराम, ए हिस्ट्री ऑफ माडर्न इंडिया....... मराठी रियासत, वॉल्यूम-2, नई दिल्ली, 1935, पृ. 235
41. कुलकर्णी, ए. आर., विलेज लाइफ इन द डेकन इन द सेवेन्टीन्थ सेन्चुरी, (दि इंडियन इकोनॉमिक एंड सोशल हिस्ट्री रिव्यू वॉल्यूम-4), 1967, पृ. 38
42. गॉडर्न स्टीवर्ट, द मराठाज़, 1600-1818, कैम्ब्रिज, 1993, पृ. 74
43. एलफिंस्टन एम., रिपोर्ट ऑन द टेरिटरीज कॉन्कर्ड फ्राम द पेशवा, सबमिट टू द सुप्रीम गवर्नमेन्ट ऑफ़ ब्रिटिश इंडिया, {फ़ारेस्ट, ज़ार्ज डब्ल्यू., (सम्पादन), सिलेक्शन फ्राम द मिनट्स एंड अदर

5
वित्तीय और मौद्रिक प्रणाली

राज्य का वित्तीय प्रबन्धन से आशय धन का दक्ष एवं प्रभावी प्रबन्धन है ताकि राज्य के लक्ष्यों की प्राप्ति की जा सके। मुग़ल साम्राज्य की कुल आय में भू-राजस्व के अतिरिक्त अन्य करों के योगदान का ठीक-ठाक ब्योरा देना बहुत कठिन है। शीरीन मुसवी के अनुसार गुजरात और आगरा सूबे (प्रान्त) में यह क्रमश: 18 प्रतिशत और 15 प्रतिशत के आसपास था जबकि अन्य सूबों में यह 5 प्रतिशत से भी कम था।[1]

भू-राजस्व के अतिरिक्त अन्य करों में हस्तशिल्प उत्पादन पर कर, बाजार कर, अन्तरप्रान्तीय (देशी) और विदेशी दोनों तरह के व्यापारों पर सीमा शुल्क और राहदारी (पथकर) एवं सिक्कों की ढलाई पर कर आय के मुख्य स्रोत थे। इनके अलावा युद्ध की लूट, नज़रानों और भेंटों से भी राजकोष समृद्ध होता था।

बाज़ार में बेची जानेवाली लगभग सभी वस्तुओं पर कर लगता था। इनमें कपड़ा, चमड़ा, अनाज, पशु आदि प्रमुख हैं। कोई चीज जितनी बार बेची जाती थी उस पर उतनी बार कुछ कर देना होता था। हमारे पास कराधान की सही-सही दर को गणना करने के लिए पर्याप्त आँकड़े उपलब्ध नहीं हैं। आमतौर पर जो उल्लेख मिलता है उससे पता लगता है कि ये कर काफी ज्यादा थे। पीटर मंडी (1632 ई.) के विवरण के अनुसार, पटना का राज्यपाल कर वसूलने में बहुत निर्ममता बरतता था और यहाँ तक कि दूध बेचनेवाली औरतों से भी कर वसूल किया जाता था। एक अन्य समकालीन लेखक ने भी लिखा है कि फूल बेचनेवाले से लेकर मिट्टी का बर्तन बेचनेवाले तक, अच्छी कोटि का मलमल बनानेवालों से लेकर मोटा कपड़ा बनानेवालों तक, हर तरह के व्यापारी को कर देना पड़ता था।[2]

व्यापारियों के अलावा कारीगरों को भी अपने उत्पादन पर कर देना पड़ता था। सभी प्रकार के कपड़ों, रेशम और ऊनी वस्त्र पर **कटरापार्चा** कर लगाया जाता था। नील, शोरा और नमक पर भी कर लगाया जाता था। कुछ मामलों में, जैसे कि अकबर के समय में पंजाब में नमक पर कर लगाया गया जो उसकी मूल लागत के दोगुना से भी ज्यादा था।

जब कोई वस्तु एक जगह से दूसरी जगह ले जाई जाती थी तब भी उस पर कर लगाया जाता था। हमें सीमा शुल्क दरों की थोड़ी बहुत जानकारी मिलती है। बन्दरगाहों से लाई जानेवाली प्रत्येक वस्तु पर कर लगाया जाता था। अबुल फज़ल के अनुसार

अकबर के समय में इस प्रकार के शुल्क ढाई प्रतिशत (2.5 प्रतिशत) से ज्यादा नहीं लगाए जाते थे। सत्रहवीं शताब्दी के आरम्भ के एक दस्तावेज़ में बताया गया है कि वस्तुओं पर ढाई प्रतिशत, खाद्य सामग्री पर तीन प्रतिशत और धन (सोना और चाँदी) पर दो प्रतिशत कर लगाया जाता था। सत्रहवीं शताब्दी के अन्त में सीमा शुल्क चार से पाँच प्रतिशत के बीच था।

औरंगज़ेब ने अलग-अलग समुदायों पर अलग-अलग पारगमन कर लगाया था। यह दर मुसलमानों के लिए ढाई प्रतिशत (2.5 प्रतिशत), हिन्दुओं के लिए पाँच प्रतिशत और विदेशियों के लिए साढ़े तीन प्रतिशत (3.5 प्रतिशत) थी। यह दर पूरे साम्राज्य में लागू थी।[3] 52 रुपये से कम मूल्य की वस्तु कर से मुक्त होती थी। कुछ समय के लिए औरंगज़ेब ने मुसलमानों को सभी सीमा शुल्कों से मुक्त कर दिया परन्तु जल्द ही उसने फिर से उन पर ढाई प्रतिशत कर लगा दिया।

सम्राट के निर्देशों के बावजूद व्यापारियों से अक्सर निर्धारित सीमा शुल्क से ज्यादा राशि वसूल कर ली जाती थी। हमें सीमा शुल्क की अतिरिक्त वसूली के बारे में विदेशियों द्वारा की गई शिकायतों से पता चलता है। अंग्रेजों ने 1615 ई. में शिकायत की थी कि अहमदाबाद से सूरत तक वस्तुओं को लाने में तीन बार अलग-अलग शुल्क वसूला जाता है। समय-समय पर अंग्रेज और डच सीमा शुल्क में छूट प्राप्त करने के लिए सम्राट से फरमान प्राप्त किया करते थे फिर भी अक्सर सीमा शुल्क चौकियों पर शुल्क का भुगतान करना पड़ता था। मुग़ल सीमा क्षेत्र के अतिरिक्त स्वायत्त शासक भी अपने इलाके से गुजरनेवाली वस्तुओं पर शुल्क लगाते थे। मोरलैंड कहता है कि, "व्यापार और वाणिज्य पर करों के बोझ की ठीक-ठीक गणना करना सम्भव नहीं है क्योंकि सभी अपनी मनमर्ज़ी से कर लगाते थे और शुल्क उगाहते थे। एक राज्य या क्षेत्र में कर देने के बावजूद व्यापारियों को दूसरे क्षेत्र में पुनः कर देना पड़ता था।"[4]

सीमा शुल्क के अलावा राहदारी कर या पारगमन शुल्क भी वसूल किया जाता था, यह एक प्रकार का पथकर या चुंगी थी। विभिन्न क्षेत्रों से गुजरनेवाली वस्तुओं पर यह चुंगी लगायी जाती थी। हालाँकि, प्रत्येक स्थान पर थोड़ी-थोड़ी राशि ही देनी पड़ती थी परन्तु कुल मिलाकर यह राशि बड़ी हो जाती थी। यहाँ तक कि अपने क्षेत्र से गुजरनेवाली वस्तुओं पर ज़मींदार भी चुंगी वसूला करते थे। सत्रहवीं शताब्दी के एक समकालीन विवरण (ख़फी खाँ) के अनुसार राहदारी को अवैध माना जाता था परन्तु इसके नाम पर व्यापारियों और व्यवसायियों से बड़ी मात्रा में राशि वसूल कर ली जाती थी। यह कर नदी मार्गों पर भी लगाया जाता था।

टकसाल में लिया जानेवाला शुल्क साम्राज्य के लिए आय का एक अन्य प्रमुख स्रोत था। राज्य द्वारा वसूले गए टकसाल-शुल्क को **महसूल-ए-दारूल जर्ब** कहा जाता था। यह शुल्क कुल ढाली गई मुद्रा का पाँच प्रतिशत था। इसके अतिरिक्त दो अन्य शुल्क भी लिए जाते थे। इन्हें **रूसूम-ए-अहलकारान** (पदाधिकारियों द्वारा देय) और **उजरत-ए-कारीग़रान** (कारीगरों की मजदूरी) कहा जाता था।[5]

भू-राजस्व के समान करों की वसूली के लिए भी एक सुगठित और व्यवस्थित तन्त्र स्थापित किया गया था। साम्राज्य में भू-राजस्व और अन्य करों से हुई आयों का अलग-अलग हिसाब रखने का प्रयत्न किया जाता था। इस दृष्टि से करों को 'माल-ओ-जिहात' और 'साइर-ज़िहात' या 'सायर-जिहात' में वर्गीकृत किया गया। पहलेवाला भू-राजस्व से और दूसरा व्यापार और वाणिज्य पर लगाये गए करों से सम्बद्ध था।[6] कर निर्धारण और वसूली की सुविधा की दृष्टि से 'महालात-ए-सायर' या 'सायर-महाल' नामक राजस्व सम्बन्धी अलग क्षेत्र विभाजन बड़े कस्बों और नगरों में किया गया। महाल शुद्ध राजस्व क्षेत्र था जो परगना (जो राजस्व और क्षेत्रीय विभाजन दोनों था) से भिन्न था।

'आइन-ए-अकबरी' में अहमदाबाद, लाहौर, मुल्तान और भड़ौच (भरूच) जैसे क्षेत्रों के लिए 'सायर-महाल' और शहरों के राजस्व आँकड़ों को अलग से दर्ज़ किया गया है। सत्रहवीं शताब्दी के उपलब्ध राजस्व आँकड़ों में प्रत्येक शहर के सायर महालों (राजस्व क्षेत्रों) का उल्लेख अलग से किया गया है। उदाहरण के लिए, सूरत की सूची में दिए गए राजस्व महालों में महाल फर्जा, महाल खुश्की, महाल नमकजार, महाल चबूतरा-ए-कोतवाली, महाल दलाली, जौहरी व मनहारी, महाल दारूल जर्ब, महाल गल्ला मंडी और महाल जहाजात का उल्लेख मिलता है। ये राजस्व क्षेत्र या तो जागीर के रूप में दिए जाते थे अथवा इनका राजस्व वसूल करके राजकोष में सीधे जमा करा दिया जाता था।

सीमा शुल्क चौकियों और टकसालों को छोड़कर, करों को वसूल करनेवाले अधिकांश अधिकारियों की पदवी भू-राजस्व पदाधिकारियों के अनुरूप ही होती थी (अमीन, करोड़ी, कानूनगो, चौधरी)। बन्दरगाहों पर अधिकारियों का एक अलग वर्ग होता था। **मुत्सद्दी** बन्दरगाह का मुख्य पदाधिकारी या अधीक्षक होता था। उसकी नियुक्ति सीधे सम्राट करता था। कर की वसूली करना उसका काम था। सीमा शुल्क चौकियों में व्यापारियों से बात करके निर्धारित किए गए मूल्यों के आधार पर ही वस्तुओं का बाज़ार मूल्य तय होता था। मुत्सद्दी के अधीन कई पदाधिकारी कार्यरत होते थे जो सीमा शुल्क लगाने, वसूल करने और खातों के रखरखाव में उसकी सहायता करते थे। इनमें मुशरिफ, तहसीलदार और दरोगा-ए-खज़ाना प्रमुख थे। इन पदाधिकारियों की नियुक्ति भी राजदरबार से होती थी। इन सीमा शुल्क गृहों के अपने कर्मचारी और कुली भी हुआ करते थे। विस्तृत आँकड़ों के अभाव में कुल वसूली जानेवाली राशि का अनुमान करना कठिन है। शीरीन मूसवी ने प्राप्त आँकड़ों का आँकलन करके अनुमान लगाया है कि राज्य की आय में इन करों का योगदान लगभग 10 प्रतिशत के करीब होता था।

सिक्के इतिहास बोलते हैं। वे न केवल विनिमय के साधन हैं बल्कि मूल्य का भंडार भी हैं। उनकी धात्विक गुणवत्ता एक राज्य की आर्थिक स्थिति की परख करने में मदद करती है, जबकि उनका प्रसार इंगित करता है कि शासक की सम्प्रभुता कितनी दूर तक फैली हुई है। मुग़लों के शासन काल में मौद्रिक व्यवस्था पूरी तरह सुव्यवस्थित थी। इस समय धातुओं की शुद्धता बनाए रखने में काफी सफलता प्राप्त कर ली गई थी। मुग़ल

मुद्रा व्यवस्था त्रिपदात्मक थी। यहाँ तीन प्रकार के सिक्के ढाले जाते थे, ताँबा, चाँदी और सोना। जिनकी एकरूपता तथा शुद्धता सराहनीय है। चाँदी का सिक्का 'रुपया' इस व्यवस्था का आधार था।

चाँदी के सिक्कों का मुग़लों से पूर्व का लम्बा इतिहास है। दिल्ली सल्तनत में इसका प्रयोग किया गया और इसे टंका (तनका) कहा गया। शेरशाह ने पहली बार चाँदी के सिक्के का मानकीकरण किया। इसे रुपया कहा जाता था और इसका वज़न 178 ग्रेन्स (ट्राय)* या लगभग 11.55 ग्राम होता था।[7] ढलाई करने के लिए सिक्के में अन्य धातु भी मिलाई जाती थी। जो सिक्के के कुल वज़न के 4 प्रतिशत से अधिक नहीं होती थी।

शेरशाह ने ताँबे का सिक्का दाम भी जारी किया था जो 330 ग्रेन वज़न का होता था।[8] 40 दाम का 1 रुपया होता था। दामों का विभाजन इस प्रकार था:

अधेला = 1/2 दाम
पओला = 1/4 दाम
दमड़ी = 1/8 दाम
जीतल = 1/25 दाम

अकबर ने रुपया को आधार मुद्रा के रूप में अपनाया। 'आइन' के अनुसार, $11\frac{1}{2}$ माशा (172.5 ग्रेन्स) मानक वज़न के चाँदी के सिक्के (रुपया) साम्राज्य के विभिन्न टकसालों द्वारा ज़ारी किए गए। औरंगज़ेब के शासन काल में रुपया का वज़न बढ़कर 180 ग्रेन्स (ट्राय) हो गया। व्यापार और राजस्व आदि के लिए मुख्य रूप से चाँदी के सिक्के का ही उपयोग किया जाता था। मोरलैंड ने उल्लेख किया है कि अकबर के समय में चाँदी का 1 रुपया मूल्य में 2 शिलिंग 3 पेंस (स्टर्लिंग) के बराबर होता था।[9] टैवर्नियर जिसने 17वीं शताब्दी में कई बार भारत का भ्रमण किया था, ने विवरण दिया है कि एक रुपये में 46 से 56 पैसे होते हैं जो ताँबे के टकसाल से अधिक या कम दूरी होने पर निर्भर था।[10]

अकबर के पूर्व बाबर ने चाँदी और ताँबे दोनों प्रकार के सिक्के जारी किए थे। बाबर ने काबुल में चाँदी का **शाहरुखी** तथा कन्धार में **बाबरी** नामक सिक्के का प्रवर्तन किया था। उसके चाँदी के सिक्के (शाहरुखी) 15वीं शताब्दी में तैमूरी शासक शाहरुख द्वारा पेश किए गए सिक्के के प्रकार पर आधारित थे, इसलिए उन्हें शाहरुखी कहा जाने लगा। (इतिहासकारों के एक समूह का मानना है कि 'शाहरुखी' नाम तैमूर के सबसे बड़े बेटे शाहरुख मिर्ज़ा के नाम पर रखा गया था) शाहरुखी सिक्के लगभग 4.50-4.75 ग्राम

---

* 'ट्राय वज़न मापने की अंग्रेजी प्रणाली थी जिसका प्रयोग सोने, चाँदी और प्लेटिनम जैसी बहूमूल्य धातुओं के सन्दर्भ में किया जाता था। इसके अनुसार, 1 पेनी = 24 ग्रेन्स; 20 पेनी = 1 ट्राय औंस = 480 ग्रेन्स = 31.1034768 ग्राम; 12 ट्राय औंस = 1 ट्राय पाउंड = 5760 ग्रेन्स = 373.2417216 ग्राम; 1 ग्रेन = 0.064798 ग्राम। ध्यातव्य हो कि एवोरडुपॉइज प्रणाली में 16 ट्राय औंस, 1 ट्राय पाउंड के बराबर होता है। दशमलव-पूर्व मुद्राप्रणाली में 20 शिलिंग या 240 पेंस का एक पाउंड होता था।

बाबर ज़हीरुद्दीन मुहम्मद, चाँदी सिक्का शाहरुखी,
वज़नः 4.62 ग्राम, व्यासः 22-23 मिमी

मानक वज़न में जारी किए गए थे जिन पर (अग्र भाग पर) केन्द्र में सुन्नी कालिमा (इस्लामी वाक्यांश) और उसके चारों ओर प्रथम चार ख़लीफाओं के नाम अंकित है। दूसरी तरफ (पश्चभाग में) हिजरी युग की तारीख़ और ढलाईवाले शहर टकसाल के नाम के साथ राजा का इस्लामी नाम और उपाधियाँ दिखाई देती हैं। उसके चाँदी के सिक्के आगरा, लाहौर, जौनपुर और काबुल की टकसालों से निर्गत किए जाते थे। बाबर के ताँबे के सिक्के इस अर्थ में अज्ञात हैं कि उन पर उसका नाम अंकित नहीं है, उसपर केवल तारीख़ और टकसाल का नाम अंकित है, जो आगरा, काबुल, लाहौर और जौनपुर से निर्गत किया गया था। तिथि के आधार पर इसका श्रेय बाबर को दिया गया है। बाबर ने **किपकी** नामक ताँबें के सिक्के का उल्लेख किया है जो अर्सकीन महोदय के अनुसार अंडाकार आकृति का ताँबे का सिक्का था।[11]

बाबर के पुत्र और उत्तराधिकारी हुमायूँ को सोने, चाँदी और ताँबे के सिक्के जारी करने के लिए जाना जाता है। उसके सिक्के को दो चरणों में समझा जा सकता है। उसके पहले चरण (1530-1540 ई.) में चाँदी की शाहरुखी के साथ-साथ अनाम ताँबे की फुलूस उसकी मुख्य मुद्रा थी। इसके अलावा, शाहरुखी पैटर्न पर कुछ सोने के सिक्के भी प्रचलन में थे। उसके सिक्के दिल्ली, जौनपुर, आगरा और लखनौती टकसालों से निर्गत किए जाते थे। जब तक हुमायूँ ने अपने दूसरे चरण (1555-1556 ई.) के लिए भारत के सिंहासन पर कब्जा कर लिया, तब तक शेरशाह सूरी और उसके उत्तराधिकारियों के शासन के तहत भारतीय मुद्रा प्रणाली ने रुपये (चाँदी के सिक्कों) के रूप में एक आदर्श आकार ले लिया था। 28 मिमी चौड़े फ्लान के साथ रुपया का वज़न लगभग 11.55 ग्राम (178 ग्रेन्स) था और 7 मिमी की मध्यम मोटाई के साथ पैसे (ताँबे के सिक्के) का वज़न लगभग 21.4 ग्राम (330 ग्रेन्स) था। यह भारत की सामान्य मुद्रा बन गई। सूरी चाँदी रुपिया देवनागरी और अरबी के साथ द्विभाषा में जारी किया गया था। हुमायूँ ने अपने दूसरे चरण में विशेष रूप से बंगाल क्षेत्र से रुपिया पैटर्न पर अपने चाँदी के सिक्के जारी किए थे लेकिन उन पर उसका नाम अंकित नहीं है। हुमायूँ के चाँदी के सिक्के में परिवर्तन अच्छी तरह से स्पष्ट हैं लेकिन उसने अपने 9.4 ग्राम

के ताँबे के सिक्कों को बदलने का कोई प्रयास नहीं किया, जो उसने अपने पहले चरण में जारी किया था। हालाँकि, सूरी पैसे को अपनाने के साथ उसने तीन ताँबे टकसालों देहली, लाहौर और नारनौल से मानक सूरी पैसे को निर्गत कराया, लेकिन सिक्कों पर उसने अपनी गुमनामी बरकरार रखी।

अकबर के पूर्व सूरी का सिक्का चलता था, लेकिन समय-समय पर इसमें कुछ संशोधन और बदलाव किए गए, मुग़ल सिक्के ने अकबर के समय में एक अलग आकार लिया। अकबर के सिक्के उसके अपने व्यक्तित्व का एक शक्तिशाली प्रतिबिम्ब प्रदान करते हैं और वे अन्य मुग़ल सम्राटों द्वारा ढाले गए सिक्कों में सबसे सुन्दर, उत्तम और विविध हैं। अकबर ने सोने, चाँदी और ताँबे के सिक्के जारी किए। इन्हें क्रमशः मुहर, रुपया, दाम या फुलूस या टंका कहा जाता था। अलग-अलग स्थानों से प्राप्त अकबरकालीन सोने, चाँदी और ताँबे के सिक्कों के वज़न में भिन्नता दिखती है। सोने के सिक्कों (मुहर) का वज़न लगभग 10.50-11.00 ग्राम (162-169 ग्रेन्स) तक, चाँदी के सिक्कों (रुपया) का वज़न लगभग 11.00-11.50 ग्राम (169-177 ग्रेन्स) तक और ताँबे के सिक्कों (दाम या फुलूस) का वज़न 20-21 ग्राम (308-324 ग्रेन्स) तक है। अपने 40वें शासन वर्ष में अकबर ने दोहरे दाम (618-644 ग्रेन्स तक) वज़न के ताँबे के सिक्के जारी किए जिन्हें टंका कहते थे। सोने और चाँदी की तरह उसके ताँबे के सिक्कों को भी विभिन्न मूल्यवर्ग और रूपों में जाना जाता है। उसके कुछ ताँबे के सिक्के विशेषकर टंका श्रृंखला के सिक्के मिले हैं, उन पर टंका, नीम टंका आदि शब्द अंकित है।

मुग़लकाल में सर्वप्रथम स्वर्ण सिक्के चलाने का श्रेय अकबर को है। अकबर ने सिक्कों पर साल हिज़री की मुहर लगाई। इलाही संवत् (1583 ई.) प्रारम्भ करने के बाद अकबर की मुद्राओं पर सूर्य एवं चन्द्रमा की महिमा का बखान करनेवाले पद्य अंकित हैं। मुग़ल काल में सर्वप्रथम आकृतियुक्त सिक्कों का निर्माण अकबर ने किया। उसके राम-सिया सिक्कों पर अग्र भाग पर धर्नुधारी राम एवं सीता की आकृति और देवनागरी लिपि में राम-सिया का अंकन तथा पृष्ठ भाग में कलमा का अंकन हुआ है।

अकबर द्वारा प्रवर्तित राम-सिय रजत सिक्के (1604-05 ई.)

परन्तु शासक की आकृतिवाले सिक्कों को सर्वप्रथम जहाँगीर नें चलाया था। उसके सिक्कों पर उसके पिता अकबर के आकृति का अंकन हुआ, दूसरे जहाँगीर पहला शासक था जिसने स्वयं की आकृतिवाले सिक्के चलाए।

जहाँगीर द्वारा प्रवर्तित अकबर की छवि वाले मुहर

अबुल फज़ल के अनुसार अकबर ने 26 प्रकार के सोने के सिक्के, 9 प्रकार के चाँदी के सिक्के और 4 प्रकार के ताँबे के सिक्के चलवाये थे। सर्वप्रथम अकबर ने अपने शासन के प्रारम्भ में स्वर्ण मुद्राए जारी की जिसे **अशर्फी** या **मुहर** कहते थे। ज्यादातर इतिहासकार इसका वज़न 169 ग्रेन्स (ट्राय) आँकते हैं,[12] जबकि आइन में इसका भार 11 माशा बताया गया है। 11 माशा 88 रत्ती के बराबर होता है और 88 रत्ती 165 ग्रेन्स के समतुल्य होता है (1 माशा = 8 रत्ती, 1 रत्ती = 1.875 ग्रेन)। इसप्रकार मुहर का मानक वज़न 165 ग्रेन्स था, लेकिन इससे ज्यादा और कम वज़न के मुहर प्राप्त हुए हैं। निश्चित रूप से सिक्कों के निर्धारित भार में कमी-बेशी, टकसालों के मुद्रीकरण प्रक्रिया में मशीनीकृत प्रणाली के आभाव का परिणाम था। इस सिक्के को वाणिज्यिक लेन-देन में उपयोग में नहीं लाया जाता था। इसे मुख्य रूप से संचय निधि के रूप में रखा जाता था और इसे उपहार देने के काम में भी लाया जाता था। यही मुग़लकाल में सर्वाधिक प्रचलित सिक्का था। एक मुहर 9 रुपये के बराबर होता था। अबुल फज़ल के अनुसार सोने के सिक्के केवल आगरा, बंगाल, अहमदाबाद (गुजरात) और काबुल में ढाले जाते थे। अबुल फज़ल द्वारा बताए गए 26 सोने के सिक्कों के प्रकार निम्नलिखित है[13]—

1. सहंसा सबसे बड़ा स्वर्ण सिक्का था। यह एक गोल सिक्का है जिसका वज़न 101 तोला, 9 माशा और 7 सुर्ख (रत्ती) है, जिसका मूल्य 100 लाल-ए-जलाली मुहर के बराबर है। इसे **शंसब** या **शहंशा**ह भी कहते थे। इसके एक तरफ (अग्र भाग में) मध्य में बादशाह का नाम खुदा और सीमा में पाँच मेहराबों पर अरबी में उत्कीर्ण है—

'अल-सुल्तानु ला जमू एल-खाकानू अल-मुअज्जु खल्लादा अल्लाह मुल्कहु वा सुल्तानहु',

('महान सुल्तान, प्रतिष्ठित सम्राट, ईश्वर उसके राज्य और उसके शासन को सदा कायम रखें)।

सिक्के की दूसरी तरफ (पश्च में) में कुरान की निम्नलिखित आयत अंकित है—

'अल्लाहु यज़्रुको मँइयशौ बिगैरे हिसाब',

(ईश्वर जिस पर प्रसन्न होता है, उसे बेहिसाब प्रदान करता है)

और सिक्कों के किनारे-किनारे गोल चक्कर में पहले चार ख़लीफाओं के नाम अंकित हैं।

सबसे पहले मोहरकन (उत्कीर्णक) मौलाना मकसूद ने उपर्युक्त वाक्य के अंकन में कार्य-पटुता दिखाई थी, उनके बाद मुल्ला अली अहमद ने बड़ी कुशलता से निम्नलिखित संशोधन और परिवर्तन किए—

सिक्के के एक तरफ अरबी में अंकित किया गया—

'अफजलु दीनारिन यनफकहू-अर्रज़ुलु दिनार यनफकहू अला असहाबिही फी सबीलिल्लाह अलअसहाब'

(सबसे अच्छा दीनार वह है, जिसको कोई व्यक्ति, ईश्वर की राह में अपने धर्म बन्धुओं पर खर्च करता है।)

और दूसरी तरफ (पश्च में) अंकन किया- 'अस्सु-सुल्तानुलआली अल-ख़लीफ़तुल-मुतआली खल्लदा अल्लाहु तआला मुलकहू वा सुल्तानहू वा अब्द अदलहु वा एहसानह' (महान सुल्तान, महान ख़लीफा, सर्वशक्तिमान ईश्वर उसके साम्राज्य और शक्ति को अनन्त काल तक कायम रखें और उसकी न्याय और उदारता को बनाए रखें)।

बाद में यह सब हटा दिया गया, और दरबारी कवि और दार्शनिक शेख फैजी की फ़ारसी भाषा में रचित निम्नलिखित दो रुबाइयाँ (चौपाई) मुल्ला अली अहमद द्वारा उत्कीर्ण की गईं। सिक्के की एक तरफ (अग्र भाग में) फारसी में उत्कीर्ण किया गया—

वह सूर्य (ईश्वर का प्रकाश) ही है जिससे सातों समुद्रों को मोती मिलते हैं,
काली चट्टानों को उसकी चमक से रत्न मिलते हैं,
उसकी कृपालु दृष्टि से खदानों को सोना प्राप्त होता है
और वो सोना अकबर की मुहर (सिक्के) से प्रतिष्ठित होता है।

मध्य में, 'अल्लाहु अकबर जल्ला जलालहू' (ईश्वर महान है, उसकी महिमा उज्ज्वल है) अंकित किया गया।

सिक्के की दूसरी तरफ (पश्चभाग में)—

'यह सिक्का, जो आशा का आभूषण है,
अमिट आकारों और एक चिरस्थायी नाम के साथ शाश्वत रहेगा।
इसकी शुभता के संकेत के रूप में पर्याप्त है कि
सूर्य का भेंट किया हुआ यह परमाणु संसार में चिरस्थाई रहेगा।'

और मध्य में इलाही युग के अनुसार तिथि का अंकन हुआ।

2. इसी नाम और आकार का एक और सोने का सिक्का है, जिसका वज़न 91 तोला और 8 माशा है, जिसका मूल्य 11 माशा प्रति मुहर के हिसाब से 100 गोल मुहर के बराबर है। इसका प्रभाव पिछले जैसा ही था।

3. रहस, पूर्ववर्ती दोनों सिक्कों में से प्रत्येक का आधा भाग है। कभी-कभी इसे चौकोर भी बनाया जाता था। एक तरफ इसकी छाप सहंसा जैसी ही है और दूसरी तरफ फैज़ी की निम्नलिखित रुबाई अंकित है—

"यह बहुमूल्य सिक्का सम्राट अकबर के खज़ाने का सर्वश्रेष्ठ रत्न है,
यह सिक्का सम्राट के सौभाग्य के सितारे के साथ चलता है।
इसकी उत्पत्ति के दिन से सूर्य (ईश्वर का प्रकाश) इसका पोषण करता है,
क्योंकि अकबरशाही सिक्के की तेजस्विता से स्वयं सूर्य ने भी सम्मान पाया।"

4. आत्मा, सहंसा का चौथा भाग (लगभग 25 तोला) है जो गोल और चौकोर दोनों आकृतियों में ढाला जाता था। कुछ पर छाप सहंसा जैसी ही है और कुछ के ऊपर फैजी की निम्नलिखित रुबाई अंकित है—

यह सिक्का -भाग्यशाली लोगों के हाथ की शोभा हो,
यह नौ आकाश और सात सितारों का आभूषण हो,
यह सोने का सिक्का है इससे सोने के सदृश कार्य सिद्ध हों,
यह शाह अकबर की शान में युगों-युगों तक कायम रहे।

5. बिंसत, 20 मुहर का एक टुकड़ा अर्थात् मूल्य में सहंसा के पाँचवें हिस्से के बराबर था (लगभग 20 तोला)। यह गोल और चौकोर दोनों आकृतियों में ढाले जाते थे।

बिंसत की तरह ही सहंसा के आठवें, दसवें, बीसवें और पच्चीसवें भाग के बराबर मूल्य में समान आकार और छाप के सोने के सिक्के भी हैं ।

6. जुगुल, यह वर्गाकार स्वर्ण सिक्का, सहंसा का पचासवाँ भाग है, जिसका मान दो मुहर के बराबर होता है। मूल ग्रन्थ में इस शब्द के अक्षर न्यास भ्रमात्मक हैं, इसे **चुगुल** भी पढ़ा जा सकता है।

7. लाल-ए-जलाली गिर्द (गोलाकार), यह वज़न और मूल्य में दो गोल मुहरों के बराबर एक गोलाकार सिक्का था जिसके एक तरफ 'अल्लाहु अकबर' (ईश्वर महान है) और दूसरी तरफ 'या मुईन' (हे सहायक) अंकित है।

8. लाल-ए-जलाली चहार गोशा (वर्गाकार), इसका वज़न और मूल्य लाल-ए-जलाली (गोलाकार) के समान है। इसके एक तरफ 'अल्लाहु अकबर' और दूसरी तरफ 'जल्ला जलाल-हू' अंकित है।

9. इलाही गोल स्वर्ण सिक्का है, इसका वज़न 12 माशा, 1.75 सुर्ख (गुंजा या अब्रस प्रीकेटोरियस पौधे का बीज, जिसे अबुल फज़ल ने आइन-ए-अकबरी में सुर्ख कहा है, सामान्यतया रत्ती के नाम से जाना जाता है।) है, इस पर ऑफताबी के समान मोहर (Stamp) है और इसका मूल्य 10 रुपये है।

10. ऑफताबी गोल सिक्का है, जिसका वज़न 1 तोला, 2 माशा और 4 सुर्ख है, कीमत 12 रुपये के बराबर है। इसके एक तरफ, 'अल्लाहु अकबर, जल्ला जलाल-हू' और दूसरी तरफ इलाही युग के अनुसार तारीख़ और वह स्थान का नाम अंकित है जहाँ इसे ढाला गया था।

11. अदल-गुटका गोल स्वर्ण सिक्का है, जिसका वज़न 11 माशा और मूल्य नौ रुपये के बराबर था। इसके एक तरफ 'अल्लाहु अकबर' और दूसरी तरफ 'या मुईन' अंकित है ।

12. गोल मुहर, वज़न और मूल्य में अदल-गुटका के बराबर है, लेकिन इसपर एक अलग मोहर (stamp) की छाप है।

13. मेहराबी, वज़न, मूल्य और छाप (स्टाम्प) में गोल मुहर के समान है। यह एक मस्ज़िद की दीवार में विशिष्ट मेहराब या आला के आकृति को दर्शाता है जो प्रार्थना की दिशा मक्का की ओर इंगित करता है। यह एक दुर्लभ स्मारक सोने का सिक्का है। इसके अग्र भाग पर बिन्दीदार सीमाओं के भीतर प्रथम चार खलिफाओं अबु बकर, उमर, उस्मान और अली के नाम के साथ केन्द्र में कालिमा अंकित है। पश्चभाग में बिन्दीदार सीमाओं के भीतर केन्द्र में जलालुद्दीन मुहम्मद अकबर बादशाह ग़ाज़ी, ऊपर खुल्द मुकाहू और नीचे ज़र्ब-बलादह आगरा अंकित है।

जलालुद्दीन मुहम्मद अकबर, मिहराबी मुहर, माह अमरदाद, आगरा, 1603

14. मुईनी, चौकोर और गोल दोनों आकार में ढाले जाते थे। वज़न और मूल्य में यह लाल-ए जलाली और गोल मुहर के बराबर है। इस पर 'या मुईन' अंकित है।

15. चाहरगोशा, मोहर (छाप) और वज़न में ऑफताबी के समान है।

16. गिर्द, इलाही का आधा हिस्सा है और इसपर छाप भी इलाही जैसी ही है।

17. धन, लाल-ए जलाली का आधा भाग है ।

18. सलीमी, अदल-गुटका का आधा भाग है ।

19. रबी, ऑफताबी का एक चौथाई है ।

20. मन, इलाही और जलाली का एक चौथाई है ।

21. निस्फ़ी-सलीमी, अदल-गुटका का एक चौथाई है ।

22. पंज, इलाही का पाँचवाँ भाग है ।

23. पांडौ, लाल-ए-जलाली का पाँचवाँ भाग है। इसके एक तरफ लिली है, और दूसरी तरफ जंगली गुलाब अंकित है।

24. सुमनी इसे **अष्टसिद्द** भी कहते हैं। यह इलाही का आठवाँ हिस्सा है, इसके एक तरफ 'अल्लाहु अकबर' और दूसरी तरफ 'जल्ला जलालहू' अंकित है।

25. कला, इलाही का सोलहवाँ भाग है। इसके दोनों तरफ एक जंगली गुलाब है।

26. ज़र्रा इलाही का बत्तीसवाँ भाग है और इसपर मोहर (छाप) कला के समान है।

जहाँ तक सोने के सिक्कों का सम्बन्ध है, अबुल फज़ल ने उल्लेख किया है कि लाल-ए-जलाली, धन और मन (यानी सामान्य वज़न के पूरे, आधे और चौथाई मुहर) को छोड़कर सभी सोने के सिक्के विशेष आदेशों पर ही ढाले जाते थे।

अकबर के चाँदी के रुपये उसके शासन के पहले वर्ष से ही आगरा, हजरत दिल्ली, लाहौर और हिसार फिरोजा टकसालों से जारी किए गए थे। उसके चाँदी के सिक्कों ने सोने के सिक्कों के समान पैटर्न का पालन किया। अकबर के शासनकाल के दूसरे भाग में चाँदी के सिक्कों के पैटर्न में भारी बदलाव आया। कलिमा को अग्रभाग से हटा दिया गया था और अभिव्यक्ति 'अल्लाहु अकबर जल्ला जलालहु (ईश्वर महान है, उसकी महिमा उज्ज्वल है) को प्रतिस्थापित किया गया था। अकबर के नाम और उपाधियों को पीछे से हटा दिया गया था और इलाही वर्ष और फारसी महीने के साथ टकसाल का नाम मध्य फलन में रखा गया था।

'आइन' में अकबर द्वारा प्रवर्तित चाँदी के सिक्कों का 9 प्रकार बताया गया है जो निम्नलिखित हैं-

1. रुपया या रुपिया, गोलकार सिक्का है, आइन के अनुसार इसका वज़न साढ़े ग्यारह ($11^1/_2$) माशा (172.5 ग्रेन्स) है। विल्सन के अनुसार, "इसका उद्भव 1542 ई. में शेर खाँ के शासनकाल में हुआ था" जो अकबर के राज्य में पूर्णता को पहुँचा। भारत में 'रुप्य' नामक सिक्के का प्रचलन प्राचीन काल से था जिसका उल्लेख कौटिल्य के अर्थशास्त्र में मिलता है। हाब्सन जाब्सन का मानना है कि, "मुसलमान बादशाह ने हिन्दुओं के तर्ज पर रुपया बनाया था, परन्तु रुपया शब्द शेरशाह के समय में ही प्रसिद्ध हुआ।" फ़ारसी अक्षरों में यदि रुप्य लिखें तो रुप्य का शुद्धोच्चारण न जाननेवाला व्यक्ति उसे 'रुपया' या 'रुपियाह' आदि पढ़ेगा। अनुमान होता है कि उच्चारण सम्बन्धी अशुद्धि के कारण ही रुप्य का नाम रुपया पड़ गया। मोरलैंड लिखते हैं कि, अकबर की मुख्य मुद्रा 172.50 ग्रेन्स का रुपया (चाँदी का सिक्का) था। मोरलैंड द्वारा आँकलित रुपया का भार सटीक उतना है जितना आइन में लिपिबद्ध है। ज्ञात हो कि विभिन्न इतिहासकारों में 'रुपया' के वज़न को लेकर मतभेद है, उनमें से ज्यादातर रुपया का वज़न 175 ग्रेन्स या 178 ग्रेन्स मानते हैं। वास्तव में, जो सिक्के मिले हैं उनके वज़न में भिन्नता है। ये भिन्नता मात्र अलग-अलग स्थानों पर ढाले गए टकसालों में ही नहीं है बल्कि एक ही टकसाल में भिन्न-भिन्न वर्षों में ढाले गए सिक्कों के वज़न में भी मिलती है। अकबरकालीन सिक्कों के अध्ययन में मैनें पाया कि अकबरी रुपया (चाँदी का सिक्का) का वज़न 169 ग्रेन्स से 177 ग्रेन्स तक है। सम्भव है कि भविष्य में 178 ग्रेन्स या उससे ज्यादा वज़न के सिक्के भी उत्खनन से प्रान्त हों, लेकिन इसे आधिकारिक वज़न नहीं माना जा सकता। आइन में लिखित वज़न को ही रुपया का आधिकारिक वज़न माना जाना चाहिए, इससे कम या ज्यादा वज़न टकसालों के कर्मचारियों की कार्य कुशलता में कमी या मशीनीकृत तौल प्रणाली के आभाव का परिणाम है।

2. जलाला, एक वर्गाकार सिक्का है, मूल्य और प्रतिष्ठा में यह नम्बर एक के समान था। इसे **चहार-यारी** भी कहा जाता था। इस्लाम धर्म के प्रवर्तक मुहम्मद साहब के चार दोस्त थे अबु बकर, उमर, उस्मान और अली जिनके नाम ज़लाला के किनारों पर अंकित किया गया था। अन्धविश्वासी और गँवार लोग जलाला रुपया को ताबीज़ के तौर पर इस्तेमाल करते थे और मानते थे कि उसमें करिश्माई शक्ति है।

3. दर्ब, यह जलाला का आधा भाग है (1/2 जलाला)।

4. चरन या चरण, यह जलाला का चौथा भाग है (1/4 जलाला)।

5. पांडौ, यह जलाला का पाँचवा भाग है (1/5 जलाला)।

6. अष्ट या अस्ता, यह जलाला का आठवाँ भाग है (1/8 जलाला)।

7. दसा या दस्सा, यह जलाला का दसवाँ भाग है (1/10 जलाला)।

8. कला, यह जलाला का सोलहवाँ भाग है (1/16 जलाला)।

9. सूकी, यह जलाला का बीसवाँ भाग है (1/20 जलाला)।

चाँदी का चौकोर रुपया, दार-उस-सल्तनत फतेहपुर टकसाल, हिजरी संवत् 986 (1577 ई.), वज़न 11.28 ग्राम

अकबर (अबूल फतह जलालुद्दीन मुहम्मद), वर्गाकार रजत रुपया, उर्दू ज़फर क़रीन टकसाल, वज़न : 11.41 ग्राम

कतिपय इतिहासकारों (जैसे- इ. थामस, जेम्स प्रिंसेप) द्वारा बताया गया है कि शेरशाह की मुद्रा पद्धति के समान अकबर के समय लेन देन में प्रयुक्त होनेवाला आम सिक्का ताँबे का दाम था जिसका वज़न 323.5 ग्रेन्स हुआ करता था,[14] जबकि नज़फ हैदर, धर्म कुमार, तपन रायचौधरी, स्टेनली लेन-पूल, आदि इतिहासकारों ने दाम का वज़न 323 ग्रेन्स माना है। दोनों ही निर्धारण पूरी तरह से सही नहीं है। वास्तव में, जो

सिक्के मिले हैं उनके वज़न में भिन्नता है। ये भिन्नता मात्र अलग-अलग स्थानों पर ढाले गए टकसालों के सिक्कों में ही नहीं है बल्कि एक ही टकसाल में भिन्न-भिन्न वर्षों में ढाले गए सिक्कों के वज़न में भो मिलती है। इसका कारण आज की तरह कम्प्यूटरीकृत तौल प्रणाली का न होना था जो धातु का परिमाण त्रुटिरहित कर सके। जो अकबरकालीन ताँबे के दाम पाए गए हैं, उनका वज़न 308 ग्रेन्स से 324 ग्रेन्स तक है। आइन-ए-अकबरी के अनुसार, "दाम (ताँबा का सिक्का) का भार 1 तोला, 8 माशा, 7 रत्ती है। पहले इसे **पैसा** कहा जाता था और **बहलोली** भी।" 'आइन' में दिए इस भार को रत्ती या ग्रेन में रूपान्तरित करने पर हम पाते हैं कि एक दाम का वज़न 167 रत्ती या 313 ग्रेन था (1 रत्ती = 1.87499 ग्रेन)। सिक्कों के भार में इतने अन्तर को देखते हुए यह कहना मुश्किल है कि 'आइन' में दिए गए 'दाम' के मानक भार सम्बन्धी आँकड़े में लेखन सम्बन्धी त्रुटि है या सिक्कों की ढलाई में सिक्कों के मानक वज़न में कमी या अधिकता, टकसाल कर्मियों (ज़र्राब, वज़नकश, सिक्काची) के आंशिक चूक का परिणाम है।

अकबर के प्रारम्भिक ताँबे के सिक्के उसी शैली के थे जैसे हुमायूँ के थे। इसके अग्र भाग में फुलूस (शाब्दिक अर्थ धन) के साथ टकसाल का नाम दर्शाया गया है। इनके पृष्ठ भाग पर हिजरी संवत् की तिथि शब्दों या अंकों में अंकित है। फुलूस के अंकन के कारण इसे **फुलूस** भी कहा जाने लगा।[15] वह धनी और निर्धन दोनों वर्ग के लिए नक़द सिक्का था। यह 25 भागों में विभक्त था, हर भाग को **जीतल** कहते थे। यह काल्पनिक विभाजन मात्र हिसाब-किताब के लिए था।

अबुल फज़ल की आइन-ए-अक़बरी में दाम की सबसे अधिक चर्चा है। उसके ताँबे के सिक्के दाम का आधा **निस्फ़ी** या अधेला, चौथाई दाम **पावला** और 1/8 भाग **दमड़ी** के रूप में जाना जाता था। 1/2, 1/4, 1/8 और मूल्यवर्ग में भिन्नात्मक ताँबे के सिक्के प्रचलन में बहुत लोकप्रिय थे। सम्भवत: ताँबे की आपूर्ति में कमी के कारण औरंगज़ेब के शासनकाल में ताँबे के दाम का वज़न एक तिहाई घटा दिया गया।

शेरशाह के अधेला की तर्ज़ पर अकबर ने ताँबे का सिक्का निस्फ़ी (1/2 दाम)

ताँबे का सिक्का निस्फ़ी

ज़ारी किया। निस्फ़ी का शाब्दिक अर्थ है आधा। दो निस्फ़ी एक दाम के बराबर होता था।[16] इसकी ढलाई साम्राज्य के भिन्न-भिन्न क्षेत्रों में स्थित 14 टकसालों (अहमदनगर, अकबरपुर टाँडा, आगरा, बैराटा, बालापुर, बरार, बुरहानपुर, गोरखपुर, ग्वालियर, कालपी, लाहौर, सुल्तानपुर, उज्जैन, खित्ता) में होती थी। यह गोलाकार सिक्का था। अकबर द्वारा जारी किए गए निस्फ़ी 4 प्रकार के थे, पहला प्रकार उन सिक्कों का था जिनके मुख भाग पर टकसाल का नाम और पृष्ठ भाग पर इलाही तिथि और फारसी माह का फारसी लिपि में अंकन है। दूसरा प्रकार उन सिक्कों का था जिनके मुख भाग पर किनारे बिन्दीदार बार्डर (सीमा) बना होता था और उस सीमा के भीतर निस्फ़ी शब्द फारसी लिपि में अंकित है और पृष्ठ भाग पर बिन्दीदार बार्डर के भीतर ज्यामितीय आकार या सितारा का अंकन है। इस पर टकसाल का नाम अंकित नहीं है। तीसरा प्रकार उन सिक्कों का था जिनके अग्र और पृष्ठ दोनों भाग के किनारे पर बिन्दीदार बार्डर (सीमा) बना होता था। चौथा प्रकारवाले सिक्के के अग्र भाग पर अकबरशाही और पृष्ठ भाग पर इलाही तिथि और फारसी माह का फारसी लिपि में अंकन है।

अकबर ने 618 ग्रेन्स से 644 ग्रेन्स तक के ताँबे के भारी गोलाकार सिक्के चलाए, जिन्हें **टंका** या **टंका-ए-मुरादी** के नाम से जाना जाता था (कैटलाग ऑफ इंडियन क्वाइन इन द ब्रिटिश म्यूज़ियम, लन्दन, 1892, पृ. 93)। ये अहमदाबाद, गोविन्दपुर और वैराटा टकसाल से निर्गत किए जाते थे। जिनके शीर्ष और पृष्ठ दोनों भाग के किनारे पर बिन्दीदार बार्डर (सीमा) बना होता था। इन सिक्कों पर शिलालेख सरल थे। याक टंकी, दो टंकी और चौटंकी (चार टंकी) नामक अन्य ताँबे के सिक्के भी उसने ज़ारी किए। प्राप्त सिक्कों के आधार पर इनका संक्षिप्त परिचय निम्नवत है—

याक टंकी एक गोलाकार सिक्का था जिसका भार 3.65-4.00 ग्राम के मध्य है जो आगरा, अहमदाबाद, लाहौर और काबुल टकसाल से निर्गत किए जाते थे। सिक्के के एक तरफ (अग्र भाग) मध्य में याक टंकी और अकबरशाही तथा पृष्ठ भाग में टकसाल का नाम और इलाही तिथि का अंकन फारसी लिपि में हुआ है।

दो टंकी का वज़न 6.80-7.90 ग्राम है जो आगरा, अहमदाबाद, उज्जैन और काबुल टकसाल से निर्गत किए जाते थे। इसके एक तरफ मध्य में दो टंकी और अकबरशाही तथा पृष्ठ भाग में टकसाल का नाम और इलाही तिथि का अंकन फारसी लिपि में हुआ है।

चौटंकी या चार टंकी का वज़न 14.90-15.80 ग्राम है जो आगरा, अहमदाबाद, लाहौर और काबुल टकसाल से निर्गत किए जाते थे। इसके एक तरफ (अग्र भाग में) मध्य में चार टंकी और अकबरशाही तथा पृष्ठ भाग में टकसाल का नाम और इलाही तिथि का अंकन फारसी लिपि में हुआ है।

अकबर ने 1601 ई. में असीरगढ़ का किला जीतने के उपलक्ष्य में 'बाज़' की छविवाले स्वर्ण सिक्के का प्रवर्तन किया। जिसमें फूलों की पृष्ठभूमि पर एक 'बाज़' खड़ा

बाज़ प्रकार मोहर, असीर टकसाल, तारीख़ः ख़ुर्दाद इलाही (21फरवरी-20मार्च), 1601 ई

बत्तख प्रकार मोहर, वज़नः 11.19 ग्राम, आगरा टकसाल, (22मई-23जून) 1605 ई.

है। असीर के पहले और एकमात्र सिक्के पर 'बाज़' को चित्रित किया गया है, जो सम्भवतः घिरी हुई सेना के विजयी हमले का संकेत है।

आगरा के एक सिक्के पर बत्तख दिखाई देती है। अपने शासन के अन्तिम समय में 22 मई से 23 जून 1605 ई. के मध्य अकबर ने बत्तख की छविवाले स्वर्ण सिक्का (मुहर) जारी किया। टकसाल के नाम के बिना एक और सोने का सिक्का एक मुकुटधारी तीरन्दाज का है, जिसके पीछे धनुष और तीरों का ढेर है। यह बीजापुर के राजा की अधीनता (सिक्के पर हिजरी संवत् 1013 तारीख़ अंकित है) को सन्दर्भित कर सकता है, जिसके बाद ही उसकी बेटी को अकबर के सबसे छोटे पुत्र राजकुमार दानियाल (बन्दूकों का बेहद शौकीन) की दुल्हन होने का उपहार दिया गया था।

अकबर के शासन के अन्तिम 20 वर्षों में जारी किए गए स्वर्ण, रजत और ताँबे के सिक्कों पर हिजरी संवत् की जगह इलाही संवत् का अंकन होने लगा। साथ ही सिक्कों पर 'कलमा' उत्कीर्णन की परम्परा पूर्णरूपेण बन्द कर उसकी जगह 'अल्लाहु अकबर जल्ला जलालहू' का उत्कीर्णन होने लगा। सिक्कों पर इलाही माह (1. फरवर्दीन, 2. अर्दीबिहिश्त, 3. खुर्दाद, 4. तीर, 5. अमरदाद, 6. शहरेवार, 7. मिहर, 8. अबन, 9. अज़द, 10. दी, 11. बहमन, 12. इस्फन्दर्मुज) का अंकन स्पष्ट देखा जा सकता है। ताँबे के सिक्कों पर फुलूस शब्द को टंका अकबरशाही या नीम टंका अकबरशाही (आधा टंका) से बदल दिया गया।

ताँबे के दाम को बाद में पेश किया गया था जो अकबर की वज़न प्रणाली से जुड़ा था। अकबरी दाम को 40 दाम प्रति रुपये के हिसाब से बदला गया था। वज़न की अकबरी इकाई सेर 30 दामों पर तय की गई थी। अकबर के कई ताँबे के सिक्कों पर स्वास्तिक का चिह्न अंकित था।

इस देश में व्यापारिक लेन-देन अधिकतर मुद्राओं (रुपया और दाम) में किया जाता था। जालसाज़ लोग सिक्कों को रगड़कर या इसी तरह के अन्य तरीकों का इस्तेमाल करके बहुत बड़ी धोखाधड़ी करते थे, इससे बड़े पैमाने पर राज्य को हुए नुकसान के परिणामस्वरूप बादशाह लगातार अनुभवी लोगों से परामर्श लेता था और अपने विवेक से ऐसी हानिकारक गतिविधियों को रोकने के लिए नए नियम जारी करता था।

अकबरकाल में मुद्रा सम्बन्धी कई परिवर्तन हुए। सबसे पहले, जब (अकबर के 27वें शासनवर्ष में) सरकार में वित्त व राजस्व की बागडोर राजा टोडरमल के हाथों में थी, तो चार प्रकार के मुहरों को चालू रखने की अनुमति दी गई थी—

(1) लाल-ए-जलाली, जिस पर बादशाह का नाम अंकित था और उसका वज़न 1 तोला, 1.75 सुर्ख (रत्ती) था। यह बहुत शुद्ध स्वर्ण सिक्का था और जिसका मूल्य 400 दामों के बराबर था।

(2) मुहर, जब यह पूरी तरह से शुद्ध होती थी, और 11 माशा का पूरा वज़न रखती थी तब इसका मूल्य 360 दाम था। यदि टूट-फूट या घिसने के कारण चावल के 3 दानों के भार तक इसका वज़न कम हो जाता था तो भी इसे उसी स्तर का रहने दिया जाता था और मूल्य में कोई फर्क नहीं पड़ता था।

(3) वही मुहर, जब उसका वज़न 4 से 6 चावल के दानों तक कम हो जाता था तब इसका मूल्य 355 दाम हो जाता था।

(4) वही मुहर, जब उसका वज़न 6 से 9 चावल के दानों तक कम हो गया होता तब इसका मूल्य 350 दाम हो जाता था।

इससे कम वज़न के मुहरों को सर्राफा माना जाता था।

अकबर के शासनकाल में रुपया के तीन प्रकार प्रचलित थे, जो निम्नलिखित है—

(1) एक चौकोर आकार का, शुद्ध चाँदी का सिक्का, जिसका वज़न 11½ माशा था, यह जलाला के नाम से चलाया गया, जिसका मूल्य 40 दाम था।

(2) गोल, पुराना अकबरशाही रुपया, जिसका पूरा वज़न होने पर, या एक सुर्ख (रत्ती) कम होने पर, उसका मूल्य 39 दाम होता था।

(3) वही रुपया जब दोनों तरफ से घिसने के कारण वज़न में दो सुर्ख कम हो जाए तब उसका मूल्य 38 दाम होता था।

इससे कम वज़न के रुपयों को सर्राफा माना जाता था।

अकबर ने अपने शासन के 29वें वर्ष (1684 ई.) में, शीराज़ के सैय्यद मीर फ़तहउल्लाह शीराज़ी को 'अमीन-उल-मुल्क' के पद पर नियुक्त किया, जिन्हें राज्य के ट्रस्टी के रुप में जाना जाता था। शिराज़ी का पहला काम मुग़ल साम्राज्य के विशाल लेन-देन के रिकॉर्ड की दोबारा जाँच करना और उसे सुधारना था। अपने प्रशासनिक कार्य के साथ-

साथ शिराज़ी ने सिक्कों के आन्तरिक और सर्राफा मूल्यों को विनियमित करने का भी काम किया। उन्होंने मुद्रा में विसंगतियों की पहचान की और उन्हें ठीक किया। उन्होंने मामलों के प्रमुख के रुप में आकर एक शाही आदेश जारी किया कि, मुहरों (सोने के सिक्कों) में 3 चावल के दाने तक और रुपये (चाँदी के सिक्कों) पर 6 चावल के दाने तक कम वज़न पर कोई कटौती नहीं लिया जाए, बल्कि उन्हें पूरा वज़न माना जाए। इससे कम होने पर, न्यूनता के हिसाब से मूल्य काटा जाए। यदि मुहर में 3 चावल के दाने से ज्यादा की कमी हों, तो इस कमी के लिए कटौती करनी चाहिए, चाहे उनकी कमी कुछ भी हो। फिर, उसी विनियमन के अनुसार, एक सुर्ख की कमीवाली मुहर का मूल्य 355 दाम और एक अंश नियत हुआ, यानि कि सोने के एक सुर्ख की कीमत चार दाम और एक अंश मानी गई। पूर्व में टोडरमल के नियम के अनुसार, मुहर में एक सुर्ख की कमी के लिए पाँच दामों की कटौती की जाती थी और तीन चावल से अधिक की कमी में भी, यदि वह कमी मात्र आधा चावल होती तो भी उसके लिए पूरे 5 दाम काट लिए जाते थे। मुहर में 1.5 सुर्ख की कमी के लिए टोडरमल ने उसके मूल्य में 10 दामों की कटौती की। परन्तु शिराज़ी के नए कानून के अनुसार, 1.5 सुर्ख की कमी के लिए एक मुहर का मूल्य 6 दाम और 1 अंश कम हो गया था, क्योंकि इसका सोना 353 दाम और 1 अंश के बराबर था।

शिराज़ी ने उस विनियमन को भी समाप्त कर दिया, जिसके अनुसार वज़न और शुद्धता में पूर्णता के बावजूद एक गोल रुपये का मूल्य एक वर्ग रुपये (जलाला) के मूल्य से एक दाम कम पर तय किया गया था। अब गोल रुपये का मूल्य, जब पूर्ण वज़न का हो या उसमें एक सुर्ख से अधिक की कमी न हो, चालीस दाम पर तय किया गया, जबकि पहले दो सुर्ख की कमी के लिए दो दाम की कटौती की जाती थी, अब वे उसी कमी के लिए केवल एक दाम और एक अंश की कटौती निर्धारित हुआ। उनके कार्यों एवं प्रयासों के लिए उन्हें 'अज़द-उद्-दौला' (राज्य की भुजा) की उपाधि दी गई। जब अजदुद्दौला खानदेश गया तो राजा टोडरमल के मुहर का मूल्य, जो जलाला रुपये में लगाया जाता था, गोल रुपयों में नियत कर दिया।

जब राज्य की अर्थव्यवस्था का भार कुलीज ख़ाँ के कन्धों पर आ पड़ा तो उसने मुहरों के मूल्य कूतने का नियम वही स्वीकार किया जो कि राजा टोडरमल ने निश्चित किया था। परन्तु राजा मुहरों में जितनी कमी के लिए 5 दाम कम करता था, कुलीज ख़ाँ उसके लिए 10 दाम कम किया। जिस मुहर से राजा टोडरमल 10 दाम कम करता था, उसके लिए उसने दोगुना (20 दाम) घटाया जाना नियत किया। यदि रुपया 1 सुर्ख (रत्ती) से अधिक कम होता, तो उसको वह बिना अंकित की हुई चाँदी ख्याल करता था।

अकबर के शासनकाल की शुरुआत में, साम्राज्य के कई हिस्सों में महामहिम की महिमा के लिए स्वर्ण सिक्का बनवाया गया था पर बाद में सोने के सिक्के केवल चार स्थानों पर ही बनाए जाते थे- आगरा, बंगाल, अहमदाबाद (गुजरात) और काबुल। चाँदी और ताँबे को इसी तरह इन चार स्थानों में और इसके अलावा चाँदी निम्नलिखित दस स्थानों में भी गढ़ा जाता था—इलाहाबाद, आगरा, उज्जैन, सूरत, दिल्ली, पटना, कश्मीर, लाहौर, मुल्तान, टाँडा। अट्ठाईस नगरों में केवल ताँबे के सिक्के ही प्रचलित थे, जो निम्नलिखित हैं- अजमेर, अवध, अटक, अलवर, बदायूँ, बनारस, भक्कर, बहरामपुर,

पाटन, जौनपुर, जालन्धर, हरिद्वार, हिसार, फिरोजा, कालपी, ग्वालियर, गोरखपुर, कलानूर, लखनऊ, मांडू, नागौर, सरहिन्द, सियालकोट, सरोंज, सहारनपुर, सारंगपुर, सम्बल, कन्नौज, रणथम्भोर।

अकबर के सिक्कों को मोटे तौर पर दो समूहों में विभाजित किया जा सकता है। सिक्कों का विभाजन हिजरी* और इलाही नाम के उनके सिक्कों पर इस्तेमाल की गई दो अलग-अलग डेटिंग प्रणालियों पर आधारित है। कुल मिलाकर उसके त्रिधात्विक (सोना, चाँदी और ताँबा) सिक्कों ने एक ही काल निर्धारण प्रणाली को अपनाया। सोने और चाँदी के सिक्के एक ही टाइपोलॉजी पर जारी किए गए हैं जबकि ताँबे के सिक्के अलग-अलग टाइपोलॉजी को अपनाते हैं।

उपलब्ध सोने के सिक्कों को दो व्यापक श्रेणियों में विभाजित किया जा सकता है।

(1) कालिमा प्रकार: इन सिक्कों के अग्रभाग पर केन्द्र में कालिमा-मुस्लिम विश्वास की पुष्टि (ला इलाहा इल्लल्लाहु मुहम्मदुर रसूलअल्लाह) तथा हाशिए पर चार ख़लीफाओं (अबू बकर, उमर, उस्मान, और अली) के नाम उनसे सम्बन्धित विशेषणों के साथ या उनके बिना थे। पश्चभाग में आमतौर पर कुछ पवित्र इच्छा, टकसाल का नाम और तारीख़ के साथ सम्राट का नाम और शीर्षक/उपाधि अंकित होता था।

(2) इलाही या गैर कालिमा प्रकार: इन सिक्कों पर इलाही पन्थ 'अल्लाहु अकबर जल्ला जलालहू' लिखा हुआ था। अकबर ने अपने शासन के 30वें वर्ष में इलाही कैलेंडर की शुरुआत की, जो उसके राज्यारोहण की तिथि से शुरू होता है (हिजरी 963/1556 ई.)।

---

* हिज़री संवत्, इस्लामिक कैलेंडर है, इसे चंद्र कैलेंडर भी कहा जाता है। यह चंद्रमा की गति के आधार पर चलता है। हिजरी संवत् में 12 महीने होते है जो निम्नलिखित हैं- (1) मुहर्रम, (2) सफ़र, (3) रबी-उल-अव्वल, (4) रबी-उल-आख़िर या रबी-अस्सानी, (5) जमादि-उल-अव्वल या जुमादा-अल-ऊला, (6) जमादि-उल-आख़िर, (7) रजब, (8) शा'बान, (9) रमज़ान, (10) शव्वाल, (11) जू'अल-कादा, (12) जू'अल- हिज्जा। इन महीनों में 29 और 30 दिन के महीने एक इसरे के बाद आते हैं। हिजरी संवत् में कुल 354 या 355 दिवस होते हैं। यह सौर कैलेंडर से 10-11# दिन छोटा होता है। नतीजन, इसके नया साल का दिन ग्रेगोरियन कैलेंडर के सापेक्ष हर साल 10-11 दिन पहले होता है। फलस्वरूप, इस्लामी धार्मिक तिथियाँ जो चंद्र कैलेंडर के अनुसार निश्चित तिथियों पर होती हैं, प्रत्येक वर्ष पिछले सौर कैलेंडर से 10-11 दिन# पीछे हो जाती हैं। इस अंतर को पूरा करने के लिए 30 वर्ष बाद जू अल- हिज्जा माह में कुछ दिन जोड़ दिए जाते हैं।

इसका प्रयोग न सिर्फ मुस्लिम देशों में होता है बल्कि, पूरे विश्व के मुस्लिम भी इसका प्रयोग इस्लामिक धार्मिक पर्वों को मनाने हेतु, सही समय जानने के लिए करते हैं। इस कैलेंडर को खलीफ़ा उमर इब्न अल-ख़त्ताब ने बनवाया था। हिजरी संवत् की शुरुआत 622 ई. में हुई थी जब हज़रत मोहम्मद साहब और उनके अनुयायी शहर मक्का से शहर मदीना प्रस्थान कर गए। इस घटना को हिज़रत या हिज़रा कहा गया। इसी दिन से हिजरी संवत् की शुरुआत हुई।

ग्रेगोरियन वर्ष = हिजरी वर्ष + 622 - (हिजरी वर्ष/33)

ग्रेगोरियन वर्ष = (हिजरी वर्ष × 32/33)+622

हिजरी वर्ष = (ग्रेगोरियन वर्ष - 622)×33/32

\# 10-11 दिन से तात्पर्य है कि 10 दिन से अधिक और 11 दिन से कम।

उपर्युक्त दो प्रमुख प्रकारों के अतिरिक्त अकबर ने कुछ रोचक प्रकार के सिक्के भी जारी किए जिनका उल्लेख निम्नवत है—

(1) मेहराबी प्रकार (केवल आगरा से जारी),

(2) राम-सीता प्रकार (केवल आगरा से जारी एक बहुत ही दुर्लभ प्रकार),

(3) पक्षी प्रकार (केवल असीरगढ़ से जारी),

(4) दोहे प्रकार (इलाहाबाद से जारी)।

अकबर ने मालवा, गुजरात और कश्मीर पर कब्ज़ा करने के बाद कम से कम प्रारम्भिक काल के लिए इन क्षेत्रों के सिक्के प्रकार को अपनाया।

यहाँ अकबर के दो चाँदी के सिक्कों का उल्लेख करना आवश्यक है जो विशेष प्रकार के हैं। पहला सिक्का, जिसपर दोनों तरफ मुग़ल वास्तुशिल्प डिजाइन और किंवदन्ती का अनुकरण करते हुए सुन्दर आठ पंखुड़ियोंवाले कमल की सीमा (बार्डर) को दर्शाया गया है। यह एक अत्यन्त दुर्लभ सिक्का है जो आगरा टकसाल में ढाला गया था। इसपर फ़ारसी किंवदन्ती 'अल्लाह हू अकबर जल्ला जलालहू' अंकित है। सिक्के के पृष्ठ भाग में ज़र्ब आगरा 50 इलाही अमरदाद अंकित है।

दूसरा सिक्का है सीतपुर टकसाल से निर्गत चाँदी का सिक्का। सामान्य 'इलाही' किंवदन्तियों वाले इस सिक्के पर 'सीतपुर' शब्द विचित्र तरीके से लिखा गया है, जिससे

अकबर, चाँदी का रुपया, सीतपुर टकसाल, मिहर 47, वज़्ान 11.30 ग्राम, (174.39 ग्रेन्स)

इसे 'सैमूर' पढ़ा जाता है। 'सैमूर' कोंकण तट पर चोलों के बन्दरगाह का अरबी नाम था, इसलिए कुछ प्रारम्भिक मुद्राशास्त्रियों ने इन सिक्कों को चोल से जोड़ा। हालाँकि, जब सिक्के चलन में आए तो 'सैमूर' नाम लम्बे समय के लिए प्रचलन से बाहर हो गया था और चोल राज्य निज़ामशाही के नियन्त्रण में था। अतिरिक्त शब्द 'दर्ब' जो कि आधे रुपये का मूल्यवर्ग था, पूरे रुपये के सिक्के पर दिखाई देना भी दिलचस्प है।

राज्य के विभिन्न टकसालों में निर्मित सिक्कों का परीक्षण करने पर हम पाते है कि उनके भार (वज़न) में भिन्नता थी। जहाँ आगरा टकसाल (दार-उल-खिलाफत) में निर्मित दरब (1/2 रुपया) का वज़न 5.48 ग्राम है वहीं लाहौर टकसाल (दार-उल-सल्तनत) में निर्मित दरब का वज़न 5.69 ग्राम हैं। निम्नाकित सारणी-01 में मुहर के वज़न की भिन्नता, सारणी-02 में रुपया के वज़न की भिन्नता और सारणी-03 में दाम के वज़न की भिन्नता को देखा जा सकता हैं:

तालिका-01

मुहर (सोने का सिक्का)			
टकसाल का स्थान/नाम	**निर्मित वर्ष**	**भार**	**भार (ग्रेन्स में)**
आगरा	1563	10.90 ग्राम	168.21
आगरा	1568	10.91 ग्राम	168.37
आगरा	1570	10.86 ग्राम	167.60
अहमदाबाद	1573	11.00 ग्राम	169.76
अहमदाबाद	1576	10.83 ग्राम	167.13
अहमदाबाद	1577	10.80 ग्राम	166.67
पटना	1577	10.80 ग्राम	166.67
फतेहपुर	1578	10.90 ग्राम	168.21
सीतपुर	1578	10.76 ग्राम	166.05
अहमदाबाद	1578	10.88 ग्राम	167.90
बंगाल	1582	10.70 ग्राम	165.13
सवाई जयपुर	1582	10.93 ग्राम	168.68
उर्दू ज़फर क़रीन	1591	10.81 ग्राम	166.82

स्रोत: न्युमिसमेटिक डाइजेस्ट भाग-39, 2015,

तालिका-02

रुपया (रजत सिक्का)			
टकसाल का नाम	**निर्मित वर्ष**	**भार**	**भार (ग्रेन्स में)**
दिल्ली	1561	11.35 ग्राम	175.16
जौनपुर	1569	11.43 ग्राम	176.39
आगरा	1572	11.16 ग्राम	172.23
लाहौर	1578	11.32 ग्राम	174.69
अहमदाबाद	1584	11.25 ग्राम	173.61
इलाहाबाद	1586	11.36 ग्राम	175.31
बुरहानपुर	1561	11.23 ग्राम	173.31
पटना	1599	11.36 ग्राम	175.31
भक्कर	1600	11.28 ग्राम	174.08
अकबरपुर टाँडा	1585	11.30 ग्राम	174.39
जौनपुर	1596	11.09 ग्राम	171.14
कन्नौज	1582	11.20 ग्राम	172.84
एलिचपुर	1605	11.32 ग्राम	174.69
सीतपुर (सिद्धपुर)	1603	11.33 ग्राम	174.85
ढाका	1605	10.95 ग्राम	169.00

स्रोत: न्युमिसमेटिक डाइजेस्ट भाग-39, 2015,

तालिका-03

दाम/फुलूस (ताँबा का सिक्का)			
टकसाल का नाम	**निर्मित वर्ष**	**भार**	**भार (ग्रेन्स में)**
अज़मेर	1588	20.66 ग्राम	318.83
बनारस	1596	20.61 ग्राम	318.06
आगरा	1578	20.43 ग्राम	315.28
मुल्तान	1592	20.07 ग्राम	309.73
अहमदाबाद	1579	20.52 ग्राम	316.67
इलाहाबाद	1586	20.66 ग्राम	318.83
लखनऊ	1577	20.59 ग्राम	317.75
गोविन्दपुर	1580	20.80 ग्राम	320.99
दिल्ली	1589	20.59 ग्राम	316.98

नोट- 1 ग्राम = 15.4323584 ग्रेन्स

स्रोत: न्युमिसमेटिक डाइजेस्ट भाग-39, 2015, मरूधर आर्ट्स, विरासत ऑक्सन

किसी एक ही टकसाल में अलग-अलग वर्षों में निर्मित सिक्कों के वज़न में भी भिन्नता थी। आगरा टकसाल (दार-उल-खिलाफत) से निर्गत रुपया (रजत सिक्का) का वज़न 1567 ई. में 11.32 ग्राम (174.69 ग्रेन्स), 1570 ई. में 11.35 ग्राम (175.16 ग्रेन्स) और 1572 ई. में 11.16 ग्राम (172.23 ग्रेन्स) था। अहमदाबाद टकसाल (दार-उल-सल्तनत) से निर्गत रुपया का वज़न 1577 ई. में 11.16 ग्राम (172.23 ग्रेन्स) और 1584 ई. में 11.25 ग्राम (173.61 ग्रेन्स) था। ऐसी ही वज़न की भिन्नता सोने और ताँबे के सिक्कों में भी मिलती है, जो तालिका-01 और तालिका-03 से स्पष्ट है। उपर्युक्त विवरण से यह स्पष्ट है कि किसी एक टकसाल में अलग-अलग वर्षों में जारी किए गए सिक्कों के वज़न में भिन्नता थी।

अकबर के पुत्र और उत्तराधिकारी जहाँगीर ने कमोबेश मौजूदा सिक्कों के प्रकारों का अनुसरण किया। जहाँगीर ने सिक्कों में गहरी रुचि ली और मुग़ल काल के कुछ बेहतरीन नमूने ढाले। उसके शासनकाल में सिक्कों की एक विशाल विविधता देखी गई। उसने सिक्कों पर फारसी दोहों के प्रयोग को लोकप्रिय बनाया। नूर्दह कई दोहों में से एक है। अपने शुरुआती काल में उसने अपने सिक्के में दो महत्त्वपूर्ण बदलाव किए—

(1) उसने इलाही माह को बरकरार रखते हुए सिक्कों पर हिजरी तिथि को फिर से अंकित किया,

(2) उसने कुछ टकसालों पर रुपये (रजत सिक्का) और मुहर (स्वर्ण सिक्का) का वज़न 20 प्रतिशत (जहाँगीरी), और 3 वर्ष बाद (अपने शासन के चौथे वर्ष में) पुनः 5 प्रतिशत यानी कि कुल 25 प्रतिशत (सवाई) बढ़ा दिया। यह सिक्का एक सवाई प्रकार है, इस सवाई रुपया का वज़न 14.00-14.32 ग्राम है, जो जहाँगीर के शासन के दौरान देखे जानेवाले सामान्य रुपये के वज़न (लगभग 11.00-11.50 ग्राम तक) से बहुत अधिक

सवाई रुपया, वज़नः 14.20 ग्राम (25ः अधिक भारी), आगरा टकसाल, हिजरी संवत् 1018 (1610 ई.), शासनवर्ष-5 दोहा- 'खुसरु-ए-गीती-पनाह'

है। वहीं सवाई मुहर का वज़न 13.00-13.60 ग्राम तक है। सवाई सिक्का गोलाकार और वर्गाकार दो आकृतियों में ढाला गया था। कुछ व्यापारिक असुविधाओं के कारण, शासन के छठे वर्ष में प्रचलन की कठिनाइयों के बारे में शिकायत होने के फलस्वरूप उसने नवीन मुद्रा की ढलाई बन्द करवा दिया और पुनः पुराने रुपये और मुहर को प्रचलित कर दिया। पूर्व में निर्गत जहाँगीरी और सवाई सिक्कों का वज़न कम करके वापस उनको मूल वज़न में कर दिया गया।

मौद्रिक व्यवस्था सम्बन्धी जहाँगीर का विवरण अत्यन्त समृद्ध है और वह अपने वृत्तान्त में राज्य में प्रचलित सिक्कों, विभिन्न टकसालों और उनकी ढलाई आदि के सम्बन्ध में विस्तारपूर्वक चर्चा करता है। केवल अपने समय में ही नहीं अपितु अपने पिता अकबर के दौर में प्रचलित सिक्कों के विषय में भी वह विशेष जानकारी देता है। जहाँगीर अपनी आत्मकथा के प्रथम वर्ष सम्बन्धी विवरण में ही अपने राज्य में प्रचलित सिक्कों के विषय में विस्तारपूर्वक चर्चा करता है। जहाँगीर केवल मुद्रा के नाम की ही जानकारी नहीं देता बल्कि प्रत्येक मुद्रा के वज़न, तौल और मूल्य सम्बन्धी चर्चा भी करता है।

जहाँगीर बताता है कि 100 तोले की मुहर का नाम **नूरशाही,** 50 तोले की मुहर का नाम **नूर सुल्तानी,** 20 तोले की मुहर का नाम **नूर दौलत,** 10 तोले की मुहर का नाम **नूर करम,** 5 तोले की मुहर का नाम **नूर मिहर** और 1 तोले की मुहर का नाम **नूरज़हाँनी रखा गया था जबकि आधे तोले की मुहर नुरानी** और पाव तोले की मुहर **रवाज़ी** कहलाती

थी।[17] सोने के सिक्कों के विवरण के पश्चात जहाँगीर के चाँदी के सिक्कों में 100 तोले के सिक्के का नाम **कोकब-ए-ताली**, 50 तोले के सिक्के के नाम **कोकब-ए-इकबाल**, 20 तोले के सिक्के के नाम **कोकब-ए-मुराद**, 10 तोले के सिक्के के नाम **कोकब-ए-बरत्त** और एक तोले के सिक्के का नाम **जहाँगीरी** रखा गया जबकि चाँदी के आधे तोले के सिक्के का नाम **सुल्तानी** और पाव तोले के सिक्के का नाम **निसारी** रखा गया।[18] इसके अलावा जहाँगीर ने दाम को **खैर कबूल** नाम दिया। सोने और चाँदी के सिक्को के अलावा ताँबे के सिक्के भी इसी अनुपात में बनाए गए और प्रत्येक वर्ग के सिक्को को एक विशेष नाम दिया गया।[19] यथार्थ में प्रशासनिक एवं व्यापारिक कार्यो के लिए नकद विनिमय की आधारभूत इकाई चाँदी का सिक्का था जिसे रुपया या रुपी कहा जाता था। मुद्रा की यह इकाई अकबर ने शेरशाह से विरासत में प्राप्त की थी। सिंहासनरूढ़ होने के बाद जहाँगीर ने रुपये का भार 20 प्रतिशत तक बढ़ा दिया। उसने चाँदी के सिक्के का मानक भार पारित

रुपया-ए-जहाँगीरी, वज़न- 13.60 ग्राम (20% अधिक भारी), आगरा टकसाल, हिजरी संवत् 1014, (1606 ई.), शासनवर्ष-1, दोहा-'सख़्त नूरानी'

किया जिसके अनुसार रुपया-ए-जहाँगीरी 13.00-13.60 ग्राम के बराबर था। सिंहासनरूढ़ होने के चौथे वर्ष में जहाँगीर ने दूसरा रुपया प्रचलन का आदेश जारी किया जिसे सवाई कहा जाता था। इसका भार अकबर कालीन रुपये से 25 प्रतिशत अधिक था, किन्तु छठे वर्ष में प्रचलन की कठिनाइयों के मद्देनज़र उसने नवीन मुद्रा को ढालना बन्द कर दिया और पुनः पुराने रुपये को प्रचलित कर दिया।[20] जहाँगीर के सिक्कों पर बादशाह के नाम के साथ-साथ कलमा को भी उद्धृत किया गया था। सिक्के के दूसरी ओर शासन वर्ष का ठप्पा भी लगाया गया।[21] जहाँगीर ने अपने शासनकाल के 13वें वर्ष में सिक्कों में कुछ संशोधन किया। इससे पहले सिक्कों पर एक तरफ बादशाह का नाम, दूसरी तरफ टकसाल का नाम और शासन का वर्ष और माह का नाम होता था। जहाँगीर ने माह के स्थान पर राशि का उल्लेख करना शुरू कर दिया। जहाँगीर स्वयं इस बात का दावा करता है कि उससे पहले ये प्रथा किसी भी मुग़ल शासक ने नहीं अपनाई।[22]

जहाँगीर के सिक्को के विषय में एडवर्ड टेरी बताता है कि जहाँगीर के सिक्के दुनिया में किसी भी देश के सिक्कों से कहीं अधिक शुद्ध होते थे। एडवर्ड टेरी सिक्कों के मूल्य के बारे में बताता है कि एक सिक्के का मूल्य दो शीलिंग व सबसे अच्छे सिक्के का मूल्य दो शीलिंग और नौ पेंस के बराबर था। एडवर्ड टेरी गुजरात में प्रचलित **महमूदी** नामक सिक्के का भी उल्लेख करता है जिसकी कीमत लगभग 12 पेंस के बराबर थी।[23]

जहाँगीर ने गरीबों को दान के लिए **निसार** नामक चाँदी का सिक्का चलाया था। उसके कुछ सिक्कों पर उसके साथ नूरजहाँ का अंकन मिलता है। कुछ सिक्कों पर मुख्य भाग पर जहाँगीर शराब का प्याला पकड़े हुए है, बाएँ और दाएँ दोनों तरफ फारसी किंवदन्ती है जिसमें बायीं ओर शबीह जहाँगीर शाह अकबर शाह और दाईं ओर सना शेष जूलुस लिखा हुआ है, राजसी वर्ष 6 को फ़ारसी शब्द शेष से इंगित किया गया है। पृष्ठ भाग पर मध्य में सूर्य की आकृति और उसके उपर सिंह बना हुआ है। नीचे

जहाँगीर का स्वर्ण सिक्का मुहर

की तरफ फ़ारसी में लेख हिजरी संवत् 1020 अंकित है। मुग़ल इतिहासकार हाशिम ख़फी खान ने लिखा है कि बादशाह जहाँगीर ने हिजरी संवत् 1020 (1611 ई.) में एक नया सिक्का जारी करने का आदेश दिया था, जो उपहार के लिए एक स्मारक प्रकार था। बादशाह ने आदेश दिया कि पसन्दीदा अमीरों या सबसे समर्पित सेवकों को एक सोने का मुहर दिया जाए, जिसमें एक तरफ उसकी छवि हो और दूसरी तरफ सूर्य के उपर एक शेर का चित्र बना हो। जिसे वे सम्मानपूर्वक अपने पगड़ी या कमरबन्द में पहन सकें, यह दिखाने के लिए कि उन्हें शाही अनुग्रह प्राप्त है। सिक्के पर फ़ारसी में शिलालेख अंकित है, इसका अनुवाद इस प्रकार है : 'अकबर शाह के बेटे जहाँगीर शाह की उनके शासनकाल के छठें वर्ष की एक झलक।' जहाँगीर के औपचारिक राज्याभिषेक से पहले अहमदाबाद और काबुल टकसालों में जारी किए गए सिक्कों को **सलीमी** सिक्के के रूप में जाना जाता है।

उसके ताँबे के सिक्के उसके चाँदी के सिक्कों की तुलना में कम प्रचलित हैं। ये कई प्रकार के मूल्यवर्ग के साथ जारी किए गए थे। कुछ सिक्कों के एक ओर जहाँगीरी फुलूस और दूसरी ओर इलाही माह और टकसाल का नाम अंकित है। आगरा, दिल्ली, लाहौर, काबुल, कन्धार और अहमदाबाद, अहमदनगर, पटना और बुरहानपुर आदि उसके काल की महत्त्वपूर्ण टकसालें थीं।

जहाँगीर के सिक्के विभिन्न प्रकारों में जारी किए गए थे लेकिन मोटे तौर पर इन्हें निम्नलिखित प्रकारों में विभाजित किया जा सकता है—

1. कालिमा अपने नाम के साथ अपने पिता के नाम के साथ— अकबर की तरह, जहाँगीर ने भी कालिमा के साथ सिक्के जारी किए लेकिन चार महान ख़लीफाओं के नाम को छोड़ दिया। वह एकमात्र मुग़ल सम्राट था जिसने अपने पिता के नाम के साथ अपने नाम का प्रयोग किया, जो नूरुद्दीन जहाँगीर शाह बिन अकबर शाह के रूप में खुदा हुआ था।

2. दोहा प्रकार के सिक्के— अकबर के सिक्कों पर फारसी दोहे के रूप में शिलालेख पाया गया है, लेकिन यह जहाँगीर के सिक्कों पर प्रचलित हुआ। उसके सिक्कों के विभिन्न प्रकार के दोहे बताए गए हैं। कविता से प्यार करनेवाले व्यक्ति होने के नाते, जहाँगीर ने अपने सिक्कों पर कुछ बहुत ही भावपूर्ण दोहे अंकित किए। उसके द्वारा जारी किए गए दोहे-प्रकारों के कुछ अन्य उदाहरण थे—इनायत, ता फलक, हमिशा, सख़्त नूरानी, मुज़ैयन, फिरोज़, खुसरु-ए-गीती पनाह, शहंशाह-ए-उमम, बड़ा-बार आदि। आइए इन दोहों पर विस्तार से नजर डालें।

इनायत— इसका भावार्थ है जहाँगीर के सिक्कों पर आशीर्वाद। इसको इस प्रकार पढ़ा जाता है—

सिक्का जाद दार अहमदाबाद अज इनायत-ए-इलाह
शाह नूर अल-दीन जहाँगीर इब्न अकबर बादशाह

इसका भावार्थ है—ईश्वर के आशीर्वाद से, अकबर बादशाह के पुत्र शाह नूर-अल-दीन जहाँगीर ने अहमदाबाद में सिक्का चलाया है।

ता फलक— जहाँगीर के सिक्के 'ता फलक' पर चित्रित एक और सुन्दर दोहा इस प्रकार पढ़ा जाता है—

ब-दहर बद रावन ता फलक बूद दर दौर
बा-नाम शाह जहाँगीर, सिक्का-ए-लाहौर

'ता फलक' दोहेवाले भारी वज़नवाले सिक्के केवल लाहौर टकसाल में ही ढाले जाते थे। इन्हें 'सवाई' रुपये के नाम से भी जाना जाता है। इस दोहे का अनुवाद इस प्रकार है—**'शाह जहाँगीर के नाम से लाहौर का सिक्का युगों-युगों तक ब्रह्मांड में प्रचलित रहेगा।'**

इ ना य त

ता फ ल क

ह मि शा

स ख़ त नू रा नी

हमिशा—जहाँगीर के सिक्कों पर चित्रित एक सुन्दर चिरस्थायी दोहा 'हमिशा' (हमेशा, निरन्तर) इस प्रकार पढ़ा जाता है—

हमिशा बड़ा बर रुये सिक्का-ए-लाहौर
जे नाम शाह जहाँगीर शाह अकबर नूर

इस दोहे का अनुवाद है 'लाहौर के सिक्के के मुख पर सदैव शाह अकबर के पुत्र शाह जहाँगीर के नाम की रोशनी हो'। जहाँगीर के सिक्कों पर एक और 'हमिशा' दोहा पाया जाता है, जिसे उसने अकबर के शासनकाल के दौरान इलाहाबाद से जारी किया था, उसपर काव्यात्मक दोहे अंकित हैं।

हमिशा हमचू जर मिहर वा मह रायज बाद
बाघरुब व शर्क जहाँ सिक्का इलाहाबाद।

जिसका हिन्दी अनुवाद है 'सूर्य और चन्द्रमा के चमक की तरह, इलाहाबाद का सिक्का दुनिया में पूरब से पश्चिम तक प्रचलित रहेगा।" ये आमतौर पर सलीम (जहाँगीर) के विद्रोह काल से जुड़े हैं, जब उसने अपने पिता सम्राट अकबर के खिलाफ विद्रोह किया था।

सख़्त नूरानी—सिंहासन पर बैठते ही, उन्होंने निर्देश दिया कि उनके सभी सोने और चाँदी के सिक्कों पर यह दोहा होना चाहिए—

रुई जर रा सख़्त नूरानी बरंग मिहर-ओ-महर

शाह नूरुद्दीन जहाँगीर इब्न अकबर बादशाह

इस दोहे का भावार्थ है 'बादशाह अकबर के पुत्र शाह नुरुद्दीन जहाँगीर के धन का मुख सूर्य और चन्द्रमा की तरह प्रकाशमान हो।' इस दोहे की रचना अमीर उल उमरा शरीफ खान ने की थी।

मुज़ैयन— जहाँगीर के रुपये जिन पर मुज़ैयन लिखा होता था, उनकी सुलेख और डिजाइन उत्कृष्ट थी। इससे पता चलता है कि वह कला का कितना प्रेमी था। मुज़ैयन शब्द का अर्थ सुशोभित, अलंकृत, सजाना और सुशोभित करना है। इस दोहे की कथा इस प्रकार है—

बा नाम शाह नूर अल-दीन जहाँगीर

मह शहरेवर इलाही मुजैनाबाद, जर्ब अहमदाबाद।

इस दोहे का भावार्थ है—शाह नूर-अल-दीन जहाँगीर के नाम पर, इलाही वर्ष सहरेवार महीने में, मुजैनाबाद (अहमदाबाद) टकसाल में (यह सिक्का) ढाला गया।

खुसरू-ए-गीती पनाह— यहाँ एक और दोहा है, जो अन्य छन्दों से अलग है, जो दुनिया की शान्ति और सुरक्षा के बारे में बात करता है। 'खुसरू-ए-गीती पनाह' भी जहाँगीर की उपाधि थी।

शाहे नूरुद्दीन जहाँगीर इब्न अकबर बादशाह

सिक्का जाद दर शहर-ए-आगरा खुसरू-ए-गीती पनाह

इसका अर्थ है—अकबर बादशाह के पुत्र शाह नूर-अल-दीन जहाँगीर, दुनिया के शरणदाता, ने आगरा शहर में सिक्का चलाया।

फिरोज़—इस सिक्के को आमतौर पर फिरोज़ दोहा प्रकार कहा जाता है, लेकिन शैलेन्द्र भंडारे ने बताया है कि विपरीत किंवदन्ती में जहाँ फिरोज़ नहीं, बल्कि जहाँ अफरोज़ लिखा है, दोहे के सही मीटर को संरक्षित करने के लिए पहले अक्षर को छोड़ दिया गया है।

जहाँ फिरोज़ बा अजमेर गश्त सिक्का-ए जार

जा नूर-ए नाम-ए शाह जहाँगीर शाह अकबर

इसका भावार्थ है— वह विजयी (बादशाह जहाँगीर) जिसने अजमेर की यात्रा की, उसने सोने का सिक्का जारी किया, जिसपर बादशाह जहाँगीर (जो शाह अकबर के पुत्र है) के नाम का प्रकाश है।

मु ज़ै य न

ख़ु स रो - ए - गी ति प ना ह

फ़ि रो ज़

श हं शा ह - ए - उ म म

शहंशाह-ए-उमम—यह दोहा सम्राट और उसके शासनकाल की प्रशंसा करता है, उसका सम्बन्ध उसके लोगों से बताता है। जहाँगीर ने स्वयं को जनता का सम्राट 'शहंशाह-ए-उमाम' बताया। सिक्के पर दोहे में लिखा है—

दर इस्फन्दर्मुज एक सिक्का दर लाहौर जाद बर जर
शहंशाह उमाम शाह जहाँगीर इब्न शाह अकबर

इसका भावार्थ है—

लाहौर में, इस्फंद महीने में महान शहंशाह शाह जहाँगीर, शाह अकबर के पुत्र के नाम पर एक सोने का सिक्का ढाला गया।

3. उसकी पत्नी नूरजहाँ के नाम के सिक्के— वह जहाँगीर की प्यारी पत्नी थी और जहाँगीर के दरबार की सबसे प्रभावशाली महिला को भी सिक्कों में दर्शाया गया है, वह भारत का पहला मुग़ल सम्राट था जिसने अपनी पत्नी नूरजहाँ का नाम अंकित कर सिक्के चलवाये। उसका नाम एक दोहे के रूप में अंकित है। श्लोक हैं—

बा हुक्म शाह जहाँगीर याफ उदास जेवर,
बनम नूरजहाँ बादशाह बेगम जार

इसका भावार्थ है—

जहाँगीर के आदेश से, जब दरबार की प्रथम महिला नूरजहाँ का नाम उन (सिक्कों) पर अंकित हुआ, तो सोने की सुन्दरता सौ गुना बढ़ गई।

4. राशि प्रकार के सिक्के— वह भारत का एकमात्र शासक था जिसने सोने और चाँदी दोनों में अलग-अलग राशियों को दर्शानेवाले सिक्के जारी किए थे। 1618 ई. से 1625 ई. के मध्य, जहाँगीर ने राशि चक्रों के बारह चिन्हों का प्रतिनिधित्व करनेवाले सोने और चाँदी के सिक्कों की एक आकर्षक श्रृंखला जारी की। ये सिक्के अपने निष्पादन और बनावट में उल्लेखनीय हैं। जहाँगीर की राशि चक्र की उत्पत्ति उसके संस्मरण 'तुजुक-ए-जहाँगीरी' में उसकी अपनी प्रविष्टि से ज्ञात होती है। जहाँगीर ने लिखा है—

"इससे पहले, सिक्के का नियम यह था कि धातु के मुख पर मेरा नाम और पृष्ठ भाग पर ढलाई के स्थान का नाम एवं शासनकाल का वर्ष अंकित किया जाता था। इस समय मेरे मन में यह विचार आया कि महीने के स्थान पर उस माह के नक्षत्र का अंक रख देना चाहिए। प्रत्येक माह में, नक्षत्र का अंक एक चेहरे पर आधारित होना चाहिए, जैसे कि उसमें से सूर्य निकल रहा हो।" उदाहरण के लिए, फरवर्दीन के महीने में, एक मेढ़े (भेंड़) की आकृति, अर्दिबिहिस्त में एक बैल की आकृति और इसी तरह हर महीने जिसमें एक सिक्का चलाया जा सकता है, उस समय सूर्य जिस नक्षत्र में हो, उसका चिह्न उसके एक तरफ अंकित किया जाना चाहिए। यह मेरा अपना आविष्कार था यह पहले कभी नहीं किया गया था। अपने संस्मरण में वह कहता है कि, "सोने और चाँदी दोनों के राशि चक्र सिक्कों ने हमेशा संग्राहकों को आकर्षित किया है।" एक समय के बाद हिन्दू उन्हें तावीज के रूप में मानने लगे, जिसे गले में निवारक रूप से पहना जाता था।[24]

इसप्रकार जिस माह में सिक्का ढाला गया था उस माह के लिए राशि चक्र का चिन्ह प्रतिस्थापित कर दिया गया। साम्राज्य के अधिकांश भाग के लिए, राशि चक्र अंकित सोने और चाँदी के सिक्के आगरा में में ढाले गए। राशि चक्र अंकित चाँदी के सिक्के सर्वप्रथम जहाँगीर के अहमदाबाद प्रवास के दौरान अहमदाबाद टकसाल से 1027 हिजरी (1618 ई.) में पाँच महीने के लिए ढाले गए थे, सम्भवतः अहमदाबाद शहर छोड़कर जब जहाँगीर आगरा को प्रस्थान किया तब राशि चक्र अंकित चाँदी के सिक्कों की ढलाई बन्द करने का आदेश दे दिया था, आगरा पहुँचकर उसने सभी राशियों के रजत सिक्के जारी किए। हालाँकि, लगभग 25 मोहरें अजमेर, उर्दू ज़फर क़रीन (कैम्प), फतेहपुर, कश्मीर और लाहौर में ढाली गईं। इन अन्तिम दो स्थलों के कुछ सिक्कों पर महारानी नूरजहाँ का नाम भी अंकित है।

मार्सडेन का कहना है कि, हिन्दू उन्हें तावीज के रूप में मानते थे। लेफ्टिनेन्ट एडवर्ड मूर ने 1790 ई. में बॉम्बे में राशि चक्र मोहरों के एक सेट की बिक्री के लिए 2500 रुपये की राशि का उल्लेख किया है (नैरेटिव ऑफ द ऑपरेशन ऑफ कैप्टन लिटिल डिटैचमेंट, पृ. 490)।

5. चित्र प्रकार— भारत के किसी भी मुस्लिम शासक ने अपनी प्रतिमा या चित्रवाले सिक्के जारी नहीं किए थे। जहाँगीर एकमात्र शासक था जिसे उसके चित्र और उसके पिता के चित्र के साथ दर्शाया गया है। जहाँगीर द्वारा सिक्कों पर चित्रों का प्रयोग उसके पिता की तुलना में कहीं अधिक उल्लेखनीय था। अपने शासन के छठे वर्ष (1611 ई.) में उसने अपने कुछ सोने के सिक्कों पर अपना चित्र उकेरने का साहसिक प्रयोग किया। उसको बस्ट (मुख एवं छाती के उपरी भाग की बनाई गई आकृति) में दर्शाया गया है, उसका सिर

बायीं ओर मुड़ा हुआ है और चेहरे पर बड़ी मूँछें हैं। कन्धे एक ज़रीदार (ब्रोकेड) पोशाक से ढके हुए हैं, और उसके सिर पर शाही जिक्का या बगुला से सजी पगड़ी है। उसके हाथ में कभी कोई किताब होती है, कभी कोई फल ; कभी-कभी वह एक हाथ में किताब और दूसरे हाथ में एक प्याला रखता है। सम्भव है यदि पुस्तक कुरान के लिए है तो शराब के प्याले के साथ इसके संयोजन को रूढ़िवादी मुसलमानों ने एक अपमान के रूप में माना होगा।

अगले वर्ष (1612 ई.) और 1614 ई. में, जहाँगीर ने अपने सोने के कुछ टुकड़ों पर अपने शाही व्यक्तित्व को उत्कीर्ण कराया। सिक्के के अग्र भाग पर जहाँगीर एक सिंहासन पर अपने एक पैर पर दूसरा पैर चढ़ाकर (क्रॉस-लेग्स) बैठा है, अपने दाहिने हाथ में एक प्याला उठाया हुआ है, इसे शराब के प्याले के रूप में वर्णित किया गया है, जो बादशाह के अपने पसन्दीदा शगल के प्रति लगाव को दर्शाता है। उसके सिर के चारों ओर एक प्रभामंडल है। तस्वीर के दोनों ओर एक फ़ारसी दोहा लिखा है, "किज़ा-ए-बर सिक्का ज़ाद करद तस्वीर शबीह-ए-हज़रत शाह जहाँगीर" (नियति ने इस सोने के सिक्के पर आदरणीय बादशाह जहाँगीर की शक्ल का चित्र बनाया है)। सिक्के के दूसरी तरफ केन्द्र में सूर्य है जिसके बाईं ओर एक फ़ारसी शिलालेख 'ज़र्ब अजमेर 1023 ए.एच.' और दाईं ओर 'या मुईन सनाह 9' अंकित है। एक और फ़ारसी दोहे को ऊपर और नीचे के हाशिए में दर्शाया गया है- "हुरुफ़-ए-जहाँगीर वा अल्लाहु अकबर ज़ रोज़-ए-अव्वाल दर अदद शुद बारबार" (जहाँगीर और अल्लाहु अकबर शब्द न्याय के दिन तक समान हैं)।

जहाँगीर ने स्वयं स्वीकार किया कि उसने अपने चित्रवाले सिक्के अपने अनुयायियों को विशेष उपहार देने के लिए जारी किया था, जिसे वे पगड़ी या कमरबन्द पर पहन सकते थे, ताकि दर्शाया जा सके कि उन्हें शाही अनुग्रह प्राप्त है।

इनमें से अधिकांश चित्रित सिक्कों के पृष्ठ भाग पर एक सिंह (शेर) अंकित है और उसके पीछे सूर्य है, जो स्पष्टत: उसके पीछे अस्त होता दिखाई देता है, अथवा ज्योतिषीय भाषा में इसे 'सोल इन कांस्टले लियोनिस' कहते हैं, अर्थात सूर्य, सिंह राशि में प्रवेश कर रहा है; लेकिन कुछ सिक्कों पर सूर्य बिना सिंह के दिखाई देता है। सूर्य की उपस्थिति को इस तथ्य से सन्दर्भित किया गया है कि जहाँगीर का जन्म रविवार को हुआ था (इतिहासकारों की माने तो यह सम्भव है कि सिंह राशि का चुनाव बादशाह के जन्मदिन के बजाय जन्म के महीने से जुड़ा हो), लेकिन यह अधिक सम्भावना है कि सूर्य की छवि सौर पूजा की प्रवृत्ति के कारण दिखाई देती है, जिसे नि:सन्देह अकबर के शासनकाल में प्रोत्साहन मिला और उसके उत्तराधिकारी द्वारा कभी भी सकारात्मक रूप से अस्वीकार नहीं किया गया। इतने गहरे अर्थ और आन्तरिक डिजाइन एवं सुलेखवाले यह सिक्के भारतीय मुद्राशास्त्र के सबसे आकर्षक सिक्कों में से एक हैं। इसप्रकार के छवि चित्र (पोट्रेट) वाले सिक्के जहाँगीर के अजमेर प्रवास (1613-1616) के दौरान अजमेर टकसाल में ढाले गए और वहीं से जारी हुए थे।[25]

आर. बी. व्हाइटहेड दुनिया भर के संग्रहों में इन विलक्षण वस्तुओं की सूची बनाकर सदियों के अभिलेखों से उनके इतिहास का पता लगाकर सिक्कों की एक आकर्षक तस्वीर प्रदान करता है। उसने सिक्कों की एक श्रृंखला का वर्णन किया है, जिसमें प्रत्येक टकसाल से विशेष रूप से आकर्षक सिक्कों या अद्वितीय छवियों की प्रतीकात्मकता पर विशेष ध्यान दिया जाता था। इसके उदाहरणों में अजमेर की स्वर्ण मिथुन ('एक दूसरे का सामना करते हुए और गले लगाते हुए जुड़वा'), लाहौर की वृश्चिक ('बाईं ओर पूँछ') और फतेहपुर कुम्भ ('पानी की थैली के दाहिनी ओर बैठी एक छोटी सी आकृति जो अपनी पीठ पर एक जार से पानी डाल रही है') शामिल हैं। नूरजहाँ के सिक्कों में, उसकी उपाधि की प्रगति को देखना दिलचस्प है - दो साल के भीतर, वह कश्मीर से निर्गत कर्क राशि सिक्के पर 'बादशाह बेगम' कहलाने से लेकर लाहौर से निर्गत चाँदी की मकर

राशिवाले सिक्के पर 'बादशाह' कहलाने लगी। वास्तव में, दशकों बाद फ्रांसीसी व्यापारी और शाहजहाँ के दरबार के आगन्तुक जीन-बैप्टिस्ट टैवर्नियर ने गलती से उसे पूरी शृंखला जारी करने का श्रेय दे दिया।

अहमदाबाद के राशि चक्रवाले चाँदी के सिक्कों के बारे में, व्हाइटहेड लिखता है कि, "वे राशि चक्र के पहले पाँच चिह्नों तक ही सीमित हैं।" वह उनकी विशेषताओं का सारांश प्रस्तुत करता है- सभी सितारों से घिरे या उनसे सजे हुए हैं- मेष राशि 'मोटी पूँछवाली भेंड़' है, वृषभ 'आक्रमण करनेवाला बैल', मिथुन 'एक झुके हुए मुद्रा में गोल-मटोल जुड़वाँ बच्चे हैं', कर्क राशि के केकड़ा को नीचे के क्षेत्र के दोनों तरफ दो बड़े सितारा आभूषणों से सजाया गया है और सिंह राशि का प्रतीक शेर सूरज के साथ अंकित किया गया है। जहाँगीर के राशि चक्र मुहरों के शुरुआती स्थानों में से एक का पता रुडोल्फ कैपेल (एक जर्मन इतिहासकार, भाषाशास्त्री और शिक्षक) द्वारा 1684 ई. में सम्पादित पुस्तक 'न्यूमोथेका एटके ररियोरा बेसेलेरियाना' (सिक्के और दुर्लभ ट्रिंकेट) के पन्नों में उनके चित्रण से चलता है।[26]

अपने पूर्ववर्तियों की तरह, शाहजहाँ ने भी सोने, चाँदी और ताँबे के सिक्के जारी किए और अकबर के सिक्कों के मानक वज़न का पालन किया। आमतौर पर सोने और चाँदी के सिक्के समान होते थे जबकि ताँबे के सिक्के अलग-अलग टाइपोलॉजी का अनुसरण करते थे। पहले दो धातुओं के सिक्के मुख्य रूप से कालिमा के साथ चार महान ख़लीफाओं के नाम उनके विशेषणों के साथ या उनके बिना एक तरफ शाहजहाँ बादशाह गाज़ी अपने उपाधि 'शहाबुद्दीन साहिब क़िरान सानी' के साथ और दूसरी तरफ टकसाल का नाम एवं तारीख़ के साथ जारी किए गए थे। उपाधि साहिब क़िरान (भाग्य का स्वामी) को सबसे पहले तैमूर ने अपनाया था, जिसे मुग़लों ने अपने पिता की ओर से अपना वंश बताया। चूँकि शाहजहाँ दूसरा राजा था जिसने इस उपाधि को अपनाया था, इसलिए उसने अपने आप को 'साहिब क़िरान सानी' कहा। सानी शब्द 'दूसरा' के लिए अरबी शब्द है।

उसने भी अपने पिता की भाँति अपने कुछ सिक्के दोहे सहित जारी किए। उसके सोने और चाँदी के सिक्कों को अलग-अलग दोहों के साथ दर्शाया गया है। दिलचस्प बात यह है कि उसके दोहे के सिक्कों पर भी एक तरफ चार महान ख़लीफाओं के नाम और दूसरी तरफ दोहे के साथ कालिमा अंकित है। कुछ सिक्कों में निम्न दोहा अंकित है—

'सिक्का-ए-शाहजहाँनाबाद राईज दरजहाँ जावेदन बड़ा बनाम सानी साहिब क़िरान' (संयोग के दूसरे स्वामी के नाम पर शाहजहाँनाबाद का सिक्का दुनियाँ में सदैव प्रचलित रहे।) और मध्य में शाहजहाँ बादशाह गाज़ी अंकित है।

उसके ताँबे के सिक्कों पर एक तरफ फुलूस शाहजहाँ और दूसरी तरफ टकसाल का नाम और तारीख़ अंकित है। जहाँगीर और शाहजहाँ को अहमदनगर के निजाम शाही की तर्ज पर अपने कुछ ताँबे के सिक्के जारी करने के लिए भी जाना जाता है। इन सिक्कों पर एक तरफ फाई शाहूर सनाहों और दूसरी तरफ जहाँगीर जर्ब अहमदनगर या शाहजहाँ जर्ब अहमदनगर खुदा हुआ है। स्थानीय पैटर्न पर सिक्के जारी करने को जनता के बीच आसान स्वीकृति के प्रकार की निरन्तरता के रूप में समझा जा सकता है।

शाहजहाँ ने अपने राज्याभिषेक पर, तुरन्त नूरजहाँ के नाम के सिक्कों और राशि चिन्हवाले सिक्कों के उपयोग पर रोक लगा दी। उसने जहाँगीर के छवि चित्र और राशि चिह्नवाले सिक्कों को पिघलाने का आदेश देकर रूढ़िवादी मुस्लिम धर्म गुरुओं को खुश करने का प्रयत्न किया। इन सभी सिक्कों को टकसाल में लौटाकर पिघलाया गया था, ऐसे में ये सिक्के दुर्लभ हैं। इसमें कोई शक नहीं कि मुम्बई, कलकत्ता और दिल्ली जैसे बड़े शहरों में सिक्का-व्यापारियों के पास कुछ नकली सिक्के उपलब्ध हैं। उसने सिक्कों पर इलाही संवत् के अंकन को निरुत्साहित किया। शाहजहाँ ने अपने सभी सिक्कों पर कालिमा का उपयोग शुरू किया। उसके सिक्कों पर एक तरफ कालिमा और टकसाल का नाम और दूसरी तरफ उपाधियों के साथ बादशाह का नाम आम था। उसने गोल, चौकोर और अष्टकोणीय आकार में विभिन्न प्रकार के सोने और चाँदी के सिक्के जारी किए। उसने कालिमा के शिलालेखों को एक घेरे या वर्ग के भीतर रखा। शाहजहाँ ने भेंट के लिए और दान देने के लिए निसार (44 ग्रेन्स) और आधा निसार (22 ग्रेन्स) के विशेष सिक्के जारी किए। शाहजहाँ ने दाम एवं रुपया के बीच ताँबा का **आना** नामक सिक्का चलाया, जो रुपये का सोलहवाँ हिस्सा होता था। 80 जीतल का 1 आना होता था।

जहाँगीर से लेकर बाद के मुग़ल सम्राटों के कुछ चाँदी के टुकड़ों पर, आमतौर पर छोटे आकार के सिक्कों पर निसार शब्द अंकित होता है, जिसका अर्थ है 'सदका, न्योछावर, बलिदान'। ये सिक्के विशेष अवसर (विवाह, त्योहार, राज्याभिषेक की वर्षगाँठ इत्यादि) पर भीड़ के बीच वितरण के उद्‌देश्य से चलाए गए थे। वे वास्तव में मौंडी मनी की एक प्रजाति थे। यह प्रथा पूर्वी देशों में आम है और आज तक जीवित है। इस उद्‌देश्य के लिए चलाए गए मुग़ल सिक्के (औरंगज़ेब को छोड़कर) अपने व्यास के हिसाब से आर्थिक रूप से पतले होते थे, और उनका वज़न 43 से 44 ग्रेन्स तक होता था, लेकिन एक का वज़न 88 ग्रेन है और दूसरे का 22 ग्रेन। इन्हें काफी भव्यता के साथ निष्पादित किया गया है और इनमें बिन्दुओं की सीमा (बार्डर) है।

एक को छोड़कर शाहजहाँ के सभी 'निसार' (जहाँ इसे मिटाया जा सकता है) के ऊपर प्रारम्भिक अक्षर 3 अंकित है। वही चिन्ह (या उसके बिन्दु) जहाँदार के निसार पर दिखाई देते हैं, लेकिन औरंगज़ेब या आलमगीर द्वितीय के निसार पर नहीं। इस संक्षिप्त नाम पर अब तक ध्यान नहीं दिया गया है और इसका अर्थ रहस्यमय है। जैसा कि यह चार अलग-अलग टकसालों और दो अलग-अलग वज़न (44 और 88 ग्राम) के सिक्कों पर होता है, यह न तो टकसाल-चिन्ह हो सकता है और न ही मूल्यवर्ग का संकेत। निसारों का उपयोग भीड़ को तितर-बितर करने के अलावा अन्य उद्‌देश्यों के लिए किया जाता था। इस शब्द का प्रयोग समय-समय पर दी जानेवाली श्रद्धांजलि या उपहार को दर्शाने के लिए भी किया जाता है, यह प्रतीकात्मक श्रद्धांजलि है, जो पर मुग़ल सम्राट को कुछ विशेष त्योहारों पर प्रदान किया जाता है, जैसे कि उनके राज्याभिषेक की सालगिरह, या नववर्ष के दिन।

शाहजहाँ की गम्भीर बीमारी ने उसके बेटों के बीच उत्तराधिकार का युद्ध छेड़ दिया। उसके एक बेटे औरंगज़ेब ने उसे कैद कर लिया और 21 जुलाई 1658 ई. को सम्राट के रूप में पदभार सम्भाला और **आलमगीर** की उपाधि धारण की। शाहजहाँ के पुत्र और

उत्तराधिकारी औरंगज़ेब को भी सोने, चाँदी और ताँबे के सिक्के जारी करने के लिए जाना जाता है। उसके सोने और चाँदी के सिक्के लगभग 11 ग्राम वज़न के मानक में जारी किए जाते थे। उसके प्रारम्भिक वर्षों के ताँबे के सिक्के दाम, 20 ग्राम मानक वज़न के साथ जारी किए गए थे। लेकिन बाद में 6वें शासनवर्ष में उसने अपने ताँबे के सिक्कों का वज़न घटाकर 14 ग्राम कर दिया। ताँबे की कमी के कारण वज़न में कमी केवल 8वें शासनवर्ष में लागू की गई थी। इस प्रकार औरंगजेब के ताँबे के सिक्कों (दाम) को भारी और हल्के वज़न दोनों के मानक में दर्शाया गया है। औरंगजेब ने मुग़ल सिक्कों के शिलालेख में भी एक महत्त्वपूर्ण परिवर्तन किया, सिक्कों पर कालिमा और ख़लीफाओं के नाम अंकित करने की लम्बी परम्परा को त्याग दिया। उनके स्थान पर पूरी तरह से एक नई किंवदन्ती पेश की गई, जिसका इस्लाम से या किसी भी धर्म से कोई लेना-देना नहीं था। इस्लाम में उसकी गहरी आस्था थी। उसने अपने सिक्कों पर कालिमा के प्रयोग पर रोक लगा दी क्योंकि उसका मानना था कि जब सिक्के काफिरों (गैर-मुसलमानों) के हाथ में जाएंगे तो पवित्र शब्द अपवित्र हो जाएंगे। इस सनक को पूरा करने के लिए, उसने अपना नाम और अपनी उपाधि अग्रभाग पर और टकसाल का नाम, वर्ष और एक दोहा पश्चभाग पर अंकित कराया। उसने शासनकाल के अन्तिम समय में जारी सिक्कों पर 'मीर-अब्दुल-बाकी' शाहबाही द्वारा रचित पद्य अंकित करवाया। मुग़लकाल में सर्वाधिक रुपये की ढलवाई औरंगज़ेब के काल में ही हुई थी। उसने बीजापुर में नई टकसालें खोलीं। अहमदनगर और सोलापुर से उसने सोने और चाँदी के सिक्के निकाले। उसने शाहजहाँ के चौकोर आकार के सिक्कों के साथ-साथ चाँदी के निसार के सिक्कों को भी जारी रखा। उसके सिक्के, विशेष रूप से चाँदी और सोने में किंवदन्ती सिक्का 'जद चू बद्र मुनीर दारजहाँ शाह औरंगजेब आलमगीर' को अग्र भाग पर और 'मनुस मैमानत सनाह जूलस जर्ब' पश्चभाग पर अंकित कर जारी किए गए थे। उसके सिक्कों की टाइपोलॉजी को मोटे तौर पर निम्नलिखित समूहों में विभाजित किया जा सकता है—

1. बद्र-मुनीर या मेहर-मुनीर के साथ दोहा : उसके अधिकांश सोने और चाँदी सिक्कों पर एक निश्चित दोहा अंकित है। सिक्के के एक तरफ 'जद चू बद्र मुनीर दारजहाँ शाह' और दूसरे तरफ 'मानुस मैमनात सनाह जूलस जर्ब' अंकित है। कुछ सिक्कों में एक ही दोहे को मेहर-मुनीर शब्द के साथ बदल दिया गया है। सोने के सिक्कों में ज्यादातर मेहर-मुनीर का प्रतिनिधित्व होता था जबकि चाँदी के सिक्कों पर बद्र-मुनीर अंकित है।

2. मुहीउद्दीन प्रकार—अपने शासन के पहले तीन वर्षों (1658-1660 ई.) में, औरंगज़ेब ने अपने नाम और उपाधि के साथ सिक्के जारी किए थे, जिसमें एक तरफ अबुल मुजफ्फर मुहीउद्दीन मुहम्मद औरंगज़ेब आलमगीर बहादुर बादशाह गाज़ी और दूसरी तरफ 'मानुस मैमानत सनाह जुलस जर्ब' लिखा हुआ था। यह प्रकार औरंगाबाद, शाहजहाँनाबाद और मुल्तान टकसालों से निर्गत किया जाता था। यह विभिन्न ज्यामितीय डिजाइनों में भी जारी किया जाता था। किंवदन्ती वर्ग के भीतर 'आलमगीर शाह गाजी' के रूप में व्यवस्थित है और अबुल मुजफ्फर मुहीउद्दीन औरंगज़ेब बहादुर सनाह के अग्र भाग में हाशिए पर है। वर्ग के भीतर उल्टा जर्ब (टकसाल का नाम) और किनारे पर 'मानस मैमानत सनाह जूलस' है। यह प्रकार अकबराबाद और शाहजहाँबाद टकसालों के नाम से जाना जाता है।

अपने पूर्ववर्तियों की तरह औरंगज़ेब ने भी अपने ताँबे के सिक्के छोटे शिलालेख के साथ जारी किए। उसके कुछ ताँबे के सिक्के अज्ञात हैं। इन्हें मोटे तौर पर निम्नलिखित समूहों में विभाजित किया गया है—

(1) जुलूस मुबारक प्रकार—यह एक अनाम प्रकार है। किंवदन्ती को एक तरफ जफुलूस मुबारक सनाह (हिज़री तारीख़) के रूप में लिखा गया है और दूसरी तरफ जर्ब सनाह (शासनवर्ष) अंकित है। इस प्रकार को दाम के भारी और हल्के वज़न दोनों में दर्शाया गया है। भारी वज़न का प्रतिनिधित्व मुख्य रूप से सूरत टकसाल से किया जाता है, जबकि हल्के वज़न के सिक्के (आधा दाम, लगभग 10 ग्राम) हैदराबाद, मसूलीपट्टनम, शोलापुर टकसाल से निर्गत किए जाते थे। शोलापुर महाराष्ट्र का एकमात्र टकसाल है जो उपर्युक्त दोनों प्रकार का प्रतिनिधित्व करता था।

(2) औरंगज़ेब फुलूस शाही—इसके एक ओर औरंगजेब फुलूसशाही और दूसरी ओर जर्ब सनाह लिखा हुआ है। इस प्रकार को हल्के और भारी वज़न दोनों में जाना जाता है, जिसका प्रतिनिधित्व अकबराबाद, बैराटा, हैदराबाद, कटक, मछलीपट्टनम, मुल्तान, नारनौल, शाहजहाँबाद, शोलापुर और सूरत टकसाल से किया जाता है।

औरंगज़ेब की मृत्यु के बाद मुग़ल साम्राज्य का धीरे-धीरे विघटन हुआ, लेकिन मुग़लों की सिक्का परम्परा भारत में लम्बे समय तक जारी रही। औरंगज़ेब के पुत्र और उत्तराधिकारी शाह आलम बहादुर ने अपने पिता के नाम के सिक्के के प्रकार का अनुसरण किया, जिसमें एक तरफ एक दोहे के रूप उसका नाम और दूसरी तरफ 'मानुस मैमानत सनाह जुलुस जर्ब' अंकित था। कुछ सिक्के बिना दोहे के शाह आलम बहादुर बादशाह गाज़ी के रूप में खुदे हुए जारी किए गए हैं। उसके उत्तराधिकारी जहाँदारशाह, फर्रुख़सियर, रफी-उद्-दरजात, रफी-उद्-दौला, मुहम्मद शाह, अहमद शाह और शाह आलम द्वितीय आदि ने भी औरंगज़ेब के सिक्कों की तर्ज पर अपने सिक्के जारी किए। पूरे देश में मुग़ल मुद्रा को स्वीकार किया गया था और दिलचस्प बात यह है कि भारत के रियासतों, यहाँ तक कि अंग्रेजी, ईस्ट इंडिया कम्पनी और फ्रेंच ईस्ट इंडिया कम्पनी के सिक्के बाद के कमजोर मुग़ल बादशाहों जैसे अहमद शाह, शाह आलम द्वितीय आदि के नाम पर जारी किए गए थे। उनके नाम के सिक्के सिर्फ उस प्रकार को जारी रखने के लिए थे जो जनता द्वारा स्वीकार किए गए थे और यह 1857 तक जारी रहे।

गुजरात पर मुग़ल विजय से पूर्व, क्षेत्र की सबसे प्रमुख मुद्रा 'महमूदी' थी। 88 ग्रेन का यह चाँदी का सिक्का सबसे पहले गुजरात के सुल्तान महमूद शाह (1458-1511 ई.) द्वारा जारी किया गया था। महमूदी की कम से कम चार किस्में, अलग-अलग वज़न, सुन्दरता और विनिमय दरों के साथ सभी महमूद शाह के प्रमुख चाँदी के सिक्के पर आधारित थीं जो गुजरात के विभिन्न हिस्सों में प्रसारित हुईं। भुज और नवानगर के सरदारों ने अपनी-अपनी महमूदी बनाई जो ऊपरी और निचले कच्छ के क्षेत्रों में प्रसारित हुई। इस बात की प्रबल सम्भावना है कि नवानगर किस्म अहमदाबाद शहर और उसके आसपास भी मौजूद थी। दूसरा क्षेत्र, जहाँ से महमूदी दक्षिणी गुजरात के पूरे क्षेत्र में फैली थी, बगलाना का प्रमुख क्षेत्र था। बीच में, बड़ौदा और भरूच (भड़ौच) के आसपास, महमूदी की थोड़ी भारी

किस्म, जिसे **चेंजज़ी** कहा जाता है, गुजरात के सुल्तानों के दिनों से प्रचलन में रही।[27]

अकबर द्वारा गुजरात की विजय के बाद, अहमदाबाद, जो अब प्रान्त की राजधानी है, का साम्राज्य के मुख्य क्षेत्रों के साथ सम्बन्ध और भी मजबूत हो गया। प्रान्त से अहमदाबाद के माध्यम से भेजे जानेवाले राजस्व ने व्यापार के माध्यम से अन्तर्देशीय शहरों में कीमती धातु के प्रवाह के मौजूदा चैनल को पूरक बनाया। ईरान, तुर्की और इराक (विलायत, रम वा इराक) के क्षेत्रों से आयातित चाँदी को अन्ततः अहमदाबाद में सिक्के बनाने के लिए लाया गया था, जो कैम्बे, दीव और घोघा के बन्दरगाह शहरों के लिए आन्तरिक बाजार था। 1572 ई. के तुरन्त बाद, अहमदाबाद की शाही टकसाल ने रुपये का मानक सिक्का बनाना शुरू कर दिया, जिसका एक बड़ा हिस्सा गुजरात में सक्रिय व्यापारियों द्वारा अपनी खरीद के भुगतान के लिए अन्तर्देशीय क्षेत्रों में भेजा गया था। इसने व्यापारियों को दोहरे विनिमय की असुविधा से बचने का अवसर दिया, यानी पश्चिमी तट से अन्तर्देशीय क्षेत्रों में धन परिवहन करते समय आयातित सिक्कों को पहले महमूदी में और फिर रुपये में विनिमय करना। साम्राज्य के मध्य क्षेत्रों में बड़ी मात्रा में अहमदाबाद के रुपयों से युक्त कई भंडारों की बरामदगी मुद्रा के भौतिक संचलन की दिशा की ओर इशारा करती हैं। रुपया का प्रचलन 1583 ई. तक इतना व्यापक हो गया था कि, अहमदाबाद पर पुनः कब्जा करने के बाद, गुजरात के सुल्तान को अपने पूर्वजों की प्रतिष्ठित महमूदी के बजाय अकबर के रुपये के समान आकार और वज़न के चाँदी के सिक्के चलाने पड़ गए।

शेष गुजरात में, विशेष रूप से सूरत, भड़ौच और बड़ौदा शहरों में, रुपये का चलन न तो समान पैमाने पर हुआ और न ही एक ही समय पर। सत्रहवीं शताब्दी के शुरुआती दशकों में महमूदी दक्षिणी गुजरात में विनिमय की एकमात्र मुद्रा के साथ-साथ बही-खाते की भी मुद्रा थी।[28] इसका उपयोग न केवल व्यापारियों, बैंकरों (सर्राफों), दुकानदारों, ट्रांसपोर्टरों द्वारा वाणिज्यिक लेन-देन के लिए किया जाता था, बल्कि मुग़ल अधिकारियों द्वारा प्रान्तीय खजाने में भुगतान प्राप्त करने और कराने के लिए भी किया जाता था।[29] सूरत और अहमदाबाद को अलग-अलग महमूदी और रुपया क्षेत्रों में विभाजित करने की बात को दोनों क्षेत्रों के बीच व्यापार करनेवाले व्यापारियों ने स्वीकार किया गया था—

> सूरत में प्रचलित मुद्रा चाँदी की है, जिसे **मामूडो** कहा जाता है, जिसका मूल्य लगभग 12 डी स्टर्लिंग है। वहाँ एक और सिक्का ताँबे का है, जिसे **पाइज़** कहा जाता है, 1 मामुडो 34 पाइज़ के बराबर होता था। उनकी कीमत ताँबे के मूल्य पर निर्भर होती थी, इसलिए ताँबे का मूल्य बढ़ने या घटने पर 1 मामुडो में 34 से कम या ज्यादा पाइज होते थे... अन्य सिक्के भी चलते थे जिन्हें कैम्बे और अहमदाबाद में **रुपी** कहा जाता है।[30]

सूरत महमूदी की अधिकांश आपूर्ति बगलाना के स्वायत्त रियासत से होती थी, जो गुजरात और दक्कन के बीच स्थित थी, जहाँ इसे सल्हेर और मुल्हेर के दो किलेबन्द शहरों में बनाया जाता था। इस क्षेत्र का समकालीन विवरण भारत के इस हिस्से में आनेवाले शुरुआती यूरोपीय यात्रियों में से एक विलियम फिंच के यात्रा-वृत्तान्त 'अर्ली ट्रैवल इन इंडिया' में मिलता है :

यह शहर (भड़वाड़) पेक्टोपशॉ (प्रताप शाह) की भूमि में अन्तिम उल्लेखनीय है, जो एक गैर-यहूदी छोटा राजा है। वह दुर्गम पहाड़ी के चोटी पर रहता है, जो कुर्का से शुरू होता है और कई मार्गों तक फैला हुआ है। उसके पास दो सुन्दर शहर हैं, सालेर और दूसरा मुलेर, जहाँ महमूदियों का निर्माण होता है..... (फिंच, पृ. 135)

शाही मुद्रा के विस्तार के लिए टकसाल का उपयोग करने की मुग़ल नीति कितनी सफल रही और सूरत में प्रचलित बगलाना के महमूदियों पर इसका क्या प्रभाव पड़ा? इन पर सबसे उपयोगी अवलोकन पेल्सर्ट (डच फैक्टर) से आता है, जिसने आँखों देखा विवरण दिया है—

"पहले यहाँ रुपये नहीं बल्कि महमूदी मुद्राएँ प्रचलित थीं; महमूदी छोटी मुद्रा हैं और हमारी गणना के अनुसार इसका मूल्य केवल 10 **स्टाइवर** (Stiver एक छोटा डच सिक्का जो पहले नीदरलैंड में इस्तेमाल किया जाता था जो एक गिल्डर के बीसवें हिस्से के बराबर होता था। यह 2 सेंट या लगभग 1 पैसा स्टर्लिंग के मूल्य के बराबर था) है। पिछले पाँच या छह वर्षों के दौरान रुपये प्रचलन में आए हैं। 'महमूदी' बिक्री और खरीद के लिए अभी भी नाममात्र की इकाई है, लेकिन वास्तविक भुगतान आमतौर पर रुपये में किया जाता है, जिसे हम 24 स्टाइवर मानते हैं। राजा के पास अब सूरत में एक टकसाल है, जैसा कि अहमदाबाद और अन्य सभी राजधानी शहरों में है।"[31]

यह गुजरात में रुपये के प्रसार के तीसरे चरण को चिन्हित करता है, पहला चरण सल्तनत के विलय के तुरन्त बाद शुरु हुआ और दूसरा 1592 से 1605 ई. के बीच संचालित हुआ। सूरत टकसाल ने जल्दी ही अहमदाबाद टकसाल को पीछे छोड़ दिया और अब से आयातित सोना-चाँदी (बुलियन/सर्राफा) का प्रमुख प्राप्तकर्ता और रुपये के सिक्के का सबसे बड़ा उत्पादक बन गया।[32]

चित्र में प्रदर्शित महमूदी सिक्का, जलाल अल-दीन के नाम पर बगलाना के राजा द्वारा मुल्हेर में चलाया गया, महमूदी के शीर्ष भाग पर अकबर का नाम उपाधि सहित और हिजरी तारीख़ तथा पृष्ठ भाग पर वर्ग में कालिमा शहादा (आस्था का इस्लामी घोषणा) अंकित है। ये सिक्के सूरत और इसकी सीमाओं के क्षेत्र में व्यापक रूप से प्रसारित हुए, बगलाना भारत का एक छोटा मराठा साम्राज्य था जो सूरत से दौलताबाद और गोलकुंडा के बीच मुख्य व्यापार मार्ग पर बुरहानपुर के पास स्थित था। यह महमूदी सिक्का सूरत के समुद्री बन्दरगाह (बन्दर-ए-

चाँदी महमूदी, अकबर, हिज़री संवत् 963-1014, (1556-1605 ईस्वी), वज़न: 5.62 ग्राम, मोटाई: 14.70 मिमी, मुल्हेर टकसाल

मुबारक सूरत) पर फ़ारसी व्यापारियों के साथ व्यापार करने के लिए बनाया गया था और अकबर की मृत्यु के बाद भी लगातार इसका उत्पादन किया जाता रहा। अकबर ने हिजरी संवत् 980 (1572 ई.) में गुजरात पर विजय प्राप्त की और फिर हिजरी संवत् 991 (1583 ई.) के मुजफ्फर शाह के विद्रोह के दौरान अस्थायी रूप से नियन्त्रण खो दिया।

महमूदी के साथ मुग़ल मुठभेड़ की कहानी केवल राज्य की नीतियों और संस्थानों के साथ शुरू और ख़त्म नहीं होती है, बाज़ार भी (व्यापक अर्थ में) एक महत्त्वपूर्ण खिलाड़ी था। हालाँकि, इसने यह एक नई और अच्छी मुद्रा के लिए अनुकूल प्रतिक्रिया व्यक्त की, लेकिन इसने महमूदियों के बेदखली के प्रति अनुमेय सीमा से परे अपना लचीलापन भी दिखाया। सौराष्ट्र और कुछ हद तक दक्षिणी गुजरात में महमूदी की उपस्थिति का एक बड़ा कारण उसके परिसंचलन क्षेत्र में ग्राहकों की भागीदारी के साथ-साथ गुजरात की तेजी से बढ़ती अर्थव्यवस्था का भी है जहाँ अकेले रुपया तरल पूँजी की निरन्तर बढ़ती व्यापारिक माँग को पूरा करने में सफल नहीं हो सकता था।

यूरोपीय व्यापारिक कम्पनियों की लेखा पुस्तकों में कुछ वस्तुओं का हिसाब रुपये में मिलता है, जबकि अन्य का हिसाब-किताब महमूदी में। उदाहरण के लिए भूमि-कर सदैव महमूदी में निश्चित रहता था। महमूदी का वज़न लगभग आधे शाही रुपये (लगभग 5.5-5.7 ग्राम) के बराबर था, लेकिन इसकी सुन्दरता काफी कम (0.865) थी और इसलिए 1619 ई. में आधिकारिक विनिमय दर 1: 2.3 या 1: 2.4 थी और 1630 ई. के बाद 1 : 2.25 हो गई। अलग-अलग टकसालों से निर्गत महमूदी सिक्कों पर अकबर शब्द के नीचे सम्बन्धित टकसाल के निशान बनाए गए थे, जैसे- मछली, दिल, अर्धचन्द्र, स्वास्तिक, शाखा, भाला, झंडा (ध्वज) और आखिरी में कुछ महमूदियों पर बिना किसी निशान के, मरणोपरान्त तारीख़ अंकित है।

मालवा में **मुजफ़्फ़रशाही** और कश्मीर में **रुप ससनू** नामक सिक्का प्रचलन में था। मिर्ज़ा हैदर दुगलत ने 1546-1550 ई. तक कश्मीर पर शासन किया। उसने अपने नाम का कोई सिक्का जारी नहीं किया; उसने हुमायूँ के नाम पर सोने और चाँदी का सिक्का (ससनू) जारी किया। उसके सोने के सिक्कों पर टकसाल का नाम और तारीख़ नहीं है, लेकिन पीछे की तरफ चार ख़लीफाओं के नाम के साथ शहादा दिखाई देता है, जबकि

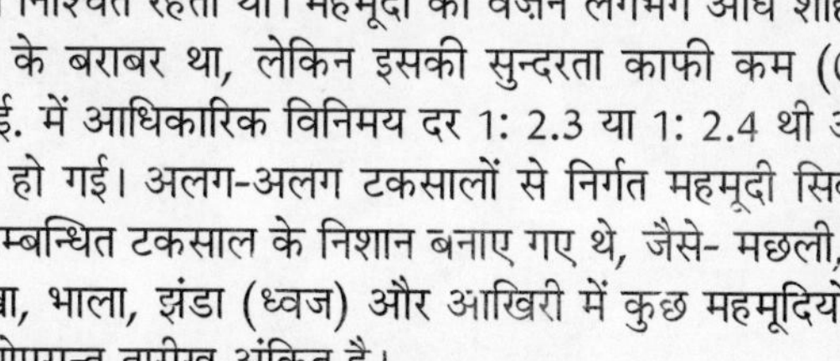

1546-47 ई. के मध्य कश्मीर में मिर्ज़ा हैदर दुगलत द्वारा जारी चाँदी का ससनू, इसके अग्र भाग पर अंकित है: अल-सुल्तान-अल-आज़म मुहम्मद हुमायूँ गाज़ी

उसके चाँदी के सिक्कों पर टकसाल का नाम और तारीख़ अंकित है।

बंगाल और तटीय इलाकों में छोटे-मोटे खरीद फरोख्त के लिए कौड़ियों (समुद्री सीपी) का उपयोग किया जाता था। कौड़ी एक छोटे समुद्री घोंघे का खोल है, जिसका उपयोग दुनिया के कई हिस्सों में मुद्रा के रूप में किया जाता था। भारत में इसका उपयोग ईस्ट इंडिया कम्पनी द्वारा 1805 ई. में प्रतिबन्धित किए जाने तक किया जाता था, लेकिन यह 1830 ई. तक चलन में बनी रही। भारत में उपयोग की जानेवाली कौड़ियाँ मालदीव से एकत्र की जाती थीं, इसलिए कोई व्यक्ति पैसा बनाने के लिए भारत के निकटतम समुद्र तट पर नहीं जा सकता था। क्षतिग्रस्त कौड़ियों को 'फूटी कौड़ी' के रूप में जाना जाता था। एक अखंडित कौड़ी को 'साबित कौड़ी' कहा जाता था।

बंगाल में भारी, उच्च शुद्धतावाले चाँदी के सिक्के सरकार और व्यापार की जरूरतों को पूरा करते थे, जबकि कौड़ी ज्यादातर आबादी के लिए कम मूल्य के लेन-देन की जरूरतों को पूरा करती थी। एक निजी वित्तीय उद्योग ने दोनों वर्गों के विनिमय का काम किया। समय के साथ कौड़ियों और चाँदी के टंकों का सापेक्ष महत्त्व बदल

गया, सोलहवीं शताब्दी तक धातु मुद्रा का बोलबाला हो गया। यह सल्तनत के विस्तार, इसकी राज्य प्रणाली की बढ़ती परिपक्वता और बुलियन की बेहतर उपलब्धता को दर्शाता है।

कौड़ियों के आपूर्तिकर्ता मालदीव और उपभोक्ता बंगाल के बीच का सम्बन्ध उल्लेखनीय था जो औपनिवेशिक काल में भी बरकरार रहा। बंगाल (उड़ीसा सहित) और उसके परिधीय राज्य भारत में एकमात्र ऐसे स्थान प्रतीत होते हैं जहाँ कौड़ी ने लगातार उच्च मूल्य की धातु मुद्रा के साथ-साथ छोटे सिक्के की भूमिका निभाई। उपमहाद्वीप में कौड़ियाँ अन्यत्र भी जानी जाती थीं, लेकिन बंगाल में वे सर्वोपरि थीं। चौदहवीं शताब्दी में, प्रसिद्ध मोरक्को यात्री इब्न बतूता ने मालदीव और बंगाल दोनों का दौरा किया। उन्होंने मालदीव

के बारे में विवरण दिया... "इस देश में सभी लेन-देन कौड़ी के माध्यम से होते हैं, जो समुद्र से उठाया जानेवाला एक जन्तु है... इनका उपयोग खरीद-बिक्री के लिए किया जाता है... इन्हें बंगाल के निवासियों को चावल के लिए बेचा जाता है, क्योंकि कौड़ियाँ बंगाल में भी प्रचलित हैं..." (जानी, द रेहला ऑफ इब्न बतुता, पृ. 201)

सोलहवीं शताब्दी के दौरान, पुर्तगाली व्यापारी टॉम पायर्स ने बताया कि—

> "उड़ीसा और बंगाल के पूरे राज्य में कौड़ियाँ प्रचलित मुद्रा हैं... वे पूरे बंगाल में मान्य हैं और वे उन्हें सोने की तुलना में अधिक वस्तुओं के लिए स्वीकार करते हैं। वे कहीं और मान्य नहीं हैं और इन दोनों स्थानों पर उनका अत्यधिक मूल्य है... ये चुनी हुई कौड़ियाँ, मालदीव द्वीप से बड़ी मात्रा में आती हैं।" (कॉर्टेसाओ, द सुमा ओरिएंटल ऑफ टॉम पायर्स, पृ. 94-95)

सोलहवीं शताब्दी के उत्तरार्ध में, मुग़ल वजीर अबुल-फज़ल ने अपने प्रसिद्ध गजेटियर में बंगाल के बारे में लिखा कि, "पैसे का लेन-देन कौड़ियों में होता है जो एक छोटा सफेद खोल होता है जो आमतौर पर बीच से विभाजित होता है।" कौड़ी का मौद्रिक मूल्य समय के साथ और सामान्य बाजार की ताकतों के अनुसार अलग-अलग स्थानों पर अलग-अलग होता था। बंगाल के आन्तरिक भागों में कौड़ी का मूल्य उसके बन्दरगाहों की तुलना में अधिक था, जो परिवहन लागत के साथ-साथ अन्य वाणिज्यिक जोखिमों को दर्शाता था। सोलहवीं शताब्दी की शुरुआत में, कौड़ी का मूल्य चाँदी के टंका के लिए लगभग 9,000 था। सदी के मध्य तक, बंगाल में कौड़ी का मूल्य चाँदी के रुपिया के लिए 9,600 (यानी, पुराने चाँदी के टंका के लिए 10,560) आँका गया था। सोलहवीं शताब्दी के अन्त तक, उड़ीसा में कौड़ी का विनिमय मूल्य रुपये के लिए 13,000 और 16,000 के बीच था (यानी, पुराने बंगाल टंका के लिए लगभग 14,300 से 17,600)। (हेइमैन, 'स्माल चेंज' पृ. 57; वोगेल, 'कौड़ी ट्रेड' टेबल-3, पृ. 342)

गुप्तोत्तर काल (छठी शताब्दी) से लेकर उन्नीसवीं शताब्दी तक के स्रोत बताते हैं कि इस पूरे काल में कौड़ियों की विशिष्ट संख्या और धातु मुद्रा के अन्य रूपों के बीच अनुपात की एक व्यवस्थित प्रणाली मौजूद थी। यह स्थिरता न केवल बाजार में बल्कि राज्य कराधान प्रणाली के लिए भी प्रासंगिक थी जहाँ विशेष रूप से बंगाल में, राजस्व और करों के भुगतान के रूप में कौड़ियों को स्वीकार किया जाता था। इस प्रकार कौड़ियाँ शब्द के सभी आधुनिक अर्थों में मुद्रा के रूप में कार्य करती थीं -तरलता की माँग, आपूर्ति, लेन-देन और उत्पादन लागत और सकल राष्ट्रीय उत्पाद में परिवर्तनों के प्रति संवेदनशील।

ऐसा प्रतीत होता है कि बंगाल में कौड़ी का प्रचलन और प्रभाव लगभग पूरी तरह से घरेलू था। हालाँकि, न तो चाँदी और न ही कौड़ियाँ स्थानीय रूप से उपलब्ध थे, उन्हें आयात करना पड़ता था। बंगाल की कौड़ियों और चाँदी को अपनी मुद्रा आपूर्ति में समाहित करने की उच्च क्षमता भूमि और समुद्री व्यापार पैटर्न का एक महत्त्वपूर्ण चालक रही होगी।

अकबर के साम्राज्य में विभिन्न स्थानों की खुदाई से अकबर द्वारा प्रचलित जो शुद्ध चाँदी के सिक्के (रुपया) प्राप्त हुए हैं उनमें अधिकांश का वज़न 170 ग्रेन्स से 175 ग्रेन्स तक हैं। अपवादस्वरूप अल्प मात्रा में उज्जैन से 177 ग्रेन्स के सिक्के मिले हैं। जहाँगीर,

शाहजहाँ और औरंगज़ेब के चाँदी के सिक्के के जो नमूने मिले हैं उनका औसत वज़न 175 ग्रेन्स और शुद्धता वही है जो अकबर के शासनकाल में थी। वहीं मानक थोड़े परिवर्तन के साथ मुहम्मद शाह 'रंगीला' के समय तक दृष्टिगोचर होता है।

उदाहरणार्थ—मुग़ल शासकों के कालानुक्रम में उनके द्वारा साम्राज्य के विभिन्न स्थानों के टकसालों में ढाले गए सिक्कों का विवरण निम्नवत है।

तालिका-04

शासक का नाम	टकसाल का नाम	सिक्के का वज़न
अकबर (1556-1605 ई.)	आगरा	174.0 ग्रेन्स
	लाहौर	175.0 ग्रेन्स
	दिल्ली	175.1 ग्रेन्स
	अहमदाबाद	173.6 ग्रेन्स
	इलाहाबाद	175.3 ग्रेन्स
जहाँगीर (1605-1627 ई.)	आगरा	174.6 ग्रेन्स
	इलाहाबाद	173.6 ग्रेन्स
	कन्धार	173.9 ग्रेन्स
	अहमदाबाद	174.23 ग्रेन्स
शाहजहाँ (1627-1658 ई.)	आगरा	175.0 ग्रेन्स
	अहमदाबाद	174.2 ग्रेन्स
	दिल्ली	174.6 ग्रेन्स
	सूरत	175.0 ग्रेन्स
	लाहौर	174.2 ग्रेन्स
	पटना	173.3 ग्रेन्स
औरंगजेब (1658-1707 ई.)	इटावा	175.77 ग्रेन्स
	शाहजहाँबाद	176.7 ग्रेन्स
	सूरत	178.09 ग्रेन्स
	बुरहानपुर	171.14 ग्रेन्स
	अकबराबाद	175.46 ग्रेन्स
	उज्जैन	179.2 ग्रेन्स

बहादुरशाह प्रथम (1707-1712)	लाहौर	177.63 ग्रेन्स
जहाँदार शाह (1712 ई.)	सूरत	177.47 ग्रेन्स
फर्रूखसियर (1713-1719 ई.)	शाहजहाँबाद	175.93 ग्रेन्स
	इटावा	176.55 ग्रेन्स
रफी-उद्-दरज़ात (1719 ई.)	लाहौर	177.16 ग्रेन्स
शाहजहाँ द्वितीय (1719 ई.)	शाहजहाँबाद	175.16 ग्रेन्स
मुहम्मदशाह (1719-1748 ई.)	ग्वालियर	174.69 ग्रेन्स
	मुर्शिदाबाद	179.17 ग्रेन्स
	शाहजहाँबाद	175.46 ग्रेन्स
अहमदशाह (1748-1754 ई.)	कैम्बे	178.09 ग्रेन्स
आलमगीर द्वितीय (1754-1759 ई.)	शाहजहाँबाद	175.47 ग्रेन्स
शाहजहाँ तृतीय (1759-1760 ई.)	शाहजहाँबाद	174.85 ग्रेन्स
शाहआलम द्वितीय (1760-1806 ई.)	शाहजहाँबाद	173.15 ग्रेन्स
	इलाहाबाद	177.47 ग्रेन्स

स्रोत: न्युमिसमेटिक डाइजेस्ट भाग-39, 2015, प्रिन्सेप, जेम्स-यूज़फुल टैबलेट फार्मिंग एन अपेंडिक्स टू द जर्नल ऑफ़ द एशियाटिक सोसायटी: क्वाइन्स, वेट्स एंड मेज़र्स ऑफ ब्रिटिश इंडिया, पार्ट-1, बैप्टिस्ट मिशन प्रेस, कलकत्ता, 1834, पृ. 22

उपर्युक्त उद्धरण यह दिखाने के लिए पर्याप्त है कि मुग़ल शासकों ने अपने विशाल साम्राज्य में मुद्रा की एकरूपता बनाये रखी। वे मौद्रिक नीति के प्रति सचेत थे।

मुग़ल बादशाह कीमती पत्थरों के प्रेमी थे, कई सन्दर्भ रत्न गुणों में मजबूत सांस्कृतिक विश्वास दिखाते हैं। मुग़लों के पूर्वज, तैमूर ने उत्कृष्ट गुणवत्तावाले पत्थरों पर उपाधियाँ और नाम उकेरने की परम्परा शुरू की थी और हीरे और पन्ने के साथ-साथ बड़े स्पिनल (विभिन्न रंगों के मैग्निशियम और एलुमिनियम ऑक्साइड से बने पत्थर) मोती उनके पसन्दीदा थे। ये रत्न साम्राज्य की समृद्धि और गरिमा के प्रतीक थे, साथ ही उन्हें सुरक्षात्मक ताबीज के

रूप में भी संजोया जाता था। मुग़ल दरबार में पन्ना बहुत लोकप्रिय था। बादशाह इसकी अपारदर्शी पारदर्शिता के कारण इसे 'चाँद के आँसू' कहते थे। अक्सर पन्ना बीमारियों और बुरी आत्माओं को दूर भगाने के लिए पहना जाता था।

विजयनगर साम्राज्य में हूण या पैगोडा नामक सोने के सिक्कों का चलन था। इसका वास्तविक नाम **वाराह** था जिसे यूरोपीय यात्री पैगोडा तथा मुस्लिम लेखक हूण से सम्बोधित करते थे। सोने का छोटा सिक्का **प्रताप** और **फणम्** कहलाते थे।[33] चाँदी के छोटे सिक्के **तार** कहलाते थे। ताँबे के सिक्के **काशु** या कश या पण कहलाते थे। कश को **डोडो** और **फुलूस** भी बोला जाता था। ईरानी राजदूत अब्दुर्रज्ज़ाक जिसने 1443 ई. में देवराय द्वितीय के समय विजयनगर की यात्रा की थी, के अनुसार:

1 वाराह	=	2 प्रताप
1 प्रताप	=	10 फणम्
1 फणम्	=	6 तार
1 वाराह	=	120 तार

विजयनगर का स्वर्ण सिक्का—वाराह

पुराने फणम् केवल सोने के बने होते थे। बाद में चाँदी के फणम् भी प्रचलन में आ गए था।

1 कश (काशु)	=	80 रत्ती ताँबा	=	1 पण
80 काशु	=	1 फणम् (चाँदी)		
42 फणम् (चाँदी)	=	1 पैगोडा[34]		

18वीं शताब्दी में बाजार मूल्य घटते बढ़ने रहने से 1 पैगोडा 35 से 45 फणम् (चाँदी) के बराबर होते थे। पैगोडा का वज़न 52.56 ग्रेन था जो 19.33 कैरेट सोने का बना होता था।[35]

विजयनगर के विघटन के बाद भी बीजापुर और गोलकुंडा राज्यो में इसका उपयोग होता रहा। कई दक्कनी राज्यों में ताँबे और चाँदी के मिश्रधातु का सिक्का तनका (टंका) के नाम से उपयोग में आता रहा। दक्कन में मुग़ल शासन की स्थापना के बाद उस इलाके में मुग़ल चाँदी के सिक्के की ढलाई के लिए कई टकसाल खोले गए।

अठारहवीं शताब्दी के उत्तरार्ध में दक्षिणी मालाबार में सोने का सिक्का फणम् या फनम् मुद्रा चलन में था जो अलग-अलग नाम व अलग छाप/चिन्ह (Stamp) के साथ कई प्रकार के थे। जैसे- कटेमनी फणम्, कन्नापुथन फणम्, कोटापुथन फणम्, राजापुथन फणम् आदि।[36] ये सभी मूल्यों में एक बराबर न होकर थोड़े कम ज्यादा थे। **बेली** (चाँदी का फणम्) नामक सिक्का केवल कालीकट और कवई में लोकप्रिय था।[37] इसप्रकार के सिक्के कोट्टायम के राजा व कन्नानूर के अराकल परिवार जारी करते थे। मालाबार में एक अन्य छोटा चाँदी का सिक्का तारा या **तारम्** प्रचलन में था[38] उसे 'विज' भी कहा जाता था। जिसका व्यास 4 से 4.50 मिली मीटर था। यह विश्व का सबसे छोटा चाँदी का सिक्का माना जाता है। अब्दुर्रज्ज़ाक के अनुसार 6 तारम् 1 फणम् (फनम्) के बराबर था वहीं मा'हुआन के अनुसार यह फणम् का 1/15 वाँ भाग था। बार्थेमा के विवरण से पता चलता है कि 1 फणम् 16 तारम् के बराबर था।[39] कृष्णा अय्यर कहते है कि, "16 कश (ताँबे का सिक्का) 1 तारम् के और 16 तारम् 1 फणम् के बराबर होता था।"[40]

चाँदी का सिक्का—तारम्

अठारहवीं शताब्दी में मालाबार क्षेत्र में 29 स्वर्ण सिक्के, 10 चाँदी के सिक्के और 2 ताँबे के सिक्के प्रचलन में थे। अठारहवीं शताब्दी के उत्तरार्ध में हैदरअली के मालाबार आक्रमण के समय वहाँ का सबसे महत्त्वपूर्ण सोने का सिक्का वेरारी फणम् और कन्नानूर फणम् थे।[41] वेरारी फणम् जिसको 'वीर-राया' या 'वीर रायन' या 'वीराया' के नाम से भी जाना जाता है को कालीकट के राजा जेमोरिन द्वारा जारी किया गया था।[42] वीर-राया का अर्थ था साहसी राजा। ऐतिहासिक अभिलेखों में वीर-राया फणम् के दर्जन से अधिक प्रकारों की मौजूदगी का उल्लेख है। अभी हाल के आँकड़ों से पता चलता है कि यह 12 से 14 कैरेट सोने का बना होता था और इसका वज़न 5 से 6 ग्राम था (1 ग्राम = 15.43 ग्रेन)। 1800 ई. के कालीकट वीर-राया (वेरारी) फणम् का रासायनिक विश्लेषण करने पर हम पाते हैं कि इसमें 53.5 प्रतिशत स्वर्ण, 29 प्रतिशत रजत और 17.5 प्रतिशत ताँबा होता था। कन्नानूर फणम् चार रुपये (सूरत) के बराबर था। 1774 ई. के बाद स्वर्ण फणम् के दो प्रकारों कन्नानूर व वीर राया (वेरारी) पर हम ध्यान देते हैं तो पाते हैं कि लेन-देन में उनके मूल्यों में थोड़ा सा अन्तर था।

वीर राया (बेरारी) फणम्

पुथिया फणम् कालीकट का एक छोटा स्वर्ण सिक्का था जिसे जमोरिन का नया सिक्का भी कहा जाता था। यह देखने में बहुत सुन्दर नहीं था पर कई विद्वान इसे अपने पास रखते थे। सम्भव है कि इसका प्रयोग पुरोहित और पुजारियों (धार्मिक अनुष्ठान करनेवाला व्यक्ति) को 'दक्षिणा' देने और सगे सम्बन्धियों को उपहार देने में किया जाता था।[43]

1761 ई. में मैसूर का शासक बनने के पश्चात हैदर अली ने विभिन्न क्षेत्रों पर अधिकार किया और वहाँ के स्थानीय सिक्कों में मामूली परिवर्तन कर उसे नया नाम देकर जारी किया। हैदर अली ने 1763 ई. में इक्केरी (केलादी) पर आक्रमण कर उसको विजीत कर लिया। उनका पैगोडा (जिन्हें इक्केरी पैगोडा कहा जाता था, जिस पर शिव व पार्वती की आकृति उत्कीर्ण है) तथा ढेर सारा सोना ज़ब्त कर लिया जो उसके अपने स्वर्ण सिक्के का कच्चा माल था। हैदर अली ने उसी डिज़ाइन का अनुसरण कर स्वर्ण सिक्के के अग्र भाग पर शिव व पार्वती की आकृति और पृष्ठ भाग पर फारसी लिपि में 'He' उत्कीर्ण कराया जिसे बहादुर या **बहादुरी** पैगोडा कहा गया।[44]

बहादुरी पैगोडा

1779-80 ई. में हैदरअली के मालाबार विजय के बाद उसने 'वीर रायन' फणम् पर अपने नाम के पहले अक्षर की मुहर लगवाई तब से वह **हैदरी** या बहादुर फणम्

या बहादुरी फणम् कहा जाने लगा। हैदर अली ने 'हैदरी पैगोडा' (स्वर्ण सिक्का) का भी प्रवर्तन किया जिसका मूल्य चार रुपये के बराबर था। मुद्रा विनिमय में ईस्ट इंडिया कम्पनी $14^1/_2$ हैदरी फणम् के बदले 1 पैगोडा देती थी जबकि 1 पैगोडा के लिए स्थानीय सर्राफ 15 हैदरी फणम् लेते थे।[45]

हैदरी पैगोडा

जब टीपू सत्ता में आया तो उसने अपने राज्य के मौद्रिक प्रणाली में उल्लेखनीय परिवर्तन किया। उसने न केवल स्वर्ण, रजत और ताँबे के सिक्कों के द्वारा सम्प्रदाय की विविधता का परिचय कराया बल्कि उन पर डेटिंग पैटर्न भी बदल दिया। शासन काल के 5वें वर्ष से उसके सिक्कों पर डेटिंग हिज़री संवत् से मौलूडी संवत् में बदल गई।[46] उसने सोने के सिक्कों को पैगम्बर और सुन्नी मुसलमानों के नाम पर तथा चाँदी के सिक्कों को शिया इमामों के नाम पर रखा जो उसकी खुली मानसिकता का द्योतक है। उसके सोने और चाँदी के सिक्के विशेष रूप से अरबी लिपियों में सजावटी किंवदन्तियों के लिए जाने जाते हैं। उसके सोने के सिक्कों के नाम क्रमशः 'अहमदी' (4 पैगोडा), 'सादिकी' (2 पैगोडा) और 'फारुखी़' (1 पैगोडा) था।[47] उसके चाँदी के सिक्को के नाम क्रमशः 'हैदरी' (2 रुपये), 'इमामी' (1 रुपया), 'आबिदी' (1/2 रुपया), 'बाकिरी' (1/4 रुपया), 'ज़ाफरी' (1/8 रुपया), 'काज़िमी' (1/18 रुपया) और 'खिज़री' (1/32 रुपया) था।[48] टीपू सुल्तान के सिक्कों को बारह टकसालों पर ढाला गया था जो पूरे दक्कन में फैले हुए थे। टीपू कभी-कभी परिस्थितियों के अनुसार भी सिक्का जारी करता था यहाँ दो उदाहरण निम्नवत है-

1. जब मराठों ने श्रृंगेरी पर आक्रमण किया और न केवल मन्दिर की सम्पत्ति लूटी, बल्कि शारदा देवी की मूर्ति को भी विस्थापित कर दिया तब श्रृंगेरी के असहाय जगत् गुरु श्री सच्चिदानन्द भारती तृतीय ने टीपू से मदद माँगी। टीपू ने मन्दिर को विविध उपहार दिए जिसमें विशेष स्वर्ण सिक्के भी शामिल थे जिन्हें **रहथि** के नाम से जाना जाता है जिसपर एक तरफ देवी शारदा की छवि अंकित है।[49]

2. जब टीपू सत्ता में आया तो दिल्ली दरबार (मुग़ल सम्राट) को भेंट देने के लिए **नज़राना** नामक स्वर्ण मोहर जारी किया।

खगोल विज्ञान में अत्यधिक रुचि के कारण उसने अपने ताँबे के सिक्कों का नामकरण ग्रहों और तारों के नाम पर किया। उसने अपने ताँबे के सिक्को के पहले तीन मूल्यवर्ग का नाम **मुश्तरी** (बृहस्पति), **ज़ोहरा** (शुक्र) और **बहराम** (मंगल) रखा जिसका बाजार मूल्य क्रमशः 2 पैसा, 1 पैसा और ½ (आधा) पैसा था।[50] ध्यातव्य हो कि हर ग्रह के आकार के अनुसार मूल्यवर्ग का नाम दिया गया है। बृहस्पति सौरमंडल का सबसे बड़ा ग्रह है। उसको ध्यान में रखकर मुश्तरी (2 पैसा) को मूल्यवर्ग में उच्च स्थान प्रदान किया गया हैं। प्रारम्भ में 2 पैसा को उस्मानी नाम से जाना जाता था लेकिन टीपू ने नामकरण में एकरूपता लाने के लिए इसे मुश्तरी में बदल दिया।[51] उसने अपने सभी ताँबे के सिक्कों पर अपने शासनकाल के अन्त में हैदर द्वारा शुरू की गई हाथी आकृति का अंकन जारी रखा। टीपू से पहले या बाद में भारत के किसी अन्य मुस्लिम राजा ने सिक्कों पर जानवरों की आकृतियों का इतनी प्रचुरता से उपयोग नहीं किया जितना टीपू ने। टीपू के ताँबे के सिक्कों पर चित्रित हाथियों के बारे में जो बात सामने आती है वह यह है कि उत्कीर्णन न केवल असली हाथी की तरह दिखता है बल्कि उसे सुन्दर ढंग से सजाया भी गया है। उसके सिक्को पर हाथी का विभिन्न मुद्रा में उत्कीर्णन हुआ है। जैसे- स्थिर, अग्रसर, आगे और पीछे झंडा लेकर। टीपू के ताँबे के सिक्कों पर चित्रित हाथी, उसके पहले और बाद के सभी अन्य सिक्कों की तुलना में सबसे अच्छे दिखते हैं।

ताँबा के छोटे मूल्य के सिक्के **अख़्तर** (1/4 पैसा) और **कुत्ब** (1/8 पैसा) थे।[52] टीपू ने 1786 ई. में अपने पिता के सम्मान में **हैदरी** नामक चाँदी के सिक्के का प्रवर्तन किया।[53] जिसका वज़न 23.86 ग्राम और व्यास 35 मिली मीटर था।

1686-87 ई. में मालाबार में टीपू ने हैदरी फणम् व पैगोडा को बन्द कर उसकी जगह सुल्तानी फणम् और पैगोडा का प्रचलन किया।[54] 1 पैगोडा 4 रुपये के और $12^1/_2$ सुल्तानी फणम् 1 पैगोडा के बराबर था।

ताँबा का सिक्का—मुश्तरी (2 पैसा)

ताँबा का सिक्का— जोहरा (1 पैसा)

ताँबा का सिक्का— बहराम (1/2 पैसा)

अहमदी (स्वर्ण पैगोडा)

विदेशी व्यापारियों में दो तरह के पैगोडा के चलन में होने की बात कही है—

1. स्टार पैगोडा :

ईस्ट इंडिया कम्पनी (स्टार पैगोडा)

2. पोर्टोनोवो पैगोडा:

डच (पोर्टोनोवो पैगोडा)

फ्रेंच पैगोडा

ईस्ट इंडिया कम्पनी द्वारा दो प्रकार के सोने के सिक्के बनाए गए थे, ज्यादातर पाया जानेवाला एकल आकृतिवाला **स्वामी** या **सितारा** पैगोडा लगभग 11 मिलीमीटर व्यास और लगभग 3.40 ग्राम भार (82.3% शुद्ध सोना) का होता था। कम प्रचलित 3 आकृतिवाला पैगोडा तथाकथित **3-स्वामी** पैगोडा 12-14 मिलीमीटर व्यास और उतने ही वज़न सोने का बना होता था, जो 1691 ई. में जारी किया गया था। प्रारम्भिक मद्रास प्रेसिडेंसी का सबसे कीमती और प्रमुख सोने का सिक्का स्टार पैगोडा था, जिसकी कीमत 3.50 रुपये या लगभग 8 शिलिंग के बराबर थी। इसका प्रवर्तन ईस्ट इंडिया कम्पनी ने मद्रास में किया था।[55] 'स्वामी' स्वर्ण पैगोडा ईस्ट इंडिया कम्पनी द्वारा 1740 ई. से 1807 ई. के बीच जारी किए गए थे। पोर्टोनोवो पैगोडा जिसको सर्वप्रथम अर्काट के नवाब ने और फिर बाद में डच ईस्ट इंडिया कम्पनी ने तूतीकोरिन में 1783-1785 ई. के मध्य जारी किया था। यह मूल्य में स्टार पैगोडा से 25 प्रतिशत कम था।[56] पोर्टोनोवो पैगोडा को श्री लंका (सिंहल) में **परंगीपट्टा** के नाम से जाना जाता था।

फ्रेंच ईस्ट इंडिया कम्पनी ने पांडिचेरी से 1705-1780 ई. के मध्य दक्षिणी भारत में व्यापार में भुगतान के लिए स्वर्ण 'पैगोडा' और चाँदी का 'फणम' जारी किया। फ्रांसीसियों के चाँदी के सिक्कों को **फैनोन** कहा जाता था जो स्थानीय फणम के बराबर थे और एक सोने के पैगोडा के बदले 26 फणम की दर से बदले जा सकते थे। फ्रांसीसियों का स्वर्ण पैगोडा, जिसका व्यास 11 मिलीमीटर और वज़न लगभग 3.40 ग्राम होता था, जिसके ऊपरी भाग पर भगवान वेंकटेश्वर की आकृति और पृष्ठ भाग पर मध्य में अर्द्ध चन्द्र और उसके चारो ओर छोटे-छोटे बिन्दु अंकित हैं, यह 'एक स्वामी' या पोर्टोनोवो पैगोडा का एक प्रकार था। फ्रांसीसी लोगों ने अपने स्वर्ण पैगोडा पर अर्द्धचन्द्राकार टकसाल चिह्न को पहली बार अर्काट के नवाबों के सम्मान में शामिल किया था, जिनके अधिकार के तहत वे इसे बना रहे थे। बाद में चाँदी के रुपयों पर भी इस चिह्न को जारी रखा।

पोर्टोनोवो पैगोडा एक वाणिज्यिक सिक्का था। लगभग सभी औपनिवेशिक शक्तियाँ कोरोमंडल तट पर इसको अपनी विशिष्ट विविधता के साथ जारी व संचालित करती थी। डच पैगोडा व फ्रेंच पैगोडा आकार और वज़न में एक समान थे। उनमें एकमात्र अन्तर डच पैगोडा के पृष्ठ भाग में अर्द्धचन्द्र आकृति की अनुपस्थित थी।[57]

सोना, चाँदी और ताँबे के सिक्कों का आदान-प्रदान मूल्य बाज़ार में इन धातुओं की उपलब्धता के आधार पर बदलता रहता था। पूरे मुग़लकाल में सोने के सिक्के की तुलना में चाँदी के सिक्के का मूल्य अधिक उपर-नीचे होता रहा, एक सोने के सिक्के का मूल्य 10 रुपये से लेकर 14 रुपये तक बदलता रहा।[58]

ताँबे के सिक्के के मामले में 1595 ई. को अधार वर्ष मानकर इरफान हबीब दिखाते हैं कि 1668 ई. तक यह ढाई गुना ऊपर बढ़ा परन्तु 1700 ई. तक आते-आते यह लगभग दोगुना हो गया (1595 ई. की तुलना में) और फिर 1730 ई. में लगभग 1660 ई. के स्तर पर आ गया।

अकबर के शासनकाल में लेन-देन की दृष्टि से ताँबा के 40 दाम एक रुपया के बराबर होते थे। उसकी मृत्यु के बाद ताँबे की दर में तेजी से वृद्धि होने के कारण यह अनुपात कायम नहीं रखा जा सका। चूँकि सभी भू-राजस्व निर्धारण और आँकलन दाम में किए जाते थे, अत: इसे रुपया के सिद्धान्तत: इकाई के रूप में उपयोग में लाना आवश्यक था।

मुग़लकाल में भारत में प्रचलित अन्य देशों के सिक्कों का विवरण डी. पन्त ने 'कमर्शियल पॉलिसी ऑफ मुग़ल' नामक पुस्तक में दिया है[59] जो निम्नलिखित है:

हालैंड (नीदरलैंड) का गिल्डर या फ्लोरिन	=	5 से 6 रुपये
स्पेन का रियल	=	2 रुपये
पैगोडा पुरातन	=	4 से 5 रुपये
पैगोडा नूतन	=	3 से 3.50 रुपये
फणम्	=	3 से 4 दाम
पाउंड स्टर्लिंग	=	10 रुपये

ऊपर हमने जो विवरण दिया है उसमें हमने मुग़लों की मौद्रिक व्यवस्था के सम्बध में विद्वानों के बीच हुए विवादों और जटिलताओं का जिक्र नहीं किया है। यहाँ हमने सरल ढंग से केवल मुग़ल मुद्रा प्रणाली की आधारभूत विशेषताओं को स्पष्ट करने की कोशिश की है।

मुग़लों की 'मुक्त मुद्रा प्रणाली' में बहुमूल्य धातुओं को ढालकर सिक्का बनाया जाता था। केवल राज्य ही सिक्का जारी कर सकता था और कोई अन्य व्यक्ति उसे जारी नहीं कर सकता था। सिक्कों की शुद्धता बनाए रखने के लिए मानकीकरण का कड़ाई से पालन किया जाता था। पूरे साम्राज्य में कई टकसाल स्थापित किए गए थे। ये टकसाल बड़े शहरों और बन्दरगाहों में स्थापित किए गए थे ताकि आयातित बहुमूल्य धातुओं को आसानी से सीधे टकसाल पहुँचाया जा सके। प्रत्येक सिक्के पर ढलाई करनेवाले टकसाल, ढलाई का वर्ष और शासक का नाम लिखा होता था। चालू या पिछले वर्ष में ढाले गए नए सिक्कों को **ताज़ा** सिक्का (नए ढाले गए सिक्के) कहते थे। किसी सम्राट के शासनकाल में जारी और प्रचलित सिक्के को **चलानी** (वर्तमान) कहते थे। जबकि पिछले शासनकाल में ढाले गए सिक्के को **खज़ाना** के नाम से जाना जाता था। ताज़ा के अलावा अन्य सभी सिक्कों को उनके वास्तविक मूल्य से कम में आँका जाता था।[60] जारी किए गए वर्ष के बाद के

वर्षों में सिक्के के मूल्य से कुछ निश्चित राशि काट ली जाती थी। अगर कोई सिक्का एक वर्ष से अधिक प्रचलन में रहा तो 3 प्रतिशत काटा जाता था और यदि यह 2 वर्ष से ज्यादा पुराना होता था तो 5 प्रतिशत की कटौती की जाती थी।[61] समय के साथ-साथ सिक्के का वज़न घटने पर भी उसके मूल्य में कटौती की जाती थी। अबुल फज़ल कहता है कि अगर वज़न एक रत्ती कम होता था तो इसे नज़रअन्दाज कर दिया जाता था और सिक्के का मानक माना जाता था। अगर वज़न में 1 से 2 रत्ती की कमी आती थी तो ढाई प्रतिशत की कटौती की जाती थी और अगर यह कमी 2 रत्ती से भी ज्यादा हो जाती थी तो उसे केवल धातु (चाँदी) के रूप में देखा जाता था।[62] इन सभी कटौतियों का निर्णय राज्य करता था परन्तु व्यवहार में सर्राफ (मुद्रा की जाँच करनेवाले) बाज़ार के आधार पर मनमाने ढंग से कटौतियाँ किया करते थे।

सिक्कों की ढलाई का इच्छुक कोई भी व्यक्ति धातु या पुरानी मुद्रा टकसाल लाकर सिक्कों की ढलाई करा सकता था। पहले धातु की गुणवत्ता और शुद्धता परखी जाती थी, फिर मुद्रा ढालकर व्यक्ति विशेष को सुपुर्द कर दी जाती थी। ढलाई के लिए निश्चित दर पर शुल्क लिया जाता था। ढाली गई बहुमूल्य धातु का लगभग 5 या 6 प्रतिशत ढलाई शुल्क लिया जाता था।[63] इस ढलाई के काम को कई व्यक्ति और दस्तकार मिलकर किया करते थे।

दारोगा-ए-दारुल-जर्ब टकसाल का मुख्य पदाधिकारी होता था। वह टकसाल के सभी कार्यों का समग्र निरीक्षण करता था। कई पदाधिकारी, निपुण कारीगर और कार्मिक उसकी सहायता करते थे। टकसाल द्वारा सर्राफ की नियुक्ति मूल्याँकनकर्त्ता के रूप की जाती थी। उसे सिक्कों की शुद्धता, वज़न और समय की जाँच करने के उपरान्त उनका मूल्य निर्धारण कर कटौती की राशि निश्चित करनी होती थी। **मुशरिफ** लेखे की देखरेख करता था। **तहवीलदार** प्रतिदिन के लाभ का हिसाब रखने के साथ सिक्कों और बहुमूल्य धातुओं को सुरक्षित स्थान पर रखता था। **मोहरकन** सिक्कों के खाँचे बनाता और **वज़नकश** सिक्कों का वज़न जाँचता था। इसके अलावा **ज़र्राब** (धातुओं को सिक्कों के आकार में काटनेवाला), **सिक्काची** (ठप्पा लगानेवाला) आदि कई कारीगर टकसालों में काम करते थे।[64]

टकसालों की उत्पादन क्षमता के बारे में ठीक-ठीक बताना मुश्किल है क्योंकि यह टकसाल के आकार और उस इलाके की वाणिज्यिक गतिविधियों पर निर्भर करता था जहाँ टकसाल स्थित होता था। 17वीं शताब्दी के अन्तिम वर्षों में सूरत की टकसाल में प्रतिदिन 80,000 सिक्के (रुपया) ढाले जाते थे। अजीज़ा हासन ने 16वीं-17वीं शताब्दी में सिक्कों को जारी किए जाने के विन्यास की चर्चा की है। उनके अनुसार प्रचलित रुपयों की संख्या 1591 ई. से 1639 ई. के बीच तिगुनी हो गई। 1639 ई. के बाद गिरावट आई और 1684 ई. तक यह 1591 ई. में प्रचलित रुपयों के दुगने तक सीमित रह गई। 1684 ई. के बाद यह पुनः बढ़ने लगी और 1700 ई. में कुल संख्या 1591 ई. की तुलना में तिगुनी हो गई।[65]

अबुल फज़ल ने आइन-ए-अक़बरी में टकसालों की एक सूची दी है। उसके अनुसार बयालीस टकसालों में ताँबा के सिक्के, चौदह में चाँदी के सिक्के और चार में सोने के

सिक्के ढाले जाते थे। 17वीं शताब्दी के अन्त तक चाँदी के सिक्के ढालनेवाली टकसालों की संख्या बढ़कर चालीस हो गई।[66] एम. पी. सिंह ने कई मुद्रा सम्बन्धी स्रोतों के आधार पर टकसालों की एक विस्तृत सूची बनाई है। उनके अनुसार बहुत से सिक्कों पर टंकित टकसालों के नाम न तो आइन-ए-अक़बरी में और न ही किसी अन्य साहित्यिक स्रोत में मिलते हैं।[67] उनके द्वारा बनाई गई सूची नीचे प्रस्तुत है।

शासनकाल	सोना, चाँदी और ताँबा के सिक्के ढालनेवाली टकसाल	केवल सोना का सिक्का ढालनेवाली टकसाल	सोना और चाँदी के सिक्के ढालनेवाली टकसाल	सोना और ताँबा के सिक्के ढालनेवाली टकसाल	केवल चाँदी के सिक्के ढालनेवाली टकसाल	चाँदी और ताँबा के सिक्के ढालनेवाली टकसाल	केवल ताँबा का सिक्का ढालनेवाली टकसाल	कुल
अकबर	13	4	3		14	14	35	83
जहाँगीर	6	2	7		11	3	3	32
शाहजहाँ	19	1	12		33	-	5	41
औरंगज़ेब	19	1	34		36	3	3	85

इतिहासकार विंसेन्ट स्मिथ लिखता है सिक्कों में विशुद्ध धातु का प्रयोग कराने, उसकी तौल पूरी रखवाने, उनका स्वरूप सुन्दर रखवाने के लिए अकबर विशेष प्रशंसा का पात्र है। मुग़ल सिक्कों की यदि रानी एलिजाबेथ अथवा उस समय के किसी यूरोपीय राजा के सिक्कों से तुलना की जाए तो यह उत्तम सिद्ध होंगे। अकबर और उसके उत्तराधिकारियों ने सम्भवतः लोभ से सिक्कों के वज़न अथवा विशुद्धता में कुछ कमी करने की चेष्टा कभी नहीं की।[68]

मुग़लकालीन मुद्रा प्रणाली का सांगोपांग अध्ययन तभी सम्भव होगा जब उस समय की बैंकिग प्रणाली के विषय में जानकारी मिल जाए। वस्तुतः, मुग़लकाल में विकसित बैंकिग प्रणाली का मूल्याँकन मुद्रा के व्यापक प्रसार और चलन के सन्दर्भ में ही करना चाहिये। राकेश कुमार लिखते हैं कि, "भू-राजस्व की नकद वसूली का अर्थ था कि मुद्रा प्रधान अर्थ व्यवस्था की व्यूह रचना से गाँव भी अलग नहीं थे। इसी कारण प्रत्येक गाँव में सर्राफों (Money Changers) के वर्ग का उदय हुआ।"[69] टैवनिर्यर का कथन है -"भारत में वह गाँव वास्तव में बहुत ही छोटा होना चाहिए जहाँ पर सर्राफ मौजूद नहीं हैं। ये बैंकर का कार्य भी करते थे अर्थात रुपया भेजने और हुंडी जारी करने का कार्य भी करते थे।" सर्राफों का यह वर्ग प्रत्यक्ष रूप से लेन-देन व क्रय-विक्रय व्यवहार में भाग लेता था। बैंकर के रूप में, सर्राफ ब्याज पर जमा स्वीकार करते थे, वाणिज्यिक और उपभोग ऋण देते थे और विनिमय बिल (हुंडी) और बुक प्रविष्टियों (गिरो) के माध्यम से एक स्थान या व्यक्ति से दूसरे स्थान पर धन हस्तान्तरित करते थे। सर्राफ प्रीमियम (अन्तर्देशीय, समुद्री और ऋण बीमा) के भुगतान पर जोखिमों को कवर करके धन और माल की आवाजाही को भी सुविधाजनक बनाते थे।

समसामायिक विवरण के अनुसार सर्राफ का मुख्य कार्य मुद्रा की परख करना था। इसका कारण यह था कि टकसालों में चाँदी आदि किसी भी धातु को देकर सिक्का ढलवाने की सुविधा थी, ऐसी दशा में मुद्रा की परख करना आवश्यक था। सर्राफ मुद्रा की शुद्धता की परख करता था क्योंकि कालान्तर में मुद्रा के मूल्य में कमी आ जाती थी और सर्राफ को उस दशा में उसका मूल्य निर्धारित करना होता था अर्थात उसकी कटौती की दर क्या होगी। इस कार्य के लिए वह सिक्कों के 1/30 या 1/16 प्रतिशत की दर से शुल्क लेता था।[70] सिक्कों में खोंट (अशुद्धि) की मात्रा की परख करने की उनकी कुशलता के कारण बहुत से सर्राफ टकसालों से भी सम्बद्ध रहते थे। वहाँ वे पुरानी मुद्राओं को दोबारा ढलवाने के लिए भी ले जाते थे। वे खज़ाने (पुरानी मुद्राओं) को भी इसी उद्‌देश्य से खरीद लेते थे। विदेशों से आनेवाली चाँदी के मुख्य खरीददार भी वे ही थे।

सर्राफों का एक कार्य मुद्रा बदलने व लेन-देन आदि के माध्यम से मुद्रा को चलन में बनाए रखना था। यद्यपि मुग़ल पादशाह पूरे साम्राज्य में मुद्रा की एकरूपता बनाए रखने के लिए प्रयत्नशील रहते थे किन्तु, दक्कन में स्थानीय सरकारों द्वारा विभिन्न प्रकार की मुद्राओं का प्रचलन किया जाता था। यह स्थिति सर्राफों के लिए फायदे की थी क्योंकि वे इन सिक्कों को बदलकर अपना शुल्क वसूल करके फायदा कमाते थे। व्यापारिक लेन-देन में चूँकि रुपया ही सबसे ज्यादा प्रयुक्त होता था, अत: ये सर्राफ पुराने रुपयों या नियत स्तर से कम वज़न के सिक्कों को नए सिक्कों में बदलने का कार्य बहुधा करते थे। कुछ सर्राफों द्वारा तो सांकेतिक मुद्रा भी चलाई जाती थी।

मुद्रा को परखने तथा बदलने के अतिरिक्त सत्रहवीं शताब्दी के सर्राफों द्वारा हुंडी (विनिमय पत्र) भी जारी की जाती थी और उनको छुड़ाया भी जाता था एवं इस पर कटौती-मूल्य लिया जाता था। मुग़लकाल में हुंडी का प्रयोग एक स्थान से दूसरे स्थान पर रकम प्रेषित करने के लिए भी किया जाता था। इस प्रकार मुग़ल काल में हुंडियाँ आधुनिक मनीआर्डर व्यवस्था का भी कार्य करती थी। इनके द्वारा आधुनिक चेक तथा ड्राफ्ट की सुविधाएँ भी प्राप्त होती थी। अबुल फज़ल तथा सुजान राय भंडारी का कहना है कि हुंडियों का मुख्य उद्‌देश्य एक स्थान से दूसरे स्थान पैसा भेजना था। हमें ज्ञात होता है कि अगर कोई यात्रा की असुविधा, खतरों तथा व्यय से बचना चाहता था तो वह सर्राफ के पास जाकर अपनी रकम जमा कर देता था। उसके बदले में सर्राफ उसे एक हुंडी देता था जो सर्राफ के उस स्थान विशेष के एजेंट या कारिन्दे के नाम सम्बोधित होती थी। हुंडी में लिखित राशि सम्बद्ध व्यक्ति को प्रदान कर दी जाती थी। अबुल फज़ल के अनुसार इस प्रकार हुंडियाँ अदायगी के लिए आज्ञापत्र थीं। कोई मोहर या हस्ताक्षर न होते हुए भी वे अत्यन्त महत्त्वपूर्ण थीं और इनकी बड़ी साख थी। रकम की अदायगी बड़ी पाबन्दी के साथ की जाती थी।

इंग्लिश फैक्ट्री रिकार्ड्स में यत्र-तत्र होनेवाले सन्दर्भों में से सर्राफों द्वारा हुंडी जारी करने के शुल्क के बारे में कुछ अन्दाजा लगाया जा सकता है। सत्रहवीं शताब्दी में विभिन्न स्थानों पर हुंडी द्वारा रकम की अदायगी से सम्बन्धित शुल्क इस प्रकार था: दिल्ली से आगरा 1 प्रतिशत, बुरहानपुर से अहमदाबाद 2.50 प्रतिशत, थट्टा से अहमदाबाद 1

प्रतिशत, अहमदाबाद से खम्बात 0.70 प्रतिशत, सूरत से बड़ौदा 0.875 प्रतिशत तथा आगरा से अहमदाबाद 2.50 प्रतिशत से कुछ अधिक। यह शुल्क नियत नहीं था अर्थात इसकी दरों में बराबर वृद्धि होती रहती थी। इरफान हबीब के अनुसार दरों में उतार-चढ़ाव सम्भवतः दो विशिष्ट स्थानों के मध्य अदायगी की रकम की मात्रा के अनुपात में होता था। मुग़ल साम्राज्य के व्यापक विस्तार की स्थिति में बहुधा अधिकारियों को निजी तौर पर तथा प्रशासनिक स्तर पर एक स्थान से दूसरे स्थान पर भारी मात्रा में रकम भेजने की बराबर आवश्यकता पड़ती थी, यह कार्य भी सर्राफों के माध्यम से ही किया जाता था।

टैवर्नियर ने सूरत से जारी की गई विभिन्न प्रकार की हुंडियों पर विभिन्न शहरों में कटौती की दरों का विवरण दिया है। विभिन्न स्थानों पर अलग-अलग दरें थी, लाहौर में 6.5 प्रतिशत, आगरा में 4.5 से 5 प्रतिशत तक, अहमदाबाद में 1 से 1.5 प्रतिशत तक, बुरहानपुर में 2.5 प्रतिशत से 3 प्रतिशत तक, ढाका में 10 प्रतिशत तथा पटना में 7 से 8 प्रतिशत आदि।[71] टैवर्नियर के विवरण के आधार पर इरफान हबीब का मत है कि कटौती (जैसा कि टैवर्नियर द्वारा उल्लेख किया गया हैं) सम्भवतः उन हुंडियों पर होती थी जो महत्त्वपूर्ण व्यापारियों से सम्बन्ध रखती थीं। कटौती या शुल्क की मात्रा भुगतानकर्त्ता (drawee) के ऋण के अनुरूप घटती-बढ़ती रहती थी।[72]

कटौती में कई प्रकार के शुल्क शामिल थे, एक स्थान से दूसरे स्थान पर ले जाने के लिए शुल्क के अतिरिक्त इसमें हुंडी की राशि पर आनेवाला ब्याज भी शामिल रहता था। जैसा कि टैवर्नियर का कथन है- "यह अदायगी लगभग दो महीनों में होती थी। इसमें उन वस्तुओं का बीमा शुल्क भी शामिल होता था जिनके एवज में हुंडी ली गई हो।"[73] उपर्युक्त विवरण से यह अनुमान लगाया जा सकता है कि व्यापारियों द्वारा इस प्रकार की ली जानेवाली हुंडियों को **जोखमी हुंडी** कहा जाता था जिनके साथ कुछ शर्तें जुड़ी रहती थीं। एल. सी. जैन के शब्दों में- "इन शर्तों के अनुसार यदि बीच में वे वस्तुएँ जिनके एवज में शुल्क लिया गया है, खो जाती हैं या नष्ट हो जाती हैं तो हुंडी जारीकर्त्ता (सर्राफ) को उसका पूरा नुकसान उठाना पड़ता था।[74]

सत्रहवीं शताब्दी में हुंडियों का प्रयोग रकम भेजने के अलावा अल्प समय के लिए ऋण की व्यवस्था के लिए भी होता था। ऐसा मुख्यतः व्यापारियों द्वारा ही किया जाता था। हुंडियों का उद्देश्य कुछ भी हो, अर्थात भले ही वे रकम भेजने के लिए प्रयुक्त होती हो या ऋण प्राप्त करने के लिए, इनमें एक समरूपता दिखाई पड़ती है, वह यह है कि ये हस्तान्तरित हो सकती थीं। इनको खरीदा या बेचा जा सकता था तथा आदेशिती तक पहुँचने तक इसे कई लोगों द्वारा वहन किया जा सकता था। हुंडियों की एक अन्य विशेषता थी अनुमोदन प्रणाली (System of Endorsement) जिसके अन्तर्गत प्रत्येक हुंडी विक्रेता, आदेशिती (अदाकर्त्ता) द्वारा हुंडी को अस्वीकार करने की स्थिति में खरीदार को मूलधन अदा करने का लिखित वचन देता था।

सत्रहवीं शताब्दी में भारतीय वाणिज्य के विकसित स्वरूप की पुष्टि एक सुसंगठित बीमा-प्रणाली की उपस्थिति से होती थी। बीमा-प्रणाली के सम्बन्ध में हमारे मुख्य स्रोत ग्रन्थ सुजान राय भंडारी कृत 'खुलासत-उत्-तवारीख' तथा इंग्लिश फैक्ट्री रिकार्ड्स हैं।

बीमा मुख्यत: सर्राफों द्वारा ही किया जाता था तथा बीमा वस्तुओं की निकासी जहाजों पर किया जाता था। निकासी की वस्तुओं का बीमा दो प्रकार का होता था। एक तरीका यह था कि बीमा करनेवाला साधन का दायित्व स्वयं लेता था और स्वयं ही उसको पहुँचाने की व्यवस्था करता था। दूसरे तरीके के अनुसार बीमा करनेवाले पर वस्तुओं को स्वयं वहन करने आदि का दायित्व नहीं रहता था। बीमा की पद्धति व्यापक होने के कारण बीमा का शुल्क अत्यन्त अल्प मात्रा में होता था।

सर्राफ़ों की एक और महत्त्वपूर्ण व्यावसायिक प्रथा यह थी कि वे मार्ग में जा रही वस्तुओं को सुरक्षा प्रदान करते थे और ऋण के रूप में अग्रिम दी गई पूँजी के नुकसान के जोखिम को वहन करते थे। मध्यकालीन व्यापारी लंबी दूरी के व्यापार और यात्रा के खतरों से अच्छी तरह परिचित थे। अपने सबसे प्रारंभिक रूप में, जोखिमों को साझेदारी व्यवस्था के माध्यम से साझा किया जा सकता था, जहाँ दो या दो से अधिक व्यक्ति सहमत अनुपात में लाभ और जोखिम साझा करते थे।[75] मुग़ल साम्राज्य में साझेदारी (फ़ारसी: शिरक़त) को किसी व्यावसायिक उद्यम को वित्त उपलब्ध कराने और उसका विस्तार करने का मान्य साधन माना जाता था, और यह लाभ तथा हानि को साझा करने का सबसे अच्छा उपाय था।[76]

अधिकांश साझेदारियों में, जोखिम प्रबंधन व्यापार प्रक्रिया का आंतरिक हिस्सा होता था। दूसरे शब्दों में, पारगमन या व्यापार में विफलताओं से होने वाले नुकसान को व्यापारी को ही उठाना पड़ता था। इसी तरह, पूँजी को अलग-अलग प्रतिनिधियों को सौंपना, जो विभिन्न जहाज़ों या कारवाँ के साथ यात्रा करते थे, जोखिम को बाँटने का एक और तरीका था। हालाँकि, इससे किसी वित्तदाता (पूँजी निवेशक) के पूरे निवेश की सुरक्षा कभी सुनिश्चित नहीं हो पाती थी और अक्सर अतिरिक्त निगरानी और हिसाब-किताब के कारण लेन-देन की लागत बढ़ जाती थी। सीमित राज्य संरक्षण के कारण, विशेष रूप से समुद्र में, व्यापारी अपनी पूँजी और माल की सुरक्षा को लेकर बहुत चिंतित रहते थे। उन्हें जोखिमों और अनिश्चितताओं से अधिकतम सुरक्षा प्रदान करने वाली व्यवस्था की आवश्यकता थी।

मुग़ल साम्राज्य में बीमा (Insurance) का ठोस प्रमाण हमें केवल सत्रहवीं शताब्दी में मिलता है, लेकिन यह स्पष्ट नहीं है कि यह स्वतंत्र रूप से विकसित हुआ था या पुर्तगाली (इससे पहले जेनोआ और वेनिस के) व्यापारियों अथवा दो ईस्ट इंडिया कंपनियों की व्यापारिक पद्धतियों से प्रेरित था।[77] भारतीय भाषाओं के अभिलेखों में समुद्री बीमा का कोई उल्लेख नहीं मिलता, लेकिन 1695 ई. में पंजाब में लिखी गई एक मुग़ल इतिहास पुस्तक में अंतर्देशीय (Inland) बीमा का विवरण मिलता है। इसमें भारत की श्रेष्ठता का उल्लेख इस तथ्य से किया गया है कि व्यापारी और यात्री बिना चोर-डाकुओं के भय के अपनी यात्रा कर सकते थे।[78] लेखक सुजान राय भंडारी ने सर्राफ़ों के कार्य के संदर्भ में एक और अद्‌भुत प्रथा का वर्णन किया है। यह सर्राफों द्वारा एक छोटे से शुल्क के भुगतान पर 'माल और व्यापार और अन्य संपत्ति और सामान' को सुरक्षित रूप से (बा सलामत) पहुँचाने की प्रथा थी।[79] इसी तरह की एक और प्रथा का उल्लेख 'बेमाह' नाम से 1661 ई. में सूरत

स्थित अंग्रेज़ कारख़ानों के पत्राचार में मिलता है, जिसे 'एंश्योरेंस' (बीमा/सुरक्षा) के रूप में परिभाषित किया गया है। यहाँ सर्राफ़ न केवल आगरा से विशेष प्रकार के वस्त्रों को समय पर यूरोप भेजने के लिए तैयार हुए, बल्कि एक निश्चित शुल्क लेकर पूरे उद्यम को वित्त (पूँजी) भी उपलब्ध कराया।[80] बीमा का एक और पुराना उल्लेख 1653–54 ई. में शहज़ादा औरंगज़ेब के पत्राचार में मिलता है, जिसमें अहमदाबाद से औरंगाबाद 'बीमा के माध्यम से' भेजे गए 109 मोतियों की प्राप्ति का उल्लेख है, स्पष्ट है कि मोतियों की ऊँची क़ीमत के कारण उनका बीमा कराया गया था।[81]

ये विवरण एक ऐसी व्यवस्था की ओर इशारा करते हैं जहाँ वास्तविक बीमा को परिवहन से जोड़ा जाता था और कम से कम एक मामले में, व्यापारिक ऋण से भी। सर्राफ़ व्यापारी के माल को वास्तव में पहुँचाते थे, न कि केवल उसके खो जाने के जोखिम को उठाते थे। शुल्क में ढुलाई की लागत भी शामिल होती थी, जिससे यह संकेत मिलता है कि बीमाकर्ता प्रायः वही लोग होते थे जो माल ढुलाई का काम करते थे। ऐसी व्यवस्थाओं में बीमा केवल जोखिमों के विरुद्ध ही नहीं, बल्कि करों और परिवहन लागत के बोझ से भी सुरक्षा प्रदान कर सकता था।

इस प्रकार का व्यवसाय शुरू करने में, सर्राफ़ या तो एक ऐसे वर्ग के क्षेत्रों का उपयोग करते थे या उन पर अतिक्रमण करते थे, जो एक निश्चित राशि के बदले सीमा शुल्क और माल ढुलाई का भुगतान करने में विशेषज्ञ थे। ये लोग, जिन्हें **अध्वाय** (गुजराती में गाड़ीवान) कहा जाता था, व्यापारियों द्वारा अंतर्देशीय व्यापार की दोहरी समस्या से निपटने के लिए नियुक्त किए जाते थे: गाड़ी की उपलब्धता और पारगमन शुल्क (राहदारी) का भुगतान, खासकर जब माल स्थानीय सरदारों के क्षेत्रों से होकर गुजरता था। अध्वय मूलतः मालवाहक (संभवतः बंजारे) होते थे, जो व्यापारियों से एकमुश्त राशि स्वीकार करते हुए कर भुगतान के बचत से अतिरिक्त लाभ कमाते थे।*

इस विशिष्ट भारतीय रूप के अतिरिक्त, बीमा का एक और सामान्य रूप भी प्रचलित था, जिसमें सर्राफ़ों पर वस्तुओं को स्वयं पहुँचाने की कोई बाध्यता नहीं होती थी। इसमें भूमि और समुद्र के रास्ते माल और धन के आवागमन का बीमा शामिल था।[82] ऐसे लेन-देन के लिए उद्धृत की गई मध्यम दरों से ऐसा प्रतीत होता है कि इन शुल्कों में सीमा शुल्क (कस्टम ड्यूटी) और माल ढुलाई का खर्च शामिल नहीं हो सकता था।

बीमा प्रीमियम की दरें माल को एक स्थान से दूसरे स्थान तक ले जाने में लगने वाले समय और दूरी की तुलना में सुरक्षा की शर्तों पर अधिक निर्भर करती थीं। यह सूरत में भड़ौच और बड़ौदा के लिए उद्धृत दरों से स्पष्ट होता है, जो 1682 ई. के लिए बीमित मूल्य का क्रमशः 0.25 और 0.62 प्रतिशत थी। यद्यपि भड़ौच सूरत और बड़ौदा के बीच में स्थित था, बड़ौदा के लिए दर दोगुनी से भी अधिक थी क्योंकि यात्रा अधिक खतरनाक

---

* खान, अली मुहम्मद. "मिरात-ए-अहमदी": गुजरात का एक फ़ारसी इतिहास। एम. एफ. लोखंडवाला द्वारा अनुवादित और संपादित, भाग-1,ओरिएंटल इंस्टीट्यूट, 1965, पृ. 261; अध्वायों को ऐसे लोगों के समुदाय के रूप में वर्णित किया जाता था जो गाड़ियाँ किराये पर देकर अपनी आजीविका कमाते थे।

थी और व्यापारियों को इस मार्ग पर विशेष सावधानी बरतने की लगातार याद दिलाई जाती थी।[83] बड़ौदा के लिए भी बीमा तभी दिया जाता था जब व्यापारी राजपीपला के माध्यम से लंबा मार्ग लेने के लिए सहमत होते थे। ऐसा इसलिए था क्योंकि बीमाकर्ता जानते थे कि कुछ हद तक स्वतंत्र रियासत के सरदार हमेशा पारगमन धन के भुगतान पर सुरक्षित मार्ग प्रदान थे।[84] साम्राज्य के विभिन्न क्षेत्रों में कानून और व्यवस्था बिगड़ने पर, जो आमतौर पर राजनीतिक अस्थिरता या प्राकृतिक आपदा के कारण होता था, बीमा व्यवसाय ठप्प पड़ जाता था या प्रीमियम में भारी वृद्धि हो जाती थी।[85]

यदि अंतर्देशीय बीमा एक पेचीदा मामला था, तो समुद्री बीमा कहीं अधिक जटिल था। यहाँ भी, सर्राफ़ प्रमुख खिलाड़ी थे और समुद्री जहाजों और माल के पूर्ण या आंशिक नुकसान के विरुद्ध वित्तीय सुरक्षा प्रदान करते थे। साक्ष्य अन्य व्यापारिक समूहों, भारतीय व्यापारियों और जहाज मालिकों की समुद्री बीमा में भागीदारी का आँकलन करना कठिन बनाते हैं। अब तक प्राप्त संदर्भ केवल अंग्रेजी या डच जहाजों या अंग्रेजी या भारतीय जहाजों पर उनके माल के बीमा से संबंधित हैं।[86] एक और सीमा यह थी कि यूरोपीय स्रोतों में बीमा की शर्तों का उल्लेख नहीं मिलता, जिससे यह पता नहीं चल पाता कि किन परिस्थितियों में दावे किए जाते थे और प्रीमियम कैसे तय होते थे। ऐसा प्रतीत होता है कि समुद्र में डकैती, जहाज़ के टकराने या डूबने और लंबी समुद्री यात्राओं के अन्य अनदेखे जोखिमों को शामिल किया जाता था। एक मामले में, लाल सागर से एक बुलियन जहाज़ (जिसपर एक मिलियन रियल का माल लदा था) की देरी के कारण प्रीमियम 3 प्रतिशत से बढ़ाकर 30 प्रतिशत कर दिया गया।[87] एक अन्य उदाहरण में, एक डच जहाज पर 10 प्रतिशत प्रीमियम लगाने का कारण उसकी लंबी यात्रा बताई गई।[88] बीमाकर्ता, जो मुख्यतः सर्राफ़ थे, मानते थे कि समुद्र में जोखिम यात्रा की लंबाई के साथ बढ़ता है।

ऋण बीमा: वित्तीय लेन-देन के माध्यम से होने वाले नुकसान के जोखिम का बीमा शायद ही कभी किया जाता था। इसका एक अपवाद ऋण बीमा था, जिसके तहत बीमाकर्ता लेनदारों को उनके नुकसान की भरपाई करते थे।[89] 1648 ई. में, अंग्रेज़ कारकों (फैक्टर्स) ने गुजरात से सिंध में धन भेजा और अपनी हुंडियों का बीमा कराया। उनके द्वारा भुगतान किया जाने वाला कम प्रीमियम यह दर्शाता है कि वाणिज्यिक पत्रों में माल या सोने-चाँदी की तुलना में नुकसान का जोखिम कम था।[90] यदि ऐसे मामले व्यापक प्रचलित थे, तो इसका अर्थ यह है कि ऋण साधनों के माध्यम से पूँजी का प्रवाह बीमा द्वारा सुरक्षित था। ऋण बीमा की प्रथा को **आवक-ब्याजु** के नाम से जाना जाता था।

जोखिम-साझाकरण ऋण (जिन्हें आवक या रेस्पोंडेंटिया कहा जाता है) देने वाले ऋणदाता भी नुकसान से खुद को सुरक्षित रखते थे, इसका प्रमाण आवक-ब्याजु नामक जोखिम-साझाकरण वाणिज्यिक प्रथा के विवरण से मिलता है:

> एक ऐसा लेन-देन जिसमें कोई व्यक्ति, जिसने जोखिम-साझा ऋण दिया हो, किसी तीसरे व्यक्ति के साथ समझौता करता है, जो एक बोनस या तय ब्याज के बदले उसे नुकसान के विरुद्ध सुरक्षा (बीमा) प्रदान करता है।[91]

बीमा सर्राफ़ों के लिए एक लाभदायक व्यवसाय बन गया, विशेषकर तब जब वे जोखिम को विभिन्न अनुबंधों में या पुनर्बीमा (reinsurance) के माध्यम से फैलाने में सक्षम होते थे।[92]

मुग़ल भारत में बैंकिंग का कार्य सर्राफ़ों द्वारा ब्याज पर जमा स्वीकार करने और ऋण देने से संबंधित था। सर्राफ़ आमतौर पर ऋण वस्तुओं के व्यापारियों को देते थे, लेकिन समाज के विश्वसनीय (साखदार) लोगों को उपभोग के लिए भी ऋण प्रदान किए जाते थे। भारत में दो कंपनियों (अंग्रेज़ और डच) के कारख़ाने नकदी की कमी को पूरा करने के लिए व्यस्त मौसमों में सर्राफ़ों से ब्याज पर ऋण लिया करते थे। रोक् (Roques) हमें वस्तु व्यापारियों, सर्राफों और दलालों से जुड़े ऋण लेन-देन के विस्तृत जाल (नेटवर्क) का विवरण देता है {रोक्, ला मानीयेर द नेगोतिये ('व्यापार करने का तरीका') पृ. 223-5}। बैंकर के रूप में सर्राफ़ उन व्यक्तियों, व्यापारियों और राज्य के अधिकारियों से जमा स्वीकार करते थे, जिनके पास ब्याज पर देने के लिए नकदी होती थी। ग्राहकों से नकद जमा स्वीकार करने की इस बैंकिंग प्रथा का एक क्लासिकीय विवरण 1645 ई. में आगरा से भेजे गए अंग्रेज़ कारखाने के एक पत्र में मिलता है :

> शहर में जो लोग बहुत धनी हैं और केवल ब्याज पर जीवन-यापन करते हैं उन्हें सर्राफ से हर महीने 5/8 प्रतिशत से अधिक ब्याज नहीं मिलता था। सर्राफ इस जमा राशि को 1 से 2.5 प्रतिशत ब्याज पर दूसरों को ऋण दे देते हैं।[93]

जमाराशि पर (0.625 प्रतिशत प्रतिमाह) और ऋण पर (1.0-2.5 प्रतिशत प्रतिमाह) क्रमशः दी और ली जानेवाली दरों के बीच का अन्तर बैंकर का मुनाफा होता था। चूँकि उधारकर्ताओं ने एक निश्चित अवधि के लिए पैसा लिया था जिसे तुरन्त वापस नहीं किया जाना था, इसलिए जब जमाकर्ताओं ने अपना पैसा वापस माँगने का फैसला किया तो सर्राफों के पास दिवालिया घोषित करने के अलावा कोई विकल्प नहीं था। जमाकर्ताओं ने अपना पैसा खो दिया और सर्राफों ने अपनी प्रतिष्ठा खो दी।[94]

इंग्लिश फैक्ट्री रिकार्ड्स से ज्ञात होता है कि प्रारम्भ में अंग्रेज अपनी सारी रकम सर्राफों के यहाँ जमा कर देते थे। यद्यपि, बाद में यह प्रथा बन्द कर दी गई। सर्राफ जमा की गई रकम को अधिक ब्याज पर चढ़ाकर ऋण देने में लगा देते थे और इस प्रकार अतिरिक्त मुनाफा कमाते थे। मुग़लकालीन भारत में सूदखोरी के विकास का यही मुख्य कारण था। सर्राफों के अतिरिक्त महाजन तथा साहुकार, जिनका व्यवसाय ही लेन-देन था, सूदखोरी में व्यस्त थे।

हुंडी से सर्राफ़ों के हाथों में नकदी आती थी और लेन-देन पर कमीशन भी मिलता था। हालाँकि, मुग़ल राज्य की बड़ी-बड़ी धनराशियाँ प्रायः भारी सुरक्षा-बलों के साथ भौतिक रूप से ही स्थानांतरित की जाती थीं, जैसे कि अहमदाबाद से मांडू भेजे गए राजकुमार के 'ख़ज़ाने' के मामले में हुआ, किन्तु छोटी धनराशियाँ सर्राफ़ की हुण्डियों के माध्यम से प्रेषित की जाती थीं। परगना स्तर पर, राजस्व संग्राहक (करोड़ी) से अपेक्षा की जाती थी कि वह धन को हुण्डी के जरिए शाही ख़ज़ाने में जमा करवाए।[96]

बैंकरों के रूप में सर्राफ़ अपने ग्राहकों के खाते (अकाउंट्स) बनाकर रखते थे जिनमें जमा (क्रेडिट) और निकासी (डेबिट) प्रविष्टियाँ की जाती थीं, और इसी तरह वे हवाला (बुक ट्रांसफ़र/गिरो)* का कार्य संपन्न करते थे। जमाकर्ता अक्सर भुगतान के लिए अपने बैंकरों से मदद लेते थे और उनसे ही भुगतान करवाते थे।[97] इस प्रकार, बहीखातों (लेजर) ने सर्राफ़ों को नक़दी को ऋण में बदलने की पर्याप्त शक्ति प्रदान की। नक़दी की उपलब्धता में कमी से बचने के लिए सर्राफ़ प्राय: बिलों को नक़द में बदलने में देर किया करते थे। ऐसा वे धारक (bearer) के नाम पर एक जमा खाता खोलकर या यदि उसका पहले से ही उनके पास खाता था, तो उसके नाम के बही में प्रविष्टि करके करते थे। यह बिल के पैसे को नकदी में बदलने की सामान्य प्रथा, जिसे अंत (anth) कहा जाता था, के विपरीत था।[98] सर्राफ़ ने बही जमा की एक ऐसी प्रणाली भी बनाई जिसमें नकदी का उपयोग नहीं होता था। यदि कोई नकदी की माँग करके अस्थायी ऋण के नेटवर्क को तोड़ना चाहता था, तो उसे कम मूल्य के सिक्कों, जिन्हें कच्चा अंत कहा जाता था, में भुगतान किया जाता था; जबकि उसका खाता उच्च मूल्य के नए ढाले गए सिक्कों, जिन्हें पक्का अंत कहा जाता था, में रखा जाता था।[99] पुराने और नए सिक्कों के विनियम मूल्य के अंतर से ही अंत की दर तय होती थी और यह दर बाज़ार में मुद्रा की उपलब्धता के अनुसार बदलती रहती थी। जब भी मुद्रा की कमी (कमी-ए-ज़र-ए-नक़द) होती, तो सर्राफ़ अक्सर हुंडियों को नकद में बदलते समय अंत की दर बढ़ा देते थे। 1714 ई. में अहमदाबाद के सर्राफ़ों ने कर कटौती की दर को बहुत अधिक बढ़ा दिया, जिसके कारण व्यापारियों में भारी विरोध हुआ और बाजार संकट के कगार पर पहुँच गया।[100]

चूँकि सभी स्थगित भुगतान अन्ततः नक़द में ही निपटाए जाते थे, इसलिए उधार की सीमा एक निश्चित स्तर से अधिक नहीं बढ़ाई जा सकती थी। विनिमय के व्यापक नेटवर्क वाले सर्राफ़ों को, लोगों को जहाँ नकदी की कमी हो वहाँ जमा करने और जहाँ प्रचुरता हो वहाँ निकालने के लिए प्रोत्साहित करके, विभिन्न स्थानों के बीच नकदी का परिवहन करना पड़ता था। नकद जमा करने वाले वे लोग थे जिन्होंने सर्राफ़ों की हुंडियाँ खरीदी थीं। जो व्यापारी अपने व्यापार को वित्त देने के लिए ऋण लेते थे, वे अपनी ही हुण्डियाँ जारी करते थे, जिन्हें सर्राफ़ छूट (डिस्काउंट) पर ख़रीदते थे। इस कीमत में भुगतान की अवधि के लिए ब्याज भी शामिल होता था। दो प्रकार की हुण्डियों—(1) वित्तप्रेषण-विपत्र (Bill of Remittance) और (2) ऋण-पत्र या साख-पत्र (Bill of Credit) की विनिमय दरों में बदलाव करके, सर्राफ़ व्यापारी को पैसा देने या लेने के लिए प्रेरित कर सकता था और अपनी नक़द शेष स्थिति सुधार सकता था। यदि यह तरीका किसी कारण से काम न

* गिरो (Giro) और बुक ट्रांसफ़र (Book Transfer) वास्तव में एक ही प्रक्रिया को व्यक्त करने वाले दो अलग शब्द हैं। नकद का भौतिक रूप में लेन-देन हुए बिना, एक खाते से धनराशि घटाकर (डेबिट) दूसरे खाते में जोड़ देना (क्रेडिट) ही 'बुक ट्रांसफ़र' या 'गिरो' कहलाता है। अर्थात् बिना नकद लेन-देन किए, केवल खातों (लेज़र) में डेबिट-क्रेडिट प्रविष्टियों के ज़रिए धन का हस्तांतरण। 'बुक ट्रांसफ़र' एक अंग्रेजी शब्द है, जबकि 'गिरो' शब्द की उत्पत्ति इतालवी भाषा से हुई है, जिसका शाब्दिक अर्थ है- घुमाना' या 'घेरा/चक्र'। इटली के बाद यह प्रणाली जर्मनी और अन्य यूरोपीय देशों में भी अपनाई गई।

करता, तो सर्राफ़ अपने कार्यालयों तक धन भौतिक साधनों से पहुँचाते थे—यदि पैसा सोने में होता तो दूतों (couriers) के माध्यम से, और यदि बड़ी मात्रा में चाँदी भेजनी होती तो गाड़ियों द्वारा भेजते थे।[101]

इस प्रकार मुग़ल भारत में एक ऐसी अर्थव्यवस्था का विकास हुआ था जो मुद्रा पर आधारित थी, जिसमें हुंडी, बीमा, बैंकिग आदि सभी विकसित वाणिज्य पद्धतियाँ विद्यमान थीं। किन्तु, इन सब विशिष्टताओं के बावजूद भारत में पूँजीवाद का विकास नहीं हो पाया जिसका कारण यह था कि यद्यपि बैंकिग व्यवस्था का विकास वाणिज्य की व्यापकता के अनुरूप हुआ था, परन्तु यह वाणिज्य अपरिवर्तित हस्तशिल्प उत्पादन पर आधारित था।

सन्दर्भ सूची

1. मूसवी, शिरीन, द इकॉनमी ऑफ मुग़ल एम्पायर, ए स्टैटिस्टिकल स्टडी, नई दिल्ली, 1975, पृ. 307
2. मंडी, पीटर, द ट्रैवल ऑफ पीटर मंडी इन यूरोप एंड एशिया, 1608-1667, भाग-2 (आर.सी. टेम्पल (सम्पादन), हालुयत सोसायटी, लन्दन, 1914, 170-192
3. रायचौधरी, हबीब इरफान (सं.) द कैम्ब्रिज इकोनॉमिक हिस्ट्री ऑफ इंडिया, 1200-1750, कैम्ब्रिज, 1982, पृ. 414
4. मोरलैंड, डब्लू. एच., एग्रेरियन सिस्टम ऑफ मुस्लिम इंडिया, कैम्ब्रिज, 1929, पृ. 283
5. रायचौधरी, हबीब, पृ. 95
6. हबीब इरफान, अग्रेरियन रिलेशन्स एंड लैंड रिवेन्यू, द कैम्ब्रिज इकोनॉमिक हिस्ट्री ऑफ इंडिया, भाग-1, 1200-1750, कैम्ब्रिज, 1982, पृ. 236
7. प्रिसेम्प, जेम्स, एसेज ऑन इंडियन एंटिक्विटीज, हिस्टोरिक, न्यूमिजमैटिक्स एंड पेलियोग्राफी, एडवर्ड थामस (सम्पादन), कैम्ब्रिज, ऑनलाइन 5 जुलाई, 2014, पृ. 20,
8. चोपड़ा एम. एन., पी. एन. पुरी, वी. एन. दास, भारत का सामाजिक सांस्कृतिक और आर्थिक इतिहास, भाग-2, दिल्ली, 1975, पृ. 113
9. मोरलैंड, पृ. 175
10. टैवर्नियर, जे. वी., ट्रैवल्स इन इंडिया, भाग-2, लन्दन, 1925, पृ. 362
11. बाबर, जहीरूददीन मुहम्मद, बाबरनामा (मेमोयर्स ऑफ बाबर), अनुदित, ए. एस. बेवरिज, भाग-1, दिल्ली, 1909, पृ. 221
12. कुहाज, जार्ज एस. (सम्पा.), स्टैंडर्ड कैटलाग ऑफ वर्ल्ड गोल्ड क्वाइन्स, 1601-प्रजेन्ट, 2009, पृ. 818
    इसे भी देख सकते है - 'मुग़ल क्वाइन एज आर्काइब्स' एट 16 मई, 2008, द वैवेक मशीन एट आर. बी. आई. मोनेस्ट्री म्यूज़ियम
13. अबुल फज़ल अल्लामी, आइन-ए-अकबरी, अनुवादित- एच. ब्लॉकमेन, वॉल्यूम-1, कलकत्ता, 1927, पृ. 28-34
14. मजूमदार, रायचौधरी, दत्त, (सम्पा.), भारत का वृहत इतिहास 2, तृतीय संस्करण, नई दिल्ली, 1975, पृ. 286
15. प्रिंसेप, जेम्स, यूज़फुल टैबलेट फार्मिग एन अपेंडिक्स टू द जर्नल ऑफ द एशियाटिक सोसायटी:क्वाइन्स, वेट्स एंड मेज़र्स ऑफ ब्रिटिश इंडिया, पार्ट-1, कलकत्ता, 1834, पृ. 15
16. लिडल, एंड्रयू, क्वाइनेज ऑफ अकबर: द कॉनेसर्स चॉइस, नई दिल्ली, 2005, पृ. 22
17. नुरुद्दीन जहाँगीर, द तुजुक-ए-जहाँगीरी, अनुवादित- अलेक्जैंडर रोजर्स, नई दिल्ली, हेनरी बेवरीज (सम्पादन), भाग-1, 1989, पृ. 11

18. जहाँगीर, पृ. 11
19. जहाँगीर, पृ. 11
20. हबीब, इरफान, द करेंसी सिस्टम ऑफ द मुग़ल एम्पायर, (1556-1707), मेडिवल इंडिया क्वार्टली, अलीगढ़, 1960
21. जहाँगीर, पृ. 11
22. जहाँगीर, तुजुक-ए-जहाँगीरी, भाग-2, पृ. 76
23. टैरी, एडवर्ड, अर्ली ट्रैवल्स इन इंडिया (1583-1619), सम्पादित-विलियम फोरेस्ट, लन्दन, 1921, पृ. 302
24. जहाँगीर, तुजुक-ए-जहाँगीरी, व्हीलर एम. थैकस्टन द्वारा अनुवादित, सम्पादित, ऑक्सफोर्ड यूनिवर्सिटी प्रेस, 1999
25. टैरी, पृ. 303
26. व्हाइटहेड, आर. बी., द पोट्रेट मेडल एंड जोडिएकल क्वाइन्स ऑफ द एम्परर जहाँगीर, लन्दन, 1931
27. हैदर, नज़फ, मुग़ल एंड महमूदीस : द इनकॉर्पोरेशन ऑफ गुजरात इनटू द इम्पीरियल मोनेट्री सिस्टम, प्रोसिडिंग्स ऑफ दी इंडियन हिस्ट्री कांग्रेस, वॉल्यूम 60, डायमंड जुबिली, 1999, पृ. 271
28. लेटर रिसीव्ड बाई दी ईस्ट इंडिया कम्पनी फ्राम इट्स सर्वेन्ट्स इन दी ईस्ट, 1602-17, वॉल्यूम-6, (सम्पा.) चार्ल्स डेनेवर्स एंड विलियम फॉस्टर, लन्दन, 1896-1902, वॉल्यूम-1, पृ. 34
    इसे भी देखिए-
    थामस बेस्ट, द वॉयेज ऑफ थामस बेस्ट टू दी ईस्ट इंडीज, 1612-14, विलियम फॉस्टर (सम्पा.) हाक्लुयट सोसाइटी, 1934, पृ. 35
29. सप्लीमेंट्री कैलेंडर, 56, 60, 84, 88, 117
30. लेटर रिसीव्ड, वॉल्यूम-3, 1615, पृ. 11
    इसे भी देखिए- मंडी ट्रैवल्स, वॉल्यूम-2, पृ. 311
31. पेल्सर्ट, रिमोंस्तरांसी, पृ. 42
32. मोरलैंड, डब्लू. एच., फ्राम अकबर टू औरंगजेब, लन्दन, 1923, पृ. 176-78; मूसवी, शिरीन, द गुजरात पोर्ट एंड देअर हिन्टरलैंड, पृ. 126
33. प्रिंसेप, पृ. 16
34. प्रिंसेप, पृ. 16
35. प्रिंसेप, पृ. 16
36. मेनन, पी. के., मालाबार क्वाइनेज इन द एटींथ सेन्चुरी प्रोसिडिंग्स ऑफ दी इंडियन हिस्ट्री कांग्रेस, वॉल्यूम 21, 1958, पृ. 633-639
37. मेनन, पृ. 638
38. मेनन, पृ. 639
39. नागास्वामी, तमिल क्वाइन्स: ए स्टडी, मद्रास, 1981, पृ. 155
40. कृष्णाअय्यर, के. जी., द जमोरिंन ऑफ कालीकट, नोट-7, कालीकट, 1938, पृ. 28
41. द फर्स्ट मालाबार, ज्वाइन्ट कमिश्नर्स रिपोर्ट, पैरा-95,
42. द फर्स्ट मालाबार, ज्वाइन्ट कमिश्नर्स रिपोर्ट, पैरा-265
43. भास्करानुन्नी, पी., पाथोनपाथन नूटन्डिल केरला, तिरूअनन्तपुरम्, 1978, पृ. 652
44. बोरिंग, लेविंग बेन्थम, हैदर अली एंड टीपू सुल्तान एंड द स्ट्रगल विद द मुसलमान पावर्स ऑफ साउथ, आक्सफोर्ड, 1899, पृ. 74
45. द फर्स्ट मालाबार, ज्वाइन्ट कमिश्नर्स रिपोर्ट, पैरा-97

46. हैंडरसन, जॉन आर., द क्वाइन्स ऑफ हैदर अली एंड टीपू सुल्तान, मद्रास, 2001, पृ. 9
47. टेलर, जॉर्ज पी., क्वाइन्स ऑफ टीपू सुल्तान, मद्रास, 1989, पृ. 14
48. हैंडरसन, पृ. 32
49. टेलर, पृ. 13
50. हैंडरसन, पृ. 120
51. टेलर, पृ. 14
52. टेलर, पृ. 44
53. टेलर, पृ. 13
54. टेलर, पृ. 12
55. ब्लंट, जोसेफ, द शिपमास्टर'स असिस्टेंट एंड कमर्शियल डाइजेस्ट, न्यूयार्क, 1837, पृ. 372
56. मेनन, पृ. 637
57. यूरोपियन, ईस्ट इंडिया कम्पनी के सिक्के - चेन्नई संग्रहालय से सन्दर्भ लिया गया हैं।
58. हबीब, पृ. 51
59. डी. पन्त, द कमर्शियल पालिसी ऑफ द मुग़ल, द इकोनॉमिक हिस्ट्री, वॉल्यूम 3, नं. 2 (अक्टूबर, 1931), पृ. 310-312
60. रायचौधरी, हबीब, पृ. 98
61. रायचौधरी, हबीब, पृ. 99
62. अबुल फज़ल, पृ. 70
63. चोपड़ा, पुरी, पृ. 113
64. रायचौधरी, हबीब, पृ. 100
65. हासन, अजीजा, द सिल्वर करेन्सी आउटपुट ऑफ द मुग़ल एम्पायर एंड प्राइसेस इन इंडिया ड्यूरिंग द सिक्स्टींथ एंड सेवेंटींथ सेन्चुरीज (दि इंडियन इकोनॉमिक एंड सोशल हिस्ट्री रिव्यू), मार्च, 1969
66. रायचौधरी, हबीब, पृ. 412
67. सिंह, एम. पी., टाउन्स, मार्केट, मिंट एंड पोर्ट इन द मुग़ल एम्पायर (1556-1707), नई दिल्ली, 1985, पृ. 246
68. स्मिथ, वी. ए., अकबर द ग्रेट मुग़ल, नई दिल्ली, 1962, पृ. 247
69. कुमार राकेश, मुग़लकालीन मुद्रा प्रणाली, हरिश्चन्द्र वर्मा, (सम्पादन), मध्यकालीन भारत, 1526-1707, भाग-2, नई दिल्ली, 1998, पृ. 447
70. कुमार राकेश, पृ. 448
71. टैवर्नियर, पृ. 144
72. रायचौधरी, हबीब, पृ. 408
73. टैवर्नियर, पृ. 146
74. जैन, एल. सी., इंडिजेनस, बैंकिंग इन इंडिया, (एन इकोनॉमिक हिस्ट्री ऑफ हुंडी) 1858-1978, लन्दन, 1929
75. कॉमेंडा ऋण और साझेदारी के बीच एक ऐसा इंटरफेस था, जहाँ पूँजी प्रबन्धन तथा जोखिम और मुनाफे को साझा करने के लिए निवेशक और यात्रा करनेवाले व्यापारियों को एक साथ लाया जाता था। देखें, मेडिवल ट्रेड इन द मेडिटेरियन वर्ल्ड (भूमध्यसागरीय दुनिया में मध्यकालीन व्यापार), परिचय और नोट्स के साथ अनुवादित सचित्र दस्तावेज, सम्पादक रॉबर्ट एस. लोपेज और इरविंग डब्ल्यू. रेमंड, न्यूयॉर्क, 1955, दस्तावेज 83-86; फ्लोरेंस एडलर, मध्यकालीन व्यापार की शब्दावली, इतालवी श्रृंखला, 1200-1600, कैम्ब्रिज, एमए, 1934, पृ. 20

76. ओसवाल जौहरी जसू साह के बेटे धर्मदास के साझीदार (साझी) के रूप में बनारसीदास के अनुभवों के लिए, अर्धकथानक, पृष्ठ 250 (श्लोक 358-60) देखें। भाइयों के बीच साझेदारी को बरार के प्रशासक के समक्ष लाए गए सम्पत्ति के बंटवारे के एक मामले से दर्शाया गया। सिलेक्टेड वाकाई ऑफ दी डेक्कन, पृष्ठ 83। गुजरात के व्यापारियों और उनके लाहौर के साझेदारों (शिरका) के बीच पत्रों के आदान-प्रदान के लिए देखें— मुतमिद खान, इकबालनामा-ए-जहाँगीरी, सम्पादक अब्दुल हई और अहमद अली, बिब. इंडिका, 1865, खंड 3, पृ. 301
77. तेरहवीं शताब्दी में, भारत और ईरान के बीच व्यापार समृद्ध हो गया था और इतालवी व्यापारियों ने तबरीज को अपना मुख्यालय बनाकर भारत और चीन के साथ सीधा सम्पर्क स्थापित करने का फैसला किया।
एलियाहू अश्तोर, लेवेंट ट्रेड इन द लेटर मिडल एजेस, प्रिंसटन, 1983, पृ. 61.
वेनिस के दस्तावेजों से पता चलता है कि नियमित व्यापार के अवसरों का पता लगाने के प्रयास में, वेनिस के व्यापारी मुहम्मद तुगलक को अपना माल बेचने के लिए दिल्ली की यात्रा करते थे।
रॉबर्ट सबातिनो लोपेज, 'यूरोपियन्स मर्चेंट इन द मेडिवल इंडीज : द एविडेंस ऑफ कमर्शियल डाक्यूमेंट्स', जर्नल ऑफ इकोनॉमिक हिस्ट्री 3 (1943), पृ. 174, पृ. 177-179.
हिन्द महासागर में जेनोइस जहाजों की उपस्थिति के लिए देखें—अश्तोर, लेवेंट ट्रेड, पृ. 61-62.
78. भंडारी, सुजान राय, खुलासत-उत-तवारीख, सम्पादक जफर हसन, दिल्ली, 1918, पृ. 9-10.
हबीब से तुलना करें, 'पूर्व औपनिवेशिक भारत में व्यापारी समुदाय', पृ. 394-5.
79. खुलासत उत तवारीख, पृ. 25.
ये दोनों कथन कुछ हद तक विरोधाभासी हैं तथा बीमाकर्त्ताओं के संचालन के लिए आवश्यक सुरक्षा के इष्टतम स्तर की ओर इशारा करते हैं।
80.. इंग्लिश फैक्ट्रीज रिकार्ड्स, 1661-64, पृ. 86
बीमा शब्द आधुनिक हिन्दी-उर्दू शब्दावली का हिस्सा है, कोशकार इसे फारसी बिम या संस्कृत भीमा (जॉन टी. प्लैट्स, उर्दू, शास्त्रीय हिन्दी और अंग्रेजी का एक शब्दकोष, ऑक्सफोर्ड, 1884/पुनर्मुद्रण, नई दिल्ली, 2000, पृ. 211, कॉलम (ए)
81. औरंगजेब, आदाब-ए आलमगीरी, सं. अब्दुल गफूर चौधरी, लाहौर, 1971, खंड 1, पृ. 489.
शाइस्ता खान प्रेषक और औरंगजेब प्राप्तकर्ता था।
82. इंग्लिश फैक्ट्रीज रिकॉर्ड्स, 1637-41, पृष्ठ 262, 288; इंग्लिश फैक्ट्रीज (एनएस), III, पृ. 306.
83. सप्लीमेंट्री कैलेंडर, पृ. 87; इंग्लिश फैक्टरीज रिकॉर्ड्स, 1646-50, पृ. 129
84. ब्रिटिश लाइब्रेरी, फैक्ट्री रिकॉर्ड्स, सूरत, सीरीज जी/36, खंड 106, पृ. 1
85. व्यापार और बीमा पर दो उत्तराधिकार संकटों (1628 और 1657) के प्रभावों का वर्णन इंग्लिश फैक्ट्रीज, 1624-29, पृ. 235; 1655-60, पृ. 121-2 में किया गया है।
86. इंग्लिश फैक्ट्रीज रिकार्ड्स, 1651-54, पृ. 177, 224
87. अंग्रेजी कारखाने, 1642-45, पृष्ठ 92
ये वर्ष (1640 के दशक) मालाबारियों और फ्रांसीसी लोगों द्वारा तीव्र समुद्री डकैती गतिविधियों के वर्ष थे। देखें—सुरेन्द्र गोपाल, गुजरात में वाणिज्य और शिल्प, 16वीं और 17वीं शताब्दी, नई दिल्ली, 1975, पृ. 112
88. इंग्लिश फैक्ट्रीज रिकॉर्ड्स, 1651-54, पृ. 177
89. क्रेडिट बीमा का विकास आमतौर पर उन्नीसवीं सदी की घटना माना जाता है। एलन जी. जैमीसन, 'ब्रिटेन में क्रेडिट बीमा और व्यापार विस्तार, 1820-1980', अकाउंटिंग, बिजनेस और वित्तीय इतिहास 1 (1991), पृ. 163-165
90. इंग्लिश फैक्ट्रीज रिकॉर्ड्स, 1646-50, पृ. 103; फैक्ट्री रिकॉर्ड्स, सूरत, जी/102 ए, एफ. 65

जब कोली, जो राजमार्गों पर डकैतियों के लिए कुख्यात थे, ने सूरत से आगरा जानेवाले एक कारवाँ को रोका और विनिमय के बिलों से भरा बैग उन्होंने खोला, फिर व्यापारियों को लौटा दिया। इंग्लिश फैक्ट्रीज, 1651-54, पृ. 113

91. विल्सन, शब्दावली, पृ. 40; देखें—हबीब, 'मर्चेंट कम्युनिटीज इन प्रीकोलोनियल इंडिया', पृ. 395-96
92. मुनाफा सर्राफों की जोखिमों का सावधानीपूर्वक आकलन करने की क्षमता के साथ-साथ मूल्याँकन के अन्य कारकों पर भी निर्भर करता था। जब अंग्रेज फैक्टरों ने सूरत से बुलियन को किसी मुग़ल अधिकारी के कबाड़ में मछलीपट्टनम भेजा तो 'कोई आदमी' उस पर 20 प्रतिशत का बीमा करने के लिए सहमत हो गया। ब्रिटिश लाइब्रेरी, फैक्टरी रिकॉर्ड्स, विविध, सीरीज ई/40, खंड 28, पृ. 226-7.
93. ब्रिटिश लाइब्रेरी, फैक्ट्री रिकॉर्ड्स, सूरत, सीरीज जी/6, खंड 106, एफ 1.
94. एक अन्य अंग्रेज व्यापारी ने लिखा है कि मुग़ल भारत में दिवालियापन दुर्लभ था, क्योंकि इसे सामाजिक रूप से अपमानजनक माना जाता था और इंग्लैंड की तुलना में यहाँ 'लोगों को उनके व्यवसाय के ईमानदार प्रदर्शन के लिए बाध्य करने के लिए अधिक कठोर कानून थे।'
    रिचर्ड बूथबी, माननीय ईस्ट इंडिया कम्पनी के दो भ्रष्ट सेवकों द्वारा भारत के आर.बी. मर्चेंट के साथ किए गए असहनीय अन्याय की सच्ची उद्घोषणा, लन्दन, 1644, पृ. 51
95. शाही खजाने को आगरा से गाड़ियों में भरकर नई बनी राजधानी शाहजहानाबाद ले जाया जाता था। इंग्लिश फैक्ट्रीज, 1646-50, पृ. 299. भीमसेन, तारीख-ए-दिलकुशा, अनुवाद जदुनाथ सरकार, (सं.) वी. जी. खोनरेकर, बॉम्बे, 1972, पृ. 47-8, 177य सूरत दस्तावेज, अनुपूरक फारस 482, पृ. 99. राज्य के संसाधनों को ले जानेवाले सर्राफ के लिए, हबीब, 'बैंकिंग इन मुग़ल इंडिया', पृ. 11 देखें।
96. श्रीवास्तव, मुंशी नन्द राम कायस्थ, सियाकनामा, लखनऊ, 1879, पृ. 50.
97. ब्रिटिश लाइब्रेरी, स्लोएन एमएस 1910, पृष्ठ 45; सिकन्दर इब्न मंजू, मिरात ए सिकन्दरी, सम्पादक एस. सी. मिसरा और एम. एल. रहमान, बड़ौदा, 1961, पृष्ठ 504-5
    टैवर्नियर हमें बताता है कि राममलकोटा में हीरे खरीदनेवाले व्यापारी या तो राममलकोटा में या किसी अन्य स्थान पर, अधिमानतः सूरत में, जहाँ हीरा विक्रेता स्वयं वस्तुएँ खरीदते थे, सर्राफ पर बिल बनाते थे। ट्रैवल II , पृ. 47-8.
98. एच.एच. विल्सन, राजस्व और न्यायिक शर्तों की शब्दावली, लन्दन, 1855, एस.वी. अन्त.
99. मूल पत्राचार, ब्रिटिश लाइब्रेरी, सीरीज ई/3, पत्र संख्या 2071, पृष्ठ 217ए-बी; इंग्लिश फैक्ट्रीज रिकाईस, 1651-54, पृ. 80-1, 105-6।
100. मिरात-ए-अहमदी, खंड 1, पृ. 410-411, हबीब, 'सिस्टम ऑफ बिल्स ऑफ एक्सचेंज (हुंडी)', पृ. 299; नजफ हैदर, 'ए होली रायट ऑफ 1714 : वर्जन्स फ्रॉम अहमदाबाद एंड दिल्ली', इन लिविंग टुगेदर सेपरेटली : कल्चरल इंडिया इन हिस्ट्री एंड पॉलिटिक्स, सम्पादक : मुशीरुल हसन और असीम रॉय, नई दिल्ली, 2005, पृ. 138.
101. भौतिक हस्तान्तरण के साक्ष्य रोक्स, ला मैनिएरे डे नेगोटियर, पृ. 227, 230 से प्राप्त होते हैं। हुसैन, 'बैंकिंग, बिल और बीमा', पृष्ठ 371।
    बैंकर क्रेडिट पर भी प्रेषण के बिल जारी करते थे, यानी नकद जमा माँगे बिना, अगर उनके पास दूसरे छोर पर निपटान के लिए अधिशेष धन था। (भारत कार्यालय में भारत से सम्बन्धित या ईस्ट इंडिया कम्पनी के गृह मामलों से सम्बन्धित दस्तावेजों का एक पूरक कैलेंडर, 1600-1640, सं. विलियम फोस्टर, लंदन, 1928, पृ. 120)

6

नाप तौल पैमाना, कीमतें और मजदूरी

इस काल में तौल और नाप की अनेक इकाइयों का पता चलता है। बाबर ने हिन्दुस्तान की तौल व्यवस्था के विषय में विस्तारपूर्वक चर्चा की है। वह बताता है कि, "1 टंक 4 माशा या 32 रत्ती के बराबर होता है।" बाबर ने अपने विवरण में तौल की एक विस्तृत सूची दी है।[1]

'बाबरनामा' के अनुसार -

4 माशा	=	1 टांक	=	32 रत्ती
5 माशा	=	1 मिस्कल	=	40 रत्ती
12 माशा	=	1 तोला	=	96 रत्ती
14 तोला	=	1 सेर[1]		
40 सेर	=	1 मन		
12 मन	=	1 मनी		
100 मनी	=	1 मिनासा		

टांक के विषय में बाबर कहता है कि इसका इस्तेमाल मोती, जवाहारात तौलने के इकाई के रूप में होता है।[2]

अकबर के मुग़ल सम्राट बनने के पूर्व तौल का सबसे बड़ा पैमाना **मन** होता था जो 40 सेर का हुआ करता था और सेर का भार अनेक स्थलों पर भिन्न-भिन्न था। अकबर ने सेर का वज़न 30 दाम के वज़न के बराबर रखा और इस प्रकार मन का भार 55.35 पाउंड (25.11 किलोग्राम) के लगभग था जो पूरे मुग़ल साम्राज्य में प्रचलित रहा। दक्षिण में मन का वज़न विभिन्न बन्दरगाहों में मुग़ल मन की अपेक्षा कम था। जहाँगीर के काल में मन का वज़न 66.38 पाउंड (30.11 किलोग्राम) था जो शाहजहाँ के काल में बढ़कर 73.76 पाउंड (33.45 किलोग्राम) हो गया। इस बात का आश्चर्य होना स्वाभाविक ही है कि मुग़ल साम्राज्य के विस्तार के कारण कुछ क्षेत्रों में अकबरी मन, तो कहीं पर जहाँगीर मन और कहीं पर शाहजहाँनी मन भी प्रचलन में रहे। खाद्य-उत्पादनों के लिए उत्तर-पश्चिमी

1. यह लेखन, अनुवाद या टंकण सम्बन्धी त्रुटि जान पड़ती है क्योंकि अन्य तत्कालीन स्रोतों से पता चलता है कि समाज में माप की निम्नलिखित इकाई प्रचलित थी—
5 तोला = 1 छटाँक, 16 छटाँक/80 तोला = 1 सेर

इलाकों में **खरवार** (एक गधे पर लदा वज़न) का उपयोग होता था जो 9 या 10 जहाँगीरी मन के बराबर था। अंग्रेजों ने थट्टा में 1 खरवार का वज़न 8 शाहजहाँनी मन यानी 590 पाउंड आँका।[3] सिन्ध में मन और खरवार साथ-साथ चलते थे। कश्मीर में अबुल फज़ल के अनुसार 1 खरवार 3 मन 8 सेर यानी 177.2 पाउंड का था। दक्कन में अंग्रेजों को जहाँगीरी मन द्वारा ही अपना माल बेचते हुए देखा गया था। सूरत में 27 या 27.5 पाउंड (12.47 किलोग्राम) के वज़न के बराबर का मन प्रचलित था। यूरोपीय कम्पनियों द्वारा भी अलग-अलग किस्म के पैमाने इस्तेमाल किए जाते थे। नील, चीनी, आदि तो बोरियों या गाँठों के हिसाब से खरीदी व बेची जाती थीं। गोवा में **कैंडी** नामक तौल की इकाई लागू की गई थी। सोलहवीं शताब्दी में गोवा के अलावा भारत के अन्य क्षेत्रों जैसे—त्रावणकोर, श्रीरंगपट्टम, तेलीचेरी (मालाबार का तटवर्ती क्षेत्र) आदि में भी कैंडी इकाई प्रचलन में थी। अलग-अलग क्षेत्रों में कैंडी के मान में भिन्नता थी। श्रीरंगपट्टम में 1 कैंडी 769 पाउंड के बराबर थी, वहीं तेलीचेरी में 633 पाउंड, त्रावणकोर में 597 पाउंड और गोवा में 500 पाउंड के बराबर थी।[4] सोलहवीं शताब्दी में मुग़ल साम्राज्य में 1 कैंडी 20 अकबरी मन के बराबर होती थी। यूरोपीय यात्रियों ने अपने विवरण में कहा है कि, 1563 ई. में 1 कैंडी का भार 228.2 पाउंड (293.6 किलोग्राम) होता था। अंग्रेजों के आगमन के पश्चात मद्रास प्रेसीडेंसी में 1 मन का भार 25 पाउंड निश्चित कर दिया गया था। इसलिए वहाँ 1 कैंडी 500 पाउंड (226.796 किलोग्राम) के बराबर होता था। बाम्बे प्रेसीडेंसी में 1 मन का भार 28 पाउंड निश्चित किया गया था, इसलिए वहाँ 1 कैंडी 560 पाउंड (254.012 किलोग्राम) के बराबर थी। बंगाल प्रेसीडेंसी में 1 मन का भार 37.324 किलोग्राम निर्धारित था इसलिए वहाँ 1 कैंडी 746.5 किलोग्राम के बराबर होती थी। बरार में 1 कैंडी 500 पाउंड के बराबर थी।[5]

मुग़ल माप प्रणाली में लम्बाई और भूमि को गज़ और बीघा में मापा जाता था जिसका सम्बन्ध इस प्रकार है-

1 गिरह	=	3 अंगुलियों की चौड़ाई
8 गिरह	=	1 हाथ (कोहनी से मध्यमा उँगलि के अन्त तक, लगभग 18 इंच)
2 हाथ	=	1 गज
1 काठी	=	55/6 हाथ या 1 बिस्वांश
20 काठी	=	1 बिस्वा
20 बिस्वांश	=	1 बिस्वा
20 बिस्वा	=	1 बीघा

1956 ई. में भारत में मीट्रिक प्रणाली की शुरुआत तक गज़ का व्यापक रूप से उपयोग किया जाता था।

जहाँ तक उत्तरी भारत में नाप की बहुप्रचलित इकाई की बात करें तो वहाँ गज का व्यापक प्रयोग होता था। **सिकन्दरी गज** का स्थान जो 39 अंगुल (32 इंच) के बराबर होता था, अकबर के **इलाही गज** ने ले लिया था जो 41 अंगुल (33.5 इंच) के बराबर था। अकबर ने भूमि पैमाइश के लिए अपने शासनकाल के 31वें वर्ष (1586-87 ई.) में

'इलाही गज़' का प्रयोग आरम्भ किया। शाहजहाँ के काल में नाप में पुनः परिवर्तन हुआ। उसने दो नई नापों को आरम्भ किया-

(1) **बीघा-ए-इलाही**

(2) **दिरा-ए-शाहजहाँनी** (बीघा-ए-दफ्तरी)

समकालीन इतिहासकार मोहम्मद सादिक खान (शाहजहाँनामा) के अनुसार- "मदद-ए-माश भूमि तो 'बीघा-ए-इलाही' से नापी जाती थी परन्तु सरकारी अभिलेखों के लिए भूमि 'दिरा-ए-शाहजहाँनी' या 'बीघा-ए-दफ्तरी' में नापी जाती थी।" औरंगज़ेब के बाद 'दिरा-ए-शाहजहाँनी' (बीघा-ए-दफ्तरी) का प्रयोग बन्द हो गया किन्तु 'बीघा-ए-इलाही' मुग़ल काल के अन्त तक चलता रहा।

शाहजहाँ के काल में तीन अलग-अलग गज थे;

(1) शाही गज	=	101.60 सेंटीमीटर
(2) शाहजहाँनी	=	95.85 सेंटीमीटर
(3) अलेप्पो गज	=	67.73 सेंटीमीटर

मोरलैंड दक्षिणी भारत में नाप के लिए प्रयुक्त होनेवाली इकाई **कोवाड** का उल्लेख किया, जिसकी लम्बाई सूती तथा ऊनी वस्त्रों को नापने के लिए अलग-अलग होती थी।[6] अरब व्यापारियों में समुद्री तटों पर तौल के लिए **बहार** नामक इकाई को लागू किया था। जिसका भार भारत व विश्व के अलग-अलग क्षेत्रों में अलग-अलग था। एक बहार का भार 222 पाउंड से लेकर 625 पाउंड तक था।[7]

निष्कर्ष में यह कहा जा सकता है कि मुग़ल साम्राज्य में मन और शेष प्रदेशों में मन के साथ स्थानीय तौल के पैमाने प्रचलित थे।

पारम्परिक भारतीय वज़न इस प्रकार है:-

8 खसखस	=	1 चावल	=	0.0151872 ग्राम
4 चावल	=	2 धान (चावल)	=	1 धान (गेहूँ)
4 धान (चावल)	=	1 रत्ती	=	0.121497 ग्राम
8 रत्ती	=	1 माशा	=	0.9719836 ग्राम
12 माशा	=	1 तोला/भरी	=	11.6638038 ग्राम
5 तोला	=	1 छटाँक	=	58.319019 ग्राम
4 छटाँक	=	20 तोला या 1 पाव	=	233.276076 ग्राम
8 छटाँक या 40 तोला	=	1 अधसेरा	=	466.552152 ग्राम
16 छटाँक या 80 तोला	=	1 सेर	=	933.1040305 ग्राम
5 सेर	=	1 पंसेरी	=	4.6655 किग्रा.
8 पंसेरी	=	40 सेर	=	37.324 किग्रा.
40 सेर	=	1 मन	=	37.324 किग्रा.

वर्तमान युग में स्थानीय स्तर पर विनिमय प्रणाली में नाप तौल के रूप में एक पंसेरी पाँच किलोग्राम के बराबर, 1 मन 40 किलोग्राम और एक पाव 250 ग्राम के बराबर स्वीकार किया जाता है।

ग्रेन (Grain) पारम्परिक अंग्रेज वज़न प्रणालियों का कानूनी आधार था। यह एकमात्र ऐसी इकाई है जो ट्रॉय (जिसका उपयोग कीमती धातुओं को मापने के लिए किया जाता है), एवोरडुपॉइज* और अपोथेकरी (औषधि विक्रेता का वज़न, जिसका उपयोग औषधीय वस्तुओं को मापने के लिए किया जाता है) प्रणालियों में समान है, जो ठीक 64.79891 मिलीग्राम के बराबर है। यह इकाई जौ के एक दाने के वज़न पर आधारित थी जो गेहूँ के एक दाने के वज़न का लगभग 4/3 गुना के बराबर था। 1527 ई. के पहले की अंग्रेजी वज़न प्रणाली की मूल इकाई, जिसे **टॉवर वेट** के रूप में जाना जाता है, गेहूँ के दाने पर आधारित थी। टॉवर 'गेहूँ' दाने को ट्रॉय 'जौ' दाने के ठीक 45/64 (लगभग 3/4) के रूप में परिभाषित किया गया था। अर्थात

64 गेहूँ के दाने का वज़न = 45 जौ के दाने का वज़न

जौ के एक दाने का वज़न = 64.79891 मिलीग्राम = 0.06479891 ग्राम

पुरातन काल से, अन्य बीजों के साथ (विशेष रूप से कैरब पेड़ के बीज), गेहूँ या जौ के अनाज का उपयोग भूमध्यसागरीय व्यापारियों द्वारा द्रव्यमान की इकाइयों को परिभाषित करने के लिए किया जाता था। एक लम्बे समय से चली आ रही परम्परा के अनुसार, 1 कैरट (कैरब बीज का वज़न) 4 गेहूँ के दानों या 3 जौ के दानों के वज़न के बराबर था।

रत्ती या गुंजा बेल लता पर लगनेवाला एक बीज है। इस बीज के वज़न के बराबर वज़न को एक रत्ती कहा जाता है। इस बीज की ख़ासियत है कि इन सबका वज़न लगभग एक समान होता है। इसलिए प्राचीन व मध्य काल में सोना व चाँदी का वज़न मापने के लिए इन बीजों का प्रयोग किया जाता था। इसका अंग्रेजी नाम **रोज़री मटर** और वैज्ञानिक नाम **अब्रस प्रीकेटोरियस** है। ये सुर्ख लाल रंग के एक काले निशान के साथ होता है इसलिए इसे **शैतान की आँख** भी कहा जाता हैं। आधुनिक वज़न के हिसाब से एक रत्ती लगभग 0.121497 ग्राम के बराबर होता है।

गुंजा का बीज जिसपर रत्ती नाम का वज़न आधारित है

* एवोरडुपॉइज आमतौर पर सामान्य व्यापार के लिए उपयोग की जानेवाली वज़न माप की प्रणाली को सन्दर्भित करता है, जिसमें पाउंड 16 औंस के बराबर होता है, औंस 16 ड्रम के बराबर होता है, और ड्रम अति-विशिष्ट 27.344 ग्रेन के बराबर होता है।

1 रत्ती = 0.121497 ग्राम

1 ग्रेन = 0.0647989 ग्राम

1 रत्ती = 1.8749856 ग्रेन = 1.875 ग्रेन

कैरेट (Carat) वज़न की एक इकाई है जिसका उपयोग हीरा, पन्ना जैसे बहुमूल्य रत्नों के आकार को मापने के लिए किया जाता है। सैकड़ों साल पहले, जब लोगों को अपने रत्नों के वज़न के लिए किसी मानक की आवश्यकता थी, तो उन्होंने कैरब पेड़ की ओर रुख किया। चूँकि कैरब के बीज का वज़न लगभग सबसे छोटे रत्न के बराबर होता है, इसलिए इसे वज़न के आधार इकाई के रूप में नामित किया गया था। कोई भी पत्थर जिसका वज़न एक कैरब बीज के वज़न के बराबर होता था, उसे एक कैरेट वज़न का माना जाता था। 15वीं शताब्दी के मध्य में पहली बार अंग्रेजी में प्रचलित कैरेट शब्द, इतालवी कैराटो से आया है, जो अरबी (कीरात قيراط) से लिया गया था, जो खुद ग्रीक केराटियन κεράτιον 'कैरोब बीज' से उधार लिया गया था। एक कैरट एक पाउंड के 1/1728 के बराबर थी। वर्तमान परिभाषा, जिसे कभी-कभी मीट्रिक कैरेट के रूप में जाना जाता है, 20वीं सदी की शुरुआत (1907 ई.) में वज़न और माप पर चौथे आम सम्मेलन में अपनाया गया था और इसका वज़न 200 मिलीग्राम या 0.2 ग्राम निर्धारित किया गया था।

कैरेट (Karat) सोने की शुद्धता का एक माप है। लेकिन, इसे रत्नों के वज़न को मापने के लिए इस्तेमाल की जानेवाली इकाई के साथ भ्रमित नहीं होना चाहिए, जिसे भी कैरेट (Carat) कहा जाता है। सोने का कैरेट एक माप है जो 24 भागों में से एक मिश्र धातु में सोने के अनुपात को दर्शाता है, इसलिए 18K सोना 18/24 भाग सोना है। इस प्रकार, एक वस्तु जिसमें 16 भाग सोना और 8 भाग मिश्र धातु है, 16 कैरेट सोना है, और शुद्ध सोना 24 कैरेट सोना होता है। हालाँकि, सोने की शुद्धता को इंगित करने के लिए कैरेट (Karat के स्थान पर) का उपयोग भी स्वीकार्य माना जाता है। वर्तमान में भारत में, सोने के आभूषणों में सोने की शुद्धता दर्शाने के लिए बीआईएस हॉलमार्क (BIS hallmark)* लोगो (प्रतीक चिह्न) का प्रयोग किया जाता है।

* बीआईएस हॉलमार्क (BIS hallmark) भारत में बेचे जानेवाले सोने और चाँदी के आभूषणों के लिए एक हॉलमार्किंग प्रणाली है, जो धातु की शुद्धता को प्रमाणित करती है। स्वर्ण आभूषणों की हॉलमार्किंग की बीआईएस प्रणाली अप्रैल 2000 में शुरू हुई थी। सोने के आभूषणों/कलाकृतियों की अनिवार्य हॉलमार्किंग के लिए गुणवत्ता नियन्त्रण आदेश 23 जून 2021 को भारत सरकार द्वारा जारी किया गया है, जो देश के 256 जिलों में हॉलमार्किंग को अनिवार्य बनाता है, जहाँ कम से कम एक परख हॉलमार्किंग केन्द्र है। अनिवार्य हॉलमार्किंग आदेश केवल 14, 18, और 22 कैरेट के सोने के आभूषणों/कलाकृतियों पर लागू है। इसे 6 अंकों के अक्षरांकीय (अल्फान्यूमेरिक) कोड से दर्शाते हैं। जैसे- सोने की शुद्धता 22 कैरेट के लिए 22K916, सोने की शुद्धता 18 कैरेट के लिए 18K750 और सोने की शुद्धता 14 कैरेट के लिए 14K585। सोने की शुद्धता (कैरेट में) की पहचान के लिए हॉलमार्क अंकों का निर्धारण किया गया है।

अपने प्रारंभिक चरण में, मुगल मौद्रिक प्रणाली, दिल्ली के सुल्तानों के सिक्कों (चाँदी, तांबा मिश्रित) की निरंतरता का प्रतिनिधित्व करती थी। सोलहवीं शताब्दी के तीसरे चतुर्थांश में एक नई त्रि-धात्विक मुद्रा की स्थापना हुई, जिसमें चाँदी का रुपिया या रुपया, सोने का मुहर और पैसा या दाम नामक एक भारी ताँबे का सिक्का शामिल था। नई मुद्रा अर्थव्यवस्था को सहारा देने के लिए प्रयुक्त अधिकांश बहुमूल्य धातु, मुख्यतः चाँदी, हिंद महासागर व्यापार के वित्तपोषण के लिए पेरू और मेक्सिको की खदानों से प्राप्त की जाती थी। 85 से 131 मीट्रिक टन चाँदी की वार्षिक आपूर्ति के साथ, मुगल साम्राज्य सोलहवीं और सत्रहवीं शताब्दी के अंत में यूरोप के बाहर विदेशी सोने-चाँदी का सबसे बड़ा आयातक बन गया।[1] जिस समय स्पेनिश-अमेरिकी चाँदी भारत की ओर अपनी यात्रा पर थी, उसी समय मुगल साम्राज्य पश्चिम की ओर फैलकर गुजरात और सिंध (सूरत और थट्टा के बंदरगाह शहर) के तटीय क्षेत्रों तक पहुँच गया, जो न केवल यूरोप से, बल्कि जापान से भी विदेशी सोने के प्रत्यक्ष प्राप्तकर्ता थे। सत्रहवीं शताब्दी के उत्तरार्ध में, बंगाल डच (वीओसी) और अंग्रेजी ईस्ट इंडिया कंपनियों द्वारा कीमती धातुओं के संचरण के लिए एक प्रमुख गंतव्य के रूप में उभरा। मुगल साम्राज्य के क्षेत्रीय विस्तार ने तटीय भीतरी इलाकों को वस्तु विनिमय, राजकोषीय प्रेषण और मुद्रा परिसंचरण के एक एकल नेटवर्क में एकीकृत करने के लिए परिस्थितियाँ पैदा कीं।

राज्य और बाज़ार ने मौद्रिक धातुओं के बाह्य और आंतरिक भंडार के अवशोषण को सुगम बनाया। मुग़ल राज्य ने राजकोषीय और मौद्रिक नीतियाँ अपनाईं जिससे साम्राज्य में मुद्रा परिसंचरण सुव्यवस्थित और विस्तृत हुआ। मौद्रिक परिसंचरण के चक्र को गति देने के लिए कर संग्रह और वेतन नकद में देने की नीति अपनाई गई। इसके अतिरिक्त, क्षेत्रीय और पुराने तथा घटिया सिक्कों के स्थान पर नई ढलाई वाली मुग़ल मुद्रा का प्रचलन करके एक मानकीकृत मुद्रा प्रणाली बनाने के लिए कई उपाय किए गए।

मुगल टकसालें मुद्रा आपूर्ति और नियंत्रण का एक महत्वपूर्ण साधन थीं और साम्राज्य के प्रमुख शहरों में संचालित होती थीं। ये टकसालें खुले सिक्के के सिद्धांत पर काम करती थीं, जिसके तहत मौद्रिक धातु और विमुद्रीकृत मुद्रा के आपूर्तिकर्ता को ढलाई और टकसाल शुल्क का भुगतान करके नए ढाले गए सिक्के प्राप्त करने का अधिकार था। मौद्रिक धातु (टकसाल द्वारा वितरित सिक्कों की संख्या) का टकसाल मूल्य हमेशा उसके बाजार मूल्य से अधिक होता था क्योंकि सर्राफ (टकसाल के खरीदार और मुद्रा-परिवर्तक) मुद्राओं की बिक्री पर कमीशन लेते थे। चूँकि रुपया, मोहरें और दाम अंकित

1 हैदर, 'प्रेशियस मेटल फ्लो', पृ. 298-364; एशिया में विदेशी बुलियन के एक प्रमुख प्राप्तकर्ता मिंग चीन के लिए उपलब्ध अनुमान, सोलहवीं शताब्दी के उत्तरार्ध में 43 से 46 मीट्रिक टन चांदी का वार्षिक आयात सुझाते हैं - जो मुगल साम्राज्य के लिए हमारे पास मौजूद अनुमानित आँकड़ों का लगभग एक तिहाई है। (वॉन ग्लाहन, फाउंटेन ऑफ फॉर्च्यून, पृ. 133-40)

मूल्य से अधिक पर प्रचलन में थे, जो पूरी तरह से उनकी लागत (टकसाल शुल्क और कमीशन) से बना था, इसलिए उनकी विनिमय दरें बाजार द्वारा निर्धारित की जाती थीं। (हैदर, 'प्रेशियस मेटल फ्लो', पृ. 332-3, 354.)

मुद्रा-परिवर्तकों और व्यापारियों ने सीमा शुल्क बाधाओं के पार और अर्थव्यवस्था के विभिन्न क्षेत्रों के बीच नकदी, माल और सेवाओं के आवागमन को कमेंड, मुद्रा-परिवर्तन (सर्राफी), जमा बैंकिंग, रेस्पोंडेंटिया (यह माल के बदले लिया गया ऋण है जो जहाज पर मौजूद सामान से सुरक्षित होता है), विनिमय पत्र (हुंडी), वाणिज्यिक सूदखोरी और अंतर्देशीय और समुद्री बीमा के माध्यम से बातचीत करके, मुद्रीकृत विनिमय के नेटवर्क द्वारा कवर किए गए क्षेत्रों में एक निश्चित एकरूपता और एकजुटता प्रदान की। मानकीकृत मुद्रा और ऋण प्रणालियाँ विदेशी व्यापार के माध्यम से चाँदी के निरंतर प्रवाह और विनिमय सर्किट में इसके अवशोषण द्वारा कायम रहीं।

मुगल साम्राज्य के लिए, विभिन्न वस्तुओं, विशेष रूप से खाद्य उत्पादों की कीमतों की जानकारी 'आइन-ए-अकबरी' में उपलब्ध है। आइन औपचारिक रूप से साम्राज्य की तत्कालीन राजधानी लाहौर में 1597-1601 ईस्वी के दौरान पूरा हुआ था, हालाँकि इसकी अधिकांश सांख्यिकीय जानकारी वर्ष 1595 ईस्वी की है। जानकारी के बारे में दो बातों पर ध्यान दिया जाना चाहिए। पहला, ऐसा प्रतीत होता है कि लेखक ने अपने काम के लिए जो आँकड़े एकत्र किए थे, वे लाहौर के बाजारों में प्रचलित कीमतों के थे। दूसरा, वे सामान्य बाजार स्थितियों का प्रतिनिधित्व नहीं करते हैं क्योंकि लेखक स्वयं बताते हैं कि जब लाहौर को राजधानी बनाया गया तो कीमतें बढ़ गईं और राहत प्रदान करने के लिए, राज्य द्वारा करदाताओं को 20 प्रतिशत की छूट दी गई। इसलिए, तुलना के उद्देश्य से, आइन में दी गई सभी कीमतें और जो विशेष रूप से लाहौर शहर से संबंधित हैं, उन्हें कम से कम 20 प्रतिशत तक कम करना होगा।

सोलहवीं शताब्दी तक अनाजों के मूल्य के बारे में बहुत कम जानकारी उपलब्ध है। किन्तु अकबर के राज्यकाल में (1556 से 1605) अनाजों के प्रचलित मूल्यों के बारे में अच्छी जानकारी 'आइन-ए-अकबरी' से मिल जाती है, जिसे बादशाह के सुप्रसिद्ध इतिहासकार अबुल फज़ल ने लिखा था।

ज्यादातर कीमतें 'आइन' में लिपिबद्ध है जो शाही पाकशाला (रसोई) के अधीक्षक (मीर वकावल) द्वारा खाद्य सामग्री के तौर पर लाहौर के बाजारों से खरीदी गईं थीं। आमतौर पर सभी वस्तुओं की कीमतें 'दाम' में दी गई हैं। नीचे तालिका-1 में ऐसी कीमतों को रुपये में बदल दिया गया है और वज़न की तत्कालिक इकाई अकबरी मन (25.1 किलोग्राम) को मानक के तौर पर लिया गया है। विभिन्न वस्तुओं के सापेक्ष मूल्य का अन्दाज़ा लगाकर, सभी आँकड़ों को गेहूँ के मूल्य में अनुक्रमित किया गया है।

तालिका-01

लाहौर में खाद्य मूल्य: 1595 ई.

आइटम/मद	रुपये प्रति अकबरी मन (25.1 किग्रा.)	सूची गेहूँ = 100
गेहूँ	0.30	100
काबुल चना	0.40	133
चना	0.20	67
मंसूर की दाल	0.30	100
जौ	0.20	67
मोटे अनाज (अर्ज़न)	0.15	50
मोटे अनाज (साँवा)	0.15	50
मोटे अनाज (कोदो)	0.18	60
मोटे अनाज (बाजरा)	0.20	67
मोटे अनाज (ज्वार)	0.25	83
अलसी का बीज	0.25	83
कुसुम बीज	0.20	67
मेथी	0.25	83
मटर	0.15	50
सरसों का बीज	0.30	100
धान (ग्रेड-I)	2.75	917
धान (ग्रेड-II)	2.50	833
चावल (ग्रेड-I)	2.50	833
चावल (ग्रेड-II)	2.25	750
चावल (ग्रेड-III)	2.00	667
चावल (ग्रेड-IV)	1.25	417
चावल (ग्रेड-V)	1.00	333
चावल (ग्रेड-VI)	0.50	167

दाल (मूँग)	0.45	150
दाल (मिश्रित)	0.40	133
दाल (लोबिया)	0.30	100
सफेद तिल	0.50	167
काला तिल	0.47	157
गेहूँ का आटा (अच्छा)	0.55	183
गेहूँ का आटा (मोटा)	0.38	127
बेसन	0.55	183
जौ का आटा	0.28	93
सौंफ	0.25	83
पालक	0.40	133
पुदीना	1.00	333
प्याज	0.15	50
लहसुन	0.25	83
शलजम	0.52	173
पत्ता गोभी	1.00	333
गाजर	1.00	333
बैंगन	1.50	500
अदरक (हरा)	2.50	833
बकरी का माँस	1.35	450
भेड़ का माँस	1.62	540
शुद्ध मक्खन	2.63	877
तेल	2.00	667
दूध	0.62	207
दही	0.45	150
परिष्कृत चीनी	6.00	2000

सफेद चीनी (पाउडर)	3.20	1067
गुड़	1.40	467
केसर	400.00	133333
लौंग	60.00	20000
इलायची	52.00	17333
गोल मिर्च	17.00	5667
सूखी अदरक	4.00	1333
जीरा	2.00	667
हल्दी	10.00	3333
धनिये के बीज	3.00	1000
हींग	2.00	667
मीठा सौंफ	1.00	333
दाल चीनी	40.00	13333
नमक	0.40	133
नींबू	6.00	2000
वाइन सिरका	5.00	1667
गन्ने का सिरका	1.00	333
अखरोट	2.50	833
बादाम (खोल के बिना)	28.00	9333
बादाम (खोल के साथ)	11.00	3667
अंजीर (मध्य एशियाई)	7.00	2333
अंजीर (भारतीय)	1.00	333
सूखे खुबानी	8.00	2667
किशमिश	9.00	3000
अनार	6.50 से 15.00	2167 से 5000

बेर	8.00	2667
अदरक का अचार	2.50	833
नींबू का अचार	1.50	500
गाजर का अचार	0.50	167
प्याज का अचार	0.50	167
खीरा का अचार	0.50	167
मूली का अचार	0.50	167
किशमिश का अचार	8.00	2677
सेब का अचार	8.00	2677
श्रीफल का अचार	9.00	3000
आड़ू का अचार	1.00	333

स्रोत: अबुल फज़ल, आईन-ए-अकबरी पृ. 65-71

सूचना के गजेटियर के रूप में 'आइन' अद्वितीय है। 'आइन' के अतिरिक्त सोलहवीं शताब्दी में या उसके पहले या बाद में ऐसा कुछ भी लिखा नहीं गया है जो मूल्यों का पूर्णमूल्याँकन कर पाए। इससे 'आइन' में बताये गए मूल्यों की तुलना बहुत कठिन हो जाती है। हालाँकि, चार वस्तुएँ ऐसी हैं जिनका सत्रहवीं शताब्दी में पूर्णमूल्याँकन हुआ। वो वस्तुएँ थीं—गेहूँ और कुछ अन्य खाद्य सामग्री, नील, ताँबा और सोना।

इन वस्तुओं का संकलन और व्याख्या करते समय विभिन्न स्थानों के स्थानीय मूल्यों में भिन्नता का भी ध्यान रखा जाना चाहिए। मध्यकालीन भारत एक विशाल देश था जिसमें विभिन्न भौगोलिक एवं आर्थिक क्षेत्र थे, जिन्हें दिल्ली के सुल्तानों एवं मुग़ल शासकों के द्वारा एक ही राजनीति शासन के तहत एक साथ लाया गया था। हालाँकि, क्षेत्रीय एकता, मौद्रिक और राजकोषीय व्यवस्थाओं की समानता और वस्तुओं एवं सेवाओं की मुक्त आवाजाही ने क्षेत्रों को कुछ एकरूपता प्रदान की। लेकिन, उनके व्यक्तिगत, आर्थिक और सामाजिक अनुभव अलग-अलग थे। अठारहवी शताब्दी में मुग़ल साम्राज्य के विखंडन ने देश के भीतर स्वतन्त्र राजनीतिक और आर्थिक संस्थाओं का निर्माण करके पहले से मौजूद क्षेत्रीय विविधता को और तीव्र कर दिया। मुग़ल साम्राज्य के पतन के साथ ही क्षेत्रीय शक्तियाँ जो पहले से ही विद्यमान थीं, स्वतन्त्र राजनीतिक और आर्थिक इकाइयों में तब्दील हो गई; जिन्होनें स्वयं की मुद्रा प्रणाली और राजकोषीय नियमों को विकसित कर लिया।

तालिक-02

गेहूँ का मूल्य : 1595 - 1720 ई.

वर्ष	स्थान	रुपये प्रति अकबरी मन (25.1 किग्रा)	टिप्पणी
1595	लाहौर (पंजाब)	0.30	
1611	सूरत (गुजरात)	1.03	
1619	सूरत (गुजरात)	0.71	
1623	भरूच (गुजरात)	0.65	
1627	सूरत (गुजरात)	0.67	
1629	भरूच (गुजरात)	0.74	
1630	सूरत (गुजरात)	6.37	अकाल का वर्ष
1630	भरूच (गुजरात)	4.00	,,
1631	सूरत (गुजरात)	5.99	,,
1631	भरूच (गुजरात)	6.66	,,
1632	सूरत (गुजरात)	6.00	,,
1633	अहमदाबाद (गुजरात)	2.54	,,
1634	सूरत	1.67	अकाल का वर्ष
1635	सूरत	0.94	
1635	थट्टा (सिन्ध)	0.94	
1636	सूरत	1.08	
जनवरी, 1638	आगरा	0.68	
अप्रैल, 1638	आगरा	1.31	
मई, 1638	आगरा	2.00	

जुलाई, 1638	आगरा	1.58	
फरवरी, 1641	सूरत (गुजरात)	0.83	
नवम्बर, 1641	सूरत	0.75	
1641	बंगाल	0.50	
जनवरी, 1642	सूरत	0.75	
नवम्बर, 1642	सूरत	1.88	
1643	सूरत	0.83	
1644	सूरत	1.13	
1645	सूरत	0.68	
1659	पुणे (महाराष्ट्र)	0.38	
1661	शाहगंज (औरंगाबाद)	1.04	
1661	बेगमपुरा (औरंगाबाद)	1.04	
1661	धारवाड़	0.75	
1665	आमेर (राजस्थान)	0.99	
1669	आमेर (राजस्थान)	0.94	
1670	आगरा	0.86	अच्छी पैदावारवाला वर्ष
1671	पटना	1.88	अकाल का वर्ष
1677	आमेर (Amber)	0.97	
1681	बालासोर (उड़ीसा)	0.60	
1684	आमेर	0.75	
1688	आमेर	1.01	
1689	आमेर	0.79	
1690	आमेर	0.84	
1694	सूरत	1.42	
1696	आमेर (पूर्वी राजस्थान)	1.32	

1697	आमेर	0.87	
1702	लाहौर	0.86	
1706	आमेर	0.95	
1708	आमेर	1.67	
1708	दिल्ली	0.38	
1709	आमेर	1.40	
1710	आमेर	1.17	
1711	आमेर	1.83	
1712	आमेर	3.42	
1713	आमेर	1.61	
1714	आमेर	1.55	
1715	आमेर	1.34	
1716	आमेर	1.78	
1717	आमेर	3.68	
1718	आमेर	2.65	
1718	आगरा	4.29	आभाव का वर्ष (पैदावार में कमी का वर्ष)
1719	आमेर	1.59	
1720	आमेर	2.56	

स्रोत: आइन-ए-अकबरी भाग-1 पृ. 65 ; इंग्लिश फैक्ट्रीज, 1630-33, पृ. 209; 1634-36, पृ. 148, 164 ; ओरिजनल कॉरस्पोन्डेन्स 1549, पृ. 135-36, आक्सेडेन पेपर्स, 40702, एफ 2 ए ; दस्तूर-उल-अमल-ए-आलमगीरी, 62 बी, सेलेक्टेड वाकई, पृ. 37-38, 108-09, 130, 148-50; मार्शल ट्रैवल्स, पृ. 127 ; एनॉनिमस , तारीख-ए-बहादुरशाही अनुवादित- इलियट एंड डाउसन, VII पृ. 566 ; इरफान हबीब, अग्रेरियन सिस्टम, पृ. 77, 90-93 ; मोरलैंड, अकबर टू औरंगज़ेब, पृ. 170-71 ; वान सेन्टेन, डी वॉक, पृ. 93, हसन एंड गुप्ता, 'प्राइस ऑफ फुड ग्रेन्स', पृ. 358-59

उपर्युक्त तालिका-02 के संचित आँकड़े विभिन्न क्षेत्रों के अलग-अलग स्रोतों से लिए गए हैं।

तालिका-03 में 1637-1718ई. के मध्य आगरा में प्रचलित मूल्यों को दर्शाया गया हैं।

तालिका-03

खाद्य मूल्य (आगरा) : 1637-1718 ई.

रुपया प्रति अकबरी मन (25.1 किलोग्राम) में

	1595 ई.	1637 ई.*	1638 ई.*	1670 ई.	1718 ई.
गेहूँ	0.30	-	0.68	0.86	-
गेहूँ का आटा	0.38	-	-	-	4.28
जौ का आटा	0.28	0.81	1.29	-	-
चना	0.20	0.79	1.28	0.71	3.87
दाल (मोठ)	0.30	0.74	1.16	-	-
दाल (मूँग)	0.45	-	-	-	4.61
चावल (ग्रेड-1)	2.50	-	-	2.15	6.00
घी	2.63	6.29	7.14	7.50	15.00
गुड़	-	3.23	3.06	-	4.61

** मासिक मूल्य का वार्षिक औसत*

स्रोत: तालिका-1 व तालिका-2 और इरफान हबीब, अग्रेरियन सिस्टम, पृ. 93

तालिका-03 के आँकड़े खाद्य वस्तुओं के मूल्यों में उत्तरोत्तर वृद्धि दर्शाते हैं। 1670 ई. में चना में 255 प्रतिशत, गेहूँ में 187 प्रतिशत और घी में 185 प्रतिशत की वृद्धि देखी जा सकती है। हालाँकि, उस साल फसल भी अच्छी हुई थी। उसी तरह का रुझान हमें 1637 ई. में दिखाई देता है। चना में 295 प्रतिशत, जौ आटा में 189 प्रतिशत, मोठ में 147 प्रतिशत और घी में 139 प्रतिशत वृद्धि दर्ज़ की गई, जबकि उस वर्ष पैदावार कम हुई थी।

इसलिए यह तर्क दिया जा सकता है कि अपवाद स्वरूप चावल की कीमतों में थोड़ी गिरात्रट के बावजूद 1595-1637 के बीच खाद्य वस्तुओं की कीमत करीब-करीब दोगुनी (193 प्रतिशत) थी, जो उसी स्तर पर (209 प्रतिशत) 1670 ई. तक बनी रही।

नील एक वाणिज्यिक उत्पाद है जिसका उपयोग भारत और विदेशों में कपड़ा को रंगने में किया जाता था। नील का उत्पादन आगरा और उसके आसपास के इलाकों में होता था। नील की कीमत में इज़ाफा या गिरावट इसके अच्छे व खराब पैदावार पर निर्भर करता था। आँकड़े दर्शाते हैं कि एक ही मौसम के फसलों के मूल्य में भिन्नता थी। अच्छी किस्म की नील उच्च कीमत पर बिकती थी। नील की पैदावार को गाँवों में ले जाकर प्रसंस्करण किया जाता था और उसकी गुणवत्ता में सुधार कर मूल्य निश्चित किया जाता था।[8] नील

सीधे गाँव से कम कीमत में खरीदा जा सकता था। हालाँकि, ऐसा करने के लिए स्थानीय व्यापारियों का तन्त्र (नेटवर्क) निकटवर्ती शहरों में तैनात था जो नील की थोक आपूर्ति सुनिश्चित करने के लिए उत्पादकों को अग्रिम ऋण (ददनी) उपलब्ध कराते थे।[9] नील की कीमत माँग और आपूर्ति के प्रति अत्यधिक संवेदनशील थी।

ऐसे चार प्रमुख कारक जो नील की कीमतों के निर्धारण में आधार थे, निम्नलिखित हैं-

1. मौसम, 2. उत्पादित नील की माँग, 3. किस्म, 4. बाजार

कीमतों में उछाल को ध्यान में रखते हुए इसे तीन श्रेणियों में बाँटा जा सकता है। उच्चतम, न्यूनतम और औसत। हमारे अध्ययन में 1 वर्ष में नील की उच्चतम एवं न्यूनतम कीमत को दर्शाया गया है। नील की औसत कीमत हमारे आँकड़ों में सीधे उद्धृत की गई है।

नील की कीमत अन्य भारतीय मुद्राओं के सापेक्ष रुपये में परिवर्तित करके तालिका-04 में दर्शाया गया है। साथ ही 1595 ई. को हमने आधार वर्ष माना है।

तालिका-04

नील की कीमत: 1595-1697 ई.

(रुपया प्रति अकबरी मन (25.1 किग्रा.)

वर्ष	उच्चतम मूल्य	सूचकांक 1595=100	न्यूनतम मूल्य	सूचकांक 1595=100	औसत मूल्य	सूचकांक 1595=100
1595	16.0	100	10.0	100	13.0	100
1609	25.0	156.2	16.6	166	20.8	160
1611	28.8	180.0	22.4	224	25.6	196.9
1614	22.2	138.7	17.7	177	19.9	153.0
1615	36.0	225.0	28.0	280	32.0	246.0
1616	35.0	218.7	29.0	290	32.0	246.0
1617	36.0	225	28.0	280	32.0	246.0
1621	26.0	162.5	24	240	25.0	192.3
1623	40.0	250	25.2	252	32.6	250.7
1625	32.0	200	28	280	30.0	230.7
1626	-	-	-	-	30.0	230.7
1627	36.5	228	.33.7	337	35.1	270.0
1628	35.0	218.7	32.5	325	33.7	259.6

1629	37.0	231.2	36.0	360	36.5	280.7
1630*	38.0	237.5	-	-	-	-
1634	62	387.5	61	610	61.5	473.0
1635	63	393.7	-	-	-	-
1636	50	312.5	45.0	450	-	-
1637	54	337.5	46.7	467	50.3	387.3
1638*	60	375.0	58.0	580	59.0	453.8
1639	48	300	46.0	460	47.0	361.5
1640	40	250	30.0	300	35.0	269.2
1641	40.5	253.1	-	-	-	-
1642	38.6	242.5	37.8	378	-	-
1644	33	206.2	26.6	260	29.5	226.9
1645	40	250	37.0	370	38.5	296.1
1646*	42	262.5	40.0	400	41	315.3
1647	43	268.7	39.0	390	36	276.9
1648*	46	287.5	40.0	400	43	330.7
1654	48	300	-	-	-	-
1663	38	237.5	-	-	-	-
1670	30	187.5	-	-	-	-
1697	48	300	-	-	-	-

** खराब फसल का वर्ष*

स्रोत : अबुल फज़ल, आइन-ए-अकबरी, भाग-1, पृ. 442, ; इरफान हबीब, अग्रेरियन सिस्टम, पृ. 86, टैवर्नियर, जीन बैप्टिस्ट, ट्रैवल्स इन इंडिया, II, पृ. 7-8, लेटर रिसीव्ड, III,69-70; IV, 18, 65, 239-41, 327, VI, 234-35, 248-49 ; सप्लीमेन्ट्री कैलेंडर, पृ. 109, इंग्लिश फैक्ट्रीज, रिकाईस, 1618-21, पृ. 86; 1624-29, पृ. 63, 189, 208, 228, 335; 1630-33, पृ. 131, 178-79; 1634-36, पृ. 1, 12, 70, 112, 138, 141, 143, 205, 206; 1637-41, पृ. 278; 1642-45, पृ. 84, 136, 202, 254; 1646-50, पृ. 33, 62, 76, 77, 114, 202, 219, 273, 335; 1651-54, पृ. 221; फैक्ट्री रिकाईस सूरत, I, पृ. 21, 287 ; III, 109; IV, 141; v, 192; ओरिजनल कॉरस्पोन्डेन्स, 1656, f214; फ्रांसिस्को पेल्सर्ट, द रिमोंस्तरांसी ऑफ फ्रांसिस्को पेल्सर्ट, अनुवादित डब्लू. एच.
मोरलैंड, पृ. 15, जनरल मिसिवेन I, पृ. 528, 530, 620, 724

तालिका-05

नील की कीमतों में दीर्घकालिक उतार-चढ़ाव : दशकीय औसत

वर्ष	उच्चतम कीमतों का औसत	सूचकांक 1595 = 100	सूचकांक 1606-15 = 100
1595	16.00	100	57
1596-1605	-	-	-
1606-1615	28.00	175	100
1616-1625	33.80	211	121
1626-1635*	36.63	229	131
1636-1645*	39.33	246	141
1646-1655	43.00	269	154
1656-1665+	38.00	236	135
1666-1675+	30.00	188	107

** एकाधिकार की कीमत को छोड़कर*

+ एकल उद्धरण

तालिका-04 और तालिका-05 के आँकड़े सत्रहवीं शताब्दी के मध्य तक नील की कीमतों में सतत् वृद्धि को दर्शाते हैं। तालिका-05 के आँकड़े यह दर्शाते हैं कि 1595 ई. के मूल्य के सापेक्ष 1655 ई. तक नील के मूल्य में 169 प्रतिशत की बढ़ोत्तरी हुई थी, जो 2.8 प्रतिशत की वार्षिक वृद्धि को दर्शाता है। यदि हम केवल सत्रहवीं शताब्दी के प्रवृत्ति पर ध्यान केन्द्रित करें तो यह वृद्धि बहुत कम प्रभावशाली प्रतीत होती है। 1655 ई. के बाद के 2 दशकों में इसमें गिरावट देखी जा सकती है।

सत्रहवीं शताब्दी में बड़े सौदों में रुपया विनिमय का प्रमुख माध्यम बन गया था। ताँबे और सोने के सिक्कों के सापेक्ष इसका विनिमय मूल्य इसकी सामान्य क्रय शक्ति का संकेत हो सकता है। मोरलैंड कहता है कि-"सत्रहवीं शताब्दी के प्रारम्भ में ताँबा की कीमत चाँदी के सापेक्ष बढ़ी उसका प्रमुख कारण आन्तरिक स्रोतों से ताँबे की आपूर्ति में

कमी और निजी क्षेत्रो में ताँबे की बढ़ती माँग थी।" हबीब के अनुसार सोलहवीं शताब्दी में मुग़ल साम्राज्य में रुपया (चाँदी का सिक्का) के प्रचलन के बाद ताँबा और सोने की क्रय शक्ति में गिरावट दर्ज़ की गई। चाँदी के मूल्य पर मोरलैंड और हबीब की समीक्षा दो पहलुओं पर प्रकाश डालती है। पहले का सन्दर्भ चाँदी और ताँबा के सिक्कों के विनिमय दर से है अर्थात 'रुपया' और 'दाम' के बीच अनुपातिक अध्ययन। वहीं दूसरा मुद्रा के मूल्य निर्धारण की व्याख्या करता है।

मुग़ल शासकों ने नवीन मुद्रा विकसित की जिसे टंका-ए-मुरादी नाम दिया गया। यह ताँबा का सिक्का था जिसकी कीमत स्थिर थी। टंका ताँबे के दो मानकीकृत सिक्के (दाम) के बराबर था।

तालिका-06

उत्तर भारत में दाम (ताँबा का सिक्का) में रुपया (चाँदी का सिक्का) की कीमत

वर्ष	आधिकारिक दर (टंका/दाम)	बाजार दर (दाम)
1574	24/48	48
1574-82	24/48	35
1582	20/40	40
1595	20/40	45
1606	20/40	102

स्रोत: हैदर, क्वान्टिटी थियरी ऑफ मुग़ल मोनेट्री हिस्ट्री, पृ. 338-345

1582 ई. में मुग़ल शासन ने विनिमय दरों की विस्तृत सूची जारी की जिसमें सोने और चाँदी के सिक्कों के सभी प्रकारों (कम वज़नवाले सिक्के, कटौतीवाले सिक्के) का मूल्य ताँबा की मुद्रा (टंका/दाम) में व्यक्त किया गया। चाँदी के सिक्के (रुपया) का विनिमय दर 20 टंका या 40 दाम और एक स्वर्ण मुहर का विनिमय दर 180 टंका या 360 दाम निर्धारित था।[10]

निम्नलिखित दो तालिकाओं में दिए गए आँकड़े मुग़ल शासन के दौरान लागू मुद्रा प्रणाली व विनिमय दर को ध्यान में रखकर तैयार किए गए हैं। सभी आँकड़ों को वज़न की एक समान इकाई में परिवर्तित किया गया है जिसे गणनाओं के लिए अपनाया गया है।

तालिका-07

उत्तर भारत में कापर (ताँबा) की कीमत: 1575-1605

वर्ष	स्थान	रुपया/प्रति अकबरी मन (25.1 किग्रा.)	सूचकांक आगरा की दर 1595=100	सूचकांक 1614=100
1575	आगरा	21.75	94	212
1582	आगरा	26.10	113	255
1582-1595	उत्तरी भारत	29.81	129	291
1595	लाहौर	26.10	113	255
1595	आगरा	23.20	100	227
1606	आगरा	10.24	44	100
1614	आगरा	10.24	44	100
1615	आगरा	12.58	54	123
1626	आगरा	18.00	78	176
1637	ख़ुर्जा	18.64	80	182
1637	आगरा	19.33	83	189
1637	खैराबाद	16.31	70	159
1638	आगरा	18.98	82	185
1639	आगरा	18.00	78	176
1680	आगरा	18.64	80	182

स्रोत: अबुल फज़ल, आइन-ए-अकबरी, भाग-1, पृ. 26, 27, 28, 176, 178, 196; मुखर्जी एंड हबीब, लैंड राईट रेन ऑफ अकबर, पृ. 252, सप्लीमेन्ट्री कैलेंडर, पृ. 48, लेटर रिसीव्ड III, पृ. 87; पेल्सर्ट, द रिमोंस्तरांसी, पृ. 29, 40, 60, वान सेन्टेन, डी वॉक, पृ. 114

तालिका-08

गुजरात में ताँबे का मूल्य: 1609-1680 ई.

वर्ष	स्थान	रुपया प्रति अकबरी मन 25.1 किग्रा.	सूचकांक 1614 = 100
1609	सूरत	13.05	102
1614	सूरत	12.28	100
1614	अहमदाबाद	12.43	101
1615	सूरत	12.28	100
1615	अहमदाबाद	12.14	99
1623	सूरत	18.32	149
1627	भरूच	20.88	170
1628	अहमदाबाद	20.47	167
1636	सूरत	18.00	147
1645	सूरत	22.95	187
1661	सूरत	33.68	274
1666	सूरत	32.12	262
1669	सूरत	32.63	266
1680	भरूच	33.14	270

स्रोत: लेटर रिसीव्ड I, पृ. 34; II, पृ. 249-50; III पृ. 11, 87; सप्लिमेन्ट्री कैलेंडर, 8, 46, 62; वान सेन्टेन, डि वॉक, पृ. 114; इंग्लिश फैक्ट्रीज रिकार्ड्स, 1624-29, पृ. 235; 1634-36, पृ. 164, 206; 1661-64, पृ. 112, 121; थेवनॉट, इंडिया ट्रैवल्स, पृ. 25-26, आक्सडेन पेपर्स 40702, ff. 3b, 23b

हमारे आँकड़े ताँबा और चाँदी के मूल्यों का तुलनात्मक अध्ययन दो चरणों में दर्शाते हैं। पहला चरण (1575-1595 ई. तक) जब उत्तर भारत में चाँदी के सापेक्ष ताँबे के मूल्य में 20 प्रतिशत का इज़ाफा दर्ज किया गया (भारत के अन्य हिस्सों के लिए कोई आँकड़ा उपलब्ध नहीं है) इसके दो कारण हो सकते हैं: (1) मुग़ल साम्राज्य में प्रचुर मात्रा में चाँदी की आपूर्ति या (2) ताँबे के आयात में इसी के अनुरूप गिरावट।

मध्य भारत की खानों से ताँबे की आन्तरिक आपूर्ति और लाल सागर के रास्ते यूरोप से ताँबे के आयात ने सोलहवीं शताब्दी के पूर्वार्द्ध में ताँबे की मुद्रा क्षेत्र को बनाए रखा। लेकिन सोलहवीं शताब्दी के उत्तरार्ध में, लाल सागर और केप दोनों मार्गों से आयात में ताँबे की जगह चाँदी ने ले ली। ताँबे की आपूर्ति में कमी के कारण शहरी और मध्यवर्ती बाज़ार जैसे क्षेत्रों में चाँदी ने ताँबे की जगह ले ली, जो कि वस्तु उत्पादन और विदेशी व्यापार से जुड़े थे। चूँकि चाँदी अभी तक ग्रामीण क्षेत्र में नहीं पहुँची थी और ताँबे का आयात पूरी तरह से बन्द गया था, इसलिए इसका सापेक्ष मूल्य प्रभावित होना तय था। चाँदी के भुगतान को प्रोत्साहित करने के राजकोषीय प्रयासों के बीच भी, रुपया-दाम का अनुपात 1582 ई. से 1595 ई. के बीच 1 : 40 से गिरकर 1 : 35 हो गया। ज़ाहिर तौर पर तब, जब मुग़ल सैन्य अधिकारी और उनके सैनिक अपने ख़र्च रुपया (चाँदी का सिक्का) में करते थे। हालाँकि, राज्य द्वारा चाँदी में भुगतान को सक्रिय रूप से प्रोत्साहित करने के कारण, ताँबे की कीमत पर इसका बज़ार तेजी से फैला। टकसाल संगठन, बुलियन बाज़ार और मुद्रा उपायों ने इस प्रक्रिया को सुविधाजनक बनाने में महत्त्वपूर्ण भूमिका निभाई।

दूसरे व लम्बे चरण में जो 1595 ई. के कुछ समय बाद शुरू हुआ और सत्रहवीं शताब्दी के अन्त तक चला, में चाँदी के सापेक्ष ताँबे के मूल्य में गिरावट देखी जा सकती है। पूरी सम्भावना है कि यह चाँदी की बढ़ती माँग और इससे भी महत्त्वपूर्ण बात, विमुद्रीकृत ताँबे के विशाल भंडार के निर्माण का परिणाम था जो उस समय बाज़ार में उपलब्ध था क्योंकि औद्योगिक क्षेत्र में इस धातु का बड़े पैमाने पर अवशोषण (खपत) नहीं था।

ताँबे के मूल्य में लगातार गिरावट और चाँदी की मौद्रिक माँग में वृद्धि ने ताँबे के सिक्कों के विस्थापन को तेज कर दिया, जब कीमतें रुपये में बताई जाने लगीं। कमोडिटी बाज़ारों में, विक्रेताओं को शायद ही उम्मीद थी कि अगर उन्हें निवेश करना पड़े या चाँदी की मुद्रा में खर्च करना पड़े तो वे दाम को रुपये में बदलकर लाभ कमाएँगे। सत्रहवीं शताब्दी में राजस्व की माँग भी ताँबे के पैसे की बजाय चाँदी के रुपये में व्यक्त की जाने लगी।

अगर हम सत्रहवीं शताब्दी में ताँबे की कीमत के रुझान को अलग करके देखें तो बिल्कुल अलग तस्वीर दिखाई देती है। सत्रहवीं शताब्दी में ताँबे की कीमत में लगातार बढ़ोत्तरी हो रही थी। सत्रहवीं शताब्दी की तीसरी तिमाही तक उत्तर भारत में इसकी कीमत 70 प्रतिशत और गुजरात में 152 प्रतिशत तक बढ़ गई। मुद्रास्फीति दो चरणों में हुई। पहले चरण में, ताँबे की कीमत स्थिर हुई और 1620 के दशक में बढ़ी, जब मुद्रा धातु के रूप में ताँबे की माँग में एक नए सिरे से वृद्धि के बाद बड़े पैमाने पर इसकी ढलाई की नीति अपनाई गई। उसका कारण दैनिक भत्तों और मजदूरी के तौर पर ताँबे के सिक्कों (दाम) की स्थायी माँग थी। उसी समय, रुपये के प्रचलन गें पर्याप्त वृद्धि हुई, जो आंशिक रूप से उस मुद्रा में किए गए शाही व्यय के परिणामस्वरूप और आंशिक रूप से गुजरात के सूरत में एक महत्त्वपूर्ण टकसाल की स्थापना के कारण हुई।

ताँबे की कीमतें 1655 से 1680 के मध्य में अपने चरम पर थीं, जब मजदूरी क्षेत्र में ताँबे के सिक्कों की निश्चित माँग को देखते हुए खदान उत्पादन में उल्लेखनीय गिरावट ने इसकी चाँदी के सापेक्ष कीमत को सर्वकालिक उच्च स्तर पर पहुँचा दिया।

चाँदी के सापेक्ष मूल्य वृद्धि के परिणामस्वरूप, साम्राज्य में ताँबे के आयात को व्यापारियों द्वारा लाई गई सामान्य मात्रा से अधिक प्रोत्साहित किया गया।

सत्रहवीं शताब्दी के तीसरे दशक में शाही आय में बढ़ते घाटे ने मुग़ल बादशाह जहाँगीर को अपने पिता अकबर द्वारा छोड़े गए चाँदी के भंडार (100 से 130 मिलियन रुपये) का इस्तेमाल करने के लिए इस हद तक मजबूर किया कि खजाने में केवल 10 मिलियन (1 करोड़) रुपये ही बचे थे। अर्थव्यवस्था में चाँदी के इस विशाल भंडार को डालने का प्रभाव अज्ञात है, जिसका संकेत न तो बुलियन आयात और न ही टकसाल उत्पादन के आँकड़ों से मिलता है। लेकिन, यह ध्यान रखना महत्त्वपूर्ण है कि यह ऐसे समय में हुआ जब ताँबे और सोने दोनों के मुकाबले चाँदी की क्रय शक्ति में गिरावट आई। (कज़्विनी, बादशाहनामा, पृ. 444-5)

चाँदी के सापेक्ष सोने की कीमत को रुपया और मुहर (169 ग्रेन्स और 99 प्रतिशत शुद्ध सोने का सिक्का) के विनिमय दर के आँकड़ों से समझा जा सकता है। विभिन्न समयावधि में भारत के विभिन्न क्षेत्रों से आँकड़ों को लेकर, मानकीकृत करके इन्हें सारणीबद्ध किया गया है।

तालिका-09

भारत में सोने का मूल्य : 1595-1697 ई.

वर्ष	रुपया/प्रति अकबरी मन (25.1 किग्रा.)	सूचकांक 1595 = 100	वर्ष	रुपया/प्रति अकबरी मन (25.1 किग्रा.)	सूचकांक 1595 = 100
1575	18943	100	1658	33676	178
1582	18943	100	1661	31,046	164
1595	18943	100	1662	32,624	172
1608	16838	89	1664	31572	167
1611	21048	111	1666	33,676	178
1614	21048	111	1670	32098	170
1615	22437	118	1671	31572	167
1620	21048	111	1675	29993	158
1621	21048	111	1677	28941	153
1626	29467	156	1678	27152	143
1628	28057	148	1679	27089	143
1633	26310	139	1680	27152	143

1636	27152	143	1683	26310	139
1640	27362	144	1684	26310	139
1642	29467	156	1688	25257	133
1645	29467	156	1695	27888	147
1652	29467	156	1697	27636	146
1656	30519	161			

स्रोत : आइन-ए-अकबरी, भाग-1, पृ. 25, 27-29, 196 ; मुखर्जी एंड हबीब, "मुग़ल एडमिनिस्ट्रेशन एंड द टेम्पल ऑफ वृन्दावन", डाक्युमेन्ट्स नं. 2, पृ. 293; हाकिन्स'[स] अर्ली ट्रैवल, पृ. 101, 102; पेल्सर्ट, द रिमोंस्त्रांसी, पृ. 7, 29, जनरल मिसिवेन, पृ. पृ. 341; लाहौरी, बादशाहनामा II , पृ. 259, 396; फैक्ट्रीज रिकार्ड्स सूरत, 4 ff ,116a, 161b (90] ff, 94a, 94b ; इंग्लिश फैक्ट्रीज रिकार्ड्स III , पृ. 240; करेरी, इंडिया ट्रैवल ऑफ थेवनॉट एंड करेरी, पृ. 253

सोलहवीं शताब्दी के जो आँकड़े तालिका-09 में दिए गए हैं वह अधिकारिक मूल्यों को दर्शाते हैं। दो दशकों (1575-1595 ई.) तक सोने की कीमतों में स्थिरता दर्ज़ की गई, पर इसकी प्रबल सम्भावना है कि खुले बाजार में स्वर्ण के मूल्यों में विचलन रहा होगा। 1595 ई. से 1608 ई. के मध्य सोने की कीमतों में चाँदी के सापेक्ष भारी गिरावट दर्ज़ की गई। उसके बाद, सोने की कीमत में काफी उछाल आया, जो 1626 ई. में अपने शिखर पर पहुँच गई। हालाँकि, उपलब्ध स्रोत इस मुद्रास्फीति के कारणों पर सीधे टिप्पणी नहीं करते हैं, लेकिन ऐसा लगता है कि आंशिक रूप से चाँदी में किए गए शाही खर्च और आंशिक रूप से राशि चक्र के सिक्कों की ढलाई से प्रेरित सोने की उच्च माँग से सम्बन्धित थी।

1626 ई. से 1640 ई. के बीच चाँदी के सापेक्ष सोने की कीमत में गिरावट आयी। समकालीन विद्वानों ने इसका कारण सोने की माँग में गिरावट व चाँदी की माँग में वृद्धि को माना है। पहली घटना साम्राज्य में इस व्यापक अटकल से शुरू हुई थी कि नया बादशाह आवाम के बीच सोना वितरित करेगा।[11] साथ ही लाल सागर के रास्ते से भारी मात्रा में सोना के आयात की भी उम्मीद थी। शाही वित्त विभाग भी चाँदी की माँग बढ़ाने के लिए जिम्मेदार था। 1632 ई. में एक डच फैक्टर ने यह सूचना दी है कि चाँदी की तुलना में सोने की माँग में गिरावट इसलिए हुई क्योंकि मुग़ल शासक शाहजहाँ को सोने की तुलना में चाँदी ज्यादा पंसद थी और वह चाँदी जमा करने के लिए अधिक इच्छुक था।[12] तत्कालीन स्रोतों से पता चलता है कि जब शाहजहाँ को विरासत में गद्दी मिली तब खजाने में बहुत कम चाँदी बची थी, शाही व्यय को कम करने के साथ शाही आय को बढ़ाने के लिए उसे कड़े कदम उठाने पड़े, जिससे खजाने में अधिकाधिक चाँदी जमा हो सके।

सोने के मूल्य में आई गिरावट को देखते हुए व्यापारियों ने कम मात्रा में सोना आयात करना शुरू किया। 1640 के दशक के शुरुआत में, डचों द्वारा चीन से आयात होनेवाले सोने (स्वर्ण) के व्यापार को बन्द कर दिया गया। 1940 ई. के बाद सोने की आपूर्ति में गिरावट का

संचयी प्रभाव सोने की कीमतों में प्रारम्भिक स्थिरता और इसके बाद इसकी कीमत में वृद्धि थी, मूल्य में वृद्धि के क्रम में सोने की कीमत 1658 ई. में अपने उच्चतम स्तर (अधिकतम कीमत) पर पहुँच गई।

अकबर और अलाउद्दीन खिलजी (1296-1316) के राज्यकाल में प्रचलित कुछ मुख्य अनाजों के दामों की तुलना करना रोचक रहेगा। इस प्रसंग में यह ध्यान देने योग्य है, जैसा अशरफ ने अपनी पुस्तक 'लाइफ एंड कंडीशंस ऑफ द पीपल ऑफ हिन्दुस्तान' में लिखा है कि, "चाँदी और ताँबे का अनुपात सिक्के में 1: 64 का था।" सल्तनतकालीन टंके का वज़न उसकी प्रचलित कीमत के अनुसार 179 से 175 ग्रेन होता था और उसका मान चाँदी और ताँबे की कीमत से निर्धारित होता था।[13]

तालिका-10

अनाज	अकबरकालीन		अलाउद्दीनकालीन
(दाम प्रति मन)	दाम	जीतल	जीतल
गेहूँ	12	$9^3/_5$	$7^1/_2$
गेहूँ का आटा	22 से 15	12	—
जौ	8	$6\ ^3/_5$	4
चावल	20	16	5
दाल	18	$14\ ^2/_5$	—
दलिया	16	$12\ ^2/_5$	5
अन्न	$16\ ^1/_2$	$139^1/_5$	5
मोठ	12	$9\ ^3/_5$	3
ज्वार	10	8	--
चीनी (सफेद)	128	$102\ ^2/_5$	100
चीनी (पीली)	56	$44\ ^4/_5$	20
घी	105	84	16
तेल	80	64	$13\ ^3/_{10}$
नमक	16	$12\ ^4/_5$	5
माँस	65	52	—
बकरी का माँस	54	$43\ ^1/_5$	10

'आईन' में जिन कीमतों का उल्लेख है, वे केवल उत्तरी भारत के लिए ठीक हैं, इसकी तुलना बाद के वर्षों की कीमतों से भी की जा सकती है। उदाहरणार्थ, बंगाल में 1600 ई. में 1 रुपया में 92 सेर, 1650 ई. में 107 सेर और 1729 ई. में 131 सेर गेहूँ की बिक्री होती थी। ज्वार 1600 ई. में 1 रुपया का 109 सेर, 1650 ई. में 128 सेर तथा 1729 ई. में 171 सेर बिकता था (बंगाल में)। बंगाल में ही 1600 ई. में बाजरा प्रति रुपया 181 सेर, 1650 ई. में 160 सेर और 1729 ई. में 171 सेर बिकता था। चावल महंगा था, फिर भी उत्तम प्रकार का सुखदास चावल 1600 ई. में 1 रुपया में 11 सेर खरीदा जा सकता था। मोटा चावल जो मुख्यत: गरीब लोग इस्तेमाल करते थे, सन् 1600 ई. में 54 सेर प्रति रुपया मिलता था। यही चावल 1650 ई. में 164 सेर का और 1729 ई. में (बंगाल में) 153 सेर प्रति रुपया मिलता था। डच यात्री लिंशोटन (1583-88) के अनुसार बंगाल में 246 सेर चावल प्रति रुपया था जो कि अतिश्योक्ति प्रतीत होती है। सबसे सस्ता बसन्ती बाजरा 1600 ई. में मात्र 181 सेर प्रति रुपया था। अन्य वस्तुओं में घी 1600 ई. में प्रति रुपया 10.3 सेर, 1661 ई. में 7 से 8.75 सेर तथा 1729 ई. में 9.6 सेर का बिकता था। 1600 ई. में 1 रुपया में 13.5 सेर तेल, 1661 ई. में 20 से 23 सेर तेल तथा 1729 ई. में 21 सेर तेल प्राप्त किया जा सकता था। चीनी 1600 ई. में प्रति रुपया 19.3 सेर, 1661 ई. में 14 सेर के हिसाब से बेची जाती थी। नमक का भाव 1600 ई. में 67 सेर प्रति रुपया था। दूध 1600 ई. में 1 रुपया का 44 सेर आता था। एक हिन्दुस्तानी भेड़ की कीमत 1.50 रुपये थी, माँस 1 रुपया में 17 सेर मिलता था और प्याज 1 रुपया में 183 सेर मिलता था।[14] इस युग में कारोमंडल तटीय क्षेत्र में प्रचलित बाजार भाव इस प्रकार थे—

गेहूँ	एक रुपया में 21.5 से 27.5 सेर
चावल	एक रुपया में 57 से 86 सेर
सफेद चीनी	एक रुपया में 6.5 सेर
अंडे	3.2 आने में 80
मुर्गियाँ	एक रुपया में 20 से 23 तक
एक सूअर	13 आने से 14.5 आने तक
एक गाय	7.5 आने

भरूच* (1628-29) में बहुत कम दामों पर खाद्य पदार्थों की उपलब्धता के बारे में डब्ल्यू. जी. डी. जोंग (डच ईस्ट इंडिया कम्पनी का नौसेना अधिकारी) ने उल्लेख किया है। भरूच में 1 रुपया में 71 से 78.5 सेर मक्का तथा जौ 48 सेर प्रति रुपया के हिसाब से बेची जाती थी। अबुल फज़ल बंगाल की मिट्टी की उर्वरता का विशेष उल्लेख करते हुए लिखता है कि एक ही खेत में एक साल में तीन फसलें उपजाई जाती थीं। मनरीक (1628-43) बंगाल के बाजारों में खाद्य पदार्थों, घरेलू समान तथा अन्य वस्तुओं की

* 'भरूच (Broach) का मूल नाम 'भृगुकच्छ' था, यह नाम महान ऋषि भृगु के नाम पर पड़ा। औपनिवेशिक काल में इसे अधिकारिक तौर पर 'ब्रोच' कहा जाता था।

प्रचुरता देखकर आश्चर्य चकित रह गया था। खाद्य पदार्थ इतने सस्ते थे कि 1628 ई. में केवल सात या आठ आने में 200 पाउंड चीनी मिल जाती थी।[15] बंगाल अपने पड़ोसी देशों को सिर्फ चावल ही नहीं भेजता था, बल्कि इराक और फारस को चीनी भी निर्यात करता था। सोलहवीं सदी के दौरान बंगाल में वस्तुओं के कम दामों की जानकारी मुकुन्द राम कृत 'चंडीकाया' से प्राप्त होती है। इस कवि ने उल्लेख किया है कि -"ध्रुवबाला (एक सेविका) पचास काहन कौड़ियाँ लेकर बाजार जाती है और उसने सौ कौड़ियों में कई कद्दू और पेठे खरीद लिए। उसने एक बड़ी रोहू मछली, अन्य मछलियाँ, चीतल तथा 641 केकड़े खरीदे। उस चतुर सेविका ने कौड़ियों के आठ काहन पर एक बकरा लिया तथा दस बड़ी प्रति सेर की दर से सरसों का तेल भी लिया। बंगाल में कौड़ियों को रुपये में बदलने के लिए इस प्रकार का हिसाब प्रचलित था:

4 कौड़ियाँ - 1 अंडा
5 अंडे - 1 बड़ी
4 बड़ियाँ - 1 पन
20 पन - 1 काहन
5 काहन - 1 रुपया

इस प्रकार 125 कौड़ियों की एक पाई तथा 8000 कौड़ियाँ एक रुपया के बराबर होती थी (ध्यातव्य हो कि कौड़ियों की संख्या रुपये के सापेक्ष घटती-बढ़ती रहती थी।)।

यातायात तथा संचार के साधन दुर्लभ थे अत: अनाज तथा अन्य कृषि उत्पादनों का व्यापार सीमित था। विभिन्न स्थानों पर कीमतों में काफी भिन्नता पाई जाती थी। निम्नांकित तालिका-11 से यह तथ्य स्पष्ट हो जाएगा। इसमें दी गई कीमतें प्रति रुपया 'मन-ए-शाहजहाँनी' के अनुसार है, जो 73.76 पाउंड के बराबर था।

तालिका-11

खाद्यान्न	आगरा 1595	आगरा 1670	लाहौर 1702
गेहूँ	0.40	1.14	1.14
सुखदास चावल	3.33	2.86	2.00
चना	0.27	0.95	-
घी	3.50	10	-
मूंग	0.60	-	1.00
मोठ	0.40	-	1.00

इसी प्रकार का एक सूचनाप्रद अध्ययन एस. नुरुल हसन, के. ए. हसन और एस. पी. गुप्त द्वारा 'पैटर्न ऑफ एग्रीकल्चर प्रोडक्शन इन द टेरिटरीज ऑफ अम्बेर (1670-1780)' में प्रस्तुत किया गया है। इनके द्वारा सम्बन्धित आँकड़े 'अईसत्त' से उपलब्ध किए गए हैं, जो बीकानेर के राजकीय अभिलेखागार में सुरक्षित रखा है। इसके विश्लेषण

से यह पता चलता है कि अम्बेर (आमेर) के विभिन्न परगनों में प्रचलित कीमतों में काफी भिन्नता रहती थी। उदाहरणार्थ, गेहूँ को आधार मानकर उसका प्रत्येक परगना में मूल्य प्रति वर्ष 100 रखा जाए तो 1677 ई. में अम्बेर में जौ की कीमत 67, चना 67, बाजरा 45, ज्वार 74, मसूर 71, उर्द या उड़द 84 और मूँग 92 थी। 72 परगना में 1665 ई. में इन अनाजों की कीमत इस प्रकार थी, जौ 66, चना 70, बाजरा 65, ज्वार 56, मसूर 59, उर्द 72 और मूँग 59। मलाना परगना में जौ की कीमत 79, चना 73, बाजरा 82, ज्वार 81, मसूर 70, उर्द 75 और मूँग 84 थी। इस प्रकार मूल्यों में प्रति वर्ष और प्रत्येक क्षेत्र में ही भिन्नता नहीं होती, बल्कि प्रत्येक स्थान में भिन्नता आ जाती थी।

उत्तर भारत की तुलना में खाद्यान्न बंगाल में सामान्यत: सस्ता रहता था। उसी प्रकार उत्तरी भारत में, गुजरात तथा अन्य भागों (बंगाल को छोड़कर) की तुलना में मूल्य कम होता था। उदाहरणार्थ, लिंशोटन के अनुसार, 'बंगाल में 1 रुपया 500 पाउंड चावल के तुल्य था' जबकि, 'आईन' के उल्लेख के अनुसार 1595 ई. में उत्तरी भारत में 1 रुपया का 111 पाउंड चावल प्राप्त होता था। लगभग 1650 ई. तक भारत के अन्य भागों की तुलना में बंगाल में चावल, मक्खन, तेल और गेहूँ आधे मूल्य में उपलब्ध होते थे। केवल सत्रहवीं शताब्दी के मध्य में कुछ समय के लिए वहाँ कीमतें बढ़ी थीं, जिसका मुख्य कारण बंगाल में सोना और चाँदी का अधिक आना था, जिससे व्यापार में प्रत्यक्ष रूप में विस्तार हुआ था। मोरलैंड का यह कथन कि बंगाल की स्थिति देश के अन्य भागों की तरह ही कर दी गई थी, सही नहीं है। खाद्यान्नों की कीमतें तथा मजदूरी की दरें कारोमंडल तटीय क्षेत्र की तुलना में अठारहवीं शताब्दी के मध्य तक बंगाल में कम थीं, उसी प्रकार उत्तर भारत की तुलना में गुजरात में खाद्यान्नों के भाव अधिक थे। गुजरात में 1630 ई. के अकाल के पूर्व गेहूँ की कीमत प्रति रुपया 80-85 पाउंड थी, जबकि 'आईन' में दी गई कीमत (आगरा, 1595 में) 185 पाउंड प्रति रुपया थी। चावल प्रति रुपया 40 से 65 पाउंड था, जबकि आगरे में यह 111 पाउंड था। डब्ल्यू. जी. डि जोंग ने भरूच में (1628 ई.) जौ की दर 99 पाउंड प्रति रुपया बताया है, जबकि 'आईन' में इसके 277 पाउंड प्रति रुपया रहने का उल्लेख है। गुजरात में दाम अधिक होने का कारण वहाँ अधिक संख्या में विदेशी खरीदारों का होना भी था। फिलिप एंडरसन के अनुसार, "सूरत के समान संसार में कोई दूसरा ऐसा नगर नहीं है जहाँ इतने भिन्न प्रकार के लोग एक स्थान पर रहते हों। यहाँ के राजपथों पर केवल गुजरात और मराठा प्रान्तों के स्थानीय लोग ही नहीं बल्कि सिन्धी, फ़ारसी, अरबी, आर्मेनियाई, पारसी, यहूदी तथा वोहरों के साथ-साथ अंग्रेज, डच ओर पुर्तगाली व्यापारी भी देखे जा सकते थे।"[16]

उपज के मौसम तथा साधारण समय में मूल्यों की भिन्नता रहती थी, साथ ही देश के आन्तरिक भागों और बन्दरगाहों में प्रचलित मूल्यों में भी अन्तर होता था। उदाहरणार्थ-अगस्त 1661 ई. में मिदनापुर जिले के चन्द्रकोना स्थान में 6 से 7 रुपये प्रति गाँठ (2 मन और 13 सेर) की दर से चीनी खरीदी गई तथा हुगली में, जो बन्दरगाह था, 9 से 10 रुपये प्रति गाँठ की दर से बेची गई। उसी प्रकार मक्खन आन्तरिक भागों में 4 से 5 रुपये प्रति मन के हिसाब से बेचा जाता था जबकि बन्दरगाह में क्रमश: 8 से 10 रुपये में बेचा जाता

था। तेल आन्तरिक भाग में 1 रुपये 12 आना से 2 रुपये प्रति मन था, जबकि बन्दरगाह में इसे 3 से 4 रुपये प्रति मन के हिसाब से बेचा जाता था। कुछ वस्तुओं में एक ही स्थान पर कीमतों में साल-दर-साल बहुत अन्तर हो जाया करता था। उदाहरण के लिए बंगाल में एक मन चावल 1628 ई. में एक रुपया में तथा 1666 ई. में दो आने में बिका। उसी प्रकार 1659 ई. में एक मन घी 16 रुपये में तथा 1684 ई. में 7 रुपये में प्राप्त किया जा सकता था। एक मन चीनी का मूल्य 1628 ई. में 3 आना 1 पाई, 1639 ई. में 2 रुपया 7 आना तथा 1694 ई. में 2 रुपये 13 आना 8 पाई था। यहाँ कुछ उत्तम प्रकार के कीमती कपड़ों के दाम भी उल्लेखनीय हैं जो अधिक दाम के कारण साधारण लोगों की पहुँच से बाहर की चीज़ थी। सूती छींट (चिंट्ज) 2 दाम प्रति गज, दुपट्टा एक रुपया प्रति टुकड़ा, मलमल 4 रुपये टुकड़ा और तसर $1^1/_2$ (डेढ़) से 2 रुपये प्रति टुकड़ा की दर से प्राप्त होता था। सबसे सस्ते किस्म का सूती कपड़ा 2 दाम से 4 दाम प्रति गज की दर से बिकता था। गुजरात में बना भारतीय मखमल एक से दो रुपये प्रति गज, काबुल और फारस का किमखाब 1 से 5 मोहर की दर से तथा यूरोप से आयात किया गया कपड़ा 1 से 4 मोहर प्रति गज मूल्य पर प्राप्त होता था। कम्बल का मूल्य 10 दाम से लेकर 4 रुपये तक था। सबसे सस्ती लोई 14 दाम में मिलती थी।[17]

गोवा का भ्रमण करते समय लिंशोटेन ने पाया कि न केवल उस विशेष क्षेत्र में बल्कि भारत के अन्य सभी हिस्सों में अनाज और दालों का उत्पादन बहुत अधिक था। दूध, मक्खन और पनीर प्रचुर मात्रा में और सस्ती दरों पर बेचे जाते थे[18] खाद्य पदार्थों के सस्ता होने और उपलब्धता के बारे में लिखते हुए, मैंडेल्स्लो कहता है कि, "दुनिया में कोई जगह ऐसी नहीं थी जहाँ एक आदमी अहमदाबाद से अधिक स्वादिष्ट जीवन गुजार सके।[19] मुग़ल साम्राज्य के अधिकांश हिस्सों में खाद्य वस्तुओं की कीमतें कम होने से मजदूरों को भी जड़ी-बूटियाँ, दूध, मक्खन, पनीर और मिठाइयाँ आदि मिल सकती थी।[20] पियत्रो डेला वैले और पीटर मंडी ने सूरत और पटना के बीच के क्षेत्रों में खाद्यान्न के सस्ता होने और उर्वरता का भी वर्णन किया है।[21]

1583-90 ई. के मध्य माँस की कीमतें सस्ती थीं। एक गाय या बैल एक रुपये के एक तिहाई भाग में मिल जाता था।[22] 1610 में, नरसापुर और मसूलीपट्टनम में एक रुपये में 23 मुर्गियाँ खरीदी जा सकती थीं और एक बकरी की कीमत लगभग चार आने थी। फ्रायर (1672-81 ई.) ने पाया कि 3 पेंस प्रति पाउंड के हिसाब से माँस बेचा जा रहा।[23] टेरी ने देखा कि आठ मुर्गियों की कीमत एक शिलिंग थी।[24] अंग्रेजी कारखानों (1621) के प्रारम्भिक अभिलेखों में मसूलीपट्टनम में एक शिवालय के लिए 8, 9 या 10 बकरियाँ 1 पैगोडा में प्राप्त की जा सकती थीं।

'आइन-ए-अकबरी' के अनुसार, चावल की कीमतें प्रति मन 20 से 100 दाम तक थीं और एक मन गेहूँ की कीमत केवल 12 दाम होती थी।[25] 'आइन' में दिखाई देनेवाली सबसे कम मजदूरी एक दिन में 2 दाम है, इसलिए एक मन गेहूँ खरीदने के लिए छह दिनों की मजदूरी खर्च करनी पड़ती थी। बाजरा, उड़द और जौ, गेहूँ से सस्ते थे।[26] सत्रहवीं शताब्दी के शुरुआती वर्षों में नरसापुर और मसूलीपट्टनम में एक रुपया में 523 पाउंड गेहूँ बेचा

जाता था।[27] भरूच (1628-29) में कोई भी एक रुपया में 144-158 पाउंड मक्का खरीद सकता था।[28] अकाल के दौरान गुजरात में कीमतें बढ़ीं, लेकिन उसके बाद 1636 ई. में सूरत में एक मन गेहूँ 2 महमूदी में बेचा गया। 1659 ई. में मकसूदाबाद में एक मन चावल एक रुपया में उपलब्ध था। शाहजहाँ के शासनकाल में सबसे कम मजदूरी तीन से चार रुपये प्रतिमाह थी।[29] सत्रहवीं शताब्दी के अन्तिम वर्षों में खाद्यान्न की कीमतें जस की तस रहीं।[30]

घी और मक्खन उचित दरों पर बेची जानेवाली अन्य वस्तुएँ थीं। 1623 ई. में भड़ौच (भरूच) में इसे $7^1/_4$ से $7^1/_2$ महमूदी प्रति मन की दर से बेचा गया। लेकिन सदी के उत्तरार्ध में कीमतें बढ़ीं, चीनी और नमक काफी महंगे थे। गरीब लोग गुड़ से अपना काम चला सकते थे। कुल मिलाकर, अध्ययन की अवधि के दौरान कम वेतन पानेवाले को भी घी और दूध उपलब्ध था, मोरलैंड ने स्वयं इस तथ्य को स्वीकार किया है।[31] बाद की शताब्दियों में मोटे अनाज के बर्तन भी मजदूर और कारीगर वर्गों के लिए उपलब्ध नहीं थे।[32]

इन वर्गों के जीवन स्तर के बारे में समकालीन विदेशी यात्री और व्यापारी बहुत ही निराशाजनक तस्वीर पेश करते हैं। उनका मानना है कि सुबह से रात तक कड़ी मेहनत करने के दौरान उनके पास बेहतर घर, कपड़े और पर्याप्त भोजन नहीं था। बेशक, वे मिट्टी से बने फूस के घरों में रहते थे और मोटे कपड़े पहनते थे, लेकिन ये चीजें देश की जलवायु स्थिति को दर्शाती हैं। गर्मी के दिनों में अधिक गर्मी होने के कारण वे सूती कपड़े पहनते थे, जो लम्बे समय तक चलते हैं। सर्दी के मौसम में मजदूर वर्ग रजाईदार जैकेट और टोपी पहन सकता था। वे आसानी से अपना घर बना और उसकी मरम्मत कर सकते थे। खाद्यान्नों की कीमतें दर्शाती हैं कि उन्हें जीवन की सभी मूलभूत आवश्यकताएँ उचित दरों पर उपलब्ध थीं।[33]

1685 ई. के बाद से मूल्यों के बढ़ने के विषय में अज़ीजा हसन अपने लेख 'सिल्वर करेंसी आउटपुट ऑफ द मुग़ल एम्पायर' में संकेत देती हैं कि इन वर्षों में अधिक सिक्कों का प्रचलन, तत्कालीन अमेरिकी चाँदी के निर्यात में समन्वय का अभाव तथा यूरोप से बड़े पैमाने पर सोने का भारत को निर्यात किया जाना है। धातुओं के मूल्यों का तुलनात्मक अध्ययन करने पर पता चलता है कि 1580 ई. के आसपास सोने व चाँदी का अनुपात 1: 9 था। 1670 ई. के बाद कई उतार चढ़ाव आए और यह अनुपात 1 : 16 हो गया। परन्तु 1750 ई. में यह घटकर 1 : 14 हो गया।

मजदूरी

प्रस्तुत अध्याय में मुग़ल साम्राज्य के कस्बों और शहरों में काम करनेवाले मजदूरों और कारीगरों की कमाई का विश्लेषण करने के साथ ही डच ईस्ट इंडिया कम्पनी और ब्रिटिश ईस्ट इंडिया कम्पनी के कारखानों एवं उनके अधिकार क्षेत्र में कार्य करनेवाले वेतनभोगी अधिकारियों और स्थानीय सेवकों के पारिश्रमिक का अध्ययन करने का प्रयास किया गया है। यह अध्ययन मुख्य रूप से यूरोपीय यात्रियों के यात्रा वृत्तान्तों, ईस्ट इंडिया कम्पनी के अभिलेखों और आइन-ए-अकबरी सहित अन्य स्त्रोतों में निहित समकालीन

साक्ष्यों पर आधारित है। चर्चा का दायरा वेतनभोगियों के वर्गीकरण और उन्हें अपने काम के लिए दैनिक या मासिक आधार पर मिलनेवाली मजदूरी तक ही सीमित है। यह अध्ययन विभिन्न स्थानों में खाद्यान्न और अन्य आवश्यकताओं की कीमतों के सूचकांक को भी ध्यान में रखता है ताकि यह जाँचा जा सके कि भारतीय समाज के इस निम्न आय वर्ग की मजदूरी जीवन की मूलभूत आवश्यकताओं को पूरा करने और जीवन स्तर का पर्याप्त मानक बनाए रखने के लिए पर्याप्त थी या नहीं। उपलब्ध आँकड़ों के आधार पर यह तर्क देने का प्रयास किया गया है कि 17वीं शताब्दी में इन श्रमिकों की सामान्य स्थिति इतनी दयनीय नहीं थी जितनी मोरलैंड सहित कुछ विदेशी लेखकों द्वारा चित्रित की गई है। मुख्य ज़ोर ऐसे मजदूरों और कारीगरों की स्थिति की आलोचनात्मक जाँच पर है जिनके बारे में आधुनिक लेखकों ने बहुत कम ध्यान दिया है। इस अध्ययन में शामिल कारीगर हैं- निर्माण श्रमिक, टकसाल श्रमिक, घोड़ों और हाथियों के रखरखाव हेतु श्रमिक, बुनकर और कपड़ा चित्रकार, ऊँटवाले, गाड़ीवान, पालकी ढोनेवाले, चपरासी और रक्षक, पत्र वाहक, लोहार और बढ़ई इत्यादि। सत्रहवीं शताब्दी के दौरान इन वर्गों की मजदूरी और वर्तमान कीमतों का तुलनात्मक अध्ययन करने का एक विनम्र प्रयास यहाँ किया गया है।

अकबर साम्राज्य के प्रमुख विभागों से जुड़े कुशल श्रमिकों की विभिन्न श्रेणियाँ थीं; जिनमें से कुछ का उल्लेख निम्नलिखित है-

गुदाज़गर ख़ाम— कच्ची धातु गलानेवाला। वह मिट्टी के तख्ते पर छोटी बड़ी नालियाँ बनाता और उसपर तेल चुपड़ देता था, फिर सोना चाँदी को गलाकर, उन नालियों में डाल देता जिससे सलाखें बन जाती थीं। ताँबे के लिए नालियों को तेल से चिकना करने के स्थान पर केवल राख छिड़कना ही पर्याप्त होता था। 100 मुहर तौल के बराबर सोना गलाने की मजदूरी 2 दाम 15 जीतल, 1000 रुपये के तौल के बराबर चाँदी गलाने की मजदूरी 5 दाम $13^1/_4$ जीतल और 1000 दाम तौल के बराबर ताँबा गलाने की मजदूरी 4 दाम $21^1/_2$ जीतल थी।

गुदाज़गर पुख़्ता— वह केवल सोने के वर्कों को गलाते थे और उपर्युक्त रीति के अनुसार सोने की सलाखें बनाते थे। 100 मुहर तौल के बराबर सोना गलाने की मजदूरी 3 दाम होती थी। उनके अधीन कई सहायक होते हैं। यह काम गरीब लोग करते थे, कभी-कभी छोटे लड़के भी करते थे जो बहुत कुशलता और तेजी से काम करते थे। हालाँकि, इनमें से कोई भी व्यक्ति सोने पर मीनाकारी (इनेमलिंग) नहीं जानता था।

वज़नकश— सिक्कों को तौलता था। उसे सोने की 100 मुहरें तौलने का पारिश्रमिक 1 $^3/_4$ दाम मिलता था, चाँदी के 1000 रुपया तौलने हेतु 6 $^1/_5$ दाम और ताँबे के 1000 दाम तौलने के लिए दाम का 11/25 पाता था।

वर्क़कश— वह मिलावटी सोने के वर्क बनाता था, जिनमें से हर एक की तौल 6 या 7 माशा और लम्बाई छह अंगुल होती थी। 100 मुहर तौल के बराबर वर्क बनाने पर उसको $42^1/_3$ दाम मजदूरी मिलती थी।

ज़र्राब— वह अपनी दृष्टि बल से सोने, चाँदी और ताँबे की सलाखों से सिक्कों के अनुरूप सटीक गोल या चौकोर टुकड़े काटता था। उसकी मजदूरी धातु के प्रकार के

अनुसार अलग-अलग होती है। कभी-कभी यह धातु के वज़न के कारण अलग-अलग होती थी। सोने की 100 मुहरों के वज़न के बराबर टुकड़े (टिकियाँ) तैयार करने पर 21 दाम और $1^1/_4$ जीतल मजदूरी पाता था, वहीं चाँदी की सलाखों से 1000 रुपये की टिकियाँ बनाने की एवज में 53 दाम और $8^3/_4$ जीतल मजदूरी मिलती थी। यदि उतनी ही चाँदी से चवन्नियों (रुपये का चौथाई भाग) के टुकड़े तैयार करता तो उसकी मजदूरी 28 दाम और बढ़ जाती थी। 1000 ताँबे के दाम बनाने में प्रयुक्त ताँबे के टुकड़ों के लिए 20 दाम मजदूरी पाता था। उतने ही वज़न के ताँबे से आधे दाम और चौथाई दाम की टिकियाँ काटने के लिए 25 दाम और अष्टांश दाम बनाने में, जिसको दमड़ी कहते हैं, 69 दाम मजदूरी पाता था।

मोहरकन—वह राजाज्ञा के अनुसार सिक्कों के नक्शों को फौलाद और उसी प्रकार के अन्य धातुओं पर उत्कीर्ण करता था। 'आइन' के अनुसार मौलाना अली अहमद देहलवी (दिल्ली निवासी) संसार के सर्वश्रेष्ठ मोहरकन थे, वह फौलाद पर ऐसी सुन्दर लिपियाँ लिखते थे जो प्रसिद्ध सुलेखाचार्यों की सुलिखित वाक्यों की बराबरी करते हैं। उन्हें युजबाशी (एक सौ का कमांडर) का पद दिया गया था। इनके दो प्यादे टकसाल में रहते, जिनमें से हर एक का वेतन 600 दाम था। युजबाशी को 500 से 700 रुपये तक वेतन मिलता था।

सिक्काची—वह ज़र्राब द्वारा काटे गए धातु के टुकड़ों को दो ठप्पों के बीच में रखता था, फिर एक बड़े हथौड़े से अपने सहयोगी द्वारा एक मापित ताकत से ठप्पों पर प्रहार करवाता, जिससे सिक्कों के दोनों तरफ नक्श हो जाते थे। उसकी मजदूरी सिक्कों की मात्रा के आधार पर तय होती थी। 100 सोने की मुहरों पर ठप्पा लगाने के लिए उसकी मजदूरी 1 दाम, 2/5 जीतल होती थी, चाँदी के 1000 रुपयों के सिक्कों पर नक्श करने के लिए 5 दाम 9 जीतल, और 1000 रुपये की रेज़गारी (छोटे सिक्के) बनाने में उसकी मजदूरी 1 दाम 3 जीतल बढ़ जाती थी। ताँबे के 1000 दाम पर नक्श बनाने की मजदूरी 3 दाम होती थी। 2000 आधा दाम और 4000 चौथाई दाम तैयार करने पर 3 दाम $18^3/_4$ जीतल मजदूरी मिलती थी। सिक्काची अपनी मजदूरी का छठा भाग घनहा (हथौड़ा मारनेवाला) को देता है क्योंकि उसके लिए पृथक मजदूरी तय नहीं होती थी।

सब्बक—चाँदी के टुकड़े साफ करनेवाला, 1000 रुपये वज़न के लिए 54 दाम पाता था।

कुर्स-कूब—वह व्यक्ति जो चाँदी को गर्म करके और हथौड़े से पीटकर साफ करता था, जिससे सीसे की गन्ध चली जाती थी, 1000 रुपये की चाँदी साफ करने की मजदूरी 40 दाम थी।

चाशनीगीर—एक विशेषज्ञ जो सोने और चाँदी का परीक्षण करता था और उसके शुद्धिकरण की मात्रा तय करता था। सोने की जाँच कराई वह $1^2/_5$ दाम और चाँदी जाँचने की मजदूरी 3 दाम $4^1/_3$ जीतल थी।

न्यारिया—एक प्रशिक्षित व्यक्ति जो सलोनी (खाके-खलास) से सोना अलग करता था, प्रति सेर राख से सोना निकालने में उसको 20 दाम और 2 जीतल मजदूरी मिलती थी।

पनीवार—वह व्यक्ति जो कहरल को पिघलाकर ताँबे को चाँदी से अलग करता

था, उसे सामान्यत: प्रत्येक तोले चाँदी के लिए डेढ़ दाम मिलता था। लाभ कमाने के बाद, कृतज्ञता प्रकट करने के लिए उसे दीवान को 300 दाम प्रतिमाह देने पड़ते थे।

निचोईवाला— वह व्यक्ति जो चाँदी मिश्रित ताँबे के सिक्के गलाता था। 100 तोले चाँदी को संसाधित (प्रोसेसिंग) करने के बाद उसमें से $3^1/_2$ रुपया दीवान को देना पड़ता था। वह इसके लिए राज्य को भी शुल्क देता था।

ख़ाकशोई— माल के स्वामी विभिन्न प्रकार से, जैसा कि ऊपर वर्णित है, चाँदी और सोना ले लेते थे, तब ख़ाकशोई टकसाल झाड़कर राख घर ले जाता था और उनको धोकर लाभ कमाता था। इसके लिए उसे राज्य को निश्चित शुल्क $12^1/_2$ रुपया प्रतिमाह अदा करना पड़ता था।

टकसाल के सभी पेशेवर प्रति 100 दामों की आय पर, 3 दाम प्रतिमाह राज्य को कर स्वरूप देते थे।

फौजदार— अकबर ने दस, बीस और तीस हाथियों के प्रत्येक दल पर एक अधीक्षक नियुक्त किया, प्रत्येक दल को **हलका** और अधीक्षक को फौजदार कहते थे। उसका काम शाही अस्तबल के हाथियों की स्थिति और प्रशिक्षण की देखभाल करना था। जब एक फौजदार सादी (एक सौ का सेनापति) या उससे ऊपर के पद पर प्रोन्नत हो जाता था तो उसके पास 25 हाथी होते थे, अन्य फौजदार बिस्ती (बीस का सेनापति) और दहबाशी (दस का सेनापति) उसके आदेश के अधीन होते थे। प्रथम श्रेणी के एक बिस्ती का मासिक वेतन 30 रुपये, द्वितीय श्रेणी का 25 रुपये और तृतीय श्रेणी का 20 रुपये था। प्रथम श्रेणी के दहबाशी का वेतन 20 रुपये, द्वितीय श्रेणी का 16 रुपये और तृतीय श्रेणी का 12 रुपये था।

घोड़े के अस्तबलों में **नकबी** और **अहदी** नियुक्त किए जाते थे, जिनकी सहायता के लिए 30 लोग होते थे। उन्हें 100 दाम से लेकर 12 दाम तक वेतन मिलता था। शाही अस्तबल के **साईस** को 170 दाम मिलते थे। साईस का मुख्य कार्य उच्च गुणवत्ता के घोड़ों का चयन एवं उनका प्रजनन कराना और युवा घोड़ों को प्रशिक्षित करना था। **जिलवादार** और **पायक** (धावक) का वेतन उसकी गति और सेवा के प्रकार के अनुसार 120 दाम से शुरू होता था। पैदल सैनिक को 160 दाम प्रतिमाह मिलते थे। वे मुग़ल सेना में सबसे निचले दर्जे में आते थे। **अबकाश** की मासिक वेतन 100 दाम, **खासा** को 130 दाम, **खाकरूब** (अकबर ने इन्हें **हलालखुर** नाम दिया था) को 60 दाम और कुली को 2 दाम प्रतिदिन यानी 60 दाम प्रतिमाह मिलते थे। ऊँटों के अस्तबल में चरवाहों की मजदूरी 200 दाम थी। चरवाहों को चराने के लिए उनके पास पाँच सहायक थे और उन्हें प्रतिदिन 2 दाम मिलते थे। प्रत्येक अस्तबल में एक **फर्राश** (सफाईकर्मी) नियुक्त किया जाता जिसका वेतन 130 दाम मासिक था। खच्चरों के अस्तबल के लिए ईरानी और तुरानी नियुक्त किए गए थे। ईरानी और तुरानी का वेतन भारतीयों के वेतन से ज्यादा था, उन्हें प्रतिमाह 400-192 दाम मिलते थे, जबकि भारतीयों को 240 दाम या उससे कुछ ज्यादा मिलता था। शाही अस्तबल के रखवालों को हर महीने 400 दाम मिलते थे।

बादशाह अकबर ने मुग़ल सेना के लिए मनसबदारी व्यवस्था शुरू की थी। मनसबदारों के पद और वेतन इस बात पर निर्भर करते थे कि उनके पास कितने सैनिक हैं और वे सेना के लिए कितने पशुओं की देखभाल करते हैं। **अहदी** (अहीद-एक) बादशाह के निकटतम सेवक और सदैव तैयार सैनिक थे। उन्हें 500 दाम से भी ज्यादा वेतन मिलता था। अहदी को हर चार महीने में निरीक्षण, समीक्षा और लेखा उद्देश्यों के लिए इकट्ठा होना पड़ता था। इस नियमित जमावड़े ने शाही घुड़सवार सेना के भीतर अनुशासन, संगठन और जवाबदेही बनाए रखने में मदद की, यह सुनिश्चित किया कि अहदी हमेंशा सेवा के लिए तत्पर रहें। आधिकारिक तौर पर उन्हें नौ महीने का वेतन मिलता था। अहदी को अपने पशुओं के निरीक्षण के बाद प्रमाण पत्र भी मिलता था। उनके वेतन से जो राशि काटी जाती थी, वह दरअसल, पशुओं के प्रजनन के लिए चार बराबर किस्तों में दी जानेवाली राशि थी।

आवारा-नवीस—वे पैदल सेना का हिस्सा थे। प्रथम श्रेणी को 500 दाम, द्वितीय श्रेणी को 400 दाम, तृतीय श्रेणी को 300 दाम तथा चतुर्थ श्रेणी को 240 दाम मिलते थे।

बन्दूकची—अक़बर की सेना में 12000 बन्दूकची नियुक्त थे। मुग़ल को इस विभाग के लिए एक अनुभवी बितिक्ची, एक ईमानदार कोषाध्यक्ष तथा एक सक्रिय दरोगा की आवश्यकता थी। अधिकारियों का वेतन चार श्रेणियों में था। प्रथम श्रेणी को 300 दाम, द्वितीय श्रेणी को 280 दाम, तृतीय श्रेणी को 260 दाम तथा चतुर्थ श्रेणी को 260 दाम मिलते थे। अन्य बन्दूकधारी (बन्दूक-धारक) पाँच श्रेणियों में विभाजित थे तथा प्रत्येक श्रेणी को अच्छा वेतन मिलता था।

शाही रक्षक (दरबान)—महल की सुरक्षा के लिए एक हजार सक्रिय रक्षक नियुक्त किए गए थे। उनका वेतन पाँच स्तरों में क्रमश: 200-160, 160-140, 140-130, 130-120 और 120-100 दाम था। एक सामान्य रक्षक को प्रतिमाह 100-120 दाम मिलते थे।

खिदमतिया—वे पैदल सेना का हिस्सा थे और महल की सुरक्षा के लिए नियुक्त किए गए थे। उन्हें 3 श्रेणियों में वेतन मिलता था। वे लोग जो मेवाती जाति के थे, चोरी और डकैती के लिए कुख्यात थे, मुग़ल प्रशासन में उन्हें वेतनधारी सेवक के रूप में नियुक्त कर लिया गया था। उनके प्रमुख को खिदमत राय की उपाधि दी गई और जो लोग उनके अधीन काम करते थे उन्हें ख़िदमतिया के रूप में जाना जाता था।

मेवाती—वे मेवाती जाति के थे, जो जासूस के रूप में काम करते थे और सबसे जटिल कर्तव्यों का पालन करते थे। उनका वेतन समान था।

शमशेरबाज—तलवारबाज (ग्लेडिएटर) की कई श्रेणियाँ थीं, वे अहदीयों की निगरानी में थे। उनका वेतन 80 से 600 दाम तक था।

चेला—मुक्त किए गए दासों को चेला कहा जाता था, उन्हें उनके वर्ग और पदक्रम के अनुसार 30 से 75 दाम तक मासिक वेतन मिलता था।

कहार (पालकी वाहक)—शाही दरबार में कई लोगों की नियुक्ति की जाती थी। पालकी वाहक के प्रमुख को 384-192 दाम और एक सामान्य पालकी वाहक को 160-120 दाम मिलते थे। राजदरबार में कई गैर-कमीशन अधिकारी थे, पालकी वाहक उनमें से एक थे।

मेउराह—धावक/सन्देशवाहकों को 4.5-2.5 रुपये प्रतिमाह वेतन मिलता था।

शाही सेना में वेतन भुगतान की एक पूरी प्रक्रिया थी। सबसे पहले, सभी वेतन दाम में दिए जाते थे। बाद में दाम की जगह रुपये ने ले ली। हर साल एक महीने का वेतन घोड़े के प्रजनन के रूप में काट लिया जाता था। कभी-कभी यह अकुशलता के कारण भी काटा जाता था। हर टुकड़ी के कमांडर को अपने सैनिकों के वेतन का 1/20 हिस्सा रखने की अनुमति थी, जिससे विभिन्न खर्चों के लिए प्रतिपूर्ति की जाती थी। कभी-कभी सरकार सेना के अधिकारियों को ऋण और लाभ प्रदान करके सुविधा प्रदान करती थी। यदि उन्हें ऋण मिलता, तो ऋण के पहले वर्ष में उनसे कुछ भी नहीं लिया जाता था। दूसरे और तीसरे वर्ष में उन्हें ऋण राशि का न्यूनतम भुगतान करना होता था, दस साल बाद ऋण की राशि दोगुनी हो जाती थी और फिर इसमें कोई वृद्धि नहीं होती थी।

नौवहन विभाग—नौसेना के जहाजों के लिए मानक चालक दल रोस्टर के बारे में आइन-ए-अकबरी का एक अंश विस्तार से प्रकाश डालता है- "जहाज में नाविकों की संख्या जहाज के आकार के अनुसार अलग-अलग होती है। बड़े जहाजों में अधिकारियों और कर्मचारियों को मिलाकर कुल बारह श्रेणीयाँ (पदक्रम) हैं—

1. **नाखुदा** या जहाज का मालिक... वह जहाज का रास्ता तय करता है।

2. **मुअल्लिम** या कप्तान, उसे समुद्र की गहराइयों और उथले स्थानों से परिचित होना चाहिए, और खगोल विज्ञान का ज्ञान होना चाहिए। यह वह है जो जहाज को उसके गन्तव्य तक ले जाता है और उसे खतरों में पड़ने से बचाता है।

3. **तन्दिल** या खलासियों का सरदार या नाविकों का मुखिया...

4. **नाख़ुदाखशाब**, वह यात्रियों को जलाऊ लकड़ी और भूसा मुहैया कराता है और माल को लाने और उतारने में सहायता करता है।

5. **सरहंग** या साथी, जहाज़ के डॉकिंग और लैंडिंग की देख-रेख करता है और अक्सर मुअल्लिम के लिए काम करता है।

6. **भंडारी** के पास भंडार का प्रभार होता है।

7. **कर्रानी** एक लेखक होता है जो जहाज का हिसाब-किताब रखता है और यात्रियों को पानी पिलाता है।

8. **सुक्कनगीर** या कर्णधार, वह मुअल्लिम के आदेशानुसार जहाज चलाता है। कुछ जहाजों में कई कर्णधार होते हैं, लेकिन कभी भी बीस से अधिक नहीं होते।

9. **पंजरी** मस्तूल के ऊपर से बाहर देखता है और जब उसे जमीन या जहाज, या आनेवाला तूफान दिखाई देता है तो वह सूचना देता है।

10. **गुमटी** खलासी वर्ग का होता है। वह जहाज से रिसनेवाले पानी को बाहर फेंक देता है।

11. **तोपन्दाज** या तोपची, नौसैनिक लड़ाइयों में आवश्यक होता है, उनकी संख्या जहाज के आकार पर निर्भर करती है।

12. **खरवाह** या सामान्य नाविक। वे पाल लगाते और खोलते हैं। उनमें से कुछ गोताखोरों का कर्तव्य निभाते हैं और कुछ रिसाव को रोकते हैं, या जब लंगर मजबूती से

चिपक जाता है तो उसे खोल देते हैं। उनकी मजदूरी की राशि अलग-अलग होती है, जो यात्रा या कुश पर निर्भर करती है, जैसा कि नाविक कहते हैं।

बन्दरगाह में... एक नाखुदा को 400 रुपये वार्षिक मिलते हैं, इसके अलावा उसे चार 'मलिक' या केबिन की अनुमति है, जिसे वह अपने लाभ के लिए समान से भरता है। यात्रियों के ठहरने की जगह और समान रखने के लिए हर जहाज कई भागों में विभाजित होता है, जिनमें से हर भाग को एक 'मलिक' कहा जाता है। मुअल्लिम को 200 रुपये, और दो मलिक मिलते हैं। तन्दिल को 120 रुपये, कर्रानी को 50 रुपये और एक मलिक, नाखुदा ख़शाब को 30 रुपये, सरहंग को 25 रुपये, सुक्कनगीर, पंजारी और भंडारी को 15-15 रुपये वार्षिक मिलते हैं। प्रत्येक खरवाह या सामान्य नाविक को 40 रुपये वार्षिक और उसके अतिरिक्त दैनिक भोजन भी मिलता है। तोपची या बन्दूकची को 12 रुपये वार्षिक मिलता है" (आइन-ए-अकबरी, पृ. 279; मुग़ल सैन्य रैंक और नियमों की विस्तृत चर्चा के लिए देखें- अली, एम. अतहर, 'कुलीन वर्ग का संगठन : मनसब, वेतन, सेवा की शर्तें,' दक्षिण एशिया में युद्ध और हथियार, पृ. 232-274)

कैम्बे बन्दरगाह पर एक नाविक को 80 रुपये मिलते थे और कठिन मौसम में नौसेना के बाकी सदस्यों को भी उसी अनुपात में वेतन मिलता था। अचिन (अचेह) बन्दरगाह पर 15 रुपये, पुर्तगाल बन्दरगाह पर 25 रुपये, मलक्का पर 20 रुपये, पेगू और दहनासारी बन्दरगाह पर क्रमश: 10 और 30 रुपये मिलते थे। लम्बी यात्रा के मामले में दूरी और कष्ट के अनुसार मजदूरी अलग-अलग होती थी, नाविक प्रतिदिन 100-500 दाम लेता था।

शिकार विभाग—शिकार विभाग की मजदूरी चार श्रेणियों में बाँटी गई। वरिष्ठ को कनिष्ठ की तुलना में अधिक वेतन मिलता था। वरिष्ठ को 300 दाम और कनिष्ठ को 110-100 दाम मासिक वेतन मिलता था। पक्षी विभाग में कई मनसबदार नियुक्त किए गए। पैदल सैनिकों की श्रेणियों में कश्मीरी और हिन्दुस्तानी नियुक्त किए गए। कश्मीरी सैनिकों की मजदूरी हिन्दुस्तानी की तुलना में अधिक थी।

मुग़लों के समय में विभिन्न प्रकार के श्रमिकों को दिए जानेवाले वेतन और मजदूरी का कई स्थानों पर उल्लेख मिलता है। विशेषकर अबुल फज़ल और समकालीन लेखकों तथा उस समय भारत में आनेवाले विदेशी यात्रियों के विवरणों (यात्रा वृत्तान्त) में लिपिबद्ध है। 'आईन-ए-अकबरी' में उस समय सामान्य श्रमिकों की प्रतिदिन मजदूरी इस प्रकार दी गई है—

गिलकार—उन्होंने शाही इमारतों में चूने की पट्टियाँ व्यवस्थित की। गिलकार (चूना मजदूर) की तीन श्रेणियाँ थीं और उन्हें उनकी श्रेणी के अनुसार 7-6-5 दाम प्रतिदिन की दर से मजदूरी मिलती थी।

संगतराश—पत्थर काटने या गढ़नेवाला मजदूर, उसने पत्थरों को काटा और पत्थर के टुकड़ों के माप के अनुसार उन्हें उकेरा। उसे पत्थर काटने और उस पर उत्कीर्णन के लिए 20 दाम दिहाड़ी मिलती थी।

बढ़ई—प्रथम श्रेणी के बढ़ई को 7 दाम, द्वितीय श्रेणी के बढ़ई को 6 दाम, तृतीय श्रेणी के बढ़ई को 4 दाम, चतुर्थ श्रेणी के बढ़ई को 3 दाम, पंचम श्रेणी के बढ़ई को 2 दाम और

साधारण बढ़ई को एक गज लकड़ी के टुकड़े के लिए 1 दाम और 70 जीतल मिलते थे।

पिंजरा-साज—प्रथम श्रेणी के पिंजरा-साज को प्रति गज 48 दाम और द्वितीय श्रेणी के पिंजरा-साज को 40 दाम मिलते थे।

आरा-कश—लकड़ी को चीरनेवाला बढ़ई या मजदूर। मजदूरी लकडी के प्रकार पर निर्भर करती है। सिसौ (शीशम) की लकड़ी के मामले में एक गज लकड़ी के टुकड़े के लिए $2^1/_2$ दाम और नाझू की लकड़ी के लिए 2 दाम की मजदूरी लेते थे। जो आरा-कश दैनिक मजदूरी पर थे और उन्हें दिनभर के काम के लिए 2 दाम मिलते थे।

बेलदार—बेलदारों (कुदाली-मजदूरों) की कई श्रेणियाँ थीं। प्रथम श्रेणी को $3^1/_2$ दाम और द्वितीय श्रेणी को 3 दाम प्रतिदिन मिलते थे। यदि बेलदारों को किले के लिए नियुक्त किया जाता था तो उन्हें इमारत की नींव के लिए 4 दाम प्रति गज, दीवारों के लिए $2^1/_2$ दाम और खाइयों के लिए 2 दाम प्रति गज मिलते थे। इन मजदूरों के पास माप के लिए अपना खुद का गज मापक (यार्ड स्टिक) था और वे अपनी छड़ियों के माप के अनुसार शुल्क लेते थे।

चाह-कान—कुआँ खोदनेवाले, जिन्हें उनकी श्रेणी के अनुसार मजदूरी मिल्ती थी, प्रथम श्रेणी को 2 दाम प्रति गज, द्वितीय और तृतीय श्रेणी की डेढ़ दाम प्रति गज मजदूरी मिलती थी।

घोताखुर—ये गोताखोर थे जो खास तौर पर पीने के पानी के कुओं की सफाई करते थे। वे मौसम के हिसाब से पैसे लेते थे, सर्दियों में 4 दाम प्रतिदिन और गर्मियों में 3 दाम प्रतिदिन। अगर उन्हें किसी निश्चित समय के लिए किसी अनुबन्ध पर रखा जाता था तो वे एक गज की सफाई के लिए 2 दाम लेते थे।

ख़िश्त-तराश टाइलें बनाता था। हर एक टाइल का आकार निर्धारित था, उसका मेहनताना 100 टाइल के लिए 8 दाम थी।

सुर्खी-कोब रंगीन टाइल बनाने में माहिर था। वह टाइल लगाने में भी मदद करता था और टाइल का आकार और गुणवत्ता भी निर्धारित करता था।

लखीरा सभी प्रकार की लकड़ियों को टुकड़ों में काटते थे और उन्हें अलग-अलग करते थे। वे 2 दाम प्रतिदिन लेते थे।

आब-कश (पनहारा) भी अपनी श्रेणी के अनुसार मजदूरी लेते थे, प्रथम श्रेणी के 4 दाम और द्वितीय श्रेणी के पनहारा 2 दाम मेहनताना लेते थे। जो लोग गिलकार के साथ मिलकर चूना और गारा मिलाकर निर्माण करते थे, वे 2 दाम प्रतिदिन लेते थे। इन श्रमिकों का उपयोग पुलों के निर्माण में भी किया जाता था। 1567-68 में जौनपुर में एक प्रसिद्ध मुग़ल पुल का निर्माण इन श्रमिकों की मदद से किया गया था। (आइन-ए-अकबरी, अनुवादित द्वारा हेनरिक ब्लॉकमेन, दिल्ली, 2006, पृ. 292)

ईंट बनानेवाले की मजदूरी 3 से $3^1/_2$ दाम, बाँस-काटनेवाले की मजदूरी 2 दाम प्रतिदिन, साधारण मजदूर की मजूदरी 2 से 3 दाम प्रतिदिन और गुलामों की मजदूरी प्रतिदिन एक दाम होती थी।

मुग़ल साम्राज्य में प्रचलित मजदूरी दर को जानने हेतु तात्कालिक स्रोत सामग्री की अत्यन्त कमी है। मजदूरी के आँकड़ें 'आइन' और अन्य फारसी स्रोतों के साथ-साथ यूरोपीय अभिलेखों में उपलब्ध हैं। कुशल और अकुशल श्रमिकों की मजदूरी के आँकड़े 'आइन' से प्राप्त होते हैं। निम्न तालिका में दैनिक दर के आँकड़े को मासिक दर में परिवर्तित किया गया है।

तालिका-12

निर्माण श्रमिकों के मासिक वेतन (रुपया में): 1595 ई.

श्रमिकों की श्रेणी	प्रथम श्रेणी	द्वितीय श्रेणी	तृतीय श्रेणी	अवर्गीकृत
गिलकार (चूना मजदूर)	5.25	4.50	3.75	
बढ़ई	5.25	4.50	3.00	
ईंट बिछानेवाला	2.63	2.25		
बाँस काटनेवाला				1.50
आब-कश (पानी देनेवाला)	2.25	1.50		
साधारण मजदूर				1.50
घास फूस से छप्पर बनानेवाला				1.50

स्रोत: नज़फ हैदर, स्ट्रक्चर एंड मूवमेन्ट ऑफ वेज़ेज इन मुग़ल एम्पायर, जॉन लुकासेन (सम्पा.), वेज़ेज एंड करेन्सी: ग्लोबल एंड हिस्टोरिकल कम्पैरिजन,

तालिका-13

टकसाल में कार्यरत श्रमिकों की मजदूरी दर: 1595 ई.

मजदूरों की श्रेणी	1000 सिक्के तराशने की मजदूरी (रुपया में)		
	मुहर (स्वर्ण सिक्का)	रुपया (रजत सिक्का)	दाम (ताम्र सिक्का)
खाली काटनेवाला (ज़र्राब)	5.26	1.34	0.5
चाँदी गलानेवाला		1.35	
तौल करनेवाला	0.44	0.14	0.01
सिक्काची और हथौड़ा मारनेवाला (घनहा)	0.35	0.14	0.08

स्रोत: अबुल फज़ल, आइन-ए-अकबरी, भाग-1, पृ. 16-18,

तालिका-12 और 13 के आँकड़ों की तुलना करना कठिन है। उसका कारण यह है कि हम टकसाल के कारीगरों के दैनिक कार्यभार (Work load) को नहीं जानते। यह भी नहीं बताया जा सकता कि वेतन/मजदूरी भुगतान करते समय नियोक्ता के द्वारा कारीगरों के कौशल को कैसे मापा गया।

तालिका-13 में ज़र्राब (Blank Cutter) को दिया जानेवाला उच्च वेतन उसके काम की नाजुक प्रकृति के कारण था। ज़र्राब को सावधानीपूर्वक सटीक माप (समान आकार और समान वज़न) में धातुओं को काटना होता था। कीमती धातुओं के मामले में, एक बढ़िया तराजू पर ब्लैंक (धातु का टुकड़ा) को तौलने के लिए अधिक सटीकता और समय की आवश्यकता होती थी। चाँदी का वज़न तौलनेवाले की तुलना में, 1000 सिक्कों के लिए सोने का वज़न तौलनेवाले का कार्यभार अधिक था क्योंकि सोने को छोटे-छोटे समूह में तौला जाता था।

सिक्का ढालनेवाले का कार्य निश्चित था। उसका मुख्य कार्य धातु के खाली टुकड़ों को पंक्तिबद्ध कर साँचों (Dies)* के बीच में रखना, सिक्कों के दोनों तरफ बने छापों की जाँच करना, उनको फिसलने से रोकना, अधिलेखन (Over Writing) से बचाना, सिक्कों के किनारों को टुटने से बचाना था। इसके अलावा, उसे हथौड़ा मारनेवाले की आवश्यकता होती थी जिससे अपनी निगरानी में साँचा के ऊपरी व निचले तल की मरम्मत करवा सके। इस संचालन में हथौड़ा मारनेवाले की तुलना में अत्यधिक कार्य कुशलता और उत्तरदायित्व की माँग थी। हथौड़ा मारनेवाला का काम सिक्के ढालनेवाले के निर्देश पर एक मापित ताकत से सिक्कों पर प्रहार करना था। इसलिए टकसाल में हथौड़ा मारनेवालों के लिए कोई अलग से भत्ता नहीं बनाया गया था। उसे अपने से बेहतर कारीगर/वरिष्ठ साथी को दी जानेवाली मजदूरी का अल्पांश (1/6 भाग) मिलता था।

मनसबदारों तथा अश्वारोहियों के वेतन में कटौती के सम्बन्ध में अबुल फज़ल कहता है कि, "हर वर्ष घोड़े के साज़-समान के लिए एक महीने का वेतन काट लिया जाता था। शाहजहाँ तथा औरंगज़ेब के शासनकाल में 'खुराक-ए-दब्वाव' (रसद-ए-खुराकी) नाम से कटौती होती थी, जिसमें मनसबदारों के अधीन जानवरों के चारे का खर्च मनसबदारों के वेतन से काट लिया जाता था। इस सम्बन्ध में सबसे अधिक कटौती दक्कनी (बीजापुरी, मराठी, हैदराबादी) अधिकारियों से की जाती थी, जो उनके वेतन का एक चौथाई थी। इसी से इसे **वजा-ए-दाम-ए-चौथाई** अर्थात दाम में एक चौथाई कटौती कहा जाता था।

मुग़ल सैन्य प्रतिष्ठान में, सैनिकों, युद्ध-पशुओं और सेवकों के रखरखाव की जिम्मेदारी शाही प्रशासन द्वारा जारी दिशा-निर्देशों के आधार पर राज्य के रैंक-धारक अधिकारियों (मनसबदारों) को सौंपी गई थी। अधिकारियों के पास दोहरा पद (मनसब) होता था। उनका व्यक्तिगत पद (जात) एक संख्या (उदाहरण के लिए 5,000 जात) द्वारा प्रशासनिक पदानुक्रम में उनकी स्थिति को दर्शाता था और उनके निजी दल (ख़ासा) में सैनिकों और युद्ध जानवरों को बनाए रखने का उनका दायित्व था। उनका सैन्य पद (सवार) घुड़सवार सैनिकों (ताबिनान) की संख्या निर्धारित करता था, जिन्हें उन्हें इकट्ठा करने की उम्मीद थी (उदाहरण के लिए 5,000 सवार)। मनसबदारों को जात और सवार के लिए अलग-अलग वेतन और

---

* डाई (ठप्पा, साँचा, मुहर) पर मनचाही डिज़ाइन, शिलालेख और टकसाल के निशान उकेरे जाते थे। सिक्के का डिज़ाइन बनाने के लिए उत्कीर्ण डाई से धातु के टुकड़ों पर मुहर लगाई जाती थी।

भत्ते मिलते थे। सोलहवीं शताब्दी की अन्तिम तिमाही में मुग़ल और ईरानी मनसबदारों के अधीन सेवारत सैनिकों को 25 रुपये प्रतिमाह की दर से (बारावर्दी) वेतन दिया जाता था। भारतीय मनसबदारों के सैनिकों को 20 रुपये प्रतिमाह दिए जाते थे (अबुल फज़्ल, आइने-ए-अकबरी, भाग-1, पृ. 175)। इन वेतनों और व्यक्तिगत भत्तों में से ही सैन्य क्षेत्र में कार्यरत श्रमिकों को वेतन दिया जाता था।

अबुल फज़्ल ने तालिका-14 और तालिका-15 में, मनसबदारों के निजी घोड़ों और हाथियों के साथ-साथ उनके घुड़सवार सैनिकों के घोड़ों की देखभाल करनेवाले सेवकों को दिए जानेवाले वेतन के आँकड़े (तालिका 14-15) दिए हैं (सैनिकों को हाथी रखने की अनुमति नहीं थी)।

तालिका-14

घोड़ो को निखारने व रखरखाव करनेवाले सेवकों की मासिक मजदूरी: 1574-75 ई.

घोड़ो की नस्ल	मजदूरी (रुपया में)
विदेशी नस्ल	
अरबी	1.58
ईराकी	1.58
मुजन्नास	1.50
तुर्की	1.50
भारतीय नस्ल	
याबू	1.3
ताज़ी	1.3
जांगला	1.3

स्रोत: अबुल फज़्ल, आइने-ए-अकबरी, भाग-1

तालिका-15

हाथियों के परिचारकों की मासिक मजदूरी: 1574-1575 ई.

नौकरो की श्रेणी	हाथियों के प्रकार व मजदूरी (रुपया में)		
	मस्त	शेरगिर	सादा
चालक (महावत)	3.00	2.63	2.25
सहायक - I (भोई)	2.25	1.88	1.50
सहायक- II (मेठ)	2.25	2.25	1.50

स्रोत: अबुल फज़्ल, आइन-ए-अकबरी, भाग-1, पृ. 176-78

सत्रहवीं शताब्दी में कुलीन मुग़लों एवं अन्य धनी सामाजिक समूहों द्वारा शहरी क्षेत्रों में एक बड़े सेवा क्षेत्र को बनाये रखा गया था। इसमें मुख्य रूप से घरेलू नौकर और अन्य अकुशल श्रमिक शामिल थे। श्रमिकों को मासिक आधार पर नियोजित किया गया था। यह माह या तो 29 दिनों का भारतीय या इस्लामी चन्द्र महीना था या 30 और 31 दिन का फ़ारसी सौर मास। एक रिपोर्ट के अनुसार, आगरा की डच फैक्ट्री में नौकरों का मासिक वेतन अमावस्या के दिन दिया जाता था। पेल्सर्ट का कथन है कि, "ज्यादातर राजा मजदूरी देने के लिए 1 माह में 40 दिन मानते थे" (पल्सर्ट, द रेमोंस्तरांसी, पृ. 62)।

तालिका-16

चपरासी एवं घरेलू नौकर की मासिक [illegible]: 1613-89 ई.

वर्ष	स्थान	मजदूरों की श्रेणी	मजदूरी (रुपया में)
1613	आगरा	शाही प्रतिष्ठान	3.00
1616	सूरत	घरेलू नौकर	2.66
1622	आगरा	चपरासी	4.00
1623	सूरत	घरेलू नौकर	3.00 (खाना व कपड़े के साथ)
1623	आगरा	बोझ ढोनेवाला	4.00
1626	आगरा	घरेलू नौकर	3.00-4.00
1634	सूरत	चपरासी	2.22-3.11
1636	सूरत	चपरासी	3.55-4.44 +
1636	अहमदाबाद	चपरासी	3.55-4.44 +
1637	आगरा	चपरासी	3.00-3.50
1659	अहमदाबाद	चपरासी	4.00
1689	आगरा	चपरासी	4.00

+ अकाल वर्ष

स्रोत: हाकिन्स, अर्ली ट्रैवल इन इंडिया, पृ. 99, इंग्लिश फैक्ट्रीज रिकार्ड्स, 1622-23, पृ. 94, 222 ; 1634-36, पृ. 151, डेला वैले, ट्रैवल ऑफ पिएत्रो डेला वैले इन इंडिया, I, पृ. 42; पेल्सर्ट, द रिमोंस्तरांसी, पृ. 62; ऑविग्टन, वॉयेज टू सूरत इन द ईयर 1689, पृ. 229,

ध्यातव्य हो कि सोलहवीं शताब्दी के पूर्वार्ध में रूपया और महमूदी की विनिमय दर निम्न थी- 1 रुपया = 2.25 महमूदी

पैसे में प्राप्त मजदूरी का बाज़ार मूल्य (क्रय शक्ति) वस्तुओं और मुद्राओं दोनों की कीमतों के स्तर में उतार-चढ़ाव के साथ बढ़ और घट सकती है। मोरलैंड ने मुग़ल आर्थिक संगठन के अपने क्लासकीय अध्ययन में मजदूरी के स्तर में कोई उल्लेखनीय बदलाव नहीं पाया और इसे ठहराव का एक संकेतक माना। 1595 ई. से 1637 ई. के बीच अकुशल मजदूरों की दैनिक मजदूरी दोगुना से अधिक हो गई थी (2 दाम से 6.5 दाम), मोरलैंड ने कोई महत्त्वपूर्ण बदलाव नहीं देखा क्योंकि उन्होनें बाद के आँकड़ों को 3.25 दाम के बराबर माना।[34] यह ध्यान देने योग्य है कि तालिका-17 में रुपये में उद्धृत आँकड़े दाम में बताए गए आँकड़ों की तुलना में मौद्रिक मजदूरी के चलन को अधिक सटीक रूप से दर्शाते हैं, क्योंकि बाद के विनिमय मूल्य में असाधारण गिरावट आई।

तालिका-17

आगरा में अकुशल मजदूरों की मजदूरी

	1595 ई.	1613 ई.	1637 ई.
दैनिक मजदूरी (दाम में)	2.0	10.6	6.5
मासिक मजदूरी (रुपया में)	1.5	3.0	3.5

नोट - 1 रुपया = 102 पैसा/दाम (1614 ई. में)
1 रुपया = 54 पैसा/दाम (1637 ई. में)

टकसाल के कुशल कारीगरों को दी जानेवाली मजदूरी सत्रहवीं शताब्दी में बढ़ी। टकसाल श्रमिकों की मजदूरी आमतौर पर सिक्के ढालने के अनुपात में होती थी। वे वर्ष भर के लिए सक्रिय रूप से नियोजित नहीं थे, उन्हें काम करने के लिए तभी बुलाया जाता जब टकसाल चालू हालत में होती। बाकी समय में, उन्हें 'निर्वाह भत्ता' देने की परम्परा थी। ज़ाहिर तौर पर अनुबन्ध के तहत कुशल श्रमिकों (कारीगरों) को रखने का खाका बनाया गया था क्योंकि कुशल श्रमिक हर जगह और हर समय आसानी से उपलब्ध नहीं थे।[35] यह प्रमाण है कि स्थानीय प्रशासक टकसाल श्रमिकों की गतिविधियों (स्थान परिवर्तन) को नियन्त्रित करते थे और अक्सर उन्हें किसी विशेष टकसाल से सम्बद्ध रखने के लिए जबरदस्ती काम पर रखा जाता था।[36]

तालिका-18

ज़र्राब की वास्तविक मजदूरी (1000 चाँदी के सिक्कों के लिए)

वर्ष	मजदूरी (रुपया में)	गेहू की मात्रा (किलोग्राम में)	टकसाल
1595	1.34	112.0	लाहौर
1676	4.00		सूरत
1694	4.50		कैम्बे
1694	5.00	88.5	सूरत

स्रोतः आइने-ए-अकबरी, भाग-1, पृ. 17, 32, 33, फैक्ट्रीज रिकाईस सूरत, 94 फोलियो, 58अ; सूरत में 1676 ई. में चाँदी के सिक्कों के निर्माण में डच व्यापारियों द्वारा दिए गए लागतों की एक सूची में ज़र्राबों को दिया जानेवाला वेतन 4 रुपये प्रति हजार सिक्कों के रूप में सूचीबद्ध किया गया था। (वैन डैम, बेस्त्रायविंग वैन डे ओस्टइंडिसे कम्पनी, III, पृ. 109)

उपलब्ध साक्ष्यों से यह पता चलता है कि सोलहवीं शताब्दी के उत्तरार्ध में ज़र्राबों को उस अवधि के लिए भुगतान किया गया जब वे काम पर थे। इन्हें एक हजार चाँदी के सिक्के बनाने के लिए 53.44 दाम दिया गया।[37] 1694 ई. में जब अंग्रेजों को बाम्बे टकसाल में काम करनेवालों की जरूरत थी तो कैम्बे के ज़र्राबों ने 6 रुपया प्रतिमाह आहार (Diet) के लिए और 1 हजार चाँदी के सिक्कों को ढालने के लिए 4.5 रुपया की माँग की जो केवल गुजरात में भर्ती हो सकते थे। सूरत के ज़र्राबों ने निर्वाह के लिए 8 रुपये प्रतिमाह और प्रति हजार सिक्के ढालने के लिए 6 रुपये की उच्च दर की माँग की। हालाँकि, बाद में उन्होनें सूचना दी कि सूरत टकसाल ने उन्हें 5 रुपये का भुगतान किया। ऐसा लगता है कि हस्तक्षेप की अवधि में मजदूरी दोगुनी से अधिक हो गई।[38]

तालिका-19

आगरा में न्यूनतम मजदूरी की मासिक क्रयशक्ति

वर्ष	गेहूँ की मात्रा (किलोग्राम में)
1595	125
1637	111.129

तालिका-19 भवन निर्माण में कार्यरत सामान्य मजदूरों (1595 ई.) एवं डच कारखाना (1637 ई.) में कार्यरत चपरासियों की वास्तविक मजदूरी के लिए दो प्रकार के आँकड़े को एक साथ लाती है। 1638 ईं. के शुरुआती महीनों में गेहूँ की मौजूदा कीमत को 1637 ई. की सामान्य कीमत का प्रतिनिधि माना जाता है, इस धारणा पर कि गेहूँ की कीमतों में वृद्धि केवल अप्रैल माह से ही शुरू हुई थी (तालिका-02)। तुलना से पता चलता है कि दोनों तिथियों के बीच वास्तविक मजदूरी में कोई उल्लेखनीय परिवर्तन नहीं हुआ। तालिका-18 के आँकड़े 100 साल की अवधि के बीच एक कुशल कारीगर के गेहूँ की क्रयशक्ति में गिरावट की ओर इशारा करते हैं। तालिका-19 से भी सामान्य श्रमिकों के गेहूँ की क्रय शक्ति में गिरावट परिलक्षित हो रहा।

जहाँगीर की मृत्यु के समय एक रुपया में 30 दाम होता था, जबकि अकबर के राज्यकाल में एक रुपया 40 दाम का होता था। 1695 ई. में आनेवाला इतालवी यात्री जियोवानी फ्रांसिस्को गिमेली करेरी के अनुसार, 'एक रुपया में 54 पाई (एक पाई, 1/2 दाम के बराबर था) होती थी।' इस प्रकार अकबर के समय में एक साधारण मजदूर को 3 या 4 पाई ही प्राप्त होते थे।[39] जहाँगीर के समय में यह मजदूरी प्राय: दूनी हो गई थी। अबुल फज़ल के द्वारा तैयार किए गए विवरण से यह मालूम नहीं होता है कि मजदूरी की दर समूचे भारत में लागू होती थी या यह केवल आगरा के आस-पास के इलाकों में प्रचलित थी। तुलनात्मक अध्ययन के लिए हमें यूरोपीयों के द्वारा खोले गए कारखानों में काम करनेवाले मजदूरों के मासिक वेतन को देखना होगा। इस सम्बन्ध में मोरलैंड ने एक दूसरी कठिनाई का संकेत दिया है। उस समय एक माह में दिनों की संख्या निश्चित नहीं थी। इसमें 30 से लेकर 40 दिन होते थे। जहाँगीर के राज्यकाल के अन्त में (1626 ई.) पेल्सर्ट ने लिखा है कि-"एक नौकर को 40 दिनों के लिए 3 रुपये से 4 रुपये तक वेतन दिया जाता था, यह वेतन भी काफी दिनों तक बकाया रखा जाता था और प्राय: पुराने और फटे कपड़ों के रूप में चुकाया जाता था।"[40] प्रसिद्ध आर्थिक इतिहासकार बृजनारायण ने अपनी पुस्तक 'इंडियन इकोनॉमिक लाइफ-पास्ट एंड प्रेजेंट' (1622 ई.) में लिखा है कि यह कथन गलत है कि मजदूरी महीने में 40 दिन के आधार पर दी जाती थी। उन्होनें एडवर्ड टेरी की पुस्तक 'ए वॉयेज टू ईस्ट इंडिया' के आधार पर यह कहा है कि 5 शिलिंग की मजदूरी दूसरे दिन ही दी जाती थी।[41] यही बात आगरा में डचों के द्वारा रखी गई बही में भी दर्ज़ है। यह भी उल्लेख है कि 30 दिनों का एक महीना मानकर **वीच्चा** (नौकर) एक **साईस** (घोड़े का रखरखाव करने वाला व्यक्ति), एक **अब्दुल्ला** (कुली) और एक चपरासी को 3.50 रुपये प्रतिमाह मजदूरी दी गई।[42] 1637 ई. में धोबी और सफाईकर्मी को 5 रुपये मासिक दर से मजदूरी दी थी। 1634 ई. में सूरत में 5 से 7 महमूदी (2.50 पैसे 3.50 पैसे) प्रतिमाह की मजदूरी दी गई जिसे 1638 ई. में बढ़ाकर 8 से 10 महमूदी कर दिया गया था। 1637 ई. में डच लोग अपने कारखाने में काम करनेवाले साधारण मजदूरों को 3 से 5 रुपये प्रतिमाह या 6 से 8 पाई प्रतिदिन दिया करते थे। 1937 ई. में डच फैक्टरी

आगरा में प्रचलित मजदूरी दर तालिका-20 में उल्लिखित है।

तालिका-20

आगरा में डच फैक्ट्री में कार्यरत नौकरों का मासिक वेतन : 1637 ई.

कर्मचारियों की श्रेणी	मजदूरी (रुपये में)
धोबी	5.0
साजसज्जा	4.5
चीफ फैक्टर का नौकर (Geleynsen)	4.5
मशालची	4.0
फैक्टर का नौकर (Barentsen)	3.5
रथ चालक	3.5
द्वारपाल	3.5
चपरासी	3.5
गेलिनसेन का समान वाहक	2.5
कब्रिस्तान का रखवाला	2.0
फारसी में पत्र लिखनेवाला	0.5
नाई	0.5

स्रोत : गेलिनसेन कलेक्शन नं. 123, अ कंटम्प्रीरी डच क्रानिकल ऑफ मुग़ल इंडिया, (अनुवादित और सम्पादित, बृज नारायण और श्रीराम शर्मा), पृ. 25

डी. जोंग (लगभग 1628 ई.) ने लिखा है कि 1623 ई. से 1628 ई. के मध्य में भड़ौच (भरूच) में मजदूरी की सामान्य दर 3.75 रुपये प्रतिमाह थी।[43] अत: ऐसा प्रतीत होता है कि जहाँगीर के समय में मजदूरी दुनी हो गई थी। अंग्रेजी कारखाने के रिकार्ड के अनुसार, 1636 ई. में एक अर्दली को 3 पाई प्रतिदिन भत्ता दिया जाता था, जिसे उस समय यथेष्ट समझा गया। लेकिन, यह स्पष्ट नहीं है कि 3 पाई प्रतिदिन भत्ता है या मजदूरी की रकम। फिर भी, यह स्पष्ट है कि जीवन यापन महंगा हो जाने के कारण 1675 ई. में मजदूरी की रकम बढ़ाकर 6 पाई प्रतिदिन कर दी गई थी। ऐसा लगता है

कि मसूलीपट्टनम में मजदूरी की दर बहुत कम थी, वहाँ कारखाने में काम करनेवाले को 2 रुपये प्रतिमाह मिलता था जबकि अकबर के दरबार में 3 से $4^1/_2$ पाई प्रतिदिन की मजदूरी दी जाती थी। 'आईन' के अनुसार प्रत्येक पचास ऊँटों को चराने के लिए चरवाहे को पाँच सहायक रखने की अनुमति थी, जिनमें से प्रत्येक को प्रतिदिन 2 दाम मिलते थे। पालकी वाहक कहार को प्रतिमाह 192 दाम से 384 दाम तक मजदूरी मिलता था, वहीं आम कहार को 120 दाम से 160 दाम तक मासिक पारिश्रमिक मिलता था।[44] ईस्ट इंडिया कम्पनी अपने निजी कर्मचारियों जैसे सुनार और कहार लोगों को 3 पैसा प्रतिदिन या 5 शिलिंग प्रतिमाह का वेतन देती थी, जिसमें भोजन आदि के लिए अलग कोई भत्ता नहीं मिलता था। टेरी के अनुसार, "एक माह की सेवा के बदले नौकर 5 शिलिंग या 2 रुपये पाते थे और कहते थे कि इसमें से आधी रकम अपने घर भेजेंगें।" स्ट्रेनशम मास्टर के विवरण भी हुगली में (1678-79 ई.) ईस्ट इंडिया कम्पनी के नौकरों को कम मजदूरी देने की सूचना देते है।[45]

तालिका-21

हुगली (1678-79 ई.)

पद	मजदूरी
परिषद् के प्रमुख	12 रुपये प्रतिमाह
परिषद् के द्वितीय	8 रुपये प्रतिमाह
मन्त्री	10 रुपये प्रतिमाह
परिषद् के तृतीय	5 रुपये प्रतिमाह
परिषद् के चतुर्थ	5 रुपये प्रतिमाह
शल्य-चिकित्सक	4 रुपये प्रतिमाह
सचिव	4 रुपये प्रतिमाह
प्रमुख के अधीनस्थ	6 रुपये प्रतिमाह
द्वितीय के अधीनस्थ	4 रुपये प्रतिमाह
तृतीय के अधीनस्थ	3 रुपये प्रतिमाह
स्टीवर्ड	2 रुपये प्रतिमाह
नाई	2 रुपये प्रतिमाह

ढाका के कारखानों से प्राप्त अभिलेखों (1745 ई.) से निम्न वर्ग के कर्मचारियों की मजूदरी के बारे में कुछ जानकारी मिलती है। एक चोबदार (अर्दली) को 3 रुपये, धोबी को 4 रुपये, नाई को 2.50 रुपये, फर्राश को 4 रुपये, झंडाबरदार को 2.50 रुपये, कहार को 3 रुपये तथा मशालची को 2 रुपये मिलते थे। मजदूरी की यह दर उस समय प्रचलित दरों से कुछ उच्च रखी गई थी।[46] डच कारखाना आगरा में धोबी को मासिक आधार पर पाँच रुपये, सफाईकर्मी को चार रुपये और मशालची को 4 रुपये प्रतिमाह दिए जाते थे।[47]

अकबर के समय सबसे कम मजदूरी अकुशल श्रमिको की थी जिन्हें 2 दाम प्रतिदिन या 1.50 रुपया प्रतिमाह की दर से दी जाती थी। अकबर के समय में कुशल श्रमिकों की मजदूरी 6 से 7 दाम प्रतिदिन थी।[48] पेल्सर्ट (1920-1627) ने उल्लेख किया है कि सभी हस्तकला के कारीगरों की मजूदरी 5 से 6 टका (10 या 12 पाई) थी।[49] आगरा (1637 ई.) में जो डच कारखाना था, उसमें निपुण मजदूर को 12 से 13 पाई प्रतिदिन मजदूरी मिलती थी। यह जहाँगीर के शासनकाल में निपुण मजदूरों की मजदूरी का प्रतिनिधित्व करता है। ऐसा प्रतीत होता है कि मुग़ल काल में मजदूरी का उच्चतम स्तर जहाँगीर के शासनकाल में पहुँचा था। तुरानी और फारसी सैनिकों का वेतन अधिक था। प्रत्येक सैनिक 25 रुपये पाता था, जबकि हिन्दुस्तानी सैनिक का वेतन 20 रुपये निश्चित था। अकबर के शासनकाल में कई बातों में वेतन की दर निश्चित होती थी, जैसे—प्रति घुड़सवार घोड़े की संख्या, घोड़े की नस्ल आदि। यह दर 25 रुपये से लेकर 15 रुपये प्रतिमाह निर्धारित होती थी। अकबर ने सैनिको के वेतन देने की तीन श्रेणियाँ निर्धारित की थी। प्रथम श्रेणी के सैनिकों का वेतन 1200 रुपये प्रति वर्ष था, द्वितीय श्रेणी के सैनिकों का वेतन 600 रुपये प्रति वर्ष था तथा और तृतीय श्रेणी के सैनिकों का वेतन 300 रुपये प्रति वर्ष था। इस प्रकार सैनिकों का औसत वेतन 25 रुपये से 120 रुपये प्रतिमाह था। 1565 ई. में अकबर ने आदेश पारित किया कि अफगान, तुर्की और भारतीय मुसलमानों में तीन घोड़ेवाले को 25 रुपये प्रतिमाह, दो घोड़ेवाले को 20 रुपये प्रतिमाह तथा एक घोड़ेवाले को 15 रुपये प्रतिमाह वेतन दिया जाय। बर्नियर ने औरंगज़ेब के शासनकाल में घुड़सवार सैनिको का सामान्य वेतन 25 रुपये प्रतिमाह बताया है।[50] लड़ाकू पैदल सेना के मस्केटधारी सैनिको को जिन्हें **बन्दूकची** कहा जाता था का वेतन 2.75 रुपये से 6.25 रुपये प्रतिमाह था। शारीरिक रूप से सशक्त लोग पहलवान नाम से जाने जाते थे। अकबर सदैव 2000 पहलवानों को अपने दरबार में रखता था। एक पहलवान का वेतन 1.75 रुपया से 11.25 रुपया होता था। तलवारधारियों का समान्य वेतन 2 रुपये से 15 रुपये प्रतिमाह था। शाही बैंड (नक्कार खाना) के लोगों का वेतन 2 रुपये से 8 रुपये प्रतिमाह था। महिला प्रहरी (**उर्दवेगी**) शाही हरम की देख-रेख एवं सुरक्षा करती थी। ये धनुष बाण व तलवार रखती थी, इनका सामान्य वेतन 5 रुपये प्रतिमाह था। अहदी सैनिक 100 रुपये से 500 रुपये प्रतिमाह वेतन पाते थे। शाहजहाँ के शासनकाल में अहदियों का सामान्य वेतन 50 रुपये प्रतिमाह था। औरंगज़ेब ने इसको 25 रुपया से 175 रुपया तक निश्चित किया। शाही तोपची (मैचलॉकमैन) को 260 दाम से 300 दाम, दरबान को 110 दाम से 200 दाम और कहार (पालकीवाले) को 120 दाम से 160 दाम मिला करता था। नदीयों पर नाविकों की

मजदूरी 100 से 500 दाम मासिक होती थी। इस प्रकार ऐसा प्रतीत होता है कि निम्नतम श्रेणी के मजदूर भी औसतन 2 रुपये प्रतिमाह से कम नहीं पाते थे।

बुनकरों और कपड़ा चित्रकारों की मजदूरी के बारे में पेल्सर्ट बताता है कि, उन्हें सुबह से रात तक काम करने के बदले केवल पाँच या छह टका वेतन दिया जाता था। दूसरे शब्दों में, उनकी मजदूरी $3^1/_2$ से $4^1/_2$ रुपये प्रतिमाह थी। [51] मोरलैंड के दृष्टिकोण से एक टका एक दाम के बराबर था और चालीस दाम एक रुपये के बराबर होते थे। दूसरी ओर, आर. के. मुखर्जी का मानना है कि एक टका दो दाम के बराबर था।[52] इस आधार पर गणना की गई कि उनका वेतन मोरलैंड द्वारा बताए वेतन से दोगुना होना चाहिए था। पेल्सर्ट ने कहा कि मालिक एक महीने में 40 दिन गिनते थे, इससे कुछ महीनों की मजदूरी बकाया रह जाती थी। लेकिन, अगर मजदूरी का भुगतान दैनिक आधार पर किया जाता तो भी कोई फर्क नहीं पड़ता। स्वतन्त्र रूप से काम करनेवाले कई बुनकरों और कपड़ा चित्रकारों को एक निश्चित तिथि पर काम पूरा करने के लिए व्यापारियों से अग्रिम राशि (ददनी) प्राप्त होती थी। दुर्भाग्य से बुनकरों और कपड़ा चित्रकारों को दलालों और खजांचियों (कैशियर) द्वारा धोखा दिया गया, जिनके माध्यम से बुनकरों और कपड़ा चित्रकारों को अग्रिम राशि दी गई थी। उन्होंने 1.25 प्रतिशत की दर से एक निश्चित राशि का कमीशन काटा, [53] जिसे दस्तूरी या बट्टा (प्रीमियम) कहा जाता था। यानि कि प्रति 100 रुपये पर 1.25 रुपये की दर से दस्तुरी ली गई।[54] अंग्रेज व्यापारियों ने ददनी पर सौ रुपये में से एक रुपया चार आना और नए गढ़े गए रुपये पर दो रुपये की दर से ब्याज भी काट लिया।[55] इस प्रकार कपड़ा वस्तुओं के उत्पादन और वितरण की प्रक्रिया में लगी तीन एजेंसियों - खजांची, दलालों और व्यापारियों द्वारा कपड़ा बुनकरों और चित्रकारों का शोषण किया गया। हुगली की डच फैक्ट्री में बुनकरों को प्रति दिन 1 से 2 आने का भुगतान किया जाता था, जिसके बारे में स्ट्रेनशम मास्टर कम मजदूरी के बारे में बताता है।[56] तैयार माल की पैकिंग एक महत्त्वपूर्ण चरण था। सत्रहवीं शताब्दी की शुरुआत में पैकरों की मजदूरी गुजरात में एक गाँठ बाँधने के लिए एक महमूदी के बराबर प्रतीत होती है।[57] 1630 के दशक में मसूलीपट्टनम में उन्हें बिना किसी निर्वाह धन या भत्ता के प्रतिमाह 2.5 पैगोडा का भुगतान किया जाता था।[58]

यह कहा जा सकता है कि निपुण मजदूर जैसे कारीगर या बुनकर को धनी बन जाने का अवसर शायद ही मिलता था। पीटर मंडी (1928-1634 ई.) उल्लेख करता है कि, "बुनकर की कमाई में बहुत सी कटौतियाँ हो जाती थीं। कपड़े के टुकड़े (पीस) से 10 प्रतिशत हिस्सा मालिक द्वारा ब्लीच करने से पहले काट दिया जाता था, जो कि बिना ब्लीच किए समान के रूप में बिक्री योग्य होता था; इस प्रथा का परिणाम यह हुआ कि ब्लीच किए गए टुकड़ों की लम्बाई $14^1/_2$ गज से घटकर लगभग 13 गज रह जाती। निश्चित रूप से जहाँ खरीद बड़े पैमाने पर होती थी, वहाँ प्रत्येक पीस से की गई कटौती (लगभग 1.5 गज कपड़ा) एक मूल्यवान सम्पत्ति बन जाती थी। बिना ब्लीच कपड़े के टुकड़ों पर 5 पैसे प्रति पीस दलाली लगती थी, जिसमें से 2 पैसे गवर्नर को, 2 पैसे दलाल को तथा एक पैसा दुकानदार को जाता था। ऐसा लगता है कि निर्माता ने इसका भुगतान

किया" (मोरलैंड, पृ. 370)। आगरा, पटना तथा सूरत आदि शहरों में नाप की भिन्नता के कारण भी बुनकरों को लगभग 6.25 प्रतिशत की क्षति हुआ करती थी।[59]

पत्रवाहक (पट्टमार) को या तो दैनिक आधार पर या पूरी यात्रा के लिए पारिश्रमिक दिया जाता था। एक पत्रवाहक बताता है कि 1622 ई. में मसूलीपट्टनम से सूरत तक पत्र ले जाने के लिए उसे 3.5 पैगोडा का भुगतान किया गया।[60] यह यात्रा 40-50 दिनों के भीतर तय की जा सकती थी। 3.5 पैगोडा 10.50 से 13.50 रुपये के बराबर थे।[61] इस तरह उनका मासिक वेतन लगभग 6.50 से 8 रुपये तक था। इन पत्रवाहकों को तशरीफ या उपहार भी दिए गए थे।[62] लेकिन सत्रहवीं सदी के अन्त में उनकी मजदूरी सबसे निम्नतम, एक पैगोडा तक कम कर दी गई।[63]

सुरक्षाकर्मी (गार्ड) और चपरासी, जो यात्रा के दौरान अपने मालिकों (नियोक्ताओं) और उनके समान की सुरक्षा के लिए उनके पीछे पैदल चलते थे, उन्हें उचित वेतन दिया जाता था, जो या तो पूरी यात्रा के लिए या मासिक आधार पर तय किया जाता था। एडवर्ड टेरी का कहना है कि उनकी मजदूरी लगभग पाँच शिलिंग प्रतिमाह थी।[64] एक अन्य साक्ष्य के अनुसार उनकी मजदूरी पाँच रुपये प्रतिमाह थी।[65] 1640 के दशक में हथियारबन्द लोगों की मजदूरी चार से छह रुपये प्रतिमाह थी।[66] जब मैंडेल्स्लो ने गुजरात का दौरा किया, उसने पाया कि कैम्बे और अहमदाबाद के बीच सुरक्षाकर्मियों को लगभग सोलह रुपये मासिक मिलते थे।[67] इस प्रकार इन सुरक्षाकर्मियों का वेतन अलग-अलग जगहों पर अलग-अलग था।

चपरासी, जो आमतौर पर समान ढोने का काम करते थे या सन्देशवाहक के रूप में काम करते थे, चार रुपये प्रतिमाह कमाते थे। 1630 के दशक के दौरान गुजरात में, चपरासियों का वेतन प्रतिमाह 8 से 11 महमूदी या रुपये के सन्दर्भ में लगभग 4 या 5 रुपये था।[68] वर्ष 1637 के आगरा के डच बहीखातों में दर्शाया गया है कि चपरासियों को मासिक आधार पर 3.5 रुपये या 4 रुपये वेतन दिए जाते थे।[69] ऑविंगटन ने उनका वेतन 4 से 6 रुपये प्रतिमाह बताया।[70] कुली भी चपरासी के समान ही सेवा करते थे। 1630 के दशक के दौरान उन्हें 3.50 रुपये मासिक वेतन दिया गया।[71] अंग्रेज फैक्टर (कारखाने का अधिकारी) उन्हें दैनिक आधार पर, प्रतिदिन दो पैसे मजदूरी देते थे[72] जो एक महीने में एक रुपये से थोड़ा अधिक होता था। बाद की अवधि (1670-84) में मजदूरी में 1.50 रुपये से बढ़ाकर 2 रुपये प्रतिमाह कर दी गई और कुछ स्थानों पर 2 रुपये से भी अधिक 2.50 रुपये से 3.50 रुपये तक प्रतिमाह कर दी गई।

ऊँटवालों और गाड़ीवान को एक स्थान से दूसरे स्थान तक ले जानेवाले माल के भार के आधार पर, या तो मासिक दर पर या पूरी यात्रा के लिए भुगतान किया जाता था। सत्रहवीं शताब्दी की शुरुआत में गुजरात में उन्हें मासिक भुगतान की दर लगभग 7 रुपये थी।[73] अकाल के दिनों में वाहन चालक सामान्य दिनों की तुलना में अधिक शुल्क लेते थे। 1650 के दशक में आगरा और अहमदाबाद के बीच माल ढुलाई की दर 15 रुपये प्रति ऊँट लदान[74] या लगभग 10 रुपये प्रतिमाह थी। आगरा और पटना के बीच की दूरी के लिए गाड़ीवानों को प्रति जहाँगीरी मन 1 से 2 रुपये का शुल्क दिया जाता था।[75] यह दूरी चालीस दिन में तय करनी होती थी। बरसात के मौसम में यही दूरी

तय करने के लिए दर बढ़ाकर 2 रुपये कर दी गई जो कि 45 दिनों में पूरी करनी होती थी। आगरा से मुल्तान तक गाड़ियाँ 2 या 2.50 रुपये प्रति मन भार की दर पर किराये पर दी जा सकती थीं।[76] 17वीं शताब्दी के अन्तिम वर्षों में मसूलीपट्टनम से गोलकुंडा के बीच की दूरी जो आठ दिनों में तय की जाती थी, के लिए गाड़ियों के वाहकों को प्रति गाड़ी एक पैगोडा दिया जाता था।[77] हालाँकि, इन गाड़ीवानों को प्रत्येक क्रॉसिंग पर माँगे गए टोल-टैक्स का भुगतान अपनी कमाई से करना पड़ता था, जिससे उनकी आय कम हो जाती थी।[78] सत्रहवीं शताब्दी के मध्य में पालकी ढोनेवालों का वेतन दो से चार रुपये प्रतिमाह तक था।[79]

पेल्सर्ट के विवरण से पता चलता है कि **बढ़ई** और **लोहारों** को काम के लिए प्रतिदिन पाँच टका (3 से 4 रुपये प्रतिमाह) दिया जाता था।[80] अंग्रेज फैक्टर्स उन्हें प्रतिदिन साढ़े तीन पेंस या चार रुपये मासिक वेतन देते थे।[81]

राजमिस्त्री, ईंट बिछानेवाले, पत्थर काटनेवाले आदि को भी पाँच से छह टका का भुगतान किया जाता था जैसा कि पेल्सर्ट ने उल्लेख किया है। सदी के आखिरी दशकों में मुख्य राजमिस्त्री को अंग्रेज कारक (ईस्ट इंडिया कम्पनी के व्यवसाय प्रतिनिधि जिन्हें फैक्टर कहते थे) द्वारा एक शिलिंग आठ पेंस प्रतिदिन की मजदूरी दर से 20 रुपये प्रतिमाह का भुगतान किया जाता था। उनके अधीनस्थों को प्रतिदिन 3 पेंस (लगभग चार रुपये प्रतिमाह) मिलता था।[82] हॉकिन्स ने पाया कि माली, कुली और धोबी का वेतन प्रतिमाह तीन से दस रुपये था।[83] थॉमस बॉवरी ने कहा (बंगाल में) पालकी ढोनेवालों, छाता ढोनेवालों, तुरही ढोनेवालों और चपरासियों की मजदूरी दो रुपये प्रतिमाह थी।[84] पेल्सर्ट ने फिर से अफसोस जताया कि एक महीने की मजदूरी का भुगतान 40 दिनों के बाद किया जाता था।

17वीं शताब्दी के उत्तरार्ध में मद्रास भेजे गए विभिन्न अंग्रेजी कारकों (फैक्टर) का वेतन लन्दन में कम्पनी के निदेशक मंडल द्वारा तय की गई थी। 1675 में प्रशिक्षु को पहले पाँच वर्षों के लिए 5 पाउंड प्रति वर्ष और उनके प्रशिक्षुता के अन्तिम दो वर्षों के लिए 10 पाउंड प्रति वर्ष मिलते थे। फिर, उन्हें लेखक बनने के लिए पदोन्नत किया जाता था और उस कार्य में एक वर्ष के बाद, उन्हें 20 पाउंड प्रति वर्ष के वेतन पर कारक के रूप में पदोन्नत किया जाता। कारकों से ऊपर व्यापारी और वरिष्ठ व्यापारी थे, जिन्हें क्रमश: प्रति वर्ष 40 पाउंड और 50 पाउंड का भुगतान किया जाता था। प्रत्येक कारखाने में एक गवर्नर और परिषद का दूसरा और तीसरा सदस्य होता था, जिन्हें क्रमश: 300 पाउंड, 100 पाउंड और 70 पाउंड का भुगतान किया जाता था (लव, एच. डी., वेस्टिज ऑफ औल्ड मद्रास, 1640-1800, 4 भागों में, लंदन, 1913, पृ. 393)। इसके अलावा, इन उच्च अधिकारियों को कई महत्त्वपूर्ण भत्ते और कुछ सुविधाएँ भी मिलती थीं, जिनमें से एक थी अपने स्वयं के खातों पर व्यापार करने की अनुमति और बिना किसी शुल्क का भुगतान किए कम्पनी के जहाजों पर अपने माल को इंग्लैंड भेजने की अनुमति। उच्च रैंक से नीचे के अधिकारियों को दिए जानेवाले वेतन को दो व्यापक भागों में विभाजित किया जा सकता है, एक किले के सैनिकों को और दूसरा शहर के विभिन्न अधिकारियों जैसे नाविकों, चौकीदारों और कर संग्रहकर्ताओं को दिया जाता था।

सैनिकों को भुगतान का हमारा पहला संकेत 1654 में मिलता है। उस वर्ष, यह कहा गया था कि, "टाउन (कस्बा) के लोगों ने टाउन की निगरानी करने और किले की सेवा करने के लिए 20 सैनिकों के रखरखाव के लिए 20 रियल का भुगतान किया था..." (लव, 1913, पृष्ठ 142)। उस समय अन्तर्राष्ट्रीय स्तर पर प्रचलित **रियल** या स्पेनिश डॉलर (जिसे **पियास्ट्रे** भी कहा जाता है, एक सिक्का जिसमें 24.60 ग्राम शुद्ध चाँदी होती है) की तुलना आधे सोने के पैगोडा (लगभग 3.40 ग्राम वज़न का एक सिक्का) से की जा सकती है (डोडवेल, हेनरी, डुप्ले एंड क्लाइव द बिगिनर्स ऑफ एम्पायर, लंदन 1920)। "1660 में, मसूलीपट्टनम के ठीक उत्तर में वीरवासरम में स्थित अंग्रेजी फैक्ट्री में 2 पेंस प्रतिदिन का भुगतान किया जाता था, जो कि वह दर है जो हम सभी दिहाड़ी मजदूरों और कुलियों को देते हैं जिन्हें हम आमतौर पर बोझ ढोने के लिए नियुक्त करते हैं। अगर हम इन दो पेनियों को 15 साल बाद मद्रास विनिमय दर के अनुसार परिवर्तित करें, तो इसका निष्कर्ष निकलता है कि मासिक वेतन 20 फणम था।" (फोस्टर, 1921, खंड 10, पृष्ठ 261)।

एक और उदाहरण उस दशक के अन्त का है और सौभाग्य से यहाँ हमें गैर-सैन्य वेतनभोगी भी मिलते हैं। 1688 में, एक गनर के साथी को 6 पैगोडा प्रतिमाह के वेतन पर नियुक्त किया गया था, जबकि मदापोलम (मसुलीपट्टम के पास, वर्तमान आन्ध्र प्रदेश में) में 'आरटी ऑनरेबल कम्पनी के कारखाने की देखभाल करनेवाले चपरासी और नौकरों' को पाँच महीने के लिए 16 पैगोडा का भुगतान किया गया था। (रिकार्ड ऑफ फोर्ट सेंट जॉर्ज, 2 फरवरी 1688 और 13 फरवरी 1688)। फिर से, प्रतिमाह फणम में पुनर्गणना की गई, इसमें आम सैनिकों के साथ-साथ श्रमिकों के लिए 115 फणम और थोड़े उच्च पदस्थ अधीनस्थ के लिए दोगुना भुगतान शामिल है।

1692 में, यह दर्ज किया गया था कि फोर्ट सेंट जॉर्ज में, चपरासियों का वेतन, जो अकाल की अवधि के दौरान बढ़ाया गया था, को घटाकर 20 फणम प्रति चपरासी करने का प्रस्ताव दिया गया था (रिकार्ड ऑफ फोर्ट सेंट जॉर्ज, 4 अगस्त 1688)। पूर्वगामी के प्रकाश में, यह चपरासियों के लिए प्रतिमाह 20 फणम होगा। वास्तविक रूप से मजदूरी या इन सभी मजदूरी की क्रय शक्ति के लिए और भी दिलचस्प बात यह है कि, उसी वर्ष सैनिकों के लिए एक मेस हॉल की भी व्यवस्था की गई थी। वहाँ प्रत्येक सैनिक को 60 फणम पर प्रति दिन दो बार भोजन प्रदान किए जाने की व्यवस्था थी, यह राशि सैनिकों के वेतन से हर महीने काटी जानी थी। इसका मतलब यह है कि उस वर्ष प्रति सैनिक का वास्तविक वेतन, 60 फणम प्रतिमाह (आवश्यक भोजन की मात्रा पर खर्च) से अधिक था। इस प्रकाश में, एक चपरासी के लिए 20 फणम का नया वेतन मानक दयनीय लगता है।

1709 ई. के अंग्रजी फैक्ट्री अभिलेख में विभिन्न व्यवसायों और उनके वेतन की एक पूरी और लम्बी सूची उपलब्ध है, इस बार मद्रास से नहीं बल्कि मद्रास से 500 किमी उत्तर-पश्चिम में दक्षिण की एक और महत्त्वपूर्ण राजधानी गोलकुंडा से (तालिका 2.2), जिसे मिस्टर लुईस और मिस्टर बर्लू द्वारा, 17 फरवरी 1709 को प्रस्तुत किया गया था। इसे यहाँ थोड़ा संशोधित करके प्रस्तुत किया जा रहा ताकि पाठकों को बोधगम्य हो सके।

तालिका-22

गोलकुंडा में कम्पनी की सेना द्वारा भुगतान की गई मासिक मजदूरी 1709

चपरासियों, कुलियों आदि के वेतन का लेखा-जोखा मिस्टर लुईस और मिस्टर बर्लू द्वारा, 17 फरवरी, 1709 को प्रस्तुत (सभी भुगतान पैगोडा में गणना किए गए)	
सेवक	**कुल वेतन**
600 कुली जिनमें से 200 यहाँ हैं, ($3^1/_2$ पैगोडा प्रत्येक को)	700
50 चपरासी जिनमें से 30 यहाँ हैं, ($1^1/_2$ पैगोडा प्रत्येक को)	45
2 लोहार, ($3^1/_4$ पैगोडा प्रत्येक को)	$6^1/_2$
2 बढ़ई, ($3^1/_4$ पैगोडा प्रत्येक को)	$6^1/_2$
10 घोड़े रखनेवाले, ($2^1/_2$ पैगोडा प्रत्येक को)	25
10 घास काटनेवाले, ($2^1/_2$ पैगोडा प्रत्येक को)	25
3 लेखाकार, ($3^1/_2$ पैगोडा प्रत्येक को)	$10^1/_2$
1 मुची' या मोची	3
मिस्टर लुईस और मिस्टर बर्लू के लिए 10 नौकर	25
मुल्ला और पौपिया (ब्राह्मण) के लिए 6 नौकर, ($2^1/_2$ पैगोडा प्रत्येक को)	15
मिस्टर वे के लिए 1 नौकर	$2^1/_2$
डॉक्टर के लिए 2 नौकर, ($2^1/_2$ पैगोडा प्रत्येक को)	5
4 रसोइयाँ, (3 पैगोडा प्रत्येक को)	12
1 घड़ीसाज का नौकर	$2^1/_2$
1 बटलर (मुख्य पुरुष सेवक)	3
1 कम्प्रडर (प्रमुख चीनी सेवक या एजेंट)	3
4 पैकर, ($2^1/_2$ पैगोडा प्रत्येक को)	10
1 फ्लैगमैन (झंडे से संकेत देनेवाला)	$2^1/_2$
1 नाई	$2^1/_2$
2 आर्मरर या शस्त्रसाज, ($3^1/_2$ पैगोडा प्रत्येक को)	$6^1/_2$
3 धोबी, ($2^1/_2$ पैगोडा प्रत्येक को)	$7^1/_2$
4 बैलगाड़ी से समान ढोनेवाले, (3 पैगोडा प्रत्येक को)	12

ये अधिकारियों द्वारा गणना की गई रखरखाव की लागत है जो अक्सर स्रोतों में मजदूरी के रूप में दिखाई देती है। तालिका-22 से पता चलता है कि सबसे कम वेतन 30 चपरासियों (1.5 पैगोडा या 45 फणम प्रतिमाह) के समूह को दिया गया था। कुलियों के तुरन्त बाद सूची में उनका स्थान- यदि उत्तरी भारत की कई और वेतन सूचियों से तुलना की जाए तो यह दृढ़ता से सुझाव देता है कि ये लड़के (और शायद महिलाएँ भी) थे जो कुलियों की सहायता करते थे (डी ज्वार्ट एंड लुकासेन, 2020)। यदि वह व्याख्या स्वीकार्य है, तो हम पुरुषों के लिए केवल चार अलग-अलग मुख्य वेतन श्रेणियाँ पाते हैं, जो एक-दूसरे से बहुत अधिक भिन्न नहीं हैं; पुरुष (नौकर, घुड़सवार, घड़ीसाज, घास काटनेवाले और धोबी) 2.5 पैगोडा या 75 फणम प्रतिमाह वेतन पाते थे। रसोइयाँ, मोची, बटलर और चीनी सेवक 3 पैगोडा या 90 फणम प्रतिमाह वेतन पाते थे। शस्त्रसाज, बढ़ई और लुहार $3^1/_4$ पैगोडा या 97.5 फणम एवं कुली $3^1/_2$ पैगोडा या 105 फणम मासिक मजदूरी पाते थे।

मद्रास के नाविकों ने खाद्य पदार्थों की बढ़ती कीमतों के वर्षों में, सामूहिक रूप से बेहतर मजदूरी पाने का प्रयास किया। मद्रास के नाविक बन्दरगाह के लिए और शहरी अर्थव्यवस्था के लिए एक महत्त्वपूर्ण कार्य करते थे क्योंकि मद्रास में असमतल सतह और गहराई की कमी के कारण बड़े जहाज तट के करीब नहीं आ पाते थे। अपने छोटे जहाजों के साथ, नाविक माल और यात्रियों को जहाजों से किनारे तक और किनारों से जहाजों तक ले जाते थे (आहूजा, आर., लेबर रिलेशन्स इन एन अर्ली कॉलोनियल कांटेस्ट : मद्रास, 1750-1800, मॉर्डन एशियन स्टडी, 2002, पृष्ठ 793-826)। 1678 ई. में, इन नाविकों में (जिन्हें तब तक प्रति मेसुला 3 फणम का भुगतान किया गया था, एक तख्तीवाली नाव जो नारियल की जटा से बँधी होती थी, जिस पर छह गाँठें लादी जा सकती थीं), ने भुगतान में वृद्धि की माँग की थी। उन्होंने कहा कि पुलीकट में डच लोग 5 फणम देते थे और वहाँ फणम की कीमत पैगोडा के लिए 24 थी, जबकि अंग्रेजों के लिए 36 या 38 थी। इसलिए उन्होंने कहा कि मद्रास में भी 5 फणम दिए जाएँ, कम्पनी ने बातचीत की और उन्हें 4 फणम के भुगतान पर सहमत कर लिया। इस सम्बन्ध में कम्पनी और नाविकों की प्रारम्भिक बैठक 7 जनवरी 1678 ई. को हुई, नाविक 4 फणम के भुगतान और कम्पनी द्वारा लगाई गई शर्त, जो यह थी कि अगर कोई चोरी की सूचना मिली तो जाति के मुखिया को नुकसान की भरपाई करनी होगी या फिर अपराधी को ढूंढना होगा जिसे फिर सेंट हेलेना ले जाया जाएगा, दोनों पर सहमत हुए। लेकिन समझौते के तुरन्त बाद सभी नाविक शहर छोड़कर अन्यत्र चले गए। नाविकों के रवैये पर फोर्ट सेंट जॉर्ज के अभिलेख (10 जनवरी 1678 ई.) में कम्पनी के एक शीर्ष अधिकारी का रोचक बयान दर्ज़ है, वो बताते हैं कि—

> रात में वे सभी अपने चप्पूओं (पतवारों) को लेकर भाग जाते हैं, समय की आवश्यकता को देखते हुए और कोई अन्य उपाय न होने पर, मजबूरन उनके पीछे एजेंट और काउंसलर को भेजना पड़ा ताकि उन्हें आश्वस्त किया जा सके कि प्रति नाव 5 फणम का मुआवजा मिलेगा और उनके इस अपराध के लिए क्षमा प्रदान की जाएगी।

हम यहाँ सामूहिक कार्रवाई का एक प्रारम्भिक उदाहरण देखते हैं जिसमें बस्ती को छोड़कर प्रभावी ढंग से यह सुनिश्चित किया गया कि कम्पनी के माल को जहाजों से लाया-ले जाया न जा सके। दूसरे शब्दों में, यहाँ श्रम के संगठन और दबाव की रणनीति का एक रूप दिखाई देता है। एकीकरण का कारक नि:सन्देह जाति थी (आहूजा, 2002) लेकिन इसने ट्रेड यूनियन की तरह ही काम किया, क्योंकि नाविक तब तक वापस नहीं लौटते थे जब तक उन्हें बढ़े हुए भुगतान की लिखित गारंटी नहीं मिल जाती।

ग्रामीण इलाकों में, गाँव के अधिकारियों और नौकरों को अलग-अलग लम्बाई के फसल चक्रों (उनके चरम और सुस्त मौसम के साथ) के दौरान उनकी मजदूरी मिलती थी। हालाँकि, मुग़ल अधिकारियों (मनसबदारों) का वेतन मासिक तय किया गया था;[85] लेकिन उसका भुगतान फसल के मौसम के दौरान थोक में किया जाता था। ऐसा इसलिए था क्योंकि 1575-1581 ई. को छोड़कर, अधिकांश मनसबदारों को **राजस्व समनुदेशन** (जागीर) के साथ वेतन का भुगतान किया जाता था, जिसके लिए उन्हें राज्य द्वारा निर्धारित सभी कर (मुख्य रुप से भूमि राजस्व) एकत्र करने होते थे। एकत्र राशि को उनके वेतन के बराबर मनसबदारों (जागीरदारों) को अपने पास रखना होता था और शेष राशि राजकोष में जमा करना होता था। बहुत कम मनसबदारों को (विशेषकर जिन्हें कम वेतन मिलता था) साल के हर महीने राजकोष से सीधे नकद भुगतान किया जाता था। मध्यकालीन भारत में साप्ताहिक या पाक्षिक वेतन देने की कोई प्रथा नहीं थी। टुकड़ों में मजदूरी का भुगतान किया जाता था, जैसे कि टकसाल में या भवन निर्माण में एक निर्धारित अवधि के भीतर किए गए काम की मात्रा के आधार पर मजदूरी दी जाती थी।[86]

मध्यकालीन भारतीय समाज में असमानता बहुत ज्यादा थी। पैसे का प्रचलन सिर्फ शहरी भारत में था। ग्रामीण भारत में पैसे का प्रचलन बहुत कम था। पूरा ग्रामीण श्रम बल वस्तुत: दासों से बना था, जिन्हें सिर्फ खाना खिलाया जाता था। शहरों में श्रम बाजार थे जहाँ से मजदूरों को दैनिक मजदूरी या अनुबन्ध पर रखा जाता था। लेकिन इससे अर्थव्यवस्था में कोई फर्क नहीं पड़ता था। उनके श्रम की मजदूरी इतनी कम थी कि उनकी हालत ग्रामीण दासों से थोड़ी ही बेहतर थी। मुग़ल भारत में सबसे ज्यादा वेतन पानेवाले मजदूर सम्राट की सेवा में थे। इन मजदूरों की मजदूरी पहली बार अकबर ने उनके कौशल के अनुसार तय की थी। दैनिक वेतन केवल सबसे निचले तबके जैसे सफाई कर्मचारी, बाँस काटनेवाले, घास काटनेवाले और शाही अस्तबल में काम करनेवाले लड़कों तक ही सीमित था।

18वीं शताब्दी के उत्तरार्ध में ऐसा रिवाज़ सा हो गया था कि कोई भी अमीर काम करने के लिए किसी भी कारीगर को बुला लेता था और काम पूरा करा लेने के बाद बिना विचार के अपनी मर्जी से कुछ भी मेहनताना दे देता था। यदि कारीगर अधिक मजदूरी माँगता या उसका काम ठीक नहीं होता तो वह उसे कोड़े लगाने में भी संकोच नहीं करता था। कारीगरों और मजदूरों के उपभोग स्वरूप और मजदूरी संरचनाओं की जाँच करने के पश्चात यह निष्कर्ष निकाला जा सकता है कि इन दोनों वर्गों का जीवन दयनीय और गम्भीर था और वे निश्चित रूप से उस अवधि की गरीबी रेखा के नीचे रहते थे, यदि 18वीं शताब्दी में भारत और उसके बाहर (यूरोप) में उनकी स्थिति के आधार पर जाँच की जाए।

निर्वाह और मुद्रीकृत अर्थव्यवस्थाओं में वेतन भुगतान जिस प्रकार विनिमय के एक कुशल माध्यम की उपलब्धता से वस्तुओं के संचलन को सुविधाजनक बनाया जाता है, वैसे ही पैसे के व्यापक उपयोग के साथ मजदूरी भुगतान भी तेजी से विनियमित हो जाता है। एक बार जब मजदूरी क्षेत्र का मुद्रीकरण हो जाता है, तो मुद्रा परिसंचरण और कीमतों में परिवर्तन मजदूरी आन्दोलनों और आय वितरण पर प्रभाव डालने लगते हैं। मध्यकालीन भारतीय समाज में अक्सर आर्थिक गतिविधियों के दो क्षेत्रों के सह-अस्तित्व की विशेषता दृष्टिगोचर होती है—

(1) गाँव में निर्वाह उत्पादन, जहाँ धन की भूमिका आमतौर पर सीमान्त समझी जाती थी और विनिमय पारस्परिक दायित्वों के सामाजिक रुप से स्थापित नेटवर्क पर आधारित था,

(2) मुद्रीकृत अर्थव्यवस्था, जहाँ विनिमय के बाजार सम्बन्ध पूर्व-प्रभावित थे।

निर्वाह-उन्मुख अर्थव्यवस्था में, गाँव के श्रमिकों और कारीगरों को एक सामान्य पूल से या व्यक्तिगत घरेलू आधार पर भुगतान किया जाता था। हालाँकि, उन्होंने जो रूप लिया, उसे पहचानना मुश्किल है, क्योंकि मजदूरी के रूप में इस तरह के भुगतान की कोई औपचारिक अवधारणा कभी नहीं थी। कई कारीगरों के पास उनकी सेवाओं के बदले ग्राम समुदाय द्वारा दी गई राजस्व-मुक्त भूमि थी।[87] यह सम्भव है कि कारीगर जोतों पर राज्य को मिलनेवाला राजस्व उनकी मजदूरी का गठन करता था। यदि ऐसा मामला होता, तो राज्य ऐसे उद्देश्यों के लिए ग्राम समुदाय द्वारा रखी गई भूमि पर राजस्व रियायतें देकर ग्रामीण इलाकों में मजदूरी-श्रम की लागत में सब्सिडी दे सकता था। ग्रामीण मजदूरी की पहचान और गणना पर सूक्ष्म-स्तरीय शोध न केवल ग्रामीण वर्गों की आय को अधिक निश्चिंतता के साथ स्थापित करेगा, बल्कि ग्रामीण आर्थिक संगठन (अब तक इसे निरंकुशता और आत्मनिर्भरता के दायरे में माना जाता था) और राज्य, ग्राम समुदाय और ग्रामीण श्रम बाजार के बीच त्रिकोणीय सम्बन्ध के बारे में हमारी समझ में सुधार होगा।

सन्दर्भ सूची

1. बेवरिज, ए. एस., मेमोयर्स ऑफ बाबर, (बाबरनामा का अंग्रेजी अनुवाद), भाग-2, लन्दन, 1922, पृ. 517
2. बेवरिज, भाग-2, पृ. 518
3. शर्मा, एल. पी., मध्यकालीन भारत, आगरा, 1998, पृ. 285
4. केली, पैट्रिक, द यूनिवर्सल कन्विस्ट एंड कमर्शियल इन्स्ट्रक्टर, वॉल्यूम-1, पृ. 374
5. प्रिसेम्प, जेम्स, यूज़फुल टैबलेट फार्मिंग एन अपेंडिक्स टू द जर्नल ऑफ द एशियाटिक सोसायटी: क्वाइन्स, वेट्स एंड मेज़र्स ऑफ ब्रिटिश इंडिया, पार्ट-1, विशप कालेज प्रेस, कलकत्ता, 1840, पृ. 77
6. वर्मा, हरिश्चन्द्र, पृ. 465
7. जिलेनबॉक, जान (सं.): इनसाइक्लोपीडिया ऑफ हिस्टोरिकल मेट्रोलाजी, वेट्स एंड मेज़र्स, नेशनल सिस्टम ऑफ यूनिट्स एंड करेन्सीज, बर्कहाउजर, पृ. 69, 70, 84
8. पेल्सर्ट, एफ., जहाँगीर' स इंडिया: द रिमोंस्तरांसी ऑफ फ्रांसिस्को पेल्सर्ट (अनुवादित डब्ल्यू. एच. मोरलैंड), कैम्ब्रिज, 1925, पृ. 13

9. पेल्सर्ट, पृ. 14
10. हैदर, नज़फ, क्वान्टिटी थियरी ऑफ मुग़ल मोनेट्री हिस्ट्री, पृ. 338-345
11. इग्लिश फैक्ट्रीज रिकार्ड 1624-1629, पृ. 235
12. जनरल मीसिवेन-I, पृ. 341
13. अशरफ, के. एम., लाइफ एंड कंडीशन्स ऑफ द पीपल ऑफ हिन्दुस्तान, नई दिल्ली, 2000, पृ. 216
14. लिंशोटेन, जे. एच., द वॉयेज ऑफ जान ह्यूगेन वान लिंशोटेन टू दी ईस्ट इंडिया, भाग-1, लन्दन, सम्पादन- आर्थर कोक वर्मन एंड पी. ए. टेल्स, 1897, पृ. 64
15. मनरीक, मनरीक ट्रैवल्स 1629-1643 (अनुवादित सी. ई. लार्ड), लंदन, 1927, पृ. 37
16. एंडरसन, फिलिप, दी इंग्लिश इन वेस्टर्न इंडिया, बीइंग द अर्ली हिस्ट्री ऑफ द फैक्ट्री एट सूरत ऑफ बाम्बे एंड द सबोर्डिनेट फैक्ट्रीज ऑन द वेस्टर्न कोस्ट, बाम्बे 1854, पृ. 19-34
17. चोपड़ा, एम. एन., पी. एन. पुरी, वी. एन. दास, भारत का सामाजिक सांस्कृतिक और आर्थिक इतिहास, भाग-2, दिल्ली, 1975, पृ. 131
18. परचेस, सैमुअल, परचेस हिज़ पिलीग्रिम्स, भाग-10, कैम्ब्रिज यूनिवर्सिटी प्रेस, 2014, पृ. 277-78
19. कोमिसेरिअट, एम.एस., मैन्डेल्स्लो'स ट्रैवल इन वेस्टर्न इंडिया (1638-1639), ऑक्सफोर्ड यूनिवर्सिटी प्रेस, 1931, पृ. 15
20. परचेस, सैमुअल, परचेस हिज़ पिलीग्रिम्स, भाग-9, कैम्ब्रिज यूनिवर्सिटी प्रेस, 2014, पृ. 45
21. डेला वैले, पी., ट्रैवल्स ऑफ पिएत्रो डेला वैले इन इंडिया (1623-24), जी. हैवर्स द्वारा 1664 ई. में किए गए पुराने अंग्रेज़ी अनुवाद से एडवर्ड ग्रे द्वारा संपादित, लेखक के जीवन परिचय और टिप्पणियों सहित, भाग-1, हक्लुईट सोसाइटी, लन्दन,1892 पृ. 42
22. नारायण, बृज, इंडियन इकोनॉमिक लाइफ : पास्ट एंड प्रजेंट, दिल्ली, 1929, पृ. 2-3
23. फ्रायर, जॉन, अ न्यू अकाउंट ऑफ ईस्ट एशिया एंड पर्सिया, इन एट लेटर्स बीइंग नाइन ईयर्स ट्रैवल्स बिगन 1672 एंड फिनिश्ड 1681, लेटर-3, लन्दन, 1909-1915
24. फोस्टर, विलियम (सं.), अर्ली ट्रैवल्स इन इंडिया, 1583-1619, लन्दन, 1921 पृ. 296-97
25. अबुल फज़ल, आइन-ए-अकबरी, भाग-1, पृ. 95
26. अबुल फज़ल, आइन-ए-अकबरी, भाग-1, पृ. 65-66
27. नारायण, पृ. 5
28. नारायण, पृ. 7
29. नारायण, पृ. 12-13
30. फ़ारुख़ी, जहीरुद्दीन, औरंगज़ेब एंड हिज़ टाइम्स, दिल्ली, 1935, पृ. 490
31. चौधरी, तपन रॉय और हबीब, इरफान (सं.), इंडिया एट द डेथ ऑफ अकबर, (कैम्ब्रिज इकोनॉमिक हिस्ट्री ऑफ इंडिया), 1200-1750, भाग-1, 1982, पृ. 465
32. मुखर्जी, आर. के., द इकोनॉमिक हिस्ट्री ऑफ इंडिया, पृ. 60
33. मंज़र, निशात, वेजेज ऑफ लेबर एंड आर्टिसंस इन सम अर्बन सेंटर ड्यूरिंग द सेवेंटींथ सेंचुरी (प्रोसिडिंग्स ऑफ दी इंडियन हिस्ट्री कांग्रेस, वॉल्यूम 47,1986), पृ. 265-72
34. मोरलैंड, डब्ल्यू. एच., फ्राम अकबर टू औरंगज़ेब, पृ. 173-178, 194-195
35. फैक्ट्रीज रिकार्ड्स सूरत, फोलिक 39 V 58अ
36. फैक्ट्रीज रिकार्ड्स सूरत, फोलिक 28 V 93अ
37. अबुल फज़ल, आइन-ए-अकबरी, भाग-1, पृ. 17, 32

बादशाह अकबर के शासन की सहूलियत के लिए 'आइन' को अधिकारिक तौर पर विस्तृत सूचनाएँ जमा करने के लिए प्रायोजित किया गया था, फिर भी यह किताब आधिकारित दस्तावेज़ों की महज नकल से कहीं बढ़ कर है। हम जानते हैं कि इसकी पांडुलिपि को लेखक द्वारा पाँच बार संशोधित किया गया। इससे ऐसा लगता है कि प्रामाणिकता की खोज में अबुल फज़ल काफी सावधानी बरत रहे थे। उदाहरण के तौर पर, मौखिक बयानों को तथ्य के रूप में किताब में शामिल करने से पहले, अन्य स्त्रोतों से उसकी असलियत और सच्चाई की पुष्टि करने की कोशिश की जाती थी। सांख्यिकीवाले खंडों में सभी आँकड़ों को अंकों के साथ शब्दों में भी लिखा गया ताकि बाद की प्रतियों में नकल की त्रुटियाँ कम से कम हों।

फिर भी जिन इतिहासकारों ने ध्यान से 'आइन' का अध्ययन किया, वे बताते हैं कि यह ग्रन्थ पूरी तरह समस्याओं से परे नहीं है। जोड़ करने में कई त्रुटियाँ पाई गई हैं। ऐसा माना जाता है कि या तो ये अंकगणित की छोटी-मोटी चूक है या फिर नकल उतारने के दौरान अबुल फज़ल के सहयोगियों की भूल। आमतौर पर त्रुटियाँ मामूली हैं जो व्यापक स्तर पर किताबों के आँकड़ों की सच्चाई को कम नहीं करतीं।

'आइन' की एक और सीमा यह है कि इसके संख्यात्मक आँकड़ों में विषमताएँ हैं। सभी सूबों से आँकड़े एक ही शक्ल में नहीं एकत्रित किए गए। मसलन, जहाँ कई सूबों के लिए जमींदारों की जाति के मुताबिक विस्तृत सूचनाएँ संकलित की गईं, वहीं बंगाल और उड़ीसा के लिए ऐसी सूचनाएँ मौजूद नहीं हैं। इसी तरह, जहाँ सूबों के लिए गए राजकोषीय आँकड़े बड़ी तफ़सील से दिए गए हैं, वहीं उन्हीं इलाकों से कीमतों और मजदूरी जैसे इतने ही महत्त्वपूर्ण मापदंड इतने अच्छे से दर्ज़ नहीं किए गए हैं। कीमतों और मजदूरी की दरों की जो विस्तृत सूची 'आइन' में दी भी गई है वह साम्राज्य की राजधानी आगरा या उसके ईद-गिर्द के इलाकों से ली गई है। ज़ाहिर है कि देश के बाकी हिस्सों के लिए इन आँकड़ों की प्रासंगिकता सीमित है।

38. फैक्ट्रीज रिकार्ड्स सूरत, 94 फोलिक अ 58 V

39. थेवेनॉट एंड करेरी, इंडियन ट्रैवल ऑफ थेवेनॉट एंड करेरी, (सम्पादक-सुरेन्द्र सेन), दिल्ली, 1949, पृ. 38

जीन डि थेवेनॉट (जन्म 16 जून 1633 ई. - मृत्यु 28 नवम्बर 1667 ई.) एक फ्रांसीसी यात्री था, जिसने अपनी यात्राओं के बारे में विस्तार से लिखा। वह एक निपुण बहुभाषी, प्राकृतिक वैज्ञानिक और वनस्पतिशास्त्री भी था। उसका जन्म पेरिस में हुआ था और उसने 'कॉलेज डी नवार' में अपनी शिक्षा प्राप्त की थी। अपनी यात्रा के दौरान 27 अगस्त 1664 ई. को फारस में प्रवेश किया, पर्सेपोलिस के खंडहरों का दौरा करने के बाद, 6 नवबंर 1665 को बसरा से **होपवेल** नामक जहाज से भारत के लिए रवाना हुआ, जो 10 जनवरी 1666 ई. को सूरत के बन्दरगाह पर पहुँचा। वह तेरह माह भारत के मुग़ल साम्राज्य में रहा और गोलकुंडा से मसूलीपट्टनम तक भ्रमण करते हुए सूरत लौट आया, जहाँ से वह बन्दरअब्बासी के लिए रवाना हुआ और शिराज तक गया। उसने 1667 ई. की गर्मियाँ इस्फहान में बिताया, जहाँ दुर्घटनावश एक आकस्मिक पिस्टल-शॉट से विकलांग हो गया। इस्फहान से अक्टूबर में वह तबरीज़ के लिए रवाना हुआ लेकिन, रास्ते में ही 28 नवम्बर 1667 को मियाँह में उसकी मृत्यु हो गई।

जियोवानी फ्रांसेस्को गिमेली करेरी (1661-1725) सत्रहवीं सदी का साहसी इतालवी यात्री था। वह जहाजों द्वारा व्यापार के सुरक्षित मार्ग का पता करके दुनिया का दौरा करनेवाले पहले यूरोपीय लोगों में से एक था। लाभ के बजाय आंनद के लिए की गई उसकी यात्रा ने दुनिया भर के लोगों को प्रेरित किया। कुछ लोगों को उस पर अपनी यात्रा के दौरान वेटिकन (बल्कि जेसुइट्स) के लिए जासूसी करने का सन्देह था। गिमेली कैरेरी का जन्म 1651 ई. में टॉरियानोवा में हुआ था,

उसने नेपल्स में जेसुइट्स कालेज में डाक्टरेट की उपाधि प्राप्त की, अपनी पढ़ाई पूरी करने के बाद उसने कुछ समय के लिए न्यायपालिका में प्रवेश किया।

1699 ई. और 1700 ई. के बीच, जियोवानी फ्रांसेंस्को गिमेली कैरेरी ने नेपल्स में छह खंडों में एक जिज्ञासु काम प्रकाशित किया जिसका नाम था, **गिरो डेल मोंडो**। छह खंडों में से प्रत्येक खंड दुनिया के एक विशिष्ट क्षेत्र, अर्थात तुर्की, फारस, भारत, चीन, फिलीपींस और न्यू स्पेन को समर्पित था। 'गिरो डेल मोंडो' में उसने पाँच वर्षों (1694-1699) के दौरान दुनिया भर में अपने विस्तारित यात्रा का वर्णन किया। ज़ाहिर तौर पर, इतालवी वकील गिमेली करेरी ने एक आधुनिक पर्यटक के रूप में बिना किसी विशिष्ट राजनीतिक, धार्मिक या राजनयिक मिशन के यह अविश्वसनीय यात्रा स्वयं वित्तपोषित की थी। हालाँकि, उसके पास जीवन निर्वाह का कोई महत्त्वपूर्ण साधन नहीं था। 1725 ई. में नेपल्स में उसकी मृत्यु हो गई।

40. पेल्सर्ट, पृ. 66
41. नारायण, पृ. 7
42. नारायण, पृ. 12
43. नारायण, पृ. 13
44. अबुल फज़ल, भाग-1, पृ. 156, 264
45. मास्टर, स्ट्रेनशम, द डायरी ऑफ स्ट्रेनशम मास्टर (1675-1680 ई.), सम्पादित द्वारा आर. सी. टेम्पल, पब्लिश्ड फार गवर्नमेन्ट ऑफ इंडिया, भाग-2, लन्दन, 1911, पृ. 334, 335

स्ट्रेनशम मास्टर (Streynsham Master) (1640-1724) एक अंग्रेज औपनिवेशिक प्रशासक था। 1676 ई. में, मद्रास के तत्कालीन एजेंट सर विलियम लैंगहॉर्न के कार्यकाल खत्म होने से पूर्व ही उसे मद्रास के अगले एजेंट के रूप में नामित कर दिया गया था। इस बीच, लैंगहॉर्न के कार्यकाल के अन्त तक, मास्टर ने कुछ समय के लिए मसूलीपट्टनम और उसके बाद बंगाल में कम्पनी के कारखाने के एजेंट के रूप में कार्य किया। मास्टर 27 जनवरी 1678 ई. से 3 जुलाई 1681 ई. तक मद्रास के आधिकारिक एजेंट के रूप में कार्य किया। उसे मद्रास में पहला प्रशासनिक सुधार पेश करने का श्रेय दिया जाता है। उसने 1680 ई. में एक हिन्दू विधवा को जलाने (सती प्रथा) पर रोक लगा दी, जो सती प्रथा के विरूद्ध पहली आधिकारिक ब्रिटिश प्रतिक्रिया थी। उसने पुर्तगाली, तमिल और मलयालम भाषाओं की जगह अंग्रेजी को मद्रास प्रेसीडेंसी में एकमात्र आधिकारिक भाषा और अदालत की भाषा बनाया। 1678 ई. में, फोर्ट सेंट जॉर्ज की सरकार ने एजेंट और परिषद के सदस्यों को न्यायाधीश के रूप में नियुक्त करके एक न्यायपालिका की स्थापना की। मास्टर को सर्वप्रथम सफाईकर्मियों की नियुक्ति का श्रेय दिया जाता है, जिन्हें सड़कों की गन्दगी को साफ करना होता था। सफाईकर्मियों को गृह-कर और कुछ अन्य करों को इकट्ठा करने का अधिकार दिया गया था। उसके समय, रात में बस्ती के रखवाली के लिए चौकीदार नियुक्त किए गए थे।

46. चोपड़, पृ. 123
47. नारायण पृ. 12-13
48. नारायण, पृ. 13
49. पेल्सर्ट, पृ. 173, 178
50. बर्नियर, फ्रांस्वा (Francois Bernier), बर्नियर की भारत यात्रा, अनुवादित- गंगा प्रसाद गुप्त, नई दिल्ली, 2005, पृ. 137

फ्रांस्वा बर्नियर (25 सितम्बर 1620-22 सितम्बर 1688) एक फ्रांसीसी चिकित्सक और यात्री था। बर्नियर का जन्म 1620 ई. में अंजु में गोनोर्ड के पास 'जौ-एतियाउ' नामक स्थान पर किसानों के एक परिवार में हुआ था।

बर्नियर बहुत कम उम्र में अनाथ हो गया था और उसकी देखभाल उसके चाचा ने किया। 15 साल की उम्र में वह कालेज डी क्लेरमोंट में अध्ययन करने के लिए पेरिस चला गया। 1652 ई. में फ्रांस के दक्षिण में गैसेंडी के साथ लम्बे समय तक रहने के दौरान वह प्रसिद्ध फैकल्टे डी मोंटपेलियर में चिकित्सा का क्रैश-कोर्स करके चिकित्सक बनने में कामयाब रहा। तीन माह के पाठ्यक्रम का गहन अध्ययन कर उसने चिकित्सा की डिग्री अर्जित की, जो पहले किसी ने नहीं की थी। 36 साल की उम्र में वह पूर्व में अपनी यात्रा पर निकला, जिसमें फिलिस्तीन, मिस्त्र, काहिरा, अरब, इथियोपिया और भारत शामिल थे।

1658 ई. में वह सूरत (भारत) पहुँचा। वह भारत में लगभग 12 वर्षों तक रहा। अपनी भारत यात्रा में फ्रांस्वा बर्नियर ने यहाँ की हर वह जगह देखी और घूमी जिसका राजनीतिक और सामाजिक पक्ष था। उसने आगरा, अहमदाबाद, कश्मीर, बंगाल, राजमहल, कासिमबाजार, मसूलीपट्टनम तथा गोलकुंडा की यात्राएँ की। भारत की राजनीतिक, धार्मिक एवं आर्थिक स्थिति का विस्तृत वर्णन बर्नियर ने अपने यात्रा वृत्तान्त **ट्रैवल्स इन द मुग़ल एम्पायर** में किया है। उसने उत्तराधिकार के युद्ध, मुग़ल प्रशासनिक व्यवस्था, राजस्व व्यवस्था एवं कृषकों की स्थिति जैसे विषयों पर सामग्री संकलित की है। उसने अपने विवरण को अत्यन्त रोचक तरीके से प्रस्तुत किया है। उसका विवरण अधिक प्रमाणिक है।

किताब के एक हिस्से में वो भारत की एक रिवाज़ से परिचित कराने की बात करता है और बताता है कि यहाँ बड़े लोगों से मिलने कोई भी खाली हाथ नहीं जाता है, उस समय मुग़ल साम्राज्य के शासक औरंगज़ेब से अपनी मुलाकात का जिक्र करते हुए वो लिखता है कि जब मै औरंगज़ेब से मिलने गया तो अपने साथ 8 रुपये और कुछ तोहफे लेकर गया। वो वेशभूषा पर भी टिप्पणी करते हुए कहता है कि भारत में तो राजा तक चप्पलों का इस्तेमाल करते हैं, कई बार वे मोजे भी नहीं पहनते, जबकि फ्रांस में मोजे पहनना अनिवार्य है। वह इसकी वज़ह यहाँ का गर्म मौसम बताता है।

बर्नियर ने तत्कालीन कुरीतियों सती प्रथा, अन्धविश्वास, जातिप्रथा आदि सामाजिक प्रश्नों पर अपनी बात रखी। सतीप्रथा का उल्लेख बर्नियर अपनी किताब में दो बार किया है। बर्नियर ने लिखा है कि कुछ महिलाएँ स्वेच्छापूर्वक खुशी-खुशी अपने पति के शव के साथ सती हो जाती थीं परन्तु ज्यादातर को ऐसा करने के लिए विवश किया जाता था। लाहौर में एक बालिका के सती होने की घटना का अत्यन्त मार्मिक विवरण देते हुए उसने लिखा है कि- "लाहौर में मैनें एक बहुत ही सुन्दर अल्पवयस्क विधवा जिसकी आयु मेरे विचार से बारह वर्ष से अधिक नहीं थी की बलि होते देखा। उस भयानक नर्क की तरफ जाते हुए वह असहाय छोटी बच्ची जीवित से ज्यादा मृत प्रतीत हो रही थी, उसके मस्तिष्क की व्यथा का वर्णन नहीं किया जा सकता, वह कांपते हुए बुरी तरह से रो रही थी, लेकिन तीन-चार ब्राह्मण, एक बूढ़ी औरत, जिसने उसे अपनी आस्तीन के नीचे दबाया हुआ था, की सहायता से उस अनिच्छुक पीड़िता को सती स्थल की तरफ ले गए। उसे लकड़ियों पर बैठाया, उसके हाथ-पांव बाँध दिए ताकि वह भाग न जाए और इस स्थिति में उस मासूम प्राणी को जिन्दा जला दिया गया। मैं अपनी भावनाओं को दबाने में असमर्थ था।" इस विवरण से स्पष्ट होता है कि सती प्रथा के अन्तर्गत सती होनेवाली महिलाओं की अल्पवयस्कता, अनिच्छा, व्यथा, विवशता एवं असहायता जैसे तत्त्वों ने बर्नियर का ध्यान विशेष रूप से आकर्षित किया। सती होने की एक दूसरी घटना का उल्लेख करते हुए वो लिखता है कि कैसे एक बार एक औरत ने अपने मुस्लिम प्रेमी से शादी करने के लिए अपने पति को जहर दे दिया था, लेकिन जब अपने पति को मारने के बाद वो उस व्यक्ति के पास गई तो उसने भी परिस्थितियों से डरते हुए उसका साथ छोड़ दिया, आखिर में उसे सती होना पड़ा। बर्नियर लिखता है कि जब वो औरत सती हो रही थी तो उस समय रिवाज़ के

तौर पर वहाँ ढफली बजानेवालों में उसका प्रेमी भी शामिल था, जिसके लिए उस औरत ने अपने पति को मारा था।

अन्धविश्वास के बारे में बात करते हुए बर्नियर सूर्यग्रहण का जिक्र करते हुए फ्रांस में और भारत में इससे जुड़ी मान्यताओं की तुलना करता है, वो बताता है कि फ्रांस और यूरोप में जहाँ इसे दुनिया का अन्त समझा जाता है, वहाँ लोग अपने घरों में छुप जाते हैं, वहीं भारत में जब उसने 1666 का सूर्यग्रहण देखा तो पाया कि लोग यमुना के पानी में डुबकियाँ लगा रहे हैं, इनमें मर्द, औरतें, बच्चे, राजा, अमीर और गरीब सब शामिल थे। वो सूरज के निकलने और ग्रहण के खत्म होने का इन्तजार कर रहे थे, लोग अपने हाथों में जल भरकर सूरज की तरफ उछालते हैं और फिर बाहर निकलकर नए वस्त्र धारण कर लेते हैं। कई लोग अपने पुराने कपड़ों को ब्राह्मणों के लिए दीक्षा के तौर पर छोड़ देते हैं, तो कुछ उन्हें अपने साथ ही ले जाते हैं।

मुग़लों के साथ उसका जुड़ाव पराजित राजकुमार दाराशिकोह के साथ सूरत से आगरा के रास्ते में मुलाकात के साथ शुरू हुआ। अपने भाई औरंगज़ेब से युद्ध में पराजय के पश्चात दाराशिकोह जब गुजरात की ओर भाग रहा था तब उसकी पत्नी नादिया बानो बेगम बहुत बीमार थी। दारा अपनी पत्नी के लिए वैद्य की तलाश में था। बर्नियर ने राजकुमारी के दर्द को कम किया, जिससे प्रभावित होकर दाराशिकोह ने बर्नियर को अपना निजी चिकित्सक नियुक्त कर लिया। दाराशिकोह के पतन के बाद उसे दानेशमन्द खान (मुग़ल सरदार) नामक विद्वान आश्रय दाता मिला।

बर्नियर बताता है कि- "राज्य के बड़े नगर आगरा और दिल्ली हैं वहाँ जाते समय मार्ग में लुटेरों द्वारा लुटे जाने तथा 7 सप्ताह की यात्रा खर्च के कारण मैं तंगी में आ गया था, इससे मुग़ल राज्य में मुझे नौकरी करनी पड़ी और 8 वर्षों तक मुग़लों से मेरा सम्पर्क रहा। पहले मैं राज्य का हकीम नियुक्त हुआ पर भाग्यवश थोड़े दिनों में मुझे एशिया खंड के श्रेष्ठ विद्वान दानिशमन्द खान का आश्रय मिला जो पहले घोड़ों के सरदार के पद पर नियुक्त हुआ था पर अब मुग़ल दरबार का शक्तिसम्पन्न सबसे प्रतिष्ठित उमरा बन गया है।" उसके भारत आगमन के समय शाहजहाँ के पुत्रों के बीच उत्तराधिकार को लेकर भयंकर संघर्ष चल रहा था। इस संघर्ष की कई घटनाओं का वह प्रत्यक्षदर्शी था साथ में औरंगज़ेब की विजय एवं उसके राज्यारोहण का भी।

दारा को जब दिल्ली की सड़कों पर मैले-कुचैले कपड़ों में गन्दे हाथी पर बैठाकर घुमाया गया था और फिर उसकी हत्या कर दी गई, तब इन सब दृश्यों को बर्नियर ने स्वयं देखा था। इब्नबतूता एवं टैवर्नियर की तरह वह भी ग्वालियर किले का उल्लेख करता है। वह बताता है कि दारा पुत्र सुलेमान शिकोह एवं मुरादाबख्श को ग्वालियर किले में मान मन्दिर के तहखाने में कैद कर लिया गया था बाद में उन्हें औरंगज़ेब के आदेश से मार डाला गया।

उसने उस समय के सभी महत्त्वपूर्ण व्यक्तियों के चरित्रों को सजीव तरीके से चित्रित किया है। शाहजहाँ के पुत्र एवं पुत्रियों के आचार-व्यवहार का उसने विस्तृत वर्णन किया है। दाराशिकोह और औरंगज़ेब एक-दूसरे के प्रतिद्वन्दी थे। इसलिए उनके बारे में उसकी टिप्पणी अत्यन्त रोचक है। उसने शाहजहाँ के ज्येष्ठ पुत्र दाराशिकोह के बारे में लिखा है कि-"दारा में अच्छे गुणों का अभाव नहीं था वह अत्यन्त उदार था, किन्तु उसकी स्वयं अपने विषय में राय बड़ी ऊँची थी। उसका विश्वास था कि वह अपने दिमाग की शक्ति से हर काम कर सकता है। वह उन लोगों से बड़ी रूखाई से पेश आता था जो उसे सलाह देने एवं वास्तविक स्थिति से अवगत कराने की चेष्टा करते थे। इसी कारण उसके नजदीकी मित्र भी उसके भाईयों के षडयन्त्रों तथा चालों के बारे में उसे बताने से बचते थे।" इसी तरह दारा के कट्टर विरोधी औरंगज़ेब के बारे में बर्नियर की टिप्पणी अत्यन्त रोचक है। वह लिखता है कि-"औरंगजेब में दारा के समान शिष्टता एवं भद्रतापूर्ण व्यवहार का अभाव था

कितु उसमें निर्णय लेने की अद्‌भुत क्षमता थी तथा अपने सहायकों एवं हितैषियों का चयन करने में उसकी दृष्टि बड़ी पैनी थी। वह गम्भीर कुशाग्रबुद्धि एवं अपने विचारों एवं योजनाओं को गुप्त रखने में अत्यन्त प्रवीण था।" शाहशुहा के बारे में बर्नियर बताता है कि, "शुजा षडयन्त्र रचने में अत्यन्त माहिर था। गुप्त रूप से धन देकर उसके पास अमीरों को वश में करने की क्षमता थी। लेकिन, उसका सबसे बड़ा दुर्गुण यह था कि वह आमोद-प्रमोद का दास था। शुजा ने शिया धर्म ग्रहण किया था, इसमें उसकी चतुराई थी। उस समय दरबार में बड़े पदों पर इसी धर्म के लोग आसीन थे, शुजा को आशा थी कि आवश्यकता पड़ने पर उन लोगों से आपेक्षिक सहायता मिलेगी।" मुरादबख्श का प्रधान उद्‌देश्य मौज करना था। शिकार तथा भोजन के प्रबन्ध में उसका अधिकांश समय बीतता था। वह उदार, साहसी और सभ्य था। उसे छल-बल से घृणा थी।

बर्नियर ने मुग़ल शहजादियों के बारे में भी अपनी राय प्रस्तुत की है। वह बताता है **बेगम साहब (जहाँआरा)** अत्यन्त रूपवती और अपने पिता की बहुत प्यारी है। पिता का अपनी पुत्री से सम्बन्ध हो जाने की बात फैली थी जिस पर विश्वास नहीं किया जा सकता। मुल्लाओं ने ये व्यवस्था दी थी कि बादशाह को उस वृक्ष के फल का आनन्द लेना अनुचित नहीं है, जिसको उसने स्वयं लगाया है। वह दारा का हित चाहती थी और उसके कामों में बराबर भाग लेती थी। वह यह भी बताता है कि मुग़लों के पुत्रियों का विवाह निषेध था। इसका कारण यह था कि कोई व्यक्ति राजकुटुम्ब का सम्बन्धी होने के योग्य नहीं समझा जाता। दूसरा यह कि इस बात का भय बना रहता कि किसी समय शाहजादी का पति बलवान होकर राज्य का लोभी न बन जाय और राज्य को अधिकार में करने के लिए यत्न न करने लग जाए।

रोशनआरा बेगम सुन्दरता में बेगम साहब से कम थी, वह चंचला और विलासिनी है। साथ में औरंगज़ेब का बहुत पक्ष करती है। बेगम साहब और दारा से खुला ईर्ष्या रखती है। वह धोखेबाजी और चतुराई में निपुण है।

बर्नियर मुग़ल कालीन शहरों को **शिविर नगर** कहता है, जिससे उसका आशय उन नगरों से था जो अपने अस्तित्व में बने रहने के लिए राजकीय शिविर पर निर्भर थे। उसका विश्वास था कि ये राजकीय दरबार के आगमन के साथ आस्तित्व में आते थे और इसके कहीं और चले जाने के पश्चात तीव्रता से पतोन्मुख हो जाते हैं। उसने यह भी बताया कि इनकी सामाजिक और आर्थिक नींव व्यवहार्य नहीं होती और ये राजकीय प्रश्रय पर आश्रित रहते थे।

उसने बनारस की तुलना एथेंस से की है। राजपूतों के बारे में उसने कहा कि शस्त्र शिक्षा उन्हें पीढ़ी दर पीढ़ी प्राप्त होती रहती है। मिर्जा राजा जयसिंह द्वारा पुरन्दर घेरे के समय बर्नियर उनके साथ उपस्थित था। उसने लिखा है कि- "मुग़ल काल में समस्त भूमि का स्वामी राजा होता है।" उसने औरंगज़ेब काल में कृषकों की दयनीय दशा का वर्णन किया है। उसने लिखा है कि- "जमीन का एक टुकड़ा लेकर जब कृषक कृषि प्रारम्भ करता है तो कर की अत्यधिक वसूली के कारण उसकी स्थिति अत्यन्त खराब हो जाती है परिणामस्वरूप वह कृषि कार्य को छोड़कर अन्यत्र चला जाता है।"

बर्नियर राजकीय कारखानों की कार्यप्रणाली का विस्तृत विवरण प्रदान करता है- "कई स्थानों पर बड़े-बड़े कक्ष दिखाई देते हैं जिन्हें कारखाना अथवा शिल्पकारों की कार्यशाला कहते हैं। एक कक्ष में कसीदाकार एक मास्टर के निरीक्षण में तल्लीनता से कार्यरत रहते हैं। दूसरे कक्ष में आप सुनारों को देख सकते हैं; तीसरे में चित्रकार; चौथे में प्रलाक्षा रस का रोगन लगानेवाले; पाँचवे में बढ़ई, ख़रादी, दर्ज़ी तथा जूते बनानेवाले; छठे में ज़री तथा मलमल का काम करनेवाले ......। शिल्पकार अपने कारखाने में हर रोज सुबह आते हैं जहाँ पूरा दिन काम करते हैं और सायंकाल में

अपने-अपने घर चले जाते हैं।"

बर्नियर के अनुसार शाहजहाँ के शासनकाल में कुल जनसंख्या लगभग 30 से 40 लाख थी और लगभग 15 प्रतिशत जनसंख्या कस्बों में रहती थी। ताजमहल का बखान कुछ इस तरह करता है, "ताजमहल के दर्शनीय समाधि के सामने जो आगरा में स्थित है, मिस्र के बड़े-बड़े पिरामिड जो संसार के 7 अद्‌भुतों में माने जाते हैं, अनगढ़ पत्थरों के ढेर जैसे मालूम होते हैं।"

उसने अपनी प्रमुख कृति **ट्रैवल्स इन द मुग़ल एम्पायर** फ्रांस के शासक लुई चौदहवाँ को समर्पित किया है, जो अपने गहन प्रेक्षण, आलोचनात्मक अन्तदृष्टि तथा गहन चिन्तन के लिए उल्लेखनीय है। उसके वृत्तान्त में की गई चर्चाओं में मुग़लों के इतिहास को एक तरह के वैश्विक ढाँचे में स्थापित करने का प्रयास किया गया है। वह निरन्तर मुग़लकालीन भारत की तुलना तत्कालीन यूरोप से करता रहा। सामान्यतया यूरोप की श्रेष्ठता को रेखांकित करते हुए भारत को यूरोप के प्रतिलोम के रूप में दर्शाया है, उसने जो विषमता महसूस की उन्हें भी पदानुक्रम के अनुसार क्रमबद्ध किया जिससे भारत पश्चिमी दुनिया से निम्न कोटि का प्रतीत हो।

51. पेल्सर्ट, पृ. 60-61
52. मुखर्जी, आर. के., द इकोनॉमिक हिस्ट्री ऑफ इंडिया, पृ. 27

    अपने दृष्टिकोण के समर्थन में वह थॉमस हर्बर्ट (1627-28) द्वारा दिए गए सन्दर्भ की ओर इशारा करते हैं कि एक टका 2 दाम का पर्याय है।
53. फोस्टर, डब्ल्यू (सं.), दी इंग्लिश फैक्ट्रीज इन इंडिया ए कैलेंडर ऑफ डाक्युमेंट्स इन दी इंडिया ऑफिस, ब्रिटिश, म्यूजियम एंड पब्लिक रिकार्ड ऑफिस (1618-1969), आक्सफोर्ड, 1906-1927, भाग-11, पृ. 112-13
54. बावरी, थॉमस, कंट्रीज राउंड द बे ऑफ बंगाल (1669-79), 1905, पृ. 200
55. टेम्पल, आर. सी. (सं.), डायरीज ऑफ स्ट्रेनशम मास्टर, 1675-80, भाग-2, 1927, पृ. 41
56. टेम्पल, पृ. 41
57. फोस्टर, भाग-2, पृ. 39
58. फोस्टर, भाग-4, पृ. 235
59. मंडी, पीटर, द ट्रैवल ऑफ पीटर मंडी इन यूरोप एंड एशिया, 1608-1667, लन्दन, 1936, पृ. 182
60. फोस्टर, भाग-2, पृ. 178
61. टैवर्नियर, जे. बी., ट्रैवल इन इंडिया, अनुवादित द्वारा वी. बाल, भाग-1, लन्दन, 1889, पृ. 92-93, एक पैगोडा क्रमशः 3.5 से 4.5 रुपये के बराबर होता है यदि वह नया या पुराना पैगोडा हो।
62. फोस्टर, भाग-6, पृ. 51
63. दास, हरिहर (सं.), सरकार, एस. सी., नॉरिस एम्बेसी टू औरंगजेब, कलकत्ता, 1959, पृ. 147
64. सैमुअल, भाग-9, पृ. 35
65. फोस्टर, भाग-2, पृ. 222
66. टैवर्नियर, भाग-1, पु. 37-38
67. कोमिसेरिअट, पृ. 41

    कोमिसेरिअट लिखते हैं कि एक सुरक्षाकर्मी की मजदूरी लगभग 8 क्राउन थी, 1 क्राउन 2 रुपये के बराबर था।
68. फोस्टर, भाग-5, पृ. 151

    1 रुपया, 2.5 महमूदी के बराबर था।
69. नारायण, पृ. 12-29

70. गुहा, जी. पी. (सं.), इंडिया इन द सेवेंटींथ सेंचुरी, दिल्ली, 1974, पृ. 175-75
71. नारायण, पृ. 12
72. फोस्टर, भाग-10, पृ. 261
12 पेंस 1 शिलिंग का गठन करते हैं। एडवर्ड टेरी (1618-27), मेंडेल्स्लो (1638-39), टैवर्नियर (1641-68) और जॉन फ्रायर के समय में 1 रुपया 2 शिलिंग 3 पेनी के बराबर था।
73. फॉसेट, सी., इंग्लिश फैक्ट्रीज, भाग-1, 1936, पृ. 106, 120
74. फोस्टर, डब्ल्यू., लेटर्स रिसीव्ड बाई ईस्ट इंडिया कम्पनी (1602-17), भाग-6, 1911, पृ. 238
75. फोस्टर, भाग-9, पृ. 52
यात्रा 50 दिनों में तय की गई।
76. फोस्टर, भाग-1, पृ. 191
1 जहाँगीर मन, 56 अग्रेंजी पाउंड के बराबर था।
77. फोस्टर, भाग-5, पृ. 130
78. दास, हरिहर, पृ. 196
79. टैवर्नियर, भाग-1, पृ. 37-38
80. पेल्सर्ट, पृ. 60-63
81. फोस्टर, भाग-13, पृ. 81
82. फोस्टर, भाग-13, पृ. 81
83. मर्खम, सी. आर. (सं.), हॉकिन्स वॉयेज, लन्दन, 1878, पृ. 420
84. बावरे, पृ. 83
85. टेनेट, विलियम, इंडियन रिक्रिएशन, भाग-1, 2011, पृ. 191-199
86. अबुल फजल, पृ. 170
87. हबीब, इरफान, अग्रेरियन सिस्टम ऑफ मुग़ल इंडिया, पृ. 156-158

7

व्यापारिक पूँजी द्वारा भारतीय शिल्पों की अधीनता

जब विक्रय योग्य वस्तुओं के उत्पादन का विकास बहुत कम था, लघु उत्पादक अपने उत्पाद को पास के बाज़ार में बेच आने तक ही अपने को सीमित रखता था, कभी-कभी तो वह सीधे उपभोक्ता को ही माल बेच देता था। विक्रय योग्य वस्तुओं के उत्पादन का यह सबसे निचला सोपान है, इसे हस्तशिल्प से पृथक करना कठिन होगा। जैसे-जैसे बाज़ार का विस्तार होता जाता है, यह खुदरा व्यापार असम्भव सा हो जाता है। बड़े बाज़ार में विक्रय भी बड़े पैमाने पर होगा, इस तरह थोक विक्रय की आवश्यकता और बड़े छोटे पैमाने पर उत्पादन में विरोधाभास अवश्यम्भावी हो जाता है। तत्कालीन सामाजिक-आर्थिक परिस्थितियों में उत्पादकों के बिखरे और विविक्त होने और विशिष्टीकरण के कारण विरोधाभास का समाधान कोई धनाढ्य वर्ग ही कर सकता था जो वस्तुओं के विपणन की व्यवस्था करे और इसका केन्द्रीकरण करे। वस्तुएँ या कच्चा माल थोक में खरीदने से इन बिचौलियों ने अपनी लागत कम कर समूचे विक्रय प्रक्रिया को एक सामयिक, अस्थिर और अनियमित परिचालन से उठाकर उसे वृहत और नियमित रूप दे दिया। इस प्रकार अर्थव्यवस्था में लघु उत्पादक बाज़ार से दूर हो गया। व्यापारिक पूँजी के आक्रमण से उसकी रक्षा का कोई साधन न था, जिससे अर्थव्यवस्था में लघु उत्पादक पूँजी का आश्रित बन गया। इसका एकमात्र कारण यह है कि बड़े पैमाने पर विपणन से जो सुलभ होता है उसका मुकाबला खुदरा बिक्री या खुदरा विपणन नहीं कर सकती, इसलिए सीधे लघु उत्पादकों से माल खरीदकर बेचनेवालों का उदय हुआ। दरअसल, ये व्यापारिक पूँजी के प्रतिनिधि होते थे। इन्होनें लघु उत्पादकों पर अपना दबदबा बनाया। वस्तु-मुद्रा सम्बन्धों के विकास में इस आर्थिक प्रक्रिया से गुजरना अपरिहार्य था।

भारत में आन्तरिक और ख़ासकर विदेशी व्यापार के विस्तार से स्थानीय कृषि उत्पाद और हस्तशिल्पों के लिए बहुत बड़ा बाज़ार तैयार हो गया था, यह तर्कसम्मत विकास स्पष्ट दिखाई पड़ा। व्यष्टिगत, छितराए उत्पादकों (जो खुदरा और प्रासंगिक विपणन करते थे) और बड़े बाज़ार की जरूरत के बीच आर्थिक विरोधाभास प्रकट हुआ। इसके फलस्वरूप तरह-तरह के बिचौलिए पैदा हो गए जिन्होनें कुटीर उत्पादनों पर अपना नियन्त्रण स्थापित कर लिया। उन्होनें खुदरा और छिटपुट विपणन को विनियमित कर बड़े व्यापार का रूप दे दिया। इससे कुटीर उत्पादकों, विशेषकर कारीगरों की बिचौलियों पर निर्भरता बढ़ गई।

व्यापारिक पूँजी के लघु उद्योगों में प्रवेश और इसके फलस्वरूप लघु उद्योगों की उन पर निर्भरता का सर्वप्रथम रूप वह था जिसमें व्यापारी लघु उत्पादकों से सीधे माल खरीद

लेता था। सोलहवीं-अठारहवीं शताब्दी में यह प्रथा खूब प्रचलित हो गई। सोलहवीं शताब्दी के अन्तिम चरण में बंगाल में व्यापारी हुगली नदी में अपनी नावों पर बैठकर बाज़ारों में जाते थे और कृषि की उपज और दस्तकारी की वस्तुएँ ख़रीदकर नावों में भर वापस लौट आते थे। सत्रहवीं शताब्दी में बिचौलिए शहरों में बुनकरों के केन्द्रों में जाकर उनसे कपड़े खरीद लाते और उसे अपने देशी और विदेशी ग्राहकों को सौंपकर अपना कमीशन (दलाली; दस्तूरी) पा लेते थे। आमतौर पर इन्हें खरीदारों से 0.5 प्रतिशत और बेचनेवालों से 1 प्रतिशत कमीशन मध्यस्थता या दलाली का मिलता था।[1]

कपड़े और अन्य वस्तुओं की खरीदारी बढ़ती जा रही थी। इसमें व्यापारिक पूँजी द्वारा शिल्पों की अधीनता का एक रूप विकसित हुआ जो सरल ढंग से खरीद से ज्यादा जटिल था। बिचौलियों की खरीदारी में सीधे उत्पादकों को बयाना (अग्रिम धनराशि) दे दिया जाता था। यह उस क्लासिकीय रूप का भेद था जिसमें खरीद और कर्ज़ जुड़े रहते थे। जरूरतमन्द उत्पादक खरीदार से कर्ज़ लेते ओर माल देकर कर्ज़ चुकाते थे। भारत में इसे 'ददन' कहते थे। यह प्रणाली सोलहवीं-सत्रहवीं शताब्दियों में खूब प्रचलित थी। भारतीय व्यापारी ही नहीं, यूरोपीय व्यापारी भी इसका सहारा लेते थे। जुलाहों पर अपने दबाव को प्रभावपूर्ण बनाने के लिए ईस्ट इंडिया कम्पनी पेशगी रुपये देने की प्रथा चलायी, जिसे 'ददनी प्रथा' कहते हैं। इसके अनुसार कम्पनी के कर्मचारी जुलाहों को पेशगी रुपये दे देते थे और बदले में एक शर्तनामा (क़रारनामा) लिखवा लेते थे कि वे एक निश्चित (तय) तिथि पर, निश्चित मात्रा में और निश्चित मूल्य पर कपड़ा देंगे।

सत्रहवीं शताब्दी में मुग़ल साम्राज्य के शिल्पों का सर्वेक्षण करते हुए प्रसिद्ध भारतीय इतिहासकार जदुनाथ सरकार कहते हैं कि—"यूरोपीय उस काल की आम प्रथा के अनुसार उत्पादकों को ददन (पेशगी) देते थे, उनकी झोपड़ियों में उनकी देखरेख करते थे और ठीक वक्त पर अपने प्रतिनिधियों (एजेंटों) के जरिए माल की सुपुर्दगी (डिलीवरी) लेते थे।"[2]

कोरोमंडल तट पर बुनकरों को बयाना देनेवालों में प्रमुख कोमटी जाति के व्यापारी होते थे। जो स्वयं या उनके नौकर देहात में जाकर बुनकरों से कपड़े इकट्ठे करते थे।[3] कोमटी व्यापारी यूरोपीय व्यापारियों के दलाल भी होते थे। आर. ह्यूज नामक अंग्रेज व्यापारी ने बिहार में सत्रहवीं शताब्दी के प्रारम्भ में व्यापारियों द्वारा बुनकरों को बयाना (अग्रिम धनराशि) देने की आम प्रथा का उल्लेख किया है। उसका कहना है कि- "उत्तर भारत के व्यापारी लखवुर के महीन कपड़े और अम्बर्ती में पूँजी निवेश को प्रधानता देते हैं। बयाना नकद या हुंडी के रूप में दिया जाता है। व्यापारी बुनकर को समझा देता है कि उसे किस किस्म का कपड़ा चाहिए और कितना चाहिए। इसके लिए वह बयाना दे देता है। फिर तय समय पर शहरों में घूम-घूमकर वह कपड़े इकट्ठे कर लेता है।"[4] पीटर मंडी एक दूसरा अंग्रेज व्यापारी था जो आर. ह्यूज के दस साल बाद बिहार आया था, उसने भी स्थानीय दलालों का विवरण दिया है जो कपड़ों के लिए बयाना देकर कपड़े बनवाते थे।[5]

1670 के दशक तक जब अंग्रेजों ने भारत में व्यापार शुरू ही किया था, मालदा में सूती कपड़ों की बहुत बड़ी मंडी थी। यहाँ व्यापारी बुनकरों को साल में एक विशेष समयावधि

में बयाना दे आते थे। ढाका में भी पैकरों के माध्यम से दलाल बयाना देते थे। व्यापारी जिस वक्त दलाल को पेशगी देते थे, उसी समय कोरे थान (सूती-रेशमी दोनों) के दाम तय हो जाते थे। बंगाली और यूरोपीय व्यापारी ऐसा ही करते थे लेकिन अरब और मुग़ल व्यापारी पहले से कोई कीमत तय नहीं करते, वक्त पर माल आ जाने के बाद दलाल या स्थानीय व्यापारी कीमत लगाता था।[6] यह सूचना भी महत्त्वपूर्ण है क्योंकि इससे पता चलता है कि—

(1) भारतीय व्यापारी कपड़े के पारम्परिक व्यापार में बिचौलियों का इस्तेमाल करते थे,

(2) उस जमाने में बिचौलियों के माध्यम से उत्पादकों को बयाने की रकम पहले देने का रिवाज़ था।

आर. ह्यूज और पीटर मंडी की सूचनाओं के आधार पर हम इस निष्कर्ष पर पहुँचते हैं कि इस इलाके में यूरोपीय व्यापारियों के आने से पहले से ही यह प्रथा चली आ रही थी। सत्रहवीं शताब्दी में बंगाल और बिहार में उत्पादकों को पेशगी देने की प्रथा सिर्फ कपड़ों के व्यापार में ही प्रचलित नहीं थी, बल्कि दूसरी वस्तुओं के व्यापार में भी (ख़ासकर शोरे के व्यापार में) ऐसा ही व्यवहार चलता था।

सत्रहवीं शताब्दी में भारत के दूसरे भागों में भी खरीद के लिए पेशगी देने की प्रथा थी। 1620 के दशक में पेशगी के बारे में फ्रांसिस्को पेल्सर्ट लिखता है कि- "इस शहर में मिर्ज़ा सादिक और गाज़ी फाजिल दो बड़े व्यापारी हैं जो पेशगी देकर नील के उत्पादकों से करीब-करीब सारा माल खरीद लेते हैं। यह व्यापार बड़े फायदे का था क्योंकि उस समय नील के एक मन की कीमत 35-36 रुपये होती थी।[7] मगर पेशगी देकर वे 24-25 रुपये की दर से नील पा लेते थे।"[8]

स्थानीय बाज़ार में दलालों की ताकत सर्वत्र समान न थी। बंगाल, बिहार और गुजरात में तथा कुछ दूसरे शहरों में कपड़ों के बड़े-बड़े बहुत से बाज़ार मिल जाते थे, मगर गोलकुंडा और कोरोमंडल तट पर यह सम्भव न था। मसलन, मसूलीपट्टनम में 1670 के दशक में अगर कुछ महीने पहले पेशगी न दे दें तो निश्चित था कि कपड़ा बाज़ार में नहीं मिलेगा।[9]

अंग्रेज ईस्ट इंडिया कम्पनी के साथ व्यापार करने में स्थानीय व्यापारी निम्नलिखित शर्ते रखते थे -

(1) कम्पनी बसन्त ऋतु में यह बतला देगी कि कितनी कीमत का माल चाहिए (ज़ाहिर है कि इसी आधार पर वे बुनकरों को सूत की कीमत के अनुसार पेशगी देते थे),

(2) कपड़े की डिलीवरी (सुपुर्दगी) से कई महीने पहले उन्हें मूल्य मिल जाएगा (ज़ाहिर है कि इस तरह से वे कम्पनी को ठीक समय पर माल पहुँचाने का पक्का बदोबस्त करते थे)।

पूरी अठारहवीं शताब्दी में व्यापारिक पूँजी द्वारा कारीगरों को पेशगी देकर अपने कब्ज़े में करने का रिवाज़ बढ़ता गया। अठारहवीं शताब्दी के अन्त और उन्नीसवीं शताब्दी के प्रारम्भ में यह प्रथा बंगाल, बिहार, हिन्दुस्तान, मैसूर, महाराष्ट्र आदि में पूरी बुलन्दी पर थी।

सोलहवी-सत्रहवीं शताब्दियों में ददन प्रथा का चलन खूब बढ़ने से कारीगरों की

आर्थिक स्वतन्त्रता तेजी से खत्म होती गई। वह स्थानीय दलाल को ही अपना माल बेच सकता था। अपनी इस हैसियत का लाभ उठाकर दलाल उत्पादकों पर दबाव डालकर दाम (मूल्य) कम करा लेता था। कर्ज़दार महाजन के चंगुल में फँस गया और उसकी हालत बँधुआ मजदूर की होती गई। महाजन कर्ज़दार की विशेष आवश्यकताओं का भी लाभ उठाने लगा। सत्रहवीं शताब्दी के अनेक दस्तावेज़ों से प्रमाणित होता है कि उन कारीगरों की माली हालत खस्ता हो चुकी थी जो पेशगी ले लेते थे। अंग्रेज और डच दस्तावेज़ों में इन्हें 'बेचाँरे' कहा गया है जो स्वन्तत्र रूप में अपना व्यवसाय नहीं कर सकते थे।

इस तरह गोलकुंडा के गरीब बुनकर किसी प्रकार दो जून का भोजन पा लेते हैं। अगर पहले से पैसा न मिले तो वे करघे पर तानी नहीं चढ़ा सकते.... ।[10] कोरोमंडल तट पर कपड़ों पर छपाई करनेवालों को छपाई के हर चरण में पैसे की जरूरत पड़ती थी, पहले कपड़ा खरीदने के लिए, फिर रंग के लिए और बाद में छपाई की अवधि में अपने खर्च के लिए।

ध्यातव्य है कि जिन कारीगरों को जिनके पास अपनी पूँजी नहीं होती थी, पेशगी से शायद ही कोई फायदा हुआ हो। हाँ, महाजन व्यापारी जरूर मालामाल हुआ। अगर पेशगी रकम दस्तकार को दी जाती तो उसको फायदा नहीं पहुँचाती, व्यापारी की दौलत में बढ़ोत्तरी अवश्य कर देती थी।[11]

इन प्रक्रियाओं के विकास के साथ-साथ ही कारीगरों की उन महाजन सौदागरों के प्रति निर्भरता बढ़ती गई जो उनको पेशगी दिया करते थे। आर्थिक पराधीनता व्यक्तिगत अधीनता में बदलती गई। महाजनों एवं सौदागरों के कारीगरों पर तरह-तरह के दबाव बढ़ते गए और उन पर शारीरिक अत्याचार भी होने लगे। गुजरात में व्यापारियों के कारिन्दे जब कर्ज़दार बुनकरों के घर जाते थे तो अपने साथ कोड़े भी रखते थे।

ब्रिटिश ईस्ट इंडिया कम्पनी का एक दस्तावेज़ 1678 ई. के क़रारनामें का उल्लेख करता है जिसमें स्थानीय व्यापारियों को जिम्मेदारी दी गई थी कि वे अपने बुनकरों को डच व्यापारियों के बहकावे में नहीं आने देंगे। अंग्रेज कम्पनी को पता चला है कि डच कम्पनी इस साल इस इलाके में भारी निवेश की सोच रही है। 'अपने बुनकरों' से कम्पनी का मतलब उन बुनकरों से है जो उनसे बराबर पेशगी प्राप्त करते हैं।[12]

व्यापारी और कारीगरों के बीच रिश्ते इतने गहरे जुड़े थे कि व्यापारी कभी-कभी बुनकरों, रंगरेजों आदि के झुंड के झुंड को एक स्थान से हटाकर दूसरे स्थान पर बसा देता था। सत्रहवीं शताब्दी के अन्त में एक कन्नड़ व्यापारी बाबू प्रभु ने रंगरेजों के एक झुंड को तूतीकोरिन से हटाकर मालाबार में बसा दिया।[13]

पूरी अठारहवीं शताब्दी में सौदागरी पूँजी पर हस्तशिल्पों की निर्भरता बराबर बनी रही। अठारहवीं शताब्दी के अन्तिम चरण और उन्नीसवीं शताब्दी के प्रारम्भ में बिहार की सीमा पर हिन्दुस्तान में उन कारीगरों की स्थिति दयनीय रही जो महाजनों से पेशगी लिया करते थे। इनमें से अनेक अपनी आर्थिक आज़ादी पूरी तरह गँवा चुके थे। उनको अपना कारोबार चलाने के लिए पैसे उपलब्ध न थे। वे अपने पैसे से सूत या दूसरी चीजें नहीं खरीद सकते थे।[14] उदाहरण के लिए पटना में सभी देशी व्यापारी पेशगी देते थे क्योंकि इससे कारीगर

उनके दबाव में रहता था। उसकी हालत गुलामों से कुछ ही बेहतर थी।

बेलगाँव, महाराष्ट्र में जो दशा अठारहवीं शताब्दी के अन्त और उन्नीसवीं शताब्दी के प्रारम्भ में थी, वह बुनकरों की स्थिति का अच्छा दृष्टान्त प्रस्तुत करती है। थॉमस मार्शल ने बताया है कि- "यहाँ मोटे किस्म का कपड़ा तैयार होता है। शाहपुर के व्यापारी माल बनवाते हैं, वे बुनकरों को सूत खरीदने और उनके खर्च के लिए पेशगी दे देते हैं (जो चार-पाँच महीने के लिए, जब तक काम पूरा न हो जाए, पर्याप्त होता है)। बुनकर इन व्यापारियों के कर्ज़ में इतने डूबे रहते हैं कि जो भी समान उनके रुपयों से उनके ऑर्डर के अनुसार बनाते हैं, वह उस महाजन का होता है।"[15]

अंग्रेज कम्पनी के लिए काम करनेवाले बुनकरों पर घोर अत्याचार होते थे। 1767 ई. में गवर्नर जी. वेरेल्स्ट ने लन्दन को लिखे एक पत्र में सभी फैक्टरियों में बुनकरों की असामान्य किल्लत का जिक्र करते हुए लिखा था कि- "निश्चित रूप में बहुत बड़ी संख्या में बुनकरों ने अपना पेशा छोड़कर दूसरे कम खतरनाक पेशे अपना लिए हैं। कम्पनी के बोर्ड ऑफ डाइरेक्टरों ने इसके लिए अनेक वर्षों से बुनकरों पर होनेवाले अत्याचार को दोषी बताया जिससे बहुत से बुनकरों ने अपने करघे फेंक दिए। यह भी कि कम्पनी काम कराने के लिए ताक़त का इस्तेमाल करती रही है, हम उनको उचित मूल्य नहीं देते और इसीलिए वे काम नहीं करना चाहते।"[16]

विवेच्य-काल में बिहार में शोरे का उत्पादन इसका एक दूसरा दृष्टान्त प्रस्तुत करता है कि किस तरह उत्पादक व्यापारिक पूँजी के अधीन हो गया था। 'नोनी' या 'नोनिया' जिन ज़मींदारों से जमीन किराए पर लेकर शोरा बनाते थे, उनके इस कदर आश्रित हो जाते थे कि उनके अलावा किसी दूसरे को शोरा नहीं बेच सकते थे। इस व्यापार में खूब लाभ था जो सत्रहवीं शताब्दी से चला आ रहा था। अठारहवीं शताब्दी के अन्त और उन्नीसवीं शताब्दी के प्रारम्भ में अधिकांश शोरा बनानेवाले नोनिया कर्ज़ में इतनी गहराई से डूबे हुए थे कि वे कर्ज़ कभी नहीं चुका सकते थे।

उपर्युक्त सभी बातों को दृष्टि में रखते हुए हम कह सकते हैं कि सत्रहवीं-अठारहवीं शताब्दी में भारत के हस्तशिल्प उद्योग में कारीगरों को पेशगी रकम देने की जो प्रथा प्रचलित थी उसमें पूँजीवादी सम्बन्धों के संक्रमण के तत्त्व मौजूद थे क्योंकि पेशगी (अग्रिम धनराशि) देकर सौदागरों ने उत्पादन प्रक्रिया में हस्तक्षेप करना शुरू कर दिया था। अब वो कारीगरों को आदेश दे रहे थे कि उन्हें क्या माल बनाना है, कितना बनाना है और कितनी अवधि में बनाना है। कारीगर आमतौर पर अपने उपकरणों का मालिक होता था, वे पूँजीपतियों के अधीन तो हो ही गए थे किन्तु उनका स्वामित्व मात्र एक छलावा था। उत्पादन के साधन और जीविका के साधन कारीगर के विरूद्ध थे क्योंकि इन दोनों का स्वामित्व तो खरीदार के पास था।

कारीगर द्वारा बिचौलिए के कच्चे माल का प्रसंस्करण (प्रोसेसिंग) ग्राहक के कच्चे माल के प्रसंस्करण का ही छोड़ा हुआ रूप था। मध्य युग में यह आम प्रथा थी। आर. ह्यूज बताता है कि- "सत्रहवीं शताब्दी के प्रारम्भ में व्यापारी अम्बर्ती सूती कपड़ा सफेदी करनेवाले को दे देते थे जो उसे तीन महीने रेह में रखकर साफ करता है और उस पर माड़ी चढ़ाता है। इसके

लिए उसको तयशुदा पारिश्रमिक मिलता है। व्यापारी ने तो उसे कच्चा ही खरीदा था।"[17] ब्लीचिंग (विरंजन) के लिए बहुत से कारीगर अहमदाबाद में थे, मगर वहाँ से कपड़ा भरूच भेजा जाता था क्योंकि वहाँ के पानी में कुछ तत्त्व ऐसे थे जिससे कपड़ा चमकने लगता था।[18]

जब बिहार में सत्रहवीं शताब्दी के प्रारम्भ में कपड़े का व्यापार बुलन्दी पर चढ़ा तो कपड़ों के विरंजन (ब्लीचिंग) की पुरानी प्रथा मं, जिसमें ऑर्डर देकर काम करते थे, नए आर्थिक रूप पैदा हुए। कारीगर खुदरा ग्राहकों से सीधे ऑर्डर नहीं लेता था, अब उसे बड़ी मात्रा में कच्चा माल नियमित रूप से मिलने लगा। बिचौलिए उसे गज्झिन सूती कपड़ा दे जाते थे। इसका नतीजा यह हुआ कि कारीगरों ने धीरे-धीरे अपनी आज़ादी खो दी क्योंकि व्यापारियों ने अब कच्चा माल और बाज़ार दोनों पर कब्ज़ा कर लिया। विरंजन का काम करनेवाले कारीगर व्यापारियों पर आश्रित होते गए। वे अन्ततोगत्वा पारिश्रमिकभोगी मजदूर बन गए जो पूँजीपतियों के लिए अपने ही घर में काम करता था। मद्रास के आसपास के विरंजकों के साथ भी ऐसा ही हुआ जो अंग्रेज ईस्ट इंडिया कम्पनी के ऑर्डर (समान को बनाने और उसकी आपूर्ति का आग्रह) पर काम करते थे।[19]

सत्रहवीं शताब्दी में कोरोमंडल तट पर भी छींट (चिंट्ज) के उत्पादन में ऐसी ही प्रथा थी। यहाँ श्रमिकों के पुराने संगठन धीरे-धीरे नई आर्थिक विशिष्टताओं को अपनाने लगे। छपाई के काम में कई तरह के विशिष्ट कारीगर होते थे। ये भी इसी आधार पर चले। जे. ओलफ्सन (आइसलैंड) जो सत्रहवीं शताब्दी के प्रारम्भ में यहाँ आया था, कारीगरों के बारे में लिखता है—

> यहाँ के कारीगर कपड़ों की बुनाई, रंगाई और छपाई में कुशल होते हैं। ये किसी भी रंग का कपड़ा तैयार कर सकते हैं। रंगाई के लिए इनके लम्बे-लम्बे मकान होते हैं जिनमें दीवारें नहीं होतीं। इनमें मकान के बराबर लम्बी-लम्बी मेजें होती हैं। इन मेजों पर ये अपने बरतन रखते हैं, जिनमें तरह-तरह के रंग होते हैं। उनकी कूचियाँ और कलमें होती हैं। मेज पर सूती-रेशमी कपड़े फैलाकर ये इनकी मदद से निशान लगाते हैं जिन पर अपनी कल्पना से ये रंग भरते हैं। इनकी कूचियाँ सूअर के बालों की बनी होती हैं। ये बड़ी भी होती हैं और छोटी भी। इन कूचियों से कपड़ों पर तरह-तरह के कलापूर्ण चित्र बनाने में ये नितान्त कुशल होते हैं। वे यहाँ दिन भर सूरज डूबने तक बैठते हैं, सिर्फ दोपहर को थोड़ी देर के लिए ये खाना खाने के लिए मकान के भीतर जाते हैं। ये बातें करते जाते हैं और कपड़ों पर चित्र बनाते जाते हैं। मैं उनके रंगाईघरों में मेजों पर अक्सर बैठता था, वे बड़े प्यार से मेरा स्वागत करते थे। जब एक थान तैयार हो जाता है तो उसे धूप में सूखने के लिए चौरस जमीन पर फैला देते हैं और उनको खूटियों से बाँध देते हैं।[20]

शिल्पों में वस्तु-मुद्रा सम्बन्ध बढ़ जाने से छीपियों में आर्थिक वैषम्य था। इससे कपड़े की छपाई के व्यापार में सत्रहवीं शताब्दी के अन्त में नए आर्थिक सम्बन्ध पैदा हुए। अब बिचौलिए छीपियों को पेशगी के साथ-साथ 'पैटर्न' (नमूना) भी देते थे जिसे कपड़ों पर उतारना होता था। इस प्रकार छीपीगिरी के व्यापार में श्रम के आर्थिक संगठन का यह नया रूप बना। डी. हैवर्ट ने पालकोल्लु शहर के आसपास इस प्रथा का प्रचलन देखकर

लिखा है कि- "चार तरह के छीपी होते हैं, जिनके बीच ऑर्डर का काम बाँट दिया जाता है। वे अपने से नीचेवालों को काम पर लगा देते हैं। ये कारीगर गरीब होते हैं, इन्हें कर्ज़ उतारने के लिए और सालाना कर अदा करने के लिए काम देना जरूरी होता है नहीं तो ये बरबाद हो जाएँगे।"[21]

इस प्रकार हम देखते हैं कि सत्रहवीं शताब्दी के अन्त में कोरोमंडल तट पर कपड़े पर छपाई के काम में श्रमिकों का एक ऐसा संगठन बन चुका था जिसमें विकेन्द्रीकृत पूँजीवादी निर्माण की विशिष्टताएँ मौजूद थीं। व्यापारी कारीगरों के उस्ताद को पेशगी देता था। ये उस्ताद धनी हुआ करते थे जो गरीब कारीगरों को मजदूरी पर काम बाँट देते थे। ये कारीगरों के उस्ताद व्यापारियों के कर्ज़ के नीचे दबे होते थे। कपड़े के उत्पादन में श्रम का विभाजन था। भिन्न-भिन्न क्षेत्रों के कारीगर भिन्न-भिन्न काम कर माल तैयार करते थे।

उत्पादन की ये विशिष्टताएँ कोरोमंडल तट तक ही सीमित न थीं। मिर्ज़ा अबू तालिब के इतिवृत्त में अठारहवीं शताब्दी के लखनऊ का वर्णन है। उस जमाने में लखनऊ छींट के काम के लिए प्रसिद्ध था। इस इतिवृत में एक उस्ताद छापाकार का जिक्र है, वे बड़े आदरणीय माने जाते थे। उनके नीचे चार सौ से पाँच सौ शागिर्द काम करते थे[22], किन्तु यह पता नहीं कि ये सभी किसी एक जगह काम करते थे या अपने-अपने घरों में (अधिक सम्भावना यही है कि ये अपने घरों में ही काम करते रहे होगें)।

अठारहवीं शताब्दी के अन्त और उन्नीसवीं के प्रारम्भ में बिहार में भी उत्पादन के ऐसे ही रूप दिखलाई पड़े। पटना के व्यापारी निर्यात के लिए छींट बनाते थे। इसमें नए कपड़े का इस्तेमाल होता था। इनमें से कुछ के पास अपनी थोड़ी बहुत पूँजी होती थी जिससे वे कच्चा माल खरीदकर नौकरों से छपाई कराकर व्यापारियों के हाथ निश्चित दरों पर माल बेच देते थे।[23] भागलपुर में अठारहवीं शताब्दी के अन्त और उन्नीसवीं शताब्दी के प्रारम्भ में व्यापारी किसानों को अनाज देते थे और कच्चे लोहे की ढलाई करवाते थे। किसान कृषि के अलावा खाली मौसम में यह काम करते थे। ये किसान धातु बनाकर व्यापारी को सौंप देते थे, उसके बदले वह उन्हें अनाज देता था। व्यापारी उस धातु को गाँव के लुहारों को गढ़ाई के लिए देते थे, साथ में पेशगी भी देते थे। बाद में व्यापारी लुहारों से गढ़ी वस्तुएँ स्वयं खरीद लेते थे। वे औपचारिक रूप से धातु लुहारों को बेचते थे, फिर खरीद लेते थे। महत्त्वपूर्ण बात यह है कि लुहार पेशगी न मिलने की दशा में काम नहीं कर सकते थे। एफ. बुकानन लिखते हैं कि- "गाँव के ये लुहार बिना पेशगी के काम कभी नहीं करते। व्यापारी उनको आमतौर पर कच्चा लोहा बेच देते थे और जैसे ही वे उसको गलाकर कोई माल ढालकर तैयार कर लेते, वे उसे खरीद लेते थे।"[24]

बिहार के जूते-चप्पल ज्यादातर बाहर जाते थे। व्यापारी कारीगरों को कच्चा माल देकर दैनिक मजदूरी पर माल तैयार कराते थे।[25] आभूषण बनानेवाले पटना के कारीगरों के पास अपनी पूँजी नहीं होती थी पर औजार उनके अपने होते थे।[26] शाहाबाद जिले के 80 प्रतिशत तेलियों के पास तिलहन खरीदने के लिए पूँजी नहीं होती थी, इसलिए व्यापारी उनको तिलहन देकर मजदूरी पर तेल पेरवाते थे। उदाहरणार्थ- बिहार जिले में 25 प्रतिशत तेली, व्यापारियों से तिलहन लेकर मजूदरी पर काम करते थे।[27]

हमारे पास ऐसे प्रमाण भी हैं (यद्यपि इनकी संख्या बहुत कम है) कि 1670 के दशक में तथा अठारहवीं शताब्दी के अन्त और उन्नीसवीं शताब्दी के प्रारम्भ में कताई करनेवालों और बुनकरों में पेशगी का रिवाज़ प्रचलित था। बम्बई में अंग्रेज ईस्ट इंडिया कम्पनी से ऑर्डर लेकर 1670 के दशक में जो व्यापारी कपड़ों की आपूर्ति करते थे वे बुनकरों को सूत देते थे, इनमें से एक व्यापारी का नाम गिरधर था। उसने बताया कि सूत महंगा होने के कारण कपड़ों के दाम बढ़ गए हैं।[28] इस पर कम्पनी स्वयं सूत खरीदकर बुनकरों को देने लगी। अबे रेनाल ने अठारहवीं शताब्दी के उत्तरार्ध में कोरोमंडल तट के आर्मेनियाई व्यापारियों को बारे में लिखा है कि- "वे भारत जाकर रुई खरीदकर सूत कातनेवालों को दे देते हैं, कपड़े भी अपनी देखरेख में बनवाते हैं और तैयार कपड़ों को वहाँ से बन्दर अब्बास के रास्ते इस्फहान और यूरोप भेज देते हैं। यूरोपीय इन्हें ईरानी कपड़ा कहते हैं, किन्तु वे कोरोमंडल तट के बने होते हैं।"[29] ध्यान देने की बात है कि रेनाल की सूचना की तिथि स्पष्ट नहीं लिखी है और उसने जो कुछ लिखा है वह उसका खुद का आँखों देखा नहीं था, इसलिए उसके बयान को ग्रहण करने में सावधानी बरतनी होगी।

महाराष्ट्र के बागुलकोट में 25-30 मील के घेरे में रेशम बुनकरों की बस्तियाँ थीं। बागुलकोट के व्यापारी इन बस्तियों में जाकर पेशगी दे आते थे और साथ में कच्चा रेशम भी बेच आते थे जो वे शहर से अपने साथ लाए रहते थे। बहुत से रेशम बुनकर इन व्यापारियों के कर्ज़दार होते थे। ये महाजन इनका तकरीबन सारा माल खरीद लेते थे। कच्चे रेशम की बिक्री अक्सर बुनकरों को कच्चा माल बाँटने जैसा होता था। टी. मार्शल ने महाराष्ट्र की अवस्था का वर्णन करते हुए कहा है कि- "बागुलकोट के महाजन समान का थोड़ा हिस्सा देकर 25 मील के घेरे में बुनकरों की बस्तियों का सारा माल खरीदते और बेचते थे। यहाँ सारा माल निर्यात के लिए बनता था।"[30]

बुनकरों के घरों में पूँजीवादी काम के विकास का अच्छा उदाहरण कश्मीर में अठारहवीं शताब्दी के अन्त और उन्नीसवीं शताब्दी के प्रारम्भ में रेशम वस्त्र निर्माण में मिलता है, जहाँ उद्यमी व्यापारी बुनकरों को धागे दे आता था। स्ट्रैची नामक एक अंग्रेज यात्री ने लिखा है कि- "व्यापारी बुनकरों के चौधरी को धागे दे आता है। इन धागों को कत्तिनें तैयार करती हैं फिर उन्हें रंगरेज रंगता है। इन्हीं रंगीन धागों से व्यापारी के ऑर्डर के अनुरूप अपने ही घरों में बुनकर माल तैयार करते हैं। ऑर्डर देते वक्त ही व्यापारी बुनकर को बता देता है कि उसे किस पैटर्न का और किस रंग का कितना माल चाहिए।[31]

पूँजीवादी अतिरिक्त मूल्य निर्माण के प्रारम्भ और पूँजीवादी सम्बन्धों के उदय का मूल्याँकन करते समय यह बात स्पष्ट परिलक्षित होती है कि व्यापारी कच्चे माल के वितरण का अतिरिक्त कार्य इसलिए करता है ताकि जिस मूल्य पर दूसरे वही समान बेचते हैं, उसी मूल्य पर बेचकर वह उनसे ज्यादा लाभ कमा सके। कारीगर को अपनी सेवा में लेकर उसने उत्पादन के पारम्परिक ढाँचे को तोड़ दिया। पारम्परिक ढाँचे में उत्पादक अपना तैयार माल बेच आने के अलावा और कुछ नहीं करता था। नई अवस्था में व्यापारी-पूँजीपति ने कारीगर की श्रम शक्ति खरीद ली, अभी तक उत्पादन के उपकरण उसके अपने होते थे किन्तु कच्चा माल उसका नहीं होता था। इस प्रकार बुनकर को रोजगार की

गारंटी देकर वह उसकी मजदूरी में इतनी कमी करा सकता था कि उसके श्रम की अवधि के कुछ भाग की मजदूरी उसे नहीं देनी पड़ती थी। इस तरह ठेकेदार अपने व्यापारिक लाभ के अलावा अतिरिक्त मूल्य भी हड़पनेवाला हो गया।[32]

बंगाल में अठारहवीं शताब्दी के अन्त में ब्रिटिश ईस्ट इंडिया कम्पनी ने बुनकरों को पेशगी के रूप में धागे देना प्रारम्भ किया जो उसके ऑर्डर पर काम करते थे। अंग्रेज इसे जरूरी समझते थे क्योंकि बुनकर जो धागे खुद लाते थे वे प्रायः घटिया (निम्न गुणवत्ता के) होते थे, इसलिए कम्पनी स्वयं उच्च कोटि के धागे खरीदकर अपने बुनकरों को देने लगी ताकि वे घटी दर पर उच्च कोटि के कपड़े तैयार कर उसे दे सकें।

जे. ए. टेलर के अनुसार, "उन्नीसवीं शताब्दी के प्रारम्भ में ढाका जिले में कपड़े का थोक व्यापार करनेवाले महाजन अपने एजेंटों, पैकरों के जरिए बुनकरों को कपड़े बनाने के लिए पेशगी देने लगे। ये पैकर देहात में घूम-घूमकर सूत इकट्ठा करते थे या फिर कत्तिनों को सूत कातने के लिए पेशगी दे आते थे ताकि उनके ऑर्डर के मुताबिक वे सूत बनाकर दें।"[33]

सोलहवीं-अठारहवीं शताब्दी में स्थानीय व्यापारियों में यह प्रथा क्यों नहीं फैली? शहरों में बुनकरों को पेशगी देने के बारे में उल्लेख कम मिलते हैं। जहाँ तक गाँवों के बुनकरों का ताल्लुक है, इसका खुलासा इस प्रकार किया जा सकता है कि कपास की खेती गाँवों में होती थी और कुछ इलाकों में तो बहुत बड़ी मात्रा में कपास उगाये जाते थे। यह भारत की आर्थिक-भौगोलिक विशेषता थी कि कपास हर खेत में पैदा की जा सकती थी। दूसरे, यह नजदीकी बाज़ार में आसानी से मिल जाती थी। कताई का काम बुनकरों के घरों में ही नहीं बल्कि आमतौर पर सभी किसानों के घरों में होता था। इससे वस्त्र उद्योग के लिए बहुत बड़े पैमाने पर कच्चा माल पैदा होता था जो बराबर उपलब्ध था, इसलिए कच्चे माल की आपूर्ति कभी कोई समस्या नहीं बनी।

इससे भी कम महत्त्व की बात यह न थी कि बुनकर छिटके हुए थे। हाथ की बुनाई अपेक्षाकृत धीमी होती है। किसानों के अपने घरों में सूत का इस्तेमाल बहुत कम मात्रा में होता था (इसका खुलासा इस बात से भी होता है कि भारतीय वस्त्र बहुत महीन होते थे) इसलिए निश्चित केन्द्रों में सूत की बड़े पैमाने पर खपत की गुंजाइश न थी। इस प्रकार की खपत से ही कच्चे सूत की केन्द्रीय खरीद आर्थिक दृष्टि से अधिक लाभकर हो सकती है इसलिए पुराना तरीका ही चलता रहा जिसमें बुनकरों को सूत ख़रीदने के लिए पेशगी दी जाती थी। इसलिए यह व्यवस्था अठारहवीं शताब्दी तक निर्बाध चलती रही।

ये सम्बन्ध भारत की अर्थव्यवस्था में बने थे जो कुछ केन्द्रों और जिलों में प्रकट हुए थे, ख़ासकर उन हस्तशिल्पों में जिनका विदेशों में निर्यात के लिए बड़े पैमाने पर उत्पादन होता था। पहले यह प्रक्रिया मसूलीपट्टनम, बालासोर, हुगली, ढाका, मालदा, पटना, सूरत, अहमदाबाद आदि शहरों के आसपास गाँवों में चली जो बुनाई और कताई के केन्द्र थे, क्योंकि शहरी शिल्प श्रम के सामन्ती संगठन पर निर्भर थे।

उत्पादन के सामन्ती ढाँचे की विशेषता थी-अनिवार्य श्रम। श्रम के पारिश्रमिक में राज्य का नियन्त्रण होता था, जिसमें सामन्तों को स्वेच्छाचारिता मिली हुई थी। मुख्य रूप से उत्पादन बाज़ार में बेचने के लिए नहीं बल्कि राज्य की आवश्यकता की पुर्ति के

लिए होता था, जैसे- भवन निर्माण, हथियारों का उत्पादन, खनन आदि या दरबार और सामन्त वर्ग के सम्भ्रान्त व्यक्तियों के विलास के लिए। राज्य की कार्यशालाओं में जिन्हें मुग़लकाल में कारखाना कहते थे और बड़े सामन्तों के कारखानो में उत्पादन का यह रुप नितान्त स्पष्ट था।

बर्नियर ने औरंगज़ेब के आगरा के कारखाने का वर्णन किया है जिनमें सामन्ती जोर जबरदस्ती के तरीकों से कारीगर भर्ती किए जाते थे। उनके श्रम का कड़ाई से नियन्त्रण व नियमन होता था। वे अपनी मर्ज़ी से कारखाना नहीं छोड़ सकते थे, उनको वो काम हर परिस्थिति में पूरे करने होते थे जो उन्हें दिए जाते थे। उनके पारिश्रमिक का निर्णय सामन्त स्वामी करता था, कारीगर एक तरह से बादशाह या सामन्तों का गुलाम होता था। बर्नियर ने उन पर होनेवाले अत्याचार का विवरण दिया है—

> ये कारीगर रोज़ सुबह अपने-अपने कारखाने में आ जाते हैं जहाँ वे दिन भर काम करते हैं और शाम को अपने-अपने घर लौटते हैं। इनके साथ रुखाई का व्यवहार होता है, ये दंड भोगते हैं और इनको पारिश्रमिक भी पूरा नहीं दिया जाता। जब उमरा या मनसबदार को किसी कारीगर की आवश्यकता होती है तो वह उन्हें बाज़ार से पकड़वा मंगाता है। अगर अपनी इच्छा से न आये तो जबरदस्ती बुला लिए जाते हैं। उनसे दिनभर काम करवाते हैं और काम पूरा हो जाने पर बेरहम मालिक उसकी मेहनत के अनुसार मजदूरी न देकर अपनी मर्ज़ी और हैसियत को ध्यान में रखकर उसे जो उचित लगे, मजदूरी पकड़ा देते हैं। कारीगर अपना अहोभाग्य मानता कि उसे मेहनताने में कोड़े नहीं लगाये गए। उसकी प्रतिष्ठा बढ़े- इसके लिए काम करने की बजाय उसे सिर्फ यही चिन्ता रहती है कि किसी तरह इतनी मजदूरी मिल जाए कि उसका चूल्हा जलता रहे। सिर्फ वही शिल्पी प्रसिद्धि पाते हैं जो शाही कारखाने में काम करते हैं या ताकतवर उमरा के यहाँ रहते हैं जो उसका एकमात्र संरक्षक हो।[34]

जदूनाथ सरकार ने लिखा है कि- "कारखाने में जिन वस्तुओं का निर्माण होता है, उसका मुख्य भाग तो उमरा और मनसबदारों को समय-समय पर इनाम देने के काम में आता है, जो उस जमाने की प्रथा थी। बादशाह के हरम की और सरकारी जरूरतें पूरी करने के बाद जो बच जाता उसे लोगों को बेच देते थे।"[35]

अलयेव का मानना है कि मध्यकालीन समाज दो स्वायत्त लेकिन परस्पर जुड़ी समाज व्यवस्थाएँ थीं। इनमें एक समाज सेवक वर्ग के इर्द-गिर्द बना था जो शहरों में केन्द्रित था (शहरी कारीगर, सौदागर, प्रशासनिक तन्त्र, सैनिक, गुलाम आदि)। दूसरा समाज छोटे भू-स्वामियों और गाँव के सम्भ्रान्त लोगों का था, ये कभी समाज के छोटे वर्ग के पास पहुँच जाते तो कभी किसान वर्ग के पास। इनमें शिकमी काश्तकार, बँधुआ और मुक्त कृषक मजदूर, गाँव के कारीगर और नौकर आदि सम्मिलित थे। इन दोनों अर्थव्यवस्थाओं और सामाजिक-आर्थिक प्रणालियों को जोड़नेवाली कड़ी मुख्य रूप से यह बताती थी कि पहला दूसरे का शोषण करता था।[36]

यूरोपीय व्यापारी कम्पनियाँ भारतीय कारीगर भाड़े पर रखती थीं। ये कारीगर व्यापारियों के आदेश के अनुसार काम करते थे। सत्रहवीं शताब्दी के प्रारम्भ में डचों ने अपने पुलीकट

के कारखाने में 200 से 300 छीपी भाड़े पर रखे थे।[37] 1630 के दशक में यूरोप के व्यापारी बाज़ार से कपड़े खरीदकर भारतीय मजदूरों से उनकी धुलाई और छपाई करवाते थे।[38]

1670 के दशक में हुगली में डचों के कई कारखाने थे जिनमें कप्पीगर, बढ़ई, लुहार और कारीगर काम करते थे। उन्होंने बुनकरों के लिए भी घर बनवाये थे। ये बुनकर उनके जहाजों की पालों के कपड़े बनाते थे। कुछ रस्से तैयार करते थे, इनमें अधिकांश भारतीय थे। इनको डेढ़ से दो आना दैनिक मजदूरी मिलती थी। इनके काम की निगरानी करने और उनको हिदायत देने के लिए डच तैनात थे। इसी अवधि में डचों ने पुलिकट के कारखाने में बहुत से बुनकर इकट्ठे किए थे। इन्हें डच संरक्षण में रखा गया था।[39] 1670 के दशक में कासिमबाज़ार में डचों ने रेशम के बुनकरों के लिए विशेष स्थान की व्यवस्था की थी।[40]

अंग्रेजों की ईस्ट इंडिया कम्पनी ने बिहार और बंगाल में अपने कारखाने में ऐसी ही व्यवस्था की थी। उदाहरण के लिए आर. ह्यूज नामक अंग्रेज व्यापारी ने पटना में रेशम बाइंडिंग के लिए कारीगर रखे थे। इनके लिए बड़े बाज़ार में कोतवाली के बगल में एक जगह किराये पर ली थी। उसने लिखा है कि- "सबसे सस्ती सेरबन्दी (कच्चा रेशम) खरीदकर उसकी बाइंडिंग करा लेना अच्छा रहता है। इस समय मैंने इस काम के लिए 30 कारीगर लगा रखे हैं, मैं उनकी संख्या 100 करना चाहता हूँ। यदि आप (कोर्ट ऑफ कमेटी ऑफ इंग्लिश ईस्ट इंडिया कम्पनी) इसे मंजूरी दें और दाम भी मंजूर करें (जो आगरा से एक तिहाई कम है) तो मैं 200 या 300 रेशम बाइंडरों को पूरे साल के लिए काम पर लगा लूँ।"[41] वह मजदूरों को क़रारनामा के अनुसार मजदूरी देता था।

1660 और 1670 के दशक में कासिमबाज़ार में अंग्रेज वहीं के स्थानीय लोगों को मजदूरी पर रखते थे, उनको मासिक भुगतान किया जाता था। इनमें सूत बाँटनेवाले, बुनकर, छीपी, रंगरेज, तगादागार, पैकर, पोतदार थे। पैकरों और पोतदारों के माध्यम से स्थानीय कारीगरों और व्यापारियों को पेशगी दी जाती थी। 1679 ई. में कम्पनी ने फैसला किया कि पैकरों को मासिक पारिश्रमिक की अदायगी की गारंटी देने की प्रथा बन्द कर दी जाय, उनको क्रमिक मजदूरी दी जाय ताकि वे खूब मेहनत से कम्पनी के लाभ के लिए काम करें। इनके माध्यम से जिस चीज़ के लिए पेशगी दी जाय, वह चीज़ वसूल हो जाने पर उसके मूल्य में प्रति एक रुपया पर एक पैसा मेहनताना दिया जाए।[42]

इस प्रकार हम देखते हैं कि डच और अंग्रेज ने ऐसे संगठन बनाए थे जिसमें उनके कारखानों में 100 से 300 तक स्थानीय कारीगर काम करते थे। यूरोपीय इसके लिए जोर जबरदस्ती भी करते थे। तथापि, भारत में सत्रहवीं शताब्दी में हस्तशिल्प का जितना उत्पादन होता था उसकी तुलना में यूरोपीयों के कारखानों में बहुत ही कम मात्रा में उत्पादन होता था।

प्राप्त दस्तावेज़ों के आधार पर हम कह सकते हैं कि उस समय भारत में लघु हस्तशिल्प की व्यापारिक पूँजी द्वारा अधीनता के कई रूप मौजूद थे। बिचौलिया उत्पादक को नक़द या जिन्सों (आवश्यक वस्तुएँ जिसमें कच्चा माल शामिल है) में भुगतान रोक सकता था। वह सीधे उन्हें कच्चा माल आपूर्ति कर सकता था और मजदूरी एकमुश्त देकर समान बनवा सकता था। इस प्रकार कारीगर वास्तव में पारिश्रमिकभोगी मजदूर हो गया

था, वह अपने घर पर ही मालिक के लिए काम करता था। इस प्रकार व्यापारिक पूँजी औद्योगिक पूँजी बन जाती थी, इस तरह एक पूँजीवादी गृह उद्योग का जन्म हुआ।

सन्दर्भ सूची

1. फोस्टर, डब्ल्यू., (सम्पा.) : दी इंग्लिश फैक्ट्रीज इन इंडिया ए कैलेंडर ऑफ डाक्यूमेंट्स इन दी इंडिया ऑफिस, ब्रिटिश म्यूजियम एंड पब्लिक रिकार्ड ऑफिस (1618-1621), भाग-1, ऑक्सफोर्ड 1906, पृ. 194
2. सरकार जदुनाथ, 'इंडस्ट्रीज ऑफ मुग़ल इंडिया : सेवेटींथ सेंचुरी' मार्डन रिव्यू, जून 1922, पृ. 676
3. मोरलैंड, डब्ल्यू. एच. (सम्पा.) : रिलेशन ऑफ गोलकुंडा इन द अर्ली सेवेंटींथ सेन्चुरी, लन्दन, 1931 पृ. 16
4. फोस्टर, पृ. 196
5. मंडी, पी., द ट्रैवल्स ऑफ पीटर मंडी इन यूरोप एंड एशिया (1608-1667), भाग-2, लन्दन, 1914 पृ. 145
6. मास्टर एस., द डायरीज ऑफ स्ट्रेनशम मास्टर, (1675-1680) एंड अदर कंटेम्प्ररी पेपर्स रिलेटिंग देअर टु, भाग-2, लन्दन, 1911, पृ. 14
7. पेल्सर्ट, एफ., जहाँगीर'[स] इंडिया, द रिमोंस्तरांसी ऑफ फ्रांसिस्को पेल्सर्ट, कैब्रिंज 1925, पृ. 16
8. फोस्टर, 1624-1629, पृ. 2016
9. मास्टर, पृ. 114
10. फासेट, सी. एच., द इंगलिश फैक्ट्रीज इन इंडिया (न्यू सिरीज), भाग-2, ऑक्सफोर्ड, 1940, पृ. 160
11. बर्नियर, एफ., ट्रैवल्स इन द मुग़ल एम्पायर ए. डी. 1656-1668, लन्दन, 1934, पृ. 229
12. मास्टर, पृ. 163
13. पणिक्कर, के. एम., मालाबार एंड द डच, बीइंग द हिस्ट्री ऑफ फाल द नायर पावर इन मालाबार, बम्बई, 1931, पृ. 153
14. मांटगोमरी, मार्टिन आर., द हिस्ट्री, ऐटिक्विटीज, टपॉग्रफी एंड स्टैटिस्टिक ऑफ इस्टर्न इंडिया, कम्प्राइजिंग डिस्ट्रिक्ट्स ऑफ बिहार, शाहाबाद, भागलपुर, गोरखपुर, दीनाजपुर, पूर्णिया, रंगपुर एंड आसाम, भाग-2, लन्दन, 1838, पृ. 327
15. मार्शल, टी., स्टैटिस्टिकल रिपोर्ट्स ऑन द परगनास ऑफ पादशाहपुर, बेलगाँव, खानपुर, बागुलकोट एंड बादामी इन द सदर्न मराठा कंट्री ..., बम्बई, 1822, पृ. 51
16. फोर्ट विलियम इंडिया हाउस कॉरेस्पाडेंस एंड अदर कंटेम्प्ररी पेपर्स रिलेटिंग देअर टु, भाग-3, दिल्ली, 1952
17. फोस्टर, पृ. 192
18. फोस्टर, पृ. 50
19. रिकार्ड्स ऑफ फोर्ट सेंट जार्ज, डिस्पैचेज फ्राम इंग्लैंड (1670-1692), मद्रास, 1911-1917
20. ओलफ्सन, जे., द लाइफ ऑफ द आइसलैंड जॉन ओलफ्सन ट्रैवल टू इंडिया, ब्रिटेन बाई हिमसेल्फ एंड कम्प्लीटेड अबाउट 1661 ए.डी., भाग-2, लन्दन, 1906 पृ. 265
21. हेवार्ट, डी., ओप-इन ओंडरगैंग वान कोरोमंडल, भाग-1-3, एम्स्टर्डम, 1963 पृ. 13-14
22. कबीर, एच., मिर्जा अबु तालिब खान, पटना, 1961, पृ. 20

23. मांटगोमरी मार्टिन भाग-2, पृ. 357
24. मांटगोमरी मार्टिन, भाग-2, पृ. 265
25. मांटगोमरी मार्टिन, भाग-1, पृ. 337
26. मांटगोमरी मार्टिन, भाग-2, पृ. 345
27. मांटगोमरी मार्टिन, भाग-2, पृ. 545
28. फासेट, सी. एच., दी इंग्लिश फैक्ट्रीज इन इंडिया (न्यू सिरीज) भाग-1, आक्सफोर्ड, 1936, पृ.182
29. रेनाल, अबे जी. टी. एफ., ए फिलॉसफिकल एंड पालिटिकल हिस्ट्री ऑफ सटेलमेंट्स एंड ट्रेड ऑफ द यूरोपियंस इन दी ईस्ट एंड वेस्ट इंडीज, भाग-1, 1975, पृ. 314
30. मार्शल, पृ. 151
31. एलफिंस्टन, एम., एन अकाउंट ऑफ द किंगडम ऑफ काबुल एंड इट्स डिपेंडेन्सीज इन पर्शिया, तातारी ; आइब्स ई., ए वॉयेज फ्राम इंग्लैंड टू इंडिया इन द ईयर 1754 , लन्दन, 1773, पृ. 288
32. एंगेल्स, फ्रेडरिक, द ग्रेजुअल एंड ऑफ फ्यूडलिज्म एंड राइस ऑफ नेशनल स्टेट्स; कार्ल मार्क्स, फ्रेडरिक एंगेल्स कलेक्टेड वर्क, दूसरा संस्करण, मास्को, 1961, पृ. 904-05
33. टेलर, जे. ए., ए. डिस्क्रिप्टिव एंड हिस्टोरिकल अकाउंट ऑफ द काटन मैन्युफैक्चर्स ऑफ ढाका इन बंगाल, लन्दन, 1851, पृ. 81
34. बर्नियर, एफ., ट्रैवल्स इन द मुग़ल एम्पायर (1656-1668), लन्दन, 1943, पृ. 256
35. सरकार जदुनाथ, पृ. 675
36. अलयेव, एल. बी., सोशल स्ट्रक्चर ऑफ मेडिवल इंडिया, स्केच ऑफ इकॉनमी एंड सोशल हिस्ट्री ऑफ इंडिया, मास्को, 1973, पृ. 119
37. रायचौधरी, टी., जॉन कम्पनी इन कोरोमंडल, 1605-1690: ए स्टडी इन इंटररिलेशन्स ऑफ यूरोपीय कामर्स एंड ट्रेडिशनल इकोनॉमिक्स, 1962, पृ. 145
38. फोस्टर, डब्ल्यू., (सपां.): द इंगलिश फैक्ट्रीज इन इंडिया ए कैलेंडर ऑफ डाक्यूमेंट्स इन दी इंडिया ऑफिस, ब्रिटिश म्यूजियम एंड पब्लिक रिकार्ड्स ऑफिस (1630-1633), भाग-2, आक्सफोर्ड, 1911, पृ. 127-128
39. मास्टर, पृ. 41,115
40. मास्टर, पृ. 145
41. फोस्टर, पृ. 197-198
42. विल्सन, सी. के. (सम्पा.), अर्ली एनल्स ऑफ दी इंग्लिश इन बंगाल, बीइंग द बंगाल पब्लिक कंसल्टेशंस फार द फर्स्ट हाफ ऑफ द एटींथ सेंचुरी, भाग-1, बंगाल पब्लिक कंसल्टेशंस (1704-1710), लन्दन, 1812 पृ. 396

निष्कर्ष

सत्रहवीं और अठारहवीं शताब्दियों के दौरान भारत एक विशिष्ट सामंती समाज था और कृषक अर्थव्यवस्था राष्ट्रीय उत्पाद और सामंती लगान का मुख्य स्रोत थी, जो मोटे तौर पर कृषकों से सीधे वस्तु के रूप में और बड़े पैमाने पर आर्थिक-बाह्य साधनों से वसूला जाता था। कई क्षेत्रों में, अधिकांश कृषि अर्थव्यवस्थाओं के लिए पुनरुत्पादन तंत्र का महत्वपूर्ण भाग (प्रायः मुख्य भाग) जजमानी प्रथा से जुड़ा था। वस्तु के रूप में लगान भुगतान की व्यापक रूप से प्रचलित प्रणाली के साथ, इसने संपूर्ण अर्थव्यवस्था (उत्पादन) के उच्च स्तर के एकीकरण का आधार निर्धारित किया। साथ ही, व्यापार और मौद्रिक संबंधों का एक उच्च स्तर लगातार बढ़ रहा था, जो इस सामंती अर्थव्यवस्था के हित में था और इसकी आर्थिक संरचना का अभिन्न अंग था। बाज़ार उत्पादन और हस्तशिल्प उत्पादन के बड़े क्षेत्रों को शामिल करने वाले गैर-बाज़ार संबंध, आपस में घनिष्ठ रूप से जुड़े हुए थे। कृषक अर्थव्यवस्थाएँ नगर और ग्राम जीवन, दोनों की विशेषता थीं।

हस्तशिल्प उत्पादन इस समाज में भिन्न-भिन्न रूपों में होता था, जिसने एक विशिष्ट प्रणाली का रूप धारण कर लिया था। इनमें कई प्रकार के अन्तर होते थे। एक ओर, इनका सम्बन्ध कृषक अर्थव्यवस्था से था तो दूसरी ओर, नगरी अर्थव्यवस्था से भी इनके तार जुड़े हुए थे। उत्पादक नैसर्गिक विनिमय और बाज़ार सम्बन्धों, दोनों में भाग लेता था। दस्तकारी के उत्पादन में सामन्ती लाचारी, सामाजिक ढाँचा, जाति, सहकारिता और कारखाना सबकी भूमिका थी।

ग्राम समाज के भीतर शिल्प उत्पादन की एक जटिल और बहुस्तरीय प्रणाली थी। इसमें पारंपरिक ढाँचे में जजमानी प्रथा शामिल थी जिसमें व्यापार और कृषि दोनों एक दूसरे के सहायक थे और इस व्यवस्था के बाहर नक़द व्यापार (ग्राम समुदाय के संबंधों के बजाय या उनके पूरक के रूप में नकद या वस्तु के रूप में भुगतान के लिए काम) शामिल था। इसमें गाँव के शिल्पकारों का ग्रामेतर समाज के बाज़ार के साथ संपर्क भी शामिल था जहाँ वो अपना माल ले जाते थे। इस प्रणाली में किसान अपनी फसल का प्रसंस्करण कुछ तो अपने इस्तेमाल के लिए करता था और बाक़ी बाज़ार के लिए। इसमें कपास, जूट, नील, शक्कर और रेशमी धागे प्रमुख थे। इसके अलावा, शोरा उत्पादन, खनन, प्रगलन और ढलाई, और किसान के घरेलू ज़रूरतों के लिए वस्तुओं का उत्पादन भी शामिल था जो उन्हें सामुदायिक शिल्पी बनाकर देता था।

इस बहुस्तरीय अंतर-ग्राम व्यवस्था ने शिल्प उत्पादन और कृषि की दोहरी एकता को दर्शाया, किसान अर्थव्यवस्था में भी और ग्राम समुदाय में भी। ये स्वाभाविक गुण ग्राम समुदाय के शिल्प और खेती के बीच व्यावसायिक संबंधों के साथ-साथ शिल्प और गाँव

के बाहर की दुनिया के बीच संबंधों से भी पूरित थे: उपभोग की वस्तुओं के साथ-साथ काम करने के औज़ारों (जैसे हल के फाल) और समुदाय द्वारा उत्पादन की वस्तुओं, जैसे- लोहे का कड़ाहा (जिसमें गन्ने का रस उबालकर, गुड़ और शक्कर तैयार करते थे) में भी।

बाहरी दुनिया (शिल्पकार बस्तियों और कस्बों) के साथ वस्तु-संबंध अनिवार्य रूप से ग्राम समुदाय के विघटन का प्रमाण नहीं हैं। हम मानते हैं कि वे आंतरिक सामुदायिक संरचना के एक महत्वपूर्ण पूरक थे, जिसने इसे लचीलापन और स्थिरता प्रदान की और साथ ही कुछ हद तक आर्थिक स्थिरता भी प्रदान की। इस प्रक्रिया में, उल्लेखनीय रूप से, गाँवों से कस्बों की ओर वस्तुओं का प्रवाह विपरीत दिशा में प्रवाह से कहीं अधिक था। इतने व्यापक नेटवर्क का अस्तित्व, बदले में, 'बंद' या 'प्राकृतिक' या 'आत्मनिर्भर' ग्राम समुदाय अर्थव्यवस्था की प्राचीन श्रेणी की अधिक सटीक परिभाषा की आवश्यकता को दर्शाता है।

एक दूसरी प्रणाली भी थी जिसमें पेशेवर उत्पादक शामिल थे। गाँवों में इनकी पृथक बस्तियाँ, ब्लाक या गलियाँ होती थी। जुलाहे, छीपी, तेली आदि इसी वर्ग के होते थे। जजमानी प्रथावाली सामुदायिक शिल्पियों की परम्परा प्राप्त सूची में शामिल नहीं थी। इस वर्ग में हम पेशेवर लौहकारों (लोहा प्रगालक), शक्कर बनानेवाले, रेशम के कोयों से लच्छियाँ बनानेवाले, नील निर्माता और चूड़ियाँ बनानेवाले कारीगरों को भी शामिल कर सकते हैं। ये पहले वर्ग से इस मायने में भिन्न थे कि ये गाँव के बाहर के बाज़ारों के लिए माल तैयार करते थे। समूचे दक्षिण एशिया, पूर्वी अफ्रीका और यूरोप तक इनका माल जाता था। इनके उत्पादन में नैसर्गिक बन्धन तो होते ही थे, इसके साथ-साथ सामन्ती 'एकाधिकार' के ढाँचे में जबरदस्ती भी इनको काम पर लगाया जाता था। ध्यान देने की विशेष बात सामाजिक-आर्थिक चरणों का विस्तार है। इस वर्ग में एक तरफ तो लौह अयस्क को भट्ठी में गलाकर लोहे का पिंड बनानेवाले किसान थे, जो किसानी के अतिरिक्त ये काम करते थे, तो दूसरी तरफ, लोहा और शक्कर बनानेवाले पेशेवर लोग थे जिनकी कोई पृथक जाति अभी तक नहीं बन पाई थी, और अन्त में जुलाहे, तेली आदि थे जिनकी पृथक जातियाँ बन चुकी थी। यह दूसरी प्रणाली ग्रामीण अर्थव्यवस्था में गहराई सें मिश्रित हो चुकी थी। वस्तुत:, ग्रामीण सामुदायिक अर्थव्यवस्था इस सिद्धान्त पर पुनर्विचार करने पर मजबूर कर देती है कि ग्रामीण सामुदायिक अर्थव्यवस्था और समूची आर्थिक व्यवस्था की आत्मनिर्भरता और नैसर्गिक स्वरूप के सिद्धान्त का पुनरीक्षण जरूरी है।

तीसरी प्रणाली, शहरों में हस्तशिल्प उत्पादन की थी जो स्थानीय व्यापक खपत और सुसंस्कृत सामन्ती बाज़ार के लिए बनाई जाती थी। कुछ हद तक यह गाँवों के बड़े-बड़े बाज़ारों में भी बिकने जाती थी। उत्पादन भारतीय और विदेशी दोनों बाज़ारों के लिए होता था। प्राय: मोटे कपड़े बड़े पैमाने पर विदेशों में भेजे जाते थे। इस प्रणाली की विशिष्टता यह थी कि ये सरकारी या निजी कारखानों में 'सामन्ती इज़ारेदारी' के अधीन जबरन बनवाए जाते थे।

जाति प्रथा को धार्मिक दृष्टि से पवित्र माना जाता था, इससे सामन्तों को कारीगरों के शोषण में मदद मिलती थी। तथापि, इस प्रणाली में कुछ मामलों में जब शोषण की अति हो जाती थी तो कारीगर परस्पर सहयोग से उसका विरोध करने को एकजुट हो जाते थे और एक दूसरे की मदद को आ खड़े होते थे। इसके साथ ही उत्पादन का कुछ मामलों में इस प्रकार का विकास हुआ कि गैर-पारम्परिक पेशों को अपनाने को लेकर जातियों ने जो प्रतिबन्ध लगा रखे थे, वे टूट गए। कारीगरों पर सामन्तों द्वारा अत्यधिक महसूल लगाने की अवस्था में और यूरोपीय महाजनों की मनमानी के विरूद्ध कारीगरों द्वारा संयुक्त कार्रवाई के प्रमाण मिलते हैं। इस प्रकार के प्रतिरोध में सभी कारीगर उनका काम रोक देते थे और उनके ऑर्डर पूरे कर माल की आपूर्ति नहीं करते थे या फिर महसूलों का अदायगी नहीं करते थे या उस जगह को छोड़कर सभी शिल्पी अन्यत्र चले जाते थे। कभी-कभी तो वे विद्रोह स्वरूप हथियार भी उठा लेते थे। भारत में सत्रहवीं-अठारहवीं शताब्दी में कारीगर सामन्त विरोधी आन्दोलनों में बड़ी ताकत का प्रदर्शन करते थे।

विवेच्य-काल में व्यापार के विकास के फलस्वरूप महाजन भी शिल्पों के उत्पादन में अधिकाधिक पूँजी लगाने लगे, इसलिए हस्तशिल्पों पर उनका नियन्त्रण बढ़ने लगा। सत्रहवीं-अठारहवीं शताब्दी में एक आम रिवाज़ था जिसमें महाजन पेशगी देकर तैयार माल खरीदते थे। इस काल में कारीगरों की महाजनों पर निर्भरता में वृद्धि हुई।

पर्याप्त आँकड़ों के अभाव में, हम उपरोक्त उत्पादन प्रणालियों की आर्थिक संरचना में सापेक्षिक महत्ता का आँकलन करने में असमर्थ हैं। लेकिन हम जानते हैं कि स्थानीय दबावों और विदेशी व्यापार के विस्तार की शुरुआत, जिसके बाद यूरोपीय औपनिवेशिक शक्ति का विस्तार हुआ, के कारण गंभीर परिवर्तन हो रहे थे। सत्रहवीं से लेकर उन्नीसवीं शताब्दी के प्रारंभ तक हस्तशिल्प उत्पादन में नए संगठनात्मक स्वरूप उभर रहे थे और विकसित हो रहे थे, जो आगे चलकर संरचनात्मक परिवर्तन लेकर आए।

सत्रहवीं-अठारहवीं शताब्दी में देशी और विदेशी व्यापार में वृद्धि होने से नए नगर और बस्तियाँ स्थापित हो गईं, जो व्यापार और शिल्प के केन्द्र बन गए। अपने व्यापारिक सम्बन्धों के आधार पर चुनिन्दा गाँव और उसके आस-पास के इलाके भी इनकी परिधि में आ गए। व्यापार नेटवर्क की प्रवृति विस्तार की होती है इसलिए क्षेत्रों के बीच श्रम का विभाजन भी होता गया। यूरोपीय व्यापारियों के पूँजी निवेश ने दस्तकारी के बाज़ार के विस्तार में अच्छी भूमिका निभाई। तथापि, ये देशी और एशियाई पूँजी की बराबरी न कर सकी। भारतीय महाजनों के पास अकूत धन था, इसलिए कृषि उत्पादक महाजनी पूँजी के माध्यम से बाज़ार से बँध गया और इस तरह उत्पादन में वृद्धि होती गई। शहरों और गाँवों में महाजनों और कारीगरो की संख्या में वृद्धि होती गई। दस्तकारी के कई क्षेत्रों में स्वतन्त्र दस्तकारों ने धीरे-धीरे सामन्ती मजदूर संगठनों को पटकनी दे दी। इस प्रकार सत्रहवीं-अठारहवीं शताब्दी में सामन्ती अर्थव्यवस्था के बीच से ही नए तत्त्वों के अंकुर प्रस्फुटित होने लगे।

सत्रहवीं शताब्दी में, लेकिन विशेष रूप से उन्नीसवीं शताब्दी में आगरा, दिल्ली, लाहौर, बंगाल, बिहार, उड़ीसा, मैसूर और महाराष्ट्र में महाजनों द्वारा कारीगरों को पेशगी

देने का चलन बढ़ने लगा। इससे कुछ कारीगर तो गुलामी में ऐसे फँसे कि महाजन से कर्ज़ न मिले तो उनको भोजन भी नसीब न हो पाता था। वे जो भी समान तैयार करते उसका मालिक महाजन होता था। दरअसल, उन्होंने अपनी श्रम शक्ति महाजन को बेच दी। इस प्रकार वे मजदूरी पानेवाले कारीगर बन गए। तथापि, अभी तक औजार उनके अपने ही होते थे। अठारहवीं शताब्दी के अन्त और उन्नीसवीं शताब्दी के प्रारम्भ में कतिपय इलाकों में महाजन खुद जुलाहों, छीपियों, मोचियों को उत्पादन के लिए कच्चा माल की आपूर्ति करने लगे। इस तरह महाजन स्वयं उत्पादन का संगठनकर्त्ता बन गया जो वस्तुतः कारखानों के भी मालिक होते थे।

कुछ मामलों में जैसे गोलकुंडा में कपड़े की छपाई में कारीगरों के समूहों ने आपस में काम का बँटवारा कर लिया था। 1750 ई. में बंगाल, गुजरात और हिन्दुस्तान (मुग़लों द्वारा प्रशासित क्षेत्र) में देशी और विदेशी धनी व्यापारियों ने रेशम के कोयों से रेशम निकालकर उसको चरखों पर लपेटने के कारखाने लगा रखे थे। इन कारखानों में कभी-कभी 100 मजदूर तक काम करते थे। बंगाल, महाराष्ट्र और मैसूर में शक्कर के कारखाने थे। इसी तरह कश्मीर और पंजाब में शाल बनाने के कारखाने थे जिनमें बड़ी संख्या में मजदूर काम करते थे।

अठारहवीं और उन्नीसवीं शताब्दी के प्रारम्भ में कई इलाकों में स्थानीय लोगों ने सहकारिता के आधार पर कारखानें लगा रखे थे जिनमें यूरोपियों की कोई पूँजी नहीं लगी थी। इनमें प्राक्-पूँजीवादी लक्षण मिलते हैं। ये कारखानें मुख्य रूप से गाँवों में लगे थे। इनमें 'सहकारिता' की विशिष्टताएँ थीं। इसके साथ ही इसमें वे लक्षण भी थे जिन्हें मार्क्स पूँजी के नीचे मजदूर की व्यावहारिक गुलामी कहता है।

अब कृषि में मजदूरों का प्रवेश हुआ और जोतनें के लिए किराया (पट्टा) पर जमीनें दी जाने लगीं। ऐसा उन इलाकों में होता था जहाँ कपास, धान आदि की खेती बेचने के लिए की जाती थी। बीज और उर्वरक भी खरीदे जाते थे। ग्राम समुदाय के बाहरवाले शिल्पों में भी इस प्रथा का विस्तार हुआ किन्तु इनसे सांमती अर्थव्यवस्था में कोई गुणात्मक परिवर्तन नहीं हुआ।

हस्तशिल्प उत्पादन के तीनों ढाँचे आर्थिक, गैर-आर्थिक और सामाजिक दृष्टि से परस्पर जुड़े हुए थे और सभी अपने-अपने तरीकों से कृषि से जुड़े थे। तीनों मिलकर लोक उत्पादन के एक ऐसे ढाँचे का निर्माण करते थे जो बड़ा टिकाऊ, लचकदार और एक अर्थ में एकीकृत भी था। इस सामन्ती एकता के कई कारण थे-

(1) सामन्ती व्यवस्था में लगान वसूलने और उसके पुनर्वितरण का एक नैसर्गिक तन्त्र होता था। सामन्त स्वामी धन एकत्र करता था, उसे वह अपने अधिकारियों और अन्य 'सेवादारों' को देता था। ये लोग उसको पूरा-पूरा तो नहीं, पर उसका महत्त्वपूर्ण हिस्सा शहरी और गैर-सामुदायिक कारीगरों को किसी न किसी रूप में दे देते थे।

(2) जजमानी प्रथा के प्राकृतिक ढाँचे के जरिए जातिप्रथा (तीनों ढाँचों के कारीगर, भूस्वामी और महाजन बहुजातीय संगठनों के सदस्य बन जाते थे)।

(3) बाज़ार और पण्य मुद्रा प्रणाली।

इस प्रकार हम पाते हैं कि उपनिवेश काल से ठीक पहले भारत में अर्थव्यवस्था के महत्त्वपूर्ण और विस्तृत नैसर्गिक भागों के साथ-साथ (गाँवों और नगरों में भी) वस्तु-मुद्रा सम्बन्ध काम कर रहा था। प्रायः यह सम्पूर्ण आर्थिक ढाँचे के साथ घनिष्ठ ताने-बाने से जुड़ा एक शरीर था जिसके अंगों को पृथक नहीं किया जा सकता था।

उपभोक्ताओं में सामन्ती लगान वसूलनेवालों के अलावा बहुत बड़ी संख्या उन लोगों की थी जिनका काम शासन और दमन करना था (कराधान, दरबार पुलिस, सेना आदि) और जो धर्म, संस्कृति, कला और विज्ञान से जुड़े लोग भी थे। इसके अलावा जाति का खेल भी चलता था और अन्य गैर-आर्थिक घटक भी सक्रिय थे। ये गाँवों और शहरों के बीच अलगाव पैदा कर रहे थे। इसके अलावा एक ही वस्तु का मूल्य अलग-अलग बाज़ारों में अलग-अलग होता था, स्थानीय मुद्राएँ भी भिन्न-भिन्न थी। माप और तौल का पैमाना भी एक न था।

भारतीय समाज के ढाँचे में सत्रहवीं शताब्दी से लेकर उन्नीसवीं शताब्दी में निरन्तर परिवर्तन हो रहे थे। इसमें ढाँचा-निर्माण की प्रारम्भिक अवस्था के दर्शन होते हैं। यह प्राक्-पूँजीवाद के निकट थी। यद्यपि अल्प मात्रा में ऐक्य में बाँधनेवाले बन्धन मजबूत हो रहे थे तथापि, इन प्रक्रियाओं की एक दिशा न थी। यह परिवर्तन बंगाल, हिन्दुस्तान, पंजाब, गुजरात, महाराष्ट्र, मैसूर, मालाबार, कोरोमंडल तट आदि में हुआ। कई मामलों में यह परिवर्तन अमूर्त और असमकालीन था, कभी-कभी स्पन्दनशील भी था। भारतीय सामन्ती अर्थव्यवस्था में सत्रहवीं शताब्दी में ये नई प्रक्रियाएँ छिटपुट दुर्लभ रूप् में उभरीं, जो हस्त-कलाओं के उत्पादन में देश के कुछ भागों में दिखाई पड़ीं। लेकिन अठारहवीं शताब्दी में ये काफी बड़े भू-भाग में फैल गईं। भारत के अनेक क्षेत्रों में, जो आर्थिक दृष्टि से उन्नत थे, इनका विकास हुआ। यद्यपि इस विकास की मात्रा भिन्न थी और इसमें स्थानीय विशेषताएँ भी आ गई थीं।

इन सभी कारणों से हम यह सिद्धान्त बना सकते हैं कि अठारहवीं शताब्दी में भारत की मुख्य रूप से सामन्ती अर्थव्यवस्था में एक नई प्रक्रिया का प्रारम्भ हुआ। सामाजिक-आर्थिक ढाँचे का रूप बदलने लगा जिससे प्रारम्भिक या प्राक्-पूँजीवादी सम्बन्ध की कुछ विशिष्टताएँ प्रकट हुईं। स्वाभाविक रूप से, देश के विभिन्न भागों में ढाँचागत परिवर्तन एक से न थे। उदाहरणार्थ—बंगाल, गुजरात, तमिलनाडु और मैसूर में परिवर्तनों की गति अधिक तेज थी, जबकि उड़ीसा, आसाम, राजस्थान और सिन्ध में ये प्रक्रियाएँ धीमी थीं। सत्रहवीं शताब्दी के अन्तिम भाग से और अठारहवीं शताब्दी में देश के विभिन्न भागों में सामन्ती शक्तियों ने नव निर्मित आर्थिक सम्बन्धों को कमजोर किया, उसकी जड़ें काटीं और कभी-कभी तो उन्हें समूल नष्ट भी कर दिया।

नए उत्पादन के उपभोक्ताओं का एक महत्त्वपूर्ण वर्ग कारीगरों, व्यापारियों और ग्रामीण आबादी के कामगारों में कुछ लोगों का था। शायद शहरों के नौकरीपेशा लोग इस नए तरीके से बनी वस्तुओं का पर्याप्त प्रयोग करते थे। इनमें बड़ें पैमाने पर बने कपड़े, फर्नीचर आदि शामिल थे। इन्हें 'परजीवी' उपभोक्ताओं की श्रेणी में रखना भूल होगी। ये लोग सामन्ती समाज के आवश्यक अंग थे। ये एक प्रकार की 'स्फीयर ऑफ

सर्विसिंग' के अवयव के रूप में अदायगी करते थे जहाँ सकल राष्ट्रीय उत्पादन का एक भाग बनता था।

अन्तिम बात जिस पर जोर दिया जा सकता है, वह यह है कि इन नई तरह के उद्यमों और इनमें होनेवाले उत्पादनों का अपना ही बाज़ार था। इनमें परस्पर जुड़े पूर्व पूँजीवादी कारखानों के लिए माँग पैदा की जाती थी। कताई, बुनाई, रंगाई, कपड़े पर छपाई और रंग बनाने का उद्यम, लोहा बनाना, जहाज बनाना, ये सभी परस्पर जुड़े थे।

कपड़ा उद्योग अत्यधिक क्षेत्रीय रूप से विशिष्ट था;

(1) पश्चिमी भारत, चित्रित, मुद्रित और सादे कैलिको के उत्पादन में विशिष्ट था,

(2) दक्षिण भारत, चित्रित कैलिको उत्पादन में, और

(3) पूर्वोत्तर भारत रेशम उत्पादन में।

दूसरे, माँग की सीमा (और शायद, एक परिणाम के रूप में, आपूर्ति- प्रतिस्थापन सीमित) थी, उदाहरण के लिए, मुद्रित और चित्रित कैलिको, एवं पश्चिम और दक्षिण भारत के रेशम-वस्त्रों के बीच वरीयताएँ अच्छी तरह से निहित थीं।

करघे में पैटर्नवाले कैलिको का उत्पादन पश्चिम और दक्षिण भारत में किया जाता था (जैसे- **गिंगहम**), लेकिन ये अफ्रीकी बाजारों के लिए या एशियाई व्यापार में मसालों के लिए वस्तु विनिमय में उपयोग के लिए थे।[1] इसी तरह, दक्षिण भारत के रंगे कैलिको मुख्य रूप से एशियाई व्यापार के भीतर उपयोग के लिए थे, जबकि पश्चिम भारत के कैलिको 'परेशानी भरे' थे क्योंकि- अग्रिम ऑर्डर के लिए आवश्यक होने के अलावा, उन्हें वास्तविक उत्पादन केन्द्रों (जैसे- लखनऊ) से दूर क्षेत्रों (जैसे अहमदाबाद) में रंगा जाता था। इसके विपरीत, सभी तीन क्षेत्र सादे कैलिको के उत्पादन (ज्यादातर मामलों में, अंग्रेजी कम्पनी द्वारा महत्त्वपूर्ण मात्रा में खरीद) के लिए जाने जाते थे। हालाँकि, इंग्लैंड सार्वभौमिक रूप से अन्तिम बाजार नहीं था। उदाहरण के लिए, पश्चिमी भारत की मलमल को लन्दन से लेवेंट में पुन: निर्यात के लिए बड़ी मात्रा में खरीदा जाता था, जबकि बंगाली मलमल का व्यापार स्वदेशी व्यापारियों द्वारा आपूर्ति के एकाधिकार और यूरोपीय जलवायु के लिए उनकी अनुपयुक्तता के कारण सीमित था। हालाँकि, गोलकोंडा के सादे कैलिको में उच्च गुणवत्तावाले **लॉन्गक्लॉथ** और **सलामपुर** या **सलेमपुर** शामिल थे, जिन्हें इंग्लैंड में बड़ी संख्या में निर्यात किया गया था।

मुद्रित और चित्रित कैलिको वस्त्र पूर्वोत्तर भारत (बंगाल सहित) के व्यापार में महत्त्वहीन थे क्योंकि ऐसे अधिकांश कपड़े पटना से आते थे जो सस्ते या घटिया दर्जे के होते थे।[2] इसलिए ये कोरोमंडल के महंगे पेंटेड कैलिको (सस्ते प्रिंटेड कैलिको के उत्पादन का कोई सबूत नहीं है) के लिए खराब विकल्प थे। इनकी गुणवत्ता में बहुत अन्तर था। सबसे अच्छा और सबसे दुर्लभ कैलिको गोलकुंडा से आता था,[3] मुग़ल और दक्कनी दरबारों से आनेवाली माँगों के कारण वहाँ से आपूर्ति सीमित थी।[4] 1680 के दशक में अंग्रेजी कम्पनी ने यूरोप में सूती पेंटिंग के निर्यात में रुचि दिखाना शुरू किया। पहली खेप 1682 ई. में भेजी गई।[5] मुग़ल-दक्कनी संघर्षों में राजनीतिक उथल-पुथल इतनी थी कि अंग्रेजी एजेंटों ने गोलकुंडा के बेहतरीन बुनकरों को मद्रास में स्थानान्तरित कर दिया।

हालाँकि, इस व्यवस्था से 1700 ई. के बाद ही लाभ मिलना शुरू हुआ। केवल पश्चिमी भारत में ही मुद्रित (विशेष रूप से सिरोंज और बुरहानपुर में) और चित्रित (विशेष रूप से अहमदाबाद में) कैलिको का उत्पादन किया गया। हालाँकि, अंग्रेजी बाजार ने चित्रित कैलिको को प्राथमिकता दी और यहाँ तक कि 1682 ई. के बाद नमूना-पैटर्न भेजना भी शुरू कर दिया।[6]

कपड़ा व्यापार ने बंगाल, सूरत और मसूलीपट्टनम को एक्सचेंजों (वस्तु विनिमय) के एक जटिल नेटवर्क के केन्द्र के रूप में स्थापित किया। सोलहवीं शताब्दी के दौरान, सूती वस्तुओं के निर्यात में बहुत तेजी से विस्तार हुआ। गुजरात तट पर सूरत के बन्दरगाह ने भारत को अदन की खाड़ी और लाल सागर के बन्दरगाहों से जोड़ा, जबकि कोरोमंडल तट पर मसूलीपट्टनम और बंगाल में हुगली व्यापार मार्ग के जरिए जावा, सुमात्रा और पिनांग के साथ जुड़े थे। भारतीय व्यापारी और बैंकर (उत्पादन के वित्तपोषक) गाँवों से बुने हुए कपड़े को इकट्ठा करके और बन्दरगाह कस्बों को आपूर्ति करके इस निर्यात नेटवर्क से जुड़े थे। भारत से आयातित मुद्रित और चित्रित सूती वस्त्र 1680 के दशक से इंग्लैंड और अन्य यूरोपीय देशों में लोकप्रिय हो गए। भारतीय कपड़ों को उनके सुरुचिपूर्ण फूलों के डिज़ाइन, बढ़िया बनावट और उचित लागत के लिए पसन्द किया जाता था। महारानी सहित इंग्लैंड के अमीर लोग भारतीय कपड़े पहनते थे। 1730 ई. में, ब्रिटिश ईस्ट इंडिया कम्पनी ने पाँच लाख नवासी हजार (5,89,000) पीस कपड़ों का ऑर्डर दिया। इसमें कपास और रेशम उत्पादों की अट्ठानबे (98) किस्मों की सूची थी।[7] आमतौर पर बुने हुए कपड़े के थान (पीस) 20 गज लम्बे और 1 गज चौड़े होते थे। अठारहवीं शताब्दी की शुरुआत में भारतीय वस्त्रों की बढ़ती लोकप्रियता ने इंग्लैंड के स्थानीय ऊन और रेशम निर्माताओं ने इसके आयात का विरोध किया।

1721 ई. में, ब्रिटिश सरकार ने इंग्लैंड में चिंट्ज (छींट) के उपयोग पर प्रतिबन्ध लगाने के लिए एक अधिनियम पेश किया। इस अधिनियम को कैलिको अधिनियम के रूप में जाना जाता है। चिंट्ज शब्द मुद्रित सूती वस्त्रों को सन्दर्भित करता है। यह हिन्दी शब्द छींट से लिया गया है- छोटे और रंगीन फूलों के डिज़ाइनवाला एक कपड़ा। अंग्रेज उत्पादक भारतीय तैयार उत्पादों के आयात को रोक कर देश के भीतर एक सुरक्षित बाज़ार चाहते थे।

15वीं शताब्दी तक, भारतीय कपड़ा व्यापारियों ने अफ्रीका से चीन तक एक जटिल नेटवर्क विकसित कर लिया था। जब यूरोपीय लोग मसालों की तलाश में भारतीय तटों पर उतरे, तो वे उच्च गुणवत्तावाली सामग्री, चटक रंगों, फूलों के पैटर्न, पवित्र रूपांकनों और भारतीय वस्त्रों के ज्यामितीय रूपों से भी आकर्षित हुए। हालाँकि, अधिकांश डिज़ाइनों में पारम्परिक भारतीय पैटर्न जैसे हाथी के शिकार, जानवरों, जीवन्त नर्तकियों की कतारें और यहाँ तक कि शानदार जानवरों से जूझ रही महिलाओं की पोशाकें भी शामिल हैं। कपड़ा कलाकारों ने विदेशी गाँग का जवाब दिया और क्षेत्रीय स्वाद के लिए डिज़ाइनों (बनावट, रचना) को अनुकूलित किया। इसके अलावा, भारत के कपड़ा डिज़ाइनों ने दुनिया भर के

डिज़ाइनरों को प्रभावित किया। विक्टोरियन और एडवर्डियन ब्रिटेन के चमकीले पुष्प प्रिंट और घनी समृद्ध शैलियाँ कुछ सौ साल पहले यूरोप में व्यापार किए गए भारतीय चिंट्ज के प्रत्यक्ष वंशज हैं।

सत्रहवीं शताब्दी के मध्य में व्यापार के चरम के दौरान, लाखों गज भारतीय कपड़ा जापान, अफ्रीका, मध्य-पूर्व और यूरोप के बाज़ारों में बेचा जा रहा था। हिन्द महासागर के बेसिन में भारत का केन्द्रीय स्थान पूर्व और पश्चिम दोनों में वस्त्रों के व्यापार के लिए आदर्श था, जिसमें गुजरात, कोरोमंडल तट और बंगाल प्रमुख व्यापारिक केन्द्र थे। भारत में कारीगरों ने वस्त्रों को रंगने के लिए प्राकृतिक रंगों का इस्तेमाल किया क्योंकि वे लम्बे समय तक बिना लुप्त हुए रहते थे। नील के पौधे की पत्तियों का उपयोग नीला रंग पैदा करने के लिए किया जाता था। मजीठ की जड़ें, लाख बीटल का खोल और सप्पन के पेड़ की लकड़ी लाल रंग के लिए; हरड़ के बीज, कटहल के पेड़ की जड़, हल्दी और अनार के छिलके पीले रंग के लिए; बबूल के पेड़ का अर्क भूरे रंग के लिए, लौह एसीटेट का एक खनिज रूप काले रंग के लिए और हरे रंग के निर्माण के लिए कलाकार नीले रंग पर पीले रंग का प्रयोग करते थे।

सबसे व्यापक रूप से इस्तेमाल की जानेवाली उत्पादन तकनीक को इकत (एक मलय शब्द जिसका अर्थ है बाँधना) कहा जाता था। इसमें कपड़े को बुने जाने से पहले धागों को बाँधकर रंगा जाता था। यह या तो ताना (ऊर्ध्वाधर) या बाने (क्षैतिज) धागों के साथ किया जाता था। जब दोनों को बुनाई से पहले रंगा जाता था, तो इसे **डबल इकत** या **पटोला** कहा जाता था। औपनिवेशिक काल के दौरान, डच व्यापारियों ने मसाला व्यापार के चरम के दौरान पटोला को प्रतिष्ठित व्यापारिक वस्त्र के रूप में इस्तेमाल किया। पटोला बनाने की तकनीक अत्यन्त कुशल थी। यह कला आधुनिक दुनिया में केवल तीन स्थानों पर विद्यमान है-

(1) इंडोनेशिया के दक्षिण पूर्वी बाली के एक छोटे से गाँव टेंगानन में,[8]

(2) जापान के ओकिनावा द्वीप में जहाँ इसे **ताते-योको गसुरी** कहते हैं।[9]

(3) गुजरात के पाटन में, जहाँ साल्वी नामक बुनकरों का केवल एक विस्तारित परिवार इस परम्परा को जारी रखे है।[10]

अन्य तकनीकों में कलमकारी, रंगाई का प्रतिरोध (बाटिक) विधि और ब्लॉक प्रिंटिंग शामिल हैं।

यूरोप में मध्यकालीन भारतीय कपड़ा व्यापार में मुख्य रूप से चिंट्ज नामक डिज़ाइन पैटर्न को दर्शाया गया था, जो विस्तृत पुष्प डिज़ाइनों के साथ रंगरोधी मुलायम सूती वस्त्र था। एक अन्य हीरे के आकार का पैटर्न, जिसे **गेरिंग्सिंग** कहा जाता है, एशिया में कारोबार किए जानेवाले डबल इकत या पटोला कपड़ों में पाया गया। टेंगानन के बाली बुनकर अभी भी इकत तकनीक का उपयोग करके इस डिज़ाइन के साथ कपड़े तैयार करते हैं। लेकिन, 19वीं शताब्दी के मध्य में व्यापार में गिरावट आई जब यूरोप भारत को आयात से अधिक कपड़ा निर्यात कर रहा था।

उच्च-गुणवत्ता, कम कीमत और आकर्षक डिज़ाइनों के संयोजन ने यह सुनिश्चित किया। इससे पहले, यहाँ तक कि उच्च-शुल्क और आयात प्रतिबन्ध (जैसे-ब्रिटिश कैलिको अधिनियम 1701 ई.) भी भारतीय कपड़ा व्यापार को रोकने के लिए बहुत कुछ नहीं कर सके थे। लेकिन 18वीं सदी के अन्त में, यूरोपीय कलाकारों ने भारतीय लकड़ी-ब्लॉक-प्रिंटिंग तकनीकों को अपनाया, सिंथेटिक रंगों का आविष्कार किया और उत्कीर्ण ताँबे की प्लेटों और रोलर प्रिंटिंग जैसी सस्ती निर्माण विधियों का विकास किया। औद्योगिक क्रान्ति के दौरान भाप की शक्ति के आगमन के परिणामस्वरूप उत्पादकता में तेजी से वृद्धि हुई, जिससे यूरोपीय व्यापारियों को सस्ते और बेहतर गुणवत्तावाले कपड़ों के साथ अधिकांश एशियाई और अफ्रीकी बाज़ारों पर कब्ज़ा करने में मदद मिली। इस प्रकार दुनिया के कपड़ा व्यापार पर भारतीय एकाधिकार के 500 वर्षों का अन्त हो गया।

पार्थसारथी ने अनुमान लगाया कि 28,000 टन सर्राफा (सोना, चाँदी, हीरा, जवाहरात आदि) मुख्य रूप से नई दुनिया से 1600 ई. और 1800 ई. के मध्य भारतीय उपमहाद्वीप में प्रवाहित हुआ, जो इस अवधि में विश्व के कुल उत्पादन का 30% था।[11]

1600 ईं. में सम्राट अकबर के खजाने की वार्षिक आय अनुमानत: 90 मिलियन पाउंड थी। 1600 ई. में भारतीय अर्थव्यवस्था चीन के बाद दूसरी सबसे बड़ी अर्थव्यवस्था थी (दो सौ साल बाद 1800 ई. में ग्रेट ब्रिटेन के कर लेने की विषमता में कुल आय 90 मिलियन पाउंड था)। अकबर के समय में, मुग़ल साम्राज्य अपने चरम पर था, क्योंकि उसने उत्तर भारत के विशाल क्षेत्र को नियन्त्रित किया था और दक्कन राज्यों के साथ गठबन्धन किया था। इसने एकसमान सीमा शुल्क और कर-प्रशासन प्रणाली लागू की। 1700 ई. में औरंगज़ेब के खजाने में 100 मिलियन पाउंड या 450 मिलियन डॉलर से अधिक का वार्षिक राजस्व दर्ज़ किया गया जो उसके समकालीन फ्रांस में लुई XIV के वार्षिक राजस्व का दस गुना से अधिक था।[12]

1700 ई. तक भारतीय उपमहाद्वीप दुनिया की सबसे बड़ी अर्थव्यवस्था बन गया था, जिसमें विश्व की आबादी का लगभग 24.2 प्रतिशत भाग निवास करता था और जो विश्व उत्पादन का लगभग एक चौथाई उत्पादन करता था।[13] 18वीं शताब्दी के प्रारम्भ में भारत ने वैश्विक औद्योगिक उत्पादन का लगभग 25 प्रतिशत उत्पादन किया।[14] मुग़ल साम्राज्य के तहत भारत की सकल घरेलू उत्पादन में वृद्धि हुई, जो पिछले 1500 वर्षों की वृद्धि से अधिक थी।[15]

ब्रिटिश अर्थशास्त्री एंगस मैडिसन के व्यापक रूप से शोध के उपरान्त दिए गए अनुमानों के अनुसार, 1 ई. में भारत की विश्व अर्थव्यवस्था में हिस्सेदारी लगभग 33 प्रतिशत थी। विनिमय दरों और सापेक्ष कीमतों की अनिश्चितताओं से बचने के लिए ये अनुमान क्रय शक्ति समता (Purchasing Power Parity) के आधार पर लगाए गए थे। उस समय चीन की हिस्सेदारी 26 प्रतिशत थी जो विश्व में दूसरे नम्बर पर था, जबकि पश्चिमी यूरोप, जिसका अधिकांश हिस्सा रोमन शासन के

अधीन था, लगभग 11 प्रतिशत था। जाहिर है, समय के लम्बे विस्तार को देखते हुए ये मोटे अनुमान हैं, लेकिन यह उल्लेखनीय है कि दो हजार साल पहले भारत की अर्थव्यवस्था इतनी प्रभावशाली कैसे थी। भारतीय व्यापारी मध्य पूर्व से पूर्वी एशिया तक व्यापार कर रहे थे और रोमन नीति-निर्माता भारत के साथ चालू खाता घाटे (Current Account Deficit) के बारे में शिकायत कर रहे थे।

एक हजार साल बाद, 1000 ई. में भारत 29 प्रतिशत की हिस्सेदारी के साथ दुनिया की सबसे बड़ी अर्थव्यवस्था थी। चीन की हिस्सेदारी भी थोड़ी कम होकर 23 प्रतिशत रह गई थी, लेकिन फिर भी वह दूसरी सबसे बड़ी अर्थव्यवस्था थी। रोमन साम्राज्य के पतन के बाद यूरोप की हिस्सेदारी 9 प्रतिशत से नीचे गिर गई थी। मिस्र के फातिमियों के नेतृत्व में अफ्रीका की अर्थव्यवस्था विश्व अर्थव्यवस्था का 12 प्रतिशत हिस्सा थी; एक ऐसी हिस्सेदारी जो अफ्रीका ने पहले या बाद में कभी हासिल नहीं की। हालाँकि, 1600 ई. तक चीन की हिस्सेदारी बढ़कर 29 प्रतिशत हो गई। इसके विपरीत, भारत की हिस्सेदारी और भी गिरकर 22.6 प्रतिशत हो गई, क्योंकि उस समय दुनिया के सबसे बड़े शहर विजयनगर की लूट से हुए आर्थिक झटके की भरपाई मुग़ल साम्राज्य की स्थापना से नहीं हो पाई थी। मुग़लों ने अपनी विजय के दौरान कुछ आर्थिक केन्द्रों को विकसित किया, लेकिन दूसरों को बाधित किया। बाद की शताब्दियों में यूरोपीय उपनिवेशवाद का विस्तार हुआ और अठारहवीं शताब्दी के उत्तरार्ध से औद्योगिक क्रान्ति हुई। हालाँकि, चीन दुनिया की आर्थिक महाशक्ति बना रहा। 1820 ई. में, चीन का वैश्विक सकल घरेलू उत्पाद में 33 प्रतिशत हिस्सा था, जबकि भारत का हिस्सा घटकर 16 प्रतिशत रह गया था। सकल घरेलू उत्पाद में निरन्तर गिरावट ईस्ट इंडिया कम्पनी द्वारा औपनिवेशिक शोषण और मराठों (और अन्य) के साथ लगातार युद्धों का परिणाम था। 1820 में पश्चिमी यूरोप का हिस्सा 23.6 प्रतिशत था- जिसमें ब्रिटेन का 5.2 प्रतिशत और फ्रांस का 5.5 प्रतिशत हिस्सा था (इसलिए वाटरलू में नुकसान के बावजूद फ्रांसीसी अर्थव्यवस्था अभी भी थोड़ी बड़ी थी)।

उन्नीसवीं सदी बहुत क्रान्तिकारी बदलावों का समय था। चीन की हिस्सेदारी 1870 ई. तक 17 प्रतिशत और फिर 1913 ई. तक 9 प्रतिशत तक गिर गई। इसी तरह भारत की हिस्सेदारी भी 12 प्रतिशत और फिर प्रथम विश्व युद्ध की पूर्व सन्ध्या पर 8 प्रतिशत से भी नीचे गिर गई। औपनिवेशिक कब्जे से दुनिया में भारत का स्थान स्पष्ट रूप से प्रभावित हुआ, लेकिन ध्यान दें कि चीन का पतन और भी नाटकीय था। अफीम युद्ध, विभिन्न आन्तरिक विद्रोह और तकनीकी ठहराव ने अपना असर दिखाया। इसके विपरीत, 1870 ई. और 1913 ई. के बीच पश्चिमी यूरोप की हिस्सेदारी विश्व अर्थव्यवस्था में 33.5 प्रतिशत के शिखर पर पहुँच गई। हालाँकि, अलग-अलग देशों के सापेक्ष प्रक्षेपवक्र दिलचस्प हैं। ब्रिटेन की हिस्सेदारी 1870

ई. में 9.1 प्रतिशत के शिखर पर पहुँच गई और फिर घटकर 8.3 प्रतिशत हो गई (इसमें उसके उपनिवेश शामिल नहीं हैं)। इसी अवधि में जर्मनी की हिस्सेदारी 6.5 प्रतिशत से बढ़कर 8.8 प्रतिशत हो गई। इस प्रकार, प्रथम विश्व युद्ध की पूर्व सन्ध्या पर जर्मनी की अर्थव्यवस्था ब्रिटेन से बड़ी थी।

01-2003 ई. के अवधि में विश्व जीडीपी में प्रमुख देशों का हिस्सा

देश	1	1000	1500	1600	1700	1820	1870	1913	1950	1973	2003
कुल 12 देश*	10.6	7.0	15.5	17.1	19.1	20.5	30.5	30.8	24.1	22.8	16.5
कुल पश्चिमी यूरोप	13.7	9.1	17.8	19.8	21.9	23.0	33.1	33.0	26.2	25.6	19.2
संयुक्त राज्य अमेरिका	0.3	0.4	0.3	0.2	0.1	1.8	8.9	18.9	27.3	22.1	20.6
चीन	25.4	22.1	24.9	29.0	22.3	32.9	17.1	8.8	4.6	4.6	15.1
भारत	32.0	28.1	24.4	22.4	24.4	16.0	12.1	7.5	4.2	3.1	5.5
पूर्वी एशिया	4.6	7.5	8.4	7.4	7.7	5.2	4.8	4.5	4.8	5.2	9.6
कुल विश्व	100	100	100	100	100	100	100	100	100	100	100

* *आस्ट्रिया, बेल्जियम, डेनमार्क, फिनलैंड, फ्रांस, जर्मनी, इटली, नीदरलैंड, नॉर्वे, स्वीडन, स्विट्जरलैंड और यूनाइटेड किंगडम*

स्रोत : एंगस मैडिसन की पुस्तक 'द कॉन्टूअर्स ऑफ वर्ल्ड इकॉनमी 1-2003 ए.डी.' की तालिका ए.6 से अनुकूलित, ऑक्सफोर्ड यूनिवर्सिटी प्रेस, 2007, पृ. 381

ब्रिटिश आगमन से पहले, भारत प्रसंस्कृत वस्तुओं का एक प्रमुख निर्यातक बना रहा। हालाँकि, एक बार जब अंग्रेज आ गए तो उन्होंने भारत से कच्चा माल आयात किया, इसे संसाधित किया और आय प्राप्त करने के लिए इसका निर्यात किया। परिणामस्वरूप भारत ने कम मूल्य की वस्तुओं का निर्यात किया और अधिक मूल्य के विनिर्मित वस्तुओं का आयात किया, जिसने देश की अर्थव्यवस्था को नीचे की ओर सर्पिल कर दिया।

मुग़ल एक व्यापक सड़क प्रणाली बनाने, एक समान मुद्रा चलाने और देश के एकीकरण के लिए उत्तरदायी थे। मुग़लों ने सुर सम्राट शेरशाह सूरी द्वारा शुरू की गई मुद्रा (रुपया) को अपनाया और मानकीकृत किया। 1720 के दशक तक मुग़लों ने कम से कम 96 प्रतिशत शुद्धता के साथ, बिना किसी मिलावट के करोड़ों सिक्कों की ढलाई करवाई।[16] साम्राज्य ने भारतीय कृषि और औद्योगिक उत्पादों की वैश्विक माँग को पूरा किया।

जब चाँदी का रुपया बड़ी मात्रा में ढाला जाने लगा तो उसने अधिकांश उच्च मूल्यवाले लेन-देन में ताँबे और बिलॉन {Billon (मिश्र धातु)} के सिक्कों की जगह ले ली। धीरे-धीरे चाँदी के अंश विनिमय के निचले स्तर तक पहुँच गए। सोलहवीं शताब्दी के उत्तरार्ध में, जब एक रुपये के लिए 48 ताँबे के पैसे बदले जाते थे, तो प्रत्येक **आना** की कीमत 3 पैसे के बराबर थी। द्वि-धात्विक अनुपात में व्यापक

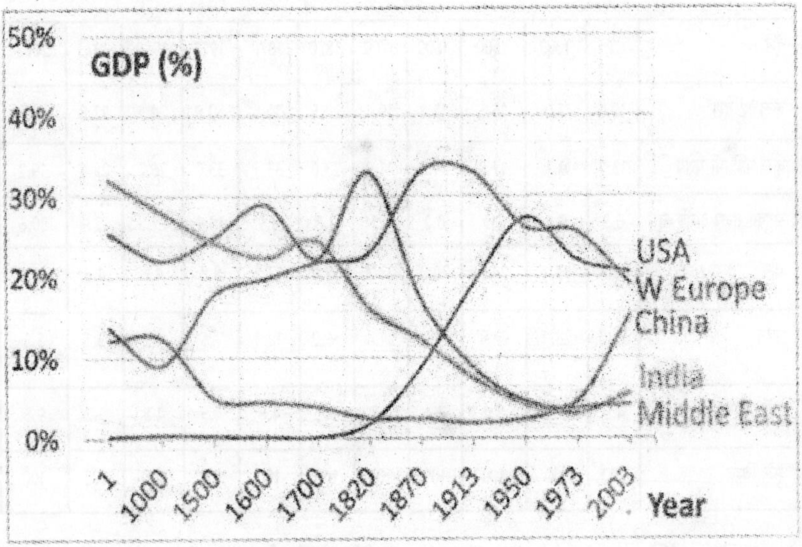

उतार-चढ़ाव के साथ, आधिकारिक लेन-देन में रुपये की विनिमय दर स्थायी रूप से 40 दाम पर तय हो गई और आना का मूल्य 2.50 पैसे के बराबर हो गया। चाँदी के तीन भिन्नात्मक टुकड़े थे जिन्हें नियमित रूप से छोटी मुद्राओं के रूप में उपयोग किया जाता था, अर्थात आधा, चौथाई और एक-सोलहवाँ। इनमें से आना (अंग्रेजी अन्ना), सबसे अधिक दिखाई देनेवाली इकाई थी, क्योंकि सभी चाँदी के अंशों को आधा और चौथाई के बजाय इसके गुणकों के रूप में व्यक्त किया जाता था, भले ही भुगतान उच्च अंशों में किया जाए। निम्नलिखित उद्धहरण वाणिज्यिक लेन-देन में **आना** के उपयोग को दर्शाते हैं :

> "मै देश के सिक्कों की बात करता हूँ, भारतीयों के पास चाँदी के सिक्कों के रूप में रुपया, आधा, चौथाई, आठवाँ और सोलहवाँ होता है.....सर्राफ़ (मुद्रा परिवर्तक) 100 चाँदी के सिक्के (रुपये) परखने के लिए 1 आना कमीशन लेते हैं।"(टैवर्नियर, जीन बैपिस्ट, ट्रैवल्स इन इंडिया, वी. बाल द्वारा अनुवादित, डब्ल्यू. क्रुक द्वारा सम्पादित, लन्दन, ऑक्सफोर्ड यूनिवर्सिटी प्रेस, 1925, खंड 1, पृ. 22, 25)

आर्थिक इतिहास के किसी भी चरण का अध्ययन जनसांख्यिकीय कारक का ध्यान में रखे बिना नहीं किया जा सकता। पूर्व-आधुनिक समाजों के लिए, जनसंख्या वृद्धि को अक्सर आर्थिक विकास का एक प्रमुख सूचकांक माना जाता है। मोरलैंड पहले व्यक्ति थे जिन्होंने 'आइन-ए-अकबरी' की मदद से 'खेती योग्य क्षेत्र के विस्तार के आधार पर' जनसंख्या का अनुमान लगाने का प्रयास किया और निष्कर्ष निकाला कि 16वीं शताब्दी के अन्त में उत्तरी भारत की जनसंख्या 'मुल्तान से मुंगेर तक' 30 से 40 मिलियन के मध्य थी। दक्कन और दक्षिण भारत के लिए 'नागरिक व सैनिक अनुपात को लागू करते हुए', मोरलैंड ने अपनी गणना का आधार विजयनगर साम्राज्य और दक्कन सल्तनत की सैन्य शक्ति को बनाया। सैनिकों और नागरिक आबादी के बीच 1: 30 का एक मनमाना अनुपात (जो प्रथम विश्व युद्ध से पहले फ्रांस और जर्मनी जैसे आधुनिक राज्यों से तुलना करके निकाला गया था) लेते हुए, उन्होंने अनुमान लगाया कि वहाँ की आबादी 30 मिलियन थी। 1947 ई. के पूर्व के अविभाजित भारत की सीमा में आनेवाले अन्य क्षेत्रों की जनसंख्या की गणना करने के बाद मोरलैंड ने यह निष्कर्ष निकाला कि 1600 ई. के अन्त में मुग़ल साम्राज्य की जनसंख्या 60 मिलियन और सम्पूर्ण भारत की जनसंख्या 100 मिलियन थी। सरदेसाई के अनुसार भारत की जनसंख्या 64.9 से 88.3 मिलियन के बीच में थी। किंग्सले डेविस ने अपनी पुस्तक 'द पॉपुलेशन ऑफ इंडिया एंड पाकिस्तान' में पूरे भारत के लिए मोरलैंड के अनुमान को बढ़ाकर 125 मिलियन कर दिया। किंग्सले डेविस का विचार है कि भारत की जनसंख्या 125 मिलियन थी। अशोक वी. देसाई ने भी कुल जमा और प्रति व्यक्ति भू-राजस्व का का उपयोग करके (अनुमानित प्रति व्यक्ति भू-राजस्व से कुल जमा, जिसे देसाई कुल भू-राजस्व मानते हैं को विभाजित करने पर) मुग़ल साम्राज्य की जनसंख्या 1600 ई. में 65 मिलियन बताया जो मोरलैंड के अनुमान के निकट है। लेकिन उनके प्रयास पर एलन हेस्टन और शिरीन मूसवी ने सवाल उठाए हैं। शिरीन मूसवी ने अपनी पुस्तक 'इकॉनमी ऑफ द मुग़ल एम्पायर' में निष्कर्ष निकाला है कि 17वीं शताब्दी के प्रारम्भ में भारत की जनसंख्या 140 से 150 मिलियन के बीच थी। शिरीन मुसवी द्वारा मुग़ल साम्राज्य और फिर भारत की जनसंख्या का अनुमान लगाने का प्रयास दो अलग-अलग धारणाओं पर आधारित है। पहले धारणा में यह माना गया है कि-

(i) 1601 में खेती का कुल क्षेत्रफल 1901 की तुलना में 50 से 55 प्रतिशत था,

(ii) शहरी और ग्रामीण आबादी का अनुपात 15: 85 था,

(iii) 1901 की तुलना में 1601 में औसत कृषि जोत 10 प्रतिशत अधिक थी। जहाँ से भारत की जनसंख्या सीमा 1601 ई. में 136-150 मिलियन थी।

मान्यता की दूसरी धारणा निम्नलिखित है-

(i) क्षेत्र की प्रति इकाई उपज 1601 और 1891 में समान थी,

(ii) प्रति व्यक्ति खेती योग्य भूमि का क्षेत्र भी वही रहा, और

(iii) फसल-वितरण भी काफी हद तक वही रहा।

इन धारणाओं के अनुसार 1601 ई. में भारत की जनसंख्या 149.07 मिलियन थी। दोनों अनुमानों को एक साथ रखते हुए, अध्ययन 145 मिलियन को 1601 ई. की जनसंख्या का एक विश्वसनीय अनुमान मानता है, जिससे 1601-1801 की अवधि में 0.21 प्रतिशत की वृद्धि दर प्राप्त होती है।

प्रारम्भ में 100 मिलियन (10 करोड़) के आँकड़े को व्यापक रुप से स्वीकार किया गया था, इसके बाद आँकड़ों की पुनः जाँच से इसमें काफी वृद्धि हुई। अब इस बात पर सहमति बनी है कि अकबर के शासनकाल के अन्त में मुग़ल साम्राज्य की जनसंख्या 100 मिलियन और पूरे भारत की जनसंख्या 140 से 150 मिलियन के बीच थी। इस जनसंख्या में से, इरफान हबीब ने कृषि उपजों की सूची के आधार पर शहरी जनसंख्या का अनुमान लगाने का प्रयास किया। यह मानते हुए कि कुल कृषि उपज का लगभग एक चौथाई हिस्सा शहरों में पहुँच रहा था। और शहरों में खपत की जानेवाली कृषि उपज में कच्चे माल के उच्च अनुपात को ध्यान में रखते हुए, वह इस निष्कर्ष पर पहुँचते हैं कि शहरों की जनसंख्या कुल जनसंख्या का 15 प्रतिशत से अधिक थी और शेष जनसंख्या गाँवों से सम्बन्धित थी।

भारत का नगरीकरण

वर्ष	जनसंख्या (मिलियिन में)	शहरी जनसंख्या (मिलियिन में)	शहरी प्रतिशतता
1500	79	5	6.4
1600	142	21.3	15
1801	207	26.9	13
1851	232	25.5	11

स्रोत : ब्रॉडबेरी, स्टीफेन; गुप्ता, विष्णुप्रिया: 'इंडिया एंड द ग्रेट डाइवर्जेन्स : एन एंग्लो इंडियन कम्पैरिसन ऑफ जी. डी. पी. पर कैपिटा, 1600-1871' एक्सप्लोरेशंस इन इकोनॉमिक हिस्ट्री, 2015, पृ. 58-75

मुग़ल साम्राज्य के तहत शहरों और कस्बों का विकास हुआ, जिसमें अपेक्षाकृत उच्च स्तर का शहरीकरण था। (साम्राज्य की कुल आबादी का 15 प्रतिशत शहरी केन्द्रों में रहती थी)। उस समय भारत यूरोप और यहाँ तक कि 19वीं शताब्दी के ब्रिटिश भारत की तुलना में अधिक शहरीकृत था। कई शहरों की आबादी 2 लाख से 5 लाख के बीच थी, जबकि कुछ शहरों में आबादी 5 लाख से अधिक थी।[17] निजामुद्दीन अहमद की **तबक़ात-ए-अकबरी** (लगभग 1593 ई.) से पता चलता है कि अकबर के साम्राज्य में 120 बड़े शहर और 3,200 कस्बे (टाउनशिप) थे। इन 3,200 कस्बों में 5000 से अधिक औसत आबादी रहती थी।

मुग़ल साम्राज्य में कुछ प्रमुख शहरों की अनुमानित जनसंख्या

नगर	वर्ष	अनुमानित जनसंख्या (लाख में)
आगरा	1609	5
दिल्ली	1659-66	5
लाहौर	1581	4
थट्टा	1631-35	2.25
अहमदाबाद	1663	1-2
सूरत	1663	2
पटना	1631	2
ढाका	1630	2
मसूलीपट्टनम	1672	2

स्रोत : निजामुद्दीन अहमद, तबक़ात-ए-अकबरी ; इग्नू, यूनिट-26, मुग़ल भारत में जनसंख्या, नई दिल्ली, पृ. 9

समकालीन यूरोपीय यात्रियों ने अपने यात्रा विवरणों में आगरा, दिल्ली, लाहौर, सूरत, पटना, ढाका और मसुलीपट्टनम जैसे विभिन्न बड़े शहरों की अनुमानित जनसंख्या भी दर्ज़ की है, जहाँ अधिकांश यूरोपीय यात्रियों ने दिल्ली और आगरा में जनसंख्या 5,00,000, लाहौर में 4,00,000 बताई है, वहीं सूरत, पटना, ढाका और मसूलीपट्टनम में 2,00,000। बड़े पैमाने पर निर्माण गतिविधियों के परिणामस्वरूप 1595 ई. के बाद अगले 30 वर्षों में आगरा शहर का विस्तार 3 गुना से भी अधिक हो गया। 1626 ई. के आसपास शहर लगभग 60 वर्ग किलोमीटर के क्षेत्र में फैला हुआ था जिसकी आबादी 1609 ई. में 5 लाख से बढ़कर 1666 ई. में 8 लाख हो गई, जिसमें 60 प्रतिशत की वृद्धि दर्ज़ की गई (त्रिवेदी, के. के., आगरा: एक मुग़ल सूबे की आर्थिक और राजनीतिक रुपरेखा 1580-1707, अध्याय : गैर-कृषि उत्पादन एवं व्यापार, पृ. 140 ; पेल्सर्ट, पृ. 2)। इसमें ध्यान देने योग्य एक और दिलचस्प तथ्य यह था कि 17वीं और 18वीं शताब्दी में जनसंख्या वृद्धि दर 0.21 प्रतिशत थी।

18वीं शताब्दी के प्रारम्भ में, भारत में 64 प्रतिशत कार्यबल प्राथमिक क्षेत्र (कृषि सहित) में थे, जबकि 36 प्रतिशत द्वितीयक और तृतीयक क्षेत्रों में थे।[18] उस समय यूरोप की तुलना में गैर-प्राथमिक क्षेत्रों में कार्यबल का प्रतिशत अधिक था, 1700 ई. में यूरोप के 65-90 प्रतिशत कार्यबल कृषि में थे और 1750 ई. में 65-75 प्रतिशत कृषि में थे।[19]

विवेच्य-काल में भारतीय कृषि उत्पादन में वृद्धि हुई। खाद्य फसलों में गेहूँ चावल और जौ शामिल थे, जबकि गैर खाद्य नक़दी फसलों में कपास; नील और अफीम शामिल थे। 17वीं शताब्दी के मध्य तक, भारतीय किसानों ने अमेरिका से लाए गए दो फसलों मक्का और तम्बाकू का बड़े पैमाने पर उत्पादन शुरू कर दिया था।[20] बंगाली किसानों ने शहतूत की खेती और रेशम उत्पादन की तकनीक सीखा और बंगाल सुबा को एक प्रमुख रेशम उत्पादक क्षेत्र के रूप में स्थापित किया।[21] यूरोप की तुलना में कृषि उन्नत थी। जिसका उदाहरण बीज ड्रिल के पहले के सामान्य उपयोग से मिलता है।[22] मुग़ल प्रशासन ने कृषि सुधार पर जोर दिया, जो गैर मुग़ल सम्राट शेरशाह सूरी के अधीन शुरू हुआ था। अकबर ने इसे अपनाया और इसमें आवश्यक सुधार किया। मुग़ल सरकार ने सिचाई प्रणालियों के निर्माण के लिए धन दिया, जिससे फसलों की बहुत अधिक पैदावार हुई।

अकबर ने भूराजस्व प्रणाली में सुधार कर जब्त पर आधारित दहसाला व्यवस्था लागू की। उसने पूर्ववर्ती प्रणाली को एक समान मुद्रा पर आधारित मौद्रिक कर प्रणाली से बदल दिया। राजस्व प्रणाली उच्च मूल्यवाली नक़दी फसलों जैसे कपास, नील, गन्ना और अफीम के समर्थन में पक्षपाती थी, जिससे नकदी फसलों को उगाने के लिए राज्य से प्रोत्साहन मिला, जिससे बाज़ार में इनकी माँग बढ़ी।।[23] ज़ब्त व्यवस्था के तहत, मुग़लों ने कृषि क्षेत्रों का आँकलन करने के लिए व्यापक भूसम्पत्ति का सर्वेक्षण करवाया। मुग़ल राज्य ने खेती के तहत नई भूमि लानेवालों को कर मुक्त अवधि की पेशकश करके अधिक से अधिक भूमि को खेती के लिए प्रोत्साहित किया।[24] प्रचलित मूल्य दरों का विस्तृत निरीक्षण करने के पश्चात्, प्रत्येक क्षेत्र (परगनों का संघ) में विभिन्न फसलों के लिए प्रति बीघा नक़द भूमि राजस्व (दस्तूर या दस्तूर-उल-अमल) निर्धारित होता था। ज़ब्त प्रणाली में भूमि राजस्व, बोई हुई आराज़ी दस्तूर से गुणा करके नक़द निर्धारित होता था। दस्तूर में समय-समय पर परिवर्तन होता था, प्राय: प्रति वर्ष उपज और मूल्यों की दरों को देखे बिना लागू होता था। दैवी आपदा पर माँग में कटौती बिना दस्तूर में परिवर्तन के, आपदाग्रस्त क्षेत्र (नाबुद) को आराज़ी में से घटाकर किया जाता था। ऐसा प्रतीत होता है कि वास्तव में, भूमि की पैमाइश प्रत्येक वर्ष नहीं होती थी, बल्कि पूर्व वर्षों की संख्याओं को ही स्वेच्छा से परिवर्तन कर, ग्रहण कर लेते थे। पैमाइश केवल तभी होती थी जब किसान अथवा अधिकारी पहले की पैमाइश से सन्तुष्ट न हो, अगर वह वर्तमान उपज पर आधारित न रही हो।

आर्थिक इतिहासकारों इमैनुएल वालरस्टीन, इरफान हबीब, पर्सिवल स्पीयर और अशोक देसाई द्वारा उद्धृत साक्ष्य के अनुसार 17वीं शताब्दी में मुग़ल भारत में प्रति व्यक्ति कृषि उत्पादन और उपभोग के मानक 17वीं शताब्दी के यूरोप और 20 वीं शताब्दी के शुरुआती ब्रिटिश भारत की तुलना में अधिक था।[25]

18वीं शताब्दी तक भारत अन्तर्राष्ट्रीय व्यापार के लिए सबसे महत्त्वपूर्ण विनिर्माण केन्द्र था। प्रमुख उद्योगों में कपड़ा, जहाज निर्माण और स्टील शामिल थे, प्रसंस्कृत उत्पादों में सूती वस्त्र, धागा, रेशम, जूट उत्पाद, धातु के बर्तन, चीनी, तेल और मक्खन जैसे खाद्य

पदार्थ शामिल थे। विनिर्माण की इस वृद्धि को आद्य-औद्योगीकरण के एक रूप में सन्दर्भित किया गया है, जो औद्योगिक क्रान्ति से पहले 18वीं शताब्दी के पश्चिमी यूरोप के समान था।[26] आधुनिक यूरोप ने भारत से आवश्यक उत्पादों का आयात किया, विशेष रूप से सूती वस्त्र, मसाले, मिर्च, नील, रेशम और शोरा (युद्ध में उपयोग के लिए)। यूरोपीय फैशन भारतीय वस्त्रों और रेशम पर अधिकाधिक निर्भर होता गया। सत्रहवीं शताब्दी के अन्त से अठारहवीं शताब्दी की शुरुआत तक, मुग़ल भारत से एशिया का 95 प्रतिशत ब्रिटिश आयात होता था और अकेले बंगाल प्रान्त से एशिया का 40 प्रतिशत डच आयात होता था।[27] इसके विपरीत भारत में यूरोपीय वस्तुओं की माँग कम थी। भारत में आयात कुछ ऊनी, काँच के बने पदार्थ, यान्त्रिक घड़ियाँ, हथियार, विशेष रूप से फिरंगी तलवारों के लिए ब्लेड और कुछ विलासी (लक्ज़री) वस्तुओं तक सीमित था।[28]

यूरोप में व्यापार असन्तुलन का कारण यूरोपीय लोगों द्वारा दक्षिण एशियाई आयात के भुगतान के लिए भारत को बड़ी मात्रा में सोने और चाँदी का निर्यात करना था।[29] भारतीय समान, विशेष रूप से बंगाल से आनेवाले समानों को भी बड़ी मात्रा में अन्य एशियाई बाज़ारों, जैसे- इंडोनेशिया और जापान में निर्यात किया जाता था। सबसे बड़ा विनिर्माण उद्योग सूती कपड़ा निर्माण था, जिसमें विभिन्न प्रकार के रंगों में बिना ब्लीच किए कैलिको और मलमल का उत्पादन शामिल था। सूती कपड़ा उद्योग साम्राज्य के अन्तर्राष्ट्रीय व्यापार के एक बड़े हिस्से के लिए जिम्मेदार था। कपास उत्पादन का सबसे महत्त्वपूर्ण केंन्द्र बंगाल प्रान्त था, विशेषकर ढाका के आसपास का क्षेत्र। अकेले बंगाल से 50% से अधिक कपड़ा और लगभग 80% रेशम का आयात डचों द्वारा किया जाता था।[30] बंगाली रेशम और सूत्री वस्त्र यूरोप, इंडोनेशिया, जापान और अफ्रीका को बड़ी मात्रा में निर्यात किए गए। ब्रिटेन में सरंक्षणवादी नीतियों (जैसे कि 1685-1774 ई. कैलिको अधिनियम) द्वारा आयातित भारतीय वस्त्रों पर प्रशुल्क लगाए गए।

बंगाल भारत का सबसे धनी प्रान्त था, जो भारत के सकल घरेलू उत्पाद का 50% और दुनिया के सकल घरेलू उत्पाद का 12% पैदा करता था।[31] बंगाल की राजधानी ढाका साम्राज्य की वित्तीय राजधानी थी, जिसकी आबादी दस लाख से अधिक थी। यह रेशम और सूती वस्त्र, इस्पात, शोरा (साल्टपीटर) और कृषि एवं औद्योगिक उत्पादों का निर्यातक था। घरेलू स्तर पर भारत का अधिकांश भाग चावल, रेशम और सूती वस्त्र जैसे बंगाली उत्पादों पर निर्भर था। आर्थिक इतिहासकार इन्द्रजीत रे के अनुसार, यह कपड़ा निर्माण और जहाज निर्माण जैसे उद्योगों में विश्व स्तर पर प्रमुख था। रे का अनुमान है कि सोलहवीं और सत्रहवीं शताब्दी के दौरान बंगाल का जहाज निर्माण उत्पादन सालाना 2,23,250 टन था जबकि 1769 से 1771 तक उत्तरी अमेरिका के उन्नीस उपनिवेशो में 23,061 टन उत्पादन हुआ था।[32]

अठारहवीं शताब्दी के प्रारंभिक आधे भाग में मुगल साम्राज्य पतन की ओर बढ़ गया। इस दौरान नादिरशाह के मुगल साम्राज्य पर आक्रमण में दिल्ली को लूटा गया, खज़ाना खाली कर दिया गया, हज़ारों लोग मारे गए और कई हज़ार लोगों को उनके पशुधन समेत दास बनाकर ले जाया गया। इस विनाश ने साम्राज्य को गंभीर रूप से कमजोर कर दिया

और इसके परिणामस्वरूप अनेक क्षेत्रीय राज्यों का उदय हुआ। मुगलों की जगह मराठों ने भारत के अधिकांश हिस्सों में प्रमुख सैन्य शक्ति के रूप में ले ली, जबकि अन्य छोटे क्षेत्रीय राज्य—जो पहले मुगलों के अधीन जागीरदार या करदाता थे, जैसे उत्तर में नवाब और दक्षिण में निज़ाम, ने स्वतंत्रता की घोषणा कर दी।

हालाँकि, मुगलों की कर प्रशासन प्रणाली (राजस्व व्यवस्था) में कोई मूलभूत परिवर्तन नहीं हुआ, केवल कुछ संशोधन किए गए। इतिहासकार तपन रायकचौधुरी के अनुसार, राजस्व आकलन वास्तव में बढ़कर 50 प्रतिशत या उससे अधिक हो गया था, जबकि चीन में यह केवल 5 से 6 प्रतिशत था — यह वृद्धि युद्धों के खर्च को पूरा करने के लिए की गई थी।

इसी अवधि में, मैडिसन (Maddison) ने उत्तर-मुगल अर्थव्यवस्था की आय वितरण के निम्नलिखित अनुमान प्रस्तुत किए हैं—

मुग़ल अर्थव्यवस्था का आय वितरण 1750 ई.

सामाजिक समूह	जनसंख्या का प्रतिशत	कुल आय का प्रतिशत	प्रति व्यक्ति आय के सन्दर्भ में औसत
सामन्त और जमींदार	1	15	15
व्यापारी से सफाईकर्मी	17	37	2.2
ग्रामीण स्तर	72	45	0.6
जनजातीय समूह	10	3	0.3

स्रोत : ब्रांको, मिलानोविक; पीटर एच., लिंडर्ट; जेफरी जी., विलियम्सन (नवम्बर 2007), 'मेज़रिंग एन्शिएन्ट इन इक्वालिटी' वर्ल्ड बैंक

जेफरी जी. विलियम्सन ने तर्क दिया कि भारत 18वीं शताब्दी के उत्तरार्ध में मुग़ल साम्राज्य के पतन के अप्रत्यक्ष परिणाम के रूप में गैर-औद्योगिकरण के दौर से गुजरा, बाद में ब्रिटिश शासन और अधिक विऔद्योगिकरण का कारण बना।[33] हालाँकि, भारतीय वस्त्रों ने 19वीं शताब्दी तक ब्रिटिश वस्त्रों पर प्रतिस्पर्धात्मक लाभ बनाए रखा।[34] विलियम्सन के अनुसार, मुग़ल साम्राज्य के पतन ने कृषि उत्पादकता को कम कर दिया, जिससे खाद्य कीमतों में वृद्धि हुई। प्रसन्न पार्थसारथी ने प्रतिवाद किया है कि मुग़ल साम्राज्य के पतन के बाद भी कई राज्यों में गिरावट नहीं आई, विशेष रूप से बंगाल, मराठा और मैसूर में, जो 18वीं शताब्दी के अन्त में ब्रिटेन के बराबर थे।[35]

दक्षिण भारत का कोरोमंडल क्षेत्र रेशम उत्पादन के लिए विख्यात नहीं था और अधिकांश पश्चिमी भारतीय रेशम मिश्रित सूती-रेशमी कपड़े थे (जिनमें से सबसे सस्ते को 'टैपसिल' कहा जाता था, जो आमतौर पर पश्चिमी अफ्रीकी व्यापार के लिए खरीदे जाते

थे)। अंग्रेज आमतौर पर ऐसे वस्त्रों को अन्तर-एशियाई मसाला व्यापार में वस्तु विनिमय के लिए खरीदते थे। इसके विपरीत, रेशम निर्यात इस सदी में बंगाल के निर्यात व्यापार का एक महत्त्वपूर्ण हिस्सा था, जिसमें लगभग 1670 ई. से अंग्रेजी कम्पनी सबसे बड़ी खरीदारों में से एक थी।[36] अठारहवीं शताब्दी भारतीय वाणिज्य के लिए एक प्रमुख मोड़ थी, क्योंकि अंग्रेजी कम्पनी ने बिचौलियों को दरकिनार कर दिया और सीधे अन्तर्देशीय उत्पादक गतिविधियों को नियन्त्रित करने लगे।

इन्द्रजीत रे ने उल्लेख किया कि भारतीय सूती कपड़ा उद्योग की सापेक्ष गिरावट 1820 के दशक के मध्य से शुरू हुई थी। हालाँकि, इसकी गिरावट की गति धीमी थी, शुरुआत में स्थिर थी, लेकिन 1860 तक संकट की स्थिति तक पहुँच गया जब 5,63,000 कपड़ा श्रमिकों ने अपनी नौकरी गवाँ दी। रे का अनुमान है कि, 1850 ई. तक सूती वस्त्र उद्योग में लगभग 28 प्रतिशत की कमी आई।[37]

नए प्रकार के सम्बन्धों के विकास में सामन्ती (उपभोक्ता) माँगों ने महत्त्वपूर्ण भूमिका निभाई। इस प्रकार की स्थापना के लिए पर्याप्त आँकड़े देना कठिन होगा तथापि, यह तो स्पष्ट है कि अठारहवीं शताब्दी के अन्तिम चरण और उन्नीसवीं शताब्दी के प्रारम्भ में इस प्रकार की माँग बिल्कुल नहीं रही। यह वही कालखंड है जब भारत को यूरोपीय ताकतों ने जीतकर अपने उपनिवेश बनाए थे इसलिए इस नए आर्थिक ढाँचे में जो वस्तुएँ तैयार होती थीं उनके बाज़ार को बड़ा धक्का लगा, किन्तु इनका पूर्ण लोप नहीं हुआ।

सोलहवीं शताब्दी के अन्त में, भारतीय उपमहाद्वीप काफी हद तक एकीकृत मुग़लों के अधीन, अपेक्षाकृत उच्च आय और एक सम्पन्न विनिर्माण क्षेत्र के साथ वैश्विक अर्थव्यवस्था के सबसे विकसित हिस्सों में से एक था। ब्रॉडबेरी ने 1600 ई. से 1871 ई. के मध्य भारत के प्रति व्यक्ति सकल घरेलू उत्पाद का अनुमान लगाया है।[38] इन अनुमानों से पता चलता है कि सत्रहवीं और अठारहवीं शताब्दी में भारत की प्रति व्यक्ति आय में लगातार गिरावट आई, जो बाद की शताब्दी में इंग्लैंड की तुलना में लगभग एक तिहाई थी। ब्रॉडबेरी और गुप्ता, साथ ही एलन ने यह बताते हुए आँकड़े सामने रखे हैं कि भारतीय श्रमिक (दिहाड़ी मजदूर) पहले से ही अपेक्षाकृत गरीब थे, [39] जबकि पार्थसारथी औा शिवरामकृष्ण ने मजदूरी के जो सबूत पेश किए हैं उससे पता चलता है कि उन्नीसवीं शताब्दी की शुरुआत में भारतीय जीवन स्तर यूरोप के बराबर या उससे भी उच्च था।[40] शिवरामकृष्ण के साक्ष्य केवल दक्षिण भारत से सम्बन्धित है जबकि पार्थसारथी के आँकड़े और तर्क दक्षिणी भारत और बंगाल (उत्तर-पूर्व) दोनों से सम्बन्धित हैं।

सोलहवीं शताब्दी के उत्तरार्ध से उन्नीसवीं शताब्दी के प्रारम्भ तक व्याप्त मजदूरी का एक अध्ययन, अठारहवीं शताब्दी के भारतीय इतिहास लेखन में भी जोड़ सकते हैं। ज्यादातर पारम्परिक इतिहास लेखन में अठारहवीं शताब्दी को क्षय, अराजकता, लालच और हिंसा का युग के रूप में माना गया है[41] फिर भी, 1980 के दशक के बाद सामने आए विभिन्न अध्ययन एक विपरीत तस्वीर पेश करते हैं। बेली ने अठारहवीं शताब्दी में गतिशील उत्तर भारतीय क्षेत्र की तस्वीर पेश की जहाँ राजनीतिक कठिनाइयों के बावजूद विभिन्न क्षेत्रों (कृषि, व्यावसायीकरण और सापेक्षिक समृद्धि) में वृद्धि दर्ज की गई।[42]

कुशल और अकुशल दोनों प्रकार के श्रमिकों के लिए मजदूरी सार्वभौमिक रूप से प्रचलित थी। जबकि कुछ को वस्तु के रूप में भुगतान प्राप्त हुआ। शीरीन मूसवी बताते हैं कि, "सत्रहवीं शताब्दी में भारतीय शहरों में बड़े पैमाने पर मजदूरी का भुगतान पैसे में करने का नियम था।"[43] ओमप्रकाश कहते हैं कि, "डच ईस्ट इंडिया कम्पनी (Vereenigde Oost-indischa Compagnia) को प्रचलित बाज़ार मजदूरी दरों पर पर्याप्त श्रम खोजने में कोई समस्या नहीं होती थी क्योंकि श्रम की आपूर्ति बहुत लचीली थी।"[44] यह नाद्री के इस निष्कर्ष के अनुरूप भी है कि सूरत में, कुछ पारम्परिक जाति या जातीय प्रभावों या गतिशीलता पर प्रतिबन्धों से परे, श्रम बाज़ार मुक्त था और कोई भी नियोक्ता चाहे तो श्रमिक ढूंढ सकता था।[45] बंगाल के लिए विशेष रूप से मजदूरी श्रम के व्यापक अस्तित्व के विस्तृत सबूत हैं। 1650 के दशक में स्थापित कासिमबाज़ार में डच कम्पनी रेशम रीलिंग इकाई ने सम्भवतः 1715 ई. में 4000 श्रमिकों को रोजगार दिया था। इसके अलावा, इचापुर (कलकत्ता के पास) गनपाउडर फैक्ट्री में श्रमिकों का एक विस्तृत खाका दिखता है। 1790 के दशक में इसमें यह 2000 से 2500 अकुशल और कुशल श्रमिक काम कर सकते थे, जिसने इसे दुनिया के सबसे बड़े कारखानों में से एक बना दिया था।[46]

अठारहवीं शताब्दी के उत्तरार्ध में श्रमिकों की बड़ी संख्या कलकत्ता में फोर्ट विलियम के निर्माण में लगी हुई थी।[47] मार्शल के अनुसार, 1761 ई. में किले पर कम से कम 30,000 कुली कार्य कर रहे थे।[48] निर्माण कार्य में लगे अधिकांश मजदूर अकुशल मजदूर थे, लेकिन कई कुशल कारीगर जैसे राजमिस्त्री, बढ़ई और लोहार भी काम पर रखे गए थे। इन मजदूरों को आमतौर पर दैनिक आधार पर काम पर रखा जाता था।

अठारहवीं शताब्दी के उत्तरार्ध में कलकत्ता के एक बारूद कारखाने के विस्तृत अध्ययन से पता चलता है कि मुक्त श्रम बाज़ार अपेक्षाकृत एकीकृत था क्योंकि श्रमिक मिदनापुर (पश्चिम में 150 किलोमीटर) से, उड़ीसा के उत्तर (दक्षिण पश्चिम में लगभग 250 किलोमीटर) और चटगाँव (समुद्र मार्ग से पूर्व में 700 किलोमीटर) से मौसमी रूप से कारखाने में काम करने आते थे।[49] अठारहवीं शताब्दी के अन्त में फोर्ट विलियम के निर्माण पर एक अध्ययन से पता चलता है कि मौसम के आधार पर उच्च मजदूरी का भुगतान करने का कारण यह था कि फसलों की कटाई के समय बहुत कम श्रमिक उपलब्ध हो पाते थे।[50] मौसमी श्रमिक प्रवास के अलावा, दैनिक और साप्ताहिक आवागमन भी आम था।

भारत में बहुत कम दासता थी और मजदूरी श्रम अपेक्षाकृत व्यापक था। एक कार्यशील मुक्त श्रम बाज़ार था जहाँ कम्पनियों को स्पष्ट रूप से विशेषाधिकार प्राप्त नहीं था।[51] दास कारीगर दिल्ली सल्तनत (तेरहवीं और चौदहवीं शताब्दी) के काल में पाए जाते थे, लेकिन मुग़ल काल में ऐसे दासों का उल्लेख नहीं मिलता। हालाँकि, कृषि दासता 1800 ई. के आसपास मालाबार (केरल) और बिहार में मौजूद थी और इसका वर्णन बुकानन के विस्तृत स्थानीय सर्वेक्षणों में किया गया है।[52] लेकिन, इन क्षेत्रों के बाहर इरफान हबीब 1637 ई. के गुजरात के केवल एक उदाहरण का हवाला दे पाए हैं, जहाँ एक किसान ने सम्भवतः खेत में काम करने के लिए एक गुलाम रखने का दावा किया था।[53] अकबर ने दासों के व्यापार

और जबरन दासता पर रोक लगाने के उल्लेखनीय प्रयास किए। उसने सभी शाही दासों को मुक्त कर दिया, जिनकी संख्या हजारों में थी। लेकिन घरेलू दास और रखैलें न केवल कुलीन घरानों की बल्कि, निचले अधिकारियों और यहाँ तक कि सामान्य लोगों के घरों की भी एक अनिवार्य विशेषता बनी रहीं। 1710 ई. में अपने छन्दों में व्यंग्यकार मीर मुहम्मद जाफर, जिन्होंने खुद को 'जटल्ली' (जिसका अर्थ है 'बकवास करनेवाला') उपनाम दिया था, ने सुझाव दिया कि एक छोटे से घर में अभी भी मालिक, उसकी पत्नी, एक पुरुष दास और एक दासी लड़की शामिल हो सकती है।[54]

हमारे पास गुजरात, दिल्ली और आगरा के महिलाओं की मजूदरी के बारे में कुछ जानकारी उपलब्ध है, जबकि बंगाल के लिए आँकड़े सबसे प्रचुर मात्रा में या कम दुर्लभ हैं। इन आँकड़ों से यह स्पष्ट हो जाता है कि 1700 ई. के आसपास पुरुष और महिलाओं की मजदूरी का अन्तर अपेक्षाकृत कम था, जो अठारहवीं शताब्दी के पहले भाग में बढ़ गया, क्योंकि अठारहवीं शताब्दी के मध्य तक महिलाओं की मजदूरी पुरुष मजदूरी की लगभग 40 प्रतिशत हो गई। हालाँकि, यह अन्तर 1760 के दशक में तेजी से कम हुआ। 1810 और 1820 के दशक में यह अन्तर बहुत कम हो गया, तब महिलाओं की मजदूरी पुरुषों के मजदूरी की लगभग 80 प्रतिशत तक पहुँच गई।[55]

कुछ शिल्पों में महिलाएँ सीधे मजदूरी के लिए भी काम करती थीं और यहाँ भी उन्हें भारी काम करने को दिया जा सकता था। भवन निर्माण को दर्शानेवाले मुग़ल चित्रों में, हम महिलाओं को चूना मोर्टार प्राप्त करने के लिए चूना पत्थर को पीटते हुए, चूना छानते हुए और ईंटों और चूने को अपने सिर पर रखकर राजमिस्त्री के पास ले जाते हुए देख सकते हैं (जैसा कि वे अभी भी करती हैं)। जहाँ तक हम अनुमान लगा सकते हैं, लिंग के आधार पर श्रम का विभाजन व्यावहारिक रूप से सर्वव्यापी था, यहाँ तक कि एक ही व्यवसाय के भीतर भी (महिलाएँ सूत कातनेवाली थीं, पुरुष बुनकर थे; पुरुष राजमिस्त्री थे, महिलाएँ ईंट ढोनेवाली थीं)।[56] ऐसा प्रतीत होता है कि एक ही प्रकार की नौकरी के लिए दोनों लिंगों के बीच बहुत कम प्रतिस्पर्धा थी।

हंटर के विवरण से घरेलू आय में महिलाओ के योगदान के बारे में अतिरिक्त जानकारी मिलती है, वह उन्नीसवीं शताब्दी की शुरुआत में गया जिले (बिहार) में एक दिहाड़ी मजदूर द्वारा अपने परिवार के साथ खराब परिस्थितियों में अर्जित आय पर जानकारी उद्धृत करता है। हंटर के आँकड़ों में पत्नी और बच्चे मिलकर कुल घरेलू आय का लगभग आधा हिस्सा लाते हैं।[57] यह उस अवधि में देखा गया था जब कताई की गिरावट के परिणामस्वरूप घरेलू आय में महिलाओं के योगदान में काफी गिरावट आई थी। अठारहवीं शताब्दी के एक बड़े हिस्से के दौरान भारत के कुछ हिस्सों में पुरुष मजदूरी परिवार का भरण-पोषण करने में सक्षम नहीं थी। घरेलू आय में महिलाओं और बच्चों का बड़ा योगदान, सम्भवत: इस बात की व्याख्या कर सकता है कि निम्नवगीय भारतीय परिवार कैसे जीवित रह पाए? जबकि अकेले पुरुषों की मजदूरी निर्वाह स्तर से भी नीचे थी, कभी-कभी तो बहुत नीचे। यह पूरी तरह से पुरुष वेतन के आधार पर जीवन स्तर के विकास के बारे में उसकी सीमाओं की ओर इशारा करता है। इस अवधि में, कई समाजों में महिलाओं और बच्चों ने घरेलू आय में महत्त्वपूर्ण योगदान दिया।[58]

यदि कामगारों, मजदूरों और कारीगरों की मजदूरी की तुलना 17वीं शताब्दी के दौरान खाद्यान्न की कीमतों से की जाए, तो पता चलता है कि इन वर्गों के पास खाने के लिए पर्याप्त भोजन था। हालाँकि, कई समकालीन यूरोपीय यात्री और व्यापारी इन वर्गों की दयनीय दुर्दशा के बारे में बात करते हैं।[59] मोरलैंड का मानना है कि सामान्य उत्पादन के वर्षों में भी जनसंख्या का बड़ा हिस्सा आराम से नहीं, बल्कि मात्र जीवन-निर्वाह के हाशिए पर रहता था।[60] मोरलैंड का कहना है कि, "किसानों, मजदूरों और कारीगरों का दमन किया गया और वे अपने परिवार के लिए पर्याप्त भोजन नहीं जुटा सकते थे।" लेकिन, निशात मंज़र का मानना है कि, "यह इस विषय पर उपलब्ध आँकड़ों में निहित जानकारी से निकाला गया एक अनुचित निष्कर्ष है। कई समकालीन विदेशी व्यापारी और यात्री खाद्यान्न की सस्ती पर जोर देते हैं, जिसे आसानी से खरीदा जा सकता था।"[61] मजदूरी और खाद्यान्न की कीमतों के तुलनात्मक अध्ययन से पता चलता है कि 17वीं शताब्दी के दौरान खाद्यान्न की कीमतें कम थीं जिससे मजदूरों और कारीगरों की मजदूरी से प्राप्त आय से जीवन-निर्वाह सामान्यतः हो जाता था, लेकिन उत्तरोत्तर खाद्यान्न की कीमतों में वृद्धि और रुपया के मूल्य में गिरावट के परिणामस्वरूप 18वीं शताब्दी के दौरान इन दोनों वर्गों की दशा दयनीय हो गई।

जहाँ तक श्रम के रूपों का प्रश्न है, कोई भी उन स्थितियों को अपूर्ण बाज़ार की स्थितियों के रूप में वर्णित कर सकता है। दास श्रम मुख्यतः घरेलू सेवा तक ही सीमित था। जाति व्यवस्था और 'ग्राम समुदाय' तन्त्र के कारण ग्रामीण मजदूरी दरें कम हो गईं। शहर में, शासक वर्ग द्वारा संसाधनों पर एकाधिकार ने अनिवार्य रूप से बाज़ार तन्त्र के माध्यम से मजदूरी को कम कर दिया, जबकि पदानुक्रम के सिद्धान्त प्रभावी थे। कभी-कभी प्रमुख वर्गों के बीच शारीरिक श्रम और मेहनतकश गरीबों के प्रति सहिष्णु रवैये के संकेत मिलते हैं। पूर्व-औपनिवेशिक भारत के श्रम इतिहास का अध्ययन अभी भी प्रारम्भिक अवस्था में है। यह आंशिक रूप से इस तथ्य के कारण है कि कई मामलों में समान अवधि में यूरोप और चीन के लिए उपलब्ध साक्ष्य की तुलना में साक्ष्य कम हैं। हालाँकि, हमारे पास फ़ारसी (तब आधिकारिक भाषा), क्षेत्रीय या स्थानीय भाषाओं और यूरोपीय भाषाओं (मिशनरियों, व्यापारियों और यात्रियों से) में जो जानकारी है, वह हमें भारत में प्रचलित श्रम के प्रमुख रूपों का पता लगाने में सक्षम बनाती है।

अनुमान है कि 1600 ई. में भारत की शहरी आबादी कुल आबादी का लगभग 15 प्रतिशत हो गई थी, [62] यदि शिरीन मूसवी के अनुमान के अनुसार कुल आबादी 145 मिलियन मानें, तो इसका मतलब होगा लगभग 22 मिलियन शहरी आबादी थी। इससे हमें अकेले कस्बों द्वारा गठित आन्तरिक बाज़ार के आकार का कुछ अन्दाजा मिल सकता है। अपने आन्तरिक मुद्रा के उपयोग के लिए भारत ने चाँदी की भारी मात्रा का एक महत्त्वपूर्ण हिस्सा अवशोषित किया जो उस समय मेक्सिको और पेरू की स्पेनिश-नियन्त्रित चाँदी की खदानों से यूरोप में बह रही थी। शिरीन मूसवी के अनुसार, मुग़ल मुद्रा उत्पादन में चाँदी की खपत (टन में) निम्नलिखित (तालिका में) उच्चतम वार्षिक औसत दर्शाते हैं-

मुग़ल मुद्रा उत्पादन

वर्ष	चाँदी की खपत (टन में)
1586-1595	146.29
1596-1605	290.70
1626-1635	213.12
1696-1705	188.39

स्रोत : मूसवी, शिरीन, 'द सिल्वर इम्फ्लक्स मनी सप्लाई एंड प्राइस इन इंडिया ड्यूरिंग द सिक्सटींथ एंड सेवेंटींथ सेंचुरी', जर्नल ऑफ इकोनामिक एंड सोशल हिस्ट्री ऑफ द ओरिएंट, 1987, पृ. 68

हमें ताँबे के सिक्के पर भी विचार करना चाहिए, जो सत्रहवीं शताब्दी में आंशिक मुद्रा के रूप में काम करता था। इतने बड़े पैमाने पर पैसे के उपयोग के साथ यह देखना आश्चर्य की बात नहीं है कि कस्बों में कुशल और अकुशल श्रम और घरेलू सेवा दोनों के लिए पैसे में मजदूरी सार्वभौमिक रूप से प्रचलन में थी। 'आइन-ए-अकबरी' (1595 ई.) में, जो मुग़ल साम्राज्य का एक आधिकारिक विवरण है, अबुल-फजल ऐसी सभी श्रेणियों के लिए मजदूरी की विस्तृत दरें प्रदान करता है जो दैनिक दरों को उद्धृत करते समय ताँबे के सिक्कों में अनिवार्य रूप से बताई गई हैं। वेतन आमतौर पर दैनिक आधार पर भुगतान किया जाता था और केवल नियमित कर्मचारी, चाहे कारीगर हों या घरेलू नौकर, मासिक वेतन प्राप्त करते थे। यह सच है कि कुछ नियोक्ता अपने नौकरों को आंशिक रूप से वस्तु (पुराने कपड़े) के रूप में भुगतान करते थे और विलम्बित वेतन भुगतान आम बात थी। लेकिन, ऐसा लगता है कि मूल दरें हमेशा पैसे में तय की गई थीं। यह भुगतान की गई मजदूरी के सभी प्रासंगिक सन्दर्भों से पता चलता है कि सत्रहवीं शताब्दी में चाहें वह भारतीय अभिलेखों में हो, यूरोपीय यात्रियों के खातों में दर्ज हो या यूरोपीय ईस्ट इंडिया कम्पनियों के 'कारखानों' के दस्तावेज़ों में हो।[63]

इस प्रकार सत्रहवीं सदी के भारतीय कस्बों और बाज़ारों तथा शाही और कुलीन प्रतिष्ठानों में मौद्रिक वेतन भुगतान को बड़े पैमाने पर नियम माना जा सकता है। इस प्रकार 'वस्तुबद्ध श्रम' व्यावहारिक रूप से सार्वभौमिक था।

शाही घराने में घरेलू नौकरों और रईसों (जिन्हें वर्तमान उद्देश्य के लिए राज्य तन्त्र में शामिल किया गया था) के अलावा, घुड़सवार सैनिक और लिपिक (मुंशी) भी बड़ी संख्या में आमतौर पर मासिक वेतन पर कार्यरत थे। कुशल कारीगर और मजदूर शाही और कुलीन प्रतिष्ठानों में काम करते थे, जिन्हें कारखाना (कार्यशालाएँ) कहा जाता था, जो नियोक्ताओं के घरों में उपयोग के लिए और साथ ही उपहार के रूप में उपयोग के लिए विभिन्न प्रकार के समान का उत्पादन करते थे। इन कार्यशालाओं का वर्णन आइन-ए-अकबरी में अबुल फज़ल ने और फ्रांस्वा बर्नियर (भारत में, 1658-1668) ने अपने यात्रा वृत्तान्त में विस्तार से किया है। किसी मज़दूर से काम लेना और उसके लिए तय मजदूरी न देना अनैतिक माना

जाता था।[64] लेकिन मजदूरी रोके रखने की प्रथा स्पष्ट रूप से बहुत आम थी। ग्रामीण इलाकों में खेतिहर मजदूर किसानों की जमीन पर अलग-अलग काम करते थे। ऐसे मजदूरों के साथ निश्चित बटाईदारी व्यवस्था की सूचना नहीं मिलती है। आमतौर पर मजदूरी का भुगतान दैनिक आधार पर नक़द या वस्तु के रूप में किया जाता था और आंशिक रूप से मौसमी आधार पर भी भुगतान होता था।

मुग़ल भारत में घरेलू सेवा क्षेत्र अत्यधिक बड़ा था। न केवल अभिजात वर्ग ने काफी संख्या में नौकर बनाए रखे बल्कि, 'मध्यम वर्ग' समूहों द्वारा घरेलू नौकरों का रोजगार भी काफी व्यापक था। पेल्सर्ट ने 1626 ई. के आसपास आगरा में लिखते हुए कहा कि, "इस देश में चपरासी या नौकर बहुत अधिक हैं, हर कोई चाहें वह घुड़सवार सैनिक हो, व्यापारी हो या राजा का अधिकारी हो- उतने ही लोगों को रखता है जितना उसका पद और परिस्थितियाँ अनुमति देती हैं।"[65] फ्रांसीसी यात्री बर्नियर हमें बताता है कि मुग़ल सेना में निजी नौकर वास्तव में असंख्य थे।[66] फ्रायर ने 1672-1681 की अवधि के लेखन में, विशेष रूप से टिप्पणी की है कि, "एक घुड़सवार सैनिक कितना भी बुरा क्यों न हो, उसके पास तीन या चार नौकर होने चाहिए।"[67]

मध्यकाल में भारतीयों के पास असाधारण स्तर का हस्त कौशल विकसित था। बर्नियर के अनुसार, "औजारों से वंचित लोगों द्वारा बनाई गई सुन्दर कारीगरी के नमूने...कभी-कभी वे यूरोपीय निर्माण के लेखों की इतनी अच्छी तरह से नकल करते हैं कि मूल और नकल के बीच का अन्तर मुश्किल से ही पहचाना जा सकता है।" कम निर्वाह लागत के कारण कुशल श्रमिकों की बहुतायत थी। कौशल के विकास का मतलब है कि विशेषज्ञता आम नहीं थी, यह विशेषज्ञता केवल शाही स्वाद तक ही सीमित थी। तस्वीर की पुष्टि अबुल फज़ल द्वारा टकसाल, तौल, अयस्क गलानेवाले और सोने की प्लेट बनानेवाले के विभिन्न व्यवसायों के विवरण से होती है। परिष्कृत धातु पिघलानेवाले, पिंड ढलाईकार, उत्कीर्णक, चाँदी शोधक, धातु परखनेवाले, सोने और चाँदी को अलग करनेवाले, यह विशेषज्ञता सामाजिक रूप से निर्धारित श्रम विभाजन द्वारा लाई गई थी जो भारत में जाति व्यवस्था से प्रभावित थी। बाबर के अनुसार, हर कुशल कार्य के लिए एक निश्चित जाति थी जो पिता से पुत्र को कार्य सौंपती थी। मैक्स वेबर का तर्क है, 'जाति ने कौशल का पृथक्करण किया और अन्तर-शिल्प गतिशीलता को रोका,' जो भारतीय पर्यावरण के लिए था। इस बात को कई बार चुनौती दी गई, लेकिन आज भी भारत में श्रमिक वर्गों में जाति के वर्चस्व को नकारा नहीं जा सकता। यह वर्चस्व वैज्ञानिक विकास में बाधक है। यह प्रक्रिया भारत में विशेष रूप से मध्यकाल में बहुत धीमी थी। 17वीं शताब्दी में मुग़ल सम्राटों की प्राथमिकताएँ अलग थीं। मुग़लों ने शिल्प, कृषि या उद्योग पर एक भी सार्थक ग्रन्थ नहीं लिखा, हालाँकि उनके नाम पर कविता या इतिहास के कई खंड हो सकते हैं। कुशल श्रम वंशानुगत था, जिसके पास उन्नत उद्योग के लिए कोई उपकरण नहीं था। यूरोपीय देशों की तुलना में जिन्होंने 16वीं और 17वीं शताब्दी में अपने उपनिवेशों को लूटकर प्रौद्योगिकी में उन्नति की अपनी यात्रा शुरू की थी, उन्हें वर्ग चेतना का अहसास था। अंग्रेजी श्रमिक वर्गों के निर्माण ने उनके समाजों को मौलिक रूप से बदल दिया, लेकिन भारतीय समाज ने इसे बहुत देर से अपनाया। यह तथ्य स्पष्ट है कि

अकबर के युग की प्राच्य निरंकुशता ने फतेहपुर सीकरी और अन्य वास्तुशिल्प योजनाओं जैसी उसकी बड़ी परियोजनाओं के रूप में भारत के श्रमिक वर्गों को काम के अधिक अवसर दिए। यह भी उल्लेखनीय है कि अकबर के युग में वेतन भुगतान की दृष्टि से बेहतर था, यहाँ तक कि एक सफाईकर्मी जो प्रतिदिन 2 दाम कमाता था, वह औपनिवेशिक शासन की तुलना में आसानी से अपने परिवार की जरूरतों को पूरा कर सकता था, जिसे कार्ल मार्क्स और उस युग के अन्य इतिहासकारों ने बहुत उचित ठहराया था।

उन्नीसवीं शताब्दी के प्रारम्भ से ठीक पहले भारत में, जो बात निर्णायक सिद्ध हुई और जिसने दु:खान्त परिस्थिति को जन्म दिया वह आर्थिक दृष्टि से उन्नत ग्रेट ब्रिटेन का औपनिवेशिक विस्तार था। आर्थिक, राजनीतिक और सैनिक दृष्टि से वह भारत से काफी बढ़-चढ़कर था। भारत में ब्रिटिश उपनिवेश की स्थापना और उसका विस्तार युगान्तकारी हुआ। भारत का व्यापारी वर्ग और यहाँ के महाजन अनेक दृष्टियों से सामन्तों के दबाव में थे और अपना पूरा विकास नहीं कर पाए थे। इनमें से अधिकांश ब्रिटेन के अति उन्नत औद्योगिक बुर्जुआ वर्ग के अधीन भागीदार बन गए और व्यापारिक शोषण में वे भी अंग्रेजों से मिल गए।

ऐसी अवस्था में उत्पादन संचय, उत्पादन या व्यापक पुनरूत्पादन, अर्थात आर्थिक और राजनीतिक दृष्टि से उभरते भारतीय बुर्जुआ वर्ग को मजबूत बनाने के लिए और अत्यन्त लाभकारी विदेशी बाज़ारों से लाभ उठाने के लिए बड़ी सीमित सम्भावनाएँ रह गई थीं। अपितु विदेशी व्यापार और उत्पादन में लगी देशी पूँजी का बहाव कृषि क्षेत्र की ओर होने लगा। इस निवेश को अति सुरक्षित माना जाता था। अनेक व्यापारियों और महाजनों ने अपनी पूँजी औपनिवेशिक ताकत के संरक्षण में रख दी। इससे उन्हें व्यापार का कुछ महत्त्वपूर्ण हिस्सा (जिसमें विदेशी व्यापार भी शामिल था) मिल जाता था। उनकी यह पूँजी महाजनी के लेन-देन में इस्तेमाल होती थी। शायद यही वज़ह थी कि ये स्थानीय वर्ग कोई नया आन्दोलन चलाने में समर्थ न थे और न ही वे औपनिवेशिकों का डटकर मुकाबला कर सकते थे।

सन्दर्भ सूची

1. इरविन, जॉन एंड श्वार्ट्ज पी. आर., स्टडीज इन इंडो-यूरोपियन टेक्सटाइल हिस्ट्री, द डिस्टिंक्शन हिअर फॉलो, जर्नल ऑफ द रॉयल एशियाटिक सोसाइटी, वॉल्यूम 100, इसु 2, अप्रैल 1967, पृ. 26, 40
2. इरविन एंड श्वार्ट्ज, स्टडीज, पृ. 45
3. टैवर्नियर, जीन बैपिस्ट, ट्रैवल्स इन इंडिया, वी. बाल द्वारा अनुवादित, डब्ल्यू. क्रुक द्वारा सम्पादित, अध्याय 13, भाग-2, लन्दन, ऑक्सफोर्ड यूनिवर्सिटी प्रेस, 1925
4. दी इंग्लिश फैक्ट्रीज इन इंडिया, 1634-36, पृ. 161
5. रिकार्ड ऑफ फोर्ट सेंट जॉर्ज : डिस्पैचेज फ्राम इंग्लैंड, वॉल्यूम 1681-86, मद्रास गवर्नमेंट प्रेस, 1916, पृ. 21
6. लेटर टू सूरत फैक्टर, 1683, इंडिया ऑफिस आर्काइव्स, लेटर बुक 7, पृ. 210

7. एन.सी.ई.आर.टी.- अवर पास्ट III वीवर्स, आयरन स्मेल्टर एंड फैक्ट्री ओनर्स (इंडियन टेक्सटाइल्स एंड वर्ल्ड मार्केट), 2019, पृ. 66
8. हौसर-शॉब्लिन, ब्रिगिटा; नभोल्ज़- कार्टाशॉफ, मैरी लुईस; रामसेयर, उर्स, बालीनीज टेक्सटाइल, लन्दन, ब्रिटिश म्यूजियम प्रेस, 1991, पृ. 117
9. तोमितो, जून; तोमितो, नारिको, जैपनीज इकत वेविंग : द टेक्निक्स ऑफ कसूरी, लन्दन, 1982, पृ. 7
10. शर्मा, गौरव, द हिन्दू में प्रकाशित लेख- व्हेन इंडिया क्लॉथ्ड द वर्ल्ड, 23 जून, 2012
11. पार्थसारथी, प्रसन्ना, व्हाई यूरोप ग्रिउ रिच एंड एशिया डिड नॉट : ग्लोबल इकोनॉमिक डाइवर्जेन्स, 1600-1850, कैम्ब्रिज यूनिवर्सिटी प्रेस, 2011, पृ. 45
12. हैरिसन, लारेंस, बर्जर, पीटर, एल., डेवलपिंग कल्चर: केस स्टडी, 2006, पृ. 158
13. मैडिसन, एंगस, द वर्ल्ड इकॉनमी : हिस्टोरिकल स्टैटिक्स, 2003, पृ. 259
14. विलियम्सन, जेफरी जी., डेविड, किलिंगिंगस्मिथ, इंडिया'स डि'इन्डस्ट्रीयलाइजेशन इन द एटींथ एंड नाईनटींथ सेंचुरी, हार्वर्ड यूनिवर्सिटी प्रेस, मई 2004
15. मैडिसन, पृ. 257
16. रिचर्ड्स, जान एफ., दी अनइंडिंग फ्रन्टियर: एन एन्वायरमेंटल हिस्ट्री ऑफ अर्ली मार्डन वर्ल्ड, यूनिवर्सिटी कैलिफोर्निया प्रेस, 2003, पृ. 27
17. एराली, अब्राहम, द मुग़ल वर्ल्ड : लाइफ इन इंडिया'स लास्ट गोल्डेन एज, पेंगुइन इंडिया, 2007,
18. याज़दानी केव, इंडिया मार्डेनिटी एंड द ग्रेट डाइवर्जेन्स : मैसूर एंड गुजरात सेवेनटींथ टू नाईनटींथ सेंचुरी, 2017
19. सियोला, कार्लो एम., बिफोर द इंडस्ट्रीयल रिवोल्यूशन : यूरोपियन सोसाइटी एंड इकॉनमी 1000-1700, 2004
20. स्मिट, कार्ल जे., एन एटलस एंड सर्वे ऑफ साउथ एशियन हिस्ट्री, मई 2015
21. रिचर्ड्स, पृ. 190
22. हबीब, इरफान; रायचौधरी, तपन; कुमार, धर्मा; द कैम्ब्रिज इकोनॉमिक हिस्ट्री ऑफ इंडिया, 1987, पृ. 230
23. रिचर्ड्स, पृ. 174
24. रिचर्ड्स, पृ. 28
25. सुनेजा, विवेक, 'अन्डरस्टैंडिंग बिजिनेस: ए मल्टी डाइमेंशनल एप्रोच टू द मार्केट इकॉनमी, 2000, पृ. 13
26. लेक्स हीरमा वैन वोस; ईल्स हेमस्ट्रा-कुपरस; एलिस वैन नेदेरवीन "दि लांग ग्लोबलाइजेशन एंड टेक्सटाईल प्रोड्यूसर इन इंडिया", द एशगेट कम्पेनियन टू द हिस्ट्री ऑफ टेक्सटाइल वर्कर,1650-2000, एशगेट पब्लिशिंग, 2010, पृ. 255
27. ओमप्रकाश, 'एम्पायर मुग़ल, हिस्ट्री ऑफ वर्ल्ड ट्रेड सिंस 1450' जान जे., मैकस्कर (सम्पा.), 2006, पृ. 237-40
28. बोयाजियन, जेम्स सी., पोर्तुगीज ट्रेड इन इंडिया अंडर द हैम्सबर्ग 1580-1640, 2008, पृ. 51
29. रिचर्ड्स, पृ. 20
30. ओमप्रकाश, पृ. 237-40
31. खांडेकर, हिसाम, व्हिच इंडिया इज क्लियरिंग टू हैव बीन कोलोनाइज्ड, 31 जुलाई 2015, डेली स्टार
32. रे, इन्द्रजीत, बंगाल इन्डस्ट्रीज एंड द ब्रिटिश इन्डस्ट्रीयल रिवोल्यूशन(1757-1857), 2011, पृ. 174

33. विलियम्सन, जेफरी जी., ट्रेड एंड पावर्टी: व्हेन द थर्ड वर्ल्ड फेल डाउन, 2011, पृ. 91
34. ब्रॉडबेरी, स्टीफेन; गुप्ता, विष्णुप्रिया; 'काटन टेक्सटाइल एंड द ग्रेट डाइवर्जेन्स: लंकाशायर, इंडिया एंड शिफ्टींग कम्पेटेटिव एडवान्टेज 1600-1850, 2005
35. पार्थसारथी, पृ. 38
36. इरविन एंड श्वार्ट्ज, स्टडीज, पृ. 46
37. रे, इन्द्रजीत; 'आइडेंटिफाइंग द वूस ऑफ द काटन टेक्सटाइल इंडस्ट्री इन बंगाल : टेल ऑफ द नाइनटींथ सेंचुरी' द इकोनॉमिक हिस्ट्री रिव्यू 62/4 पृ. 857-92
38. ब्रॉडबेरी, स्टीफेन; गुप्ता, विष्णुप्रिया; 'इंडिया एंड द ग्रेट डाइवर्जेन्स : एन एंग्लो इंडियन कम्पैरिसन ऑफ जी. डी. पी. पर कैपिटा, 1600-1871, 2015, पृ. 58-75
39. ब्रॉडबेरी, स्टीफेन; गुप्ता, विष्णुप्रिया; 'अर्ली मॉडर्न ग्रेट डाइवर्जेन्स' एलन, 'इंडिया इन द ग्रेट डाइवर्जेन्स'
40. पार्थसारथी, प्रसन्ना, 'व्हाई यूरोप ग्रिउ रिच एंड एशिया डिड नॉट' कैम्ब्रिज यूनिवर्सिटी प्रेस, 2011; पार्थसारथी 'रिथिंकिंग वेजेज'; फरवरी, 1998
41. वाशब्रुक, डेविड, एटींथ सेंचुरी, इसु, पृ. 372
42. बेली, क्रिस्टोफर, रूलर्स, टाउनमेन एंड बाज़ार, 1983
43. मूसवी, शिरीन, द वर्ल्ड ऑफ लेबर इन मुग़ल इंडिया (1500-1750), प्रोसिडिंग ऑफ दी इंडियन हिस्ट्री कांग्रेस, वॉल्यूम 71, 2010-2011, पृ. 343-357
44. ओमप्रकाश, डच ईस्ट इंडिया कम्पनी एंड इकॉनमी ऑफ बंगाल, 1630-1720, प्रिंसटन यूनिवर्सिटी प्रेस प्रिंसटन, न्यू जर्सी, 1985, पृ. 38
45. नादरी, गुलाम ए., 'एटींथ सेंचुरी गुजरात'1750-1800, 2008 पृ. 37
46. लुकासेन, जान, वर्किंग एट द इचापुर गन फैक्ट्री इन द 1790, 2012, पृ. 19
47. सेनगुप्ता, के. एम., 'द न्यू फोर्ट विलियम एंड डाकयार्ड', 15 जुलाई 2016
48. मार्शल, अल्फ्रेड, कम्पनी एंड द कूलीस , पृ. 25
49. लुकासेन, पृ. 45-52
50. सेनगुप्ता, 'द न्यू फोर्ट विलियम' पृ. 243
51. रॉय, तीर्थंकर, हाउ ब्रिटीश रूल चेंज्ड इंडिया इकॉनमी : द पैराडाक्स ऑफ द राज, 2019 पृ. 90
52. बुकानन, एफ. एच., ए जर्नी फ्राम मद्रास थ्रू द कन्ट्रीज ऑफ मैसूर, कनारा एंड मलाबार ...भाग-3 लन्दन, 1807 ; डिस्ट्रिक सर्वे ऑफ इस्टर्न इंडिया (1801-1812) मांटगोमरी मार्टिन आर. (सं.), द हिस्ट्री, ऐंटिक्विटीज, टपॉग्रफी एंड स्टैटिस्टिक ऑफ ईस्टर्न इंडिया, कम्पाइलिंग डिस्ट्रिक्ट्स ऑफ बिहार, शाहाबाद, भागलपुर, गोरखपुर, दीनाजपुर, पूर्णिया, रंगपुर एंड आसाम भाग-2, लन्दन, 1838,)
53. हबीब, इरफान, अग्रेरिअन सिस्टम ऑफ मुग़ल इंडिया, पृ. 142
54. कुल्लियात-ए-जाफ़र जटल्ली, नईम अहमद (सं.), अलीगढ़, 1779, पृ. 132
55. दिलचस्प बात ये है कि 1830 के दशक में महिला कैदियों को पुरुषों के चावल भत्ते का 75 से 83 प्रतिशत मिलता था (रिपोर्ट 1838, पृ. 154) जो यह बताता है कि पुरुषों की तुलना में महिलाओं की मजदूरी किस हद तक कम थी व महिलाओं द्वारा उपभोग भी कम होता था।
56. मूसवी, शिरीन, पीपल, टैक्सेशन एंड ट्रेड इन मुग़ल इंडिया, ऑक्सफोर्ड, 2008, पृ. 135-158
57. हंटर, विलियम विल्सन; ए स्टैटिकल अकाउंट ऑफ बंगाल, वॉल्यूम 12, पृ. 76-97
58. डिज्वार्ट, पिम; लुकासेन, जान, 'पावर्टी ऑर प्रास्पेरिटी इन नादर्न इंडिया, न्यू एविडेंस ऑन रियल वेजेज, द इकोनॉमिक हिस्ट्री रिव्यू, 73, मार्च 2020, पृ. 664

59. पेल्सर्ट, एफ., जहाँगीर'स इंडिया: द रिमॉन्स्तरांसी ऑफ फ्रांसिस्को पेल्सर्ट, 1626, अनुवादित द्वारा डब्ल्यू. एच. मोरलैंड एंड पी. गेल, कैब्रिंज, 1925, पृ. 60-61; इंग्लिश फैक्ट्रीज रिकॉर्ड, भाग-5, पृ. 232, भाग-8, पृ. 94 ; टैवर्नियर, जे. वी., ट्रेवल्स इन इंडिया, भाग-2, लन्दन, 1925, पृ. 92-93
60. मोरलैंड, डब्लू. एच., फ्राम अकबर टू औरंगजेब, लन्दन, 1923, (रीप्रिंट) दिल्ली, 1972 पृ. 2-3
61. मंज़र, निशात, वेजेज ऑफ लेबर एंड आर्टिसंस इन सम अर्बन सेंटर ड्यूरिंग द सेवेंटींथ सेंचुरी, (प्रोसिडिंग्स ऑफ दी इंडियन हिस्ट्री कांग्रेस, वॉल्यूम 47, 1986) पृ. 268-69
62. मूसवी, शिरीन, द इकॉनमी ऑफ द मुग़ल एम्पायर, सी. 1595 : ए स्टैटिस्टिकल स्टडी, नई दिल्ली, 1987, पृ. 389-406
63. फोस्टर, डब्ल्यू., ए सप्लीमेंटरी कैलेंडर ऑफ डाक्यूमेंट्स इन दी इंडिया ऑफिस रिलेटिंग टू इंडिया ऑर टू द होम अफेयर्स ऑफ दी ईस्ट इंडिया कम्पनी 1600-1640, लन्दन, 1928 पृ. 66;
डेला वैले, पी., ट्रैवल्स ऑफ पिएत्रो डेला वैले इन इंडिया (1623-24), जी. हैवर्स द्वारा 1664 ई. में किए गए पुराने अंग्रेज़ी अनुवाद से एडवर्ड ग्रे द्वारा संपादित, लेखक के जीवन परिचय और टिप्पणियों सहित, भाग-1, हक्लुईट सोसाइटी, लन्दन,1892, पृ. 62

पिएत्रो डेला वैले Pietro Della Valle (जन्म : रोम, 11 अप्रैल 1586, मृत्यु: रोम, 21 अप्रैल 1652), एक इतालवी यात्री था जिसने 17वीं शताब्दी की शुरुआत में मुगल सम्राट जहाँगीर के शासनकाल के दौरान भारत की यात्रा की थी। उसका जन्म 1586 ई. में एक प्रतिष्ठित कुलीन रोमन परिवार में हुआ था। उसके पिता का नाम पोम्पेओ डेला वैले और माँ का नाम जियोवाना अल्बेरिनी था। उसका वंश इतना समृद्ध था कि रोम में 'सेंट एंड्रिया डेला वैले' चर्च और सड़क का नाम उनके प्रतिष्ठित परिवार के नाम पर रखा गया है, जिसमें दो कार्डिनल (कैथोलिक चर्च के उच्च पदस्थ पादरी) भी थे; पोप होनोरियस द्वितीय के अधीन रुस्तिको और लियो दसवें के अधीन एंड्रिया। उसने शास्त्रीय संगीत की गहन शिक्षा के साथ साहित्य का ज्ञान भी प्राप्त किया। उसकी रुचि चिकित्सा एवं विज्ञान विषयों में भी थी। 25 वर्ष की आयु तक, वह एक प्रसिद्ध संगीतकार बन चुका था।

उसका जीवन एक प्रेम प्रसंग में मिली निराशा के बाद बदल गया। वह नेपल्स चला गया, जहाँ चिकित्सा के प्रोफ़ेसर मारियो शिपानो ने उसे पूर्व की यात्रा करने के विचार के लिए राजी किया। नेपल्स छोड़ने से पहले, पिएत्रो ने पवित्र भूमि की तीर्थयात्रा करने का संकल्प लिया। 28 वर्ष की आयु में, 8 जून 1614 ई. को वह **ग्रैन डेलफिनो** (सशस्त्र जहाज) में सवार होकर वेनिस से कॉन्स्टेंटिनोपल पहुँचा, वहाँ एक वर्ष से अधिक समय व्यतीत करने के दौरान उसने तुर्की और थोड़ी अरबी भाषा का ज्ञान प्राप्त किया। 25 सितंबर 1615 ई. को वह अलेक्जेंड्रिया गया। क्योंकि वह एक प्रतिष्ठित कुलीन व्यक्ति था, उसने नौ व्यक्तियों के दल के साथ यात्रा की। अलेक्जेंड्रिया से वह काहिरा गया, माउंट सिनाई के भ्रमण के बाद, काहिरा से पवित्र भूमि के लिए रवाना हुआ। ईस्टर समारोह में भाग लेने के लिए वह 8 मार्च 1616 ई. को यरूशलम पहुँचा। पवित्र स्थलों का दौरा करने के बाद, पिएत्रो दमिश्क से अलेप्पो गया। वहाँ से वह बगदाद गया, जहाँ उसे असीरियन पिता और अर्मेनियाई माँ की बेटी, **मानी जियोरिदा** (18 वर्षीय) से प्रेम हो गया। एक छोटे, भावुक प्रेम-प्रसंग के बाद, उन दोनों ने दिसंबर 1616 ई. में विवाह कर लिया। उस समय बगदाद में तुर्की और ईरान के बीच लगातार चल रहे संघर्षों के कारण उसे 4 जनवरी 1617 ई. को बगदाद छोड़ना पड़ा। वह पत्नी मानी के साथ फ़ारस गया। उसने हमादान और इस्फ़हान का दौरा किया और यह सुनकर कि राजा शाह अब्बास उस समय कैस्पियन सागर के आसपास थे, उनके शिविर में उनसे मिलने गया। राजा ने उसका आतिथ्यपूर्वक स्वागत किया, कुछ समय तक वह उनके दरबार में रहा। इस समय उसके दो उद्देश्य थे— एक,

तुर्कों के विरुद्ध एक सैन्य अभियान में सेवा करने की इच्छा, जिसकी उस समय चर्चा हो रही थी। दूसरा, उन ईसाइयों के लिए कुछ लाभ प्राप्त करना जो ओटोमन साम्राज्य में उत्पीड़न के शिकार थे। वह राजा के साथ अर्देबिल गया, जहाँ सेना इकट्ठी हुई थी और तुर्कों के साथ खूनी युद्ध में भाग लिया। उसकी पत्नी भी उसके साथ थी। वह पत्नी का उल्लेख (फारस से पत्र संख्या 111 में) इस प्रकार करता है: "एक योद्धा जो न तो खून देखने से डरती है, न ही गोलीबारी की आवाज सुनने से।" इसके बाद वह इस्फ़हान लौट आया और 1 अक्टूबर, 1621 ई. को वहाँ से प्रस्थान कर पर्सेपोलिस के खंडहरों और शिराज शहर का दौरा किया। वहाँ से वह फ़ारस की खाड़ी के तट की ओर बढ़ा। ओरमुज़ की खाड़ी के पास मीना में, 30 दिसंबर, 1622 ई. को उसकी पत्नी की मृत्य, बुखार से ग्रसित होने के दौरान एक मृत बच्चे को जन्म देने के तुरंत बाद हो गई। अपने एक पत्र (फारस से संख्या xvi) में उसने अपनी पत्नी की बीमारी और मृत्यु का अत्यंत मार्मिक शब्दों में वर्णन किया है। पिएत्रो ने उसके शव को लेप (कपूर) से संरक्षित करवाकर एक ताबूत में रखवाया और बाद की सभी यात्राओं में उसे अपने साथ रखा, ताकि उसे रोम में उसके पारिवारिक मकबरे में दफनाया जा सके, यह एक ऐसा निर्णय था जिसने उसे बाकी यात्राओं के दौरान अनगिनत कठिनाइयों में डाल दिया। 19 जनवरी, 1623 ई. को, वह जॉर्जियाई लड़की मारीउचा (Mariuccia), जिसे उसकी पत्नी ने अपने संरक्षण में (गोद) लिया था को साथ लेकर बंदर अब्बास से एक अंग्रेज़ी जहाज़ (व्हेल) पर सवार होकर,भारत के लिए रवाना हुआ, जिसका कप्तान निकोलस वुडकॉक था। फ़ारस से भारत के पश्चिमी तट की यात्रा करते हुए, पिएत्रो सबसे पहले में दमन पहुँचा (03 फरवरी,1623 ई.) और वहाँ से सूरत को रवाना हुआ; जहाँ 10 फरवरी,1623 ई. को पहुँचा।

पिएत्रो डेला वैले के पत्रों में उसके यूरोपीय साथियों से होने वाली नियमित मुलाकातों का वर्णन है, लेकिन उसका असली आकर्षण उन भारतीयों और भारतीय शहरों की विशिष्टता में था जिनसे वो मिला था। वह सूरत से विशेष रूप से प्रभावित था, वह बताता है कि—"सूरत शहर एक सुंदर और भव्य शहर है और इन देशों के लिए: यह बहुत घनी आबादी वाला है, जैसे भारत के अन्य सभी शहर और स्थान हैं, जहाँ हर जगह लोगों की भरमार है। यहाँ के निवासी आंशिक रूप से गैर-यहूदी और आंशिक रूप से मुसलमान हैं; अगर मैं धोखा नहीं खा रहा हूँ, तो गैर-यहूदी लोगों की संख्या ज़्यादा है: फिर भी, वे सब आपस में मिलकर और शांति से रहते हैं।" उसने देखा कि हिंदुओं और मुसलमानों के बीच शांति और सद्‌भाव था, जहाँ मुस्लिम शासक सभी समुदायों के लोगों को समान सम्मान और अवसर देते थे। उसे भारतीय विवाहों और विवाह संस्था के प्रति देश के दृष्टिकोण में गहरी रुचि थी। उसने लिखा है कि, "विवाह और यौन संबंधों के मामले में हिंदुओं और मुसलमानों के विचार और मूल्य अलग-अलग थे। हिंदुओं के बारे में उसने लिखा: "वे न केवल व्यभिचार, बल्कि साधारण व्यभिचार को भी घोर पाप मानते हैं; न ही वे मुसलमानों की तरह दासियों या अपनी पत्नियों के अलावा किसी अन्य के साथ यौन संबंध बनाना वैध मानते हैं। वे किसी भी लिंग के दासों को स्वीकार नहीं करते, बल्कि इसे पाप मानते हैं; अपनी सेवा के लिए स्वतंत्र व्यक्तियों का उपयोग करना और उन्हें पारिश्रमिक देना, उनकी प्राथमिकता थी, जैसा कि हम यूरोप में करते हैं....।" उसके पत्रों के अनुसार, हिंदू 'समलैंगिकता' से घृणा करते थे और मुसलमानों से नाखुश थे, 'जिन्हें वे इसके आदी देखते थे'।

पिएत्रो डेला वैले ने सती प्रथा के बारे में भी विस्तार से लिखा है—"कुछ विधवाओं को उनके मृत पतियों के शवों के साथ ज़िंदा जला दिया जाता है, एक ऐसी चीज़ जो प्राचीन काल में न केवल भारतीय महिलाओं द्वारा की जाती थी, जैसा कि स्ट्रैबो ने ओनेसिक्रिटस के संबंध से लिखा है, बल्कि थ्रेसियन की पवित्र पत्नियाँ भी ऐसा करती थीं, जैसा कि जूलियस सोलिनस ने दर्शाया है।" डेला वैले से पहले भारत आए इतालवी व्यापारियों के पास इतनी विद्वत्तापूर्ण शिक्षा नहीं थी कि वे प्राचीन यूरोप

के रीति-रिवाजों की तुलना उस भारत के रीति-रिवाजों से कर सकें, जहाँ वे गए थे। डेला वैले को यह विश्वास दिलाया गया था कि सती प्रथा ज़्यादातर स्वैच्छिक थी। उसने लिखा है कि, "पति की मृत्यु पर महिलाओं को जलाना उनकी अपनी इच्छा पर निर्भर करता है कि वे ऐसा करें या न करें, और वास्तव में बहुत कम महिलाएँ ऐसा करती हैं, लेकिन जो ऐसा करती हैं, वह देश में सम्मान और पवित्रता का गौरवशाली नाम अर्जित करती हैं।"

उसके लेखन में अनेक भारतीयों में शाकाहार के प्रति आकर्षण, तथा पशु-पक्षियों के प्रति प्रेम और देखभाल झलकती है। उसने लिखा है कि, "अपने धार्मिक अनुष्ठानों में, भारतीय आपस में बहुत भिन्न हैं, क्योंकि सबसे ज़्यादा धार्मिक और सख्त लोग न तो किसी जीवित प्राणी को मारते हैं और न ही उसे खाते हैं; यहाँ तक कि वे पिस्सू जैसे कीड़ों को भी मारना बहुत बड़ा पाप मानते हैं। पिस्सू, कीड़े और मनुष्यों के लिए हानिकारक अन्य कीटों को, जितना हो सके, दो उंगलियों के बीच में लेकर, धीरे से ज़मीन पर फेंक दिया जाता है, इस बात का विशेष ध्यान रखते हुए कि गिरने पर उनकी गर्दन न टूट जाए।" वैले ने बताया कि कैसे फारस में भी हिंदू, व्यापारियों से बंदी पशु-पक्षी खरीदते थे और उन्हें आज़ाद कर देते थे, जिसे वे अपना धार्मिक कर्तव्य मानते थे, क्योंकि वो आत्मा के पुनर्जन्म की मान्यताओं में विश्वास रखते थे।

कैम्बे (खम्बात) एक अन्य शहर है जिसे वह विशेष रूप से पसंद करता था, वहाँ उसने एक सार्वजनिक रूप से वित्त पोषित **पक्षी अस्पताल** का दौरा किया, जहाँ घायल और बीमार पक्षियों के साथ-साथ चूजों की भी देखभाल की जाती थी, जो भारत में जानवरों के प्रति दयालुता का उदाहरण था। उसने लिखा है कि, "शहर में घूमते हुए, हमने बकरियों, बकरियों, भेड़ों और भेड़ों का एक और अस्पताल देखा, जो या तो बीमार थे या लंगड़े थे, और कुछ मुर्गे, मोर और अन्य जानवर भी थे जिन्हें उसी तरह की मदद की ज़रूरत थी। उन्हें एक बड़े प्रांगण में पूरी तरह से शांति से रखा गया था; उनकी देखभाल करनेवाले पुरुषों और महिलाओं को उसी अस्पताल के छोटे कमरों में रहना होता था। एक और जगह पर, यहाँ से बहुत दूर, हमने गायों और बछड़ों का अस्पताल देखा, जिनमें से कुछ के पैर टूटे हुए थे, अन्य अधिक कमजोर, बहुत बूढ़े या दुबले थे, इसलिए उन्हें यहाँ इलाज के लिए रखा गया था। जानवरों के बीच एक मुसलमान चोर भी था, जिसे चोरी के आरोप में पकड़ लिया गया था और उसके दोनों हाथ काट दिए गए थे। लेकिन दयालु गैर-यहूदियों ने, ताकि वह अब अपनी जीविका चलाने में सक्षम न होने के कारण भूख से मर न जाए, उसे इस जगह पर रख लिया और उसे किसी चीज़ की कमी नहीं होने दी।"

उसने मानसून को "ईश्वर की कृपा से प्राप्त" बताया और कहा कि इन भारी वर्षाओं के बिना भारत निर्जन होता। सूरत में, उसने एक कृत्रिम झील का अवलोकन किया और देखा कि कैसे यह मानसून के वर्षा जल को संग्रहित करती है। "देश के कुछ हिस्सों में पानी की इतनी कमी है कि कई शहरों में इन विशाल कुंडों में एकत्रित वर्षा जल के अलावा और कोई चारा नहीं है, ये कुंड इतने विशाल हैं कि इनमें से एक कुंड पूरे साल या उससे भी ज़्यादा समय तक एक शहर के लिए पर्याप्त होता है।"

डेला वैले को कृत्रिम झीलों का बहुउद्देश्यीय उपयोग भी मनोरंजक लगा।" इससे न सिर्फ़ इंसानों और जानवरों को पानी मिलता है, बल्कि ज़रूरत पड़ने पर वे इसमें कपड़े और जानवर भी धोते हैं, और हर काम के लिए इसका इस्तेमाल करते हैं; जिसके कारण ऐसा होता है कि कुछ स्थानों पर उनके पास जो पानी है वह बहुत साफ नहीं है; असभ्य भारतीय ऐसी बातों (दूषित जल) की परवाह नहीं करते हैं, उनके लिए यह पर्याप्त है कि उन्हें केवल उनकी जरूरत भर पानी मिल जाए।"

वह मानसून से मोहित था और गोवा में भी इसके बारे में लिखा। ऐसा लगता है कि वह इस बात की सराहना करता कि कैसे बारिश ने गोवा के परिदृश्य को बदल दिया। "जैसा कि मैंने देखा, इस बारिश

से गर्मी कम हो जाती है, और जो धरती पहले बहुत शुष्क और नंगी थी, वह नई हरियाली और विभिन्न रंगों के मनमोहक फूलों से आच्छादित हो जाती है, और विशेष रूप से हवा अधिक स्वास्थ्यवर्धक और मधुर, स्वस्थ और बीमार दोनों के लिए अधिक सौम्य हो जाती है।" वह चावल की खेती और ज़मीन को हरा-भरा बनाने के बारे में भी लिखता है। उसके लेखन से स्पष्ट है कि डेला वैले ने बहुत सी सुनी-सुनाई बातों का दस्तावेजीकरण किया, लेकिन उसने शादियों, अंत्येष्टि और होली व रमज़ान जैसे धार्मिक त्योहारों को भी देखा। वह अत्यंत उत्सुकता के साथ भारत आया था और उसने यह सुनिश्चित किया कि वह मंदिरों, गिरजाघरों और मस्जिदों सहित देश के ज़्यादा से ज़्यादा हिस्से का अनुभव करे। पिएत्रो और उसके साथी 21 दिसंबर, 1623 ई. की शाम को मैंगलोर से जहाज़ द्वारा कालीकट पहुँचे। वह एक पुर्तगाली कप्तान के साथ यात्रा कर रहा था, जिसका विशेष मिशन न केवल ज़मोरिन के साथ शांति स्थापित करना था, बल्कि ज़मोरिन और कोचीन के राजा के बीच शांति स्थापित करना भी था। पिएत्रो द्वारा कालीकट के बाज़ार और उसके निवासियों का विस्तृत वर्णन अत्यंत रोचक है: बाज़ार हर तरह के खाने-पीने की चीज़ों और वहाँ के लोगों की आजीविका के लिए ज़रूरी अन्य चीज़ों से भरा हुआ था। उसने लिखा है कि, "मुझे कालीकट की महिलाओं का केशविन्यास (हेयरस्टाइल) सबसे शानदार लगा जो मैंने किसी भी अन्य देश में नहीं देखा।" उसने देखा कि वहाँ के निवासी ज़्यादातर नायर थे, लेकिन समुद्र तट मालाबारी (मोपलाओं का ज़िक्र करते हुए) से भरे हुए हैं। पिएत्रो ने कालीकट की 'सत्य के शहर' के रूप में प्रतिष्ठा को करारा झटका दिया, जब उसने मालाबार का वर्णन करते हुए कहा कि, "यह भारत में मालाबार के चोरों द्वारा समुद्र में की जाने वाली निरंतर डकैतियों के लिए प्रसिद्ध है; जहाँ कालीकट के बाजार में, उपर्युक्त चीजों के अलावा, हमने पुर्तगाल की वस्तुओं का अच्छा भंडार देखा, जैसे तलवारें, हथियार, किताबें, गोवा के कपड़े और इसी तरह के अन्य सामान, जो समुद्र में पुर्तगाल के जहाजों से लाए गए थे; क्योंकि ये चीजें चोरी की गई हैं, उस मामले में जो बहिष्कार का प्रावधान है, उसके मद्‌देनज़र उसे हमारे (ईसाईयों) द्वारा नहीं खरीदा जाता है।" (वह इस तथ्य को नजरअंदाज करता है कि उस समय कालीकट पुर्तगालियों के साथ युद्ध में था और पुर्तगाली समुद्र में मोपला और अरब जहाजों के खिलाफ अत्यधिक अत्याचार कर रहे थे। यहाँ उन विषयों की संक्षिप्त सूची दी गई है जिन पर वह लिखता है:

* गेरुसोप्पा नदी तक की यात्रा का विवरण।
* हनुमान मंदिर, मूर्तियों का वर्णन, मूर्तियों के विचित्र शिरोभूषण।
* महिला संत
* भारतीय तलवारबाजी मैच
* भारतीय मशालें
* पेड़ों के नीचे बिताई रात।
* हरड़ के पेड़ों का वर्णन।
* गाय के गोबर के उपयोग का वर्णन।
* भारतीय व्यंजन कढ़ी का विवरण।
* धार्मिक अनुष्ठान, मंदिर की योजना।
* मूर्तियों का विशाल जुलूस और धार्मिक नृत्यों का वर्णन।
* भारतीय और मिस्री मूर्तिपूजा की तुलना।
* गायिकाओं के जुलूस का वर्णन।
* भारतीय ताड़-पत्र पुस्तकों का विवरण।
* आत्मदाह करने वाली एक विधवा से बातचीत का वर्णन।

* इक्केरी का वर्णन।
* राजा वेंकटप्पा नायक से साक्षात्कार।
* उल्लाल की रानी अब्बक्का चौटा (उपाधि-**अभय रानी**) से भेंट
* जोगियों के मुखिया से साक्षात्कार।
* एक किसान की झोपड़ी में रात्रि भोज का विवरण।

एक आकर्षक किस्सा प्राथमिक शिक्षा की उस पद्धति से संबंधित है जिसे पिएत्रो ने गेरुसोप्पा क्षेत्र में देखा था। "मैंने मंदिर के बरामदे में छोटे-छोटे बालकों को विचित्र तरीके से अंकगणित सीखते हुए देखा, जिसका वर्णन मैं यहाँ करूंगा।

"वे चार लड़के थे, सभी ने गुरु से एक ही पाठ सीखा था। उस पाठ को कंठस्थ करने और उसी तरह अपने पिछले पाठों को दोहराने और उन्हें न भूलने के लिए, उनमें से एक एक निश्चित स्वर में संगीतमय ढंग से गा रहा था। इसमें स्मृति पर गहरी छाप छोड़ने की शक्ति होती है। लड़के ने पाठ का एक भाग सुनाया। उदाहरण के लिए'एक अपने आप में एक है।' ऐसा बोलते हुए, उसने वही संख्या लिखी, किसी कलम से नहीं, न ही कागज़ पर, बल्कि (कागज़ को व्यर्थ न गँवाने के लिए) ज़मीन पर अपनी उँगली से। उस उद्देश्य के लिए, फुटपाथ पर चारों ओर बहुत महीन रेत बिखरी हुई थी। पहले लड़के ने जो गाया था, उसे लिखने के बाद, बाकी सभी ने मिलकर वही बात गाई और लिखी। फिर पहले लड़के ने पाठ का एक और हिस्सा गाया और लिखा, जैसे- 'दो मिलकर दो होते हैं।' बाकी सभी लड़कों ने भी इसी तरह, और इसी क्रम में आगे भी यही पाठ किया। जब फुटपाथ आकृतियों से भर जाता था, तो वे उन्हें हाथ से मिटा देते थे। ज़रूरत पड़ने पर, वे अपने सामने रखे एक छोटे से रेत के ढेर से रेत बिखेर देते थे जिससे वे आगे लिख सकें। जब तक यह अभ्यास चलता रहा, वे ऐसा ही करते रहे। उन्होंने मुझे बताया कि उन्होंने कागज़, कलम या स्याही गिराए बिना पढ़ना-लिखना सीखा, जो वाकई एक अच्छा तरीका है। मैंने उनसे पूछा कि अगर वे पाठ के किसी हिस्से में भूल जाते या गलती कर देते, तो उन्हें कौन सुधारता और सिखाता था? वे सभी उस समय बिना किसी गुरु की मदद के विद्वान थे। उन्होंने मुझे उत्तर दिया और कहा- सच है, उन चारों के लिए पाठ के एक ही हिस्से को भूलना या गलती करना संभव था। इसलिए, उन्होंने एक साथ अभ्यास किया ताकि अगर कोई गलत हो जाए, तो दूसरे उसे सुधार सकें। वास्तव में, यह सीखने का एक सुंदर, आसान और सुरक्षित तरीका है।"

उसने पान के पत्ते का उल्लेख किया है। "भारतीय लोग दिन भर पान चबाते हैं, या तो स्वास्थ्य के लिए या मनोरंजन और आनंद के लिए। उसमें वे समुद्री सीपों की थोड़ी सी राख और सुपारी के कुछ छोटे टुकड़े मिलाते हैं, जिसे वे यहाँ फोफेल (Foufel) कहते हैं (अन्य जगहों पर सुपारी); एक बहुत ही सूखा फल है, जो अंदर से एकदम लकड़ी जैसा लगता है; कसैला होने के कारण भारतीय इसे दाँतों को मज़बूत करने के लिए अच्छा मानते हैं। यह मिश्रण पेट को आराम देने के अलावा, एक खास तरह का कसैला स्वाद भी रखता है, जिससे वे प्रसन्न होते हैं; जब वे इसे चबाते हैं, तो यह उनके होंठों और मुँह को अजीब तरह से लाल कर देता है, जिसे वे वीरता मानते हैं; लेकिन मैं नहीं, क्योंकि यह प्राकृतिक नहीं लगता। वे लंबे समय तक पान चबाने के बाद केवल रस निगलते हैं और बाकी थूक देते हैं। मिलने-जुलने वालों को यही चीज़ सबसे पहले दी जाती है, कोई संगति या मनोरंजन इसके बिना नहीं होता है।"

पिएत्रो अपने पत्रों में राजकुमार खुर्रम के विद्रोह का उल्लेख किया है, "कुछ बनियों के पत्र गोवा लाए गए थे, जिनमें बताया गया था कि मुगल बादशाह ने अपने विद्रोही पुत्र खुर्रम से मुठभेड़ की थी और उसे परास्त कर दिया था; राजकुमार खुर्रम अपनी हार के बाद एक पहाड़ की चोटी पर, एक मजबूत किले में छिप गया था, जिसे वे मांडू कहते हैं। उसके पिता ने उसे वहीं घेरने के लिए सेना भेजा।"

भारत में उसकी यात्राएँ अपेक्षाकृत सीमित क्षेत्र तक ही सीमित थीं, उसने केवल उत्तर में अहमदाबाद

और दक्षिण में कालीकट (कल्लकोट) तक और खंभात, अहमदाबाद व भीतरी इलाकों के इक्केरी जैसे शहरों के अभियानों को छोड़कर, केवल प्रायद्वीप के पश्चिमी तट पर स्थित बस्तियों की यात्राएँ कीं। यह खेदजनक है कि उसने अपनी यात्राओं का विस्तार नहीं किया; लेकिन उसके पत्र, हालाँकि देश के एक बहुत ही सीमित क्षेत्र का ही वर्णन करते हैं, फिर भी सजीव वर्णनों से भरे हैं, और सत्रहवीं शताब्दी के आरंभ में भारत के पश्चिमी तट पर बसी पुर्तगाली बस्तियों और उनके आस-पास के मूल निवासियों के क्षेत्रों में रहने वाले लोगों और तौर-तरीकों का एक जीवंत चित्रण प्रस्तुत करती है। भारत में 21 माह बिताने के बाद, पिएत्रो डेला वैले 16 नवंबर 1624 ई. को गोवा से मस्कट के लिए रवाना हुआ। इसके बाद उसने बसरा और अलेप्पो का दौरा किया, फिर साइप्रस और माल्टा की यात्रा की, तदुपरांत सिसिली और नेपल्स की यात्रा की, अंततः 28 मार्च 1626 ई. को वह रोम पहुँचा। जहाँ उसने अपनी पत्नी के अवशेषों को दफनाया, इसके तुरंत बाद वह पोप के मानद चेम्बरलेन बन गया और उसने जॉर्जियाई लड़की मारीउचा (जिसे तिनातिन दी ज़िबा के नाम से भी जाना जाता था) से विवाह कर लिया, जिससे उसकी मुलाकात सर्वप्रथम ईरान में एक ईसाई बाल बंधक के रूप में हुई थी। उसे उसकी पहली पत्नी मानी ने एक बच्चे के रूप में गोद ले लिया था, जो बाद की यात्राओं में उसके साथ रही। पिएत्रो से विवाह के बाद, मारीउचा चौदह पुत्रों की माँ बनीं। 21 अप्रैल 1652 ई. को रोम में उसका निधन हो गया। उसके चार पुत्रों, वेलेरियो, इरास्मो, फ्रांसेस्को और पाओलो की देखरेख में मारियो शिपानो को लिखे उसके पत्रों को एक पुस्तक में संकलित किया गया, जिसे तीन भागों में प्रकाशित किया गया। "पर्सिया में यात्राएँ" दो भागों में 1658 ई. में और पिएत्रो डेला वैले की भारत में यात्राएँ उसके पाँच साल बाद 1664 ई. में प्रकाशित हुईं। उसे पूर्वी भाषाओं का ज्ञान अन्य कई पूर्व यात्रियों की तुलना में अधिक था, वह तुर्की, फ़ारसी और अरबी लिखता और बोलता था।1620 के दशक में भारत में जीवन कैसा था, यह जानने में रुचि रखने वाले किसी भी व्यक्ति के लिए यह लेखन एक अनमोल खज़ाना है। सर हेनरी यूल, जिनसे बेहतर राय शायद ही कोई इस यात्री के गुणों के बारे में बना सकता है, कहते हैं—"'ऐसे यात्री जो किसी व्यापार या सेवा के प्रलोभन से भारत नहीं आये, बल्कि वे अपने आनंद या सुविधा के लिए आये थे। जिन लोगों ने अपने अनुभव बताए हैं, उनमें पिएत्रो डेला वैले सबसे श्रेष्ठ हैं, जो जिज्ञासा में सबसे अधिक तृप्त, आशंका में सबसे अधिक बुद्धिमान और वर्णन में सबसे अधिक पूर्ण व सटीक हैं।"

64. अब्दुल कादिर बदायूँनी ने 1598 ई. में लिखते हुए पैगम्बर की एक उक्ति को इस आशय से उद्धृत किया है कि ईश्वर उस व्यक्ति को दुश्मन मानते हैं जो काम लेता है लेकिन उसके लिए मजदूरी नहीं देता ; नजतु'र रशीद, एस. मोइनुलहक़ (सं.), लाहौर, 1972, पृ. 240
65. पेल्सर्ट, पृ. 61
66. बर्नियर, एफ., ट्रैवल्स इन द मुग़ल एम्पायर (1656-1668) लन्दन, 1934, पृ. 380
67. फ्रायर, जॉन, अ न्यू अकाउंट ऑफ ईस्ट एशिया एंड पर्सिया, इन एट लेटर्स बीइंग नाइन ईयर्स ट्रैवल्स, बिगन 1672 एंड फिनिश्ड 1681, लेटर-3, लन्दन, 1909-1915, पृ. 341

सन्दर्भ ग्रन्थ सूची

1. मुकुन्दराम चक्रवर्ती, कवि कंकण, चंडी मंगल, (जे. एन. दास गुप्ता, बंगाल इन द सिक्सटींथ सेंचुरी ए. डी., कलकत्ता, 1914)
2. अब्दुल्ला, 'तारीखे दाऊदी ऑफ अब्दुल्ला', द हिस्ट्री ऑफ इंडिया, ऐज टोल्ड बाई इट्स ओन हिस्टोरियंस ...., भाग-1, कलकत्ता, 1952
3. अबुल फजल, इब्न मुबारक, अकबरनामा, भाग-1-3, अनुवादित द्वारा हेनरी बेवरिज़, द रॉयल एशियाटिक सोसाइटी ऑफ बंगाल, कलकत्ता, 1907
4. अबुल फजल अल्लामी, आईन-ए-अकबरी, भाग-1-3, अनुवादित द्वारा हेनरिक ब्लॉकमेन एंड कर्नल हेनरी सुलिवान जैरेट, द रॉयल एशियाटिक सोसाइटी ऑफ बंगाल, कलकत्ता, 1873-1896
5. गुलाम हुसैन सलीम, द रियाज-उस-सलातीन, ए हिस्ट्री ऑफ बंगाल, भाग-1-5, कलकत्ता, 1902-1904
6. श्रीनाथ, 'सोशल कंडीशंस इन द फिफ्टींथ सेंचुरी : श्रीनाथ', फर्दर सोर्सेज ऑफ विजयनगर, हिस्ट्री, भाग 3, मद्रास 1946
7. एनुअल प्रोग्रेस रिपोर्ट ऑफ द असिस्टेंट आर्कियालॉजिकल सुपरिटेंडेंट फार द एपिग्राफी, सदर्न सर्कल (1906/7-1920/21), मद्रास, 1907-1921, एनुअल रिपोर्ट ऑन साउथ-इंडियन एपिग्राफी (1921/22-1933/34), मद्रास, 1923-1937, एनुअल रिपोर्ट ऑन इंडियन एपिग्राफी (1947/48-1951/52), दिल्ली-कलकत्ता, 1955, 1957
8. आर्कियालॉजिकल सर्वे ऑफ मैसूर (अ एनुअल रिपोर्ट ऑफ द मैसूर आर्कियालॉजिकल डिपार्टमेंट), मैसूर, 1913-1937
9. शास्त्री, के. ए. एन. और एन. वेंकटरमनय्या (सं.), 'फर्दर सोर्सेज ऑफ विजयनगर हिस्ट्री', भाग-1-3, मद्रास, 1946
10. बारबोसा, डी., द बुक ऑफ डुआर्ट बारबोसा, एन अकाउंट ऑफ द कंट्रीज बार्डरिंग ऑन दी इंडियन ओशन एंड देयर इंहैबिटेंट्स, भाग-1-2, लन्दन, 1918-1921
11. बर्नियर, एफ., ट्रैवल्स इन दिन मुग़ल एम्पायर ए. डी. 1656-1668, लन्दन, 1934
12. बावरी, टी., ए ज्यॉग्राफिकल अकाउंट ऑफ द कंट्रीज राउंड द बे ऑफ बंगाल, 1669-1679, कैम्ब्रिज, 1905
13. ब्रुटन, डब्ल्यू., न्यूज फ्राम दी ईस्ट इंडीज ऑफ वॉयेज टू बंगाल ऑफ विलियन ब्रुटन, इस्लामिक कल्चर, भाग 5, हैदराबाद, 1812,
14. बुकानन, एफ. एच., ए जर्नी फ्राम मद्रास थ्रू द कन्ट्रीज ऑफ मैसूर, कनारा एंड मलाबार... भाग-1 लन्दन, 1807
15. कैरे, अबे, "दी ट्रैवल ऑफ द अबे कैरे इन इंडिया एंड दी नियर ईस्ट (1672-1674)", लेडी फॉसेट द्वारा इंडिया ऑफिस में उनकी यात्राओं की हस्तलिखित डायरी से अनुवादित और सर चार्ल्स फॉसेट द्वारा सर रिचर्ड बर्न की सहायता से संपादित, भाग- 2, हक्लुयत सोसाइटी, लंदन, 1947

16. कोलब्रुक, एच. टी., रिमार्क्स ऑन द हस्बेंड्री एंड इंटर्नल कामर्स ऑफ बंगाल, लन्दन, 1806
17. कोंटि, एन., द ट्रैवल्स ऑफ निकोलो कोंटि इन दी ईस्ट इन द अर्ली पार्ट ऑफ द फिफ्टींथ सेंचुरी......, इंडिया इन द फिफ्टिंथ सेंचुरी...., लन्दन, 1857
18. दी ईस्ट इंडिया कम्पनी, पेपर्स, रिपोर्ट्स एंड प्रोसिडिंग्स, मिनट्स ऑफ एविडेंस टेकन विफोर द सेलेक्ट कमेटी ऑन द अफेयर्स ऑफ दी ईस्ट इंडिया कम्पनी, भाग-3 लन्दन, 1832
19. दी इंग्लिश फैक्ट्रीज इन इंडिया, ए कैलेंडर ऑफ डाक्युमेंट्स इन दी इंडिया ऑफिस, ब्रिटिश, म्यूजियम एंड पब्लिक रिकार्ड ऑफिस (1618-1969), (भाग-1-13) सम्पा.- डब्ल्यू. फोस्टर, ऑक्सफोर्ड, 1906-1927
20. फिच, आर., 'द वॉयेज ऑफ मास्टर राल्फ फिच, मर्चेंट ऑफ लन्दन, ह.पो., भाग-10, 1905
21. फ्लोरिस, पी., पीटर फ्लोरिस: हिज वॉयेज टू दी ईस्ट इंडीज इन द 'ग्लोब' 1611-1615, लन्दन, 1934
22. फोर्ट विलियम-इंडिया हाउस कॉरेस्पांडेंस एंड अदर कंटेम्प्ररी पेपर्स रिलेटिंग देअर टु, भाग-1-17, दिल्ली, 1949-1959
23. फ्रायर, जॉन, अ न्यू अकाउंट ऑफ ईस्ट एशिया एंड पर्सिया, इन एट लेटर्स बीइंग नाइन ईयर्स ट्रैवल्स, बिगन 1672 एंड फिनिश्ड 1681, लेटर 1-8, लन्दन, 1909-1915,
24. हैजेज, डब्ल्यू., द डायरी ऑफ विलियम हैजेज, एस्क., ड्यूरिंग हिज एजेंसी इन बंगाल (1681-1887), भाग-1-3, लन्दन, 1887
25. हैमिल्टन, ए., ए न्यू अकाउंट ऑफ दी ईस्ट इंडीज, बीइंग द आब्जर्वेशंस एंड रिमार्क्स ऑफ कैप्टन ए. हैमिल्टन (1688-1723), भाग-1, एडिनबर्ग, 1727
26. हेवार्ट, डी., ओपन एंडरगैंग वान कोरोमंडल, भाग-1-3, एमस्टर्डम, 1963
27. यूल, हेनरी, कैथे एंड द वे दिदर बीइंग ए कलेक्शन ऑफ मेडिवल नोटिसेज ऑफ चाइना भाग 4, लन्दन, 1916
28. 'लेटर्स फ्राम मद्रास इन 1659', (सम्पादक) डब्ल्यू. फोस्टर, इं. ए., भाग 31, 1902
29. लिंशोटन, जे .एच., द वॉयेज ऑफ जान ह्यूगेन वान लिंशोटन टू दी ईस्ट इंडीज, भाग-1-2, लन्दन, 1885
30. मा'हुआन'स, अकाउंट ऑफ द किंगडम ऑफ बंगाल, ज. रा. ए. सो., 1896
31. मंडेल्स्लो, जे. ए., 'द वॉयजेज एंड ट्रैवल्स ऑफ जे. अल्बर्ट डी मंडेल्स्लो इन टू ईस्ट इंडीज, बिगन इन द ईयर 1638 एंड फिनिस्ट इन 1640; ओलेरियस, एडम., द वॉयेज एंड ट्रैवल्स ऑफ द एम्बेस्डर्स सेंट बाई फ्रेडरिक ड्यूक ऑफ होल्स्टीन टू द ग्रेट ड्यूक ऑफ मास्कोवी, तातारिया, पार्शिया एंड अदर कंट्री, लन्दन, 1669,
32. मनरीक, मनरीक ट्रैवल 1629-1643 (अनुवादित सी. ई. लार्ड) भाग-1-2, लदंन, 1927
33. मार्शल, जे., जान मार्शल इन इंडिया : नोट्स एंड आब्जर्वेशन इन बंगाल 1668-1672, इलाहाबाद,1927
34. मार्शल, टी., स्टैटिस्टिकल रिपोर्ट्स ऑन द परगनास ऑफ पादशाहपुर, बेलगाँव, कलानिद एंड चाँदगढ़, खानपुर, बागुलकोट एंड बादामी इन द सदर्न मराठा कंट्री .....बम्बई, 1822,
35. मास्टर, स्ट्रेनशम, द डायरी ऑफ स्ट्रेनशम मास्टर (1675-1680 ई.), सम्पादित द्वारा आर. सी. टेम्पल, पब्लिश्ड फार गवर्नमेन्ट ऑफ इंडिया, भाग-1-2, लन्दन, 1911
36. मांटगोमरी, मार्टिन आर., द हिस्ट्री, ऐंटिक्विटीज, टपॉग्रफी एंड स्टैटिस्टिक ऑफ ईस्टर्न इंडिया, कम्पाइलिंग डिस्ट्रिक्ट्स ऑफ बिहार, शाहाबाद, भागलपुर, गोरखपुर, दीनाजपुर, पूर्णिया, रंगपुर एंड आसाम भाग-2, लन्दन, 1838

37. मंडी, पी., द ट्रैवल्स ऑफ पीटर मंडी इन यूरोप एंड एशिया (1608-1667 ए. डी.) भाग-2, लन्दन, 1914
38. ओलफ्सन, जे., द लाइफ ऑफ द आइसलैंड जान ओलफ्सन ट्रैवल टू इंडिया, ब्रिटेन बाई हिमसेल्फ एंड कम्प्लीटेड अबाउट 1661 ए. डी., भाग-1, लन्दन, 1923
39. पेटन, डब्ल्यू., ए. जर्नल ऑफ आल प्रिंसिपल मैटर्स पास्ड इन द ट्रैवल्स वॉयेज टू दी ईस्ट इंडिया आब्सर्ड बाई मी वाल्टर पेटन, ह. पो. भाग 4, 1905
40. पेल्सर्ट, एफ., जहाँगीर'स इंडिया: द रिमोंस्तरांसी ऑफ फ्रांसिस्को पेल्सेर्ट, अनुवादित द्वारा डब्ल्यू. एच. मोरलैंड एंड पी. गेल, कैम्ब्रिज, 1925
41. पायर्स, टी., द सुमा ओरिएंटल ऑफ टॉम पायर्स, एन. अकाउंट ऑफ दी ईस्ट फ्राम द रेड सी टू जापान, रिटेन इन मलक्का एंड इंडिया इन 1512-1515, भाग-1, लन्दन, 1944
42. ले, चार्ल्स डेविड (सं.), पुर्तगीज वॉयजेज (1498-1663), टेल फ्राम द ग्रेट एज ऑफ डिस्कवरी, रीप्रिंट, लन्दन/न्यूयार्क, 2000
43. फ्रांस्वा पिरार्ड ऑफ़ लावल की ईस्ट इंडीज़, मालदीव, मोलुकास और ब्राज़ील की यात्रा"। 1619 के तीसरे फ्रेंच एडिशन से इंग्लिश में ट्रांसलेट किया गया, और अल्बर्ट ग्रे, जो पहले सीलोन सिविल सर्विस में थे, ने हैरी चार्ल्स परविस बेल, जो सीलोन सिविल सर्विस में थे, की मदद से नोट्स के साथ संपादित किया। वॉल्यूम I, 1887
44. रीड, ए., द बारामहल रिकार्ड्स, सैक्शन IV प्रोडक्शंस, मद्रास, 1912
45. मोरलैंड, डब्ल्यू. एच., रिलेशंस ऑफ गोलकुंडा इन द अर्ली सेवेंटींथ सेंचुरी, लन्दन, 1931
46. साल्बांके, जे., द वॉयेज ऑफ एम. जोसेफ साल्बांके थ्रू इंडिया, पर्शिया, पार्ट ऑफ टर्की, द पर्शियन गल्फ एंड अरेबिया, 1609, ग्लासगो, भाग 3, 1905
47. साइक्स, डब्ल्यू. एच., 'ऑन द लैंड टैन्योर्स ऑफ दकन', ज. रा. ए. सो., भाग-2-3, लन्दन, 1835-1836
48. टैवर्नियर, जे. बी., टैवल्स इन इंडिया, मूल फ्रेंच संस्करण से अंग्रेजी में अनुवादित द्वारा वेलेंटाइन बाल, लन्दन, 1889
49. टेलर, जे. ए., ए. डिस्क्रिप्टिव एंड हिस्टोरिकल अकाउंट ऑफ द काटन मैन्युफैक्चर्स ऑफ ढाका इन बंगाल, लन्दन, 1851
50. विल्क्स, एम., हिस्टोरिकल स्केचेज ऑफ द साउथ ऑफ इंडिया, भाग-1, लन्दन, 1810
51. अन्तनोवा, के. ए., कंक्वेस्ट ऑफ दी इंग्लिश ऑन इंडिया इन एटींथ सेंचुरी, मास्को, 1958
52. लेविन, ए. वाई., सम फैक्ट्स अबाउट क्राफ्ट्स एंड ट्रेड इन इंडिया ऐट दी इंड ऑफ सिक्सटींथ सेंचुरी, गोर्की स्टेट यूनिवर्सिटी, फैसिमाइल, 65, 1964
53. लेविन, एस. एफ., रिफार्मिस्ट मूवमेंट इन स्माइल होजा'स ट्रेड कम्यूनिटी ड्यूरिंग 1829-1866, 'इन ब्रीफ नोट्स ऑफ इंस्टीट्यूट ऑफ एशियन पीपुल, अंक 51 1962,
54. पावलोव, वी. आई., फार्मेशन ऑफ इंडिया बुर्जुआ, मास्को, 1958
55. सेम्योनोवा, एन. आई., विलेज कम्यूनिटी एंड फ्यूडल लैंड ओनिंग इन रणजीत सिंह, स्टेट इन ट्रांजेक्शन ऑफ इन्स्टीट्यूट ऑफ ओरिएंटल स्टडीज, खंड-12, 1955
56. बालकृष्ण, आर., इंडस्ट्रियल डेवलपमेंट ऑफ मैसूर, बंगलौर, 1940
57. चोकसी, आर. डी., इकोनॉमिक हिस्ट्री ऑफ द बाम्बे, दकन एंड कर्नाटक (1818-1868) पूना, 1945
58. महालिंगम, टी. वी. एडमिनिस्ट्रेशन एंड सोशल अंडर विजयनगर, मद्रास, 1940
59. रायचौधरी, टी., बंगाल अंडर अकबर एंड जहाँगीर, कलकत्ता, 1953

60. सिन्हा, एन. के., द इकोनॉमिक हिस्ट्री ऑफ बंगाल: फ्राम प्लासी टू द परमानेंट सेटलमेंट, भाग-1, कलकत्ता, 1661-1963
61. पंजाब डिस्ट्रिक्ट्स गजेटियर्स, भाग-13ए, होशियारपुर डिस्ट्रिक्ट, 1904, भाग-14-ए, जालन्धर, डिस्ट्रिक्ट, 1904, लाहौर, 1905-1908
62. मुखर्जी, एन. जी., ए मोनोग्राफ ऑफ द सिल्क फैब्रिक्स ऑफ बंगाल, कलकत्ता, 1903
63. क्लैविजो, आर., ट्रैवल एकाउंट्स इन तैमुर' स कोर्ट इन समरकन्द, 1403-1416, सेंट पीटर्सबर्ग, 1881
64. निकितन, ए., अफनासी निकितन' स वॉयेज बियांड थ्री सीज, 1466-1472, राडुगा पब्लिशर्स, मास्को, 1985
65. अली मुहम्मद खान, द पालिटिक्स एंड स्टैटिस्किल हिस्ट्री ऑफ गुजरात लन्दन, 1835
66. फासेट, सी. एच., द इग्लिश फैक्ट्रीज इन इंडिया (न्यू सीरिज), भाग-2, आक्सफोर्ड, 1938
67. लेटर्स रिसीव्ड बाई दी ईस्ट इंडिया कम्पनी फ्राम इट्स सर्वेन्ट्स इन दी ईस्ट (1602-1617) भाग-1, लन्दन, 1896
68. ए कंटम्प्ररी डच क्रानिकल ऑफ मुग़ल इंडिया, (अनुवादित और सम्पादित, बृज नारायण और श्रीराम शर्मा), कलकत्ता, 1957
69. वार्ड, डब्ल्यू., ए व्यू ऑफ द हिस्ट्री, लिटरेचर एंड रिलीजन ऑफ द हिन्दुस्तान .....भाग-1, लन्दन, 1817,
70. सेलेक्ट डाक्यूमेंट्स ऑफ द ब्रिटिश पीरियड ऑफ इंडियन हिस्ट्री (इन कलेक्शन ऑफ द विक्टोरिया मेमोरियल, कलकत्ता) सम्पादक-एल. सी. गांगुली कलकत्ता, 1958
71. आइब्स, ई., ए वॉयेज फ्राम इंग्लैंड टू इंडिया इन द ईयर 1754, लन्दन, 1773
72. रिकार्ड ऑफ फोर्ट सेंट जार्ज, डिस्पैचेज फ्राम इंग्लैंड (1670-1692), मद्रास, 1911-1917
73. कबीर, एच., मिर्जा अबु तालिब खान, पटना, 1961
74. फासेट, सी. एच., दी इंग्लिश फैक्ट्रीज इन इंडिया (न्यू सिरीज) भाग-1, आक्सफोर्ड, 1936
75. रेनाल, जी. टी., ए फिलॉसफिकल एंड पोलिटिकल हिस्ट्री ऑफ सेटलमेंट्स एंड ट्रेड ऑफ दी यूरोपियन्स इन दी ईस्ट एंड वेस्ट इंडीज, भाग-1, 1975
76. एलफिंस्टन, एम., एन अकाउंट ऑफ द किंगडम ऑफ काबुल एंड इट्स डिपेंडेंसीस इन पर्शिया, तार्तारी एंड इंडिया, लन्दन, 1842
77. वर्मा, हरिश्चन्द्र, मध्यकालीन भारत भाग-2 (1540-1761), नई दिल्ली, 1998
78. श्रीवास्तव, हरिशंकर, मुग़ल सम्राट हुमायूँ, आगरा, 1965
79. श्रीवास्तव, आर्शीवादी लाल, अकबर महान, भाग-2, आगरा, 1965
80. कानूनगो, के. आर., शेरशाह, कलकत्ता, 1921
81. मिश्रा, एस. सी., रिवेन्यू सिस्टम ऑफ शेरशाह, पी. आई. एच. सी., ग्वालियर 1952
82. कुरैशी, इश्तियाक हुसैन, दी एडमिनिस्ट्रेशन ऑफ दी मुग़ल एम्पायर, नई दिल्ली, 2004
83. सरन, परमात्मा, द प्राविन्शियल गवर्नमेन्ट अंडर द मुग़ल, लन्दन, 1991
84. अहमद, इम्तियाज़, मध्यकालीन भारत एक सर्वेक्षण, पटना, 2003
85. हबीब, इरफान, दी एग्रेरियन सिस्टम ऑफ मुग़ल इंडिया (1556-1707), बाम्बे, 1965
86. हबीब, इरफान, एग्रेरियन रिलेशन्स एंड लैंड रेवेन्यू, रायचौधरी तपन (सं.): द कैम्ब्रिज इकोनॉमिक हिस्ट्री ऑफ इंडिया, भाग-1, (1200-1750),कैम्ब्रिज, 1982
87. सिद्दीकी, नोमान अहमद, मुग़ल कालीन, भू-राजस्व प्रशासन, नई दिल्ली, 1989
88. डे, यू. एन., सम आस्पेक्ट्स ऑफ मेडिवल इंडियन हिस्ट्री, नई दिल्ली, 1998
89. सुन्दरम, लंका, मुग़ल लैंड रेवेन्यू सिस्टम, लन्दन, 2007

90. श्रीवास्तव, हरिशंकर, मुग़ल शासन प्रणाली, आगरा, 1969
91. सरकार, जगदीश नरायण, स्टडी इन इकोनॉमिक लाइफ इन मुग़ल इंडिया, नई दिल्ली, 1975
92. रायचौधरी, तपन, एंड इरफान हबीब (सं.)- द कैम्ब्रिज इकोनॉमिक हिस्ट्री ऑफ इंडिया, भाग-1, 1200-1750, कैम्ब्रिज 1982
93. मेहता, जे. एल., एडवान्स स्टडी इन द हिस्ट्री ऑफ मेडिवल इंडिया, वॉल्यूम 2, मुग़ल एम्पायर (1526-1707) , नई दिल्ली
94. सरदेसाई, गोविन्द सखाराम, ए हिस्ट्री ऑफ माडर्न इंडिया...... मराठी रियासत, भाग-2, नई दिल्ली, 1935
95. लव, एच. डी., वेस्टिज ऑफ औल्ड मद्रास, 1640-1800, 4 भागों में, लंदन, 1913, पृ. 393
96. कुलकर्णी, ए. आर., विलेज लाइफ इन द डेकन इन द सेवेन्टीन्थ सेन्चुरी, (दि इंडियन इकोनॉमिक एंड सोशल हिस्ट्री रिव्यू वॉल्यूम 4), 1967
97. गॉर्डन स्टीवर्ट, द मराठाज़, 1600-1818, कैम्ब्रिज, 1993
98. एलफिंस्टन, एम., रिपोर्ट ऑन द टेरिटरीज कान्कर्ड फ्राम द पेशवा, सबमिट टू द सुप्रीम गवर्नमेन्ट ऑफ ब्रिटिश इंडिया, (फॉरेस्ट, जार्ज डब्ल्यू., (सम्पादन), सिलेक्शन फ्राम द मिनट्स एंड अदर ऑफिशियल राईटिंग ऑफ द ऑनरेबल मांटस्टुअर्ट एलफिंस्टन, गवर्नर ऑफ बाम्बे), कैम्ब्रिज 1884
99. सेन, सुरेन्द्रनाथ, एडिमिनिस्ट्रेशन सिस्टम ऑफ द मराठाज़, कलकत्ता, 1925
100. मुखर्जी, राधाकुमुद, द इकोनॉमिक हिस्ट्री ऑफ इंडिया, (1600-1800), इलाहाबाद, 1967
101. शर्मा, एस. आर., मराठा हिस्ट्री रि-एक्ज़ामिन, 1595-1707, बाम्बे, 1944
102. रानाडे, एम. जी., राईज ऑफ द मराठा पावर, बाम्बे, 1900
103. सरकार, जे. एन., शिवाजी एंड हिज टाइम्स, कलकत्ता, 1961
104. स्मिथ, वी. ए., अकबर द ग्रेट मुग़ल, नई दिल्ली, 1962
105. डफ, जे. वी., ए हिस्ट्री ऑफ द मराठाज़, वॉल्यूम 2, कलकत्ता, 1921
106. फुकाज़ावा, हिरोसी, द मेडिवल डेकन: पेंजेन्ट्स, सोशल सिस्टम एंड स्टेट्स, नई दिल्ली, 1991
107. एपस्टाइन, टी. एस., इकोनॉमिक डेवलपमेंट एंड सोशल चेंज इन साउथ इंडिया, मानचेस्टर, 1964
108. शेरवानी, एच. के. (सं.) एंड पी. एम. जोशी: हिस्ट्री ऑफ मेडिवल डेकन, 1295-1724, भाग-2, हैदराबाद, 1974
109. स्टेन, बर्टन, स्टेट फार्मेशन एंड रिकन्सीडर्ड, पार्ट वन, माडर्न एशियन स्टडीज, 19 (स्पेशल इसू, पेपर्स प्रजेन्टेड एट द कान्फ्रेंस ऑफ इंडियन इकोनॉमिक एंड सोशल हिस्ट्री, कैम्ब्रिज यूनिवर्सिटी, अप्रैल 1984,)
110. मूसवी, शिरीन, द इकॉनमी ऑफ मुग़ल एम्पायर, ए स्टैटिस्टिकल स्टडी, नई दिल्ली, 1975
111. प्रिसेम्प, जेम्स, एसेज ऑन इंडियन एंटिक्विटीज, हिस्टोरिक, न्यूमिजमैटिक्स एंड पेलियोग्राफी, एडवर्ड थामस (सम्पादन), कैम्ब्रिज, ऑनलाइन 5 जुलाई, 2014
112. चोपड़ा, एम. एन., पी. एन. पुरी, वी. एन. दास, भारत का सामाजिक सांस्कृतिक और आर्थिक इतिहास, भाग-2, दिल्ली, 1975
113. बाबर, जहीरुद्दीन मुहम्मद, बाबरनामा (मेमोयर्स ऑफ बाबर), अनुदित, ए. एस. बेवरिज, भाग-1, दिल्ली, 1909
114. कुहाज, जार्ज एस. (सम्पा.), स्टैंडर्ड कैटलाग ऑफ वर्ल्ड गोल्ड क्वाइन्स, 1601-प्रजेन्ट, 2009
115. मजूमदार, रायचौधरी, दत्त, (सम्पा.), भारत का वृहत इतिहास 2, तृतीय संस्करण, नई दिल्ली, 1975

116. प्रिसेम्प, जेम्स, यूज़फुल टैबलेट फार्मिंग एन अपेंडिक्स टू द जर्नल ऑफ द एशियाटिक सोसायटी: क्वाइन्स, वेट्स एंड मेज़र्स ऑफ ब्रिटिश इंडिया, पार्ट-1, कलकत्ता, 1834
117. लिडल, एंड्रयू, क्वाइनेज ऑफ अकबर: द कॉनेसर्स चॉइस, नई दिल्ली, 2005
118. नुरुद्दीन जहाँगीर, द तुज़ुक-ए-जहाँगीरी, अनुवादित-अलैक्जेंडर रोजर्स, हेनरी बेवरीज (सम्पादन), भाग-1, नई दिल्ली, 1989
119. हबीब, इरफान, द करेंसी सिस्टम ऑफ द मुग़ल एम्पायर, (1556-1707), मेडिवल इंडिया क्वार्टली, अलीगढ़, 1960
120 टैरी, एडवर्ड, अर्ली ट्रैवल्स इन इंडिया, (1583-1619), सम्पादित-विलियम फोरेस्ट, लन्दन, 1921
121. मेनन, पी. के., मालाबार क्वाइनेज इन द एटींथ सेन्चुरी प्रोसिडिंग्स ऑफ दी इंडियन हिस्ट्री कांग्रेस, वॉल्यूम 21, 1958
122. नागास्वामी, तमिल क्वाइन्स : ए स्टडी, मद्रास, 1981
123. कृष्णाअय्यर, के. वी., द जमोरिन ऑफ कालीकट, नोट-7, कालीकट, 1938
124. त्रिवेदी, के. के., आगरा: इकोनॉमिक एंड पोलिटिकल प्रोफाइल ऑफ ए मुग़ल सूबा, 1580-1707, पुणे, 1998
125. भास्करानुन्नी, पी., पाथोनपाथन नूटन्डिल केरला, तिरुअनन्तपुरम, 1978
126. बोरिंग, लेविंग बेन्थम, हैदर अली एंड टीपू सुल्तान एंड द स्ट्रगल विद द मुसलमान पावर्स ऑफ साउथ, आक्सफोर्ड, 1899
127. हैंडरसन, जॉन आर., द क्वाइन्स ऑफ हैदर अली एंड टीपू सुल्तान, मद्रास, 2001
128. टेलर, जॉर्ज पी., क्वाइन्स ऑफ टीपू सुल्तान, मद्रास, 1989
129. ब्लंट, जोसेफ, द शिपमास्टर' स असिस्टेंट एंड कमर्शियल डाइजेस्ट, न्यूयार्क, 1837
130. पन्त, डी., द कमर्शियल पालिसी ऑफ द मुग़ल दी इकोनोमिक हिस्ट्री, वॉल्यूम 3, नं. 2, अक्टूबर, 1931
131. हासन, अजीजा, द सिल्वर करेन्सी आउटपुट ऑफ द मुग़ल एम्पायर एंड प्राइसेस इन इंडिया ड्यूरिंग द सिक्स्टींथ एंड सेवेंटींथ सेन्चुरीज (दि इंडियन इकोनॉमिक एंड सोशल हिस्ट्री रिव्यू) मार्च, 1969
132. सिंह, एम. पी., टाउन्स, मार्केट, मिंट एंड पोर्ट इन द मुग़ल एम्पायर (1556-1707), नई दिल्ली, 1985
133. थेवेनॉट एंड करेरी, इंडियन ट्रैवल ऑफ थेवेनॉट एंड करेरी, (सम्पादक सुरेन्द्र सेन), दिल्ली, 1949
134. जैन, एल. सी., इंडिजेनस, बैंकिंग इन इंडिया, (एन इकोनॉमिक हिस्ट्री ऑफ हुंडी) 1858-1978, लन्दन, 1929
135. शर्मा, एल. पी., मध्यकालीन भारत, आगरा, 1998
136. केली, पैट्रिक, द यूनिवर्सल कन्विस्ट एंड कामर्शियल इन्स्ट्रक्टर, वाल्यूम-1, 1811
137. जिलेनबॉक, जान (सम्पा.) : इनसाइक्लोपीडिया ऑफ हिस्टोरिकल मेट्रोलॉजी, वेट्स एंड मेजर्स, डिजिटल प्रकाशक बर्कहाउजर, 2018
138. हैदर, नज़फ, क्वान्टिटी थियरी ऑफ मुग़ल मोनेट्री हिस्ट्री, द मेडिवल हिस्ट्री जर्नल, 1999
139. फोर्ब्स, जे., ओरियन्टल मेमोयर्स : सेलेक्टेड एंड एब्रिज्ड फ्राम ए सिरीज ऑफ फेमिलियर लेटर्स रिटर्न ड्यूरिंग सेवेंटीन ईयर्स रेजिडेंट इन इंडिया, भाग-1-4, लन्दन, 1813
140. चन्द्रा, सतीश (सं.), एस्सेज इन मेडिवल इकोनॉमिक हिस्ट्री, नई दिल्ली, 2018
141. अशरफ, के. एम., लाइफ एंड कंडीशन्स ऑफ द पीपल ऑफ हिन्दुस्तान, नई दिल्ली, 2000
142. एंडरसन, फिलिप, दी इंग्लिश इन वेस्टर्न इंडिया, बीइंग द अर्ली हिस्ट्री ऑफ द फैक्ट्री एट सूरत ऑफ

बाम्बे एंड द सबोर्डिनेट फैक्ट्रीज ऑन द वेस्टर्न कोस्ट, बाम्बे, 1854
143. मोरलैंड, डब्ल्यू. एच., फ्राम अकबर टू औरंगज़ेब, लन्दन, 1923
144. नारायण बृज, इंडियन इकोनॉमिक लाइफ: पास्ट एंड प्रेजेन्ट, दिल्ली, 1929
145. लुकासेन, जान (सम्पा.), वेज़ेज एंड करेन्सी: ग्लोबल कम्पैरिजन फ्राम एंटीक्यूटि टू द ट्वेंटीथ सेंचुरी, 2007
146. फैक्ट्रीज रिकार्ड्स सूरत, I, II, III, IV, V
147. इंग्लिश फैक्ट्रीज रिकार्ड्स, 1618-21, 1624-29, 1630-33, 1634-36, 1637-41, 1642-45 , 1646-50, 1651-54, 1655-59
148. गोमांस, जोस, द डच ओवरसीज एम्पायर, 1600-1800, कैम्ब्रिज, 2021
149. शिवरामकृष्णा, शशि, इन सर्च ऑफ स्टैबिलिटी : इकोनॉमिक्स ऑफ मनी, हिस्ट्री ऑफ द रुपी, लन्दन, 2017
150. इलियट, एच. एम. एंड डाउसन, जॉन (सं.) द हिस्ट्री ऑफ इंडिया ऐज टोल्ड बाई इट्स ओन हिस्टोरियन, भाग-VII (तारीख-ए-बहादुरशाही), लन्दन, 1867-1877
151. हसन, नुरुल एंड गुप्ता, एस. पी., प्राइस ऑफ फुड ग्रेन्स इन द टेरीटरीज ऑफ अम्बेर (1650-1750), प्रोसिडिंग्स ऑफ दी इंडियन हिस्ट्री कांग्रेस, वॉल्यूम 29, भाग-1, 1967
152. सरकार, जदुनाथ, 'इंडस्ट्रीज ऑफ मुग़ल इंडिया: सेवेटींथ सेंचुरी' मार्डन रिव्यू, जून 1922
153. मिलानोविक, ब्रांको; लिडर्ट, पीटर एच.; विलियम्सन, जेफरी जी., मेजरिंग एंशिएंट इनइक्वलिटी, वर्ल्ड बैंक, 2010
154. लाहौरी, अब्दुल हमीद, बादशाहनामा II
155. मुखर्जी एंड हबीब, मुग़ल एडमिनिस्ट्रेशन एंड द टेम्पल ऑफ वृन्दावन ड्यूरिंग द रेन्स ऑफ जहाँगीर एंड शाहजहाँ, प्रोसिडिंग्स ऑफ दी इंडियन हिस्ट्री कांग्रेस, वॉल्यूम 49, 1988
156. गोमांस, जोस एंड कॉफ, डिर्क एच. ए., वारफेअर एंड वेपनरी इन साउथ एशिया, 1000-1800, ऑक्सफोर्ड यूनिवसिर्टी प्रेस, दिल्ली, 2001
157. ओविंगटन, जॉन, अ वॉयेज टू सूरत इन द ईयर 1689, सम्पादित द्वारा एच. जी. रालिंसन, आक्सफोर्ड यूनिवर्सिटी प्रेस, लन्दन, 1929 (प्रथम संस्करण-1896)
158. दी इंग्लिश फैक्ट्रीज इन इंडिया ए कैलेंडर ऑफ डाक्यूमेंटस इन दी इंडिया ऑफिस, ब्रिटिश म्यूजियम एंड पब्लिक रिकार्ड ऑफिस (1655-57), सम्पा.- डब्ल्यू. फोस्टर, आक्सफोर्ड, 1908
159. फोस्टर, डब्ल्यू., अर्ली ट्रैवल्स इन इंडिया, 1583-1619, लन्दन, 1921
160. व्हीलर, जे. टी., इंडिया अंडर ब्रिटिश रुल फ्राम द फांउडेशन ऑफ ईस्ट इंडिया कम्पनी, लन्दन, 1886
161. ओर्म्स, आर., हिस्टोरिकल फैग्मेंट्स ऑफ द मुग़ल एम्पायर, लन्दन, 1905
162. लेटर्स रिसीव्ड बाई दी ईस्ट इंडिया कम्पनी फ्राम इट्स सर्वेन्ट्स इन दी ईस्ट (1602-1617), लन्दन, 1896
163. कृष्णदास कविराज, चैतन्याज, लाइफ एंड टीचिंग्स फ्राम कंटेम्प्ररी बंगाली बायोग्राफी द चैतन्यामृतम, लन्दन, 1922
164. पणिक्कर, के. एम., मालाबार एंड द डच, बीइंग द हिस्ट्री ऑफ फाल द नायर पावर इन मालाबार, बम्बई, 1931
165. रिकार्ड ऑफ फोर्ट सेंट जार्ज, डिस्पैचेज फ्राम इंग्लैंड (1670-1692), मद्रास, 1911-1917
166. फोर्ट विलियम- इंडिया हाउस कॉरेस्पाडेंस एंड अदर कंटेम्प्ररी पेपर्स रिलेटिंग देअर टू, भाग 3, दिल्ली, 1952

167. एंगेल्स, फ्रेडरिक, द ग्रेजुअल इंड ऑफ फ्यूडलिज्म एंड राइस ऑफ नेशनल स्टेट्स; कार्ल मार्क्स, फ्रेडरिक एंगेल्स कलेक्टेड वर्क,दूसरा संस्करण, खंड 21, मास्को, 1961
168. पंजाब डिस्ट्रिक्ट्स गजेटियर, भाग-13 अ, होशियारपुर डिस्ट्रिक्ट, 1904
169. चाउ जु-कुआँ, चाउ-जु-कुआँ - दिस वर्क ऑन द चाइनीज एंड अरब ट्रेड इन ट्वेल्थ एंड थर्टीन्थ सेन्चुरी, न्यूयार्क, 1966
170. के. ए. एन. शास्त्री एवं एन. वेंकट रमनैय्या, (सम्पा.), फर्दर सोर्सेज ऑफ विजयनगर हिस्ट्री, भाग-3, मद्रास, 1946
171. ट्यस्नेर, आई. एम., सम फैक्ट्स एबाउट प्राब्लम्स ऑफ विलेज कम्युनिटी एंड मराठाज् इन एंटींथ सेंचुरी एंड इन द बिगिनिंग ऑफ नाइनटींथ सेंचुरी
172. मिनाएव, आई. पी., एनशिएंट इंडिया, कमेंट्स ऑन अफानासी नीकितन वॉयेजेज एक्रास थ्री सीज, सेंट पीटर्ससबर्ग, 1881
174. बेडन-पावेल, बी. एच., ए स्टडी ऑफ दकन विलेजेज, देयर ओरिजिन एंड डेवलपमेंट, ज. रा.ए. सो., 1957
175. ग्रांट, डफ जे., ए हिस्ट्री ऑफ मराठाज, भाग-1, लन्दन, 1826
176. अलयेव, एल. बी., सोशल स्ट्रक्चर ऑफ मेडिवल इंडिया, स्केच ऑफ इकॉनमी एंड सोशल हिस्ट्री ऑफ इंडिया, मास्को, 1973
177. रायचौधरी, टी., जान कम्पनी इन कोरोमंडल, 1605-1690: ए स्टडी इन इंटररिलेशन्स ऑफ यूरोपियन कामर्स एंड ट्रेडिशनल इकोनॉमिक्स, 1962
178. विल्सन, सी. के. (सम्पा.), अर्ली एनल्स ऑफ दी इंग्लिश इन बंगाल, बीइंग द बंगाल पब्लिक कंसल्टेशंस फार द फर्स्ट हाफ ऑफ द एटींथ सेंचुरी, भाग-1, 1704-1710, लन्दन, 1895
179. पार्थसारथी, प्रसन्ना, व्हाई यूरोप ग्रिउ रिच एंड एशिया डिड नॉट : ग्लोबल इकोनॉमिक डाइवर्जेन्स, 1600-1850, कैम्ब्रिज यूनिवर्सिटी प्रेस, 2011
180. हैरिसन, लारेंस; बर्जर, पीटर एल., डेवलपिंग कल्चर: केस स्टडी, 2006
182. मैडिसन, एंगस, हिस्टोरिकल स्टैटिक्स, 2003,
183. विलियम्सन, जेफरी जी., डेविड, किलिंगिंगस्मिथ; इंडिया' स डिइन्डस्ट्रीयलाइजेशन इन द एटींथ एंड नाईनटींथ सेंचुरी, हावर्ड यूनिवर्सिटी प्रेस, मई 2004
184. रिचर्ड्स, जान एफ., द अनइंडिंग फ्रन्टियर : एन एन्वायरमेंटल हिस्ट्री ऑफ अर्ली मार्डन वर्ल्ड, यूनिवर्सिटी कैलिफोर्निया प्रेस, 2003
185. एराली, अब्राहम, द मुग़ल वर्ल्ड : लाइफ इन इंडिया' स लास्ट गोल्डेन एज, पेंगुइन इंडिया, 2007
186. याज़दानी, केव, इंडिया मार्डेनिटी एंड द ग्रेट डाइवर्जेन्स : मैसूर एंड गुजरात सेवेन्टींथ टू नाईनटींथ सेंचुरी, 2017
187. सियोला, कार्लो एम., बिफोर द इंडस्ट्रीयल रिवोल्यूशन : यूरोपियन सोसाइटी एंड इकॉनमी 1000-1700, 2004
188. स्मिट, कार्ल जे., एन एटलस एंड सर्वे ऑफ साउथ एशियन हिस्ट्री, मई 2015
189. हबीब, इरफान; रायचौधरी, तपन; कुमार, धर्मा; द कैम्ब्रिज इकोनॉमिक हिस्ट्री ऑफ इंडिया,1987
190. सुनेजा, विवेक, 'अन्डरस्टैंडिंग बिजिनेस: ए मल्टी डाइमेंशनल एप्रोच टू द मार्केट इकॉनमी, 2000
191. ओमप्रकाश, 'एम्पायर मुग़ल, हिस्ट्री ऑफ वर्ल्ड ट्रेड सिंस 1450', जान जे., मैकस्कर (सम्पा.), 2006
192. ब्रोयाजियन, जेम्स सी., पोर्तगीज ट्रेड इन इंडिया अंडर द हैम्सबर्ग 1580-1640, 2008

193. खांडेकर, हिसाम, व्हिच इंडिया इज क्लियरिंग टू हैव बीन कोलोनाइज्ड, 31 जुलाई 2015, डेली स्टार
194. रे, इन्द्रजीत, बंगाल इन्डस्ट्रीज एंड द ब्रिटिश इन्डस्ट्रीयल रिवोल्यूशन(1757-1857), 2011
195. विलियम्सन, जेफरी जी., ट्रेड एंड पावर्टी: व्हेन द थर्ड वर्ल्ड फेल डाउन, 2011
196. ब्रॉडबेरी, स्टीफेन; गुप्ता, विष्णुप्रिया; 'काटन टेक्सटाइल एंड द ग्रेट डाइवर्जेन्स : लंकाशायर, इंडिया एंड शिफ्टींग कम्पेटेटिव एडवान्टेज 1600-1850, 2005
197. रे, इन्द्रजीत, 'आइडेंटिफाइंग द वूस ऑफ द काटन टेक्सटाइल इंडस्ट्री इन बंगाल : टेल ऑफ द नाइनटींथ सेंचुरी' द इकोनॉमिक हिस्ट्री रिव्यू 62/4
198. ब्रॉडबेरी, स्टीफेन; गुप्ता, विष्णुप्रिया; 'इंडिया एंड द ग्रेट डाइवर्जेन्स : एन एंग्लो इंडियन कम्पैरिजन ऑफ जी.डी.पी. पर कैपिटा, 1600-1871, 2015
199. ब्रॉडबेरी, स्टीफेन; गुप्ता, विष्णुप्रिया; 'अर्ली मॉडर्न ग्रेट डाइवर्जेन्स' एलन, 'इंडिया इन द ग्रेट डाइवर्जेन्स' 2006
200. लियोनार्ड, केट एंड उलरिच थियोबाल्ड (सं.), मनी इन एशिया (1200-1900): स्माल करेंसीज़ इन सोशल एंड पोलिटिकल कॉनटेस्ट, लीडेन, 2015
201. वाशब्रुक, डेविड, एटींथ सेंचुरी इसूज इन साउथ एशिया, जर्नल ऑफ द इकोनॉमिक एंड सोशल हिस्ट्री ऑफ द ओरिएंट, वॉल्यूम 44, भाग-3, 2001
202. बेली, क्रिस्टोफर, रूलर्स, टाउनमेन एंड बाजार, ऑक्सफोर्ड यूनिवर्सिटी प्रेस, 1983
203. हबीब, इरफान, पोटैन्शियलिटीज ऑफ कैपिटलिस्ट डेवलपमेंट इन द इकॉनमी ऑफ मुग़ल इंडिया (द टास्क ऑफ इकॉनमी हिस्ट्री, वॉल्यूम 29, नं. 1, मार्च 1969.)
204. मूसवी, शिरीन, द वर्ल्ड ऑफ लेबर इन मुग़ल इंडिया (1500-1750), प्रोसिडिंग ऑफ दी इंडियन हिस्ट्री कांग्रेस, वॉल्यूम 71, 2010,
205. नादरी, गुलाम ए., 'एटींथ सेंचुरी गुजरात' : द डायनामिक्स ऑफ इट्स पोलिटिकल इकॉनमी,1750-1800, ब्रिल, 2009
206. लुकासेन, जान, वर्किंग एट द इचापुर गन फैक्ट्री इन द 1790, 2012
207. सेनगुप्ता, के. एम., 'द न्यू फोर्ट विलियम एंड डाकयार्ड', 15 जुलाई 2016
208. मार्शल, अल्फ्रेड, प्रिंसिपल ऑफ इकोनॉमिक्स, लन्दन, 1889
209. रॉय, तीर्थंकर, हाउ ब्रिटीश रूल चेंज्ड इंडिया इकॉनमी : द पैराडाक्स ऑफ द राज, 2019
210. द ज्वाइंट कमिश्नर्स रिपोर्ट्स ऑन मलाबार, 1792-93, जे. रेजीकुमार (सम्पा.), केरल राज्य अभिलेखागार, 2010
211. ओमप्रकाश, डच ईस्ट इंडिया कम्पनी एंड इकॉनमी ऑफ बंगाल, 1630-1720, प्रिंसटन यूनिवर्सिटी प्रेस प्रिंसटन, न्यू जर्सी, 1985
212. हंटर, विलियम विल्सन, ए स्टैटिकल अकाउंट ऑफ बंगाल, वॉल्यूम 12, लन्दन, 1875
213. डिज्वार्ट, पिम; लुकासेन, जान, 'पावर्टी ऑर प्रासपेरिटी इन नादर्न इंडिया' न्यू एविडेंस ऑन रियल वेजेज, द इकोनॉमिक हिस्ट्री रिव्यू, 73, मार्च 2020
214. मूसवी, शिरीन, द इकॉनमी ऑफ द मुग़ल एम्पायर, 1595 : अ स्टैटिस्टीकल स्टडी, ऑक्सफोर्ड यूनिवर्सिटी प्रेस, नई दिल्ली, 1987
215. बनर्जी, अरूप, ओल्ड रूट्स; नार्थ इंडियन नोमैड्स एंड बैंकर इन अफगान उज्बेक एंड रसियन लैंड, नई दिल्ली, 2011
216. ट्रैवल ऑफ मार्कोपोलो, अनुवादित और सम्पादित द्वारा हेनरी यूल और एच. कार्डियर लन्दन, 1903
217. ओमप्रकाश, प्रेशिडेंशियल एड्रेस; सम आस्पेक्ट्स ऑफ ट्रेड इन मुग़ल इंडिया (प्रोसिडिंग ऑफ दी

इंडियन हिस्ट्री कांग्रेस, 1981, वॉल्यूम 42)
218. चौधरी, के. एन., द ट्रेडिंग वर्ल्ड ऑफ एशिया एंड दी इंग्लिश ईस्ट इंडिया कम्पनी, 1660-1760, कैम्ब्रिज, कैम्ब्रिज यूनिवर्सिटी प्रेस, 1978
219. चौधरी, सुशील एंड माइकल मोरिन्यू (सम्पा.), मर्चेन्ट, कम्पनी एंड ट्रेड : यूरोप एंड एशिया इन अर्ली मोडर्न एरा, कैम्ब्रिज, कैम्ब्रिज यूनिवर्सिटी प्रेस, 1999
220. लेक्स हीरमा वैन वॉस; ई. एल. एस. हेमस्ट्रा-कुपरस; एलिस वैन नेदेरवीन 'द लांग ग्लोबलाइजेशन एंड टेक्सटाईल प्रोड्यूसर इन इंडिया', द एशगेट कम्पेनियन टू द हिस्ट्री ऑफ टेक्सटाइल वर्कर,1650-2000, एशगेट पब्लिशिंग, 2010
221. निकितन, पी., फंडामेंटल ऑफ पोलिटिकल इकॉनमी, मास्को, 1966
222. मलोनी, रूबी, 'गुजरात ट्रेड विथ साउथ ईस्ट एशिया (सिक्सटीन्थ एंड सेवेंटीन्थ सेंचुरीज)', प्रोसीडिंग्स ऑफ दी इंडियन हिस्ट्री कांग्रेस वॉल्यूम 75, प्लेटिनम जुबिली 2014
223. चौधरी, सुशील, फ्राम प्रॉस्पेरिटी टू डिक्लाइन : एटींथ सेंचुरी बंगाल, नई दिल्ली, मनोहर, 1995
224. मैथ्यू, के. एस., पुर्तगीज़ ट्रेड विथ इंडिया इन द सिक्सटींथ सेंचुरी, नई दिल्ली, 1983
225. मैथ्यू, के. एस., इंडो-पुर्तगीज़ ट्रेड एंड द फगर ऑफ जर्मनी, नई दिल्ली, 1997
226. अहमद, अफ़जल, इंडो-पुर्तगीज़ ट्रेड इन द सेवेनटींथ सेंचुरी 1600-1663, नई दिल्ली, 1991
227. मालेकंडाथिल, पायस एंड मैथ्यू, के. एस., केरला इकॉनमी एंड यूरोपियन ट्रेड, मुवत्तुपुझा, 2003
228. कोशी, एम. ओ., डच पावर इन केरला, नई दिल्ली, 1989
229. मालेकंडाथिल, पायस, पुर्तगीज़ कोचीन एंड द मेरीटाइम ट्रेड ऑफ इंडिया, 1500-1663, नई दिल्ली, 2001
230. इन इंडो-पुर्तगीज़ हिस्ट्री : ग्लोबल ट्रेंड, (सं.) चार्ल्स बोर्जेस, फातिमा ग्रासिआ एंड सेल्सा पिंटो, गोवा, 2005
231. राय, तीर्थंकर, दी इंडिया कम्पनी, नई दिल्ली, 2016
232. व्हीलर, जेम्स टेलबॉयज़, इंडिया अंडर ब्रिटिश रुल, फ्राम द फाउंडेशन ऑफ ईस्ट इंडिया कम्पनी: कलोनियल इंडिया, इम्पैक्ट ऑफ ब्रिटिश डोमिनेशन, 1886
233. मालेकंडाथिल, पायस एंड टी. जमाल (सम्पा.), द पोर्तुगीज़, इंडियन ओशन एंड यूरोपियन ब्रिज हेड्स 1500-1800, तेलीचेरी, 2001
234. मिल्स, जे. वी. जी. (सम्पा. और अनुवाद), यिंग यार शोंग-लान (1453) ऑफ म'हुआन, हाक्लुयत सोसाइटी, 1970
235. मंज़र, निशात, वेजेज ऑफ लेबर एंड आर्टिसंस इन सम अर्बन सेंटर ड्यूरिंग द सेवेंटींथ सेंचुरी, (प्रोसिडिंग्स ऑफ दी इंडियन हिस्ट्री कांग्रेस, वॉल्यूम 47, 1986)
236. कुल्लियात-ए-जाफ़र जटल्ली, नईम अहमद (सं.), अलीगढ़, 1779
237. पर्चस, सैमुअल, पर्चस हिज़ पिलीग्रिम्स, भाग-10, कैम्ब्रिज यूनिवर्सिटी प्रेस, 2014
238. कोमिसेरिअट, एम. एस., मैन्डेल्स्लो'स ट्रैवेल्स इन वेस्टर्न इंडिया (1638-1639), ऑक्सफोर्ड यूनिवर्सिटी प्रेस, 1931
239. डेला वैले, पी., ट्रैवल्स ऑफ पिएत्रो डेला वैले इन इंडिया (1623-24), जी. हैवर्स द्वारा 1664 ई. में किए गए पुराने अंग्रेज़ी अनुवाद से एडवर्ड ग्रे द्वारा संपादित, लेखक के जीवन परिचय और टिप्पणियों सहित, भाग-1-2, हक्लुईट सोसाइटी, लन्दन,1892
240. फ़ारुखी, जहीरुद्दीन, औरंगज़ेब एंड हिज़ टाइम्स, दिल्ली, 1935
241. बावरी, टी., कंट्रीज राउंड द बे ऑफ बंगाल, (1669-79), 1905

242. दास, हरिहर (सं.), सरकार, एस. सी., नॉरिस एम्बेसी टू औरंगज़ेब, कलकत्ता, 1959
243. गुहा, जी. पी. (सं.), इंडिया इन द सेवेंटींथ सेंचुरी, दिल्ली, 1974
245. पार्थसारथी, प्रसन्ना, 'रिथिंकिंग वेजेज कम्पेटेटिवनेस इन द एटींथ सेंचुरी: ब्रिटेन एंड साउथ इंडिया, 1998
246. मर्खम, सी. आर. (सं.), हॉकिन्स वॉयेज, लन्दन, 1878
247. मुखर्जी, आर. के., द इकोनॉमिक हिस्ट्री ऑफ इंडिया, लांगमैन ग्रीन एंड कम्पनी, 1939
248. टेनेट, विलियम, इंडियन रिक्रिएशन, भाग-1, नब्बू प्रेस, 2011
249. टैरी, एडवर्ड, अर्ली ट्रैवेल्स इन इंडिया, (1583-1619), सम्पादित-विलियम फोरेस्ट, लन्दन, 1921
250. जहाँगीर, तुजुक-ए-जहाँगीरी, व्हीलर, एम. थैकस्टन द्वारा अनुवादित और सम्पादित, ऑक्सफोर्ड यूनिवर्सिटी प्रेस, 1999
250. व्हाइटहेड, आर. बी., द पोर्ट्रेट मेडल एंड जोडिएकल क्वाइन्स ऑफ द एम्परर जहाँगीर, लन्दन, 1931
251. हैदर, नज़फ, मुग़ल एंड महमूदीस : द इनकॉर्पोरेशन ऑफ गुजरात इनटू द इम्पीरियल मोनेट्री सिस्टम, प्रोसिडिंग्स ऑफ दी इंडियन हिस्ट्री कांग्रेस, वॉल्यूम 60, डायमंड जुबिली, 1999
252. साहिन काराबुलूत, प्री-कैपिटलिस्ट मोड्स ऑफ प्रोडक्शन एंड द प्रोसेस ऑफ कैपिटलिस्ट अकुमुलेशन (करंट पर्सपेक्टिव इन सोशल साइंस, सम्पादित द्वारा हसन अर्सलान, मेहमत अली, अलीना, इंटरनेशनल असोसिएशन ऑफ सोशल साइंस रिसर्च), अगस्त 2017
253. त्रिवेदी, के. के., आगरा: एक मुग़ल सूबे की आर्थिक और राजनीतिक रुपरेखा 1580-1707, (अध्याय : गैर-कृषि उत्पादन एवं व्यापार), रवीश पब्लिशर्स, पुणे, 1998
254. इरविन, जॉन एंड श्वार्ट्ज पी. आर., स्टडीज इन इंडो-यूरोपियन टेक्सटाइल हिस्ट्री, द डिस्टिंक्शन हिअर फॉलो, जर्नल ऑफ द रॉयल एशियाटिक सोसाइटी, वॉल्यूम 100, इसु-2, अप्रैल 1967,
255. रिकार्ड ऑफ फोर्ट सेंट जॉर्ज : डिस्पैचेज फ्राम इंग्लैंड, वॉल्यूम 1681-86, मद्रास गवर्नमेंट प्रेस, 1916
256. एन.सी.ई.आर.टी.- अवर पास्ट III वीवर्स, आयरन स्मेल्टर एंड फैक्ट्री ओनर्स, नई दिल्ली, 2019
257. हौसर-शॉब्लिन, ब्रिगिटा; नभोल्ज़- कार्टाशॉफ, मैरी लुईस; रामसेयर, उर्स, बालीनीज टेक्सटाइल, लन्दन, ब्रिटिश म्यूज़ियम प्रेस, 1991
258. तोमितो, जून; तोमितो, नारिको, जैपनीज इकत वेविंग : द टेक्निक्स ऑफ कसूरी, लन्दन, 1982
259. मूर, एडवर्ड, नैरेटिव ऑफ द ऑपरेशन ऑफ कैप्टन लिटिल्स डेटैच्मेंट एंड ऑफ द मराठा आर्मी, कमांडेड बाई परशुराम भाऊ, लन्दन, 1794
260. कैटलॉग ऑफ इंडियन क्वाइन्स इन द ब्रिटिश म्यूज़ियम, लन्दन, 1892
261. लेटर रिसीव्ड बाई ईस्ट इंडिया कम्पनी फ्राम इट्स सर्वेंट्स इन दी ईस्ट, वॉल्यूम I, II, III, IV, V, VI, लन्दन, 1896
262. आहूजा, आर., लेबर रिलेशन्स इन एन अर्ली कॉलोनियल कांटेस्ट : मद्रास, 1750-1800, मॉर्डन एशियन स्टडी, 2002
263. डोडवेल, हेनरी, डुप्ले एंड क्लाइव द बिगिनर्स ऑफ एम्पायर, लंदन 1920

❖❖❖